V. CHIMENTI - A. FERRARO - E. FORINO
R. TORTORA - D. TUCCILLO

DA VERGA A ECO

STRUTTURE E TECNICHE
DEL ROMANZO ITALIANO

a cura di Gabriele Catalano

TULLIO PIRONTI EDITORE

INDICE

DOMENICO TUCCILLO

Articolazioni spazio-temporali in Fogazzaro e Tozzi. Apoteosi e fine del primato diegetico   233

INTRODUZIONE

Questo volume raccoglie i contributi di un gruppo di ricerca che, presso la cattedra di Storia della critica letteraria dell'Università di Napoli, ha lavorato per anni ad un progetto unitario: realizzare un'analisi, in termini narratologici, delle tecniche narrative e degli istituti stilistici messi in atto dalla tradizione letteraria italiana dell'ultimo secolo. Il testo infatti analizza e mette a confronto, avvalendosi della recente strumentazione narratologica, il funzionamento delle strutture narrative in un'area diacronica che si estende per tutto il Novecento, ma che muove dalle punte più avanzate del secolo scorso.

La ricostruzione dello spaccato storico parte da un assunto fondamentale: che per delineare l'elemento caratteristico del discorso letterario sia necessaria un'applicazione specifica sui procedimenti espressivi e sugli aspetti linguistici e stilistici del testo. Si tratta, in sostanza, di elaborare una griglia linguistico-stilistica o strutturale che, affiancandosi a quella storica o psicologica, esalti l'elemento specifico della comunicazione letteraria: il suo linguaggio, i suoi codici, le sue convenzioni. Non si tratta di una storia letteraria alternativa o di presuntiva prevaricazione nei confronti dei metodi tradizionali; la riflessione stilistica o strutturale, proseguimento di una metodologia critica tutta italiana (da Fubini a Devoto e Contini), si apre infatti alla considerazione della globalità dei fenomeni culturali in cui il singolo fatto narrativo è inserito.

È ormai nota la stretta interdipendenza che collega il testo letterario e i testi della cultura, il testo e l'architesto: al variare del contesto culturale, variano anche le tipologie narrative, gli artifizi, i 'trabocchetti' che l'autore mette in atto per affascinare e coinvolgere i suoi lettori. Se infatti, da un canto, la circostanza che il testo narrativo sia programmato per funzionare a distanza, ovvero indipendentemente dall'atto o dalla situazione della sua produzione, lo rende un dispositivo praticamente autosufficiente (autotestuale, direbbe Roland Barthes), saldamente costituito sulla strutturazione interna dei suoi significanti; d'altro canto però il testo, pur analizzabile come un risultato concluso di una certa organizzazione linguistica, è anche un evento, un atto strettamente collegato al preciso momento e contesto di emissione. In questo senso, l'analisi delle strutture interne alla narrazione operata dal nostro gruppo di lavoro risponde a diverse esigenze: esplicitare i meccanismi tramite i quali il testo produce il suo senso ed ottiene i suoi effetti emotivi e, anche, delineare storicamente il processo attraverso cui la manifestazione di intenzioni e contenuti della soggettività creatrice si concretizza in un'originale inventiva sul piano delle caratterizzazioni stilistiche e modali.

L'ottica formale da cui muove l'intenzione dei saggi qui raccolti degli autori inserisce il racconto letterario in un circuito comunicativo in cui la peculiarità del rapporto emittente-ricevente (quest'ultimo non è mai in *praesentia*) costringe all'invenzione di una serie di istanze immaginarie che, nella loro personificazione letteraria, simboleggiano la dualità degli attanti comunicativi reali. Il racconto letterario, ovvero il contenuto che i due attanti vogliono comunicare, viene di conseguenza analizzato in qualità di *discorso narrativo*, costituito quest'ultimo dalle relazioni che intercorrono tra chi scrive, chi legge e tra loro e il materiale scritto; si tratta in definitiva di esaminare lo scritto alla luce delle circostanze di comunicazione che il testo più o meno palesemente riverbera.

L'interesse del lettore critico si rivolge così alla molteplicità delle figure immaginarie, poli simbolici di una tensione verso un destinatario costretto a rimanere sempre assente e, in particolare, alla individuazione dell'istanza delegata a « dar voce » al tessuto narrativo, argomento particolarmente rilevante, dal momento che al variare della titolarità della voce narrante, l'andamento discorsivo si attualizza secondo modalità completamente diverse. Si pensi ad esempio agli esiti differenziati delle costruzioni narrative di Verga e di Svevo, al contrasto tra l'evidente personificazione verghiana della voce narrante in una figura di narratore (a cui è peraltro affidata, oltre che la conduzione della diegesi, anche un'attività di commento, di giudizio o di interpretazione sulla diegesi stessa) e, in Svevo, il nascosto meccanismo di delega per cui uno dei personaggi si impegna a narrare una storia, in cui è implicato anch'esso in prima persona o soltanto come testimone.

Definita la prima fondamentale dialettica tra chi narra e chi è narrato (problema di « voce »), si tratta poi di risolvere il problema della modalizzazione o focalizzazione (« punto di vista »): da quale ottica, da quale prospettiva psicologica o morale la voce narrante origina il proprio racconto? In quale contesto, in quale orizzonte di riferimento essa va a inserirsi? Quali punti di vista incontra, assevera o contrasta?

La narratologia, incaricandosi di rispondere a tali domande, si addentra nel territorio della stilistica, della pragmatica, dell'enunciazione, e analizza il testo nella sua valenza stilistico-espressiva. La ricognizione non si arresta però ad una semplice dialettica tra posizioni esclusivamente fittizie (il narratore e i personaggi), ma riguarda anche la manifestazione dell'orizzonte epistemico, psicologico, culturale dell'emittente reale e dell'ipotetico ricevente, di guisa che non si risolva in un'ottica tutta interna ai meccanismi compositivi del testo. Le perlustrazioni testuali, le riflessioni critiche riguardo alle relazioni istauratesi tra autori, narratori, personaggi e narratari, consentono infatti di cogliere ideologie, punti di vista, spaccati della vita culturale, proiezioni della posizione psicologica, sociale o morale dell'autore del testo o delle diverse identità con cui è entrato in relazione.

Per questa strada, la narratologia non rimane chiusa nel gioco dialettico delle corrispondenze testuali, ma segue un cicolo ermeneutico che ricorda quello spitzeriano e consente un aggancio alla soggettività biografica dell'autore e, insieme, al clima culturale, sociale e simbolico di riferimento, pur rimanendo strettamente collegata al testo letterario che, nel dispiegarsi dei suoi linguaggi, codici e convenzioni, si pone come punto di riferimento inalienabile per un *excursus* dal sapore suggestivamente culturale.

Dalla prima esperienza verghiana, testimonianza e porta-voce di un credo intellettuale che attraverso l'opera letteraria spera ancora di indirizzare il lettore verso la giusta comprensione del reale, alla disincantata narrazione malerbiana, in cui la schizofrenia del narratore impedisce in modo definitivo qualsiasi definizione della verità, la « voce narrante » della scrittura italiana si articola in un numero infinito di esperimenti narrativi che riflettono ideologie, posizioni, angosce e disperazioni della soggettività umana, rispetto alla quale l'articolazione delle voci e dei punti di vista nèl racconto non rappresenta che un multiforme riflesso.

Emerge così la solitudine degli ultimi personaggi verghiani, indipendenti dal giudizio prioritario dell'autore, ma anche abbandonati a sé stessi, a confrontarsi quotidianamente con la loro coscienza, isolati in un mondo che li respinge, prossimi alla follia. Emerge altresì la modalità sottilmente ed equivocamente incoerente di organizzare la struttura narrativa da parte di Tozzi e la sua attitudine oggettivizzante che riesce ad evidenziare maggiormente la struttura degli oggetti in sé, colti e rappresentati nella loro asimmetrica disarmonicità e quindi nel loro valore simbolico: emblemi, insieme alla corrispondente strutturazione asimmetrica della narrazione stessa, di una visione irrazionale del reale. Per non dimenticare infine la « non scienza » della voce narrante gaddiana che, impossibilitata di attribuire valore oggettivo ai fatti esposti, rifugge da ogni spiegazione o esposizione univoca e puntuale della realtà stessa.

La varietà di procedimenti stilistici, sintattici e semantici a disposizione degli autori per la messa in forma della macchina narrativa, diventa per gli esponenti del gruppo di ricerca l'occasione di una lettura che, nella rigorosità del suo metodo, renda ragione della pregnanza del fatto letterario nello scenario culturale. Le attrezzate indagini linguistiche, oltre che semantiche e narratologiche condotte dagli autori hanno prodotto altresì alcune precisazioni metodologiche. In particolare, la disamina di numerose risultanze testuali ha comportato una riflessione: che si debba cioè considerare come maggiormente complessa e articolata, in un diacronico processo storico-culturale, la tradizionale tipologia narrativa che oppone al discorso « onnisciente » il racconto con « punto di vista » e che attribuisce alla prima categoria un più alto grado di conoscenza e verità (o verosimiglianza) e alla seconda una maggiore drammatizzazione della vicenda. In effetti la caratterizzazione onnisciente che Roberto Tortora riscopre nei romanzi del primo Verga (presto sostituita da una maggiore articolazione prospettica, simbolo di una intuita solitudine esistenziale) non ha nulla in comune con la tipologia altresì onnisciente della *Cognizione del dolore* di Gadda, dove, come dimostra Valeria Chimenti, il narratore non spiega alcunché, bensì viene coinvolto in un groviglio pluriprospettico di persone e di voci tra le quali non riesce più a districarsi. Parimenti, Domenico Tuccillo riscopre nell'esperienza narrativa tozziana una funzione autoriale non più commentativa o rassicurante, ma irrazionale e destrutturante, come testimoniano le numerose anacronie del tessuto temporale o la costruzione soggettiva e spesso distorta delle descrizioni: la voce narrante svolge in realtà un'indagine sulla multiforme strutturazione degli oggetti, rivelatisi, con il loro autonomo valore significativo, simboli di una visione disarmonica del mondo. Edvige Forino, d'altro canto, non riconduce la dialettica « visione » vs. « rappresentazione » dei romanzi di Pirandello ad una matrice di maggiore o minore sapienza, ovvero di differenti livelli di drammatizzazione, ma vi intuisce un semplice « gioco delle parti », la legittimazione di diverse potenzialità discorsive: la « rappresentazione » del racconto consente infatti una sorta di teatralizzazione dei personaggi così abilitati a recitare le proprie parti, mentre la « visione » dell'istanza autoriale rappresenta semplicemente la ricerca di una tridimensionalità rapportabile al quadro cinematografico. Se con Gadda l'onniscienza implica una « non scienza » incapace com'è di mettere ordine nel groviglio dell'esistenza, se in Tozzi la sapienza autoriale sembra incapace di ricostruire un solido tessuto oggettuale; nella letteratura degli anni '80 la stessa istanza enunciante, talora scissa schizofrenicamente in più figure, rinnega una dimensione di verità: il narratore dichiara ormai apertamente che sta tramandando « racconti » e non certo « fatti ». Nella testimonianza di Angela Ferraro, che si occupa delle esperienze di questi ultimi anni l'artificio narrativo assume dunque un valore simbolico, rappresenta l'angosciante percezione dell'inseparabilità del mondo dalla sua rappresentazione.

Il percorso nella letteratura contemporanea diventa così nell'esperienza degli autori, anche un tragitto nel dominio della identità storica, culturale e sociale dell'intellettuale o dell'individuo in genere: di essa viene pertanto rimarcato un declino, una crisi — si ricordi il trapasso dalla sicurezza del primo Verga e dalla colloquialità di Fogazzaro, alla schizofrenia di Malerba e alla disillusione di Eco —, ma anche, più recentemente, un dimesso riscatto: si pensi alla caratterizzazione autonoma e a tutto tondo di alcuni personaggi di Busi o di Calvino.

La rilettura narratologica di alcuni tra i testi più rappresentativi della forma narrativa italiana, presuppone nei nostri sforzi un'analisi strettamente stilistico-semiologica, ma al tempo stesso si apre ad implicazioni antropologiche, filosofiche, estetiche, oltre che letterarie. Mentre infatti la « scuola del sospetto » di Marx, Nietzsche e Freud cancellava progressivamente l'unità del soggetto come entità centrale di sapere, la prosa letteraria realizzava una radicale opposizione allo psicologismo coscienzialista più radicalmente connaturato alla nostra tradizione etico-conoscitiva, tramite ad esempio la nevrosi dei protagonisti tozziani, incapaci di stabilire un rapporto cordiale con il mondo, oppure mediante l'incoerenza delle voci gaddiane, incerte nella ricostruzione dell'andamento diegetico, scomposto in una esperienza variegata e vertiginosa, in un'immagine da caleidoscopio. Da quando, invece, radicalizzata la lotta ideologica, l'interrogativo filosofico si è radicalmente trasformato, non trattandosi più, per il « pensiero debole » di Vattimo o la « Storia della sessualità » di Foucault, di criticare l'esistenza del soggetto, ma di mettere in risalto il fatto che esso, in un modo o nell'altro esiste e funziona, analogamente il soggetto letterario, personaggio antropomorfizzato, ha recuperato una valenza psicologica, un carattere motivante e una piena interiorità: si pensi ai romanzi di Busi, Pazzi, Tabuehi e Del Giudice. D'altro canto, l'amaro del disinganno non poteva essere dimenticato: le entità letterarie, pur recuperando una

piena caratterizzazione, una capacità di vivere, pensare, realizzare eventi o intessere storie, soffrono delle pesanti limitazioni
poste al loro agire. Di qui l'esasperazione dell'inverosimiglianza o dell'iperrealismo del racconto, di qui il moltiplicarsi
dei piani e degli specchi nel romanzo che, col loro continuo
riflettere e rimandare ad altro, si pongono come emblemi di
una incessante ricerca di quel *quid* unico e certo, di quell'af-
flato universale, di quell'attitudine alla socialità e alla condivi-
sione già delineatasi nella crisi dell'esperienza creativa di Verga.

Dopo di lui infatti, le istanze letterarie assumono una
dimensione di definitivo isolamento, sempre meno adatte al
dispiegarsi di un dialogo sereno tra simili, i quali, sebbene
talora siano partecipi della storia che stanno vivendo, si dimostrano tuttavia consapevoli del carattere illusorio della loro
esistenza.

Maggio 1989

ROBERTO TORTORA

LABORATORIO NARRATIVO DEL VERGA MINORE: DALLA « SAPIENZA » AUTORIALE ALLA « VERITÀ » DEI PERSONAGGI

1. Ruolo e misura dello scrittore nel solco della tradizione (*I carbonari della montagna*).

Negli anni in cui si realizzava l'unificazione italiana, i nostri romanzieri scontavano le conseguenze di un lungo periodo di isolamento intellettuale che condannava la cultura letteraria a muoversi tra gli argini consunti del romanzo storico [1]. L'esperienza di Balzac, ma soprattutto quella di Flaubert (*Madame Bovary* uscì nel 1856), denunciavano un metodo artistico ancora troppo lontano dal gusto degli scrittori e del pubblico italiano, mentre l'esempio di Dumas e dello Scott rinforzava un filone narrativo che dal Monti, al Grossi, al D'Azeglio, al Guerrazzi, fino al Rovani, aveva caratterizzato più della metà del nostro secolo XIX. Al di là dei programmi prerisorgimentali, del byronismo o delle appendici più deprecabili del 'nero', qui importa rilevare che sul versante propriamente formale questo tipo di narrativa concedeva larghissimo spazio alla autorità del narratore tradizionale, spesso portavoce dello scrittore reale. Gli scrittori di questo periodo, in definitiva, avevano ancora dei precisi sistemi di riferimento culturale, politico, morale, e credevano ancora nel ruolo di un intellettuale che attraverso l'opera letteraria potesse indirizzare

---

[1] Per una prima panoramica sulle premesse storico-letterarie del verismo cfr. ROBERTO BIGAZZI, *I colori del vero. Vent'anni di narrativa: 1860-1880*, Nistri-Lischi, Pisa, 1969; GIULIO MARZOT, *Preverismo, Verga e la generazione verghiana*, Cappelli, Rocca San Casciano, 1965; CARMELO MUSUMARRA, *Verga minore*, Nistri-Lischi, Pisa, 1965; VITTORIO SPINAZZOLA, *Verismo e positivismo*, Garzanti, Milano, 1977; GIACOMO DEBENEDETTI, *Verga e il naturalismo*, Garzanti, Milano, 1976; LUIGI RUSSO, *Giovanni Verga*, Laterza, Roma-Bari, 1979 (1ª ed. Ricciardi, Napoli, 1920).

il lettore alla giusta comprensione del reale. Era inevitabile che
il giovane Verga si muovesse in questa schiera.

Nei *Carbonari della montagna*[2], il primo dei romanzi
verghiani ad essere stato pubblicato, appare in forme macroscopiche la casistica completa della focalizzazione zero[3]: un narratore onnisciente, capace di muoversi 'divinamente' nel tempo e
nello spazio, e di sondare l'intimità più segreta dei personaggi,
contempla dall'alto lo svolgimento della vicenda. Proviamo a
chiederci a quali esigenze risponda l'adozione di una prospettiva
siffattamente illimitata. Innanzitutto la fruizione di speciali
prerogative risulta particolarmente utile in un romanzo storico
in cui è indispensabile conoscere bene quali avvenimenti si siano
verificati tra l'adesso della storia e l'adesso della narrazione; cioè
dal momento in cui si sono compiuti i fatti al momento in cui il
narratore incomincia a raccontarli:

> /.../ una lagrima quieta e silenziosa rigava quella gota sì pura e sì
> pallida.
> Diciamo due parole sui fatti precedenti:
> Giustina appena arrivata al castello, era corsa nelle braccia di sua
> zia, e l'aveva trovata a letto /.../. (*I carbonari della montagna*,
> p. 228)

Inoltre la conoscenza storica è intimamente legata alla
misura culturale di chi narra la vicenda:

---

[2] Un'analisi complessiva di questo romanzo si trova in C. ANNONI,
Introduzione a GIOVANNI VERGA, *I carbonari della montagna* e *Sulle lagune*,
Vita e Pensiero, Milano, 1975, pp. 3-79. In questo studio non prendiamo in
considerazione il primo romanzo 'scritto' dal Verga, *Amore e patria*, che giace
tuttora allo stato di manoscritto; sulle vicende editoriali che hanno impedito
o consentito la pubblicazione dei primi romanzi verghiani si veda LIA FAVA
GUZZETTA, *La mano invisibile. Costruzione del racconto nel Verga 'minore'*,
Rubbettino, Soveria Mannelli, 1981.

[3] « Racconto a focalizzazione zero » e « racconto non focalizzato » sono
denominazioni equivalenti utilizzate da Genette in riferimento al racconto
classico con narratore onnisciente, cioè con un narratore che « ne sa » e « ne
dice » più di quanto ne sappia e ne dica uno qualsiasi dei personaggi; cfr.
GERARD GENETTE, *Figures III*, Seuil, Paris, 1972; tr. it., *Figure III*, Einaudi,
Torino, 1976, pp. 233 ss.

> Si sa quanto le credenze superstiziose sono radicate nelle menti delle popolazioni delle campagne; si giudichi a qual grado lo doveano essere mezzo secolo fa. (*Ibidem*, p. 89)

Esiste, poi, la necessità di spostarsi in ambienti diversi per illustrare precisamente la geografia degli avvenimenti attraverso vedute panoramiche che ricalcano l'*incipit* manzoniano e inquadrature ravvicinate al limite della metalessi [4], cioè fornite da un narratore che infrange le convenzioni narrative e si serve di una metafora per scivolare nella storia che sta raccontando. Vediamone, con due brani, i rispettivi esempi:

> L'estrema diramazione degli Appennini, che si prolunga fino alle ultime spiagge della Calabria, assume dei caratteri particolari; non è più quella catena superba, figlia delle Alpi /.../. (*Ibidem*, p. 88),

> Volete assistere ad altre scene di un dolore domestico meno vivo ma più profondo? Tiriamo il velo ad un quadro di famiglia; abbattiamo con l'immaginazione una delle quattro pareti di una capanna sull'angolo del bosco della *Piccola Maiella* /.../. (*Ibidem*, p. 154)

Tra i privilegi del narratore onnisciente va anche annoverata la facoltà di svelare i sentimenti segreti dei personaggi:

> All'opposto il suo cavaliere, o piuttosto colui a cui ella dava il braccio, sembrava voler sforzarsi a mascherare tutti quei nonnulla istintivi ma palesanti che svelavano la sua elevata posizione, sotto un'ilarità brillante e clamorosa. (*Ibidem*, p. 194).

Nel complesso, tuttavia, quest'ultima prerogativa è quella meno sfruttata dal narratore e non tanto perché egli esiti ad affrontare il suo ruolo di psicologo, bensì perché è troppo

---

[4] Il termine « metalessi » indica, generalmente, « ogni intrusione del narratore o del narratario extra-diegetico nell'universo diegetico », cfr. G. GENETTE, *op. cit.*, p. 282.

impegnato a far muovere i personaggi da una parte all'altra
dell'Italia per concedergli anche il tempo della riflessione.

In rapporto a questa dimensione di onniscienza dilagante
risultano rari ed esigui i luoghi narrativi in cui è possibile
registrare l'impiego della focalizzazione interna [5]. Ciò che colpi-
sce, dunque, è la ferma volontà del narratore di gestire autonomamente la narrazione, ponendosi sempre al di sopra della
scena per dilatare il carico informativo offerto al lettore. La
descrizione, allora, coincide con un'illustrazione di maniera,
con un ineccepibile inventario dell'esistente definitivamente
svincolato dal bagaglio psicologico di un determinato testimone
oculare:

> Al contrario della prima la seconda porta era spalancata come
> quella del terreno; la contessina entrò nella prima camera /.../.
> In faccia alla porta era un piccolo caminetto che doveva essere
> molto *comfortable*, come dicono gli inglesi, nelle cattive serate in
> quella solitudine; gli alari di bronzo dorato, la mensola di
> marmo, il frontone scolpito con gusto, erano mantenuti nella
> più ricercata proprietà /.../. Una stoffa di seta cremisi rigata ad
> oro copriva le pareti inquadrandosi in cornici di velluto nero
> leggermente filettate d'oro come quella del ritratto. Delle tende
> di seta celeste cadevano /.../. (*Ibidem*, p. 282-283)

In questo brano la supervisione privilegiata dell'autore occulta il
turbamento emotivo provato dalla ragazza di fronte al rifugio
del capo carbonaro: il quadro ambientale appartiene interamente al narratore, pronto a sottolineare la propria presenza
con una esplicita generalizzazione (« come dicono gli inglesi »).

In modo ancora più evidente il 'ritratto' dei personaggi
sancisce l'appiattimento tautologico della descrizione tradizionale, interamente riconducibile ad una scheda aprioristica del

---

[5] « Il narratore a punto di vista limitato è quindi una strategia narrativa
dotata di poteri, di autorità e di informazioni ridotti rispetto a quelli dei
quali è dotato il cosiddetto narratore onnisciente, demiurgo affidabile e
impositivo, talvolta invadente e sempre competente. » (PAOLA PUGLIATTI, *Lo
sguardo nel racconto*, Zanichelli, Bologna, 1985, pp. 1-2).

narratore onnisciente; poiché i tratti dei protagonisti vengono prelevati da un catalogo prevedibile e ampiamente sfruttato, questo tipo di descrizione, oltre ad arrestare il flusso diegetico, non veicola nuove informazioni sul narrato [6]:

> Tutti e tre si voltarono verso la porta.
> Giustina era là; bella e pallida come un marmo antico /.../ il cappuccio di seta nera proietta una lieve ombra su quella fronte bianca e purissima e le dà l'ombreggiatura soffusa dell'eburneo; il collo e il viso, del bianco diafano dell'alabastro, spiccano vivamente /.../. (*Ibidem*, p. 144)

Anche altrove sembra che il narratore non riesca a svincolarsi dai moduli della narrazione tradizionale e può accadere che alla comparsa della focalizzazione interna faccia seguito un commento autoriale:

> Giustina *fissò un momento Guiscard*, come non l'aveva fatto fino allora.
> Era un uomo piuttosto giovane, sui ventott'anni; portava le prime piume di capo Carbonaro. La sua fisonomia colpiva al

---

[6] L'aspetto conservativo di tali procedimenti descrittivi può essere illustrato ricorrendo alle osservazioni di Hamon: « ogni descrizione si presenta dunque come un insieme lessicale metonimicamente omogeneo, e la sua ampiezza dipende dal vocabolario di cui dispone l'autore, non dal grado di complessità della realtà stessa. È anzitutto una nomenclatura estensibile con chiusura più o meno artificiale, le cui unità lessicali componenti sono dotate di minore o maggiore prevedibilità di apparizione. Si offre all'autore un certo ventaglio di possibilità che gli permettono di dosare tale prevedibilità e di regolare l'omogeneità semantica della descrizione »; a questo punto lo studioso elenca una serie di tipi descrittivi di cui a noi interessa il IV (è opportuno ricordare che con la sigla T-I si indica il 'tema introduttore' di una descrizione: « in questo caso l'autore accetta una leggibilità massimale. Un T-I dà l'avvio all'apparizione di un lessico stereotipato, predicato da una serie di termini anch'essi stereotipati o di 'clichés'. Ad esempio, per un T-I *ritratto*, si accennerà ad una *fronte* che sarà *bianca come la neve*. La descrizione è allora assai vicina alla tautologia (informazione ridotta, ridondanza dei contenuti, prevedibilità massima) del pleonasmo o del 'cliché' (comunicazione fatica). » (PHILIPPE HAMON, *Semiologia, lessico, leggibilità del testo narrativo*, Pratiche, Parma, 1977, pp. 71-74).

primo sguardo; la pelle era di una bianchezza sì pallida da sembrare che nessuna goccia di sangue vi scorresse di sotto /.../.
Si sa l'impressione che produce questo miscuglio su di un volto biondo e pallido. (*Ibidem*, p. 128) [7]

I brani svolti in focalizzazione interna, come si vede, non rivelano sostanziali differenze rispetto a quelli in cui prevale l'onniscienza tradizionale. Il narratore, cioè, ancora non riesce a eclissarsi completamente per dotare di piena autonomia i suoi personaggi, e al fine di segnalare la transizione dalla focalizzazione zero alla focalizzazione interna, appare necessario mettere in evidenza il verbo di percezione o una espressione con significato analogo:

> Giustina uscendo *non poté trattenersi di levare un ultimo sguardo su quell'uomo* sì giovine, sì fidente e sì nobile, che andava a sagrificarsi per lei col sorriso della gioia sulle labbra. Quel volto non era bello /.../. (*Ibidem*, p. 150)

Può anche accadere che il verbo percettivo scompaia definitivamente e non sia sostituito da alcuna locuzione con analoga funzione: in questi casi, tuttavia, nulla ci permette l'identificazione della focalizzazione interna, soprattutto in assenza — come avviene nei *Carbonari della montagna* — di quei tratti lessicali, sintattici e semantici che connotano la prospettiva limitata. Si legga questo brano:

> Ella entrò francamente nella camera di Francesco. Era una sala immensa, quadrata, che occupava tutto il piano della torre che dava sul portone, illuminato da un'infinità di lampade di bronzo dorato fissate alle pareti. Non vi erano finestre, ma un vano circolare aperto nella volta amplissima, chiuso da un tamburlano a cristalli, che si apriva sul battuto del torrione. (*Ibidem*, p. 126)

---

[7] Salvo indicazione diversa, i corsivi all'interno delle citazioni sono nostri.

Nessun elemento ci consente di attribuire a Giustina la titolarità percettiva della scena: la descrizione è neutrale e potrebbe comparire, identica, in un momento qualsiasi della narrazione e in rapporto a uno qualunque dei personaggi. Si veda ora, per contrasto, una scena d'interno nel *Mastro don Gesualdo*:

> La ragazza gli aveva apparecchiata una minestra di fave novelle, con una cipolla in mezzo, quattr'ova fresche, e due pomidori ch'era andata a cogliere tastoni dietro la casa. Le ova friggevano nel tegame, il fiasco pieno davanti; dall'uscio entrava un venticello fresco ch'era un piacere, insieme al trillare dei grilli, e all'odore dei covoni nell'aia: — il suo raccolto lì, sotto gli occhi, la mula che abboccava anch'essa /.../. (*Mastro don Gesualdo*, p. 67)

Il brano prosegue in forma indiretta libera ma fin dall'inizio siamo certi che il narratore racconta ciò che sta guardando Gesualdo, e non soltanto per la congruenza concettuale tra ciò che viene riferito e la personalità del protagonista (si tratta di un contadino nel suo ambiente naturale) ma anche in forza di appropriati segnali linguistici come il deittico (« davanti ») e la locuzione idiomatica (« un venticello fresco ch'era un piacere »). La descrizione, in questo caso, raccoglie i soli oggetti che magnetizzano l'attenzione del protagonista focalizzatore e una siffatta selezione si riempie presto di significati che valicano il rapporto esclusivamente ottico, fisiologico, stabilito dal personaggio con la realtà circostante; l'atto percettivo, di conseguenza, rimanda immediatamente — senza attraversare il diaframma interpretativo predisposto da un eventuale narratore onnisciente — alla mappa dei valori culturali, affettivi, morali, dello stesso personaggio. Inoltre, come abbiamo detto, nel brano rilevato l'espansione del punto di vista interno si verifica 'anche' attraverso una speciale forma di espressione che riecheggia il parlato di Gesualdo: il personaggio 'vede', il narratore 'parla' ma prima ancora di giungere all'indiretto libero, tra i due si è già realizzato un compromesso linguistico[8].

---

[8] A questo proposito mi sembrano particolarmente utili le osservazioni di Bachtin: « L'azione del protagonista di romanzo è sempre ideologica-

In realtà per conoscere la vera natura di un personaggio è
necessario venire a contatto con il suo punto di vista concettuale, cioè con la sua unica e inconfondibile visione del
mondo, senza incontrare la mediazione del commento autoriale. D'altra parte, in un racconto interamente gestito da un
narratore onnisciente spesso si ha l'impressione che i personaggi non siano dotati di una autentica, singolare concezione
esistenziale e siano piuttosto dei congegni elaborati dall'autore
per sostenere uno schema narrativo prestabilito e già saturo di
significati inconfutabili.

Nei primi romanzi verghiani il narratore non rinuncia
alla propria supervisione illimitata, non tollera di essere vinco-
lato alle restrizioni prospettiche dei personaggi o alle loro
modalità di espressione linguistica: così, quando decide di rive-
larci che cosa avviene nella loro mente, non solo vi entra
prepotentemente ma ce ne offre un resoconto con parole sue.
Ne consegue che in queste prime prove del Verga potremo
conoscere il punto di vista di un personaggio soprattutto negli
inserti metadiegetici [9], cioè nei diari, nelle lettere, nei racconti

---

mente distinta: egli vive e agisce nel suo particolare mondo ideologico (e
non in quello epico unitario) e ha una sua propria comprensione del mondo
che s'incarna in azioni e in parole.
    Ma perché non si può svelare la posizione ideologica del protagonista e
il mondo ideologico, che ne sta alla base, nelle azioni stesse del protagonista
e in esse soltanto, senza raffigurarne la parola?
    Il mondo ideologico altrui non può essere adeguatamente raffigurato, se
non gli si permette di risuonare, se non si svela la sua parola. La parola
effettivamente adeguata alla raffigurazione dell'originale mondo ideologico,
infatti, può essere la sua propria parola, anche se non essa soltanto, ma unita
alla parola d'autore. Il romanziere può anche non dare al proprio protagonista la parola diretta e può limitarsi a raffigurarne soltanto l'azione, ma in
questa raffigurazione d'autore, se essa è essenziale e adeguata, insieme al
discorso d'autore risuona inevitabilmente anche la parola altrui, la parola
dello stesso protagonista. » (MICHAIL BACHTIN, *Slovo v romane* in *Voprosy
literatury i estetiki*, Chudozestvennaia literatura, Mosca, 1975; tr. it., *La
parola nel romanzo*, in *Estetica e romanzo*, Einaudi, Torino, 1979, pp.
143-144).
    [9] « Il prefisso *meta-* connota evidentemente, nel caso presente, come in
'metalinguaggio', il passaggio al grado secondario: il *metaracconto* è un
racconto nel racconto, la *metadiegesi* è l'universo di tale racconto, proprio

orali che egli avrà la possibilità di produrre con la propria voce (o scrittura) e che noi incontreremo nel corso della narrazione come sezioni testuali autonome, nettamente separate dal flusso del racconto gestito dal narratore onnisciente.

Non a caso nei *Carbonari della montagna*, in cui si registra una cospicua dilatazione discorsiva dell'onniscienza, il racconto metadiegetico assume le più ampie proporzioni raggiunte nell'intera produzione verghiana e diventa un vero e proprio 'romanzo nel romanzo'. Corrado il carbonaro avrà la possibilità di esprimere liberamente il proprio punto di vista, la natura autentica del proprio eroismo, in un diario segreto che sarà inevitabilmente scoperto dalla donna che ama. La lettura del testo da parte della fanciulla costituisce l'espediente narrativo predisposto dall'autore per riprodurre integralmente, fedelmente, il manoscritto dell'eroe nel corso della narrazione. Si crea così un contrasto tra la storia raccontata dal narratore onnisciente e quella raccontata dal personaggio: questa speciale giustapposizione di intrecci, questa diffrazione di livelli diegetici consente allo scrittore di conciliare le imprescindibili esigenze dell'onniscienza con una caratterizzazione dell'eroe protagonista che non risulti schiacciata dalle valutazioni e dai commenti del narratore esterno.

In questa prima prova del Verga, dunque, sono facilmente avvertibili le estreme diramazioni stilistiche del romanzo storico e, soprattutto, le specifiche strategie discorsive adottate da un narratore che rispecchia fedelmente la figura tradizionale dell'intellettuale ottocentesco, ancora fiducioso negli effetti politici della propaganda letteraria. Lentamente, mentre gli intellettuali prenderanno atto della loro esaurazione — in seguito alle delusioni postrisorgimentali — i successivi narratori verghiani provvederanno a limitare il loro spazio d'intervento

---

come la *diegesi* designa, (secondo un uso attualmente diffuso) l'universo del racconto primo.» (G. GENETTE, *op. cit.*, p. 276); si tenga presente che il racconto metadiegetico può esser definito anche « racconto di secondo grado » o, più semplicemente, « racconto secondo » in rapporto al filo diegetico di base che viene definito « racconto di primo grado » o « racconto primo ».

sulla storia per privilegiare il punto di vista dei personaggi
anche al di fuori della cornice metadiegetica.

2. L'àncora del *feuilleton* tra romanzo storico e dramma intimo (*Sulle lagune*).

Con il romanzo successivo, *Sulle lagune* [10], pubblicato sul
periodico fiorentino *La nuova Europa* a un anno di distanza
dalla prima edizione dei *Carbonari della montagna*, si assiste a
un rovesciamento di prospettiva narrativa determinato dalla
prevalenza della focalizzazione interna e dalla comparsa, in
alcuni casi, della focalizzazione esterna [11]. Ma è bene avvertire
subito che nel nuovo romanzo verghiano l'adozione della prospettiva limitata non risponde alla ricerca estetica dell'autore,
bensì funge da vero e proprio espediente atto a risolvere problemi d'intreccio.

È stato autorevolmente dimostrato, infatti, che nell'impianto narrativo di *Sulle lagune* compaiono puntualmente i
cosiddetti ingredienti canonici raccomandati per la stesura di
un *feuilleton* (la fanciulla virtuosa insidiata dal vecchio diabo-
lico, l'agnizione, la descrizione oleografica di città famosissime,
ecc.) insieme a una robusta dose di incidenti misteriosi e di
trovate a sorpresa che rientrano più precisamente nel genere
poliziesco. Un tratto comune alle due tipologie appena citate è
costituito dalla serie di esche indirizzate al lettore con l'implicita speranza di incatenarlo alla lettura, soprattutto qualora si
tratti, come in questo caso, di un romanzo a puntate.

L'adozione della focalizzazione interna risponde dunque
all'esigenza precipua di innescare meccanismi immaginativa-

---

[10] Su questo romanzo si veda ancora l'art. cit. dell'Annoni, ma anche
GIAN PAOLO BIASIN, *Il romanzo «Sulle lagune» del giovane Verga*, «La
rassegna della letteratura italiana», 2-3, 1970, pp. 394-416.

[11] «È la narrazione cosiddetta 'spersonalizzata', che apparentemente
non viene da alcuna fonte narrativa (esempi classici, Hammet e certo Hemingway). Il punto di vista è esterno ai personaggi narrati » (P. PUGLIATTI,
op. cit., p. 13).

mente ansiogeni nei lettori, incitati a scoprire la conclusione di un racconto avvincente e desiderosi di sciogliere quei nodi misteriosi accumulatisi in assenza del narratore onnisciente. È evidente infatti che il primo scopo del narratore è adesso quello di ritrarsi il più possibile dalla vicenda che sta raccontando per eliminare la tentazione di svelare fin dall'inizio i significati reconditi che sempre si celano dietro il semplice ritratto dei personaggi o il nudo resoconto del loro comportamento. Ciò non esclude ovviamente che il narratore, in alcuni casi, continui a servirsi delle tradizionali prerogative dell'onniscienza, come quando ha bisogno di compiere grandi balzi temporali:

> Alcuni mesi sono passati dall'ultima scena che abbiamo descritto. È l'autunno: noi ritroviamo Stefano l'ungherese che dal giorno del suo duello è disertato /.../. (*Sulle lagune*, p. 558),

oppure quando intende presentarci i due protagonisti maschili: in questo secondo caso, comunque, il narratore si limita a elencare i soli tratti esteriori di Stefano e del suo amico Collini nel momento in cui compaiono sulla scena, cioè quando essi vengono sottoposti all'osservazione di un gruppo di potenziali testimoni oculari:

> /.../ i suoi movimenti ritengono l'impronta di quella rigidità, diremmo impacciata, particolare ai militari. Egli difatti nell'entrare aveva gettato un'occhiata sospettosa verso le altre sale, ove gli uffiziali facevano il diavolo a quattro. (*Ibidem*, p. 497)

Infine il narratore onnisciente pretende di svelare i segreti dei suoi personaggi:

> I due giovani cominciarono a fare pazzie, come si dice; l'uno per isviare i sospetti che avrebbero potuto farsi sul suo conto, e l'altro per mostrarsi ora allegro e noncurante, ma in fondo per cercare di dimenticare l'incognita dei Giardini Pubblici. (*Ibidem*, p. 519)

Ma anche in questo romanzo, come nei precedenti *Carbonari*, quest'ultima prerogativa è sfruttata con estrema parsimonia.

In proposito occorre notare che il personaggio più 'scrutato'
dal narratore onnisciente, quello in cui il narratore si immerge con maggiore applicazione per scoprirne la segreta interiorità, è l'eroe, Stefano De Keller. Le incursioni del narratore nella coscienza di questo personaggio sono funzionali
allo svolgimento del racconto: Stefano infatti deve essere perfettamente trasparente, sicuramente buono, integralmente positivo. Il suo passato, le sue ambizioni, i suoi sentimenti devono essere sempre palesati per favorire il processo d'identificazione di ogni lettore che pretenda, come garanzie rassicuranti, la lealtà e la bontà del suo eroe di turno. Ma anche in
questo romanzo lo scrittore avverte la necessità di liberare il
punto di vista del personaggio, la sua autentica vita interiore,
dalle interpretazioni esterne convenzionalmente fornite dal
narratore onnisciente. Anche in *Sulle lagune*, allora, nei limiti
prefissati dell'inserto metadiegetico Stefano potrà palesare autonomamente il proprio punto di vista raccontando i momenti salienti della propria vita al generoso amico Collini.
D'altra parte una volta oltrepassati i confini del racconto di
secondo grado e ritornati nel flusso diegetico principale, il
punto di vista di Stefano non servirà tanto a filtrare la successione degli eventi da una particolare angolazione concettuale
ma funzionerà, più semplicemente, da radar per inquadrare il
volto dei personaggi che di volta in volta gli capiteranno
sotto tiro. Anche se vincolata a questo nodo stutturale, l'adozione della focalizzazione interna funge da espediente idoneo
a creare uno stato di dubbi e di incertezze proprio nel lettore. Quest'ultimo infatti 'vede' con gli occhi di Stefano ma
la sensibilità e l'intelligenza del giovane non riescono a sup-
plire il referto informativo generalmente fornito dalla supervisione del narratore onnisciente; così il lettore, proprio come
il personaggio, vivrà l'incertezza e il disorientamento inevitabilmente prodotti dal primo incontro con un personaggio sco-
nosciuto. Il ritratto del conte austriaco, il personaggio misterioso che fa nascere mille dubbi sulla sua identità, è interamente filtrato dagli occhi di Stefano:

> Quando egli ritornò *Stefano lo guardava con interesse*: l'ubbriaco della sera precedente era divenuto il solito e garbato signore dall'etichetta rigorosa e dal vestito nero. Soltanto i suoi sopraccicli erano lievemente aggrottati. (*Ibidem*, p. 536)

Allo stesso modo, durante l'ultimo incontro tra i due giovani protagonisti, Giulia viene descritta così come appare al suo uomo innamorato:

> Quando *Stefano poté veder Giulia alla luce della finestra*, restò un istante sorpreso, eppure raggiante di una gioia tale che diveniva adorazione nei suoi rapporti con la giovinetta. Giulia era pallida e bianca come la veste che indossava e il velo che si posava sui suoi capelli neri /.../. (*Ibidem*, p. 574)

Nei due brani possiamo notare l'esplicitazione del verbo percettivo e la netta demarcazione, interpuntiva e sintattica, tra la pausa descrittiva e il flusso narrativo. Conviene ricordare che l'utilizzazione dei verbi percettivi segnala un tentativo 'prudente' compiuto dal narratore per immettere nel flusso diegetico regolato dalla supervisione autoriale il punto di vista di un personaggio. È evidente che nel passaggio dall'onniscienza alla prospettiva limitata il lettore si imbatte nel mutamento del 'centro focale' (prima il narratore, poi il personaggio), ed è per questo motivo che uno scrittore tradizionale, attento alla percorribilità del testo, evidenzierà con la dovuta cautela il passaggio dall'uno all'altro sistema prospettico. Abbiamo già visto che nei *Carbonari* i brani svolti in focalizzazione interna sono quasi sempre preceduti da un verbo percettivo; lo stesso fenomeno si ripete in *Sulle lagune*, lo ritroveremo in *Una peccatrice* e, in genere, in tutta la prima fase della narrativa verghiana. Gradualmente, man mano che l'onniscienza diventerà più limitata e l'impiego della focalizzazione interna più frequente, anche i verbi percettivi tenderanno a scomparire.

Restano da citare quei casi in cui il narratore, come si dice spesso, finge di saperne meno dei personaggi e adotta, pertanto, la focalizzazione esterna. È ovvio che tale strategia narrativa serve ad accrescere quell'alone di mistero che caratterizza la struttura del romanzo poliziesco:

> I due giovani uscirono dal Caffè, completamente deserto, tenendosi sotto il braccio come v'erano entrati. Essi furono sorpresi di vedere un uomo, vestito di nero, che usciva a quell'ora già tarda da un'altra porta del Caffè, e che dopo aver passato dinanzi ai due giovani /.../ scomparve all'imboccatura di una delle strette vie che i veneziani chiamano liste. (*Ibidem*, p. 516),

> In quel momento un uomo vestito di nero passava lentamente pel corridoio che si incrociava con quello ove erano i due giovani. Giulia, tenendo gli occhi rivolti vero quella parte, fu la prima a vederlo, e mise un piccolo grido. (*Ibidem*, p. 528)

In questo romanzo, insomma, l'iniziale adeguamento verghiano alla tecnica della focalizzazione interna rimanda alle premesse canoniche del genere appendicistico piuttosto che alla scelta di una oculata posizione teorica. Il trattamento dei livelli diegetici, invece, corrisponde coerentemente al primo periodo del tirocinio stilistico compiuto dal giovane scrittore. Nella storia della narrativa verghiana, *Sulle lagune* segna il passaggio dal romanzo storico al dramma intimo e l'autore, che affronta le novità della trasformazione, spiana con eccessiva prudenza le incertezze tematiche e strutturali del racconto per scolpire a tratti netti una verità inequivocabile e per rendere categorica la morale della favola: il valore borghese della lealtà sentimentale.

L'aspetto costitutivo di questo romanzo consiste proprio nella 'ridondanza', nell'eccesso di informazione come proposta ripetuta e ossessiva dell'unico significato prestabilito dall'autore in una vicenda che non ammette la mediazione graduale dei valori, che non consente l'esistenza del dubbio e dei mutamenti psichici. L'iterazione informativa investe soprattutto le figure principali del romanzo come Stefano, Giulia o il cattivissimo conte, e scaturisce dal rapporto costante che si instaura tra metadiegesi e diegesi. In *Sulle lagune*, infatti, i personaggi sono totalmente positivi o totalmente negativi ma la connotazione etica del loro carattere traspare autonomamente dai racconti che essi stessi producono. Il narratore, che ricerca la *suspense* riducendo il carico informativo da offrire ai lettori, non può palesare la propria presenza introducendosi nella mente dei personaggi o giudicandoli dall'esterno ma può permettersi di giocare con i livelli diegetici. Non a caso in questo romanzo compaiono ben cinque racconti di secondo grado concernenti puntualmente la medesima vicenda: un conte austriaco, sfruttando la posizione di illegalità politica del padre e del fratello di Giulia, tiene quest'ultima prigioniera nella propria casa con la complicità del prete Gontini. La stessa vicenda, tuttavia, viene narrata da punti di vista differenti perché ogni volta il racconto trattiene la specifica marca assiologica del personaggio che ne è autore. Vediamo adesso un momento cruciale del romanzo in cui la nefanda perfidia del conte è contrapposta immediatamente al candore della fanciulla perseguitata:

> — Sì, mai v'ho parlato così, poiché in compenso di tanti sacrifizi che ho incontrato per voi, in compenso di essermi compromesso col mio governo per aver abbracciato con tanto calore la vostra causa disperata... io sperava che la gratitudine vi avesse fatto udire con interesse le mie proposte...
> — Dio mio!... quelle proposte!... Ah! per pietà non parliamone, rispose la giovinetta con sublime ingenuità, io non lo posso, no! signor conte!... pietà! /.../ mi son rassegnata a vivere qui, in questa casa che non è mia... a vivervi di carità... a costo forse della mia reputazione, quantunque il padre Gontini mi abbia spesso rassicurata su questo punto /.../. (*Ibidem*, p. 542)

I punti di vista dei personaggi sono totalmente opposti e questo contrasto è ulteriormente rimarcato dal repentino scambio di voci. Il narratore, pur senza ricorrere ai tradizionali referti psicologici, distingue categoricamente i personaggi della vicenda e ristabilisce il paradigma etico indispensabile per una equa valutazione dei fatti; il lettore, da parte sua, dovrà solo rielaborare l'iterazione ciclica di un medesimo nucleo informativo.

3. L'anticipazione del nuovo: la psicologia del dubbio e l'affioramento della prospettiva limitata (*Una peccatrice*).

Una peccatrice inaugura la serie dei romanzi d'amore in cui scompare definitivamente l'ideale unitario che aveva dato origine ai *Carbonari della montagna* e che ancora aleggiava nel successivo romanzo. Se l'ambiguo finale di quest'ultimo [12] lasciava supporre l'imminenza di un allontanamento critico dalle formule predeterminate del *feuilleton*, con il nuovo romanzo il Verga abbandona gli enigmi del *plot* e indica fin dall'inizio la conclusione della vicenda.

Si assiste a uno scadimento d'interesse per il cumulo delle imprese eccezionali, per l'irruenza degli eventi che si sfiorano e si intrecciano; ora il narratore si rivolge alla vita di ogni giorno e sbalza in primo piano il carattere di un nuovo tipo di eroe per misurarne lo spessore affettivo, non la pulsione istrionica. La 'meditazione', in tal modo, entra prepotentemente nei romanzi verghiani e il narratore si affretta a scandagliare la trama elaborata di pensiero che precede anche l'atto più trito dei nuovi personaggi.

In questo romanzo il ritratto di Pietro Brusio, costituito da un vero e proprio sommario autoriale e collocato nella prima fase della narrazione, conferma un modulo narrativo già sperimentato nei *Carbonari della montagna* e riutilizzato in seguito negli ultimi due romanzi del ciclo giovanile, *Tigre reale* e *Eros*:

> Pietro Brusio /.../ è, come abbiamo accennato, un giovanotto alto; di circa 25 anni; alquanto magro, ciò che non impedisce che abbia delle belle forme, le quali sarebbero più eleganti, se avesse il segreto, come l'hanno molti, di saperle fare spiccare /.../. (*Una peccatrice*, p. 44)

Ma il narratore di un romanzo d'amore pretende di scoprire in qual modo gli eventi si riflettano nella coscienza di un

---

[12] Cfr. G.P. BIASIN, *op. cit.* In effetti, per la conclusione della vicenda l'autore lascia aperte diverse possibilità, rendendo ancor più consistente quella cortina di mistero alla quale accenniamo nel corso dell'analisi.

personaggio per scovare la dilatazione dell'immaginario dietro un gesto, uno sguardo, una parola:

> Una o due volte che Brusio non incontrò quello sguardo fu triste, e quasi dispettoso di se medesimo. Una volta, l'ultima /.../ fu ebbro... felice di una sensazione nuova, strana, che non sapeva definire, della quale aveva quasi paura, poiché non poteva giustificarla. (*Ibidem*, p. 55)

Lo stesso narratore, dunque, non si limita a svolgere una funzione di regìa o ad usufruire del dono dell'ubiquità; adesso, diversamente da quanto accadeva nei primi due romanzi, il massimo sfruttamento dell'onniscienza coincide con la capacità di scrutare a fondo nell'intimità dell'eroe:

> Bisogna dire che il giovane, esagerando la sua suscettibilità, scrivendo quella lettera di orgoglioso rimprovero sotto le frasi gentili, cedeva ad una segreta speranza di mettersi in relazione con Narcisa; e che egli aveva adottato quel mezzo come ne avrebbe adottato un altro, se gli si fosse presentato. (*Ibidem*, p. 100)

Anche l'eroe però, da parte sua, avverte l'esigenza dell'autoanalisi: oltre l'irruenza delle azioni, al di là di un impegno concreto per la trasformazione del reale, il nuovo protagonista verghiano si imbatte nella possibilità di una 'sua' trasformazione e incontra la barriera del dubbio che sfalda la presunta priorità del 'carattere'. Brusio, col suo sguardo, inaugura una prima indagine inquisitoria inizialmente diretta su se stesso:

> Che voleva egli? Che cercava da quella donna, di cui il lusso, il corteggio, l'adulazione era l'atmosfera in cui viveva; che gli uomini più ricchi, più eleganti, più nobili si fermavano ad ammirare /.../. (*Ibidem*, p. 56)

Quando è rivolto all'esterno, invece, lo sguardo del protagonista si abbandona all'esplorazione affascinata delle superfici, perché l'oggetto del desiderio invita spesso al puro godimento della sua esteriorità. In questi casi il punto di vista interno assume una valenza estetica, edonistica, come la contemplazione abbacinata

che non va al di là dello schermo immediatamente accessibile
allo sguardo:

> Brusio passava i giorni al *Laberinto* /.../ o al teatro dove la
> vedeva splendente di tutto il prestigio del suo lusso, profumata
> da quel vapore inebbriante che recano la bellezza, la giovi-
> nezza, la ricchezza; facendo scintillare la luce del suo sguardo
> insieme al riflesso dei suoi diamanti; armonizzando la bian-
> chezza vellutata e purissima della sua pelle alla bianchezza
> pallida delle perle che le cingevano il collo bellissimo /.../.
> (*Ibidem*, p. 75; corsivo nel testo)

Esaminando il vettore ottico che unisce Brusio alla sua donna
e che è diretto quasi sempre dal basso verso l'alto, possiamo
addirittura risalire alla collocazione sociale degli amanti ed
inferirne « l'inferiorità del borghese rispetto alla nobile Narcisa »[13]:

> I due sedettero all'ombra, e quasi contemporaneamente *alza-*
> *rono gli occhi* sui veroni della casa, sebbene alquanto distante,
> che Raimondo aveva indicato come l'abitazione della Piemon-
> tese. (*Ibidem*, p. 59),

> L'occhialetto di Pietro *stava quasi sempre fissato su quella loggia.*
> Due o tre volte, ella, come sorpresa di quella molesta assiduità,
> *volse gli occhi verso quel binocolo che aveva l'indiscretezza di*
> *guardarla sì a lungo dalla platea.* (*Ibidem*, p. 68)

In *una peccatrice*, come si è visto, i verbi percettivi e le
formule alternative con analogo significato, marcando la transizione dalla narrazione onnisciente alla prospettiva limitata,

---

[13] Vincenzo Moretti, *I conflitti di 'Una peccatrice'*, « Sigma », 1/2,
1977, p. 170. La novità di questo romanzo rispetto ai due romanzi
precedenti viene messa in luce anche da Roberto Salsano, *Rilievi testuali sul*
primo Verga, Roma, Palombi, 1979: « Assistiamo qui ad una decisa presa di
distanza dalla tipica forma del 'romanzo d'azione': estranea all'ideale
verghiano risulta la meta del *romanesque*, con i suoi connotati di un sorvola-
mento dell'analisi psicologica in direzione dell'avventuroso e del fantastico,
finalità abbastanza visibile nelle primissime esperienze giovanili. » (p. 24).

costituiscono ancora un prudente e insopprimibile segnale di preavviso. Vediamone altri esempi:

> Pietro *udì* il passo di lei che saliva le scale, accompagnato dal passo più pesante dell'uomo che la seguiva; *udì* la porta che si aprì a riceverli e si richiuse poco dopo; *vide* che nel salotto ove abitualmente dimorava la contessa, venivano accresciuti i lumi. (*Ibidem*, p. 77),

> Allora solamente la sua leggiadra testolina, coronata da quei ricci magnifici, si volgeva lentamente verso di lui.
> Qualche volta, con un movimento tutto infantile, quella manina bianca e affilata si appoggiava alla ringhiera, /.../.
> « Con questa donna ci sarebbe da impazzire! » esclamò Pietro reprimendo un fremito, *dopo averla divorata a lungo dello sguardo.* (*Ibidem*, p. 60)

In realtà, quando il verbo percettivo non è chiaramente espresso non possiamo essere certi che il percepito sia riferibile alla focalizzazione interna; il narratore, infatti, spesso perde di vista la specificità ottico-concettuale del personaggio potenzialmente focalizzatore e si abbandona a descrizioni tradizionali che scaturiscono direttamente dalla sua voce senza mostrare alcun filo di congiunzione col testimone oculare. Si osservi questo esempio in cui il contesto narrativo sembra implicare una percezione del personaggio:

> « Si dia l'incomodo di seguirmi in sala », diss'egli sollevando la portiera di un uscio; « il signore ci sarà a momenti ».
> Per giungere al salotto si attraversava una piccola serra a cristalli /.../, ciò che unito alle pitture dei vetri e alle doppie tende di raso e di velo, faceva penetrare soltanto nella sala quella mezza luce, che, col lasciare indistinte le forme degli oggetti, vi crea mille nuove immagini, e ne popola la semioscurità di quei mille sogni incantati, di quelle sfumature voluttuose che tanto piacciono alle donne galanti /.../. (*Ibidem*, pp. 110-111)

In questo brano il salotto di Brusio ci è descritto dal narratore (è sufficiente sottolineare la generalizzazione autoriale: « di quelle sfumature voluttuose che tanto piacciono », ecc.) e noi sappiamo quali siano i pensieri di Narcisa mentre attraversa la dimora dell'uomo che ama, non sappiamo quali siano gli aspetti dell'arredo che il suo occhio recepisce con maggiore attenzione e a quali immagini, ricordi, sensazioni quegli stessi oggetti vengano associati.

Leggiamo adesso due passi — il primo tratto dal *Mastro don Gesualdo* e il secondo dal *Marchese di Roccaverdina* (1901) del Capuana, l'altro grande esponente del verismo italiano — in cui una descrizione ambientale, non introdotta da alcun verbo percettivo, risulta immediatamente riconducibile al punto di vista del personaggio. Il quadro scenografico è ristretto e contiene solo gli elementi che lo spettatore raccoglie con un colpo d'occhio; diversamente da quanto avviene nelle descrizioni autoriali, avvertiamo una sicura congruenza semantica tra lo spettatore e il suo mondo esterno prodotta dalla volontà del narratore di rispettare l'autonomia culturale dei personaggi, il loro bagaglio affettivo, il loro potenziale espressivo:

> Parve a don Gesualdo d'entrare in un altro mondo, allorché fu in casa della figliola. Era un palazzone così vasto che ci si smarriva dentro. Da per tutto cortinaggi e tappeti che non si sapeva dove mettere i piedi — sin dallo scalone di marmo — e il portiere, un pezzo grosso addirittura, con tanto di barba e di soprabitone /.../. (*Mastro don Gesualdo*, p. 339),

> Intanto bisognava pensare a ripulire la casa, a farvi grandi mutamenti. Mai, come in quei giorni, essa non gli era sembrata un laberinto.
> Ah, quel marchese *grande*, che aveva avuto il mal del calcinaccio in città e in campagna! Fare e disfare era stato per lui davvero tutto un lavorare.
> Che mostruosità quella massiccia facciata, con lo smisurato portone e le pesanti mensole dei balconi, in quel vicoluccio, tra casette che non permettevano di poterla osservare da vicino! (*Il marchese di Roccaverdina*, p. 91).

Come abbiamo già notato durante l'analisi dei *Carbonari della montagna*, l'adozione della prospettiva limitata comporta non solo una ragionata selezione degli elementi da descrivere ma anche un'adeguata modifica del sistema linguistico attraverso il quale quegli stessi elementi saranno mediati narrativamente. 'Nei due brani appena rilevati gli scrittori, servendosi dell'indiretto libero, sottolineano l'assoluto soggettivismo che connota la ricezione del reale da parte dei protagonisti (Gesualdo nel primo caso, il marchese nel secondo): Verga e Capuana non raccontano ciò che esiste ma in che modo l'esistente si rifletta nella coscienza dei focalizzatori. In altri passi della futura produzione verghiana, prima ancora di giungere all'indiretto libero, si assisterà a una complessa forma di ibridazione discorsiva, a una sofisticata commistione linguistica tra la voce del narratore e quella del personaggio; per ora (con *Una peccatrice* siamo nel 1866) i problemi tecnici da risolvere riguardano proprio la difficile coabitazione della voce e della prospettiva del narratore con la voce e la prospettiva del personaggio, in un romanzo in cui l'adozione della focalizzazione interna incomincia a profilarsi come necessaria.

In seguito alla crisi degli ideali risorgimentali lo scrittore si preoccupa di analizzare la società medio-borghese, svelandone il diffuso malcontento, l'artificiosa e ingannevole ricerca di passioni effimere che possano rimpiazzare l'impegno politico ormai estinto. Ma il generale clima di ripiegamento sul privato induce gli stessi individui — e gli eroi del romanzo — ad affinare le loro capacità introspettive, ad amplificare la coscienza della loro singolarità esistenziale. In *Una peccatrice*, allora, possiamo reperire la tensione stilistica nella quale si dibatte il giovane Verga. In effetti, una volta smarrita la possibilità di raccontare le gesta di eroi magnanimi proiettate sullo sfondo dei più solidi valori civili e morali (come accadeva nei *Carbonari* e, in parte, in *Sulle lagune*), poteva apparire contraddittorio utilizzare la tradizionale autorità del narratore onnisciente per raccontare la microstoria soggettiva di un fallito come Brusio. D'altra parte la progressiva centralità della coscienza individuale nell'economia del nuovo romanzo svelava una struttura labirintica tanto misteriosa da richiedere l'intervento di un narratore che ne sapesse — e ne dicesse — più degli stessi personaggi. In termini più concreti ci sembra che in *Una peccatrice* si riproponesse con maggiore urgenza la necessità di conciliare la massiccia presenza del narratore onnisciente con un autentico protagonismo del personaggio, le formule inveterate dalla narrazione tradizionale (« Non tenteremo di dare una idea di quelle lagrime roventi che lasciavano solchi sul suo volto... », p. 79) con una gestione più accorta della focalizzazione interna. Ma l'adozione della prospettiva ristretta doveva costituire un vero ostacolo per chi, come il Verga, aveva compiuto il proprio apprendistato nel rigoroso rispetto della tradizione. Anche in questo romanzo, pertanto, l'ampia utilizzazione del racconto metadiegetico si profila come un espediente tecnico messo in atto dallo scrittore per consentire la libera espansione del punto di vista dei personaggi. Di fronte alla difficoltà oggettiva di far affiorare il punto di vista interno nel corso della narrazione principale, cioè nel flusso diegetico gestito dal narratore onnisciente, lo scrittore decide di far tacere il narratore nello stesso momento in cui ai personaggi viene offerta la possibilità di raccontare la loro storia a voce o per lettera. Quando Pietro narra le sue vicende sentimentali all'amico Raimondo, l'orientamento esistenziale che emerge dalla vera voce del protagonista rappresenta esplicitamente il livello assiologico del punto di vista interno che, conviene ricordarlo ancora una volta, non può essere assimilato a un semplice fenomeno ottico:

> E dopo questo, dopo innumerevoli esempi, che ogni giorno cadono sott'occhio, credi che si possa più aver fede nell'*amore* propriamente detto, in questo amore chiesto e giurato spesso col rituale alla mano, senza passare almeno per uno scolaro di primo anno? (*Una peccatrice*, p. 48)

La prospettiva di Brusio, inoltre, sarà ancora più facilmente reperibile nella lettera che egli scrive allo stesso Raimondo Angiolini:

> Raimondo!... Ti svelo un gran mistero del mio cuore che Narcisa non dovrebbe mai conoscere. In mezzo a questi deliranti piaceri /.../ ho un pensiero che mi è quasi terrore, che mi agghiaccia il bacio sulle labbra... e ciò quando penso che a forza d'inebbriarmi a questa coppa fatata, i sensi dell'uomo, troppo deboli per la piena di tanta felicità non si istupidiscano nel godimento /.../. (*Ibidem*, p. 121)

Ma è soprattutto a proposito di Narcisa Valderi che dovremo fare le osservazioni più interessanti. Nella prima parte del romanzo il ritratto della protagonista è sempre filtrato dagli occhi di Pietro, o tutt'al più, del suo amico Angiolini, e il narratore onnisciente non si preoccupa di esplorare la coscienza di questa donna misteriosa. Tuttavia, quando gli amanti finalmente riescono a incontrarsi, abbiamo la possibilità di sapere cosa si celi dietro la bellezza di Narcisa, quali sensazioni ella abbia provato durante il periodo del corteggiamento, che cosa abbia pensato del giovane innamorato, dell'amore, della vita, in che modo questa vicenda abbia influito sul suo carattere: in definitiva potremo conoscere il suo punto di vista, ma potremo farlo soltanto nello spazio che il narratore le ha concesso per raccontare la sua storia:

> « Ora che la vostra confessione è fatta », diss'ella, non rispondendo direttamente, « veniamo alla mia ».
> Pietro si accosciò sul tappeto ai piedi della contessa, tenendo sempre le sue mani.
> « Vi scrissi di aver conosciuto a Catania un giovanetto generoso fino al sagrifizio, nobile sino all'eroismo /.../. (*Ibidem*, p. 114)

Terminato il racconto di Narcisa, il narratore riprende la parola per riassumere in pochissime pagine i primi giorni di convivenza degli amanti; a questo punto la narrazione vera e propria si interrompe, il narratore tace, addirittura scompare per lasciare la parola ai personaggi. Per sapere che cosa sia capitato agli innamorati, ma soprattutto per conoscere il loro punto di vista su quella appassionata vicenda sentimentale, dovremo leggere la lettera di Brusio, sopra citata, e le quattro lettere scritte da Narcisa allo stesso Raimondo Angiolini, pubblicate integralmente, in successione. Nelle lettere, allora, andrà recuperato un duplice livello informativo: uno relativo alla personalità del personaggio e coincidente con il suo punto di vista, l'altro più propriamente (meta-) diegetico, cioè relativo ai fatti avvenuti dopo l'incontro degli amanti.

Infine dovremo fare un'ultima osservazione. Alcuni lacerti descrittivi che compaiono nella prima lettera di Narcisa rivestono un notevole interesse critico perché rappresentano la prima apparizione, nella narrativa verghiana, di un quadro paesaggistico filtrato attraverso gli occhi di un personaggio. Ancora una volta l'inserto metadiegetico viene adoperato come campo di esercitazione sperimentale per la verifica delle valenze semantiche, propriamente psicologiche, del punto di vista interno, e rappresenta l'unica zona del romanzo in cui il personaggio possa far emergere la propria soggettività, autonomamente:

> Mi diede il braccio, come per nascondermi il suo imbarazzo, e mi accompagnò alla salita che precede l'ingresso alla rocca.
> I muri della torre principale che guardano il paesetto sembrano di un'altezza smisurata, guardati dal basso, in quel punto, elevati come sono su di un immenso scoglio /.../. (*Ibidem*, p. 141)

> L'ultimo raggio di sole rischiarava ancora i merli della più alta torre, e nell'abisso che dovevamo traversare era buio profondo; e gli echi ne erano mugghianti; e gli sprazzi di schiuma biancheggiavano come giganteschi fantasmi. (*Ibidem*, p. 143)

In questi brani, anche se trattenuta sotto il peso di una prosa tradizionale, la personalità del testimone oculare traspare dalla singolarità dell'atto percettivo: lo scrittore, che non era riuscito a farci penetrare nella mente della stessa Narcisa nel momento in cui attraversava la dimora dell'amante, trova nelle lettere l'occasione propizia per l'adozione della focalizzazione interna.

4. L'irruzione della coscienza nel narrato epistolare (*Storia di una capinera*).

Nell'iter sperimentale che condurrà il giovane Verga alla adozione sistematica della focalizzazione interna, una tappa fondamentale è costituita dalla scrittura della *Storia di una capinera* e di *Eva*. In questi due romanzi — il primo epistolare, il secondo 'autobiografico' — il soggetto e l'oggetto dell'enunciazione coincidono; il narratore, che è anche protagonista, racconta la 'sua' storia dal 'suo' punto di vista e non può non attenersi ai limiti prospettici di un qualsiasi personaggio. A nostro avviso è necessario sottolineare la contiguità di queste due opere, che rappresentano una sorta di esperienza compatta o, ancora, un passaggio quasi obbligato nella sperimentazione delle valenze ottiche e concettuali della focalizzazione interna. In effetti, esaminando i primi tre romanzi verghiani abbiamo registrato un rapporto di dipendenza diretto e costante tra l'impiego della focalizzazione interna e la narrazione in prima persona relegata nelle cornici metadiegetiche, cioè contrapposta al flusso diegetico gestito da un narratore esterno e onnisciente; ora questa corrispondenza biunivoca trova la sua massima espressione nel regime autobiografico che accomuna le strutture narrative della Storia di una capinera e di Eva [14].

Nel primo di questi due testi la scelta del genere epistolare può essere intesa come l'esasperazione prevedibile di quella speciale predilezione per la lettera che il Verga aveva già manifestato in Sulle lagune e in Una peccatrice. Questa particolare forma di romanzo, d'altra parte, sembra rispondere al desiderio verghiano di un'analisi psicologica approfondita e complessa che possa offrire l'idea del 'farsi' di una coscienza piuttosto che di una coscienza già formata.

Generalmente nell'espressione epistolare è particolarmente ridotto lo scarto cronologico tra l'adesso della storia e l'adesso della scrittura e, addirittura, in alcuni casi si può assistere a una parziale contemporaneità tra i due assi della temporalità narrativa: la ricorrenza di questi fenomeni ci autorizza a considerare il genere epistolare — prima che fosse scoperta l'efficacia narra-

[14] « Il modo più semplice e più completo per un narratore di essere presente nel suo racconto, è di narrare le sue memorie, o di pubblicare un giornale intimo. Si assicura, così, un posto centrale da cui potrà vedere tutto ciò che costituisce la materia del racconto. Visione limitata, soggettiva, soggetta a cauzione, ma privilegiata, in quanto permette — teoricamente, almeno — di trascendere la tradizionale opposizione soggetto-oggetto: il soggetto è infatti l'oggetto della narrazione. » (ROLAND BOURNEUF e RÉAL OUELLET, L'univers du roman, Presses Universitaires de France, Paris 1972; tr. it., L'universo del romanzo, Einaudi, Torino 1976, pp. 82-83).

tiva dell'indiretto e del diretto libero o monologo interiore —
specificamente adeguato alla 'rappresentazione della vita interiore di un personaggio, colta continuamente, quasi istante dopo
istante, attraverso i mutamenti repentini della coscienza [15]. La
confessione spontanea, presumibilmente sincera, a volte istantanea e incontrollata, rende la narrazione epistolare simile a uno
specchio che registra le reazioni della coscienza agli avvenimenti
che si verificano nel mondo esterno. La somma delle lettere,
allora, coincide con la successione delle fasi costruttive di una
personalità, che si trasforma e si rinnova man mano che si
modificano le sue relazioni con l'ambiente. Poiché il discorso
epistolare assorbe anche le minime oscillazioni dello stato emotivo, il mittente può sorprendersi a constatare gli aspetti misteriosi della propria coscienza, raccogliendo ad ogni istante l'eru-
zione enigmatica delle sensazioni:

> Che ti scrivo, che ti scrivo mai, Marianna?... Tu riderai di me, e
> mi darai del Sant'Agostino in gonnella. Perdonami, mia cara, ho
> il cuore così pieno che senza accorgermene cedo al bisogno di
> comunicarti tutte le nuove emozioni che provo. (*Storia di una
> capinera*, p. 165)

È evidente dunque che in un simile romanzo il lettore
incontra la coscienza del personaggio senza incorrere nella mediazione del diaframma autoriale, soprattutto se si tien conto del
fatto che nella *Storia di una capinera* gli 'eventi' veri e propri
hanno una consistenza assai scarsa e la storia si riduce a una
cronaca dei turbamenti emotivi vissuti dalla protagonista e da
lei stessa trascritti meticolosamente.

---

[15] « Nel romanzo epistolare — come a teatro — i personaggi raccontano
la loro vita mentre la vivono; il lettore è coinvolto in maniera contemporanea all'azione e la vive nel momento stesso in cui è vissuta e scritta dal
personaggio. Infatti questi, a differenza qui dal protagonista di teatro, scrive
ciò che sta vivendo e vive ciò che scrive /.../. Questa presa immediata sulla
realtà presente, afferrata a caldo, permette alla vita di essere vissuta e
espressa nelle sue fluttuazioni, man mano che il sentimento oscilla e si
sviluppa. » (JEAN ROUSSET, *Forme et signification*, J. Corti, Paris 1964; tr. it.,
Forma e significato, Einaudi, Torino 1976, p. 83).

È necessario sottolineare, invece, che il vecchio e neutrale referto topografico fornito dal narratore onnisciente adesso è sostituito da un quadro ambientale costantemente filtrato dall'occhio affascinato della protagonista. Quando lo spazio della storia incomincia a riecheggiare l'affanno esistenziale dei suoi abitanti, la sezione descrittiva perde l'illusoria pretesa della raffigurazione oggettiva nella misura in cui riflette le caratteristiche ottiche di un narratore che è anche personaggio focalizzatore. Non a caso in questo romanzo il paesaggio non è solo quello del presente ma anche quello del passato; così, spesso, a un ambiente direttamente osservato si contrappone un ambiente ricordato [16]:

> Se vedessi com'è bello da vicino il nostro Etna! Dal belvedere del convento *si vedeva* come un gran monte isolato, colla cima sempre coperta di neve; *adesso io conto* le vette di tutti cotesti monticelli che gli fanno corona, scorgo le sue valli profonde /.../. (*Ibidem*, pp. 161-162)

In modo particolare si deve osservare che tra la protagonista e l'ambiente circostante si instaura un rapporto di prossimità fisica e di comunione affettiva, narrativamente mediato dalla frequenza dei dimostrativi:

> /.../ e la vasta pianura in fondo limitata da *quella* catena di monti azzurri, e solcata da *quella* striscia lucida e serpeggiante che è il Simeto, e poi, grado grado salendo verso di noi, tutti *quei* giardini, *quelle* vigne, *quei* villaggi che ci mandano da lontano il suono dell'avemaria /.../. (*Ibidem*, p. 172),

---

[16] « Il luogo della narrazione non svolge, in effetti, nessun ruolo significativo in molti narrativi, e spesso non è neppure menzionato /.../ Vi sono, tuttavia, narrativi scritti — romanzi-diario, ad esempio — in cui il luogo della narrazione viene nominato di frequente, anche se ciò può non rivestire un particolare significato /.../. In tali opere, il luogo della narrazione può in alcuni casi avere una funzione tematica, strutturale o può servire come espediente di caratterizzazione.» (GERALD PRINCE, *Narratology. The Form and Functioning of Narrative*, Walter de Gruyter, Berlin 1982; tr. it., *Narratologia*, Pratiche, Parma 1984, pp. 50-51).

> /.../ i campanili di *quei* villaggi che biancheggiavano fra gli
> alberi, *quei* campi in cui il verde dell'erba contrastava col
> bianco della neve, *quel* bosco che taceva perché non c'era vento
> e non aveva più foglie da lasciar cadere, *quella* spianata ove
> abbiamo tanto ballato /.../. (*Ibidem*, p. 202)

È evidente che anche l'impiego dei deittici rientra nella pratica
della medesima strategia espressiva:

> Il castagneto non arriva *sin là*, e dalla vetta del monte si può
> godere la vista di uno sterminato orizzonte. /.../ un silenzio
> solenne, *laggiù* il mare che s'inargentava ai primi raggi della
> luna /.../. (*Ibidem*, p. 172)

La tecnica della focalizzazione interna appare impiegata
soprattutto per la descrizione paesaggistica, mentre la raffigurazione dei personaggi che ruotano intorno alla protagonista
focalizzante viene inspiegabilmente ridotta a una sintesi
estrema che spesso coincide con una rappresentazione labile e
inconsistente.

Tuttavia i difetti formali e la monotonia espressiva di
questo romanzo superano di gran lunga quei fenomeni più
interessanti che pure sono stati evidenziati; ma in sede di
analisi non possiamo non tener conto della collocazione di
quest'opera nell'arco delle prove giovanili del Verga. In questa
direzione la *Storia di una capinera* costituisce il più coerente
tentativo di racconto oggettivo, integralmente garantito dal
valore documentale della testimonianza epistolare e costantemente preservato dalle manipolazioni autoriali, data la riduzione del narratore al ruolo di editore. In secondo luogo
questo romanzo rappresenta la prima, notevole sperimentazione della focalizzazione interna, cioè di quella stessa tecnica
narrativa che verrà largamente utilizzata nei romanzi successivi [17]. Ma c'è ancora un aspetto da sottolineare. Nella *Storia di*

---

[17] Per il Luperini l'immedesimazione dello scrittore nella figura della
monaca comporta il positivo superamento dell'autobiografismo ancora presente nei primi romanzi verghiani; il Russo e il Marzot, invece, hanno
insistito sull'incapacità dell'autore di offrirci una rappresentazione autentica,

una capinera l'iperbole del soggettivismo ci induce a sospettare che l'intero racconto sia frutto di allucinazione, di una visione parziale e personale del mondo, e l'assenza di una verifica dialettica della' posizione ideologica incarnata dalla protagonista (il rifiuto della tradizione socio-culturale, soprattutto meridionale, che condannava le ragazze poco abbienti alla monacazione forzata) priva la stessa narrazione del valore dirompente della denuncia sociale. Pertanto siamo pienamente d'accordo con la Patruno quando afferma che la « chiusura di ogni vicenda nel mondo ristretto delle sensazioni individuali e l'arretramento di una prospettiva polemica nei confronti della società è la strada aperta a una visione destorificante e neutrale della realtà. Si delinea la tendenza ad assumere l'ambiente come elemento immodificabile, come legge che determina e ridimensiona gli sforzi dell'inserimento » [18]. Se già in *Una peccatrice* avevamo riscontrato la centralità dell'individuo nel sistema del romanzo, la *Storia di una capinera* inaugura definitivamente una linea di tendenza che caratterizzerà l'intero arco della narrativa verghiana.

5. Il reale deformato: la centralità dello sguardo (*Eva*).

Anche in *Eva* [19] la presenza di un narratore-protagonista che racconta la propria storia in prima persona comporta

sincera del dramma dell'educanda, nonostante l'adozione di una scrittura autobiografica; osservazioni dirette sul versante propriamente formale sono quelle di Zaccaria, che considera la « anacronistica ripresa di schemi letterari /.../ avulsi da un'implicazione problematica col loro tempo, fino al punto di far regredire il discorso ad una situazione premanzoniana. » (Cfr., rispettivamente, ROMANO LUPERINI, *Pessimismo e verismo in Giovanni Verga*, Liviana, Padova 1982, 1ª ed. 1968; L. RUSSO, *op. cit.*; G. MARZOT, *op. cit.*; GIUSEPPE ZACCARIA, *La 'falsa coscienza' dell'arte nelle opere del primo Verga*, « Sigma », 1/2, 1977, pp. 91-112).

[18] MARIA LUISA PATRUNO, *Il primo Verga fra tensione unitaria e integrazione nazionale*, « Lavoro critico », luglio-dicembre, 1977, p. 128.

[19] Sugli aspetti storico-letterari di questo romanzo, nonché sul suo eventuale valore polemico, cfr. CALOGERO COLICCHI, *Lettura di Eva*, « Giornale storico della letteratura italiana », fasc. 490, 1978; sulle istanze polemiche contenute nella famosa prefazione a *Eva* e, in generale, sui rapporti tra la Scapigliatura e i romanzi giovanili del Verga, cfr. RICCARDO SCRIVANO, *Il Verga tra Scapigliatura e Verismo*, « Belfagor », 30-XI-1965, pp. 653-663.

automaticamente, quasi per definizione, l'adozione sistematica della focalizzazione interna. Prima di procedere nell'analisi del romanzo, però, conviene precisare meglio un aspetto della prima tecnica verghiana al quale abbiamo già accennato. Nelle prime opere del Verga, come si è detto, i lacerti narrativi in cui compare il punto di vista dei personaggi costituiscono una vera rarità e sono relativi, quasi sempre, alla specificità di un volto o di un ambiente; il personaggio, cioè, percepisce dei dati fisici ma non ha la possibilità, o forse la capacità, di produrre una personale interpretazione degli eventi e dell'esistenza in generale. Esperienze di questo tipo incominciano a comparire soltanto in alcuni segmenti del testo e più precisamente negli inserti metadiegetici, quali il manoscritto nei *Carbonari della montagna*, la corrispondenza epistolare tra i protagonisti di *Sulle lagune* e *Una peccatrice*, la stessa raccolta di lettere della Capinera e, infine, il lungo racconto di secondo grado tenuto da Enrico Lanti, il protagonista di *Eva*. In questi casi particolari il titolare di un racconto metadiegetico può esporre il proprio punto di vista utilizzando la propria voce e quindi può esprimere le proprie idee senza la mediazione, l'intervento autoritario del narratore esterno. Questo fenomeno merita di essere chiarito con alcuni esempi. Leggiamo un brano riferibile all'ordinaria condotta diegetica di *Una peccatrice* in cui emerge il pensiero di Pietro Brusio, il protagonista:

> Pietro fu tristamente colpito da quella lettera. Egli si aspettava tutt'altro, egli credeva di trovare affettuose parole di donna amante, e per contro rinvenne la moglie che supplicava il duellista famoso per la vita del marito; egli non vide, non seppe scorgere tutto ciò che lasciava intravedere, che accennava anche quella lettera /.../. (*Una peccatrice*, p. 102)

In realtà non sappiamo esattamente cosa stia pensando Brusio, non conosciamo la specifica forma di svolgimento dei suoi ragionamenti bensì l'interpretazione dàtane dal narratore esterno, cioè da una mente superiore che si ritiene in diritto di mettere ordine nella mente dei suoi personaggi. Al contrario, per venire direttamente in contatto con la personalità del medesimo Brusio, dovremo leggere le lettere che egli scrive al suo amico Raimondo Angiolini, in cui esprime, con la sua voce e dal suo punto di vista, i problemi sentimentali che lo assillano:

> /.../ ho un pensiero che mi è quasi terrore /.../ e ciò quando penso che /.../ a forza d'immedesimarmi nella vita di lei, a forza di assorbirne tutte le emanazioni quando me la stringo fra le braccia, io non giunga a rompere quel velo aereo, direi, di cui Narcisa si circonda, e che comanda quasi la semioscurità, l'isolamento, per farla meglio ammirare... (*Una peccatrice*, p. 121)

Qualcosa di simile è reperibile, più dietro ancora, nei *Carbonari della montagna*. Corrado, il protagonista, non ha il tempo per compiere pacate riflessioni perché il suo eroismo si basa sulla immediata corrispondenza di pensiero e azione: tuttavia, nelle rarissime pause in cui si ferma a riflettere non ci troviamo di fronte alla sua coscienza ma di fronte a un intervento del narratore onnisciente:

> Era quel punto in cui tutte le risorse dell'uomo si curvano quasi dinanzi la fatalità.
> A quell'idea l'immaginazione ardente del giovine fu per smarrirsi nel vortice spaventoso che ella stessa si procurava /.../. Negli estremi frangenti si è superstiziosi fino a far decidere alle inezie più minime, ma in tal caso Corrado non cedeva che ad una ispirazione, ad una speranza /.../. (*I Carbonari della montagna*, p. 401)

Di contro, quando leggiamo il diario segreto di Corrado siamo certi, solo allora, di conoscere la sua personale visione dell'esistenza:

> In quel punto la vita divenne pesante per me — pochi istanti potevano farmela soffrire: le carezze di mia madre, e la vista di Carolina. Io cercavo stordirmi nelle emozioni violente; io amai la caccia con trasporto, io forse avrei amato il gioco. Sino a quel punto avea studiato /.../. (*I carbonari della montagna*, p. 287)

Del resto anche nel romanzo che stiamo analizzando (*Eva*) possiamo addentrarci con sicurezza nella coscienza del protagonista ascoltando direttamente la sua voce:

> Avevo in seno tutte le gioie, tutti gli entusiasmi, tutte le frenesie... e mi soffocavano. Sembravami che il cuore mi si dilatasse talmente, per tanta piena di affetti, che il mio petto non bastasse a contenerlo. Provavo nello stesso tempo tal fastidio di me, tal rimorso /.../. (*Eva*, p. 290)

Fino a *Eva* dunque, gli aspetti della 'prospettiva' che rientrano nell'area concettuale del 'modo' del racconto sembrano direttamente collegati alla categoria della 'voce', e particolarmente alle sottoclassi della 'persona' e del 'livello narrativo'. In termini più semplici, quando i narratori dei primi romanzi verghiani decidono di cedere il punto di vista a un personaggio, preferiscono cedergli anche la voce a costo di farli diventare a loro volta narratori, diaristi, epistolografi, ecc. Successivamente, lo scrittore non ricorrerà più al racconto di secondo grado per lasciare trapelare il punto di vista di un personaggio; il narratore tenterà di avvicinare la propria voce a quella del personaggio per rispettarne l'autonomia culturale, la singolarità del carattere e l'identità linguistica, pur all'interno del flusso narrativo di base. L'apice di questo sforzo espressivo è costituito dall'uso dello stile indiretto libero che consente la fusione perfetta della voce del narratore con quella del personaggio. Ma l'inserzione dello stile indiretto libero nel racconto di primo grado avviene parallelamente all'inserzione del punto di vista interno nella narrazione principale, gestita da un narratore extra-diegetico. È opportuno chiarire quanto è stato detto con un esempio:

> « Addio, comare Barbara! » rispose il poveraccio, e così ci mise una pietra su quel che era stato, e se ne tornò a remare come un galeotto, che già quella sera era una vera galera, dal lunedì al sabato, ed egli era stanco di rompersi l'anima per niente, perché quando non si ha nulla è inutile arrabbattarsi da mattina a sera, e non trovare un cane che vi voglia /.../. (*I Malavoglia*, p. 147)

Qui, dopo la battuta di 'Ntoni, voce e punto di vista ritornano al narratore onnisciente, il quale provvede a raccontare gli eventi (« rispose »; « mise una pietra su »; « tornò a remare ») e a giudicare gli esistenti (« poveraccio »; « galeotto ») ma già l'ultimo epiteto può essere inteso come una traccia di discorso altrui (di 'Ntoni); infatti con il dimostrativo seguente (« quella sera ») la focalizzazione e la voce oscillano nuovamente verso il personaggio; questa tendenza, che appare ulteriormente accentuata dalla locuzione popolare (« rompersi l'anima »), viene definitivamente sottolineata dall'adozione del presente indicativo, che esprime inequivocabilmente la concitazione del protagonista [20].

Per l'autore di *Eva* la rappresentazione della realtà non può coincidere con una immagine neutrale e perfetta, perché la visione del mondo esterno è sempre regolata da una lente soggettiva che seleziona e rimodella ciò che rientra nel suo raggio visuale. Fin dalle prime pagine del romanzo l'impalcatura emotiva del primo narratore-osservatore funziona da filtro personalizzato per la ricezione dell'ambiente esterno. La descrizione, in particolare, è il prodotto di uno stato d'animo momentaneo e compare tra i ricordi del narratore come un'immagine riflessa da uno specchio distorcente in grado di prolungare il reale nella sfera dilatata dell'immaginazione. Anche la pre-

---

[20] Al fenomeno della 'commistione di voci' — argomento centrale nella nostra analisi — spesso i saggi di narratologia non dedicano sufficiente attenzione. Vediamo, invece, come certe osservazioni di Bachtin, pur rappresentando una sorta di commento generalizzato allo stile umoristico, si adattino perfettamente al problema che stiamo trattando: « Chiamiamo costruzione ibrida una enunciazione che per i suoi connotati grammaticali (sintattici) e compositivi, appartiene a un solo parlante, ma nella quale, in realtà, si confondono due enunciazioni, due maniere di discorso, due stili, due 'lingue', due orizzonti semantici e assiologici. Tra queste enunciazioni, stili, lingue, orizzonti, lo ripetiamo, non c'è alcun confine formale (compositivo e sintattico); la divisione delle voci e delle lingue passa nell'ambito di un solo tutto sintattico, spesso nel giro di una semplice proposizione, spesso persino una stessa parola appartiene contemporaneamente a due lingue, a due orizzonti che s'incrociano nella costruzione ibrida e, quindi, ha due sensi pluridiscorsivi, due accenti. » (cfr. M. BACHTIN, *op. cit.*, pp. 112-113).

sentazione del protagonista è assai diversa dal ritratto canonico
dei primi eroi verghiani perché la curiosità e l'attenzione del
primo narratore adesso raccolgono soltanto i segni impressio-
nanti di un'immagine alterata, proprio come una caricatura ne
avrebbe espresso solo la dismisura palese:

> Avevo visto un volto pallidissimo, assai magro, con gli occhi
> luccicanti come per febbre, e incavernati in un'orbita accerchiata
> di livido, con certi baffetti biondi appena visibili, e le labbra
> pallide. (*Eva*, pp. 259-260)

Come sappiamo, in *Eva* sono presenti due narratori; il
primo ha una funzione marginale, gestisce la cornice della storia
centrale e introduce il secondo narratore, il pittore Enrico
Lanti, vero protagonista del romanzo. Dopo un breve dialogo il
primo narratore cede la parola a Enrico perché racconti la sua
storia; una volta incominciato il racconto autobiografico potremo conoscere anche il punto di vista del nuovo eroe. Al
primo contatto col mondo dello spettacolo il raggio focalizzante
del pittore viene invaso da una congerie indistinta di sensazioni
che rendono impossibile la percezione nitida e integrale degli
oggetti e delle persone perché la confusione emotiva e l'eccitazione fantastica hanno il potere di alterare l'oggettiva conforma-
zione della realtà:

> Improvvisamente apparve una scena incantata, riboccante di
> suoni, di luce, di veli e di larve seducenti che turbinavano nelle
> ridde più voluttuose — come una fantasmagoria di sorrisi affasci-
> nanti, di forme leggiadre, di occhi lucenti e di capelli sciolti.
> (*Ibidem*, p. 268)

La vera novità di *Eva* consiste proprio nella risoluzione
dell'equivoco estetico presente nei romanzi precedenti: il realismo, infatti, non si identifica più con l'imitazione fotografica
della realtà bensì con la ricerca delle connessioni costanti che
saldano la raffigurazione dello 'spazio' (il campo percepito) alla
tensione psicologica dei personaggi; di conseguenza la riproduzione della realtà diventa più precisa, quasi paradossalmente,

quando è irrimediabilmente compromessa con le valenze emozionali di un personaggio-spettatore [21]:

> Andavo baloccandomi come un imbecille pei viali, ora guardando correre le nuvole più basse e brune su di un cielo di piombo, attraverso gli incrociamenti dei rami nudi, ora tenendo dietro con grande curiosità ai passeri che correvano sull'erba riarsa dal gelo in cerca di cibo — anch'essi avevano fame. (*Ibidem*, p. 316)

Naturalmente anche la descrizione di Eva, la ballerina, trattiene la segnatura deformante dell'eccitazione sentimentale, soprattutto quando l'artificio scenico esagera la distorsione del reale:

> /.../ e in mezzo a un nembo di fiori, di luce elettrica, e di applausi, apparve una donna splendente di bellezza e di nudità, corruscante febbrili desideri dal sorriso impudico, dagli occhi arditi, dai veli che gettavano ombre irritanti sulle forme seminude, dai procaci pudori, dagli omeri sparsi di biondi capelli, dai brillanti falsi, dalle pagliuzze dorate, dai fiori artificiali. Diffondeva un profumo di acri voluttà /.../. (*Ibidem*, p. 268)

Ma al di là del palcoscenico l'occhio del pittore raccoglie spietatamente l'angusta ossatura della finzione, la trama che sorregge la pompa ingannevole dello spettacolo. Dietro le quinte si estingue l'abbaglio dei sensi e la distanza ravvicinata svela particolari insospettati a chi si era fermato alla confezione artificiale della superficie esibita: la stessa Eva, vista da vicino, appare diversa perché l'esame ottico è più rigoroso e l'artificio scenico non può giocare la sua parte [22]:

[21] « È in queste peculiarità del procedimento narrativo /.../ che si colloca la capacità di 'far vedere' al lettore ciò che viene narrato: il lettore, insomma, sembra suggerire Beach, non *vedrebbe* con altrettanta vivezza se potesse vedere *tutto*, se non gli fosse lasciata quell'ampia zona vuota nella quale impegnare la sua capacità di inferenza: se non vedesse, insomma, con le limitazioni fisiche e d'altro tipo che sono sempre imposte alla percezione umana. » (P. PUGLIATTI, *op. cit.*, p. 67).

[22] Il Debenedetti, partendo da una diversa angolazione critica, ha autorevolmente sottolineato il valore estetico della descrizione della ballerina,

> I capelli le cadevano sul petto senz'arte; alcune stille di
> sudore rigavano il suo belletto; le sue candide braccia,
> vedute così da vicino, avevano certe macchie rossastre, e
> nello stringere i legaccioli vi si rivelavano i muscoli che ne
> alteravano la delicata morbidezza. (*Ibidem*, p. 271)

Ora, se è vero che questa ampia utilizzazione della prospettiva limitata compare, ancora una volta, all'interno di un racconto di secondo grado e risulta, per certi versi, tecnicamente
agevolata dalla narrazione in prima persona, è anche vero che
proprio in *Eva* il saldo sistema dei livelli narrativi subisce una
prima scalfitura. Per rendercene conto è necessario ritornare al
dialogo iniziale tra il primo narratore e Enrico Lanti e al
momento in cui quest'ultimo incomincia a raccontare la propria
storia. Il trapasso di voci, dal primo al secondo narratore, è
segnalato nettamente dall'intervallo grafico e dalla immediata
contrapposizione della prima persona verbale degli interlocutori. Questa porzione di romanzo, tuttavia, è sempre gestita dal
primo narratore, che non si è ancora trasformato completamente in narratario [23]: infatti, poco dopo l'inizio del racconti di
Lanti, il primo narratore riemerge con evidenza come organizzatore e commentatore della storia:

vista dietro le quinte; nel ritratto di Eva, secondo il critico, si fondono la
descrizione decadentistica e l'occhio impressionistico, ma anche i tratti di una
sensibilità realistica, capace di rappresentare la nobiltà di una figura umana
che mostra i segni del lavoro fisico (cfr. G. DEBENEDETTI, *op. cit.*).

[23] Il narratario è, in generale, il destinatario di una narrazione; è la
persona alla quale direttamente o indirettamente, esplicitamente o implicitamente, subito o a distanza di molto tempo, si rivolge un narratore nel
raccontare una storia. Il narratario si pone sul medesimo livello diegetico del
narratore. Pertanto, il narratore extra-diegetico, cioè posto all'esterno della
storia che narra (il narratore dei *Promessi sposi*) si rivolge a un narratario
extra-diegetico, esterno alla storia, che può coincidere, di conseguenza, col
lettore virtuale (i « venticinque lettori » ironicamente richiamati nei *Promessi
sposi*). Al contrario, un narratore intradiegetico, presente nella storia, si
rivolge — tramite un racconto orale, una lettera, un diario — a un narratore
intradiegetico, cioè, più semplicemente, a un altro personaggio che rientra
nella medesima storia, nel medesimo livello diegetico.

> Vivevo come in un'atmosfera del Cinquecento che mi rendeva idolatra dei palazzi anneriti dal tempo, delle grondi sporgenti e malinconiche, e delle acque torbide dell'Arno... In fede mia! *aggiunse con un ghigno amarissimo* « non avevo ancora pensato all'ospedale e al camposanto... »
> *Tacque e si passò a più riprese la mano sulla fronte, come per scacciarne molesti pensieri o la commozione che lo vinceva.*
> « Follie! sì! » *mormorò dopo qualche istante quasi parlasse fra di sé. (Ibidem, p. 264)*

In tal modo l'istanza narrativa di secondo grado, appena insorta, viene di nuovo relegata in una terza persona verbale; poi, lentamente, il narratore di primo grado accetta di restare in silenzio e abbiamo, così, un nuovo *incipit* metadiegetico, questa volta definitivo:

> Io non avevo mai amato, o almeno cotesto sentimento che era sparso in tutto il mio essere non si era incarnato in una figura di donna. Ero superbo della mia arte /.../. (*Ibidem*, p. 266)

Il racconto di Lanti adesso può procedere senza alcuna interferenza diretta da parte del personaggio che lo ascolta.

Nei primi romanzi verghiani la netta demarcazione dei livelli narrativi proteggeva l'inserto metadiegetico dall'ingerenza diretta del narratore principale o di un qualsiasi altro personaggio. Nessuno poteva pretendere di spezzare la compattezza del racconto orale di secondo grado, né di una lettera o di un manoscritto; in questi casi il narratario intradiegetico si limitava a leggere o ad ascoltare il racconto che gli veniva proposto e il narratore principale scompariva nello stesso momento in cui autorizzava il passaggio a un livello narrativo superiore (si ricordi la pubblicazione integrale del diario di Corrado il carbonaro e la 'sparizione' del narratore di *Una peccatrice* nel momento in cui venivano riprodotte le lettere degli amanti). Con questo sistema, come si è visto, lo scrittore garantiva la libera esposizione del punto di vista dei personaggi pur all'interno di un romanzo prevalentemente gestito da un narratore onnisciente, scavalcando drasticamente l'ostacolo della commissione di voci e delle restrizioni prospettiche. In

56   ROBERTO TORTORA

Eva, invece, l'iniziale riluttanza del primo narratore a trasformarsi in narratario silenzioso sembra indicare un embrionale tentativo di consolidamento dell'istanza narrativa di primo grado; sembra, cioè, che il narratore principale tenda a incorporare in un unico livello diegetico l'insorgenza di ogni potenziale istanza narrativa secondaria.

Se è vero che nei primi romanzi verghiani il punto di vista di un personaggio emergeva soprattutto negli inserti metadiegetici e se è vero che in *Eva* la compattezza dell'inserto metadiegetico subisce una prima, modesta intaccatura, è necessario sottolineare che proprio in questo romanzo (dopo il caso a sé costituito dalla *Storia di una capinera*) il giovane Verga sperimenta diffusamente le valenze percettive e concettuali della focalizzazione interna.

6. Il patto ambiguo tra narratore e personaggi (*Tigre reale*).

Vera protagonista dei romanzi verghiani sta per diventare la vita interiore dei personaggi ed è questa che deve essere palesata, esibita continuamente, in ogni momento della storia, senza essere confinata nello spazio limitato della metadiegesi; la coscienza dell'eroe deve essere mostrata direttamente, quasi colta in flagrante e, contemporaneamente, deve essere infranto il meccanismo vizioso che lasciava emergere il punto di vista di un personaggio soltanto quando questi si fosse trasformato in narratore, per dire finalmente la sua e per confessarsi lontano dalla vigilanza autoriale. Per giungere a questo risultato è necessario che la voce del personaggio sia sempre reperibile, sia percepibile come espressione soggettiva, autonoma e dialettica rispetto a quella del narratore principale. Quest'ultimo, da parte sua, si fa carico di una strategia discorsiva più complessa: da una parte tende a eliminare il racconto di secondo grado e a incanalare in un unico livello diegetico le potenziali narrazioni secondarie, affinché risulti consolidata l'istanza narrativa principale; d'altra parte rinuncia all'invariabilità del proprio sistema espressivo e agli abituali interventi autoritari per andare incontro alla soggettività dei personaggi assumendone le abitudini espressive e introspettive senza alterarle.

Procediamo gradualmente e cerchiamo di riscontrare in *Tigre reale* (1875) le diverse soluzioni stilistiche tra le quali oscilla il giovane Verga. Dal punto di vista strutturale questo è il più ambiguo romanzo verghiano perché vi compare e scompare un narratore che si esprime in prima persona e che ricostruisce, attraverso anticipazioni e posticipazioni, la vicenda sentimentale del suo amico e protagonista Giorgio La Ferlita. È evidente che in base alla presenza o assenza del narratore la classificazione del romanzo relativa agli aspetti della focalizzazione subisce notevoli modificazioni. Se il narratore compare nella storia come personaggio, sarà condizionato da tutti i limiti prospettici di un qualsiasi testimone oculare e avremo una narrazione in prima persona; al contrario, quando il narratore è extradiegetico - eterodiegetico [24], cioè assente dalla storia che sta narrando, finirà col comportarsi alla stregua di un tipico narratore onnisciente. Per quanto riguarda questa seconda possibilità sarebbe sufficiente ricordare un classico sommario autoriale:

> Giorgio effeminato, effeminato nel senso moderno ed elegante, buon spadaccino all'occorrenza, nel quarto d'ora, e tale da giuocare noncurantemente la vita per un capriccio, ma solito ad esagerare il capriccio sino a farne una passione, e solito ad esagerare l'idea della passione sino a renderla realmente irresistibile. (*Tigre reale*, p. 355),

ma è soprattutto in occasione di alcune analisi psicologiche che il narratore sembra attestarsi su posizioni anacronistiche, recu-

---

[24] « Il narratore del racconto primo è detto *extradiegetico* (è situato allo stesso livello del pubblico), quello del racconto secondo è detto *intradiegetico* e non può che rivolgersi ad altri personaggi del racconto primo /.../. Quanto al rapporto fra il narratore e la storia, si distinguono due tipi di racconto: il primo (*eterodiegetico*) con narratore assente dalla storia raccontata (il narratore-autore Omero, Flaubert nell'*Educazione sentimentale*, Manzoni nei *Promessi sposi*); il secondo (*omodiegetico*) con narratore presente come personaggio nella storia raccontata.» (ANGELO MARCHESE, *L'officina del racconto*, Mondadori, Milano 1983, pp. 168-169).

perando il referto diagnostico che seziona la coscienza dei
personaggi e inserendo nella narrazione un livello interpretativo che il lettore è costretto a subire:

> Tutti i principi del bene e del male, del diritto e del torto gli si
> erano confusi in mente, s'erano smarriti in una grande concita-
> zione; ne parlava con parole amare, come se gli si gonfiassero
> in cuore con degli eccessi irrefrenabili d'amarezza e di collera.
> (*Ibidem*, p. 422)

In verità queste speciali forme di commento autoriale solo di
rado compaiono tra i procedimenti tecnici abitualmente prati-
cati dal Verga e tendenti, fin dalle prove giovanili, piuttosto
all'ideale drammatico che al modello discorsivo tradizionale. In
proposito va ricordato che negli anni in cui veniva pubblicato
Tigre reale anche in Italia si affermava l'esigenza di un rinnovamento del romanzo attraverso modelli formali che tendessero
alla progressiva esautorazione del narratore onnisciente. La
protesta scapigliata, anche se superficialmente e confusamente,
teneva a freno il risorgente fanatismo di stampo guerrazziano e
il filantropismo deamicisiano, mentre il Verga, da parte sua,
già nel '69 si era servito dell'esperienza effettuata nel campo
teatrale (il dramma *Rose caduche* venne scritto in quell'anno)
per redigere una prima versione di *Eva*. La tecnica della drammatizzazione, parzialmente adottata da Flaubert e più tardi
teorizzata da Maupassant, verrà utilizzata soprattutto nel *Mastro don Gesualdo* ma già in *Eva*, in *Tigre reale* e specialmente
in *Eros*, il Verga ricorre frequentemente alle scene dialogate,
riduce significativamente il numero dei personaggi, segmenta la
narrazione in quadri teatrali e, infine, incomincia a utilizzare il
punto di vista dei personaggi per limitare parallelamente le
manifestazioni di onniscienza [25].
Mi sembra, comunque, che questi metodi di rappresentazione possano essere intesi come spie di un interesse analitico

---

[25] Sugli aspetti tecnici e storico-letterari inerenti la tecnica della drammatizzazione si veda GIUSEPPE PIRODDA, *L'eclissi dell'autore; tecnica ed esperimenti verghiani*, Ed. democratica sarda, Cagliari 1976.

rivolto più sull'uomo che sull'ambiente, in un momento in cui lo scrittore vedeva incrinarsi il tradizionale rapporto tra individuo e società. Di primo acchitto, i due brani precedentemente rilevati e altri ancora più espliciti (« Dall'incontro di questi due prodotti malsani di una delle esuberanze patologiche della civiltà, il dramma doveva scaturire naturalmente » p. 355) sembrano testimoniare in direzione contraria: pare, cioè, che l'autore implicito [26] — l'intelligenza, la fantasia, l'ideologia dello scrittore reale che hanno presieduto all'invenzione di questo specifico romanzo — intenda spiegare l'individuo studiandone l'origine sociale. Di fatto, però, quelle labili ricognizioni sulla società che dovrebbero alludere a una previa coscienza polemica nei confronti del *milieu* e del *moment*, restano confinate nella fase d'avvio della narrazione e là esauriscono la propria funzione didascalica, mentre la soluzione della vicenda, decisamente rassicurante nonostante le premesse 'sociali' negative, scaturisce esclusivamente dalla macerazione interiore di Giorgio. Un caso analogo si era già verificato in *Eva* dove, addirittura, la protesta verghiana contro l'atmosfera « di Banche e di Imprese industriali » giaceva incorniciata in una prefazione che non aveva alcun rapporto con le vicende dei protagonisti. In *Eros*, infine, il fallimento esistenziale e sentimentale del protagonista mi sembra spiegabile fuori dalle meccaniche coincidenze della *race*; il fatto che anche i genitori di Alberto abbiano vissuto una crisi coniugale rimanda, più che alle teorie del Taine, al precoce e generale scetticismo verghiano sulla solidità delle relazioni umane.

L'ipotesi di un rapporto di interdipendenza tra l'inclinazione verghiana al soggettivismo e l'utilizzazione di procedi-

---

[26] « Codesto soggetto interno della narrazione ha una coscienza superiore a quella del narratore perché domina il codice o sistema di regole di costruzione del racconto, e in particolare di quelle linguistiche e metalinguistiche. Pur non essendo rappresentato o definito tematicamente, è l'autore implicito che modella il narratore, assumendo il ruolo di chi detiene l'istanza informatrice più profonda del racconto, una 'competenza' che talora può differenziarsi indirettamente dalla coscienza del narratore e trapelare in modi piuttosto sottili, verificabili a livello di connotazioni linguistiche. » (A. MARCHESE, *op. cit.*, pp. 79-80).

menti tecnici di tipo drammatico — quali, in particolar modo,
la prospettiva interna, la regressione del narratore onnisciente
e i tentativi di riproduzione mimetica del linguaggio dei personaggi attraverso il discorso diretto, l'indiretto libero e le forme
di ibridazione vocale — mi sembra confermata, per contrasto,
dall'esame della prima produzione del Capuana. In *Giacinta*
(1879), che pure venne scritto mentre il Verga già si accingeva
all'audace sperimentalismo dei *Malavoglia*, la massiccia presenza dell'onniscienza si manifesta ancora nei pletorici e frequenti sommari, nelle minute e stereotipate descrizioni dei
personaggi e degli ambienti, nella scarsa utilizzazione del dialogo, nell'appiattimento linguistico della storia, immediatamente riconducibile all'unica voce del narratore sovrano; qui,
pertanto, compaiono con maggiore frequenza brani simili a
quelli precedentemente tratti da *Tigre reale*:

> Succedeva una tregua anche nelle foghe del suo organismo. I
> pudori, le castità della donna le si destavano in seno e le
> raddolcivano il sangue e le addormentavano i nervi. Aureole di
> un ideale infinito, splendevano ad intervalli nella sua immagina-
> zione femminile con sorrisi iridati. La benigna condizione del
> suo animo serviva a smussarle le irte angolature della realtà, ed
> ad ammortirle le ripugnanze, benché ridotte più vive. (*Gia-
> cinta*, p. 133)

Sul Capuana, come è noto, agiva prepotentemente l'in-
flusso di quei romanzieri che avevano studiato e rappresentato
l'ambiente prima dell'uomo e che credevano ancora nel ruolo
dell'intellettuale, dello scrittore come esploratore dei meccanismi sociali che danno origine alle passioni del singolo individuo. Ma in Balzac, e soprattutto in Zola, la ricognizione del
reale era sostenuta da una produttiva volontà di conoscenza
che si traduceva tecnicamente nella virile impassibilità del narratore, nelle accorte diagnosi sociali, nell'uso sapiente dell'*ar-
got*. Il teorico del verismo italiano, invece, nel verificare l'influenza del contesto ambientale sul personaggio era mosso
soprattutto dall'entusiasmo del neofita e rischiava di ripro-
porre, nelle sue prime prove, i moduli inveterati della narrazione tradizionale:

Si era senza stento accomodato alla falsa condizione creatagli dall'ardita risoluzione della contessa. L'amore di lui, si sa, non era impastato di slanci ideali, di mistici eroismi, quantunque alcune volte ne pigliasse le apparenze. Un miscuglio di sensualità volgare e di raffinatezza elegante, capace di lunga durata per questa sua mezzana natura /.../; ecco l'amore dell'Andrea. (*Ibidem*, p. 121)

D'altra parte, l'indagine sulla Storia, sulla società, ancora reperibile in *Giacinta*, verrà meno proprio nel più convincente romanzo del Capuana, *Il marchese di Roccaverdina*, nel quale il narratore, messa da parte l'onniscienza, si servirà del punto di vista dei personaggi per scoprire — solo nella loro coscienza — l'origine del disagio esistenziale. Significativa, sebbene in direzione inversa, è anche l'esperienza di De Roberto. Nell'*Illusione* viene adottata quasi costantemente la focalizzazione interna perché l'attenzione dello scrittore è interamente rivolta sul personaggio; il mondo esterno non ha una precisa autonomia e viene descritto così come si riflette nella coscienza di Teresa, la protagonista. Ma quando la rabbia feroce di De Roberto dovrà scagliarsi contro il marciume, la corruzione, l'ipocrisia della classe dirigente e delle istituzioni in generale, il narratore onnisciente riconquisterà le posizioni perdute, cedendo ancora, qua e là, il punto di vista ai singoli personaggi, ma conservando per sé una voce e una prospettiva inconfondibili. Sarà sufficiente ricordare un solo esempio tratto dai *Viceré*: durante il parto di Chiara, quando sembra che il punto di vista stia per essere ceduto ai personaggi presenti sulla scena (le levatrici), la voce e il giudizio del narratore ricompaiono all'improvviso, violentemente, e scuotono il tono della narrazione:

A un tratto le levatrici impallidirono, vedendo disperse le speranze di ricchi regali: dall'alvo sanguinoso veniva fuori un pezzo di carne informe, una cosa innominabile, un pesce col becco, un uccello spiumato; quel mostro senza sesso aveva un occhio solo, tre specie di zampe, ed era ancor vivo. (*I Viceré*, p. 263)

Come se non bastasse dopo qualche pagina il narratore si servirà del medesimo procedimento (si noti il verbo di percezione: « a *guardar* soddisfatta ») per far sentire, ancora più esplicitamente, il proprio superbo disprezzo per la casta vicereale:

> Anche gli altri a poco a poco se ne andarono, lasciando Chiara sola col marito a guardar soddisfatta quel pezzo anatomico, il prodotto più fresco della razza dei Viceré. (*Ibidem*, p. 267)

In effetti l'adozione del punto di vista interno comporta spesso una sorta di adesione, parziale o totale, del narratore al personaggio: l'autore implicito, guardando il mondo con gli occhi dei personaggi, rinuncia al commento autoritario, alla connotazione valutativa del 'discorso', alla manifestazione palese di uno spirito critico. La denuncia di De Roberto, invece, doveva essere esplicita, reperibile nei giudizi autoriali, nella deformazione espressionistica del linguaggio, nell'orchestrazione vasta e complessa della narrazione [27].

Avremo modo di occuparci ancora della narrativa di De Roberto e del Capuana — indispensabile a stabilire, per ragioni di cultura e di poetica, un prezioso tracciato di riscontri comparativi —; ma torniamo adesso al Verga. In *Tigre reale* il narratore ancora non riesce ad abbandonare le prerogative dell'onniscienza e quando cede il punto di vista a un personaggio senza però cedergli anche la voce, non è in grado di rispettarne i vincoli prospettici; la supervisione del narratore onnisciente spesso condiziona e invade il raggio visuale del testimone oculare; il narratore, infine, ci appare maldestro nel rappresentare ciò che il personaggio 'vede' e scivola lentamente

---

[27] Si tenga presente che la tecnica compositiva dei *Viceré* è particolarmente complessa; infatti, se è vero che la narrazione onnisciente generalmente regola il flusso narrativo del romanzo, è pur vero che spesso il narratore cede il punto di vista ai singoli personaggi, mettendone a nudo l'autentica personalità, le motivazioni segrete, il linguaggio abituale e lasciando all'inferenza del lettore la possibilità di una valutazione critica. Per un'analisi globale dei *Viceré* si veda GIANNI GRANA, *'I Viceré' e la patologia del reale*, Marzorati, Milano 1982.

verso la pausa descrittiva di tipo tradizionale. È opportuno esaminare il lungo brano successivo:

> Ella andò lentamente verso la finestra e sollevò la tendina.
> « Infatti », disse sbadatamente, « sarebbe proprio la giornata... »
> Il largo viale inondato di sole sembrava in festa. Passavano dei contadini coi loro carri, dei commessi che avevano preso da Porta San Gallo per andare a Porta San Niccolò, e delle sartine che avevano dimenticato la loro scatola dalla portinaia, a coppie, rasentando i muri o serpeggiando per la via, tenendosi per mano, dondolando le braccia o tirandosi su il vestitino nuovo sugli stivalini polverosi; passava qualche fiacre aperto, lesto, chiassone, scoppiettando la frusta, oppure colle tendine calate che lasciavano passare una mano o un occhio curioso; e in mezzo a tutto questo va e vieni dei passeri vispi e petulanti che saltellavano sul marciapiede. La cupola del Duomo, il campanile, e la torre di Palazzo Vecchio, spiccavano sul cielo con profili netti, su di un caos di tetti e di guglie; più in là il Palazzo Pitti, bruno e severo, sembrava appoggiarsi alla gran spalliera di Verdura del Giardino di Boboli. In fondo la leggiadra cintura dei colli stendevasi come in un immenso giardino punteggiato di ville bianche e screziato di getti d'acqua, di masse di verdi e di bianchi viali serpeggianti; e dietro il vasto piazzale, di cui la balaustrata si disegnava sull'azzurro, e il profilo grazioso della Bella Villanella, un immenso sfondo ceruleo, digradante una luce opalina sui verdi contorni delle colline.
> « Ma mi sento molto stanca », soggiunse Nata, « come se avessi camminato tanto quanto tutta quella gente lì /.../. » (*Tigre reale*, p. 363)

Le battute di dialogo che aprono e chiudono la descrizione indicano chiaramente che viene riprodotto il quadro paesaggistico percepito dalla contessa. Ciò acquisito, va notata innanzitutto la netta separazione del brano in due parti: lo sguardo di Nata inizialmente cade su alcune figurine umane, socialmente caratterizzate, che si agitano sulla scena al ritmo delle differenti occupazioni quotidiane. In seguito la raffigurazione dei passeri sul marciapiede segnala il passaggio alla seconda parte della descrizione e subito dopo, con un cambiamento nel ritmo discorsivo, lo sguardo della contessa si sposta dal 'dinamismo' cittadino, moderno, alla staticità inalterata dell'arte e della natura. Questa scissione interna appare ingiustificata, soprattutto se si osserva che le ultime parole della contessa sono in contraddizione semantica con le ultime cose che ella presumibilmente ha veduto e si riferiscono, al contrario, alla prima parte della descrizione. Questo tipo di scissione, in realtà, manifesta la persistenza, nella narrativa verghiana di questo periodo, di moduli descrittivi che ancora privilegiano la neutralità dell'immagine fotografica o, più precisamente, i tratti convenzionali dell'oleografia: il realismo della prima parte resta fine a se stesso e la sua efficacia estetica è neutralizzata dal bozzetto successivo. Certamente non si può trascurare l'impiego sempre più frequente dei deittici (« più in là »; « in fondo ») che dovrebbero collegare direttamente ciò che è visto al personaggio focalizzatore, ma nel complesso il quadro ambientale appare slegato dal bagaglio affettivo della contessa spettatrice. Questo stesso paesaggio potrebbe comparire in un momento qualsiasi della narrazione e prescinde dallo stato emotivo di uno specifico personaggio testimone. È come se il narratore inizialmente si sforzasse di privilegiare lo sguardo della contessa e poi si alzasse in volo per offrire una panoramica dall'alto dell'intera scena.

Questa impressione è ulteriormente accentuata dall'assenza di una convergenza tra la voce del narratore e quella del personaggio. Non è facile stabilire con sicurezza a chi appartengano espressioni come « un caos di tetti e di guglie »; « giardino punteggiato di ville bianche e screziato di getti d'acqua »; « digradante una luce opalina »; è certo, tuttavia, che esse risultano inadeguate a verbalizzare il flusso delle immagini nella coscienza di Nata. Avvertiamo, cioè, la presenza invadente e illegittima di un narratore esterno che sfoggia un bagaglio linguistico ormai vieto per schiacciare la tensione emotiva del suo personaggio.

Ora, per vedere in quale direzione evolverà lo sperimentalismo verghiano, è opportuno ricorrere ad un confronto con un emblematico brano del *Mastro don Gesualdo*:

Egli uscì fuori a prendere il fresco. Si mise a sedere su di un covone, accanto all'uscio, colle spalle al muro, le mani penzoloni fra le gambe. La luna doveva essere già alta, dietro il monte, verso Francoforte. Tutta la pianura di Passanitello, allo sbocco della valle, era illuminata da un chiarore d'alba. A poco a poco, al dilagar di quel chiarore, anche nella costa cominciarono a spuntare i covoni raccolti in mucchi, come tanti sassi posti in fila. Degli altri punti neri si movevano per la china, e a seconda del vento giungeva il suono grave e lontano dei campanacci che portava il bestiame grosso, mentre scendeva passo passo verso il torrente. (*Mastro don Gesualdo*, p. 69)

Le prime parole, pur nella loro apparente secchezza, ci informano immediatamente sulla tensione affettiva del personaggio e, quindi, sulle sue aspettative, sui motivi che lo spingono ad allargare lo sguardo sul paesaggio circostante [28]. La terza frase (« La luna doveva essere già alta, dietro il monte, verso Francoforte ») è un capolavoro di perizia narrativa perché nella sua estrema brevità e in forza della sua collocazione che precede la descrizione paesaggistica vera e propria, offre subito due importanti informazioni: innanzitutto un semplice verbo asseverativo (« doveva essere ») segnala la forma del pensiero indi-

---

[28] Su questo argomento è fondamentale l'analisi della descrizione effettuata da PH. HAMON, *op. cit.*, pp. 57-59. Le osservazioni del critico, relative soprattutto all'opera di Zola, possono essere estese con profitto ai romanzi verghiani che stiamo esaminando. « Posto che l'autore non deve né apparire né trasparire nel suo enunciato, perché facendolo darebbe l'impressione di monopolizzarlo a suo esclusivo vantaggio (postulato dell'*obiettività*', dell'*impersonalità*') saranno i personaggi ad essere delegati alla visione e ad assumerla su di se /.../ Perché la descrizione deve essere sentita dal lettore come tributaria dell'*occhio* che l'assume (quindi di un *poter vedere*) e non del *sapere* del romanziere (una 'scheda') /.../. Dovendo giustificare lo sguardo indugiante del personaggio, l'autore dovrà far riferimento ad un 'voler vedere' o ad un 'saper vedere', e farà di lui una 'spia', un personaggio 'curioso' /.../. Chi dice descrizione dice interruzione della sintagmatica del racconto mediante un paradigma (una nomenclatura, una enumerazione, un lessico), e dice di conseguenza prolungamento dello sguardo del personaggio delegato a tale descrizione. Sarà quindi da supporre che questo personaggio sia 'tutto preso', sia 'affascinato', 'dimentichi se stesso' di fronte allo spettacolo da lui contemplato, e che abbia potuto astrarsi per qualche tempo dall'intreccio; il 'ritardo' *del* testo verrà giustificato da un ritardo a cui si accenna *nel* testo: momenti di stasi, in una data attività, 'tregua', 'pausa', ecc. »

retto libero che ci invita a scivolare, impercettibilmente, tra i pensieri del protagonista; in secondo luogo, lo stesso verbo riferito alla luna e i deittici che accompagnano le indicazioni geografiche attestano i legami che avvincono Gesualdo alla sua terra, al microcosmo di sempre in cui la natura, immutabile come il ritmo astrale, rappresenta ancora il confidente più sicuro per le creature in cerca di riposo. Nei periodi successivi è facile notare con quanta cura siano riprodotte le sensazioni del personaggio e con quanto realismo siano ricostruite le sue percezioni uditive e visive: le limitazioni della focalizzazione interna sono rispettate scrupolosamente e infatti il paesaggio può apparire solo gradualmente, man mano che è illuminato dalla luna mentre la possibilità di ascoltare il rumore dei campanacci soggiace alla direzione del vento. È assente qualsiasi compiacimento letterario e, anzi, la descrizione è perfettamente funzionale allo sviluppo diegetico perché esprime, meglio delle intrusioni autoriali, la vera natura del protagonista.

Al trionfo del punto di vista interno corrisponde una perfetta commistione di voci che rende quasi impossibile distinguere l'espressione del narratore da quella del personaggio; il narratore ha annullato ogni residuo di protagonismo e ha lasciato che il narrato si sovrapponesse alla narrazione, senza intaccare minimamente l'identità etica, linguistica, culturale del suo personaggio.

A metà strada tra la narrazione tradizionale e lo stile indiretto libero, che rappresenterà l'ultima conquista del Verga, esiste una zona di transizione tecnica che è reperibile proprio in *Tigre reale*. Si tratta di quei casi in cui il narratore riesce a rispettare l'identità psichica dei personaggi pur mediandola con la propria voce. Ciò avviene, come si può intuire, quando il modello espressivo del narratore converge gradualmente verso quello del personaggio e quando il narratore è disposto a non violare la personalità del personaggio, a non schiacciarne il punto di vista [29]. Quando Erminia, assorta nel

---

[29] «Anche nel discorso del narratore onnisciente, in realtà, sono spesso mescolate due voci che dialogano o interferiscono una sull'altra, e che

dolore per il figlioletto malato, si allontana per qualche attimo dal travaglio quotidiano per rifugiarsi nell'intimità inattaccabile della memoria, il narratore si limita a ripetere le stesse immagini mentali che si avvicendano lentamente nella sua coscienza di madre:

> /.../ ricordavasi della prima volta che l'aveva visto a poppare, e del primo sorriso che le aveva fatto, e della prima cuffietta che aveva ricamato per lui, quando l'aspettava, e del primo giorno che l'aveva visto palliduccio, e della prima visita che aveva fatto il dottore, e la gioia muta e profonda che s'era sentita in fondo al cuore quando quelle inquietudini s'erano dissipate... (*Tigre reale*, p. 416)

Il polisindeto, l'imperfetto e il trapassato dell'indicativo si rivelano strumenti linguistici assai funzionali a scandire la cadenza cantilenante delle rimembranze, e l'adozione del punto di vista interno preserva l'integrità del personaggio dai commenti autoriali. Qualcosa di simile è riscontrabile anche in quest'altro brano:

> /.../ vedeva quel triste isolamento sempre dinanzi a sé, per quant'era lungo l'avvenire, nel mutato contegno dello sposo, nelle sue attenzioni impacciate e timide, nelle sue distrazioni, nelle sue preoccupazioni frequenti, in quegli occhi che evitavano i suoi, e che avevano costantemente qualche altra cosa davanti. (*Ibidem*, p. 422)

Analizzando questo romanzo, insomma, osserviamo una più frequente utilizzazione del punto di vista interno, spesso ancora caratterizzato dalla esplicitazione dei verbi percettivi ma

---

talvolta possono esprimere 'punti di vista' contrastanti. In questi casi (e sono i più) separare 'chi vede' da 'chi parla' non è solo assai difficile, ma è anche improduttivo, poiché la produzione del senso può essere offerta solo dalla contaminazione di due prospettive e di due 'punti di vista'. I due orientamenti (le due voci) possono coesistere, come nota Bachtin, nella stessa parola, nella parola del narratore che 'tiene presente' la parola del personaggio. » (P. PUGLIATTI, *op. cit.*, p. 22).

quasi sempre connotato da una implicita valenza psicologica; l'indole, il rovello interiore, la concezione esistenziale dell'eroe scaturiscono autonomamente dai suoi atti e dalle sue percezioni e non dalle diagnosi autoriali. Certamente siamo ancora lontani da un uso diffuso della prospettiva limitata. In *Tigre reale* c'è ancora un narratore che è il depositario della norma comportamentale e la sua presenza, il suo spirito critico, sovrastano lo svolgimento dei fatti e il loro resoconto come un paradigma alternativo e dialettico rispetto all'asse di svolgimento della vicenda. Tuttavia risultano sempre più frequenti le occasioni che invitano lo scrittore a servirsi di una prospettiva ristretta. Pertanto l'adozione del punto di vista interno equivale alla creazione di un 'moderno' scandaglio attraverso il quale seguire la maturazione sentimentale dei protagonisti, il loro 'spontaneo' avvicinamento alla morale borghese propagandata dal narratore. Vediamone ancora un esempio:

> Egli s'alzò per andare a baciare in fronte la sua Erminia e per curvarsi sulla culla del figlio. La creaturina stava raggomitolata in mezzo a un pugno di batista e di trine, aveva i labbruzzi semiaperti e i pugni chiusi sul petto; la madre dormiva serena e sorridente come se lo vedesse ancora. Egli volse intorno uno sguardo che sembrava distratto, lo riposò sulle pareti e sui mobili; poi si mise a baciare con una certa vivacità il bambino /.../. (*Ibidem*, p. 395)

Dopo quanto è stato detto risulta quasi ovvio che in *Tigre reale* il punto di vista dei personaggi può essere incontrato in qualsiasi momento della narrazione e non più solo, o soprattutto, nelle cornici metadiegetiche. Infatti nella fase in cui lo sperimentalismo verghiano realizza il trapasso dall'onniscienza alla prospettiva limitata, si registra contemporaneamente una significativa rarefazione del racconto di secondo grado. Quando Nata, la misteriosa contessa russa, prende la parola per narrare la sua più travolgente storia d'amore, il narratore provvede subito a spezzare la compattezza del racconto inserendo un dialogo con Giorgio, che stava ad ascoltarla. Altrove il narratore, pur di assorbire nel flusso diegetico il racconto di secondo

grado, cancella meticolosamente tutte le forme verbali, 'narrati-
vizzando' un discorso originariamente prodotto in forma diretta [30]:

> Allora stava ad ascoltarlo delle ore intiere zitta zitta, a guisa di
> bambina; ei narrava semplicemente, senza enfasi, ma coll'ac-
> cento della verità, le splendide albe del mare, i dolci tramonti,
> la pace immensa, le contrade diverse e lontane, le tempeste
> solenni e gigantesche, le febbri delle battaglie, fra il rombo
> assordante, il comando breve e austero, il tumulto della vita e
> della morte, le sublimi ebbrezze della lotta e della vittoria /.../.
> (*Ibidem*, p. 425)

In questo caso, come si vede, è stata ridimensionata, pressoché
annullata, l'autonomia del narratore di secondo grado a vantaggio del narratore di primo grado. Si tenga presente che questo
fenomeno non è in contraddizione con quanto si diceva precedentemente. Il consolidamento dell'istanza narrativa di primo
grado attraverso l'eliminazione dei livelli diegetici e la conseguente riduzione di autonomia dei narratori secondari, non
implica necessariamente il recupero dell'onniscienza. Un narratore 'forte', che gestisca coerentemente le fila del racconto, può
decidere di adottare frequentemente il punto di vista dei personaggi: ciò che importa rilevare, nel nostro caso, è proprio la
sua rinuncia alle tradizionali prerogative 'divine' e la sua
disponibilità al restringimento di prospettiva.

---

[30] « Il narratore può riferire parole o pensieri dei personaggi in modo
più sintetico e talora lasciando tracce del proprio intervento (di tipo interpretativo, valutativo, etc.), manifestando cioè decisamente il proprio punto
di vista, proprio mentre riferisce dei discorsi. Evidentemente, in questi casi,
diminuisce il grado di obiettività del resoconto. Si tratta di quello che
Genette chiama 'discorso indiretto narrativizzato' (ma che potrebbe essere
anche definito *resoconto sintetico* o, se necessario, *valutativo* o *interpretativo*). » (HERMANN GROSSER, *Narrativa*, Principato, Milano 1985, pp.
127-128).

7. Conclusione dell'apprendistato e occasioni di rinnovamento tra le reliquie dell'onniscienza e la focalizzazione interna (*Eros*).

In *Eros* il narratore sembra voler cedere il punto di vista ai vari personaggi che compaiono sulla scena e sembra eclissarsi dietro una narrazione distaccata ed estremamente lineare; lo stesso narratore, tuttavia, ricorre frequentemente alle prerogative tradizionali dell'onniscienza per svelare i segreti sentimentali dei protagonisti. Se nella scena iniziale o nelle ampie e frequenti sezioni dialogiche il romanzo ricalca i tempi e i modi della narrazione drammatica, altrove il monismo autoritario del narratore riconduce il narrato sulle piste ordinarie del discorso tradizionale.

Le descrizioni di Adele e di Velleda, le donne che avranno un'incidenza fondamentale sulla vita sentimentale di Alberto proprio in virtù del loro aspetto esteriore, non dipendono dall'occhio — e dalle emozioni — del giovane protagonista, ma dallo schedario aprioristico e neutrale del narratore onnisciente. Vediamone un esempio:

> La sua amica era infatti una magnifica bionda, aristocratica e delicata beltà, modellata come una Venere e leggiadra come un figurino di mode, dalle folte e morbide chiome cinerine, dai grand'occhi azzurri e dalle labbra rugiadose /.../. (*Eros*, p. 35)

Questo vieto inventario di formule ci ricorda da vicino Giustina di San Gottardo nei *Carbonari della montagna* o Narcisa in *Una peccatrice*; si ripete un canone fisionomico utilizzabile dappertutto come un costume teatrale, slegato dalla specificità dei personaggi e dell'ambiente circostante. Non ci è data la possibilità di sapere 'come' un personaggio sia visto dagli altri personaggi che gli sono vicino, quale tipo di reazioni emotive susciti la sua comparsa sulla scena, quali tratti fisici e caratteriali risultino immediatamente evidenti e quali invece emergano lentamente a seconda delle angolazioni ottiche e concettuali dalle quali viene osservato. Il generico ritratto di un personaggio, basato su un neutrale e stereotipato catalogo di aggettivi, induce un carico informativo estremamente ridotto in quanto non offre la possibilità di cogliere le interrelazioni che avvincono lo stesso personaggio allo spazio socio-culturale di cui fa parte o con il quale entra in contatto.

Diversamente, quando il narratore di *Cavalleria rusticana* presenterà Turiddu, non farà altro che riferire il punto di vista degli abitanti del villaggio, forse incapaci di stilare precisi referti analitici, come è abituato a fare il narratore onnisciente di *Eros*, ma sicuramente in grado di decifrare il linguaggio mimico e gestuale di un giovane membro del loro stesso ambiente:

> Turiddu Macca, il figlio della gnà Nunzia, come tornò da fare il soldato, ogni domenica si pavoneggiava in piazza con l'uniforme da bersagliere e il berretto rosso, che sembrava quello della buona ventura, quando mette su banco colla gabbia dei canarini /.../. Egli aveva portato anche una pipa col re a cavallo che pareva vivo, e accendeva gli zolfanelli sul dietro dei calzoni, levando la gamba, come se desse una pedata. Ma con tutto ciò Lola di massaro Angelo non si era fatta vedere né alla messa, né sul ballatoio /.../. (*Cavalleria rusticana*, p. 139)

La focalizzazione interna, in questo caso, non è precisamente legata a un unico centro visivo, a un unico personaggio, ma a tutti coloro che osservano le esibizioni di Turiddu e che sono accomunati dal medesimo denominatore culturale: quello ingenuo e primordiale che connette la destrezza fisica alla fascinazione istrionica (« le ragazze se lo rubavano cogli occhi »; « i monelli gli ronzavano intorno come le mosche »). Il narratore assume integralmente l'ottica popolare e il punto di vista interno, da fenomeno inizialmente percettivo, fisiologico, si trasforma in modello culturale perché, in contrasto con la mentalità smaliziata del lettore, nella narrazione prevale la logica pedestre del villaggio. Infatti, il nesso « Ma con tutto ciò » segnala l'inspiegabile alterazione di una consequenzialità ritenuta immodificabile secondo i parametri della sapienza popolare.

Nello stesso *Eros*, comunque, alle anacronistiche manifestazioni di onniscienza si oppongono frequentemente i brani in cui viene utilizzata la focalizzazione interna. Ma di quest'ultimo procedimento adesso, cioè dopo averne accertato la centralità

nel laboratorio tecnico del Verga, importa evidenziare la salda-
tura con il flusso diegetico, la fase di accomodamento e di
inserzione nel discorso del narratore. Come è stato già osservato, il mutamento di prospettiva (dal narratore al personaggio), qualora non sia prudentemente segnalato dall'esplicitazione dei verbi percettivi, rischia di compromettere la tradizionale percorribilità del testo. Proprio per questo motivo spesso
gli scrittori ricorrono a delle situazioni 'topiche' che, per il
loro evidente significato allusivo, consentono di stabilire facilmente l'origine del raggio focale: tra queste la più ricorrente è
senz'altro costituita dalla collocazione di un personaggio nei
pressi di un ambiente (o di un altro personaggio) che susciti il
suo interesse:

> Nessuno era corso ad aprire lo sportello. Egli balzò a terra. La
> villa sembrava disabitata, tutte le finestre erano chiuse, i rami
> sfrondati e la pioggia cadeva lenta e monotona. Il campanello
> che si era udito per l'erta tornò a udirsi. Alberto bussò risoluta-
> mente. (*Ibidem*, p. 200,)

> Alberto aprì esitante e si arrestò sulla soglia. La camera era
> quasi buia; di faccia all'uscio ardevano due candele su di un
> tavolino coperto da una tovaglia bianca; dall'altro lato c'era il
> letto che sembrava vuoto, bianco come un sepolcro nell'ombra.
> (*Ibidem*, p. 201)

Casi analoghi si ripeteranno anche negli altri romanzi; qui
ci limiteremo a ricordarne alcuni, insistendo — in conformità
con la tipologia dei lacerti descrittivi proposta da Hamon —
sulla centralità del personaggio 'curioso', 'appassionato', sul
suo 'voler vedere' [31]:

> Ma scorgendo suo marito non disse più nulla, e *si appoggiò
> un'altra volta alla ringhiera col mento sulle palme.* Due colonne
> di fumo nerastro si svolgevano attraverso gli alberi fitti del
> porto che frastagliavano di linee nere e sottili l'opale del tra-
> monto. Poi cominciarono a scorrere lentamente lungo il mura-

---

[31] Cfr. nota 28.

glione del molo, e girarono la punta del faro, sbuffando più densi, accompagnati da un fischio prolungato e lontano. (*Il marito di Elena*, p. 108),

Burgio si decise ad aprire l'uscio. Era una giornata fosca, il cielo coperto, un gran silenzio per la pianura smorta e sassosa. Dei casolari nerastri qua e là, l'estremità del paese sulla collina in fondo, sembravano sorgere lentamente dalla caligine, deserti e silenziosi (*Mastro don Gesualdo*, p. 248),

Nina non rispose; ma *uscì fuori di nuovo a vedere.* Le buche delle zolfare, lì di contro, coi calderoni spenti e i mucchi di minerale abbandonati, sembravano tane di lupi. Dietro le colline, in fondo, vedevasi un chiarore rosso, quasi fosse il tempo che si dà fuoco alle stoppie. (*Dal tuo al mio*, p. 98)

Ovviamente l'adozione del procedimento narrativo sopra delineato non elimina la possibilità che il raggio focale del personaggio sia invaso e schiacciato dalla supervisione autoriale. Fenomeni di questo tipo infatti, già incontrati nei *Carbonari della montagna* c in *Tigre reale*, ricompaiono nel primo Capuana: quando il narratore onnisciente fa rivedere a Giacinta la sua vecchia casa, dopo un lungo soggiorno in collegio, solo apparentemente si serve della focalizzazione interna perché, in realtà, la descrizione è assolutamente neutrale, del tutto slegata dal bagaglio affettivo della fanciulla:

La Giacinta tornò in famiglia con la stessa curiosità, colla stessa indefinita paura con le quali andò in collegio.
La signara Marulli le aveva preparato una bella stanzina poco discosta dalla sua. La finestra guardava nel giardino; i mobili spiravano un elegante semplicità che riposava l'occhio. Dalle pareti pendevano parecchie cornici dorate coi diplomi d'onore ottenuti in collegio dalla Giacinta o con lavori a colori di ricamo eseguiti da lei. Un piccolo scrittoio di noce luccicava di riflessi bronzati alla dirittura della finestra. (*Giacinta*, p. 41)

Al contrario, nella fase più matura della sua narrativa lo stesso Capuana osserverà scrupolosamente i limiti prospettici del personaggio, connotandone la percezione in senso psicologico:

> Si era affacciato al balcone. Nel vicolo, neppure un lampione davanti alle porte delle casupole; le vicine recitavano in comune il rosario. La fiammata dei focolari, le misere lucerne dall'interno gettavano rossicce strisce di luce su la via mal selciata, su un gruppo di persone, su quella vecchia accoccolata sul sedile di pietra, con la testa china e le mani in grembo. Ombre passavano e ripassavano di tratto in tratto attraverso le strisce di luce: (*Il marchese di Roccaverdina*, p. 168)

Vediamo, invece, che cosa accade in *Eros* quando l'oggetto della focalizzazione sia costituito dall'interiorità dei personaggi. Anche qui, come in *Tigre reale*, il narratore adotta strategie narrative differenti e a volte la sua invadenza giunge a schiacciare le capacità introspettive dei personaggi:

> In tali disposizioni d'animo, e alla sua età, l'amore era perciò una debolezza — e l'amore istesso rendeva il suo scetticismo un'infermità piuttosto che una corazza. Sentiva rigermogliare dentro di se quei sentimenti sui quali aveva messo i piedi, ma che nondimeno avevano turbata la serenità epicurea dei suoi piaceri, ora che li trovava freschi e rigogliosi nella donna a cui sentiva il bisogno d'identificarsi. (*Eros*, pp. 173-174)

Chi racconta la storia mette ordine nella vita interiore del protagonista, alterandone l'originalità e la specifica forma di sviluppo. Questi interventi del narratore onnisciente segmentano la linearità diegetica e compromettono l'unità stilistica del romanzo, in quanto mirano a proporre una 'verità' che precede e sovrasta eventi ed esistenti. In definitiva la narrazione tradizionale si oppone a un quadro più variegato e articolato del narrato in cui i diversi punti di vista dei personaggi siano portatori di diverse prospettive esistenziali [32]. Ma non è sempre

---

[32] Commentando Booth, Segre osserva che « il punto di vista non ha soltanto /.../ un carattere percettivo, ma anche un carattere morale e psicologico; le cose si vedono in modo diverso, oltre che per variare di possibilità ottiche e informative, per dislivelli nelle attitudini mentali. I problemi di percezione dei fatti investono anche le differenze tra i soggetti umani. » (CESARE SEGRE, *Punto di vista e polifonia nell'analisi narratologica*, in *Teatro e romanzo*, Einaudi, Torino 1984, p. 91).

così, perché spesso l'incursione nell'interiorità dei personaggi è commisurata alle loro stesse facoltà analitiche:

> Cento volte, in quella notte dolorosa anche per lui, era stato sul punto di correre a buttarsi ai piedi di Adele, e chiederle perdono /.../. Domandarle perdono di che? Di averla tradita vilmente per una donna che non stimava punto? Di aver dimenticato in un istante l'amore di lei /.../. (*Ibidem*, p. 191)

In questo passo l'utilizzazione dell'indiretto libero consente al narratore di penetrare nella coscienza di Alberto senza tentare di manipolarla, senza sistemarla in un ordinato schema interpretativo. Tuttavia esiste uno stacco netto tra la voce del personaggio, percepibile nell'indiretto libero, e quella chiarissima del narratore onnisciente. Inoltre, anche in questo caso il narratore ha fatto ricorso a una situazione 'topica' per incorniciare il punto di vista interno: la notte e l'ambigua fase del dormiveglia rappresentano un luogo narrativo convenzionalmente deputato a conciliare la comunicazione dell'eroe con se stesso [33]. È appena il caso di ricordare che una situazione analoga si era già verificata in *Una peccatrice*, proprio in occasione di una delle prime, rilevanti apparizioni dell'indiretto libero nella narrativa verghiana:

> Brusio era ritornato a casa sua agitatissimo, e passò la notte senza dormire.
> Ella! Narcisa! aveva assistito al suo trionfo, aveva palpitato dei suoi sentimenti, gli aveva gettato quel mazzetto che aveva fatto appassire a furia di baci!... Ma ella non era sola!... quell'uomo, quel soldato, sì giovane, sì bello, sì splendido! (*Una peccatrice*, p. 99)

Anche un semplice oggetto, a volte, può dare l'avvio al flusso di coscienza, può innescare il meccanismo delle associazioni mentali, dei ricordi, dei sensi di colpa; ma anche in

---

[33] Il tema dell'insonnia che induce il personaggio alla meditazione si trova anche in *Tigre reale*, p. 427 e p. 437; nel *Marito di Elena*, p. 122; *Mastro don Gesualdo*, p. 69.

questo caso si tratta di oggetti particolari che condensano un
simbolismo scoperto:

> Allora aveva gettato gli occhi sullo specchio, e il suo pensiero
> era corso di lancio ad Adele. Anch'egli era cambiato, molto
> cambiato! (*Eros*, p. 180)

Allo stesso modo la vista di una lettera, specialmente se
sigillata, può scatenare una irresistibile curiosità e favorire,
ancora una volta, il turbine della riflessione. Questo della
lettera, in particolare, è un caso interessante anche perché ci
offre la possibilità di cogliere il differente trattamento di un
medesimo *topos* nell'arco dello sperimentalismo verghiano; in
Una peccatrice, per esempio, la coscienza del protagonista, che
ha appena terminato di leggere una lettera di Narcisa, viene
ancora sezionata dal narratore onnisciente:

> Pietro fu tristamente colpito da quella lettera. Egli si aspettava
> tutt'altro, egli credeva di trovare affettuose parole di donna
> amante, e per contrasto rinvenne la moglie che supplicava il
> duellista famoso per la vita del marito; egli non vide, non seppe
> scorgere tutto ciò che lasciava intravedere, che accennava anche
> quella lettera /.../. (*Una peccatrice*, p. 102)

Al contrario, nel *Marito di Elena* l'analisi psicologica sarà
affidata al punto di vista del personaggio e sarà mediata attraverso l'indiretto libero:

> I suoi occhi caddero nuovamente sulla lettera implacabile. Se
> quella lettera potesse smentire in parte i suoi sospetti! Una
> lettera! cos'è infine? Delle parole. « Vi amo ». Che cos'era quella
> fredda parola in confronto di ciò che l'Elena aveva sentito per
> lui, in quella stessa casa, uniti per tutta la vita, senza un pensiero
> che non fosse comune? (*Il marito di Elena*, p. 118)

Spostando lo sguardo in avanti vedremo che il Capuana
adotterà lo stesso procedimento:

> E dato l'ordine alla serva perché lo servisse in cucina, era
> rimasta, con crescente turbamento, davanti a quella lettera da lei

buttata sul tavolino quasi le avesse scottato le dita.

Che voleva costei? Perché si faceva viva? Le parve di vederla, a un tratto, aggirarsi di nuovo per quelle stanze dov'era stata quasi dieci anni padrona assoluta della casa e più del cuore del marchese, come a lei, moglie, non era riuscito; le parve che quella lettera e quella cesta nascondessero un tranello /.../. (*Il marchese di Roccaverdina*, p. 240)

Prima di riprendere il discorso iniziale dovremo solo notare che i diversi metodi di inserimento del punto di vista interno nel flusso diegetico nascondono quasi sempre un comune denominatore tematico: la chiusura soggettiva dell'atto comunicativo, la rotazione di un messaggio che si avvolge su se stesso nel vortice della coscienza individuale.

Ritornando ad *Eros* è necessario sottolineare che, diversamente da quanto abbiamo visto fino ad ora, l'ingresso nella coscienza di Velleda Manfredini appare particolarmente fluido e rapido:

Ella fu dunque ferita nel più vivo dell'amor proprio incontrando a Livorno una rivale preferita, incensata, corteggiata più di lei, e che per giunta non sembrava curarsi del suo trionfo, o godeva-selo disinvoltamente, come cosa dovutale naturalmente — e chi poi? quella medesima donnina che ella aveva sempre eclissato col solo riflesso dei suoi biondi capelli! — quella figurina pallida, magra, tutta occhi, la quale non aveva cotesti occhi che per suo marito, e che tutti quegli imbecilli dell'Ardenza e dei Cavalleggeri adoravano da lontano come tanti Don Chisciotti. (*Eros*, p. 183)

In questo caso, come è facile notare, la transizione dal discorso del narratore a quello del personaggio è marcato da un semplice segnale grafico. Lungo questa direzione il grado successivo è costituito dall'arduo sperimentalismo dei capolavori. L'aspetto più originale della narrazione verghiana consisterà proprio nel trapasso graduale, sfumato, impercettibile, dalla focalizzazione zero alla focalizzazione interna e, contemporaneamente, dalla voce del narratore a quella del personaggio; vediamone due esempi dai *Malavoglia*:

> Madre e figlia poi stavano a guardare dal cortile, mentre infornavano il pane, la babilonia che c'era in casa dei Malavoglia, tanto che le voci e le risate si udivano fin là, per farle arrabbiare maggiormente. (*I Malavoglia*, p. 130)

I protagonisti di questo brano nelle frasi iniziali vengono visti dall'esterno, come se il narratore si trovasse per caso a passare di fronte alla casa della Zuppidda e raccontasse ciò che vede; è sufficiente la connotazione dispregiativa del periodo successivo (« la babilonia che c'era in casa dei Malavoglia ») per riportare l'origine del punto di vista alla stessa Zuppidda e a sua figlia Barbara, in quel momento in lite con i Malavoglia. Infatti il deittico (« fin là ») indica esattamente la fonte del raggio focale e riconduce ai personaggi le percezioni uditive e visive che sono narrate; in ultimo, la subordinata finale che conclude il brano esprime palesemente la deformazione parziale e soggettiva di quanto sta accadendo secondo il parametro valutativo di Barbara e della madre.

> Poi si levava di là frettoloso, e se ne andava all'osteria a smaltire l'uggia, e se incontrava quelli del berretto gallonato, faceva il giro più lungo per non vederli neanche nel battesimo. Già don Michele non sapeva nulla, e parlava a casaccio, onde fargli paura, per la bizza che ci aveva contro di lui dopo l'affare della Santuzza, la quale l'aveva messo fuori della porta come un cane rognoso. Alla fin fine egli non aveva paura di don Michele e dei suoi galloni, che era ben pagato per succhiare il sangue del povero. Bella cosa! Don Michele non aveva bisogno di cercare di aiutarsi in qualche maniera, così grasso e pasciuto! (*I Malavoglia*, p. 227)

In questo caso sono state completamente soppresse le mediazioni discorsive che, ancora in *Eros*, servivano a introdurre lo stile indiretto libero: non c'è un segnale grafico, né la fase intermedia dello stile indiretto legato, né un gesto, una parola, una posa convenzionale che possano fungere da sintagma di legamento, che possano cioè sostituire il verbo e il nesso dichiarativo. Il pensiero indiretto libero vero e proprio ha inizio subito dopo l'avverbio di tempo: ['Ntoni pensava che]

« Già don Michele »; ecc., ma l'effetto estetico del brano viene raggiunto mediante un procedimento di 'convergenza linguistica' attraverso il quale le voci del narratore e del personaggio risultano mescolate già nel periodo iniziale. La formula ironico-dispregiativa « quelli del berretto gallonato » appartiene a 'Ntoni poiché i carabinieri, suoi nemici, sono osservati dal suo punto di vista concettuale e sono nominati, presumibilmente, con le sue parole; anche la locuzione idiomatica successiva, inoltre, deve essere attribuita al personaggio (« per non vederli neanche nel battesimo »). Entrambe le espressioni, tuttavia, rientrano in un periodo gestito sicuramente dal narratore, da qualcuno cioè che narra i movimenti di 'Ntoni e ce ne spiega anche le motivazioni (« si levava /.../ e se ne andava /.../ a smaltire l'uggia »).

In *Eros* dunque, benché il ricorso frequente alla focalizzazione interna sia ancora controbilanciato da tardive testimonianze di onniscienza, sono reperibili alcune procedure tecniche che preludono significativamente alle future scelte verghiane: la definitiva collocazione del narratore al di fuori della storia con la connessa, costante adozione della terza personale verbale, l'ampia utilizzazione dell'indiretto libero, la riduzione dei livelli narrativi. Anche in *Eros*, infatti, il racconto metadiegetico orale viene incorporato nel filone narrativo di primo grado attraverso i nessi dichiarativi dello stile indiretto legato:

> Le diceva di quel che sentivasi in cuore, di quel che aveva fatto, degli anni passati in collegio, delle timide gioie, delle amarezze soffocate, della madre che aveva perduta — come ella aveva perduta la sua — di quella prima sera in cui s'era messo a sedere accanto a lei, di quel che aveva visto nella tremola luce delle stelle /.../. (*Eros*, p. 54)

Un fenomeno simile, già incontrato in *Tigre reale*, lo ritroveremo nel *Gesualdo* e nel *Marito di Elena*:

> Il notaro la pigliava allegramente. Narrava che a Palermo avevano fatto il pasticcio; avevano ammazzato il principe di Aci e s'erano impadroniti di Castellammare /.../. (*Mastro don Gesualdo*, p. 157);

Raccontava gli aneddoti della serata, le galanterie che gli avevano recitato, sorridendo indifferentemente, con un moto leg-
giadro delle spalle nude. (*Il marito di Elena*, p. 86)

In questi casi il racconto metadiegetico non veicola più importanti informazioni perché il punto di vista di un personaggio,
la sua cultura, il suo bagaglio affettivo e morale, saranno
reperibili nell'arco dell'intera narrazione; adesso la creazione di
un secondo livello diegetico servirà esclusivamente a differen-
ziare l'intreccio, a destare l'attenzione del lettore con un aned-
doto o con una parabola, come avviene nell'ultimo romanzo
del Verga:

> Il padre Carmelo, dalla pietà e dalla indignazione che sentiva
> insieme, non seppe più tenersi:
> — Lasciatelo crescere! Sapete come disse quel sagrestano, che gli
> era caduto un gran Cristo di marmo sulla testa, e aveva paura
> anche del piccolo crocifisso che voleva fargli baciare il confes-
> sore in punto di morte? Lasciatelo crescere che fa peggio dell'al-
> tro!
> E se ne andò sbattendo l'uscio. (*Dal tuo al mio*, p. 61)

Inoltre, il cospicuo ridimensionamento dei racconti di secondo grado, dalle macroscopiche dimensioni raggiunte nei
primi romanzi alla stringata storiella di *Dal tuo al mio*, conferma l'ipotesi di un consolidamento del narratore principale,
già da noi avanzata durante l'analisi di *Eva*; a questo proposito
è interessante prendere in considerazione il racconto della battaglia di Lissa nei *Malavoglia*:

> In quel crocchio, invece dell'asino caduto, c'erano due soldati
> di marina, col sacco in spalla e le teste fasciate, che tornavano
> in congedo. Intanto s'erano fermati dal barbiere a farsi dare un
> bicchierino d'erbabianca. Raccontavano che si era combattuta
> una gran battaglia di mare, e si erano annegati dei bastimenti
> /.../. (*I Malavoglia*, p. 132)

Dai commenti che precedono e seguono i fatti esposti, appare
evidente che al narratore interessa molto di più la continuità
del filo diegetico principale che non l'inserto metadiegetico in

sé. Quando finalmente uno dei soldati incomincia a narrare direttamente (« Sì, c'erano anche dei siciliani, ce n'erano di tutti i paesi », *ibidem*, p. 133) il narratore di primo grado provvede a spezzare il racconto 'secondo' con i suoi interventi commentativi (« Il giovanotto aveva gli occhi lustri, ma diceva che non era nulla ed era perché aveva bevuto », *ibidem*, p. 133). Lo stesso narratore, inoltre, interrompe momentaneamente il racconto di secondo grado per riferire le impressioni e i commenti dei personaggi che fanno parte del racconto di primo grado (lo speziale, don Giammaria, don Silvestro, padron Cipolla, zio Crocifisso) in una successione di interventi che assume le movenze di un improvviso dibattito popolare e che ripristina pienamente il senso dell'intreccio principale. Il narratore, infine, sembra voler impadronirsi del racconto metadiegetico riavviandone l'attacco dopo una pausa:

> Tutti gli altri stavano ad ascoltare con tanto d'occhi aperti. L'altro giovanotto poi raccontò pure in qual modo era saltata in aria la *Palestro*, « la quale ardeva come una catasta di legna » /.../. (*I Malavoglia*, p. 135)

Ancor più interessante, poi, è osservare quale trattamento sia riservato al racconto metadiegetico scritto. La lettera, breve e sporadica, ancora sopravvive in *Eros*, forse come testimonianza di oggettività. Nel *Marito di Elena*, invece, il documento epistolare viene manipolato fino a perdere la sua originaria compatezza; il narratore, messi da parte gli scrupoli filologici, seleziona e riassume gli inserti che intende incastonare nella narrazione di primo grado:

> La signorina Elena, colla sua bella calligrafia inglese, rispose pel babbo, ch'era occupatissimo, e gli cinguettò un po' di tutto, con certo abbandono confidenziale, dandogli conto di quel che era accaduto dopo la partenza di lui, del come passavano le serate e che sentivano tutti la sua mancanza e si rammentavano spesso di lui. Qui la lettera si dilungava alquanto. Finiva « se le nostre notizie vi hanno fatto veramente piacere /.../ ».
> Egli rispose subito, ma si ostinò a scrivere a don Liborio, questa volta senza minuta, descrivendogli le occupazioni della giornata ora per ora, diffondendosi con tenerezza sui ricordi delle belle serate /.../. (*Il marito di Elena*, p. 40)

Un fenomeno analogo si ripeterà nel *Mastro don Gesualdo*:

> « Insomma l'ha stregato! » scriveva il canonico Lupi a mastro
> don Gesualdo proponendogli di fare un grosso mutuo al baro-
> nello Rubiera. « Don Ninì è pieno di debiti sino al collo, e non
> sa più dove battere il capo... /.../ ». (*Mastro don Gesualdo*, p. 193)

Nelle ultime opere, insomma, si registra uno scadimento
d'interesse nei confronti della lettera, della sua integrità, del suo
valore testimoniale. In realtà la lettera, sebbene possa rappresentare l'espressione diretta e sincera di un soggetto narrante,
costituisce pur sempre un mezzo d'informazione diretto a un
destinatario: è scritta per essere letta da qualcuno, risponde a
determinate esigenze di confezione affinché riesca a impressio-
nare un lettore. In quanto tale, ogni lettera contiene un tasso
variabile di artificialità, di 'letterarietà', che altera irrimediabilmente il contenuto originario del discorso. Inoltre una lettera
generalmente narra il vissuto, riferisce la cronaca di un passato
più o meno lontano dall'adesso della scrittura; certamente può
anche registrare lo svolgimento in diretta del travaglio psichico
del mittente — qualora l'azione scritturale ne rifletta istantanea-
mente l'attività meditativa — ma in questi casi si rischia di
scadere nella balbuzie pletorica e lacrimevole disastrosamente
sperimentata in *Una peccatrice* e nella *Storia di una capinera*.
Forse è anche questo il motivo per cui Verga ha dimostrato un
progressivo disinteresse nei confronti della testimonianza epistolare e, parallelamente, una maggiore attenzione alla vita interiore dei personaggi, colta allo stato nascente nello spazio
privato della coscienza, prima che una traduzione orale o
l'espressione scritta ne potessero alterare l'autentica manifestazione. Ed è forse questo il motivo per cui negli ultimi romanzi
verghiani i confini dello stile indiretto libero si dilatano a
discapito della testimonianza diretta, ma non necessariamente
fedele, esplicitata nel messaggio epistolare o nel racconto
orale [34].

---

[34] Su questo argomento è utile osservare che Chatman non condivide
pienamente le osservazioni di Rousset (cfr. nota 14): « L'atto dello scrivere è

8. La moltiplicazione della verità e il tramonto del narratore (*Il marito di Elena*).

Anche il narratore del *Marito di Elena* si esprime in terza persona, non ha volto né nome ed è esterno alla storia; eppure leggendo il romanzo abbiamo l'impressione che egli conosca direttamente gli ambienti e i personaggi che descrive. Dopo l'esperienza delle novelle maggiori e dei *Malavoglia*, il narratore ha imparato a immergersi totalmente nel narrato fino a confondersi con esso per assimilarne il paradigma etico e assiologico, la mappa dei valori di riferimento, l'orizzonte culturale. Dalla comunanza d'interessi con i personaggi nasce la disponibilità all'adozione frequente della focalizzazione interna e lo stesso narratore impara ad assimilare le tradizionali prerogative della supervisione autoriale alle specifiche attitudini percettive dei personaggi. Ma vediamo, tuttavia, in quali zone testuali siano ancora reperibili i classici commenti autoriali. Si può presumere che in seguito alla fallimentare pubblicazione dei *Malavoglia*, in cui l'assenza di qualsiasi supporto informativo sui personaggi e sui luoghi della storia aveva creato un rischioso disorientamento nei lettori, il Verga, nel *Marito di Elena*, abbia preferito recuperare almeno alcune formule collaudate della tecnica tradizionale. Questa ipotesi sembra confermata dal fatto che gli interventi autoriali si addensano nella prima parte del romanzo, quasi per favorirne la leggibilità, mentre scompaiono nella seconda per lasciare spazio a formule più moderne. Anche Elena, che pure è vista quasi sempre attraverso gli occhi del marito, viene 'messa a fuoco' dall'acume analitico del narratore onnisciente:

sempre distanziato dalla vita di chi scrive, anche se di pochissimo. Il corrispondente è un intruso rispetto alla persona che 'vive'. Anche se l'intervallo tra gli eventi e la loro trascrizione, è brevissimo — se gli eventi sono afferrati a caldo (*saisie à chaud* come dice Rousset) — vi è sempre un intervallo. Ed è proprio questo intervallo che distingue la narrativa epistolare e diaristica dalle forme in cui la storia è veramente contemporanea come il monologo interiore. » (SEYMOUR CHATMAN, *Story and Discourse*, Cornell U.P., Ithaca-London 1978; tr. it., *Storia e discorso*, Pratiche, Parma 1981, p. 182.

Allora la tentazione che stava in agguato, che le ronzava d'attorno, nel cervello, nel sangue, dinanzi agli occhi, la colse, se non pel cuore, per la mente, guasta e fuorviata, nello spirito inquieto e bramoso. (*Il marito di Elena*, p. 101)

Anche a proposito di uno degli amanti della protagonista è possibile reperire un modulo descrittivo tradizionale:

Cataldi era un giovanotto il quale spendeva pazzamente il denaro che non aveva, biondo e delicato come una fanciulla, bel giuocatore, carico di debiti, audace cogli uomini e cortesemente impertinente colle signore. (*Ibidem*, p. 86)

In linea di massima, comunque, mi sembra che nel *Marito di Elena* le più evidenti manifestazioni dell'onniscienza classica debbano essere ricondotte all'apprendistato letterario del giovane Verga e vadano lette come sporadiche e ingombranti scorie discorsive in struttura narrativa regolata fondamentalmente dalla prospettiva limitata. Infatti, ogniqualvolta il narratore, per presentarci un personaggio, si affiderà alle impressioni di un testimone oculare interno al narrato, ci troveremo di fronte a un ritratto parziale, distorto dagli interessi soggettivi dello spettatore di turno:

Elena lo guardò un po' per compiacenza, e rispose qualche parola insignificante. Peppino era uno come tutti gli altri, coi capelli ricciuti per giunta, pettinati apposta per andare a farsi il ritratto, insaccato in un vestito che voleva essere di città, con certi solini e certa cravatta che Elena aveva visti solamente ad Altavilla. (*Ibidem*, p. 66)

Il guadagno estetico realizzato in seguito all'adozione della focalizzazione interna può essere evidenziato ricordando, per contrasto, il vecchio ritratto di Pietro Brusio fornito da un narratore onnisciente:

/.../ ha i capelli assai radi, di un castagno molto più chiaro di quello dei suoi pizzi e dei baffi; pelle bruna; occhi piccoli e vivissimi; labbra alquanto grosse e sensuali; narici larghe e dilatantisi sempre più alla minima aspirazione del suo carattere impetuoso /.../. (*Una peccatrice*, p. 45)

Ritornando al *Marito di Elena* dovremo notare che il brano non è svolto in forma indiretta libera perché questo costrutto avrebbe richiesto la sostituzione del nome proprio « Elena » con il pronome « lei ». Nonostante ciò il narratore tende a incorporare nel proprio discorso il linguaggio del personaggio adottandone alcune locuzioni idiolettiche (« per giunta »; « apposta per andare a farsi il ritratto »), le stesse che Elena, presumibilmente, ha ripetuto inconsciamente a se stessa per ridimensionare lo status economico-sociale del barone di Altavilla e smorzarne, quindi, la decantata superiorità. Con questo procedimento il Verga fonde la prospettiva del narratore con quella del personaggio mescolandone le voci in un unico flusso discorsivo. Anche altrove si incontrano analoghi fenomeni di ibridazione. A volte l'apparizione di un personaggio sulla scena è preceduta, nella superficie del testo, da un impercettibile mutamento del registro discorsivo e questa trasformazione linguistica, che coincide con una sofisticata azione mimetica, veicola un primo livello informativo sulla origine socio-culturale della nuova comparsa. Le prime notizie sulla famiglia di Cesare Dorello, per esempio, sono puntualmente accompagnate da varianti lessicali che modificano il consueto sistema espressivo del narratore:

> Egli era stato il chierico della famiglia, il fondamento di tutti i castelli in aria che avevano fabbricato i genitori, quando si mettevano sul terrazzino, al fresco, dopo il sole dei campi, colle mani pendenti fra le ginocchia, tagliando col desiderio delle grosse porzioni per la famiglia numerosa in tutto quel ben di Dio che si stendeva dinanzi ai loro occhi, al di là delle ultime case del paesello. (*Ibidem*, pp. 31-32)

L'espressione « il sole dei campi » e il deittico conclusivo « al di là » indicano chiaramente che il punto di vista appartiene ai genitori di Cesare e testimoniano contemporaneamente la loro familiarità con la vita campestre; così la locuzione « quel ben di Dio » riferita alla produttività del terreno non può che scaturire direttamente dalle abitudini espressive dei contadini. Lo stesso procedimento tecnico viene utilizzato per descrivere l'incontro tra Elena e il poeta Fiandura:

> Il poeta, trionfante, aveva spalancato il balcone per preparare la
> messa in scena, la festa del cielo che armonizzava con la festa
> dei loro cuori, la natura che sorrideva del loro sorriso, tutta la
> ricchezza di sensazioni delle anime privilegiate, che i ricchi
> della terra non possono comprare a peso d'oro. (*Ibidem*, p. 136)

All'inizio del brano avvertiamo la voce del narratore che intende prendersi gioco del poeta (« la messa in scena »); gradualmente, però, la soggettività del personaggio si affaccia sulla
scena tramite frammenti del suo stesso linguaggio (« la festa del
cielo che armonizzava », ecc.).

Siamo ritornati, con queste osservazioni, al problema del-
l'inserimento del punto di vista interno nel flusso diegetico
gestito dal narratore onnisciente. Di fronte alla difficile conci-
liazione dei due sistemi prospettici (quello del narratore e
quello del personaggio) il Verga inizialmente si era servito
della diffrazione dei livelli narrativi per passare, in seguito, alla
esplicitazione dei verbi percettivi e alla creazione di 'occasioni'
diegetiche, veri e propri *topoi* narrativi, che delimitassero convenzionalmente l'atto percettivo del personaggio. La fase più
avanzata di questo percorso è rappresentata, come abbiamo
detto, dai fenomeni di ibridazione discorsiva in cui la distanza
tra narratore e narrato si accorcia fino ad annullarsi in una
costante tensione mimetica.

Le tradizionali parentesi autoriali, in realtà, avevano sempre costituito un grosso ostacolo per chi tentava di rinnovare
la struttura del romanzo estendendo, secondo i canoni della
composizione drammatica, il discorso diretto dei personaggi. Il
Capuana, che pure aveva lodato nell'*Assommoir* la capacità del
narratore di continuare a servirsi del linguaggio degli operai
anche quando parlava per conto proprio, non raggiunse gli
effetti stilistici del Verga. Al contrario nei *Viceré* di De Roberto, nonostante la massiccia e costante presenza del narratore
onnisciente, sono riscontrabili interessanti esempi di ibridazione:

> Quando quella miseria puntellò e fortificò la pericolante ba-
> racca, divenne il prezzo col quale ella comprò il titolo di
> principessa. La sua nobiltà era della quinta bussola, non solo

> incapace di stare a paragone con quella sublime degli Uzeda, ma
> neppur degna d'uno dei loro lavapiatti, di quei nobilucci morti
> di fame che vivevano facendo quasi da servitori ai gran signori.
> Ella non poté ordinare un abito alla sarta, né comprare un
> cappellino o un paio di guanti, senza che il monaco criticasse
> l'occasione della spesa /.../. (*I Viceré*, p. 61)

In questo brano, che rientra in un più ampio sommario autoriale, i giudizi sulla storia forniti dal narratore onnisciente (« la
pericolante baracca ») risultano mescolati al punto di vista e alla
voce di don Blasco (« La sua nobiltà era della quinta bussola »;
« nobilucci morti di fame »), ovviamente in lite con la principessa.

Se nella prima parte del *Marito di Elena* ambienti e personaggi spesso vengono descritti così come son visti da Elena — il
personaggio esuberante che ravviva la scena alla ricerca di
molteplici interessi, sostenuti da una curiosità tanto superificiale
quanto accattivante — nella seconda parte, man mano che la
donna avverte il peso di un'esistenza monotona e troppo distante dal suo ideale romantico, il punto di vista trapassa
gradualmente al protagonista maschile, Cesare Dorello, che
nell'inerzia congenita trova l'atteggiamento più idoneo ad assumere un ruolo definitivamente contemplativo nei confronti del
reale. Mentre i riflessi reattivi si assopiscono, l'esistenza di
Cesare si riduce a un continuo, pungente travaglio cerebrale che
lo allontana fisicamente dall'oggetto del desiderio e al gesto
concreto, come decisione, volontà attualizzata, si sostituisce la
sazietà puramente visiva:

> Nelle case dove accompagnava l'Elena, mentre rimaneva a di-
> scorrere colle persone serie, non vedeva più sua moglie per tutta
> la sera che dietro una siepe di abiti neri, nel gruppo più vivace
> delle stoffe vistose e dei ventagli che alitavano come farfalle /.../.
> Osservava alla sfuggita, con uno sguardo discreto che voleva
> parere distratto, la sua testolina fine, bruna e piena di vita /.../.
> (*Il marito di Elena*, p. 84)

L'abitudine all'indolenza invita al monologo tacito, alla riflessione solitaria e viziosa in assenza di ogni verifica dialettica,

esterna, fino a che le stesse coordinate spazio-temporali del reale sembrano alterarsi in un disordine mentale che è solo a un passo dall'alienazione. Si costruisce così una delle più interessanti sequenze del romanzo, quella in cui Cesare, venuto in possesso della lettera scritta da Elena al suo amante, prima di 'agire' attende ansiosamente l'uscita della serva, la quale incredibilmente sembra prolungare all'infinito l'adempimento delle consuete faccende domestiche:

> La donna indugiava a strascicar le ciabatte per la stanza, lentamente, col grugno composto da una certa maligna compiacenza nel riporre in ordine le seggiole e gli oggetti minuti sopra i mobili. Cesare, colla voce tremante di collera, tornò a dire:
> « Andatevene, vi ho detto! Andatevene! ».
> /.../
> Ma lì, seduto dinanzi alla scrivania, gli pareva d'impazzire. L'idea prima, sola, implacabile, era che la serva indugiasse apposta. Fece due o tre giri per la stanza in punta di piedi perché ella non udisse /.../.
> Andò a chiudere l'uscio che la donna aveva lasciato aperto, aspettando febbrilmente che ella avesse finito. La udiva, coll'orecchio alla serratura, andare e venire lentamente, battendo colpi fiacchi collo spolveraccio. Di tanto in tanto l'uscio della cucina cigolava.
> /.../
> Allora si mise a piangere, coi pugni sugli occhi, come un bambino, soffocando i singhiozzi col fazzoletto perché la serva era ancora là, si udiva spolverare e strascicar le ciabatte per la casa. Ella indugiava ad arte, stava a spiarlo. A quell'idea un impeto di collera l'assalse, andò in traccia di una mazza per correre a bastonarla, si aggiarava muto e furibondo per lo stanzino. (*Ibidem*, pp. 115-118)

Nell'intera sequenza viene utilizzata sistematicamente la focalizzazione interna e tra i brani che abbiamo rilevato si estendono lacerti svolti in forma indiretta libera; tecnica che immette nella narrazione il senso di un relativismo concettuale immediatamente trasferibile al lettore, costretto a domandarsi se gli avvenimenti raccontati corrispondano a una verità oggettiva, presumibilmente detenuta dal narratore onnisciente, oppure siano esclusivamente il frutto delle allucinazioni di Cesare.

Come si vede, siamo assai lontani dai primi romanzi verghiani, in cui la sapienza autoriale regolava i parametri di riferimento per una giusta, preordinata lettura della storia e, in fondo, della realtà. Il vecchio narratore onnisciente si ritrae dal narrato mentre la verità gli sfugge di mano per andare a confondersi con 'le verità' possedute dai diversi personaggi. Non c'è più una sola realtà, stabile, definitiva, da raccontare perché ogni aspetto di ciò che esiste acquista un significato diverso a seconda del punto di vista dal quale viene osservato.

In proposito possiamo ricordare, attraverso le parole di Scholes e Kellog, un fenomeno di portata generale che ha interessato la narrativa tra la fine dell'Ottocento e l'inizio del Novecento: « Possiamo constatare ora, tenendo presente questo ampio sviluppo culturale, come il monismo autoritario del modo di narrazione pienamente onnisciente sia divenuto sempre meno accettabile, mentre il multiforme relativismo di questo stesso modo appare sempre più adeguato alla realtà dei tempi moderni » [35].

A cominciare da *Una peccatrice* la coscienza individuale magnetizza l'attenzione del Verga a discapito di una più vasta analisi del contesto ambientale nel quale si muovono i singoli personaggi. Lo studio del 'contorno sociale' occupa sempre una sola parte della narrazione, quasi per sottolineare, con maggiore pregnanza, il varco che puntualmente si aprirà tra il *milieu* e l'eroe. Il vuoto morale e umano che si era già creato intorno a Brusio, a Giorgio La Ferlita e al marchese Alberti circonderà anche la famiglia Malavoglia, il cui punto di vista — come ha dimostrato il Baldi [36] — è sempre contrapposto a

[35] ROBERT SCHOLES e ROBERT KELLOGG, *The Nature of Narrative*, Oxford U.P., New York and London 1966; tr. it., *La natura della narrativa*, Il Mulino, Bologna 1970, p. 352.

[36] La tesi del Baldi è senz'altro una delle più suggestive tra quelle proposte per l'interpretazione del romanzo verghiano. Lo studioso ritiene che (a parte le speciali intrusioni del narratore onnisciente nella mente dei personaggi protagonisti e l'originale posizione ideologica del giovane 'Ntoni) nel romanzo si contrappongano fondamentalmente due punti di vista: quello

quello della comunità di Aci Trezza. Così anche le vicende dei protagonisti del *Marito di Elena* e del *Mastro don Gesualdo* saranno caratterizzate da un comune denominatore; l'incapacità di aderire, lungo un disperato itinerario esistenziale, tanto al microcosmo di origine quanto a quello di arrivo.

Se la delineazione del quadro ambientale interessa soprattutto la parte introduttiva dei romanzi verghiani, è nella fase terminale della narrazione che generalmente si addensa la ricerca introspettiva dei personaggi. Fin dai *Carbonari della montagna* Corrado, il protagonista, conosce il travaglio sentimentale e ideologico quando i suoi progetti stanno per capitolare. *Sulle Lagune* e *Una peccatrice* terminano con le lunghe lettere dei protagonisti, i quali trovano negli inserti metadiegetici la giusta cornice per far emergere la profondità della loro coscienza. Enrico Lanti, in *Eva*, poco prima di morire continua a interrogarsi sul senso dell'arte e della lealtà affettiva, e l'intero racconto, in fondo, può essere considerato alla stregua di una valutazione conclusiva sul proprio passato, come avviene spesso nelle narrazioni autobiografiche. In *Tigre reale* lo

della famiglia Malavoglia, serio, disinteressato, ancora legato alla lealtà e all'autenticità dei rapporti umani, e quello della comunità del villaggio, che riproduce la disumanità del meccanismo sociale ed economico. Lo scrittore, come narratore, si immerge di volta in volta nell'uno o nell'altro punto di vista e rinuncia, pertanto, a quel margine di distacco, nei confronti della materia narrata, che gli avrebbe consentito di esplicitare un giudizio critico. Resta, tuttavia, la problematicità del mondo rappresentato, perché « la dialettica tra i punti di vista narrativi e lo straniamento operato dal punto di vista della realtà effettuale sul punto di vista idealizzante degli eroi fa sì che il messaggio narrativo, nella sua concreta identità di ideologia e procedimenti formali, costituisca la negazione più netta di ogni forma di ideologia populistica romantico-reazionaria. » (G. BALDI, *L'artificio della regressione. Tecnica narrativa e ideologia nel Verga verista*, Liguori, Napoli 1980, p. 117). La tesi del Baldi supera la precedente lettura del Masiello, il quale riteneva che « l'integrale accettazione del 'punto di vista' dell'universo umano-sociale rappresentato » coincidesse con « la liquidazione di ogni rapporto critico e dialettico tra autore e materia » (cfr. VITILIO MASIELLO, *Verga tra ideologia e realtà*, De Donato, Bari 1970; dello stesso Masiello si veda anche *La lingua del Verga tra mimesi dialettale e realismo critico*, in ALBERTO ASOR ROSA [a cura di], *Il caso Verga*, Palumbo, Palermo 1972).

scavo psicologico di Giorgio ed Erminia diventa più serrato soprattutto quando la narrazione sta per concludersi. Lungo questa linea *Eros* costituisce ancora una volta un punto di snodo perché proprio in questo romanzo incomincia ad essere evidente la speciale predilezione verghiana per l'indiretto libero; quando il racconto volge al termine alle classiche manifestazioni dell'onniscienza spesso subentra l'autoanalisi del protagonista nella forma dell'indiretto libero. Nei *Malavoglia* il personaggio che più degli altri farà emergere (sempre attraverso l'indiretto libero) una prospettiva esistenziale originale, non allineata con le coordinate sociali e assiologiche del proprio habitat, sarà il giovane 'Ntoni, ribelle fin dall'inizio ma progressivamente insofferente dell'oppressione fatale della tradizione. Cesare Dorello, nel *Marito di Elena*, dopo aver subito gli effetti della sua stessa inettitudine decisionale e dopo una prolungata macerazione sentimentale, mette in moto la fase conclusiva della sua storia d'amore e quindi della sua stessa esistenza. Nel *Gesualdo* infine, l'adozione sistematica della focalizzazione interna negli ultimi due capitoli dimostra che anche il narratore, al termine del suo racconto, si ritrae di fronte all'isolamento mortale del suo eroe.

L'espansione del punto di vista del personaggio — e non solamente al termine della narrazione — implica spesso una retrospettiva memoriale. Di fronte a questa eventualità lo scrittore adotta differenti procedimenti per innestare i ricordi di un personaggio nel flusso dell'esposizione diegetica, dal momento che il recupero del vissuto procede in senso inverso rispetto alla normale evoluzione cronologica della narrazione. Anche da questo punto di vista possiamo distinguere due fasi della narrativa verghiana. Fino a *Eva*, infatti, il passato dei personaggi — le loro avventure, la loro formazione sentimentale e umana — viene inserito nella cornice metadiegetica e, pertanto, risulta in qualche modo staccato dall'asse narrativo principale, lungo il quale si srotolano gli eventi reali. Già in *Tigre reale* però, proprio quando si incomincia a registrare l'apparizione della focalizzazione interna nell'arco dell'intera narrazione e la

parallela rarefazione della metadiegesi tradizionale [37], i ricordi
dell'eroe compaiono nel corso della narrazione di primo grado,
riassunti ovviamente dal narratore onnisciente (« In mezzo al
grande stordimento della sua mente c'era un guazzabuglio confuso, doloroso, il passato, il presente, le vicende turbolente
della giovinezza, i ricordi più lontani e insignificanti, Nata,
suo figlio, Firenze », p. 436). La struttura narrativa di *Eros*
riflette rigorosamente l'ordine sequenziale degli eventi e lascia
uno spazio minimo alle inversioni cronologiche. In questi ultimi casi, tuttavia, si ripete l'opposizione — già incontrata
precedentemente [38] — tra onniscienza e focalizzazione interna:
pertanto, mentre in alcuni casi ci imbattiamo in una stringata
analisi autoriale (« Il suo triste passato gli si rizzava dinanzi
come il fantasma della pena del taglione », p. 178), altrove
incontriamo, senza mediazioni, il flusso meditativo del personaggio (« Domandarle perdono di che?... Di aver dimenticato
in un istante l'amore di lei, la fiducia che ella aveva in lui, il
loro passato, i giorni, i mesi interi d'intimità... », p. 191).
Anche nei *Malavoglia* il narratore segue scrupolosamente la
linearità cronologica della storia e il pensiero dei personaggi si
rivolge quasi sempre al presente, o tutt'al più al futuro, forse
perché nella monotona esistenza del villaggio la memoria individuale non costituisce un patrimonio prezioso, differenziato
rispetto all'iterazione ciclica degli eventi. Si veda, comunque,
questo brano:

> Maruzza non diceva nulla, ma nella testa ci aveva un pensiero
> fisso, che la martellava, e le rosicava il cuore, di sapere cos'era

---

[37] Mi sembra opportuno distinguere il racconto metadiegetico
ordinario, più frequente, che presuppone sempre l'esistenza di un narratore
(o scrittore) e di un narratario (ascoltatore o lettore), dall'analessi metadiegetica, che coincide sostanzialmente con il ricordo, con la retrospettiva memoriale avviata da un personaggio e spesso chiusa nella sua mente. In questo
secondo caso, qualora cioè il racconto di secondo grado resti confinato nella
mente di chi lo 'produce', la trasmissione del messaggio narrativo metadiegetico riguarda un solo ente, dal momento che non c'è un vero e proprio
ricevente: chi ricorda racconta a se stesso, mentalmente, episodi trascorsi.

[38] Si veda il paragrafo su *Eros*.

successo in quella notte, che l'aveva sempre dinanzi agli occhi, e
se li chiudeva le sembrava di vedere ancora la *Provvidenza*, là
verso il Capo dei Mulini, dove il mare era liscio e turchino, e
seminato di barche, che sembravano tanti gabbiani al sole, e si
potevano contare ad una ad una, quella dello zio Crocifisso,
l'altra di compare Barabba, la *Concetta* dello zio Cola, e la
paranza di padron Fortunato, che stringevano il cuore e si udiva
mastro Turi Zuppiddu il quale cantava a squarciagola, con quei
suoi polmoni da bue, mentre picchiava colla malabestia, e
l'odore del catrame che veniva dal greto, e la tela che batteva la
cugina Anna sulle pietre del lavatoio, e si udiva pure Mena a
piangere cheta cheta in cucina. (*I Malavoglia*, pp. 59-60)

La voce del narratore, che prepara l'inserzione della focalizzazione interna nel filone diegetico (« ci aveva un pensiero fisso »),
scompare gradualmente, impercettibilmente, per lasciare che i
ricordi di Maruzza (« là verso il Capo dei Mulini ») si fondano
con le immagini della sua fantasia (« che sembravano tanti
gabbiani al sole ») in una successione cantilenante e quasi alo-
gica, sospesa a metà strada tra il sogno e la memoria. Lentamente, senza soluzione di continuità, la coscienza del reale
irrompe di nuovo tra i pensieri del personaggio e crea, così, un
malinconico bilanciamento con il suo passato (si noti il passaggio dalle sensazioni puramente visive, trasognate, a quelle più
forti, olfattive e uditive). A volte anche nel *Marito di Elena* è il
narratore ad avviare la riesumazione del passato (« Tutto a un
tratto gli si rizzò dinanzi agli occhi il ricordo di un giorno in
cui l'aveva incontrata sull'uscio, pallida, colla colpa ancora negli
occhi », p. 177); in altri casi, invece, i ricordi affiorano senza
mediazioni durante l'analisi introspettiva del protagonista:

> Così la rompevano col passato! dimenticavano ogni cosa! e gli
> voltavano le spalle! Elena, in quei cinque giorni, non aveva
> provato una sola di quelle sensazioni che a lui avevano fatto
> girare il capo /.../. (*Il marito di Elena*, p. 156).

Nel *Mastro don Gesualdo* il narratore, discretamente, si
limita a segnare il punto d'attacco dell'analessi memoriale per
lasciarla procedere, poi, autonomamente e in forma distesa:

Gli venivano tanti ricordi piacevoli. Ne aveva portate delle
pietre sulle spalle, prima di fabbricare quel magazzino! E ne
aveva passati dei giorni senza pane, prima di possedere tutta
quella roba! (*Mastro don Gesualdo*, pp. 69-70),

Don Gesualdo pensava intanto quanti bei denari dovevano
scorrere per quelle mani; tutta quella gente che mangiava e
beveva sulle spalle di sua figlia, sulla dote che egli le aveva dato,
su l'Alìa e su Donninga, le belle terre che aveva covato cogli
occhi tanto tempo, sera e mattina, e misurato col desiderio, e
sognato la notte, e acquistato palmo a palmo, giorno per giorno,
togliendosi il pane di bocca: le povere terre nude che bisognava
arare e seminare; i mulini, le case, i magazzini che aveva
fabbricato /.../. (*Mastro don Gesualdo*, pp. 341-342)

Si direbbe che la comparsa del ricordo nella narrativa
verghiana abbia costituito sempre un momento tecnicamente
difficile. Una volta sciolti i vincoli testuali che incastonavano il
passato di un personaggio in una comoda sezione metadiegetica,
il magma memoriale può affiorare in un momento qualsiasi
della narrazione, anche se quasi sempre il narratore onnisciente
si preoccupa di segnalare l'inevitabile sfasamento che si crea tra
la cronologia reale degli eventi e quella indefinita della rimem-
branza. Ora, senza pretendere troppo dal Verga, ciò che importa rilevare è la moltiplicazione delle 'occasioni' che invitano,
o costringono, l'eroe alla rivisitazione del proprio passato. A
questo proposito è interessante una verifica, ancora una volta,
sul Capuana. In *Giacinta*, quando lo sguardo della protagonista
cade involontariamente su un crocifisso, il narratore onnisciente
si appropria immediatamente del punto di vista e della voce per
raccontare — in un tipico sommario autoriale — l'influenza
dell'ambiente familiare sulla formazione religiosa della fanciulla
(« Il suo sentimento religioso era sempre rimasto superficiale.
Riducevasi veramente a una pura e semplice pratica. /.../ Cir-
condata da questa atmosfera mezzo irreligiosa, era cresciuta
indifferente », p. 80). Circa vent'anni dopo, nel *Marchese di
Roccaverdina* si verificherà una scena analoga ma il narratore,
scartata l'ipotesi di spiegare l'individuo sulla scorta di una
sapienza solida e immutabile, si limiterà ad assecondare il
protagonista nel recupero di un episodio della sua infanzia:

> E si arrestò con un senso di puerile paura, appena passata la soglia dell'altra stanza. La stessa angosciosa impressione dell'altra volta, di molti e molti anni addietro! Allora aveva otto o nove anni.
>
> Ma allora il lenzuolo che avvolgeva il corpo del Cristo in croce, di grandezza naturale, appeso alla parete di sinistra, non era ridotto a brandelli dalle tignuole; e non si affacciavano dagli strappi quasi intera la testa coronata di spine e inchinata su una spalla, né le mani rattrappite, né i ginocchi piegati e sanguinolenti /.../. (*Il marchese di Roccaverdina*, p. 57)

Al termine il narratore sottolinea energicamente il ritorno alla diegesi (« Questi ricordi gli eran passati, come un baleno, davanti agli occhi della mente », *ibidem*, p. 57) ma ciò che importa notare, come si diceva, è l'eventualità che un episodio casuale, apparentemente innocuo e irrilevante, possa costringere l'individuo a un rischioso confronto con la sua memoria.

9. Dissoluzione del potere demiurgico e interruzione del meccanismo della reciprocità (*Dal tuo al mio*).

L'analisi del romanzo *Dal tuo al mio*, inizialmente pubblicato a puntate nel 1905, non può prescindere da una comparazione critica con l'omonimo dramma, messo in scena per la prima volta nel 1903 [39]. È evidente che nell'operazione di

---

[39] Per le notizie storiche su questo romanzo si veda ARNALDO DI BENEDETTO, prefazione a G. VERGA, *Dal tuo al mio*, Serra e Riva, Milano 1982; si tenga anche presente, per una eventuale comparazione con il testo drammatico originario, SIRO FERRONE, *Il teatro di Verga*, Bulzoni Roma, 1972. Il dramma venne scritto in un periodo particolarmente fecondo per gli autori teatrali italiani e riproponeva la problematica sociale delle miniere meridionali, largamente presente nella cronaca quotidiana e già utilizzata come sfondo polemico nella *Zolfara* di G. Giusti Sinopoli. Inoltre la composizione del dramma attestava la temporanea predilezione verghiana per l'attività teatrale, peraltro sostenuta da un crescente interesse di pubblico, mentre la produzione romanzesca sembrava impantanata in un'irrimediabile *impasse*. Nonostante ciò lo scrittore tornò sul dramma per riscriverlo in forma narrativa, pur tenendo fede al proposito di « non mutare una parola del dialogo » (come scrisse lo stesso Verga nella prefazione al romanzo).

riscrittura sono state dilatate e omogeneizzate quelle parti del
testo drammatico che si avvicinano maggiormente alla struttura
discorsiva del romanzo, cioè le didascalie; ed è altrettanto chiaro
che la configurazione dei personaggi, la delineazione dell'ambiente e lo stesso sviluppo dell'intreccio hanno acquistato una
connotazione più esplicita attraverso gli interventi del narratore. D'altra parte la perfetta autonomia del testo drammatico,
esclusivamente basata sull'espressione dialogica e sulle stringate
indicazioni di regìa relegate nelle parentesi didascaliche, ci invita
a chiederci a quali esigenze rispondano gli interventi autoriali
nella rielaborazione narrativa e quali proporzioni essi assumano
nella realtà del testo.

In apertura del romanzo il narratore onnisciente si preoccupa di fornire l'antefatto della vicenda; il dramma invece
incomincia *in medias res* e le indicazioni di regìa che precedono
le battute dialogiche vere e proprie non sono sufficienti a
compensare il carico informativo messo a punto per la versione
narrativa. Tuttavia l'intervento autoriale posto all'inizio del
romanzo non sostituisce semplicemente l'antefatto tradizionale;
cioè non è esclusivamente funzionale alla comprensibilità del-
l'intreccio, bensì anticipa un tema di fondo che emergerà nuovamente nelle pagine successive e funge, pertanto, da messaggio
ridondante atto a isolare il principale significato della narrazione: la decadenza morale ed economica della nobiltà di provincia:

> In casa Navarra era festa quella sera. Il povero barone don
> Raimondo, che arrabbattavasi da anni ed anni in mezzo ai debiti
> e agli altri guai, colla croce di due figlie da marito per giunta, ne
> dava una, delle figliuole, al figlio unico di don Nunzio Rametta
> /.../. La ragazza, è vero, s'era fatta tirare pei capelli a dir di sì,
> non per l'umiliazione di dover scendere dino al figliuolo di uno
> zolfataro /.../. (*Dal tuo al mio*, p. 31)

Questo primo intervento del narratore, allora, va al di là della
semplice panoramica retrospettiva e ci aiuta a cogliere le motivazioni principali che hanno indotto il Verga a rivedere l'originaria versione drammatica. Il romanzo, infatti, scaturisce dalla
volontà dello scrittore di accentuare la componente sentimen-

tale della storia per meglio delineare l'intreccio tra le pulsioni affettive e gli interessi economici che regolano l'esistenza dei personaggi. Questi ultimi, da parte loro, sembrano subire l'impatto con la realtà avversa in misura maggiore che nel dramma e, nello spazio privato della coscienza — cioè prima e dopo ogni battuta dialogica — rivivono come un'eco tormentosa le ripercussioni dell'inarrestabile conflitto con l'ambiente esterno. I personaggi principali sono costantemente al centro di uno scontro tra pubblico e privato e di volta in volta sono costretti a selezionare ciò che può essere esternato e ciò che deve rimanere allo stato di magma lacerante nell'interiorità inattaccabile della coscienza. L'intervento del narratore serve a scandagliare il lato oscuro dei personaggi, a garantire un margine d'esistenza alla loro sfera psichica, altrimenti destinata all'ineffabilità.

Detto questo, però, non dobbiamo pensare a una narrazione in cui prorompa l'effetto dilagante dell'onniscienza, libera di manifestarsi nelle forme tradizionali, anzi dovremo ricercare nei dettagli impercettibili le tracce di un narratore discreto. Il romanzo, conviene ricordarlo, non solo assume come trama genetica di riferimento la struttura essenziale del dramma ma viene composto nell'ultima fase dell'attività creativa verghiana, cioè quando la stessa narrazione sembra rattrappirsi fino a una estrema scarnificazione che prelude al silenzio espressivo dell'autore. Pertanto i *verba dicendi* e le relative espansioni modali che anticipano le battute di dialogo, sono da classificare come rapide incursioni autoriali nella mente dei personaggi e connotano, meglio delle semplici didascalie presenti nel dramma, la natura più profonda degli interlocutori e la tensione conflittuale nella quale essi agiscono. Vediamo subito le diverse configurazioni assunte dal dialogo nella versione drammatica e in quella romanzesca:

LA MARCHESA (*facendo una smorfia*). Brutte cose fra parenti!
DONNA BIANCA (*ironicamente alla marchesa*). A me piace che vi scaldate per il parentado come se ci foste nata. (*Dal tuo al mio*, dramma, p. 244; corsivi nel testo)
— Brutta cosa tra parenti! — osservò sorridendo graziosamente la signora marchesa.

A quell'uscita donna Bianca, che aveva colto a volo la parola
« contadina » e masticava una buona risposta, la spiattellò tal' e
quale:
— A me piace invece che vi scaldate pel parentado come se ci
foste nata! (*Dal tuo al mio*, romanzo, p. 41)

Come si diceva, l'intervento autoriale — nella versione romanzesca — deve essere ricercato nella deformazione espressionistica dei sintagmi di legamento che precedono la battuta di
dialogo (« masticava una buona risposta, la spiattellò »). L'onniscienza tradizionale, invece, di primo acchito sembrerebbe più
facilmente reperibile in ognuna delle introduzioni che scandiscono la partizione del romanzo in tre capitoli; anche il secondo e il terzo capitolo, infatti, prendono l'avvio da una
breve sintesi retrospettiva sostitutiva delle indicazioni di regìa
che precedono gli atti corrispondenti nella versione drammatica:

Almeno alla zolfara, dove s'erano dovuti ridurre padre e figli
dei Navarra, non si vedevano facce di creditori, e non si udiva
ogni momento il campanello dell'uscio. Lisa, anche vestita di
cotone, era come una regina. Lì i crucci e i seccatori bisognava
andare a cercarli apposta, al paese. È vero che il babbo doveva
andarci spesso, e Nina, poveretta, restava ai guai della paga
/.../. (*Ibidem*, p. 65)

Questo brano, che frettolosamente si può classificare come
tipica espressione del narratore onnisciente, ci consente di verificare ancora una volta quale sia il procedimento stilistico
utilizzato dallo scrittore. Per coglierne il significato è opportuno ritornare alla corrispondente didascalia nella versione
drammatica:

Alla casina della zolfara. Stanza comune d'ingresso. A sinistra
una finestra; indi, in linea diagonale, un finestrone che dà sulla
scala per cui si scende nel cortile. Uscio in fondo. Altri due
usci a destra /.../. (*Dal tuo al mio*, dramma, p. 259)

Le indicazioni scenografiche, come si vede, sono perfettamente neutrali e tendono a delineare, non solo nello spettatore
ma anche nel lettore, un quadro ambientale oggettivo. Nel
romanzo, invece, l'avverbio iniziale (« Almeno ») condiziona il
senso generale dell'introduzione perché indica che come 'focus'
della narrazione è stato adottato un punto di vista interno. Il
narratore, dunque, sebbene continui ad essere il titolare della
voce e possa colmare delle lacune diegetiche ricorrendo al
riassunto temporale, si impone dei rigorosi vincoli espressivi
che limitano fortemente l'ordinaria manifestazione dell'onniscienza e, contemporaneamente, privilegia la prospettiva concettuale dei personaggi. Ne abbiamo una conferma poco dopo,
quando l'espressione « il babbo » riconduce l'origine del punto
di vista alla stessa Nina, subito giudicata dal narratore (« poveretta »).
L'utilizzazione del punto di vista interno può esser colta
anche nella presentazione dei personaggi e anche in questo caso
risulta utile il confronto con la versione drammatica:

> *La zia Bianca, in fronzoli, festante, accaldata, facendosi vento*:
> Son qua!... La prima!... Che caldo! Che contentezza oggi in casa
> vostra! (*Dal tuo al mio*, dramma, p. 239; corsivo nel testo).

> Lisa agguantava già il vassoio quando entrò donna Bianca,
> accaldata, festante, col vestito di lana e seta, lo spillone col
> cammeo antico, il fazzoletto di pizzo nelle mani, soffiando e
> sventolandosi. (*Dal tuo al mio*, romanzo, p. 34).

Nonostante l'assenza del verbo percettivo possiamo affermare
che questa descrizione dipende da un punto di vista interno e
non solo perché il narratore si è limitato a elencare i soli
aspetti esteriori del personaggio (quelli, cioè, che presumibilmente hanno veduto gli altri personaggi presenti sulla scena)
ma anche perché, tra quelli disponibili, ne ha selezionato accuratamente i più vistosi (« lo spillone »; « il fazzoletto di
pizzo »). Questi aspetti dell'acconciatura sono stati efficace-
mente aggiunti rispetto alla originaria notazione didascalica e
contribuiscono, in maniera determinante, a enfatizzare la 'visi-
bilità' del personaggio. Nel romanzo, di conseguenza, la dilata-

zione descrittiva, motivata dall'ormai acquisito privilegiamento della focalizzazione interna, serve a recuperare la mimica e la gestualità che l'attore può sfoggiare sul palcoscenico, ma il narratore evita di interferire gratuitamente col narrato e si attiene scrupolosamente alla prospettiva limitata.

L'estrema erosione del discorso narrativo sembra più facilmente riscontrabile nelle descrizioni ambientali. Si deve notare, infatti, che tanto nel primo quanto nel secondo capitolo il narratore ha quasi completamente trascurato di delineare l'ambiente nel quale si muovono i personaggi, rispettando un'ulteriore autolimitazione espressiva in confronto alle indicazioni di regìa presenti nel dramma. Si vedano per esempio gli accurati suggerimenti scenografici relativi alla casa del barone, in cui si svolge il primo atto del dramma:

> In casa Navarra. Sala arredata all'antica. Usci a destra e a sinistra (quello dell'anticamera in fondo). Mobili vecchi ma custoditi gelosamente. Ritratti di antenati alle pareti, tipi fra il contadino e il nobiluccio di provincia, in parrucca e spadino, oppure in toga. (Dal tuo al mio, dramma, p. 237; corsivo nel testo).

Nel romanzo una breve descrizione del salone, filtrata integralmente attraverso gli occhi di donna Bianca, compensa solo in parte le informazioni fornite allo scenografo per l'allestimento teatrale:

> S'interruppe, ammirando i preparativi della festa, l'illuminazione, i fiori sulla consolle, i seggiolini dorati di qua e di là del tavolino col tappeto verde, i ritratti antichi che guardavano di lassù, tutt'intorno.
> — Bene! bene! Avete fatto le cose bene! (Dal tuo al mio, romanzo, p. 35).

In un romanzo la descrizione dell'ambiente in cui si svolge la storia funge da elemento essenziale per la decodificazione dei significati narrativi e contribuisce a garantire la percorribilità conoscitiva del testo [40]. Per questo motivo nella

---

[40] Nel linguaggio teatrale la scenografia è un segno continuo e assume un valore determinante ai fini dello svolgimento dell'azione e della sua

versione narrativa di *Dal tuo al mio* l'assenza di una sufficiente configurazione del quadro ambientale attraverso la regolazione onnisciente incrina notevolmente l'effetto mimetico e genera l'illusione che i personaggi si muovano nel vuoto. Lo stesso Verga, probabilmente, ha percepito la carenza informativa prodotta dalla mancata delineazione del luogo narrativo e questa presa di coscienza sembra essere alla base dei mutamenti strutturali che si possono individuare confrontando il terzo atto del dramma con il terzo capitolo del romanzo. Qui, infatti, la configurazione del paesaggio conferisce alla narrazione un arcano senso di fatalità incombente e avvolge la successione degli eventi in un'atmosfera cupa e paurosa; ancora una volta, però, viene adottato il punto di vista di un personaggio, con le inevitabili valenze emotive ad esso connesse:

> Com'era già sera, e il barone non tornava ancora dal paese, Nina usciva ogni momento a guardare nel sentiero. Non si vedeva anima viva, tutt'intorno. La campagna sembrava un deserto, e faceva paura, a quell'ora, colle voci che correvano. (*Dal tuo al mio*, romanzo, p. 96),

> Tramontò il sole, giunse dal paese il suono dell'avemaria, sul ponente fresco, e il barone non giungeva ancora. Nina sentiva stringere il cuore man mano che le ombre della valletta le si stringevano intorno. (*Ibidem*, p. 97)

Con l'analisi di quest'ultimo romanzo, per tanti versi anomalo rispetto ai precedenti, trova definitiva conferma l'ipo-

---

comprensibilità. La specifica struttura del quadro ambientale condiziona i movimenti degli attori, ingenera nel pubblico delle aspettative sull'evoluzione dell'intreccio, fornisce delle informazioni implicite sulla natura e sull'origine dei personaggi che praticano quell'ambiente. Nella rappresentazione teatrale, in definitiva, l'apparato scenografico costituisce una fonte d'informazione permanente ed è indispensabile alla realizzazione stessa del dramma; in questo senso i suggerimenti del drammaturgo posti prima di ogni atto sono sufficienti a costruire un primo fascio informativo che si dilaterà nella 'messa in scena' vera e propria. Cfr. CESARE MOLINARI e VITTORIA OTTOLENGHI, *Leggere il teatro, un manuale per l'analisi del fatto teatrale*, Vallecchi, Firenze 1985, pp. 63 ss.

tesi di un itinerario tecnico-stilistico coerentemente seguito dal Verga dall'esordio giovanile agli anni della maturità. La graduale sperimentazione e acquisizione degli strumenti tecnici che hanno promosso l'adozione sistematica della focalizzazione interna, a discapito della narrazione tradizionale, costituisce un ideale diagramma letterario che ripete emblematicamente l'evoluzione della cultura italiana del secondo Ottocento. La linea dell'arte verghiana, così come l'abbiamo disegnata, manifesta autonomamente il definitivo tramonto del tardoromanticismo ma anche il progressivo declino di quella stessa filosofia positivistica che pure aveva sostenuto, almeno inizialmente, l'importazione del naturalismo francese e il suo adattamento alla specifica condizione storico-culturale dell'Italia: basti pensare che già nel 1881, mentre Verga pubblicava *I Malavoglia*, il Fogazzaro in *Malombra* conduceva più a fondo l'esplorazione della coscienza individuale, evidenziandone vibrazioni segrete e sconosciuti accordi con la realtà esterna. Qui, tuttavia, importa rilevare che i germi di una nuova stagione letteraria — e culturale — sono già presenti nell'opera verghiana e risultano individuabili sulla base dei procedimenti tecnici che rappresentano la crescente centralità narrativa del Soggetto.

Lungo il medesimo asse interpretativo, la costante rarefazione del racconto metadiegetico esprime l'assenza dell'affiatamento comunicativo, l'inesistenza della reciproca comprensione, il vuoto affettivo che circonda i personaggi, costretti a ritrovare nella loro coscienza l'unico interlocutore disposto ad ascoltarli. Tramontata l'epoca degli amici fedeli (Collini in *Sulle lagune*, Raimondo Angiolini in *Una peccatrice*, il narratore di *Eva* e l'amico di La Ferlita, Gemmati in, *Eros*), scomparse le donne innamorate (Giulia Collini, Narcisa Valderi, Nata ed Erminia Ruscaglia in *Tigre reale*, Adele in *Eros*), scomparse addirittura le madri eternamente comprensive (la mamma di Brusio, la madre di Lanti, la stessa Maruzza Malavoglia), gli ultimi eroi del Verga possono comunicare soltanto con se stessi. Come tra Cesare Dorello ed Elena, così tra Gesualdo e Bianca Trao non c'è possibilità di dialogo, ma, quel che è più significativo, non ci sarà neppure tra Gesualdo e sua figlia Isabella, e forse un'autentica intesa non era esistita nean-

che tra Gesualdo e don Nunzio, suo padre. Nell'ultimo romanzo, *Dal tuo al mio*, la comunicazione si riduce allo scontro
dialogico tra i personaggi, mentre ognuno di essi sembra condannato a macerare interiormente, in una solitudine glaciale,
l'affanno esistenziale.

Nei primi romanzi, insomma, i personaggi avevano sempre avuto la possibilità di esternare l'insieme delle esperienze
accumulate nel corso della loro esistenza redigendo mano-
scritti, lettere, o direttamente raccontando a voce le proprie
storie; contemporaneamente era stato sempre facile imbattersi
nell'amante, in un amico, in un confidente disposto a leggere o
ad ascoltare quelle storie. I protagonisti degli ultimi romanzi
possono raccontare soltanto a se stessi, nei sogni, nelle meditazioni solitarie, nei ricordi strappati alla memoria.

La centralità dell'individuo nel romanzo, smarrito ormai
l'ideale di un potere demiurgico pronto a trasformarsi in atto
incisivo sulla Storia, coincide piuttosto con la condizione stessa
dell'isolamento, della distanza: dagli altri e dal reale circostante. In queste condizioni il punto di vista 'interno' diventa
sempre più spesso un punto di vista 'interiorizzato', che quasi
per inerzia cade sul mondo esterno e subito rimbalza nella
coscienza alla ricerca di una sicurezza perduta, di una stagione
trascorsa. La raccolta dei ricordi, tuttavia, non sempre rappresenta un approdo tranquillo, anzi, a volte nasconde un conge-
gno pericoloso che attende solo di essere innescato. Così il
passato affiora all'improvviso nella prospettiva memoriale dei
personaggi verghiani e interferisce tragicamente con la loro
esistenza quotidiana, svelandone il lato amaro. Come si vede,
« siamo alle soglie del decadentismo; al Verga non era dato
procedere oltre. Ed egli si ritirò in un crucciato, inoperoso
silenzio »[41].

Più oltre, nel *Marchese di Roccaverdina* — che il Capuana
pubblicherà proprio all'inizio del nuovo secolo — molti degli

---

[41] V. SPINAZZOLA, *op. cit.*, p. 40.

eventi non saranno raccontati nel momento in cui accadono ma nel momento in cui sono ricordati dai personaggi e la vita del protagonista oscillerà disperatamente tra attivismo forzato e instabili immagini mnemoniche, fino a quando il passato prenderà il sopravvento sul presente per dispensare la follia e la morte.

EDVIGE FORINO

PIRANDELLO NARRATORE DI PAROLE

1.0. Per una lettura narratologica del romanzo di Pirandello

Dal 1901 al 1926, Luigi Pirandello pubblica sette romanzi: *L'esclusa* (1901), *Il turno* (1902), *Il fu Mattia Pascal* (1903), *I vecchi e i giovani* (1908), *Suo marito* (1911), *Si gira* (1915), ripubblicato nel '25 col titolo di *Quaderni di Serafino Gubbio operatore, Uno, nessuno e centomila* (1925-26). Passando dal primo all'ultimo è possibile tracciare anche considerando esclusivamente l'aspetto stilistico-strutturale, una linea di progressivo allontanamento dagli standards letterari tradizionali che, subìta una battuta d'arresto con *I vecchi e i giovani,* procede poi attraverso *Suo marito* e *Quaderni di Serafino Gubbio operatore,* fino alla trasgressività esasperata ma convincente di *Uno, nessuno e centomila* [1].

---

[1] Numerosi i critici concordi nell'accettare questa linea di sviluppo. Tra gli altri, RENATO BARILLI, *La barriera del naturalismo*, Mursia, Milano 1970; GIOVANNI MACCHIA, *Pirandello o la stanza della tortura*, Mondadori, Milano 1985; possiamo far rientrare in questa schiera anche ANTONINO PAGLIARO che, in un suo intervento sul « Bollettino del centro studi filologici e linguistici siciliani », X, 1968, *Teoria e prassi linguistica di Luigi Pirandello,* sottolinea più volte il passaggio, non sappiamo però fino a che punto progressivo, da un'ispirazione eminentemente realistica *(L'esclusa, Il turno, I vecchi e i giovani)* ad un'altra in cui il gusto per l'istanza descrittiva lascia il posto alla riflessione interiore *(Quaderni di Serafino Gubbio operatore, Uno, nessuno e centomila)*: « Nell'opera di Pirandello non è difficile seguire questo spostamento progressivo dal realismo alla dialettica. Al tempo stesso scoprirà una padronanza linguistica sempre più sicura e pertinente, quasi che complesse e fortunose vicende espressive della narrativa siano venute a maturarsi, componendosi in una lingua di registro medio, duttile e viva » (p. 17).

Ma altrove leggiamo anche: « il prevalere della componente dialettica e il conseguente declino della componente realistico descrittiva hanno un riflesso cospicuo nelle scelte linguistiche, poiché ai pensamenti e ai discorsi ragionati la lingua del parlare colto e della scrittura media può sopperire con facilità maggiore » *(Ibidem,* p. 48). In sostanza il filologo fa le sue riserve

Quali sono gli standards di partenza? Comunemente si
ama definire *L'esclusa* un romanzo naturalista, sia pure sviluppato su un'ossatura da dramma-farsa borghese [2]. Quando si
guarda invece alla produzione 'trasgressiva', i riferimenti vanno
alla grande tradizione innovativa, da Joyce a Proust, passando
per Svevo [3].

Applichiamo alla produzione romanzesca pirandelliana
nuovi criteri di giudizio: si tratta di una metodologia strutturale che, passando al setaccio tutta la fenomenologia del *racconto*, ci consentirà di coglierne le 'ragioni': le ragioni della
riuscita, del fallimento, della modernità, dell'obsolescenza; le
ragioni, nel bene e nel male.

Troppo generico risulterebbe, per cominciare, considerare
tutti insieme i romanzi di Pirandello, senza procedere ad una
prima distinzione: romanzi narrati in terza persona e romanzi
cosiddetti autobiografici, quelli nei quali il personaggio racconta in prima persona la propria vicenda. È una distinzione
importante, innanzitutto perché ci permette di riabilitare il

circa la connotazione evolutiva della produzione pirandelliana, relative in
particolare alla sfera linguistica: nei romanzi dell'ultimo periodo, infatti, col
prevalere di quella che egli definisce componente dialettica, conseguentemente « manca quindi la creatività linguistica, alla quale impegnano la
rappresentazione sensitiva del reale e dell'espressione lirica » (*Ibidem*, p. 17).

[2] Cfr. ancora GIOVANNI MACCHIA, *op. cit.*, p. 39: « I primi romanzi di
Pirandello mostrano fin con troppo spicco l'impianto naturalistico. Si vedano nell'*Esclusa* finito di scrivere nel 1893 /.../ l'accuratezza con cui
all'inizio sono collocati oggetti e personaggi, la precisione impersonale della
messa in scena, e come vien colto quell'attimo di immobilità prima dell'a-
zione, prima che i personaggi comincino a muoversi quasi per una carica
d'orologeria ». Merita anche ricordare il recente contributo di SIMONA CO-
STA, *La presenza pirandelliana nella narrativa romanzesca dei primi del secolo*,
in AA.VV. *Il romanzo: origine e sviluppo delle strutture narrative nella
letteratura occidentale*, E.T.S., Pisa 1987. L'autrice esordisce proprio con un
paragrafo dedicato ai primi romanzi pirandelliani: *L'esclusa* e *Il turno: la
disintegrazione del naturalismo*.

[3] A questo proposito vd. GIANCARLO MAZZACURATI, *Pirandello nel romanzo europeo*, Il Mulino, Bologna 1987, in cui vengono appunto riprese e
ulteriormente sviluppate le teorie che collocano l'autore siciliano in questa
cornice sovrannazionale ed europea.

bistrattato *I vecchi e i giovani*, collocandolo dopo *L'esclusa* e *Il turno* e apprezzandolo come grosso squarcio storico: Pirandello con questo romanzo sperimenta la narrazione corale e sociale, prima di rientrare nei consueti ranghi, tra intimismo e umorismo, che ne caratterizzeranno l'ultima produzione, a partire da *Suo marito*.

La distinzione però è importante anche perché leggendo i romanzi in terza persona ci troviamo di fronte a un narratore nascosto, non palese; ad un regista, non a un protagonista-testimone; a qualcuno che vuole mischiare le carte in tavola, per confondersi nella storia, e che talvolta ci riesce, tal altra finisce allo scoperto, inavvedutamente, per eccessivo autocompiacimento.

Quello che intendiamo fin d'ora far risaltare è che, nei romanzi in terza persona, il narratore nascosto coincide con l'autore implicito, l'autore cioè che il lettore ricostruisce attraverso la narrazione; colui che « ci istruisce in silenzio, attraverso il disegno del tutto, con tutti i mezzi che ha scelto per farci apprendere » [4]. È la stessa figura che, nei romanzi in prima persona, costituisce « il principio che ha inventato il narratore insieme a tutto il resto della narrazione » [5].

Nei romanzi autobiografici, però, noi trascuriamo questa figura, perché il nostro capro espiatorio è il narratore palese, cioè il personaggio, protagonista o solo testimone, che racconta così come l'ha vissuta, o mentre la vive, la sua storia. Eppure Mattia Pascal che rievoca la propria doppia morte, Serafino Gubbio che vive momento per momento il proprio dramma di uomo-macchina, Vitangelo Moscarda che coinvolge borgesianamente il narratario nei suoi voli di fantasia fino a portarlo con sé dall'altra parte della pagina, tutti e tre sono narratori palesi che impongono all'autore implicito scelte stilistiche e strutturali ben diverse da quelle di chi ritrae la dolente vicenda di Marta Ajala o la grottesca farsa di cui è protagonista Pepé Alletto.

---

[4] SEYMOUR CHATMAN, *Storia e discorso*, Pratiche, Parma 1981, p. 156.
[5] *Ibidem*, p. 155.

Proponiamo quindi una seconda distinzione, quella che separa in ciascun romanzo il *racconto di cose* dal *racconto di parole*. Il narratore, palese o nascosto che sia, può raccontare una storia fatta di avvenimenti, scenari, personaggi, in una parola 'cose'. E può invece riferire una storia fatta di dialoghi, riflessioni, ricordi, cioè 'parole'. Nei romanzi di Pirandello, la convivenza tra questi due tipi di racconto è all'ordine del giorno, anche se preferirei partire dal presupposto che l'autore in ogni caso prediliga il racconto di parole. Lascia cioè che siano i personaggi, attraverso ricordi, riflessioni percezioni, attraverso dialoghi e monologhi, domande e risposte, a 'rappresentare' la storia [6]. E non mi riferisco ai romanzi in prima persona particolarmente: qualcuno infatti sarà indotto a pensare che qui il racconto, come rievocazione diretta di un personaggio narratore, sia esclusivamente racconto di parole: anzi. Potremmo affermare quasi il contrario: la narrazione nei romanzi autobiografici è manifestamente più 'pragmatica' rispetto a quella dei romanzi in terza persona. La predilezione pirandelliana per il racconto di parole trova tuttavia una sorta di conferma in ciò: nell'ambito dei romanzi tradizionali il narratore spesso lascia che sia il personaggio, attraverso il proprio punto di vista e mediante la propria voce, ad esporre aspetti della storia che per definizione vanno inseriti nella categoria del racconto di cose: la descrizione di paesaggi, il ritratto di altri personaggi, gli eventi stessi, spesso riassunti in un flash-back memoriale o in un breve resoconto a titolarità del personaggio. Cosa accade allora nei romanzi autobiografici quando il personaggio non è costretto a ritagliarsi un pezzetto di spazio di volta in volta, per raccontarsi e rappresentarsi, ma parla liberamente e direttamente di sé? Accade appunto che la maggiore libertà garantisce un maggiore ritmo nella concatenazione di eventi e discorsi.

Un esempio? Consideriamo la trama dei *Vecchi e i giovani* e quella del *Fu Mattia Pascal*. Qui la fuga, la vincita alla roulette, la presunta morte; e poi la parentesi dedicata ad

---

[6] Sul concetto di 'rappresentazione' vd. più avanti, nota 30.

Adriano Meis, tra sedute spiritiche, avventure sentimentali, un furto, un duello mancato, un suicidio simulato; infine il ritorno di Mattia Pascal, la sua mancata vendetta, l'assurdo epilogo. Là, un grosso sfondo: la Sicilia dei Fasci; una schiera di personaggi che rappresenta tutte le categorie umane e sociali del tempo; e, per trama, il lungo e amaro bilancio tracciato da ciascuno di essi che si chiude, mentre il sipario cala sulla storia, indubbiamente in passivo.

Le distinzioni da noi operate all'inizio ci obbligano a questo punto a scegliere un primo percorso di analisi; ci inoltreremo dunque lungo la direttrice del romanzo cosiddetto autobiografico, esaminando dapprima, in questo ambito, le funzioni del narratore protagonista, le scelte fatte tra racconto di cose e racconto di parole, i risultati ottenuti.

2.0. Il romanzo in prima persona

2.1. *Il narratore protagonista*

La prima selezione che tenteremo di attuare è tra le due funzioni di personaggio e di narratore, qui coincidenti nella figura dell'io narrante. Per fare ciò trascureremo la distinzione tra racconto di cose e racconto di parole, almeno inizialmente: il romanzo autobiografico può essere inquadrato sia nella prima categoria, in quanto storia di avvenimenti e di personaggi, sia nella seconda, in quanto rievocazione diretta del protagonista. Ma, nell'un caso come nell'altro, la scelta dei modi del narrare sarà limitata dal presupposto iniziale: se narratore e personaggio coincidono, coincideranno anche il punto di vista e la voce. Entrambi cioè saranno quelli del protagonista: sarebbe un azzardo per quest'ultimo l'analisi psicologica di altri personaggi, perché se a livello di voce gli potrà essere attribuita; a livello di focalizzazione potrebbe giustificarsi solo con l'adozione di un punto di vista onnisciente; il che contrasterebbe ovviamente con la scelta della prima persona. Varrebbe a questo punto soffermarsi un attimo a chiarire i concetti di 'voce' e di 'punto di vista': si tratta di due

categorie narrative che ci permettono di distinguere rispettivamente se a parlare (pensare, ricordare, ecc.) e a guardare (osservare, valutare, percepire, ecc.), sia il personaggio o il narratore [7]. Onnisciente è per definizione il punto di vista del
narratore tradizionale: così denominato perché, mancando di
una prospettiva delimitata, egli può azzerarsi per accogliere il
punto di vista di questo o quell'altro personaggio, dal protagonista all'ultima delle comparse, ma soprattutto può prevaricare
con la sua illimitatezza, muovendosi liberamente nello spazio e
nel tempo.

In un romanzo autobiografico il narratore è sempre personaggio: non può dunque perdere il proprio punto di vista
limitato per calarsi all'interno di un suo interlocutore; né tanto
meno può perdere la propria voce, per cederla agli altri. Così
facendo lascerebbe balenare alle sue spalle la presenza dell'autore implicito, non più latente ma quasi dichiarata:

> Ora egli piangeva *per un bisogno irrefrenabile di dare uno sfogo
> all'animo così tremendamente percosso* [8], e forse anche perché

---

[7] Cito da Genette: « Tale argomento ci autorizza forse a organizzare
/.../ i problemi d'analisi del discorso narrativo secondo categorie derivate
dalla grammatica del verbo, destinate a ridursi — nel nostro caso — a tre
classi fondamentali di determinazioni: quelle dipendenti dalle relazioni
temporali tra racconto e diegesi /.../; quelle dipendenti dalle modalità
(forme e gradi) della 'rappresentazione' narrativa e quindi ai modi del
racconto; e per finire quelle dipendenti dal modo in cui la narrazione stessa
/.../ si trova implicata nel racconto, e viene dunque a coincidere con la
situazione o istanza narrativa /.../: il termine è quello di voce » (GERARD
GENETTE, *Figure III*, Einaudi, Torino 1976, pp. 79-90).
Più chiara può risultare questa distinzione di Chatman: « La differenza
fondamentale tra 'punto di vista' e 'voce' narrativa è questa: il punto di vista
è il luogo fisico, o l'orientamento ideologico o la situazione pratica
esistenziale rispetto a cui si pongono in relazione gli eventi narrativi. La
voce, al contrario, si riferisce al discorso o agli altri mezzi espliciti tramite i
quali eventi ed esistenti vengono comunicati al pubblico » (SEYMOUR CHAT-
MAN, *op. cit.*, p. 47).
[8] I corsivi all'interno delle citazioni sono sempre nostri. Peraltro, nel-
l'indicazione della fonte al termine di ogni citazione, si fa riferimento alla
edizione dei romanzi di Pirandello, « I Meridiani », voll. 2, Mondadori,
Milano 1981.

sentiva che non poteva stare, se non così, piangente, di fronte a
me.

Con quel pianto egli mi si prostrava, mi si inginocchiava
quasi ai piedi, ma a patto ch'io mantenessi la mia affermazione,
d'aver cioè ritrovato il denaro: che se io mi fossi approfittato ora
di vederlo avvilito per tirarmi indietro, mi si sarebbe levato
contro, furibondo. Egli — *era già inteso* — non sapeva e non
doveva saper nulla di quel furto, e io, con quella mia affermazione non salvavo che suo fratello, il quale, in fin de' conti,
ov'io l'avessi denunziato, non avrebbe avuto forse a patir nulla,
data la sua infermità; dal canto suo, *ecco*, egli s'impegnava, come
aveva già lasciato intravvedere, a restituire la dote al Paleari. (*Il
fu Mattia Pascal*, p. 528, vol. I)

Osserviamo attentamente la costruzione del brano: è un impasto analitico-discorsivo, per metà a titolarità del personaggio,
per metà a titolarità del narratore. Un narratore a tutta prima
onnisciente; lo si può affermare in base alla sicurezza con cui
egli interpreta le ragioni del pianto del personaggio comprimario, intervenendo solo in un secondo tempo dubitativamente,
con l'inserimento di un « forse ». La voce poi passa direttamente
al personaggio che, ripeto, non è il narratore protagonista: le
sue parole, infatti, anche se non sono riferite direttamente, sono
però trasposte in forma indiretta libera in quanto manca un
preciso *verbum dicendi* che segni, marcandolo, il passaggio dal
racconto al discorso; tutt'al più possiamo attribuire questa
funzione di legamento, tra i due momenti (diegetico e discorsivo), al sintagma incidentale — *era già inteso* —.

L'indiretto libero risulta poi, anche se lievemente, attualizzato dall'espressione colloquiale *ecco*. Il fenomeno che se ne
evidenzia, relativamente ai romanzi in prima persona, si può
definire *debordo di prospettiva*: il punto di vista interno del
personaggio che racconta straripa a poco a poco trasformandosi
in punto di vista onnisciente.

Nei romanzi di Pirandello ciò capita quasi esclusivamente
quando il protagonista, giunto alla fine della sua storia e maturato dagli eventi, si sovrappone al protagonista che ancora
interagisce con la storia senza conoscerne gli esiti: assistiamo
cioè al prevaricamento che il personaggio nelle sue funzioni di

attante del racconto subisce da parte del personaggio nelle sue
funzioni di narratore e organizzatore del racconto stesso:

> Perché a Roma e non altrove? *La ragione la vedo adesso*, dopo
> tutto quello che m'è occorso, *ma non la dirò per non guastare il
> mio racconto* con riflessioni che, a questo punto, sarebbero inop-
> portune. (*Ibidem*, p. 431, vol. I).

Qui ad esempio il protagonista-narratore riesce a mantenere il
narratore nascosto nel suo anonimato, addossandosene tutte le
funzioni: in particolare quella di organizzare il racconto in maniera da ottenere determinati effetti. Noi, però, come abbiamo
premesso, ci muoviamo alla ricerca delle *ragioni* — di quelle che
potremmo definire le *strutture profonde* — del romanzo: siamo
alla ricerca dell'autore implicito, cui attribuire le precise scelte
che hanno generato Mattia Pascal, Serafino Gubbio, Vitangelo
Moscarda; le loro rispettive vicende; l'ambiente in cui si muovono; e, naturalmente, il messaggio di cui sono latori. Non
possiamo dunque fermarci a quella che apparentemente è l'unica
funzione dell'istanza narrativa: dobbiamo rintracciare al di là
del narratore-protagonista, che riveste di volta in volta i panni
di chi, di fronte all'originalità della propria esperienza, all'ine-
luttabilità della propria alienazione, non può far altro che raccontare la propria storia (Mattia Pascal) [9]; di chi — spronfonda-
tosi nel proprio « silenzio di cosa » — trova la capacità di esprimersi solo « scrivendo » (Serafino Gubbio) [10]; di chi, incapace di
cogliere il dramma della propria follia, ne compie una coinvolgente teorizzazione (Vitangelo Moscarda) [11]; dobbiamo rintrac-

---

[9] « Ecco: *il mio caso è assai più strano e diverso; tanto* diverso e strano
che mi faccio a narrarlo » (*Il fu Mattia Pascal*, Mondadori, Milano 1981, p.
320, vol. I).

[10] « *Soddisfo, scrivendo a un bisogno di sfogo, prepotente*. Scarico la mia
professionale impassibilità e mi vendico, anche; e con me vendico tanti,
condannati come me, a non essere altro che una mano che gira la manovella » (*Quaderni di Serafino Gubbio operatore*, Mondadori, Milano 1981, p.
522, vol. II).

[11] « Cominciò da questo il mio male. Quel male che doveva ridurmi in
breve in condizioni di spirito e di corpo così misere e disperate che certo ne
sarei morto o impazzito, ove in esso medesimo non avessi trovato *(come
dirò)*, il rimedio che doveva guarirmene » (*Uno, nessuno e centomila*, Mondadori, Milano 1981, p. 742, vol. II).

ciare, dicevamo, al di là di questo io-narrante, il narratore-autore. « Il racconto in prima persona è frutto di una cosciente scelta estetica, e non il segno della confidenza diretta, della confessione, dell'autobiografia » [12]: partendo da questo presupposto occorre dunque individuare le diverse funzioni in cui si espleta questa scelta. La critica narratologica a questo punto, senza particolari distinzioni tra romanzi in prima o in terza persona, fa riferimento ai diversi aspetti del racconto: la *storia*, il *testo*, la *situazione narrativa*, l'« *orientazione del narratore verso se stesso* » [13]. La funzione del narratore, palese o nascosto, nei confronti della *'storia'*, è una 'funzione narrativa': potremmo considerarla una sorta di grado zero della narrazione, il tratto distintivo e indispensabile, al quale si può ridurre il ruolo del narratore, ma dal quale non si può prescindere. Nei confronti del *testo*, il narratore si pone in 'funzione di regia': nell'esempio precedente (« Perché a Roma e non altrove? /.../ ») il protagonista narratore, mimetizzando così l'autore implicito alle sue spalle, si addossava abilmente questo ruolo *(non la dirò per non guastare il mio racconto)*. Rispetto alla *situazione narrativa*, il narratore assume una 'funzione di comunicazione': il suo interlocutore è il narratario, come avviene ad esempio nel *Fu Mattia Pascal* (« *Qualcuno* vorrà bene compiangermi /.../. Ebbene si accomodi. Ma è mio dovere *avvertirlo* che non si tratta propriamente di questo »).

Infine, rispetto a *se stesso*, abbiamo una 'funzione' che può essere puramente 'testimoniale', come quando il narratore si limita ad esporre la fonte delle sue informazioni, il grado di precisione, i sentimenti che prova nei confronti della storia (si veda ancora *Quaderni di Serafino Gubbio...*: « I fatti che seguirono a questa tenue vita d'idillio, circa quattro anni dopo, io li conosco *sommariamente* »); ma il ruolo del narratore può essere anche commentativo, e quindi 'ideologico', come nelle prime pagine dei *Quaderni*, quando Serafino si presenta affer-

---

[12] GERMAINE BRÉE, *Du temps perdu au temps retrouvé*, Les Belles Lettres, Paris 1959, ricordato in GERARD GENETTE, *op. cit.*, p. 295.
[13] GERARD GENETTE, *op. cit.*, p. 304.

mando: « Mi basta questo: sapere, signori, che non è chiaro certo neanche a voi neppur quel poco che vi viene a mano a mano determinato dalle consuetissime condizioni in cui vivete. *C'è un oltre in tutto* ». Quest'ultima citazione mi offre l'opportunità di evidenziare un fenomeno implicito in ciascuna delle classificazioni che tentiamo di offrire: come nell'intervento commentativo di Serafino Gubbio, la funzione ideologica è introdotta e sostenuta dalla funzione di comunicazione, cioè dobbiamo sempre partire dal presupposto che nessuna di queste funzioni si realizza in forma assolutamente pura; nessuna si esaurisce in se stessa senza agganci e connivenze con le altre. Tranne la prima, nessuna è indispensabile; tutte sono però inevitabili. Per risalire allora al narratore-autore che ne ha provocato la selezione, dobbiamo applicare a questi fenomeni criteri valutativi che ne considerino la qualità e anche la quantità.

Per far ciò dovremmo prendere in considerazione ancora altri fattori d'analisi.

2.2. *Discorso riferito, commento e monologo interiore*

Distinguiamo lo stile del racconto di parole adottato per lo più nei romanzi in terza persona da quello che caratterizza invece la narrativa autobiografica: nel primo caso il narratore nascosto non si espone direttamente e adotta nei confronti del personaggio il criterio di trasporre i suoi discorsi, o addirittura di narrativizzarli; raramente di riferirli [14]; nei romanzi in

---

[14] GERARD GENETTE elenca tre possibili realizzazioni del discorso del personaggio, facendo riferimento al concetto di 'distanza narrativa': *discorso narrativizzato*, che è la realizzazione più distante e riduttiva: il narratore riduce a 'fatto' pensieri e sentimenti del personaggio (« *Le confessava il suo amore*, implorando pietà. » *L'esclusa*, p. 134, vol. I.); *discorso trasposto*, distinto in indiretto legato (« non *sapeva che* una cosa sola, *ch'*era vicino a lei che non l'avrebbe lasciata più. » *Ibidem*, p. 153) e indiretto libero (« Perché quella smania di rivedere Marta o meglio di farsi rivedere da lei? /.../. Fermarla per istrada? Follie!. » *Ibidem*, p. 89), realizzazione intermedia: il narratore *interpreta* più o meno liberamente il discorso del personaggio;

prima persona il personaggio parla direttamente, adottando esclusivamente il discorso riferito.

Questo discorso 'riferito' può assumere però valori diversi: può essere un commento alla vicenda narrata, vista dall'esterno, o comunque *a posteriori;* può invece esprimere pensieri, impressioni, discorsi contingenti, coincidendo con ciò che chiamiamo *monologo interiore.* Non si può negare che solo contestualizzando questi discorsi potremmo attribuirli di volta in volta al narratore o al personaggio: tuttavia un elemento che depone a favore del narratore è l'uso della temporalità verbale del presente come strumento di generalizzazione e non di attualizzazione delle considerazioni espresse. Chiariamo con degli esempi:

> Ebbene, a pensarci, non *avviene* anche a noi uomini qualcosa di simile? Non *crediamo* anche noi che la natura ci parli? E non ci *sembra* di cogliere un senso nelle sue voci misteriose, una risposta secondo i nostri desiderii, alle affannose domande che le *rivolgiamo?* E intanto la natura nella sua infinita grandezza, non ha forse il più lontano sentore di noi e della nostra vana illusione. *Ma vedete un po'* a quali conclusioni uno scherzo suggerito dall'ozio può condurre un uomo condannato a star solo con se stesso! (*Il fu Mattia Pascal,* p. 430, vol. I).

Si tratta di una *generalizzazione,* che è al di qua della vicenda personale di Mattia Pascal; tanto al di qua che il narratore ammicca dichiaratamente al narratario *(Ma vedete un po'),* forse per il desiderio di sdrammatizzare gli eccessi della propria riflessione rispetto al tono generalmente distaccato della narrazione; forse anche per mostrare di essere investito del ruolo di interlocutore principale nel dialogo con i lettori.

---

discorso riferito, realizzazione più mimetica: il narratore finge di cedere letteralmente la parola al personaggio (« Dodicimila lire? Ma poche! poche! possono rubarmi tutto, levarmi fin la camicia di dosso: e io, zitto! » *Il fu Mattia Pascal,* p. 521, vol. I).

Consideriamo invece il brano che segue:

> Adriana, forse, no... *m'aspetta* ancora, *aspetta* ch'io rincasi; le
> avranno detto che sono andato in cerca di due padrini, per
> battermi col Bernaldez; non *mi sente* ancora rincasare, e *teme*, e
> *piange...* (Ibidem, p. 549, vol. I).

Non c'è dubbio che, in questo secondo caso, a parlare in maniera confusa, ad esprimere la sua ansia, il suo impotente rimpianto sia Mattia Pascal, anzi Adriano Meis: insomma, il personaggio. E il presente è qui il tempo dell'*attualità*, della contingenza.

Rimane comunque necessario il più delle volte contestualiz-
zare il brano, assegnando con precisione la titolarità di voce ora
al personaggio, ora al narratore:

> « *Non ho più il minimo dubbio:* essa sa della mia amicizia con
> Giorgio Mirelli, e sa che Aldo Nuti tra poco sarà qui. Le due
> notizie sono venute certamente da Carlo Ferro. Ma come av-
> viene che qua non si voglia ricordare ciò che è accaduto tra i
> due, e non si siano troncate le pratiche col Nuti? A favorire
> queste pratiche si è adoperato con molto impegno, sotto mano,
> il Polacco, amico del Nuti, e a cui il Nuti fin da principio s'è
> rivolto.
> *Pare che* il Polacco abbia ottenuto da uno dei giovanotti che sono
> qua 'dilettanti', il Fleccia, la vendita, ad ottime condizioni, dei
> dieci carati che costui possedeva. Da alcuni giorni, infatti, il Flec-
> cia /.../. (*Quaderni di Serafino Gubbio operatore*, p. 593, vol. II)

Che cosa si verifica in questo caso? Semplicemente che due
funzioni, quella discorsiva, mimetica, autobiografica del personaggio, e quella diegetica, narrativa, organizzatrice del narratore, si fondono e confondono in un unico discorso: esso parte
dall'immediatezza della confessione e del dialogo con sé stessi
(Non ho più il minimo dubbio) e diviene poi piana e pacata
narrazione di eventi (« *Pare /.../* »).

In *Uno, nessuno e centomila* accade per lo più che il discorso
riferito, inteso come diretto colloquio di chi parla con chi legge,
e cioè come veicolo della funzione di comunicazione, sia quasi
esclusivo appannaggio del narratore: le parole del personaggio e
i suoi pensieri vengono per lo più riportati in battuta diretta, o

tutt'al più all'indiretto legato. La storia, l'aspetto diegetico del romanzo, si sviluppa piuttosto sinteticamente, attraverso pochi eventi, ricostruiti peraltro in altrettante scene in cui il protagonista ne discute con parenti, amici, ecc.; tutt'al più ne dialoga con se stesso. La gran parte del romanzo, invece, è costituita dalle conclusioni cui il protagonista è giunto, dal suo desiderio di comunicarle agli altri, difendendone la validità.

Interi capitoli si realizzano appunto come *exempla* che il narratore propone direttamente al narratario, chiamandolo a dissertarne in prima persona. Il discorso riferito è utilizzato in particolare in queste discussioni col narratario. Pirandello avrebbe voluto che questo romanzo costituisse la premessa di tutta la sua produzione, narrativa e non. Sappiamo invece che ne costituisce l'epilogo. Tuttavia questo giustifica l'atteggiamento quasi programmatico con cui la figura del narratore domina quella del personaggio, fino alla fine:

> Io sono vivo e non concludo. La vita non conclude. E non sa di nomi, la vita. Quest'albero, respiro tremulo di foglie nuove. Sono quest'albero. Albero, nuvola; domani libro, o vento; il libro che leggo, il vento che bevo. Tutto fuori, vagabondo. Così soltanto io posso vivere ormai. Rinascere attimo per attimo. Impedire che il pensiero si metta di nuovo in me a lavorare, e dentro mi rifaccia il vuoto delle vane costruzioni. /.../ Pensare alla morte, pregare. C'è pure chi ha ancora questo bisogno, e se ne fanno voce le campane. Io non l'ho più questo bisogno; perché muoio ogni attimo, io, e rinasco nuovo e senza ricordi: vivo e intero, non più in me, ma in ogni cosa fuori. (*Uno, nessuno e centomila*, pp. 901-02, vol. II)

Una conclusione, questa, nella quale si annulla qualsiasi interesse a distinguere tra protagonista e narratore: si verifica infatti un fenomeno analogo a quello di cui parla Gerard Genette a proposito della *Recherche* proustiana. In quel caso, infatti, il rapporto narratore/protagonista si caratterizzava in base al fatto che Marcel narratore non solo ne sa più di Marcel personaggio; Marcel narratore « sa »: è arrivato cioè alla rivelazione di una verità assoluta. Anche il Moscarda pirandelliano arriva — poco prima dell'epilogo, forse — alla « rivelazione »: nel corso del

romanzo, anzi, questa rivelazione è annunciata più di una volta
(« Ma presto l'atroce mio dramma si complicò: con la scoperta
dei centomila Moscarda ch'io ero » p. 22).

Che cosa si verifica allora nella conclusione del romanzo?
Come nella *Recherche*, avviene che narratore e protagonista non
sono più in contrapposizione: l'« io pensavo » del protagonista
può coincidere con l'« io so » del narratore [15]. E se nella *Recherche* questo fenomeno si verifica, anche testualmente, solo « in
pensiero », qui invece assistiamo alla unificazione « in atto »
delle due istanze: il discorso riferito adottato da Moscarda,
infatti, riassume e realizza *tutte* le funzioni del narratore, senza
perdere però la funzione fondamentale di 'voce' — cioè confessione — del personaggio [16].

Rileggendo questi e altri luoghi dei tre romanzi autobiografici in cui i due ruoli, del narratore e del protagonista, si
fondono o si confrontano, vien fatto di notare una discreta
differenza passando dal *Fu Mattia Pascal* a *Uno, nessuno e
centomila*, attraverso i *Quaderni...*

Nel primo romanzo il rapporto tra narratore e protagonista, nonostante si tratti di due figure coincidenti, è ancora affine
all'analogo rapporto che si riscontra nei romanzi in terza
persona: Mattia Pascal narratore racconta la propria vicenda
vissuta col tono, il distacco, la maturità di chi dall'esperienza
abbia già tratto e assimilato un relativo insegnamento: pagando
di persona la propria illusione, Mattia è maturato al punto da
differenziarsi rispetto al personaggio che era in partenza, all'atto
di vivere la sua incredibile avventura. Non a caso, in questo
romanzo, i discorsi, i pensieri, le riflessioni di Mattia-Adriano
personaggio sono spesso riportati in uno stile che è molto più
vicino all'indiretto libero che al monologo interiore. Uno stile
che noi abbiamo pensato di indicare come 'discorso trasposto di
prima persona':

---

[15] G. GENETTE, *op. cit.*, p. 302.

[16] Nella *Recherche*, invece, i due livelli, pur congiungendosi nella conclusione sul piano logico — dal momento che l'« io pensavo » è divenuto
« io so » —, d'altra parte sul piano strutturale rimangono comunque separati,
dal momento che è sempre il narratore a trasporre l'« io so » del personaggio.

Mi buttai su la poltrona con le mani su la faccia. Mi sentivo fremere le labbra al ricordo di quel bacio: Adriana! Adriana! che speranze le avevo accese in cuore con quel bacio? Mia sposa, è vero? Aperte le finestre, festa per tutti? (...) Vedevo finalmente: vedevo in tutta la sua crudezza la frode della mia illusione: che cosa era in fondo che m'era sembrata la più grande delle mie fortune, nella ebrezza della mia liberazione. /.../ Ora, come rispondere coi fatti alla promessa? Potevo far mia Adriana? Ma nella gora del Mulino, là nella Stia, ci avevano buttato me, quelle due buone donne, Romilda e la vedova Pescatore; non ci s'eran mica buttate loro! (*Il fu Mattia Pascal*, p. 510, vol. I).

Questo stile, infatti, non può considerarsi tout-court un indiretto libero posto che la caratteristica dell'indiretto libero sia l'ambiguità di voce [17]: l'uso, anche se ovvio in un romanzo autobiografico, della prima persona — unito peraltro ad una netta contrapposizione tra la maturità filosoficamente acquisita del narratore e il doloroso travaglio del personaggio (« vedevo finalmente ») —; le indicazioni di tempo (« finalmente »; « ora »), di spazio (« là nella Stia«); la drammaticità dell'espressione (« come rispondere coi fatti alla promessa? »; « Adriana! Adriana! », ecc.) fanno senza ombra di dubbio risalire al Mattia Personaggio, non a Mattia narratore: il ruolo di quest'ultimo è stato di 'trasporre' nel tempo, e non a livello di voce, i suoi discorsi contingenti, i pensieri fatti durante la sua esperienza

---

[17] Nell'individuare i tratti caratteristici dell'indiretto libero, infatti, tanto Seymour Chatman narratologo, quanto Giulio Herczeg, linguista, sono concordi nell'affermare che il nucleo dell'indiretto sta nell'ambiguità in cui esso è avvolto, rispetto all'attribuzione di voce. Vediamo i due passi: « Essa [la forma indiretta libera], ha un grado di maggiore autonomia, e, *benché possa persistere l'ambiguità*, la mancanza del sintagma la rende più vicina alle parole o al pensiero del personaggio che un resoconto del narratore » (SEYMOUR CHATMAN, *op. cit.*, p. 217). A sua volta Herczeg ribadisce: « Lo stile indiretto libero /.../ rispecchia il parlar vivo, ma contemporaneamente è costretto a ubbidire a determionate regole, tradizionalmente severe, di concatenazione del discorso indiretto. *La sintassi dell'indiretto rispecchia questa duplicità* » (GIULIO HERCZEG, *Lo stile indiretto libero in italiano*, Sansoni, Firenze 1963).

vissuta. La preferenza per questo tipo di stile, diverso dall'indiretto libero vero e proprio, ma anche e soprattutto dal monologo interiore, ribadisce nella sua connotazione il distacco che nel *Fu Mattia Pascal* il narratore-protagonista ha voluto tenere dal protagonista-personaggio.

In *Uno, nessuno e centomila,* invece, il narratore, con intenti programmatici, finisce col fagocitare il personaggio, le cui esperienze scadono in secondo piano rispetto alle conclusioni generali che se ne possono trarre.

Il romanzo in cui infine il ruolo del personaggio si impone su quello del narratore è *Quaderni di Serafino Gubbio operatore,* che senz'altro sotto questo aspetto va considerato uno dei più riusciti dell'autore, soprattutto quando lo si collochi entro la grande tradizione innovativa dei Proust, Joyce, ecc. In questo caso, anzitutto, la conduzione della diegesi avviene in simultanea: man mano che si procede nella storia il personaggio vive e commenta le esperienze in cui si imbatte: raramente in questo modo avviene il debordo di prospettiva, in quanto, come si vedrà, il narratore, se invadente, viene presto ridimensionato entro i suoi propri limiti.

Esaminiamo ora l'esordio del romanzo: l'autore dimostra uno spiccato interesse a presentarci Serafino sotto la duplice veste di narratore e personaggio, con una chiara predilezione per quest'ultimo ruolo. Ce ne accorgiamo dallo sforzo con cui tenta di dargli una connotazione anche fisica, che lo caratterizzi come persona:

> Studio la gente nelle sue più ordinarie occupazioni, se mi riesce di scoprire negli altri quello che manca a me per ogni cosa ch'io faccia: la certezza che capiscano ciò che fanno. In prima sì, mi sembra che molti l'abbiano /.../. Ma poi, se mi fermo a guardarli un po' addentro negli occhi, *con questi miei occhi intenti e silenziosi,* ecco che subito s'aombrano. (*Quaderni...,* p. 519, vol. II)

Anche là dove il personaggio non 'vive' propriamente un'azione e piuttosto la commenta, egli non si pone mai — come Vitangelo Moscarda o, peggio, come Mattia Pascal — al di fuori; e forse proprio questa è la radice strutturale del suo dramma: l'incoerenza tra la volontaria oggettivazione e una sensibilità affamata e insoddisfatta:

> Ma bravi tutti! Laggiù quelle due poverette, beate con Dio, e beati voi qua, col diavolo! Caro Cavalena, ma sì, ritornato non solo medico ma anche bambino, sposino accanto alla sposina! No, tante grazie: non c'è posto per me, tra voi: state comodi; non vi disturbate: non ho voglia né di mangiare né di bere! Posso fare a meno di tutto, io. Ho sprecato per voi un po' di quello che non mi serve affatto; voi lo sapete; un po' di quel cuore che non mi serve affatto; perché a me serve soltanto la mano: nessun obbligo, dunque, di ringraziarmi! Anzi, scusate se vi ho disturbato. Il torto è mio che ho voluto immischiarmi. State comodi, state comodi, e buona notte. (*Ibidem*, p. 704, vol. II)

Contestualizzando questo brano, risulta improbabile che il protagonista abbia rivolto questo amaro rimprovero ai suoi interlocutori: tuttavia egli lo avrà senz'altro pensato, e non a troppa distanza dal momento in cui avrebbe voluto pronunciarlo. Anche in questi casi, a riflettere e giudicare è anzitutto il personaggio, libero dalla distaccata maturità del narratore, libero dalle funzioni di quest'ultimo.

A conferma della nostra ipotesi, possiamo avvicinarci ulteriormente al testo ed analizzare una serie di espressioni che, nel corso della diegesi, hanno soltanto il valore 'formulare' di ribadire le funzioni filtranti del narratore: espressioni cui daremo il nome di *asseveratori di voce:*

> Ho conosciuto un uomo venerando e degno anche, per le singolarissime doti di intelligenza, d'essere grandemente ammirato: non lo era, né poco né molto, per un paio di calzoncini, *io credo*, chiari, a quadretti, troppo aderenti alle gambe misere, ch'egli si ostinava a portare. (*Il fu Mattia Pascal*, p. 386, vol. I)

Quell'« io credo », ad esempio, non rientra in alcuna classificazione, monologo commento o altro; è semplicemente una spia, indicante che chi parla, chi guarda è il narratore: colui che si assume la libertà e la responsabilità di organizzare il racconto.

Sono certo che anche a lei, come a me, dopo quel discorso e quanto le avevo già detto di tutto il tormento del mio spirito, s'aprì davanti in quel momento sconfinata, e tanto più spaventosa quanto più lucida, la visione dell'irrimediabile nostra solitudine. (*Uno, nessuno e centomila*, p. 890, vol. II)

In questo caso, l'asseveratore di voce introduce un giudizio sulla coscienza di un personaggio diverso dal protagonista, assumendo un punto di vista apertamente onnisciente.

Tornando allora a *Quaderni di Serafino Gubbio operatore*, verifichiamo il valore di questi asseveratori di voce: se siano ancora una spia dell'intervento del narratore o non rientrino piuttosto nella *funzione di comunicazione* del personaggio con se stesso (in questo caso, infatti, il narratario è costituito appunto dalla propria coscienza, implicita nei 'quaderni' in cui Serafino annota le sue confessioni):

Me n'ha dette parecchie Cocò Polacco delle frasi che, sbalordito dagli assalti selvaggi improvvisi, rivolge alla moglie in quei momenti: più sciocche, più ingenue, più puerili non si potrebbero immaginare! E per ciò solo *credo* che Cocò Polacco non se le sia inventate. (*Quaderni...*, pp. 627-28, vol. II)

Sia qualitativamente sia quantitativamente, nell'ambito di questo romanzo, la fenomenologia degli *asseveratori di voce* si discosta da quella individuata *nel Fu Mattia Pascal* e in *Uno, nessuno e centomila*: i pochi asseveratori che troviamo rispondono infatti soprattutto, come avevamo ipotizzato, ad esigenze fàtiche, cioè di comunicazione:

Questa tempesta, *dico*, par che accenni a calmarsi a poco a poco. Se pure non è una breve tregua. *Lo temo.* /.../ Ahimé, com'è ridotta anche lei, la dolce infermiera! /.../ Io ho assistito a questo strazio. Non ho fatto nulla /.../. Ma *vedo e confesso* che ne sono rivoltato. (*Ibidem*, p. 656, vol. II)

Anche qui, più e meglio che nel brano precedente, infatti, l'asseveratore di voce introduce la confessione del personaggio, non le dichiarazioni del narratore.

2.3. *L'analisi*

Abbiamo sommariamente spiegato che il racconto di parole definisce tutti quei luoghi in cui siano riportate le parole del personaggio: discorsi, pensieri, ricordi, immagini. Esiste tuttavia una ulteriore classificazione, per tipologie narrative, del racconto di parole: meno frettolosa della precedente e più tecnica. Le possibilità sono tre: *analisi, percezione* e *analessi.* La nostra ricerca del narratore-autore prosegue ora selezionando nell'ambito di ciascuno di questi aspetti narrativi le sfere d'influenza del personaggio e del narratore. Nei romanzi tradizionali la distinzione risulta apparentemente più marcata perché il narratore nascosto adotta con decisione, nel caratterizzare il personaggio, uno stile colloquiale e discorsivo, impressionistico e sintetico, nettamente separabile da quello normalmente usato nell'ambito del racconto di cose, che è per definizione sotto la diretta influenza autoriale. Tuttavia cercheremo di verificare fino a che punto nel romanzo in prima persona le pause analitiche, descrittive e memoriali possono essere iscritte nel circuito espressivo del personaggio.

Col termine *analisi* ci riferiamo a tutti quei luoghi in cui la personalità, la coscienza o semplicemente un particolare stato d'animo del personaggio emergono, scandagliati dal narratore (analisi esterna) o confessati da lui stesso (analisi interna).

Se in un romanzo tradizionale in terza persona è sempre il narratore ad avvicinarsi alla psiche del personaggio, talvolta sino al punto di illuderci che sia il personaggio stesso a parlare, ad aprirsi; nei romanzi in prima persona, al contrario, non dovrebbe esserci analisi esterna: il protagonista parla direttamente, e parla di sé. Risultano numerosi i momenti che rispondono a queste premesse:

> Ero, non saprei dir come, tutto un fremito in attesa del miracolo: *la mia trasfigurazione,* da un istante all'altro agli occhi di tutti. Ma all'improvviso quel mio tremito fu come tagliuzzato in mille parti e tutto il mio essere come scaraventato e disperso qua e là a un'esplosione di fischi acutissimi /.../. Tutta la folla, allora, trasecolò. *Ma io ero quasi lontano, disilluso, avvilito.* Quel silenzio della folla, non di meno, m'attrasse.

> Come quando *s'appicca* il fuoco a un mucchio di legna, che per un momento non si vede e non si ode nulla, e poi qua un tutolo, là una stipa, scattano, schizzano, e infine tutta la fascina crepita, lingueggiando di fiamme tra il fumo. (*Uno, nessuno e centomila*, p. 833, vol. II)

Se sul piano logico questa analisi risulta naturalmente interna, sul piano emotivo non sfugge il senso di distacco che separa il Moscarda che narra dal Moscarda che ha vissuto le emozioni descritte, nonostante si tratti della medesima persona: c'è da parte del primo, ossia del personaggio nelle sue funzioni di narratore, un'esigenza di chiarire quanto più oggettivamente possibile il proprio stato d'animo nella circostanza di cui è stato protagonista. E a confermare, rendendo forse più evidenti le mie impressioni, sopravviene a conclusione dell'analisi una similitudine in cui il presente verbale non ha il valore di immadiatezza, come nei brani in cui a parlare è direttamente il personaggio; qui invece il presente generalizza una situazione a posteriori, secondo l'uso che ne farebbe un narratore. Il brano ci ricorda che nei romanzi autobiografici salta spesso fuori lo zampino del narratore, in maniera che l'analisi non sempre rimane entro i limiti e le aspettative che il codice del romanzo in prima persona determina. E ribadisce che in questo romanzo soprattutto il narratore domina sul personaggio: difatti, altrove, l'analisi diviene addirittura esterna:

> Era là, come un cane sperduto, senza padrone, che uno poteva chiamar Flick, e un altro Flock, a piacere. Non conosceva nulla, né si conosceva; viveva per vivere, e non sapeva di vivere; gli batteva il cuore e non lo sapeva; respirava, e non lo sapeva; moveva le palpebre, e non se n'accorgeva. (*Ibidem*, p. 756, vol. II)

Di chi sta parlando il narratore protagonista in questo momento? chi è quel « cane sperduto » la cui immagine gli appare per la prima volta riflessa nello specchio dell'armadio della sua stanza da letto? Se stesso: quel se stesso nessuno dal cui incontro scaturirà tutta la consapevolezza del comune dramma umano.

Nel *Fu Mattia Pascal*, poi, l'analisi è esterna non solo nella struttura stilistica: il narratore non finge neppure; e senza indugio, abbandonati i panni e il punto di vista del protagonista, analizza gli stati d'animo, il carattere di due personaggi comprimari. Il primo 'a fondo' psicologico si giustifica: si tratta di Adriana, la dolce padroncina di casa di cui si innamora Adriano Meis:

> Sì, forse anch'ella, istintivamente, obbediva al bisogno mio stesso, al bisogno di farsi l'illusione d'una vita nuova, *senza voler sapere né quale né come.* Un desiderio vago, come un'aura dell'anima, aveva schiuso pian piano per lei, *come per me,* una finestra nell'avvenire, donde un raggio del tepore inebriante veniva a *noi,* che non *sapevamo* intanto appressarci a quella finestra né per richiuderla né per vedere che cosa ci fosse di là. (*Il fu Mattia Pascal,* p. 460, vol. I)

Parlare di lei, in fondo, è come parlare di se stesso; e la specularità psicologica tra i due è dichiarata in quel « come per me »; soprattutto nella conclusione del brano, in cui ormai si parla definitivamente alla prima persona plurale.

Il brano che ora facciamo seguire non presenta analoghe attenuanti psicologiche: qui il personaggio protagonista cede non solo il proprio punto di vista, ma addirittura la voce a quello comprimario, introducendo nell'analisi lo stile indiretto libero:

> Ella, che aveva tanto sofferto per amore, e che s'era sentita tante volte confortare dalla dolce fanciulla ignara, ora che Adriana era ferita, voleva confortarla lei, a sua volta, grata, premurosa; e si ribellava contro di me, perché le pareva ingiusto ch'io facessi soffrire una così bella e buona creatura.
> Lei sì, lei non era bella e non era buona, e dunque, se gli uomini con lei si mostravano cattivi, almeno un'ombra di scusa potevano averla. *Ma perché far soffrire così Adriana?* (*Ibidem,* p. 533, vol. I)

Tutto ciò corrisponde a quanto da noi annunciato in precedenza: il narratore-protagonista nel *Fu Mattia Pascal* ha l'atteggiamento tradizionalmente generoso e onnisciente del narratore nascosto dei romanzi in terza persona. Egli, e può ben permetterselo data la sua esperienza, è fuori dalla storia che racconta, proprio perché a conclusione di quella, può dire di se stesso di non essere « affatto rientrato né nella legge né nelle mie particolarità »: alla domanda che gli altri e lui stesso si pongono sulla sua identità, può rispondere solo che egli è il fu Mattia Pascal.

Ma un passo indietro dobbiamo farlo rispetto a quanto abbiamo detto a proposito dei *Quaderni:* pur avendo ribadito infatti la contraddizione che caratterizza il protagonista-narratore di questo romanzo, che vuole a tutti i costi essere oggettivo come la macchina da presa di cui egli è operatore, ma così soffocando e frustrando in sé una sensibilità umanissima e insaziabile, avevamo però stabilito che raramente questo personaggio esce dai suoi binari per lasciare spazio alle funzioni di narratore. È pur vero che in apertura del romanzo Serafino giustifica il taglio analitico indagatore di certe sue pagine, esordendo con una sorta di programma che è anche un manifesto di poetica: « Studio la gente nelle sue più ordinarie occupazioni »; ma questa giustificazione può bastare a una lettura contenutistica. Narratologicamente non si possono trascurare quelle sbavature, quei 'debordi' della prospettiva che danno agio a Serafino di ampliare il proprio punto di vista da interno a onnisciente. Come nell'inquadratura che segue:

> Ha in sé qualcosa, questa donna, che gli altri non riescono a comprendere, *perché* bene *non lo comprende neppure lei stessa.* Si indovina però dalle violente espressioni che assume, *senza volerlo, senza saperlo,* nelle parti che le sono assegnate. (*Quaderni...,* pp. 555-56, vol. II).

Nell'avvicinarsi alla psiche della Nestoroff, il narratore-protagonista adotta un punto di vista interno, il proprio; un punto di vista cioè esterno rispetto al personaggio analizzato. A guardar bene, però, dietro l'apparente oggettività, il narratore ha già insinuato una prospettiva debordante: senza alcuna ombra di dubbio, infatti, egli è in grado di spiegare il perché *(non lo comprende neppure lei stessa)* e il per come *(senza volerlo, senza saperlo)* degli atteggiamenti incomprensibili dell'attrice. La conclusione è che il punto di vista non può più essere classificato come esterno: è onnisciente. E infatti più avanti leggiamo:

> E se fosse proprio il contrario? /.../ E allora... allora meglio la canaglia che si dà per tale, che se ti rattrista non ti delude; e che può avere, come spesso ha, qualche lato buono e, di tratto in tratto, certe ingenuità che tanto più ti rallegrano e ti rinfrescano, quanto meno in loro te le aspetti. (*Ibidem,* pp. 558-59, vol. II)

Al debordo di prospettiva si aggiunge ora anche il debordo di voce: a parlare in questo contesto sembra essere direttamente Varia Nestoroff. È troppo anche per la coerenza del personaggio verso se stesso. E non a caso, tanta partecipazione per i casi altrui viene poi bruscamente tarpata a conclusione del capitolo:

> Il fatto è che da più di un anno la Nestoroff è con l'attore siciliano Carlo Ferro /.../. Ragione per cui, da qualche tempo in qua, *mi sono messo a studiare* con interesse anche lui, Carlo Ferro. (*Ibidem,* p. 559, vol. II)

Ecco ritornati ai loro ranghi narratore e protagonista: in perfetto equilibrio reciproco. A noi non resta che ridimensionare, per ora, i giudizi espressi in precedenza sulla maggiore impostazione del personaggio Serafino Gubbio rispetto agli altri protagonisti dei romanzi in prima persona; riconoscere cioè anche nell'ambito di questo romanzo le debolezze del protagonista che non sa rinunciare a farsi talvolta narratore onnisciente.

Eppure, proprio nei *Quaderni...,* quasi ad equilibrare taluni eccessi della funzione narrativa, troviamo dei brani analitici che seguono un cursus molto particolare: piuttosto che parlare di se stesso con se stesso, il personaggio dichiara i propri sentimenti a qualcuno che non può ascoltarlo (potremmo dire che non vuole), a quella signorina Luisetta di cui accoglie le confidenze, invano augurandosi di poterne essere ricambiato:

> Oh *signorina Luisetta, se sapeste* che gioia ritraeva dal proprio sentimento la persona — non necessaria come tale, ma come cosa — che vi stava davanti! *Pensaste* voi che io — pur

standovi davanti come cosa — potessi entro di me sentire? Forse
sì. /.../ *Che cosa ero io per voi,* nel vostro sentimento, *signorina
Luisetta?* Un uomo misterioso? Sì, avete ragione, misterioso. *Se
sapeste* come sento, in certi momenti, il mio silenzio di cosa!
(*Ibidem*, p. 606, vol. II)

A questo punto comincia l'introspezione vera e propria:

E mi *compiaccio* del mistero che spira da questo silenzio a chi sia
capace d'avvertirlo. *Vorrei* non parlar mai; accoglier tutto e tutti
in questo mio silenzio, ogni pianto, ogni sorriso; non per fare,
io, eco al sorriso; *non potrei;* non per consolare io il pianto; *non
saprei;* ma perché tutti dentro di me trovassero, non solo dei
dolori, ma anche e più delle loro gioie, una tenera pietà che li
affratellasse per un momento. (*Ibidem*, p. 607,vol. II)

Un romanzo autobiografico è già di per sé una confessione: ma
qui, a cancellare ogni dubbio, il personaggio cerca un diretto
interlocutore trasformando, o meglio, realizzando l'analisi interna come sfogo immediato che prorompe in monologo interiore.

2.4. *La percezione e la dissolvenza*

Esamineremo ora i fenomeni relativi alla *percezione*. Il termine in se stesso è un po' generico, e sembra far riferimento per
lo più alla sfera del punto di vista, piuttosto che a quella della
voce; sembra dunque rientrare nell'ambito del racconto di cose,
a titolarità del narratore, e non nel racconto di parole a
titolarità del personaggio. Ma noi intendiamo riferirci a quei
momenti del romanzo, autobiografico o in terza persona, in cui
il personaggio materializza agli occhi di chi legge ciò che passa
sotto il *suo sguardo:* ecco allora che la percezione non è più
generica, ma *soggettiva.* Non basta: ciò che il personaggio percepisce è espresso poi attraverso le *sue parole.* E la percezione
diviene *soggettiva narrata.*

Essa presuppone l'immediatezza delle immagini, e delle
parole per esprimerle; presuppone una prospettiva limitata,

tutt'al più in fieri, rispetto a quella contenuta nelle normali descrizioni a titolarità del narratore onnisciente. Una serie di presupposti che vediamo realizzati nel brano successivo:

> Lo guardai,e subito mi guardai attorno con gli occhi bassi. *La finestra; una vecchia seggiola impagliata; un tavolino ancora più vecchio, nudo, nero e coperto di polvere: non c'era altro lì dentro.* E la luce filtrava squallida dai vetri così intonacati di ruggine e polverosi, che lasciavano trasparire appena le sbarre dell'inferriata e i primi tegoli sanguigni di un tetto su cui la finestra guardava. *I* tegoli di quel tetto, *il* legno verniciato di *quelle* imposte di finestra, quei vetri per quanto sudici: *immobile calma delle cose inanimate. (Uno, nessuno e centomila*, pp. 828-29, vol. II)

Stabiliamo di attribuire alle funzioni di narratore tutto ciò che è ordinato, coerente, diegetico; e a quelle del personaggio, tutto ciò che è impressionistico, slegato, discorsivo: al primo riferiremo dunque il sintagma introduttivo e la distaccata rievocazione dell'ambiente che occupa la parte centrale del brano, evidentemente priva di elementi emotivi. Tutto il resto è del personaggio: è del personaggio la carrellata lenta che accoglie ad uno ad uno tutti gli oggetti elencati; l'uso del dimostrativo con valore deittico; è del personaggio l'immagine finale, quella che trasforma la percezione in pensiero, impressione.

Accanto a esempi canonici di percezione, quale quello appena esaminato, è interessante approfondire un espediente narrativo utilizzato nel *Fu Mattia Pascal* e ripreso in *Quaderni di Serafino Gubbio operatore*: il personaggio-narratore fa iniziare un capitolo ex-abrupto con un brano a percezione soggettiva narrata, dopo che il precedente s'era chiuso in tutt'altro ambiente, mentre il narratore lasciava intendere ulteriori sviluppi. Ecco i due episodi:

> « Quelle cinquecento lire rimasero un pezzo tra le pagine d'un libraccio della biblioteca. Poi servirono a me; e furono, — come dirò — la cagione prima della mia prima morte. » (*Il fu Mattia Pascal*, p. 377, vol. I)

Così si chiude il V capitolo del *Fu Mattia Pascal;* la narrazione riprende successivamente con un titolo esplicito « Tac, tac, tac... » e poi esordisce con la descrizione « rivissuta » del casinò di Montecarlo:

> Tac, tac, tac... Lei sola, là dentro, quella pallottola d'avorio, correndo graziosa nella roulette, in senso inverso al quadrante, pareva giocasse: — tac, tac, tac... — Lei sola: non certo quelli che la guardavano, sospesi nel supplizio che cagionava loro il capriccio di essa, a cui — ecco — sotto, sui quadrati gialli del tavoliere, tante mani avevano recato come in offerta votiva, oro, oro e oro, tante mani che tremavano adesso nell'attesa angosciosa, palpando inconsciamente altro oro, quello della prossima posta /.../.
> Ero capitato a Montecarlo per caso. (*Ibidem,* p. 371, vol. I)

L'impressione che si ottiene passando da un capitolo al successivo è molto vicina a quella procurata dall'effetto cinematografico della dissolvenza: il narratore ha stimolato la nostra curiosità chiudendo il capitolo V e ora restituisce la voce al personaggio: anche lui, come noi, non sa nulla di quello che deve accadere.

Eccoci allora a Montecarlo: ma prima di capire dove siamo, la nostra mente è assillata dall'immagine della diabolica pallina della roulette, dal suo incessante ticchettio.

È sapiente il gioco del narratore-autore in questo caso; anche se è marcatamente esplicito. Del resto, lo ricordiamo, nel *Fu Mattia Pascal* i due ruoli son quasi sempre ben separabili: e infatti, anche nel brano di Montecarlo avvertiamo la preponderanza del motivo diegetico su quello discorsivo. Osserviamo ora un caso analogo, nei *Quaderni:*

> Non so perché, mi dice il cuore che, girando la manovella di questa macchinetta da presa, io sono destinato a fare anche la vostra vendetta e del povero Giorgio, cara Duccella, cara Nonna Rosa. (Quaderni..., p. 565, vol. II)

Dalla rievocazione idillica della abitazione dei nonni, che si conclude anche in questo romanzo con un flash sul futuro, passiamo poi al quaderno terzo, quello che ci introdurrà nel mondo stressante e stilizzato della Kosmograph, la casa cinematografica in cui Serafino lavora:

> Un lieve sterzo. C'è una carrozzella che corre avanti. Pò pòpòòòò pòòò. La tromba all'automobile la tira indietro? Che? Ma sì!... pare che la faccia proprio andare indietro, comicamente. Le tre signore dell'automobile ridono, si voltano, alzano le braccia a salutare con molta vivacità, tra un confuso e vario svolazzio di veli variopinti; e la povera carrozzella, avvolta in una nuvola arida, nauseante di fumo e polvere, per quanto il cavalluccio sfiancato si sforzi di tirarla col suo trotterello stracco, sèguita ad andare indietro, indietro, con le case, gli alberi, i rari passanti, finché non scompare in fondo al lungo viale fuor di porta. Scompare? No: che! È scomparsa l'automobile. La carrozzella, invece, eccola qua che va avanti ancora, piano piano, col trotterello stracco, uguale, del suo cavalluccio sfiancato. E tutto il viale par che rivenga avanti pian piano, con essa. (*Ibidem*, p. 566, vol. II)

Il procedimento è lo stesso: rievocazione, preannuncio di 'nuove esilaranti avventure', dissolvenza, ed eccoci tornati alla storia vera e propria. Notiamo tuttavia l'atteggiamento più smaliziato del narratore che, pur ottenendo gli stessi effetti, si scopre di meno, sicché le anticipazioni sulla storia sono piuttosto un presagio, accettabilissimo in un personaggio riflessivo come il nostro Serafino. E poi la percezione è totalmente sua: sua è l'impressione che l'auto, superata la carrozzella su cui viaggia, allontanandosi sembri ricacciare indietro carrozza, viaggiatore e panorama; sua è l'elegia della carrozzella che riapre così il dibattito uomo-macchina, perno dialettico del romanzo. Con questo esempio sembra dunque ritornare in campo l'ipotesi di una più consapevole e forse ricercata modernità di questo romanzo: il narratore del *Fu Mattia Pascal* ancora non sa liberarsi completamente dalle procedure narrative tradizionali, mentre quello dei *Quaderni...* riesce a sortire i suoi effetti 'cinematografici', garantendo loro una riuscita insieme più consapevole e convincente, meno artificiosa e autoriale.

2.5. *L'analessi*

Un terzo aspetto narrativo del racconto di parole, dopo analisi e percezione, è l'*analessi*, ovvero la rievocazione memoriale a titolarità del personaggio. Il termine infatti, è mutuato dal racconto di cose, dove è riferito a quei momenti narrativi che rispondono all'esigenza di suturare la diegesi, colmandone gli eventuali vuoti cronologici [18]. Trasportato nell'ambito del racconto di parole, il termine analessi coincide in fondo con la definizione cinematografica di flash-back: il personaggio è colto nel momento di rivivere episodi più o meno distanti del passato. Possiamo partire da una considerazione generale e fare della maggiore o minore distanza nel tempo, l'unità di misura della discorsività dell'analessi. Mi spiego: il ricordo a distanza ravvicinata presuppone un carattere discorsivo maggiore di quello a distanza lunga, in quanto è più sensibilmente *rivissuto* nei suoi particolari, nelle sue impressioni, nelle sue luci ed ombre. A lunga distanza, invece, i fatti prendono il sopravvento sui sentimenti: l'analessi rientra nelle sue funzioni diegetiche, perdendo in discorsività. Premetto che, almeno nell'ambito della narrativa pirandelliana, questo criterio non è sempre verificabile. Nella maggior parte dei casi, infatti, le analessi a distanza lunga, nei romanzi in terza persona, sono molto marcate a livello colloquiale: risultano ellittiche, impressionistiche; lo stile è attualizzato da esclamazioni e da interrogative retoriche; il linguaggio è poco formalizzato. La soggettività del racconto di parole prevale sull'oggettività diegetica del racconto di cose, a volte anche più che nelle analessi a distanza ravvicinata, come nel caso che segue:

> Riaprì i vecchi libri abbandonati e n'ebbe un'indicibile tenerezza. Le memorie più dolci rivissero e quasi le palpitarono sotto gli occhi: rivide la scuola, le varie classi, le panche, la cattedra: ecco, ad uno ad uno tutti i professori che si susseguivano nel giro delle lezioni, e poi il giardino della ricreazione, il

---

[18] Per quel che riguarda le analessi nell'ambito del racconto di cose, rimandiamo a GERARD GENETTE, *op. cit.*, p. 96 ss.

chiasso, le risa, le passeggiate a braccetto per i vialetti, tra le
compagne più care; poi il suono della campana, e la classe di
nuovo; il direttore, le direttrice... le gare... i castighi... /.../. Che
abisso ora tra lei e quella compagna di collegio! (*L'esclusa*, p.
60-61, vol. I)

In questo brano, infatti, avvertiamo progressivamente il passaggio dalla regia del narratore, che si realizza nella cornice diegetica dell'analessi (« Riaprì i vecchi libri »; « Le memorie più
dolci rivissero e quasi le palpitarono sotto gli occhi »;
« Rivide »), alla 'interpretazione' del personaggio: le immagini
sono elencate via via, senza soluzione di continuità, in termini
sempre più visivi, slegati, impressionistici. L'uso della sospensione sortisce l'effetto di allontanare queste immagini, che sfumano, ormai irraggiungibili, nella memoria. E prorompe allora
il contrasto con l'oggi: « Che abisso ora tra lei e quella compagna di collegio! ».

Anche se a distanza lunga questa analessi risulta sensibilmente discorsiva, soprattutto se confrontata ad un ulteriore
lacerto, questa volta a distanza ravvicinata:

Non vedeva, non sentiva, non pensava più nulla Antonio Del
Re. /.../ Uscito dalla casa del Selmi, era rimasto vuoto, sospeso
in una tetraggine spaventevole; e *non ricordava più nulla, dove*
fosse andato, *che* avesse fatto, *come e dove* avesse passato la notte,
se proprio la notte, una notte fosse passata.

Non rispondeva a nessuna domanda; forse non udiva. Vedere, vedeva; stava per lo meno a guardare; ma *la ragione* non
vedeva più, *la ragione* degli aspetti delle cose e degli atti degli
uomini. Non si era già opposto al suo ritorno in Sicilia; ma a
muoversi da sé dal luogo ove i piedi l'avevano condotto e la
stanchezza accasciato. Si era mosso, allorché Mauro lo aveva
strappato per il petto; ma *senza udir* nulla di quanto quegli gli
aveva detto della nonna e della *mamma*. Il Passalacqua e Celsina
lo avevano accompagnato la mattina, al villino di Lando; prima
di partire aveva veduto Celsina sorridere a Ciccino Vella, accet-
tarne il braccio, montare a carrozza con lui e col Passalacqua:
tutto questo aveva veduto e più là col pensiero; e *nulla, più nulla*
gli s'era mosso dentro. (*I vecchi e i giovani*, p. 426, vol. II)

Qui l'elemento diegetico appare prevalente, se non addirittura dominante su quello discorsivo; quest'ultimo anzi, nei casi in cui se ne può avvertire la presenza (*se proprio la notte, una notte fosse passata; Ma la ragione /.../ la ragione; mamma; tutto questo; nulla, più nulla),* acquista valenze più analitiche che memoriali. Contraddittorio risulta infine l'intero brano: si passa dalla focalizzazione esterna, leggermente marcata da una sfumatura di parallissi [19] (« forse non vedeva ») ad una vera e propria intrusione del narratore onnisciente nella coscienza del personaggio (« ma la ragione non vedeva più »). E l'analessi, che possiamo in sostanza ridurre agli ultimi righi, anche se piuttosto sintetica, risulta comunque ben poco attualizzata, e produce lo stesso senso di distacco che caratterizza l'intera analisi.

Avviene dunque, qui come altrove, in Pirandello, che l'analessi risponda innanzitutto all'esigenza di caratterizzare il personaggio o comunque un suo stato d'animo.

Qualcosa di simile possiamo trovare anche in De Roberto, e segnatamente nell'*Illusione:*

> Ella si rannicchiava paurosa, rabbrividendo, nel verginale lettuccio sul quale non avrebbe più riposato, e *correva con la mente da un ricordo all'altro, rivedendo in una successione* tumultuosa di scene *tutta quanta la propria vita:* Milazzo, le sue povere care morte, tante cose perdute in fondo alla memoria. *Riapparivano le figure degli adolescenti che aveva creduto di amare;* la voce di Errico Sartana le risonava ancora all'orecchio. *Nulla accadeva di quel che era stato previsto! Chi le avrebbe*

[19] A proposito delle alterazioni avvertibili nell'ambito di una determinata focalizzazione, Genette così distingue: « I due tipi ammissibili di alterazione consistono o nel dare meno informazioni di quanto non sia, in teoria, necessario, oppure nel darne più di quanto non sia, in teoria, autorizzato dal codice di focalizzazione che determina l'insieme. Il primo tipo in retorica ha un nome preciso /.../: si tratta dell'omissione laterale o parallissi.

Il secondo non ha ancora un nome: lo battezzeremo parallessi, dato che in questo caso non si tratta più di lasciare (-lissi da *leipo*) un'informazione che si dovrebbe prendere (e dare), ma al contrario di prendere (-lessi, da *lambano*) e dare un'informazione che si dovrebbe lasciare da parte. » (*Ibidem*, p. 243).

detto, sei mesi prima, *che avrebbe sposato Duffredi?* Il ricordo di Luigi Accardi non le diceva più niente; *e un tempo non aveva creduto possibile di pensare a un altro uomo!* (*L'illusione*, p. 157)

Nonostante che gli interventi esplicativi del narratore si alternino con più frequenza che in Pirandello alle immagini memoriali e discorsive del personaggio, d'altra parte non possiamo neppure in questo caso fare della distanza lunga un criterio di giudizio, un punto di riferimento diegetico. I ricordi del passato, magari i più lontani, sono quelli più stilizzati: ridotti ormai a istantanee sfumate in cui a stento si distinguono i particolari più significativi, quelli che il ricordo e l'emozione attualizzano. Proviamo allora a individuare un punto di partenza diverso, per la nostra analisi: in De Roberto, come in Pirandello, l'analessi spesso esautorata delle sue valenze diegetiche, non è più un elemento di sutura tra diverse fasi cronologiche della storia; o non è soltanto questo. Ripetutamente la protagonista dell'*Illusione* è ritratta, a intervalli quasi regolari, nel ricordare la vita così trascorsa: nel brano appena visto, ad esempio, l'analessi traccia un bilancio dell'esistenza di Teresa ora che finalmente si realizza uno dei sogni più ricorrenti della sua 'illusione' adolescenziale: il matrimonio. Nel flash-back però cominciano a insinuarsi elementi analitici: qualcuna delle illusioni si appanna, scolorisce, benché per ora sostituita da un valore assoluto come l'istituzione matrimoniale. L'amore non è eterno e questi adolescenti « che Teresa aveva creduto di amare » scompaiono alle sue spalle e forse, con essi, si appanna anche l'illusione dell'eternità dell'amore. È vero che, come già anticipato, l'intervento del narratore risulta qui più marcato che non nel brano pirandelliano tratto dall'*Esclusa*, dove la presa di coscienza del tempo che passa e tutto trasforma era di esclusivo appannaggio del personaggio (« Che abisso ora tra lei e quella compagna di collegio! »). Qui invece è difficile separare nettamente le due voci; spunta il dubbio che alle spalle della giovane Teresa Uzeda si muova ancora il narratore, anticipando e completando le riflessioni di quella. Resta però un punto fermo la connotazione analitica e autoriale che va assumendo il motivo del ricordo.

Leggiamo ora che cosa succede a distanza di alcuni anni, quando Teresa, tradita e umiliata dal marito, crede di aver finalmente trovato l'uomo della sua vita, ma sa al tempo stesso di averne già ingannato la fiducia:

> Tutto il suo passato risorgeva dalla profondità della memoria, ella *rivedeva i luoghi* ove era trascorsa la sua fanciullezza, *le cose e le persone, se stessa;* e tutto ciò che aveva provato, i dolori grandi e piccoli, le irrequietezze, le aspirazioni, i disinganni, tutto le rifluiva al cuore lentamente e incessantemente. (*Ibidem*, p. 303)

Fin qui l'introduzione, a titolarità autoriale: notiamo però l'intento di rendere quanto più visiva possibile questa cornice diegetica, là dove l'autore adotta il medesimo stile conciso, impressionistico, ripetitivo che, nel brano precedente, abbiamo creduto di poter attribuire al personaggio (« Milazzo, le sue povere, care morte, tante cose perdute in fondo alla memoria »; e qui « *le cose, le persone, se stessa* »; « i dolori grandi e piccoli, le irrequietezze, i disinganni »). Ma proseguiamo la lettura:

> Non aveva più pensato ai suoi morti; a quella sorellina che aveva giurato di tener sempre nel pensiero! *Quanto tempo era trascorso! Come la figura della povera scomparsa si era perduta, cancellata!* Ed ella non aveva creduto possibile resistere allo schianto di quella dipartita! *Così era la vita! Le sue lacrime finivano pertanto in uno stupore immenso, al pensiero della trasformazione operatasi in lei, della quale aveva* l'improvvisa e *piena coscienza.* (*Ibidem*)

Dopo una svolta apparentemente definitiva, in cui il personaggio assumendo la titolarità di voce sembra prendere il sopravvento sul narratore, al punto che l'elemento diegetico-commentativo cede il posto a quello discorsivo e l'analessi, nonostante la distanza più o meno lunga, diviene bilancio e triste dialogo della protagonista con se stessa, ritorna poi la voce del narratore a ribadire forse in termini superflui l'apparente presa di coscienza di Teresa, che ora sembra aver finalmente colto il

senso della vita, l'inganno della sua illusione. Tuttavia l'analessi
continua:

> Ella era veramente la fanciulla vivace e gioconda di un tempo,
> la compagna di Lauretta? Come la vita si era svolta suo mal-
> grado! Quanti propositi svaniti! *Quanti uomini aveva creduto
> di amare!* Li rivedeva tutti, i fanciulli e i giovani, i noti e
> gl'ignoti: il conte Rossi, Niccolino, Errico Sartana, l'ufficiale di
> Marina, Luigi Accardi, Manara, tutti, tutti. Quante vane pro-
> messe! Quante aspettazioni deluse! *Ed ella aveva conosciuto la
> colpa! Era caduta, più volte!* /.../ Una gran passione era stata la
> speranza della sua vita; e, conseguitala, l'aveva disconosciuta!
> Perché non aveva creduto in tempo a quell'uomo, *perché la fede
> nell'amore non era riuscita a salvarla?*
>
> Riconosceva in questo danno l'effetto della triste espe-
> rienza degli esempi funesti: ma se gli eventi ora compiuti erano
> arrivati imprevisti, quali altre iatture le serbava l'avvenire? (*Ibi-
> dem*, p. 303)

In questa seconda parte l'indiretto prorompe e sembra essere
dominante: sicché la consapevolezza che nasce dal confronto
passato/presente è espressa direttamente dalla voce del personaggio, senza interventi più o meno larvati del narratore
(*Quanti uomini aveva creduto di amare!*); interessante poi è la
scelta di determinate immagini, mediante le quali il passato
risulta non rivissuto, ma quasi rimosso: la protagonista vi
allude semplicemente (*aveva conosciuto la colpa; era caduta più
volte*), e il narratore mostra in ciò una grande accortezza nel
rendere e cogliere la complessa sensibilità femminile. Purtroppo nella conclusione, sia pure smorzata nelle parole del
personaggio, emerge la legge di fondo della narrativa naturalista: un sordo determinismo che sembra condannare senza possibilità di appello Teresa Uzeda, così come condannati sono
tutti gli Uzeda nei *Viceré*. Come del resto è condannata anche
Marta Ajala nell'*Esclusa*, il primo romanzo di Pirandello ancora soggetto alle influenze naturaliste: che differenza tuttavia
si incomincia già a delineare fra il destino incombente e tragico, sia pure nella banalità e nello squallore di un'esistenza
come quella di Teresa Uzeda, che minaccia come un male

incurabile tutte le eroine della letteratura naturalista, e la sorte beffarda, impudente, che sembra ridere alle spalle di Marta Ajala quando, nell'epilogo della vicenda, è riaccolta tra le braccia del marito, ora che lo ha irrimediabilmente tradito!

Nell'*Illusione* Teresa continua a rivivere il suo passato fino a quando, rimasta sola dopo l'allontanamento dell'ultimo giovane amante, Maurizio, sembra aver preso definitiva coscienza del proprio fallimento: ma sarà l'ultima volta?

> /.../ e i ricordi di altre notti passate così, senza sonno, senza riposo, col cuore in tempesta, con la mente smarrita, cominciarono a sorgere. *Quante! Quante! La notte* che era fuggita dalla casa maritale, *quella* nella quale Arconti l'aveva abbandonata, *l'altra* nella quale ella stessa aveva abbandonato Sartana; e ancora *la notte* della sua partenza da Palermo, quando aveva attentato sottrarsi all'amore di quest'ultimo; e *le notti* passate con Arconti a Castellammare, quando un pericolo di morte le soprastava; e ancora *la notte* quando aveva appreso la morte del povero Morani... (*Ibidem*, p. 474)

La struttura dell'analessi è ormai nella stereotipa: in principio abbiamo una cornice diegetica che ha già in sé la concitazione emotiva del flash-back vero e proprio; poi prorompe l'indiretto: *Quante! Quante!* Quindi le immagini del passato si accavallano, senza che il pensiero possa soffermarvisi più che un istante: una sola nota domina, quella della notte, della oscurità, dell'attesa di un mattino che porti finalmente la nuova vita, ma che invece non arriva mai. Più marcatamente standardizzate risultano le immagini successive:

> Allora *tutta la storia della sua vita le ripassò sotto gli occhi:* ella rivide le figure di quelli che s'erano trovati sul suo cammino, dei vivi e dei morti; ripensò i suoi amori, i suoi errori, i suoi dolori, le continue alternative di fede e sfiducia, di cieche impazienze e di tardi pentimenti, le eterne aspettazioni risolte nella presente vuota tristezza; ma da questa *il suo pensiero ricorse ancora al passato,* a scene perdute, a profili appena intravvisti, che si rievocavano lentamente, ma continuamente. Tratto tratto una persuasione schiariva il suo spirito: come lampi, certe verità l'abbagliavano. *Aveva aspettato una felicità*

troppo grande: perciò niente l'aveva accontentata! Aveva temuto troppo, e qual dolore era stato veramente insopportabile? Nel credersi diversa dagli altri come s'era ingannata! (*Ibidem*, p. 475)

La rievocazione prosegue ancora tra le esclamazioni della protagonista (« Quante volte! ») accompagnate a interventi più o meno palesi del narratore, per chiudersi infine sulla grande verità di Teresa:

> « *Che cosa distingueva più i ricordi delle impressioni reali da quelli dei sogni?* E sul punto di chiudere gli occhi per sempre, la vita che prima di essere vissuta era piena di tante promesse, non si riduceva a un mero sogno, a una grande illusione, tutta?... *E poi? E dopo la vita?...* » (*Ibidem*, p. 476)

Alcune espressioni evidenziate dal corsivo possono essere la chiave di lettura dell'impostazione che De Roberto dà al riferimento memoriale, sia pure nella sua quasi predeterminata ripetitività. Teresa *ricorse ancora al passato*, dice il narratore a un certo punto: ci domandiamo se il verbo « ricorrere » ha qui valore letterale ('corse di nuovo') o valore figurato, come se nei momenti di riflessione con se stessa la protagonista ritorni al passato per riconoscere nella sua esistenza qualcuno di quei valori, sia pure illusori, in cui aveva da sempre creduto. Ci viene incontro allora un'altra espressione: *Che cosa distingueva più i ricordi delle impressioni reali da quelli dei sogni?* La vita di questo personaggio non è stata vissuta e assaporata, amara o dolce che fosse, nello stesso momento. Teresa si esalta nella speranza, nella immaginazione del futuro; gusta poi la dolcezza del passato. Il ricordo è un impasto di rimpianti e di piaceri perduti, che solo 'dopo' ella ha saputo e sa godere fino in fondo: il presente è aspirazione al nuovo, al più bello, al più grande. E quando — giunta alla fine dei suoi giorni — non c'è nessun futuro in cui immaginare e proiettare ancora la sua vita (« e poi? E dopo la vita?...), essa rifiuta ancora una volta il presente, per tuffarsi definitivamente nel passato; per tornare all'usato, dolce, irrimediabile rimpianto. Il romanzo, infatti, concludendosi dopo la morte di Stefana, la fedele tata che sola

le era rimasta sempre vicina, fino allo stremo, così ritrae la
protagonista:

> E l'apprezzava ora soltanto; riconosceva troppo tardi, *come
> sempre*, che nessuno mai l'aveva amata così. (*Ibidem*, p. 480)

Il processo continua e attraverso il determinismo di quel *come
sempre* anche Stefana rientra ormai nell'ingranaggio senza fine
dei ricordi, a cui infine Teresa ha ridotto la sua inconcludente
esistenza.

Ora, per tornare alla struttura dell'analessi, inquadrata in
questa chiave di lettura, essa diventa un elemento fondamentale, non nell'ambito della catena diegetica, ma in quello della
caratterizzazione del personaggio. Noi sappiamo bene quali
possano essere i ricordi della protagonista: il narratore può
allora essere evasivo e fa sì che sulla memoria intesa come
racconto (di cose, naturalmente) prevalga la memoria intesa
come discorso, come dialogo con sé stessi. Quello che interessa
per comprendere a fondo il personaggio è *come* essa ricordi,
come riviva il passato.

Riportando il discorso su Pirandello, allora, mette conto
citare un brano che potrebbe sollevare perplessità: l'analessi,
qui, non ha solo una funzione connotativa del personaggio, ma
dovrebbe rispondere anche e soprattutto a esigenze diegetiche,
soddisfacendo la nostra curiosità circa i precedenti della storia.
Il brano è tratto da *Suo marito:*

> Da ragazza aveva assistito a scene pietose tra il padre e la
> madre /.../. *Ricordava* l'espressione della madre nello stringersi
> al cuore la crocetta del rosario quando il marito la derideva per
> la sua fede in Dio e per le sue lunghe preghiere, la contrazione
> di spasimo di tutto il volto /.../. Povera mamma! (*Suo Marito*,
> p. 642)

Anche se il narratore si riserva un ambito piuttosto ristretto,
adottando la temporalità verbale dell'imperfetto a partire da
quella che, nell'*Illusione*, abbiamo definito la cornice diegetica

dell'analessi (« Ricordava »), dobbiamo precisare che per ora il riferimento memoriale propende per il racconto di cose, più che per il racconto di parole. In seguito potremmo aspettarci una strutturazione analoga, quando avvicinandosi al presente, la protagonista ripercorre i fatti salienti del passato più recente: la scoperta della propria vena poetica, l'incontro col futuro marito:

> Le pareva di vedersi proprio, così da lontano, con occhi d'altri, e che si scorgesse... non sapeva dir come... diversa... curiosa... E quella là scriveva? Aveva potuto scrivere tante cose? Come? Perché? Chi gliel'aveva insegnate? Donde le erano potute venire in mente? (*Ibidem*, p. 642)

L'elemento analitico-discorsivo prevale ora nettamente su quello narrativo: il ricordo è rivissuto dal personaggio e filtrato dalla sua particolare sensibilità, scadendo in secondo piano come 'fatto', e assumendo grande importanza come specchio del personaggio stesso. Continuiamo a leggere:

> Non avrebbe mai pensato di stamparle, *se il padre non gliele avesse scoperte e strappate di mano. Ne aveva avuto vergogna, la prima volta, una gran paura di sembrare strana,* quando non era tale per nulla: sapeva fare tutte le altre cose tanto per benino, lei: cucinare, cucire, badare alla casa; e parlava così assennata, poi... oh, come tutte le altre fanciulle del paese... (*Ibidem*)

L'analessi conserva anche ora la sua funzione di confessione: il particolare diegetico è polverizzato nell'ambito del discorso del personaggio, nel confronto tra l'oggi e l'ieri. Giungiamo infine al momento in cui occorre parlare del matrimonio:

> Non aveva toccato più la penna per circa un anno. Poi... oh, come aveva ritrovato cresciuto, ingigantito quel suo demonietto, e com'egli era diventato cattivo, malizioso, scontento... Un demoniaccio, s'era fatto, che le faceva quasi quasi paura /.../. *Era cominciato il combattimento interno*, da allora.
> *Poi, s'era presentanto Giustino...* (*Ibidem*, p. 644)

La maggiore o minore discorsività della diegesi, scartato il criterio della distanza degli avvenimenti riportati nel tempo, poteva dipendere dall'importanza stessa dell'avvenimento: quando l'analessi riveste, accanto alla funzione discorsiva, anche quella tradizionale di anello della catena narrativa della storia, l'elemento descrittivo prevale su quello emotivo, parlato; e viceversa, naturalmente. Ma non basta: dobbiamo sommare a questo criterio l'altro, evidenziato attraverso l'analisi del medesimo fenomeno nell'ambito del romanzo di De Roberto: l'analessi ha anche carattere connotativo, è uno strumento nelle mani del narratore per meglio stigmatizzare la personalità del personaggio, al punto che nell'*Illusione* diveniva addirittura la chiave di lettura dell'intera vicenda. In *Suo marito*, l'analessi lascia insoddisfatto il lettore, sul piano diegetico: ci si aspetterebbe infatti, che a proposito dell'incontro con Giustino, il personaggio — e per bocca sua il narratore — fosse più esplicito, ci fornisse dei particolari più solidi, sia descrittivi che narrativi. Invece, attraverso la sospensione, vagamente allusiva, personaggio e narratore suggeriscono, a livello psicologico, molto più di quanto una tradizionale rievocazione avrebbe potuto comunicarci.

Dunque conserviamo pure la distinzione superficiale di analessi a distanza lunga e analessi a distanza ravvicinata; ciò che va sempre verificato è però la funzione dell'analessi, che può essere narrativa e connotativa: quando quest'ultima prevarrà sulla prima, avremo la tipica impostazione memoriale ad esclusiva, o quasi, titolarità del personaggio.

Per tornare poi ai romanzi in prima persona, la distinzione tra distanza lunga e distanza ravvicinata risulta ancora meno utile e più approssimativa, tenuto conto del fatto che qui l'analessi costituisce la struttura stessa della diegesi. Una testimonianza probante è offerta dal *Fu Mattia Pascal*: se si escludono il primo e l'ultimo capitolo, in cui Mattia Pascal parla di se stesso nell'immadiato presente, la sua vicenda è una lunga rievocazione in prima persona, della quale egli — in qualità di narratore e personaggio insieme — è unico responsabile. Come sarà possibile allora verificare la qualità del contrasto tra l'elemento narrativo (commento) e l'elemento discorsivo (monologo) dell'analessi, nei romanzi autobiografici? Quale ne è la qualità? Quale la fenomenologia?

Riguardo al romanzo nella sua interezza, considerato tutto una lunga analessi da parte del narratore che ne ha vissuto la storia, si possono adottare come criteri valutativi della discorsività della rievocazione le cosiddette metalessi d'autore (ossia le manipolazioni del narratore) [20]: se l'aspetto discorsivo del racconto è dato soprattutto dalla selezione impressionistica che il personaggio fa di certi eventi o di certi particolari del ricordo, rispetto al ricordo stesso nel suo insieme, qui è il narratore-personaggio che, ricordando e narrando la sua storia, piuttosto che seguire il corso regolare degli eventi, agisce su di essi, li seleziona, li manipola, e in un certo senso interviene a danno della diegesi o della oggettività di questa, a cui impone invece una prospettiva soggettiva. Vorrei allora confrontare tra loro le manipolazioni che il narratore opera nell'ambito dei tre romanzi in prima persona, con la riserva però che — come qualcuno potrebbe obiettare — in questi casi non è il personaggio che vive la storia a manipolarla, ma il personaggio che, narrandola, interviene in funzione di narratore: la discorsività che ne deriva, cioè, andrebbe iscritta nell'ambito del commento, non del monologo. Nel *Fu Mattia Pascal*, intanto possiamo escludere interventi del narratore che non siano tutt'al più anticipatori degli eventi successivi, come quello che chiudeva il capitolo V, prima del flash su Montecarlo. Certo, ribadiamo l'impressione che Mattia Pascal sia distaccato rispetto alle vicende che ha vissuto e incamerato; ma da narratore tradizionale, quale in sostanza ci appare e vuole apparire, egli rispetta lo svolgersi coerente degli eventi, senza manipolarli; fatta eccezione appunto per le anticipazioni, come quella che segue:

[20] *Ibidem*, pp. 282 285.

Tutto potevo immaginare tranne che, nella sera di quello stesso giorno, dovesse accadere anche a me qualcosa di simile. (*Il Fu Mattia Pascal*, p. 390, vol. I)

Diverso il comportamento di Vitangelo Moscarda, il protagonista narratore di *Uno, nessuno e centomila*, che interviene senza ritegno a colmare, anticipare, manipolare il corso della sua storia, con interventi come questo:

> *Dovrei dir prima (ma non dirò)* fin dove ero arrivato con l'immaginazione, farneticando per gran parte della notte a furia di trar conseguenze dalle condizioni in cui m'ero messo in fronte agli altri, non solo, ma anche rispetto a me stesso. (*Uno, nessuno e centomila*, p. 862, vol. II).

O altri del medesimo tenore, in cui suggerisce a poco a poco la chiave di lettura della vicenda:

> Rischiai, cioè richiammo tutti quanti, *come vedrete*, il manicomio, questa prima volta; *e non ci bastò*. Dovevamo anche rischiar la vita, perché io mi riprendessi e trovassi alla fine (*uno, nessuno e centomila*) la via della salute. *Ma non anticipiamo!* (*Ibidem*, p. 814, vol. II).

Verso la fine, addirittura, scopertamente il narratore anticipa alcune fasi del racconto, stravolgendo la cronologia degli eventi:

> Ma *dirò prima* della mia visita a Monsignore, a cui ella stessa mi spinse con gran premura, come a cosa che non comportasse più altro indugio. (*Ibidem*, p. 879, vol. II).

Questo romanzo è, come abbiamo detto, un lungo monologo in cui il narratore — teorico dell'alienazione in cui è precipitato — ha il sopravvento sul personaggio: rimane però il fatto, non trascurabile, che si tratta di un monologo, cioè di un discorso; in tale senso si giustificano allora, sotto tutti i punti di vista, le metalessi più o meno marcate del narratore.

Come del resto il canone della narrazione in simultanea impedisce in *Quaderni di Serafino Gubbio operatore* che il narratore abbia il sopravvento sul personaggio, e anticipi o selezioni l'ordine regolare degli eventi. Qualche anticipazione c'è, ma è presentata come presagio: «Non so perché mi dice il cuore che, girando la manovella di questa macchinetta da presa, io sono destinato a fare anche la vostra vendetta» (*Quaderni*, p. 39).

Questo come ho detto vale per il romanzo in prima persona considerato nella sua interezza; se però consideriamo nell'ambito della diegesi quelle parentesi di carattere esclusivamente memoriale, nelle quali il narratore, sospendendo il racconto degli eventi che più gli interessano, si sofferma piuttosto a riguardare indietro, allo scopo di precisare, rivivere, riassaporare i precedenti che hanno in effetti determinato la sua storia, allora possiamo senz'ombra di dubbio verificare quali siano le sfere d'intervento del personaggio e quali del narratore.

Così, nel *Fu Mattia Pascal* per quel che riguarda i capitoli iniziali, in cui il protagonista rievoca la sua giovinezza, riassumendone errori e sventatezze, malefatte e sconfitte, fino al punto in cui inizia la sua vera e propria avventura, possiamo senz'altro ritenere che questo riepilogo sia controllato dal narratore: non a caso la successione cronologica degli eventi è perfettamente rispettata, e tuttavia essi coprono quantitativamente molto meno spazio rispetto al nocciolo della vicenda, di cui pure costituiscono una premessa di almeno trent'anni! Avvertiamo insomma che qui l'analessi è strumentalizzata alle esigenze della diegesi, manipolata dal narratore: quindi è perfettamente coerente e, se interruzioni ci sono, sono quelle commentative che ancora debbono attribuirsi al protagonista sì, ma ormai maturato dagli eventi e quindi ormai narratore più che attore.

In *Uno, nessuno e centomila* il narratore, nel ripercorrere la sua adolescenza, le incomprensioni col padre, le strade intraprese e poi lasciate, adotta un linguaggio colloquiale che rende l'analessi più discorsiva che diegetica, benché il suo ruolo sia quello di colmare i vuoti del racconto; emerge cioè la funzione connotativa:

Ricco, due fidati amici, Sebastiano Quantorzo e Stefano Firbo, badavano ai miei affari dopo la morte di mio padre: il quale,

per quanto ci si fosse adoprato, con le buone e con le cattive,
non era riuscito a farmi concludere mai nulla; tranne di pren-
der moglie, *questo sì*, giovanissimo; forse con la speranza che
avessi presto un figliuolo che non mi somigliasse punto; e,
pover'uomo, neppur questo aveva potuto ottenere da me. Non
già, *badiamo*, ch'io opponessi volontà a intraprendere la via per
cui mio padre m'incamminava. *Tutte le prendevo. Ma cammi-
narci non ci camminavo.* Mi fermavo a ogni passo; mi mettevo
prima alla lontana, poi sempre più da vicino a girare attorno a
ogni sassolino che incontravo, e mi meravigliavo assai che gli
altri potessero passarmi avanti senza fare alcun caso di quel
sassolino che per me, intanto, aveva assunto proporzioni di una
montagna insormontabile, anzi di un mondo in cui avrei potuto senz'altro domiciliarmi. (*Ibidem*, p. 741, vol. II).

Al termine, infatti, questo brano acquista valenze nettamente
analitiche: avvertiamo che il linguaggio si fa più accurato,
meno immediato. Avvertiamo che a questo punto è interve-
nuta la mano del narratore a ridimensionare la sfera del personaggio.

In *Quaderni di Serafino Gubbio operatore* l'unico episodio
a carattere analettico è la lunga parentesi dedicata alla 'casa dei
nonni', luogo piuttosto appartato in cui si è svolto l'antefatto
del dramma cui Serafino assisterà fino in fondo: in questo caso
l'analessi è tutta attribuibile alla voce del personaggio, a partire
dall'esordio, un commento velato di rimpianto, attraverso il
quale il narratore protagonista ci introduce, forse un po' ex
abrupto, in questa nuova dimensione del racconto.

« Dolce casa di campagna, casa dei nonni, piena del sapore
ineffabile dei più antichi ricordi familiari, ove tutti i mobili di
vecchio stile, animati da questi ricordi, non erano più cose, ma
quasi intime parti di coloro che vi abitavano /.../ ». (*Quaderni...*, p. 541, vol. II).

A questa introduzione, piuttosto tradizionale nel suo andamento e nella struttura temporale, segue la rappresentazione
del passato: ed è una rappresentazione che Serafino attualizza
adottando la temporalità del presente:

« Ed ecco la sala da cui si *scende* al giardino. /.../ Chi *chiama* dal giardino? *È* nonna Rosa che non *arriva* a cogliere neppure con l'aiuto della sua cannuccia i gelsomini di bella notte /.../.(*Ibidem*, p. 542, vol. II).

L'analessi prosegue attraverso il concatenarsi di immagini che sfumano l'una nell'altra: la sala da pranzo, il giardino, i gelsomini della nonna, il pilastrino; immagini spesso intersecate da interventi commentativi, anch'essi al presente, che ribadiscono l'alternarsi del vissuto al pensato:

« Se la morte si lasciasse afferrare, io l'avrei afferrata per un braccio e condotta davanti a quello specchio, ove con tanta limpida precisione si riflettevano nell'immobilità i due cestelli di frutta e il dietro dell'orologetto di bronzo, e le avrei detto: — Vedi? Vattene, ora! Qua deve restare tutto così com'è! Ma la morte non si *lascia* afferrare. (*Ibidem*, p. 544, vol. II).

In alcuni luoghi, poi, il protagonista, nella sua rievocazione, adotta il vezzo di rivolgersi direttamente ai personaggi del suo passato:

O nonna Rosa, e voi lo chiamate ancora dal giardinetto, perché vi aiuti a cogliere con la cannuccia i vostri gelsomini di bella notte? /.../ Ho ancora negli orecchi, *nonna Rosa*, la vostra voce. (*Ibidem*, p. 546, vol. II).

Infine, il flash-back prorompe nell'abbandono totale: e il narratore-personaggio, senza più subire il vincolo del tempo, rivive con lo stesso animo, con le stesse parole, il passato irripetibile:

Ecco perché Duccella si fa rossa rossa, dietro le vostre spalle, nonna Rosa, appena vi sente dire che Giorgio vuol fare il pittore. Anche lui, il signorino di Napoli, se il nonno permettesse... No, pittore, no... Vorrebbe darsi al teatro, lui, vuol far l'attore. Quanto gli piacerebbe! Ma il nonno non vuole... Scommettiamo, nonna Rosa, che non vuole neanche Duccella? (*Ibidem*, p. 547, vol. II).

L'analessi, a titolarità del personaggio, gode, come si vede, di una visività plastica e al tempo stesso surreale, evanescente come un ricordo. Confrontiamo infatti questo momento di abbandono con l'esordio del paragrafo successivo:

> .   *I fatti* che seguirono a questa tenue, ingenua vita d'idillio, *io li*
> *conosco sommariamente*, (*Ibidem*, p. 547, vol. II).

Rientrato nel ruolo di narratore, il personaggio restituisce alla diegesi il suo corso formale e freddamente regolare.

Proiettando allora sui romanzi autobiografici il nuovo criterio di giudizio applicato all'analessi, che ne valuta cioè non solo la distanza nel tempo, ma anche la possibilità di una doppia funzione, narrativa o connotativa, ribadirei la diversa classificazione che ne scaturisce: la maggiore o minore discorsività dell'analessi va attribuita alla importanza che l'episodio ricordato assume nell'economia diegetica dell'opera. Questo fattore determinerà, nei romanzi in prima persona, la posizione del narratore rispetto al personaggio. E quando l'elemento psicologico prevarrà su quello puramente narrativo, il personaggio dominerà sul narratore: l'analessi sarà racconto di parole.

2.6. *Il ritratto e il paesaggio*

.   Introduciamo ora, accanto alla distinzione del racconto di parole per aspetti narrativi, una seconda distinzione che tenga conto della funzione prevalentemente contenutistica degli enunciati in cui sono adottati gli aspetti stessi: l'analisi, la percezione, l'analessi. La descrizione di personaggi, di scene, di avvenimenti — si attui attraverso la percezione diretta o la memoria — è marcatamente diversa se ad esprimerla è il personaggio che vive la storia o l'autore-narratore che la racconta. Si profila dunque, una ulteriore opportunità di distinzione in tre nuove categorie (semantiche, questa volta) del racconto di parole: il ritratto, l'ambientazione, il resoconto.

Nella maggior parte dei casi, ma non sempre, le prime due categorie rientrano nell'aspetto narrativo della percezione.

Partendo da questa premessa, proviamo a immaginare in un romanzo autobiografico cosa dovremmo aspettarci da un ritratto a titolarità del personaggio: un punto di vista limitato, innanzitutto, che colga il particolare più che il generale; una costruzione immediata, impressionistica, più o meno accentuata sentimentalmente, a seconda dei contesti. E a livello linguistico, segnali tipici del linguaggio parlato: esclamazioni, ellissi, disordine sintattico; qualcosa che assomigli al brano che segue:

> Stavo per andarmene, quando *sentii* per la scala *le pedate grevi e l'ansito di qualcuno* che saliva faticosamente. *Una donna tozza,* vestita *d'un di quegli abiti* che si portano per voto, col cordoncino della penitenza: *abito color caffè, voto alla Madonna del Carmelo. In capo e sulle spalle,* la spagnoletta di merletto nero, in mano un grosso libro di preghiere e la chiave di casa. (*Quaderni...,* p. 701, vol. II)

Fin qui possiamo verificare alcune delle nostre aspettative: la prospettiva interna che accoglie progressivamente le informazioni a disposizione; l'impressionismo stilistico, sostenuto dalla forma ellittica dell'intero periodo; la colloquialità dell'espressione (*abito color caffè, voto alla Madonna del Carmelo,* ecc.). Il personaggio, che in qualità di narratore sa bene chi sia quella donna, non anticipa nulla, presentandocela così com'è apparsa al suo sguardo: un'estranea. Il brano poi prosegue:

> S'arrestò sul pianerottolo e mi guardò con gli occhi chiari, spenti, nella faccia bianca, grassa, dalla bazza floscia: sul labbro, di qua e di là, agli angoli della bocca, alcuni peluzzi. Duccella. (*Ibidem,* p. 701, vol. II)

Nonostante che in questo frangente la tecnica narrativa utilizzata sia quella normalmente diegetica al passato, e manchi quindi il segnale mimetico dell'immediatezza o del 'parlato' garantito dalla narrazione simultanea, il brano continua a rispondere all'idea che c'eravamo fatta in principio: l'atmosfera — che in questo caso non è solo un particolare — della decadenza, della sciatteria, dello squallore della vecchiaia domina l'immagine, crudele fino alla ripugnanza. E ripugnante risulta infine per il personaggio riconoscere in quella fastidiosa presenza il fantasma di una fanciulla conosciuta tanto tempo prima. « Duccella ». Ci saremmo aspettati i due punti, che in una tradizionale descrizione sarebbero valsi per 'quella donna era...'. Ma il punto suggerisce al lettore una pausa più lunga, che allude all'insofferenza provata inizialmente per la nuova arrivata e trasforma poi questa insofferenza in amaro, dolente stupore.

Ricapitolando: nel romanzo autobiografico il ritratto a titolarità del personaggio risponde soprattutto all'emotività di quest'ultimo. È uno spunto per esprimere, confessare ancora sé stessi. Ma quando il ritratto riguarda qualcuno che non sia ancora entrato sulla scena della storia? Qui interviene il narratore, che pur continuando ad utilizzare un linguaggio quanto più impressionistico possibile, si sente in dovere di soddisfare ulteriori esigenze: quelle del racconto. Il personaggio-ritratto non è solo lo specchio dei sentimenti, delle riflessioni, delle impressioni del protagonista: è anch'esso un attante della diegesi, che va presentato a chi legge. Lo sa bene Mattia Pascal che si sofferma a descrivere anche figure secondarie, in particolare là dove ripercorre i primi anni di 'vita' di Adriano Meis:

> Già nella trattoria che frequentavo in quei giorni, un signore, mio vicino di tavola, s'era mostrato inchinevole a fare amicizia con me. *Poteva avere da quarant'anni: calvo sì o no*, bruno, con gli occhiali d'oro, che non gli si reggevano bene sul naso, forse per il peso della catenella, pur d'oro. *Ah, per questo un ometto tanto carino!* Figurarsi che quando si levava da sedere e si poneva il cappello in capo, pareva subito un altro: *un ragazzino, pareva.* Il difetto era nelle gambe, così piccole che non gli arrivavano neanche a terra, se stava seduto: egli non si alzava propriamente da sedere, ma scendeva piuttosto dalla sedia. Cercava di rimediare a questo difetto portando i tacchi alti. *Che c'è di male?* facevano troppo rumore quei tacchi; ma gli rendevano intanto così graziosamente imperiosi quei passettini da pernice. (*Il Fu Mattia Pascal*, p. 423, vol. I)

Questo cavalier Tito Lenzi, destinato a scomparire dalla storia nel giro di poche pagine, fa parte del campionario umano che Mattia Pascal passa in rassegna nel suo racconto: è descritto quindi in un linguaggio immediato, scorrevole, ironico. Ma non possiamo negare che chi lo descrive è Mattia Pascal, il narratore; non Adriano Meis.

Qualcuno potrebbe osservare che in questo caso il ritratto rientra nella categoria narrativa della memoria, non più in quella della percezione: è vero, ma questo — proprio in base a ciò che abbiamo detto a proposito dell'analessi — dovrebbe contribuire a renderlo più 'personificato' e discorsivo, e quindi meno diegetizzato. La narratività del ritratto, infatti, che si materializza in una sorta di onniscienza commentativa da parte di chi parla (« Egli non si alzava propriamente da sedere, ma scendeva piuttosto dalla sedia »), e spesso nella decisione con cui vengono descritti i particolari (« calvo si e no, bruno, con occhiali d'oro, che non gli si reggevano bene sul naso, forse per il peso della catenella, pur d'oro »), va attribuita non tanto alla categoria narrativa in cui esso è inserito — in questo caso l'analessi — quanto alla strumentalizzazione che ne fa il narratore. Il fatto di rientrare nella sfera della percezione o dell'analessi più o meno diegetizzata può caratterizzare e giustificare il ricorso ad un maggiore o minore impressionismo; ma tanto i motivi mimetico-discorsivi quanto i fenomeni autoriali sono tutti da attribuirsi all'effetto che il narratore intende ottenere; all'uso che del ritratto — del ritratto a titolarità del personaggio, precisiamo — fa il narratore: ma in quale delle funzioni del racconto esso va collocato? Se c'è tautologia nel nostro argomentare è dovuta a un presupposto che non dobbiamo mai trascurare: stiamo facendo esclusivo riferimento ai romanzi autobiografici, dove narratore e personaggio sono un'unica persona. Succede allora che spesso, pur mantenendo le caratteristiche della ritrattistica a titolarità del personaggio, il ritratto sia strumentalizzato dal narratore; sia quindi più preciso, determinato, controllato di quanto ci aspetteremmo.

E le categorie narrative come l'analessi, e la percezione, divengono anch'esse un espediente attraverso cui rendere 'vissuto' — e cioè a titolarità percettiva e di voce del personaggio — un ritratto che in realtà deve essere anzitutto 'narrato' inserito cioè nell'ambito della funzione narrativa autoriale.

La Nestoroff... Possibile? Mi pareva lei e non mi pareva. *Quei capelli* d'uno strano color fulvo, quasi cupreo, *il modo* di *vestire* sobrio, quasi rigido, non erano suoi. Ma *l'incesso* dell'esile elegantissima persona, un che di felino nella mossa dei fianchi; *il capo* alto, un po' inclinato da una parte, e *quel sorriso* dolcissimo sulle labbra fresche come due foglie di rosa, appena qualcuno le rivolgeva la parola; *quegli occhi* stranamente aperti, glauchi, fissi e vani ad un tempo, e freddi nell'ombra delle lunghissime ciglia, *erano suoi, ben suoi,* con *quella* sicurezza tutta sua che ciascuno, qualunque cosa ella fosse per dire o per chiedere, le avrebbe risposto di sì. (*Quaderni...*, p. 539, vol. II)

In questa descrizione avvertiamo nettamente il confronto tra la visione attuale e un'immagine legata al passato (« La Nestoroff... Possibile? mi pareva lei e non mi pareva »): c'è lo stupore che scaturisce dal confronto; c'è l'emotività del personaggio, espressa attraverso ripetizioni caratterizzate dalla deissi e dalla determinazione: *quei capelli; quel sorriso; quegli occhi;* oppure *il modo di vestire; l'incesso; il capo.* Ma non ci inganni la precisione con cui il narratore descrive, nei dettagli, gli occhi della sua protagonista: « stranamente aperti, glauchi, fissi e vani a un tempo, freddi nell'ombra delle dolcissime ciglia ». È vero: a ricordare questo primo incontro con Varia Nestoroff attrice è Serafino Gubbio; è la sua voce che prorompe a conclusione del ritratto, nell'espressione *erano suoi, ben suoi.* Ma non è difficile comprendere l'intento del narratore, anzi in questo caso dell'autore, cioè del burattinaio implicito che muove tanto Serafino Gubbio narratore quanto Serafino Gubbio personaggio: direi che qui Pirandello abbia voluto suggerirci l'immagine, forse un po' stereotipa, della *femme fatale* anni '20, riservando per il suo narratore solo la sintomatica descrizione degli occhi, dello sguardo.

Il riferimento all'autore implicito che, comunque, in questo caso avviene tramite un'interpretazione puramente soggettiva ed emozionale, ci indurrebbe ad aprire un discorso piuttosto interessante relativo appunto ai trucchi, agli espedienti stilistici e narrativi di cui l'autore implicito nei romanzi in prima persona, il narratore nascosto in quelli tradizionali, si servono per confondere le carte in tavola e mimetizzarsi nel racconto — di cose o di parole — senza rinunciare a determinati effetti di pura economia diegetica (come, nell'esempio precedente, la presentazione di un personaggio).

In questo contesto basterà ricordare che il personaggio, in quanto narratore, non può venire meno al proprio ruolo nella diegesi: ne consegue che i ritratti, soprattutto se a carattere memoriale, ma anche se inseriti in un contesto a carattere percettivo, dovranno dividersi in due momenti: quello attribuibile al personaggio e quello riferibile al narratore che ritaglia per sé una parte, generalmente centrale, e quindi facilmente mimetizzabile, in cui essere più preciso e soddisfare in maniera particolareggiata le esigenze, la curiosità di chi legge.

A questo proposito proviamo a confrontare due brani del *Fu Mattia Pascal* nei quali viene descritto lo stesso personaggio: nel primo a parlare non è il protagonista narratore, ma Papiano, che — prima della comparsa sulla scena di Pepita Pantogada — così la presenta ad Adriano Meis:

> /.../ e me la descriveva come una fanciulla saggia e fiera, piena d'ingegno e di volontà, recisa nei modi, franca e vivace: *bella poi, uh, tanto bella!* Bruna, esile e formosa a un tempo; tutta fuoco, con un paio d'occhi fulminanti e una bocca che strappava baci! (*Il Fu Mattia Pascal*, p. 491, vol I)

Sia pure mediato dal narratore, che riporta in stile indiretto il discorso del personaggio, il ritratto risulta in questo caso interamente a titolarità di voce del secondo: anzi, in se stesso il ritratto scade in secondo piano; è uno spunto per mettere in risalto l'invadenza, la gratuita familiarità con cui Papiano descrive la fanciulla ad Adriano Meis, con l'intento, fin troppo evidente, di mediare l'incontro tra i due.

Nel secondo brano è il protagonista, Mattia Pascal, e nelle sue vesti di narratore, a *rievocare* il ritratto di questo personaggio: così, sia pure tra commenti altrettanto colloquiali di quelli espressi da Papiano, Pepita è descritta un po' più nei particolari, è offerta nei dettagli all'immaginazione di chi legge:

> Me l'ero figurata con un nasetto all'insù, ardito, e invece, *aquilino, lo aveva, e robusto.* Ma era pur bella, così: *bruna,*

sfavillante negli occhi, coi capelli lucidi, nerissimi, ondulati; le labbra fini, taglienti, accese. L'abito scuro, punteggiato di bianco, le stava dipinto sul *corpo svelto, formoso.* (*Ibidem,* p. 534, vol. I)

In *Uno, nessuno e centomila* tutti i ritratti, sia ad esclusiva titolarità autoriale che a titolarità del protagonista nelle sue funzioni di personaggio, sono caratterizzati da un inquietante effetto di straniamento. Consideriamo ad esempio il momento in cui Vitangelo Moscarda descrive (in maniera finalmente completa, per chi legge) se stesso:

Gli guardai *i capelli rossigni; la fronte immobile,* dura, pallida; *quelle sopracciglia* ad accento circonflesso; *gli occhi* verdastri, quasi forati qua e là nella cornea da macchioline giallognole; attoniti, senza sguardo; *quel naso* che pendeva verso destra, ma di bel taglio, aquilino; *i baffi* rossicci, che nascondevano la bocca; il mento solido, un po' rilevato. (*Uno, nessuno e centomila,* p. 756, vol. II)

Questa descrizione, già di per sé, risulta essere più simile a quella di un estraneo, che ad un autoritratto: e del resto il brano era stato così introdotto:

riuscii a vedere, staccato dal mio spirito, imperioso, il mio corpo, là, davanti a me, nello specchio. Ah, finalmente! *Eccolo là! Chi erà? Niente era. Nessuno.* (*Ibidem,* p. 756, vol. II).

Il problema di fondo intorno al quale ruota non solo questo romanzo ma tutta la produzione pirandelliana è lo scontro tra sostanza e apparenza, tra oggettivo e soggettivo: e la oggettività, in una ossessionante inarrestabile presa di coscienza, diviene una condanna per Moscarda; una condanna che lo aliena da tutti. Da se stesso, come nel brano appena letto. Dal grato, anche se abitudinario, retaggio della memoria. Ecco, infatti, come rivede nel ricordo suo padre:

M'appare. Alto, grasso, calvo. E nei limpidi, quasi vitrei occhi azzurrini, il solito sorriso gli *brillava* per me, d'una strana tenerezza, ch'era un po' compatimento, un po' derisione anche, ma affettuosa /.../. (*Ibidem,* p. 790, vol. II).

Il distacco di questa rievocazione è sottolineato dal passaggio immediato dal presente simultaneo (*m'appare*) all'imperfetto diegetico-iterativo (*gli brillava*). Poi l'ossesione aumenta, e con essa l'uso della ripetizione, della deissi:

> Se non che, *questo sorriso*, nella barba folta, *così* rossa e *così* fortemente radicata che gli scoloriva le gote, *questo sorriso* sotto i grossi baffi un po' ingialliti nel mezzo, *era* a tradimento, *ora*, una specie di ghigno muto e frigido, lì nascosto; *a cui non avevo mai badato*. E *quella* tenerezza per me, affiorando e brillando negli occhi da *quel ghigno* nascosto, m'appariva *ora* orribilmente maliziosa; tante cose mi svelava a un tratto, che mi fendevano di brividi la schiena. Ed *ecco*, lo sguardo di quegli occhi vitrei *mi teneva, mi teneva* affascinato, per impedirmi di pensare a queste cose, di cui pure era fatta la sua tenerezza per me, ma che pure erano orribili. (*Ibidem*, p. 790, vol. II)

Quella che era una pura evocazione si va progressivamente trasformando in una 'epifania' da incubo, in cui il padre subisce una trasfigurazione meccanica, da divinità paternamente benevola a genio maligno, la cui perfidia arriva addirittura a far pensare come « orribili » persino la bonarietà e la tenerezza di prima. Annichilito da questa 'focalizzazione' esasperata, il personaggio-narratore tace; il ritratto diviene premessa di un lungo, delirante abbandono onirico, in cui a prendere la parola è appunto il padre:

> Ma se tu eri e sei ancora uno sciocco... /.../ per forza vedi io ti dovevo voler bene così. *Le mani? Che mi guardi? ah, questi peli rossi qua,* anche *sul dorso delle dita? gli anelli...* troppi? e *questa grossa spilla* alla cravatta, e anche la catena dell'orologio... troppo oro? che mi guardi?
> *Vedevo* stranamente la mia angoscia distrarsi con sforzo *da quegli occhi,* da tutto *quell'oro,* e affiggersi in *certe venicciuole* azzurrognole che gli trasparivano serpeggianti sù sù per la pallida fronte con pena, sul lucido cranio contornato dai capelli *rossi, rossi come i miei* — cioè i miei come i suoi — e *che miei* dunque *se così chiaramente mi erano venuti da lui?* E quel lucido cranio ecco, a poco a poco, mi svaniva davanti come ingoiato dal vano dell'aria. Mio padre! Nel vano, ora, un silen-

zio esterefatto, grave di tutte le cose insensate e informi, che *stanno* nell'inerzia mute e impenetrabili allo spirito. Fu un attimo, ma l'eternità. (*Ibidem*, pp. 790-91, vol. II)

L'ambiguità del ruolo di personaggio e di narratore insieme, dunque, risulta in questo romanzo ancora più marcata a causa della personalità stessa del protagonista:

> E intanto, non so, quasi automaticamente pensavo che a Stefano Firbo, da piccolo, avevano dato i bottoni alla schiena, e che sebbene la gobba non gli si vedesse, tutta la cassa del corpo era però da gobbo: eh sì, su quelle esili e lunghe zampe da uccello: ma elegante: sì sì: un falso gobbo elegante; ben riuscito. (*Ibidem*, p. 824, vol. II)

Qui, ad esempio, come nel brano tratto dal *Fu Mattia Pascal* attribuito a Papiano, il ritratto del personaggio, la sua orrenda caricatura, acquistano l'importanza di un pretesto per evidenziare lo straniamento, la totale alienazione di chi guarda rispetto a quanti lo circondano.

Tuttavia, altrove, là dove ad esempio il protagonista descrive Anna Rosa, il tono è quello pacato, ma impersonale di una tradizionale narrazione autoriale:

> Il pallore e il languore della lunga degenza le avevano conferito una grazia nuova, in contrasto con quella di prima. La luce degli occhi le si era fatta più intensa, quasi cupa. /.../ Sotto le coperte si indovinavano procaci le formosità del suo corpo di vergine matura. (*Ibidem*, p. 887, vol. II)

Questo passo ci ricorda che le modalità semantiche del ritratto e dell'ambientazione rientrano nel racconto di parole solo nel momento in cui possono essere attribuite alla voce del personaggio, corrispondendo all'emotività drammatica di quest'ultimo; ma in tanti altri casi ritratto e ambientazione sono da ascriversi alla voce del narratore, alle cui esigenze e funzioni diegetiche rispondono, assumendo quindi la connotazione di racconto di cose. Questo ci facilita nel nostro compito di separare, anche nei romanzi in prima persona, le due sfere d'influenza, i due ruoli — del protagonista e del narratore — altrimenti indistinti perché coincidenti. A proposito del ritratto, dobbiamo dunque notare l'abilità del narratore di confondersi col personaggio, aggiungendo qualche particolare alla percezione o alla memoria di quest'ultimo, quando la figura descritta compaia per la prima volta sulla scena: in sostanza le sfere d'influenza dei due si equilibrano, con punte di maggiore o minore autorialità.

A proposito dell'ambientazione, possiamo invece muoverci con maggiore sicurezza: raramente infatti il paesaggio che non sia direttamente percepito dal personaggio o rivissuto come tale può attribuirsi alla voce sua, può essere insomma racconto di parole.

In *Uno, nessuno e centomila*, il personaggio così vede trasfigurato il mondo circostante nella conclusione della storia:

> Quelle nubi d'acqua là, pese plumbee ammassate sui monti lividi, che fanno parere più larga e chiara, nella grana d'ombra ancora notturna, quella verde plaga di cielo. E qua questi fili d'erba, teneri d'acqua anch'essi, freschezza viva delle prode.
> E quell'asinello rimasto al sereno tutta la notte, che ora guarda con occhi appannati e sbruffa in questo silenzio che gli è tanto vicino e a mano a mano pare gli s'allontani cominciando, ma senza stupore, a schiarirglisi attorno, con la luce che dilaga appena sulle campagne deserte e attonite.
> E queste carraje qua, tra siepi nere e muricce screpolate, che su lo strazio dei loro solchi ancora stanno e non vanno. E l'aria è nuova. E tutto, attimo per attimo, è com'è, che s'avviva per apparire. Volto subito gli occhi per non vedere più nulla fermarsi nella sua apparenza e morire. (*Ibidem*, pp. 901-02, vol. II)

Qui l'ambientazione è percezione; e la percezione è monologo interiore. Ma nello stesso romanzo, ripercorrendo alcuni episodi della sua vicenda, è il narratore a fissarne l'ambientazione:

> « Sento ancora nelle narici l'odore di quella sala del tetro soffitto affrescato, ma così coperto di polvere che quasi non vi si scorgeva più nulla. Le alte pareti dell'intonaco ingiallito erano ingombre di vecchi ritratti di prelati, anch'essi bruttati dalla polvere e qualcuno anche dalla muffa, appesi qua e là senz'ordine, sopra armadi e scansie stinte e tarlate.

In fondo alla sala s'aprivano due finestroni, i cui vetri d'una
tristezza infinita sulla vanità del cielo velato, erano scossi continuamente dal vento che si era levato improvviso, fortissimo: il
terribile vento di Richieri che mette l'angoscia in tutte le case. »
(*Ibidem*, p. 863, vol. II)

Questa descrizione, infatti, escludendone l'esordio e la parte
conclusiva, non ha niente da invidiare alle tradizionali ambientazioni della letteratura classica. Moscarda personaggio scompare; a stento rimane Moscarda narratore, prestanome dell'autore implicito, latente ma naturalmente sempre presente alle
sue spalle.

Analogamente, in *Quaderni di Serafino Gubbio operatore*,
alla descrizione percettivo-memoriale della casa dei nonni, possiamo contrapporre la descrizione oggettiva, dettagliata, commentativa dell'ambiente della Kosmograph: certo, buona parte
di questa assoluta obiettività è un espediente che serve a meglio
stigmatizzare la personalità di Serafino: ma un espediente nelle
mani di chi?.

Tirando a questo punto approssimativamente le somme
della nostra ricognizione sul romanzo in prima persona, abbiamo verificato i ruoli, le scelte, i risultati ottenuti dal narratore protagonista; la crescita di quest'ultimo nel passare dal *Fu
Mattia Pascal* a *Quaderni...*, fino agli eccessi che direi 'borge-
siani' di *Uno, nessuno e centomila*. Una volta separati i due
campi d'azione però, narratore/protagonista, rimane in buona
parte nell'ombra, avvertibile ma nascosto, l'autore implicito.
Ma come tirarlo fuori?

È una domanda a cui possiamo rispondere soltanto confrontando la figura autoriale finora emersa con quella che
un'analisi parallela farà emergere alle spalle del narratore nascosto dei romanzi in terza persona: i punti di partenza —
confronto narratore/personaggi, differenza tra racconto di cose
e racconto di parole, funzioni del narratore — rimangono gli
stessi; ma da essi proliferano ulteriori aspetti dall'analisi narrativa, permettendo di cogliere e selezionare tutte le sfumature
del racconto e del discorso; tutti i trucchi del narratore e gli
spazi del personaggio.

3.0. Il romanzo in terza persona

3.1. *Il discorso trasposto: linguaggio del narratore e idioletto del personaggio*

Prima ancora infatti di poter separare, come abbiamo fatto in precedenza, per i romanzi autobiografici, la voce del narratore da quella del personaggio, identificando l'idioletto di quest'ultimo e imparando a riconoscere il linguaggio del narratore, dobbiamo tornare a una distinzione in precedenza accennata appena. Nell'ambito del romanzo in terza persona, se si escludono le battute dirette e le limitate parentesi di monologo interiore, il personaggio non parla mai direttamente: il suo discorso è per lo più trasposto dal narratore nascosto, che adotta a seconda dei casi lo stile indiretto libero o legato, quando addirittura non preferisca narrativizzare le parole del personaggio, riassumerne cioè le risultanze nell'ambito della pura diegesi (in quest'ultimo caso, è chiaro, non staremo a cercare la voce del personaggio, interpretata, manipolata, totalmente fagocitata dal narratore) [21].

È nell'ambito del discorso indiretto, legato o libero, che la voce del narratore si riduce sempre di più, si eclissa quasi del tutto, permettendo al personaggio di ritagliarsi i suoi spazi di autonomia espressiva. Tanto autonomi che, talvolta, lo stile indiretto libero è l'anticamera immediata di un prorompente monologo interiore. Alla luce di queste nuove distinzioni, rileggiamo i romanzi pirandelliani in terza persona, alla ricerca del narratore.

Anche in questo caso partiremo dall'individuazione di una serie di spie linguistiche che separano l'idioletto del personaggio dal linguaggio del narratore.

La stilistica e congiuntamente la narratologia ci vengono subito incontro con una serie di indicazioni fondamentali sul discorso del personaggio: «Lo stile indiretto libero è per lo più dal punto di vista grammaticale, un insieme di fenomeni de-

---

[21] Vedi sopra, nota 13.

vianti dalla sintassi regolare, qual è codificata dalle grammatiche. *Rispecchia il parlar vivo, ma contemporaneamente è costretto a ubbidire a determinate regole, tradizionalmente severe, di concatenazione del discorso indiretto.* La sintassi dell'indiretto rispecchia questa *duplicità* » [22].

Siamo avvertiti dunque a riconoscere la voce del personaggio dalle « irregolarità grammaticali » dell'indiretto: quanto il discorso apparirà meno formalizzato, tanto più saremo sicuri che a parlare non è il narratore. Seymour Chatman a sua volta è anche più esplicito nell'indicare quelli che definiamo 'tratti espressivi' dell'indiretto libero, spie della titolarità di voce del personaggio: « Questo vale per una folla di tratti espressivi: esclamazioni, domande, espletivi, imperativi, ripetizioni e analoghe forme enfatiche, interruzioni, le parole 'sì' e 'no', i colloquialismi e altre forme di dizione non narrativa (per esempio nomignoli, gergo tecnico, elementi di lingue straniere, ecc.). Difficilmente un narratore può restare nascosto quando usa queste forme. /.../ *La logica della narrazione nascosta permette soltanto al personaggio di fare esclamazioni* » [23].

Con queste definizioni noi concordiamo. Spesso abbiamo riconosciuto la voce del personaggio, protagonista e non, nei romanzi tradizionali, dove il discorso risulta per lo più trasposto all'indiretto. Ad esempio:

> '*Niente.* In una stanza della conceria, al buio, qualcuno (e forse *a bella posta!*) s'era dimenticato di chiudere la... *come si chiama? sì... la... caditoja, ecco,* su l'assito, ed egli, passando, *patapumfete! giù:* aveva ruzzolato *la... la come si chiama di legno...* la scala della cateratta, *già!* Per miracolo non era morto. Ma *tutto bene, benone* alla conceria. Forse però *ecco...* sarebbe stato meglio tentare adesso una certa concia alla francese... quella tal maniera di concia per la quale ... *ecco, già!* si adopera in polvere *la... come si chiama?...* la scorza di leccio, di sughero e di cerro; mentre, alla maniera *nostrana,* con la vallonea spenta nell'acqua di mortella... (*L'esclusa,* pp. 51-52, vol. I)

[22] GIULIO HERCZEG, *op. cit.*, p. 81.
[23] SEYMOUR CHATMAN, *op. cit.*, p. 257.

Però *guardare e sentire, sentire e guardare*, ... non gli restava altro, *ahimé!* (*Il turno*, p. 253, vol. I)

Ecco, ora, subito... appena le due carrozzelle arrivavano al cancello Emere (si chiamava Emere)... /.../. *Ah, eccolo: sta* ad aprir la luce, prima su, poi giù; *ecco*, tutto il villino *appare* dalle finestre illuminato, splendido sotto il cielo stellato: *sembra un incanto!* (*Suo marito*, p. 742)

Sì, sì; ma la memoria venerata di donna Teresa Montalto? e *l'avvilimento* per la coscienza della propria debolezza?
Non aveva saputo resistere allo sgomento che gl'incuteva segretamente da qualche tempo in qua, la solitudine, *la sera*, quando si chiudeva in camera e, guardandosi le mani, si dava a pensare che ... *sì, la morte è sempre accanto a tutti* /.../. (*I vecchi e i giovani*, p. 117, vol. II)

Con queste pagine potremmo citarne ancora tante per ciascuno dei quattro romanzi. Sono brani nei quali il corsivo evidenzia quasi tutti quei tratti espressivi individuati da Chatman, nonché ulteriori elementi tipici dell'indiretto libero, analizzati da Herczeg: espressioni sintetico-sostantivali; infiniti esclamativi, interrogativi intenzionali o narrazionali; il presente, tempo dell'immediatezza, del discorso diretto, del monologo interiore; e così via.

D'altra parte anche per il narratore è possibile elaborare una serie di spie dell'autorialità: generalizzazioni, caratterizzazioni, spiegazioni; l'uso più o meno diffuso della metafora; la parallessi, cioè quell'alterazione della focalizzazione grazie alla quale il narratore dà un'informazione in più rispetto a quanto ne sappia il personaggio; e tutto quanto deponga, anche a livello di linguaggio, a favore di una focalizzazione per lo più onnisciente.

Autoriali sono quindi altrettali brani rinvenibili nel medesimo gruppo di romanzi:

Il baccano era enorme, incessante; la confusione indescrivibile. S'erano improvvisate tutt'intorno baracche con grandi lenzuola palpitanti: vi si vendevano giocattoli e frutta secche e dolciumi, gridati a squarciagola; andavano in giro i figurinai con le immagini di gesso dipinte, rifacendo il verso degli scalzi miracolati; i frullonai tirando e allargando la cordicella del frullo; i gelatai coi loro carrettini a mano parati di lampioncini variopinti e di bicchieri. /.../.

In fondo, sotto un arco della navata a sinistra la commissione dei festaioli, che riceveva dai divoti l'adempimento delle promesse: tabelle votive, in cui era rappresentanto rozzamente il miracolo ottenuto nei più disparati e strani accidenti, torce, parametri d'altare, gambe, braccia, mammelle, piedi e mani di cera

Tra i festaioli, quell'anno, era Antonio Pentagora. (*L'esclusa*, p. 67, vol. I)

Qui, ad esempio, ritroviamo tutti gli elementi tipici della diegeticità: si tratta di un brano di ambientazione (racconto di cose), ricco di particolari anche eccessivi, come quelli che riproducono cosa sia raffigurato sugli ex voto; esso si conclude con una importante anticipazione che il narratore onnisciente elargisce al lettore, all'insaputa del personaggio (« Tra i festaioli, quell'anno, era Antonio Pentagora »).

Dai *Vecchi e i giovani* citiamo un altro lacerto, questa volta relativo alla caratterizzazione di un gruppo di personaggi, per di più secondari:

Sebastiano Ceraulo, avvocato di scarsi studi, fervido improvvisatore di poesie patriottiche negli anni della rivoluzione /.../ era entrato per favore come segretario negli studi della Provincia. /.../. Un altro, Marco Sala, condannato a morte dal governo borbonico /.../ alla fine aveva avuto il posto di magazziniere dei tabacchi. Rosario Trigona /.../ vivucchiava miseramente col magro stipendio di vice-segretario alla Camera di Commercio. (*I vecchi e i giovani*, p. 231, vol. II)

Autoriale è la caratterizzazione di tutti loro: citarne direttamente i nomi, ricapitolare brevemente cosa è stata la loro vita, cosa è ora diventata; tutto testimonia, anche nel linguaggio, una prospettiva onnisciente.

E possiamo ancora sottolineare esempi in cui il narratore viene relativamente allo scoperto, tramite metafore e generalizzazioni come questa:

> *Come le lumache,* le quali non potendo, e non volendo ricac-
> ciarsi nel guscio, segregano al riparo la bava e se n'avvolgono e
> tra quel vano bollichio iridescente allungano i tentoni oculati
> /.../. (*Suo marito,* p. 618)

e quest'altra:

> Le notizie recate dopo dal Costa avevano fatto su l'animo di
> lui *quel che* su una macchia già arruffata dalla tempesta *suol fare*
> una rapida vicenda di sole e di nubi. (*I vecchi e i giovani,* p.
> 493, vol. II)

Tanto nella prima metafora, piuttosto elaborata e letteraria-
mente compiaciuta; quanto nella seconda, il narratore si
esprime in modo da distaccarsi dalla puntualità della narrazione, generalizzandola al punto da poterne far parte egli
stesso, tramite i suoi giudizi, le sue percezioni.

Ma bastano questi esempi, queste classificazioni a garantirci la sicurezza di saper sempre attribuire con precisione la
rispettiva competenza di voce al narratore o ai personaggi?

Consideriamo per contrasto il brano successivo, tratto da
Suo marito, un romanzo in cui, nonostante l'adozione del
racconto in terza persona, al personaggio sono lasciati ampi
spazi in cui parlare liberamente; allora il suo linguaggio, che è
quello di una sensibilissima scrittrice, e d'altra parte quello del
narratore nascosto tendono ad avvicinarsi, a confondersi:

> Ella *aveva sempre rifuggito* dal guardarsi dentro, nell'anima.
> Qualche rara volta che ci si era provata per un istante, aveva
> avuto quasi paura d'impazzire. *Entrare in sé voleva dire per lei
> spogliare l'anima di tutte le finzioni abituali e vedere la vita in
> una nudità arida, speventevole. Come vedere quella cara e buona
> signora.* Ely Facioli senza più il parrucchino biondo, senza
> cipria e nuda. *Dio, no, povera signora Ely! (Suo marito,* p. 640)

Qui il lettore, ritrovandosi quasi senza accorgersene, nell'intimo del personaggio, finisce per domandarsi se anche prima,
dove si legge « Ella *aveva sempre rifuggito* dal guardarsi dentro,
nell'anima », quello che apparentemente sembrava un introito

diegetico, non sia piuttosto l'esordio di un discorso indiretto, di una confessione, di una rievocazione del personaggio.

Viceversa, in quest'altro lacerto, tratto dai *Vecchi e i giovani*, romanzo in cui, mancando un protagonista preciso, si mischiano sincreticamente gli idioletti di personaggi completamente diversi gli uni dagli altri, tra i quali il narratore nascosto deve di volta in volta mimetizzare la propria voce, abbiamo una situazione inversa:

> *Come mai non s'accorgeva egli stesso che quella barba così mal dipinta, nelle circostanze presenti, era una smorfia orrenda?*
> Non se n'accorgeva perché da un pezzo, Francesco D'Atri non aveva più la guida di sé, né più lui soltanto comandava a sé stesso /.../ ma tant'altri lui spietati, che gli sopravvenivano dentro, approfittando di quel suo smarrimento, non volevano lasciarlo in pace: se lo disputavano, se lo giuocavano, gli proibivano di lamentarsi, di dichiarare che non si ricordava più nulla /.../. *Ed uno, ecco*, gli tingeva in quel modo ridicolo la barba; un altro gli aveva fatto prender moglie, quando sapeva bene che non era più tempo; un altro ancora gli faceva tener tuttavia quel posto supremo /.../. (*I vecchi e i giovani*, p. 277, vol. II)

All'interrogativo iniziale così diretto, discorsivo, segue poi un'analisi di sé piuttosto distaccata: il narratore 'tutore' vuole forse sortire qui l'effetto di un marcato disinteresse che caratterizzi l'indifferenza con cui il D'Atri guarda se stesso, si rappresenta a se stesso. Ma allora perché, e a chi, attribuire la titolarità di quella domanda iniziale dato che « la logica della narrazione nascosta permette soltanto al personaggio di fare esclamazioni » e, aggiungiamo conseguentemente, interrogazioni?

3.2. *La neutralizzazione*

Il problema sollevato da questi brani si iscrive nell'ambito di un fenomeno che i narratologisti chiamano *neutralizzazione*: « A volte non è possibile decidere se le parole nella forma indiretta sono del personaggio o del narratore, quando, per esempio, entrambi parlano in modo letterario. Il che non vuol dir nulla di negativo, poiché la fusione delle voci può essere a buon diritto considerata un effetto estetico /.../. L'ambiguità può rafforzare il legame tra i due, convincendoci ulteriormente dell'autorità del narratore. Forse potremmo parlare di *neutralizzazione* o di unificazione, più che si ambiguità. In questo modo il narratore nascosto può dare una descrizione da un punto di vista di osservazione chiaramente esterno, penetrare all'interno per citare i pensieri e le parole precise del personaggio /.../ *narrando e mostrando insieme, raccontando e rappresentando,* la vita interiore del personaggio, senza che sia possibile distinguere tra le due cose » [24].

Abbiamo evidenziato nella definizione di Chatman alcuni elementi che, messi a fuoco, potrebbero aggiungere un altro gradino al nostro tentativo di approfondimento dei meccanismi formali della narrativa pirandelliana: il narratologo americano parla infatti di « effetto estetico », relativo alla unificazione delle due voci; e comunque definisce la 'neutralizzazione' un fenomeno che ribadisce « l'autorità del narratore'.

Nei romanzi di Pirandello, la neutralizzazione si verifica seguendo due procedimenti diversi: in alcuni casi il narratore mimetizza la propria voce modulandola sulle frequenze tipiche di quella del personaggio. Questo avviene ad esempio in *Suo marito*, dove spesso tra il narratore e la protagonista, come abbiamo potuto vedere, si stabiliscono tangibili affinità espressive.

Altrove il narratore non esita, pur di mascherarsi, a utilizzare un linguaggio del tutto diverso dal proprio, un linguaggio immediato, familiare, che confonda la sua voce tra quelle di eventuali osservatori intradiegetici [25]. In questo modo Piran-

---

[24] *Ibidem,* p. 222.
[25] Gli esempi più numerosi vengono dal *Turno*; citiamo tra le varie occasioni tematiche, il matrimonio di Stellina: « Don Diego, per mostrarsi galante volle porgere un bicchierino di rosolio alla sposa. *Poverino: fu una cattiva ispirazione*; le mani gli tremavano anche per l'emozione: e così gliene versò qualche gocciolina sulla veste, *poco poco*. (*Il turno,* p. 227, vol. I);

dello raggiunge appieno la fusione tra narrare e rappresentare di cui parlava Chatman: e consegue i migliori effetti estetici.

Non sempre invece gli effetti sono quelli desiderati quando la voce del narratore, distaccato rispetto al 'vissuto' del personaggio, prende il sopravvento sulla voce di quest'ultimo: eppure è in questo frangente che avvertiamo fortemente quella che Chatman chiama « l'autorità del narratore ».

Già nelle sue realizzazioni più riuscite, la neutralizzazione crea delle perplessità circa l'attribuzione della titolarità di voce: anzi, l'ambiguità è la chiave degli effetti, coinvolgenti e riusciti, di gran parte di questi brani.

Ma là dove il narratore calibra male le dosi, togliendo spazio al personaggio o, peggio, adottando maldestramente per i propri interventi il linguaggio di quello, i risultati sono naturalmente scadenti: scoperto il trucco, è scoperto anche il narratore.

Consideriamo alla luce di ciò un ulteriore esempio che per taluni versi è simile a quello desunto precedentemente dai *Vecchi e i giovani*.

> *Se a Marta,* ogni dì più oppressa dalla crescente miseria, mentre furtivamente nella sua cameretta, si preparava a quegli esami, *si fosse,* per un momentino, *affacciato il pensiero che avrebbe incontrato,* sotto altro aspetto, quasi *la stessa* vigliacca e oltraggiosa *rivolta popolare;* forse *le sarebbe a un tratto caduto l'animo.* Ma spronavano allora la sua baldanza giovanile da un canto troppa ansia di risorgere, dall'altro la miseria in cui senza riparo ella e la sua famiglia precipitavano e la coscienza del proprio valore e la santità del suo sacrificio per la madre e per la sorella. /.../
> *E ancora non le era arrivata agli orecchi la calunnia di cui la gente onesta si armava* per osteggiarla, *per ricacciarla bene addentro nel fango da cui smaniava d'uscire!* (*L'esclusa,* p. 87, vol. I)

la 'vedovanza' di Ciro Coppa: « — Qua comando io! — gridava battendo i pugni sulla tavola, *e brum! bicchieri posate ballavano.* /.../. Però, appena i figliuoli sbalorditi si mettevano a strillar con lui: *brum! altri pugni* su la tavola » (*Ibidem,* p. 250).

Nel brano dei *Vecchi e i giovani* una breve digressione analitica, piuttosto distaccata anche se non necessariamente esterna, era introdotta da una domanda difficilmente attribuibile ad un personaggio preciso: « *Come mai* non s'accorgeva egli stesso che quella barba così maldipinta, nelle circostanze presenti, era una smorfia orrenda? ».

Qui, nell'*Esclusa*, invece, l'analisi può dirsi senz'altro esterna: l'ipotesi iniziale, infatti, è una forma sfumata, indiretta ma non troppo, di parallessi. Segue poi un intero periodo totalmente privo di elementi discorsivi tipici del personaggio. È il narratore che spiega le motivazioni della giusta ostinazione di Marta. Poi, un'esclamazione, in chiusura del brano: a chi attribuirla? Al narratore, senz'altro! Con lo scopo, presumibilmente, di attualizzare, direi anzi drammatizzare, la propria interferenza nella vicenda, nascondendola sotto le spoglie della discorsività, cioè del linguaggio del personaggio. Insomma per non comportarsi da narratore troppo distaccato, questo narratore nascosto si scopre troppo: e ci costringe a rivedere, approfondire, addirittura ad ampliare le tipologie già elaborate sulla base della distinzione tra linguaggio del narratore e idioletto del personaggio. Consideriamo ad esempio, la categoria narrativa della percezione soggettiva narrata e quelle semantiche del paesaggio e del ritratto: in genere attribuiamo queste ultime due al personaggio, inserendole di conseguenza nell'ambito della prima quando rispondono ad una serie di presupposti generali: impressionismo, emotività, drammaticità. A livello linguistico rinveniamo a questo proposito tutta una serie di spie che vanno dalla deissi alla ripetizione; dalle esclamazioni alle espressioni sintetico sostantivali; dall'uso di una temporalità verbale quanto più immediata, alla tipica impasse linguistica dell'indiretto libero. Qualcosa di simile al brano che segue, insomma (e tutto ciò che non rientra in questo elenco è del narratore):

Dov'era?
Sì, dirimpetto, oltre al prato, di là dal sentiero, sorgeva nello spazio erboso la chiesa antica, col lungo campanile dalla cuspide ottagonale e le finestre bifore e l'orologio che recava una leggenda assai strana per una chiesa: Ognuno a suo modo; e accanto alla chiesa era la bianca cura con l'orto solingo, e più là,

recinto da muri, il piccolo cimitero. All'alba la voce delle campane su quelle povere tombe. Ma forse la voce, no: il cupo ronzo che si propaga quando han finito di sonare, penetra in quelle tombe e desta un fremito nei morti, d'angoscioso desiderio. Oh donne dei casali sparsi /.../ lasciate che a questa messa dell'alba vadano per una volta tanto esse sole, le vostre antiche nonne devote dal cimitero /.../.
No, ecco... Dov'era? dov'era? (*Suo marito*, p. 721)

Dicevamo che questo brano è a percezione soggettiva narrata in quei contesti in cui il linguaggio depone per la titolarità del personaggio: possiamo dunque iscrivere sotto questa definizione l'esordio, con il suo interrogativo iniziale ed una prima risposta affermativa; l'immagine della messa dell'alba, da principio ellittica, poi al presente — un presente descrittivo che poi si trasforma in presente 'lirico' [26] —; l'insistito interrogativo finale.

È lecito parlare di neutralizzazione, invece, con un prevalente carattere descrittivo e autoriale, riferendoci alla descrizione — precisa fino alla meticolosità — della chiesa, che costituisce la parte centrale dell'intero lacerto. In conclusione, ne viene fuori una ambientazione in cui il vissuto del personaggio finisce col dominare sul diegetico del narratore.

Facciamo un altro esempio:

Che pancia? Dove aveva la pancia Ninì? Fino e diritto come un bastoncino... Via, era un modo di dire, pancia e presenza. Composto, elegantissimo come un vero zerbinotto di Parigi, avrebbe fatto una splendida figura. (*I vecchi e i giovani*, p. 166, vol. II)

Il brano in questione è ora un ritratto: il linguaggio adottato sembrerebbe a tutta prima quello del personaggio. La descrizione rientrerebbe perciò nell'ambito del racconto di parole,

---

[26] Mi rifaccio al concetto di 'lirismo' pirandelliano evidenziato da BENVENUTO TERRACINI, *Analisi stilistica*, Feltrinelli, Milano 1975, p. 375. Il critico però adotta nei confronti di questo tipo di presente la qualifica, altrettanto suggestiva, di presente 'illusorio' (*Ibidem*, pag. 370).

come percezione soggettiva narrata (il personaggio esprime, drammatizzandolo, l'oggetto della propria percezione), se — contestualizzando il brano — trovassimo il personaggio a cui attribuirla. Ma non c'è! Tutt'al più dobbiamo pensare ad un anonimo osservatore intradiegetico, che dà la voce, la sua voce non meglio identificabile, ai mille discorsi del paese. Dunque un espediente del narratore, che usa il linguaggio del personaggio, il suo idioletto, quando e come vuole, ribaltando le carte in tavola e costringendoci a rivedere una volta per tutte questi 'tratti espressivi' della discorsività.

3.3. *Il presente e la mimetizzazione del narratore*

Tra le 'spie' del discorso del personaggio abbiamo collocato il presente, un tempo che si discosta dal normale spettro di temporalità dell'indiretto, costituito da imperfetto, trapassato prossimo e condizionale passato. Il presente cioè, convenzionalmente, comparendo nel racconto di parole, sta a significare che il narratore non media più tra personaggio e racconto; che quello parla ormai liberamente; che il racconto è diventato discorso. Attenzione: in molti casi, invece, è possibile verificare che il presente è del narratore, non del personaggio:

> Di tratto in tratto, però, entrava nel salotto Antonio del Re, che li vedeva vecchi com'erano, e che, stando un pezzo a udire i loro discorsi, provava una tristezza indefinita, la tristezza che si *prova* nel vedere nei vecchi, che per un tratto si *dimenticano* d'essere tali, ancora verdi certe passioni che *hanno* radici in un terreno oltrepassato, che noi ignoriamo. (*Ibidem*, p. 233, vol. II)

Questo presente del narratore, che definiamo normalmente di *generalità*, esprime nella maniera più diretta, non i discorsi o i pensieri dei personaggi, ma appunto il pensiero di chi scrive, di chi solleva il particolare della storia individuale su un piano generale. Ancora, nel brano che segue, il presente non è di titolarità del personaggio, ma può essere di nuovo ascritto al narratore:

Ma a Silvia, già smontata con la Barmis, *tocca* di aspettare dietro il cancello chiuso, e *tocca* al Raceni di tirar giù da cassetta le valigie, mentre un cane *abbaia* dal villino accanto e Giustino *paga* in fretta i vetturini e *corre* subito alla moglie per mostrarle su uno dei pilastri che reggono il cancello la targa di marmo con l'iscrizione: Villa Silvia. (*Suo marito,* p. 742).

Si tratta di un presente *concitativo,* un presente che rende immediata, drammatica l'immagine, più della tradizionale temporalità diegetica al passato. È vero, è lo stesso presente che usa il personaggio quando, preso dalla concitazione del discorso, valica i limiti dell'indiretto e parla liberamente:

Meritava anzi rispetto per tanta costanza: rispetto e venerazione; e non c'era nulla da ridire, se voleva che tutti sapessero com'egli la pensava, anche dal modo con cui vestiva i suoi dipendenti. Sissignori, *sono* borbonico! *Ho* il coraggio delle mie opinioni! (*I vecchi e i giovani,* p. 16, vol. II)

Ma questo non vuol dire che il presente sia prerogativa assoluta del personaggio. Piuttosto, in alcuni casi, esso costituisce un comodo espediente del narratore per ripristinare il regime diegetico.

Ritorniamo in proposito ad un brano di *Suo marito* già esaminato in precedenza, quando si è accennato alla neutralizzazione:

Come vedere quella cara e buona signora Ely Faciolli senza più il parrucchino biondo, senza copria e nuda. Dio, no, povera signora Ely!
Ed era poi quella la verità? No, neppur quella. La verità: uno specchio che di per sé non *vede,* e in cui ciascuno *mira* se stesso, com'egli però *si crede,* qual'egli *immagina* che sia.
Orbene, ella aveva orrore di quello specchio, dove l'immagine della propria anima, nuda d'ogni finzione necessaria, per forza doveva anche apparirle priva d'ogni lume di ragione. (*Suo marito,* p. 640)

La generalizzazione che, a prima vista, come diretta prosecuzione dell'indiretto libero che la precede, abbiamo attribuito al personaggio, in realtà, commentando i discorsi di quello, commuta contemporaneamente il regime della narrazione, che torna ad essere, da discorso, racconto a piena titolarità del narratore. Non possiamo dunque attribuire un brano alla voce del personaggio soltanto perché è al presente: dobbiamo discriminare tra presente *concitativo,* presente *commentativo-commutativo* (quello appena visto), presente *di generalità;* l'unica categoria di presente che non può essere attribuita al narratore finisce conl'essere il presente 'lirico', quello attraverso cui spesso si confessa, esprimendo la sua particolare personalità poetica, la protagonista di *Suo marito:*

> Per un morticino che *aspetta* sul letto il tempo d'essere sepolto, quant'è lungo un giorno? quant'è lungo il ritorno della luce non più veduta fin dal giorno avanti? Questo lo *ritrova* già più lontano nelle tenebre della morte, già più lontano nel dolore dei superstiti. (*Suo marito,* p. 871)

3.4. *Le espressioni sintetico-sostantivali*

Va poi ridimensionata un'altra delle spie individuate da Herczeg come proprie del parlar vivo: quella costituita dall'uso delle espressioni sintetico-sostantivali [27]. Secondo lo studioso ungherese, nella logica dell'idioletto del personaggio, queste espressioni sono, per la loro immediatezza, da preferire, ad esempio, ai verbi, nella resa delle impressioni percettive. Ma, senza nulla togliere alla loro immediatezza, proviamo a spiegarne l'effetto: in realtà esso va ascritto a un procedimento metaforico, quello di sostituire l'immagine alla spiegazione, che è tipicamente lirico, letterario.

[27] Per espressioni sintetico-sostantivali intendiamo riferirci a sostantivi che abbiano una connotazione percettiva, spesso sostituiti ai *verba sentiendi* veri e propri, come nell'esempio che riprendiamo dall'*Esclusa:* « La notte era umida /.../. Guardò la facciata della casa esposta lassù ai venti, alle piogge, malinconica nell'*umidore lunare.* » (pag. 91, vol. I). E più avanti: « Là col capo immerso nel *vasto silenzio malinconico della notte* (p. 12, vol. I). Si tratta, almeno in Pirandello, di espressioni quasi sinestetiche.

Ciò potrebbe indurci a pensare che la scelta ricade su di esse non tanto per garantire alla tenuta della narrazione toni discorsivi, quanto piuttosto per rendere più plastici i pensieri del personaggio. La scelta va dunque nuovamente attribuita al narratore, che del resto non rinuncia a questo tipo di espressioni neanche nell'ambito del racconto di cose, quello destinato esclusivamente al suo raggio d'azione: ecco allora che ritroviamo immagini talvolta simili a quelle utilizzate dal personaggio (si fa per dire), anche nell'ambito di pause descrittive, riflessioni, generalizzazioni a titolarità del narratore:

> /.../ travolto, tra una fitta sassaiola in uno scompiglio furibondo, *ebbe come un guazzabuglio d'impressioni* così rapide e violente da non poter nulla avvertire, altro che *lo strappo* d'una furia compatta che si precipitava urlante; *un rimbombo* tremendo; *uno stramazzo e...* (*I vecchi e i giovani,* pp. 514-15, vol. II)

Ritroviamo dunque le espressioni sintetico-sostantivali, evidenziate dal corsivo. Qual è il loro uso, il loro effetto? Rendere immediate le sensazioni vissute dal personaggio: lo sprovveduto eroismo della sua morte è sintetizzato in una serie di impressioni che il personaggio non sa né può — perché non ne ha il tempo — analizzare. E quei puntini sospensivi sono ancora una scelta idonea che allude all'incoscienza, al black-out definitivo. Qui, però, il narratore, utilizzando questi termini, si è fatto portavoce del personaggio: gli ha ceduto i propri strumenti espressivi, e non viceversa. Quello che vorremmo far emergere a questo punto è una velata riserva relativa alle classificazioni troppo rigide: la 'discorsività' delle espressioni sintetico-sostantivali non è una qualità assoluta, ma relativa al contesto in cui sono utilizzate.

È merito, o semplicemente responsabilità del narratore, la loro presenza. Il loro effetto può essere quello di rendere colloquiale, immediata, plastica l'espressione; rimane il fatto che il loro uso non sempre va fatto risalire al 'parlar vivo': molte volte in esse avvertiamo il sapore compiaciuto, e non del tutto stonato, della letterarietà.

4.0. Dal *Turno* a *Suo marito*

4.1. *Il racconto 'rappresentato'*

È possibile citare la prosa svelta, immediata, discorsiva del *Turno*, per dimostrare la carica di effettiva drammatizzazione che in questo contesto assumono le espressioni sintetico-sostantivali:

> Ne nacque un parapiglia: *braccia e gambe per aria, schiamazzo, strilli di donne, lumi e gente* a tutte le finestre delle case vicine, *abbaiar di cani,* e tutte quelle nuvolette che correvano nel cielo. (*Il turno,* p. 228)

In questo romanzo il narratore adotta generalmente un linguaggio 'neutralizzato': si tratta però di un tipo di neutralizzazione il cui effetto è di celare il narratore e le sue funzioni dietro una maschera di colloquialità, come se tra i tanti personaggi coinvolti nella vicenda si levasse una voce anonima, e non sempre imparziale, a testimoniare i fatti. Ebbene, come dimostrano gli effetti sortiti, a conferma delle riserve espresse precedentemente, l'aver adottato un linguaggio sintetico, e conseguentemente immediato, vivo per usare un'espressione cara all'Herczeg, non significa aver rinunciato alle proprie responsabilità autoriali, alle proprie funzioni; anzi. Forse proprio in questo romanzo l'autore riesce a dare il meglio di sé come narratore tradizionale: perché quella sua tendenza, quella sua debolezza direi, a voler 'parlare' una storia, piuttosto che raccontarla, risulta quanto mai riuscita. Il respiro breve del romanzo, l'amara ma bonaria ironia della vicenda, la scelta di un linguaggio per il racconto di cose, perfettamente a suo agio con l'idioletto del racconto di parole, ma non per questo tale da smascherare un'eccessiva invadenza da parte del narratore, garantiscono il successo dell'impresa. Tanto che risultano accettabili anche i momenti lirici come quello che segue, in cui ancora una volta le espressioni sintetico-sostantivali sono da imputare alla sensibilità letteraria dello scrittore, pur rispondendo perfettamente all'abbandono sentimentale del personaggio:

> Ora vi crescevano gli alberi, intorno ai due tempii antichi, soli superstiti; e il loro *fruscio misterioso* si fondeva col *borbogliare continuo del mare* in distanza e con un *tremolio sonoro incessante*, che pareva che derivasse dal lume blando della luna nella quiete abbandonata, ed era il canto dei grilli /.../. (*Ibidem*, p. 224)

In effetti la parentesi che abbiamo aperto sul *Turno* non è gratuita, perché ci permette di avvicinarci al nocciolo dell'analisi: sia che il narratore esca allo scoperto, adottando una maniera espressiva o eccessivamente tradizionale (pensiamo ai capitoli introduttivi dell'*Esclusa*, dei *Vecchi e i giovani*, di *Suo marito;* alle ambientazioni e ai ritratti a titolarità autoriale; e poi alle generalizzazioni, alle spiegazioni, alle caratterizzazioni di cui Pirandello fa largo uso in quasi tutti i romanzi) o, soprattutto, eccessivamente colloquiale (ci riferiamo cioè a tutti quei casi in cui un'esclamazione, una domanda retorica, il linguaggio mimetico adottato nella ritrattistica e nelle pause descrittive possono essere attribuiti esclusivamente al narratore)[28]; sia invece che, eclissandosi, il narratore lasci parlare quanto più liberamente i suoi personaggi, garantendo loro tutta la polifunzionalità del discorso indiretto e la libertà del monologo interiore; in entrambi i casi, i suoi scopi, e buona parte dei risultati, sembrano sintetizzarsi nel desiderio di rendere quanto più *rappresentato* il racconto.

Se autorevoli studiosi, come Macchia e Guglielminetti, hanno notato nell'opera di Pirandello, a partire dai drammi e dalle novelle, una spiccata tendenza alla rappresentazione, un privilegio della parola, tanto che Macchia parla appunto di

---

[28] Alcuni esempi nell'*Esclusa*: « Quanto aveva contribuito oltre alla coscienza della propria bruttezza, quel continuo spettacolo in casa, alla formazione dell'orrendo concetto che il Falcone aveva della vita e della natura? » (p. 140, vol. I); nei *Vecchi e i giovani*: « Non se l'aspettava intanto il vecchio cascinone di Valsania /.../ tutti quei paramenti sfarzosi che i tappezzieri gli appendevano dalla mattina » (p. 213, vol. II); in *Suo marito*: « Chi poteva fra tanto pensare alle rovine del Palatino e immaginarvi affacciate le anime degli antichi romani a mirar soddisfatte quel moderno simposio? Soltanto Maurizio Gueli (p. 619).

« teatro retto sulla parola », di « teatralizzazione del linguaggio », di « celebrato stile di cose », e a sua volta Guglielminetti si richiama a definizioni come « rappresentazione » e « visione »[29], noi — anche se siamo partiti da lontano e seguendo un percorso diverso — vorremmo arrivare a verificare questo trionfo della parola. E possiamo farlo, ora; ora che ne abbiamo gli strumenti, ossia quelle categorie narrative, semantiche, stilistiche già dichiarate; soprattutto accompagnandoci a un regolato buon senso critico che ci permetta di superare le classificazioni e — guardando al di là — di individuare che cosa si nasconde al di sotto per animare, guidare, sollevare o sprofondare definitivamente il romanzo: l'arte dell'autore.

4.2. Il turno, *ovvero il racconto 'parlato'*

Torniamo allora al *Turno:* che cosa fa di questo romanzo che non è un romanzo, di questa novella che non è neppure una novella, quel gioiellino che è? In esso gli intenti dell'autore sembrano perfettamente riusciti: il narratore si mantiene abilmente nascosto perché, utilizzando i toni e i colorismi del linguaggio colloquiale, non esagera al punto da uscire bellamente allo scoperto. La storia, più che narrata, risulta drammatizzata o, per ripetere un'espressione un po' ad effetto, 'parlata': i personaggi, infatti, a partire dall'esordio, 'dicono' il fatto[30]; lo dialogano, lo sentono, lo vivono. Pepè, sensibile, sprovveduto e teneramente sciocco, è il filtro attraverso cui passano il Ravì, Ciro Coppa, la povera sorella Filomena, Stellina. È vero, di tanto in tanto il narratore interviene a presen-

---

[29] Cfr. G. MACCHIA, *op. cit.*, pp. 65-66 e MARZIANO GUGLIELMINETTI, *Struttura e sintassi del romanzo del Novecento*, Silva, Milano 1964 (recentemente ripubblicato in edizione ampliata presso gli Editori Riuniti, Roma 1986).

[30] « Giovane d'oro, sì sì, giovane d'oro Pepè Alletto! — Il Ravì si sarebbe guardato bene dal negarlo; ma, quanto a concedergli la mano di Stellina, no via: non voleva se ne parlasse neanche per ischerzo » (*Il turno*, p. 213, vol. I).

tarci un personaggio: ne fa il ritratto, ne analizza l'atteggiamento. Ma ad alleggerire questi momenti già di per sé sfuggenti
perché travolti nel ritmo incalzante del breve respiro del romanzo, interviene come si è detto un linguaggio immediato,
allusivo, sbrigativo. Un linguaggio che tocca l'apice della riuscita nei pochi momenti diegetici del racconto: il matrimonio di
Stellina, la passeggiata ai templi col temporale, la morte di
Filomena.

Vediamo ad esempio la scena del temporale:

> Stellina e i sei giovani ridevano. Andarono alla casina più
> prossima, ma il cancello di ferro davanti al cortile era chiuso.
> *Pedate al cancello e grida d'aiuto. Non era pioggia: era diluvio.*
> Fifo Garofalo si tolse il mantello e col concorso degli altri lo
> resse a mo' di baldacchino su Stellina e su don Diego. *Giù acqua,*
> *già acqua, giù acqua.* Presto il mantello fu zuppo. (*Il turno*, p.
> 258)

Discrete, addirittura dimesse, sono qui le istanze diegetiche;
dominate e drammatizzate da un linguaggio che si sintonizza
perfettamente con l'ambiente, coi personaggi.

In questo modo, tra l'altro, l'autore riesce a garantirsi uno
spazio nel quale esprimersi, che non stanca, ma s'inserisce
gradevolmente nel quadro d'insieme. Consideriamo a questo
proposito la descrizione che egli fa di don Diego Alcozer:

> Marcantonio Ravì /.../ *sembrava fatto apposta* per compensare
> don Diego *fino fino, piccoletto,* che gli arrancava accanto con
> lesti, brevi *passetti da pernice,* tenendo il cappello in mano o sul
> pomo del bastoncino, *come se* si compiacesse di mostrar *quell'u-*
> *nica e sola ciocca* di capelli, ben cresciuta e bagnata in un'acqua
> d'incerta tinta (quasi color di rosa), la quale, distribuita *chi sa*
> con quanto studio, gli nascondeva il cranio alla meglio. (*Ibidem,*
> pp. 216-17)

Fin qui possiamo a mala pena riconoscere l'intervento dell'autore: è un tratto autoriale, infatti, la comparativa ipotetica
evidenziata dal corsivo; ma esso si confonde e amalgama perfettamente in una descrizione in cui lo affiancano piccoli partico-

lari discorsivi e un abile espediente: quello di introdurre tutta la descrizione impersonalmente (*Sembrava fatto apposta*). Vediamo come prosegue il brano:

> *Niene baffi*, don Diego, e *neppur ciglia; nessun pelo; gli occhietti calvi, scialbi acquosi.* Gli abiti suoi più recenti contavano per lo meno vent'anni; non per avarizia del padrone, ma perché ben guardati sempre dalle grinze e dalla polvere, non si sciupavano mai, parevano anzi incignati *allora allora.* (*Ibidem*, p. 216)

La descrizione procede nei modi che a suo tempo abbiamo avvicinato alla discorsività del personaggio: è per lo più ellittica, e il particolare domina sul generale. Segue però una serie di spiegazioni decisamente autoriali, anche se stemperate in un linguaggio che, almeno in ultimo, è piuttosto colloquiale (« allora allora ») e attualizzato.

> Così, *ahimé*, s'era ridotto uno dei più irresistibili conquistatori di dame in crinolino del tempo di Ferdinando II re delle Due Sicilie: cavaliere compitissimo, spadaccino, ballerino. (*Ibidem*, p. 217)

L'ultima spiegazione, infine, comprende addirittura un'espressione esclamativa (*ahimè*): è vero, si tratta di un atteggiamento che altrove, nell'*Esclusa* e nei *Vecchi e i giovani*, ma anche in *Suo marito*, talvolta, abbiamo già rinvenuto e contestato in quanto indice di invadenza espressiva da parte del narratore [31]; qui lo giustifichiamo perché è perfettamente in sintonia col regime colloquiale novellistico, bonariamente simpatico del romanzo. Lo giustifichiamo perché *Il turno* è tutto sviluppato su questa linea, senza incoerenze che possano scoprire il gioco dell'autore e dichiarare la sua debolezza verso taluni effetti 'parlati'.

Ad un narratore così abilmente nascosto, fa poi da contrappunto un set di personaggi la cui personalità è perfettamente libera di esprimersi attraverso un uso alternato e scorre-

[31] Cfr. nota 28.

vole di discorso diretto e indiretto libero. Pensiamo infatti all'introito del romanzo, in cui ex abrupto il Ravì, senza nemmeno presentarsi ai lettori, ci immerge nel calderone delle sue 'preoccupazioni' paterne.

È vero che il punto di vista interno sembra essere privilegio soltanto di questo personaggio, e soprattutto del protagonista. Ma anche questa è una trovata ad hoc: una focalizzazione multipla, — l'adozione cioè non di un unico punto di vista, ma di inquadrature che si alternino a seconda del personaggio prescelto come focalizzatore — finisce per coincidere troppo scopertamente con una focalizzazione onnisciente. Qui, invece, abbiamo il piacere di scoprire l'evolversi della storia insieme allo sprovveduto protagonista: con lui ci stupiamo, della sua ingenuità sorridiamo, coinvolti anche noi in questa *pochade* paesana.

Questo tipo di focalizzazione permette al narratore, almeno un paio di volte, effetti simili a quelli già visti nei romanzi in prima persona, che abbiamo definito di 'dissolvenza'. Il primo avviene nel passaggio dal IV al V capitolo: quello si era concluso con la rissa degenerata dallo scontro tra Pepè e il Borrani; questo si apre con una battuta violenta di Ciro Coppa, che così, brutalmente, è presentato per la prima volta ai nostri occhi. Segue poi una breve descrizione fisica di questo personaggio, e finalmente veniamo a sapere che Pepè si è rivolto a lui perché gli consigliasse come affrontare la sfida lanciatagli dal Borrani stesso [32].

[32] Ecco il brano: « Giù per la via la folla agitata si allontanava confusamente, vociando. E la gente accorsa coi lumi alle finestre rimase a lungo incuriosita a spiare e a far supposizioni e commenti, finché la folla non si perdette nel buio, il lontananza.

* * * * *

— Nossignore, bestia! T'insegno io come si fa in questi casi. Lasciati servire da me.

Ciro Coppa, tozzo, il petto e le spalle poderosi, enormi, per cui pareva anche più basso di statura, il collo taurino, il volto bruno e fiero /.../. Pepè Alletto era venuto da lui, per consiglio » (*Il turno*, pp. 228-229, vol. I).

Tra il capitolo XXVI e il XXVII assistiamo nuovamente a questo fenomeno: anche qui un capitolo si chiude sulle smorte conversazioni tra Pepè e don Diego, apparentemente sconfitti in questo primo *match* contro il Coppa; quello successivo si apre appunto su quest'ultimo personaggio, su una brusca domanda che dovrebbe sintetizzare — e ci riesce — la situazione di Stellina a due mesi dal matrimonio con l'energumeno cognato di Pepè: « Se ti accorgi veramente e sei certa che ti voglio bene, perché debbo farti paura? » (*Ibidem*, p. 307).

4.3. *Il cammino della dissolvenza*

A proposito di questi fenomeni, senza nulla togliere alla loro riuscita, che rimane perfettamente armonizzata al ritmo travolgente dell'intero romanzo, va detto che se nei romanzi in prima persona essi sortiscono un effetto cinematografico, qui siamo ancora a livello teatrale: piú che al dissolversi di una scena nell'altra, l'impressione è quella del siparietto che cala a dividere, decisamente, due atti. Questo probabilmente perché al passaggio da un capitolo all'altro, nei due casi tratti dal *Turno*, corrisponde un mutamento di prospettiva, da multipla a interna e viceversa.

Passaggio che, naturalmente, non poteva avvenire nei romanzi in prima persona dove la prospettiva bene o male rimane unica: quella cioè del personaggio-narratore. E non avviene neppure in un brano di *Suo marito*, nel quale direi che questa particolare tecnica si sovrappone perfettamente alla categoria narrativa della percezione, con effetti altrettanto pregnanti e forse più immediatamente verosimili che non negli stessi romanzi autobiografici. Nel *Fu Mattia Pascal*, infatti, nonostante che la focalizzazione dominante fosse quella del narratore-protagonista, prevalentemente interna, la 'dissolvenza' faceva leva più che mai su istanze autoriali, soddisfacendo in particolare la funzione di regia, propria del narratore, e lasciando un po' in secondo piano la sfera percettiva ed emotiva del personaggio. In *Suo marito*, invece, il racconto è tradizionalmente in terza persona, ma le scelte strutturali e

stilistiche del narratore nascosto ottengono il risultato di porre
in evidenza soprattutto il personaggio: è Giustino il filo conduttore, il filtro, il nucleo intorno al quale ruota questo episodio
narrativo-descrittivo.

Nella chiusura del paragrafo 2, infatti, è adottato lo stile
indiretto libero: il personaggio riflette con se stesso sulla inconsistenza della propria attuale situazione coniugale:

> No, no: egli non poteva, non doveva far nulla. Solo, a ogni
> costo, voleva ritornare a Torino fra poche sere per assistere, *di
> nascosto*, alla rappresentazione del dramma, per rivederla *da
> lontano* un'ultima volta... (*Suo marito*, p. 848)

L'intenzione di sfumare una scena nell'altra è anzitutto dichiarata nei puntini sospensivi che, esaurendo una fase narrativa,
alludono contemporaneamente a un seguito. Tra le due fasi il
narratore lascia all'immaginazione del lettore un intervallo
colmo di ansie, angosce, aspettative con cui il personaggio
trascorre l'attesa della 'prima':

> *Di nascosto! Da lontano!* Un fiume di gente, in quella dolcissima
> sera di maggio, entrava nel teatro illuminato a festa, le vetture
> accorrevano rombanti e facevano ressa lì innanzi alle porte, fra il
> contrasto delle luci, il brusio della folla agitata. *Di nascosto, da
> lontano*, egli assisteva a quello spettacolo. Ma non era ancora
> l'opera sua, quella, che aveva preso corpo e seguitava ad andare
> ora da sé, senza più curarsi di lui? (*Ibidem*, p. 848)

Il filo degli avvenimenti è ripreso appunto dalla sera della
'prima'; l'aggancio avviene attraverso quelle determinazioni spaziali « *di nascosto* » « *da lontano* » che tornano a più riprese nella
seconda parte, riecheggiando appunto la chiusa del paragrafo
precedente.

Tanto nei romanzi in prima persona, quanto nel *Turno* in
cui abbiamo appena visto analoghi fenomeni di 'dissolvenza',e
nell'*Esclusa*, di cui discuteremo subito dopo, è possibile però
verificare delle differenze: abbiamo anticipato già che la riuscita
di questo effetto narrativo è data dall'omogeneità del punto di
vista, che — passando da una scena all'altra — deve conservarsi

interno, anche se in situazioni e ambienti completamente diversi tra loro. Vorremmo far notare che nell'episodio di *Suo marito* non solo è mantenuto il punto di vista percettivo-sentimentale del personaggio, ma anche e soprattutto quello concettuale, che in fondo è la chiave di lettura del personaggio stesso, e di conseguenza di buona parte del romanzo.

Sicché quei *di nascosto* e *da lontano* che in un primo momento sembrano una scelta fatalmente necessaria per Giustino, nella seconda fase non sono più indici esclusivi della sfera percettiva, ma divengono espressioni di una condanna psicologica assai simile a quella di Sisifo: Giustino vede la propria 'opera', la ha sotto gli occhi, a un passo da sé, ma non può più prendervi parte [33].

Se riflettiamo sul fatto che *Suo marito*, chiudendo la serie della narrativa tradizionale, si colloca tra *Il fu Mattia Pascal* e *Quaderni di Serafino Gubbio operatore*, possiamo tracciare una parabola evolutiva: i ruoli del narratore (assai marcati nel *Fu Mattia Pascal*), le istanze del personaggio (dominanti in *Suo marito*) si fondono perfettamente in Serafino Gubbio, laddove la dissolvenza consegue tutti gli effetti auspicati dalla funzione di regia, evidenziando però il taglio percettivo e concettuale — addirittura ideologico — che la focalizzazione interna del personaggio esige.

Torniamo ora ai fenomeni di dissolvenza dell'*Esclusa*, preannunciati poc'anzi: avvertiremo qui le medesime deficienze che abbiamo rinvenuto nel *Turno;* le quali, se in quel romanzo

---

[33] ROBERTO ALONGE, *Pirandello tra realismo e mistificazione*, Guida, Napoli 1977, p. 168, analizza sociologicamente il romanzo: « attraverso l'amministrazione e lo sfruttamento razionale fino al cinismo della fama della moglie, Giustino si ripromette di far finalmente il salto di classe » (p. 168). La sera della prima, infatti, è forse lo *status symbol* di cui maggiormente si sente privato Giustino: il momento in cui realmente egli può godersi « la grandezza per la grandezza », il riconoscimento più plateale del suo raggiunto grado di dirigente. Il divorzio, invece, lo ha ricacciato nell'ombra dell'esistenza piccolo-borghese: dalla fine del paragrafo in poi, l'espressione « di nascosto » unita all'altra « da lontano » ritorna ben tre volte, a sottolineare ciò che schianta definitivamente il personaggio: l'esclusione, l'esilio, il ritorno nell'ombra, quand'egli era stato il centro d'attrazione in quel mondo che aveva saputo così abilmente scalare.

erano giustificate da ragioni di economia narrativa, qui forse
risultano piuttosto azzardate, per quanto gli effetti siano tutt'altro che discutibili:

> Egli la cercò con gli occhi nell'ampia sala zeppa di gente; scorse
> la Direttrice del Collegio, sola: Marta non era venuta. E, come se
> non avesse inteso, dimenticò di rispondere agli applausi con cui
> l'immenso uditorio lo accolse su l'entrare. (*L'esclusa*, p. 150, vol.
> I)

Anche qui, alla chiusura di un capitolo, il VII, segue il
brusco introito del successivo, l'VIII:

> — Venga, due passi... Il mal di capo le svanirà. Vede che
> giornata? Due passi...
> — Ha fatto male a venire...
> — Perché?
> — Avrei, dovuto avvisarla... Ma dove?
> — Perché? — insistette l'Alvignani. (*Ibidem*, p. 150, vol. I)

Addirittura in questo caso dobbiamo aspettare la conclusione
del dialogo prima che il narratore chiarisca chi siano i due
interlocutori: la dissolvenza finisce per essere un parallissi, cioè
una volontaria omissione d'informazione da parte del narratore,
che ne deve sapere senz'altro di più ma che, nella sua onniscienza, preferisce adottare questo espediente. Egli tace al lettore
ciò che è successo nell'intervallo di tempo tra la fine del
capitolo precedente e il nuovo episodio narrativo, mentre sa
benissimo chi sono i protagonisti del dialogo e cosa è successo
tra loro. Un cambio di scena troppo brusco perché si possa
parlare di dissolvenza; una intuizione narrativa troppo impulsiva per non essere altrettanto scopertamente artificiosa, cioè
autoriale.

Meglio riuscito, o comunque giustificabile, è il passaggio
dal X all' XI capitolo:

> Questi restò perplesso a guardare Marta che lo spiava acuta-
> mente. Si guardarono a un tratto, ed egli ebbe l'impressione che
> il silenzio della stanza attendesse una sua parola, come se la
> morte fosse entrata e sfidasse il loro amore a parlare.

— A Palermo? Come Mai?.
E Gregorio Alvignani si fermò davanti al professor Luca Blan-
dino /.../. (*Ibidem*, p. 165, vol. I)

Nel brano precedente il cambiamento di scena acquistava valore
relativamente alla tenuta della narrazione: dopo la lunga digressione analitica dedicata all'Alvignani, chiusasi con l'accenno alla
sua conferenza, il narratore ha voluto dare una svolta dinamica
all'intreccio, creando appunto la situazione dell'incontro tra i
due futuri amanti, e rappresentandola piuttosto drammatica-
mente, in quel dialogo imprevisto e improvviso. Ora, invece,
alla funzione narrativo-organizzativa di questa sorta di dissol-
venza-parallissi, se ne aggiunge una seconda, legata alla situazione tematica contingente: in questo caso, infatti, si viene ad
allentare la tensione psicologica accumulata nelle ultime pagine
del capitolo X, senza peraltro nulla togliere alla pregnanza
emotiva di quella tensione. Tacendo volontariamente sul seguito
della scena, il narratore ne evidenzia la carica emotiva, prolun-
gando il significativo silenzio creatosi tra i due amanti.

4.4. L'esclusa, *ovvero il 'crogiuolo'*

I problemi che emergono dalla lettura narratologica dell'*E-
sclusa* — e non solo narratologica — sembrano appunto prendere
avvio da una relativa immaturità dell'autore che riversa in
questo romanzo i motivi della sua formazione naturalista, con-
giunti alle prime intuizioni decadentistico-borghesi: su un'ossatura che è e vuole essere fedele ai canoni del romanzo tardo-
ottocentesco, si inserisce però il mistero dell'umorismo come
sentimento del contrario; il dramma dell'assurdo come accettazione del 'normale'. In tutto ciò il narratore si divide tra il
distacco estremamente mimetico e pedante delle descrizioni
diegetiche e l'eccessivo attaccamento, lo stucchevole pietismo
con cui solidarizza con la sua eroina.
È un po' l'errore in cui cadeva De Roberto nell'*Illusione*
(1891) quando non riusciva a rimanere impassibile di fronte alla
sua protagonista, la sognatrice Teresa, e cominciava, soprattutto

nella seconda parte del libro, a prenderne le difese scoprendosi dalla sua comoda posizione di narratore nascosto [34].

Già a partire dall'introito, *L'esclusa* rimanda al concetto di teatro naturalista, che assegna cioè al palcoscenico il ruolo di « quarta parete »; in questo caso, infatti, la quarta parete è la pagina e, in un certo senso, noi lettori:

> *Antonio Pentagora* s'era già seduto a tavola tranquillamente per cenare, come se non fosse accaduto nulla.
>
> Illuminato dalla lampada che pendeva dal soffitto basso, il suo volto tarmato pareva quasi una maschera sotto il bianco roseo della cotenna rasa, ridondante sulla nuca. Senza giacca, con la camicia floscia celeste, un po' stinta, aperta sul petto irsuto, e le maniche rimboccate su le braccia pelose, aspettava che lo servissero.
>
> *Gli sedeva a destra* la sorella Sidora, pallida e aggrottata, con gli occhi acuti adirati e sfuggenti sotto il fazzoletto di seta nera che teneva sempre in capo. *A sinistra,* il figlio Niccolino, spiritato, con la testa orecchiuta da pipistrello sul collo stralungo, gli occhi tondi tondi e il naso dritto.
>
> Dirimpetto era apparecchiato il posto per l'altro figlio, Rocco, che rientrava in casa, quella sera, *dopo la disgrazia.* (*L'esclusa,* p. 5, vol. I)

Quanto sia carico di informazioni questo esordio lo dimostrano i confronti con le didascalie introduttive ai drammi di Pirandello, in alcuni casi meno allusive e categoriche del brano appena letto. Ma confronti altrettanto produttivi si possono fare con le didascalie di Eduardo De Filippo, che riassumono tramite allusioni la chiave di lettura dei drammi stessi: si veda a proposito *Filumena Marturano* e *Napoli milionaria,* in cui alle indicazioni su come vada ambientata la scena si somma la descrizione dei singoli personaggi che vi sono inseriti e talvolta qualche presupposto del dramma [35].

---

[34] Il rapporto tra il primo Pirandello e il De Roberto dell'*Illusione* e soprattutto dei *Viceré* è stato sviscerato da GIANNI GRANA, *De Roberto e Pirandello,* « Atti del Congresso Internazionale di Studi Pirandelliani », 2-5, X, 1961.

[35] Sulle affinità tra Pirandello e De Filippo vd. il recente saggio di MARIO B. MIGNONE, *Eduardo De Filippo e Pirandello: un incontro in simbiosi,* « Misure critiche », luglio-dicembre 1986.

Sempre alla tradizione naturalista tardo-ottocentesca rimandano le descrizioni, puntigliose fino all'oppressione, della festa del patrono: il riferimento più immediato è alle pagine altrettanto barocche che la Serao dedica alla processione di San Gennaro nel *Paese di Cuccagna* [36].

Anche in questo caso, però, avvertiamo una sfumatura didascalica che manca invece nella narrativa della Serao:

> Giù per le vie era un gran fermento di popolo. Dalla marina, dai paeselli montani, da tutto il circondario, era affluita la gente in numerose comitive, che ora procedevano a disagio, prese per mano, per non smarrirsi, a schiere di cinque o sei: *le donne,* gaiamente parate con lunghi scialli ricamati o con brevi mantelline di panno bianco, azzurro o nero, grandi fazzoletti a fiorami, di cotone o di seta, in capo e sul seno, grossi cerchi d'oro agli orecchi e collane e spille a pendagli e a lagrimoni; *gli uomini:* contadini solfarai marinai, impacciati dai ruvidi abiti nuovi, dagli scarponi imbullettati. (*L'esclusa,* pp. 65-66, vol. I)

Una descrizione, questa, che nella sua precisione e nella sua struttura, suggerisce l'immagine della tragedia classica, col suo coro: uno sfondo che è al tempo stesso un elemento di suggestione e di allusione.

Tra naturalista e decadente è poi il reiterato tema della morte. La conclusione del romanzo fa pensare nuovamente alla *Illusione* derobertiana. Là, come nell'*Esclusa,* la morte episodica, laterale di un personaggio altrettanto trascurabile, almeno

---

[36] « A un tratto, da sotto l'arco nero della grande porta spalancata, dove qualche cero in fondo brillava, si udì un salmodiare grave grave, e la testa della processione apparve, fra il gran silenzio e la immobilità della folla. Lentissimamente, con un moto quasi impercettibile, procedevano in avanti gli ordini religiosi napoletani. Monaci bianchi e neri, e marrone, monaci scalzi o con gli zoccoli, col cappuccio o con lo zucchetto, che cantavano le laudi del divo Gennaro, con gli occhi vaganti, coi cerei inclinati, la cui tenue fiammella non si vedeva, divorata dalla gran luce pomeridiana, e che un monelletto scortava, per raccogliere in una carta le grosse gocce di cera, che cadevano dai cerei: domenicani, benedettini, francescani, verginisti, missionarii, gesuiti, monaci e preti, in due file trascorrenti » (MATILDE SERAO, *Il paese di cuccagna,* Garzanti, Milano 1981, pp. 194 ss.).

apparentemente, coincide con la definitiva presa di coscienza della protagonista; la svolta esaustiva della vicenda. La morte, cioè, è il deus ex machina involontario ma determinante del dramma. Ma quanto maggiore compiacimento per il particolare raccapricciante, squallido, 'decadente' appunto nel romanzo di Pirandello, rispetto all'atteggiamento relativamente più dimesso e discreto di De Roberto:

> Come pareva piccolo il cadavere! Pareva quello di una bambina. Una benda passata sotto il mento e annodata sul capo tratteneva la mascella cascante. Ella restò lungamente a contemplare una mano della morta, la povera scarna mano che le era stata tanto prodiga di carezze. (*L'illusione*, p. 478).
> Intanto Marta osservava con raccapriccio la moribonda che moveva lentamente la testa nei guanciali, cercando con gli occhi smorti, attoniti, nella camera, come stupita dal lume e dal silenzio, dopo la tenebra e l'urlo del vento. Aveva una grossa maglia nella luce dell'occhio destro, è la pelle tutta della faccia e specialmente il naso punteggiato di nerellini, che spiccavano nell'estremo pallore madido, opaco del volto. I capelli grigi, ruvidi, ricciuti, abbondantissimi, erano arruffati sul guanciale ingiallito. Gli occhi di Marta si fermarono su le mani enormi, da maschio, che la moribonda teneva abbondante sul lenzuolo, più sporco della camicia aperta sul seno secco, ossuto, orribile a vedere. (*L'esclusa*, p. 192, vol. I)

Pur se in un contesto che abbiamo voluto vedere relativamente affine, almeno per quel che riguarda la dinamica narrativa, a quello derobertiano, qui Pirandello si discosta nettamente da quello che potremmo considerare il suo più diretto antecedente [37], per avvicinarsi ancora al morboso compiacimento della narrativa decadente; alla Serao, di nuovo; e — perché no? — al D'Annunzio delle *Novelle della Pescara*.

Ma ripeto, nell'*Esclusa*, l'handicap non sta soltanto nelle scelte di gusto, la cui valutazione, peraltro, rimane sempre soggettiva. Accanto a una narrativa tradizionale in cui naturalismo e decadentismo si innescano quasi necessariamente, c'è poi

---

[37] Cfr. ancora G. GRANA, *op. cit.*.

la tematica di fondo, quella cioè personale dell'autore: il motivo dell'assurdo, il problema dell'apparenza. C'è in embrione — e forse ormai definitivamente fissato nella sua insolubilità — il problema del rapporto 'forma-vita', con le sue fatali rinunce. Marta se vuole mantenersi coerente con se stessa, deve necessariamente autoescludersi da una normale esistenza; se vuole reintegrarsi nel mondo della società 'civile', o, semplicemente, se vuole tornare a vivere, deve accettare e materializzare anzi l'etichetta di adultera che tutti — marito, padre, suocero — le hanno imposto.

Per esprimere la novità di questi motivi, al narratore non può bastare ciò che gli offrono a livello espressivo i tradizionali modelli narrativi del suo tempo; il suo personaggio ha bisogno di esprimersi quanto più liberamente, sia nella qualità sia nella quantità. Ecco allora che sincreticamente si alternano alle ambientazioni, ai ritratti, ai sommari tipicamente autoriali, le lunghe pause analitiche in cui a poco a poco il narratore ci cala nella agitata psiche della protagonista, cercando di garantire a Marta tutta quella libertà di parola che l'ambiente circostante le nega:

> Fino a casa si portò nell'anima l'immagine di lui. /.../ Dentro il cranio il cervello le si era ormai ridotto come una spugna arida, da cui non poteva più spremere un pensiero che la confortasse, che le desse un momento di requie.
> Era fantastica forse questa sensazione; ma le cagionava intanto un'angoscia vera, che invano cercava sfogo nelle lagrime. Quante, Dio, quante ne aveva versate! /.../ Vedeva addensarsi, concretizzarsi intorno a lei una sorte iniqua, ch'era ombra, prima, vana ombra, nebbia che con un soffio si sarebbe potuta disperdere: diventava macigno e la schiacciava, schiacciava la casa, tutto; e lei non poteva più far nulla contro di essa. Il fatto. C'era un fatto. (*Ibidem*, pp. 59-60, vol. I)

A suturare i due momenti, quello autoriale e quello del personaggio — che sono poi rispettivamente racconto di cose e racconto di parole — interviene, a volte maldestramente, il narratore stesso con le sue dichiarazioni solidalizzanti, ma impropriamente discorsive, come abbiamo già visto. Così la pregnanza di pagine come la precedente, in cui Marta prende progressivamente coscienza della sua esclusione, si perde tra i compiacimenti decadenti delle pagine dedicate al mondo deforme e straniato del professor Falcone; si insabbia tra l'eccessivo realismo, quasi fotografico, delle descrizioni ambientali; si confonde tra gli interventi commentativi dell'autore, che vorrebbe così colmare e controllare gli eccessi della sua funzione. A livello narratologico, queste incongruenze vanno ascritte alle scelte che il narratore ha compiuto tanto a livello di punto di vista quanto a livello di voce. La mancanza di un punto di vista omogeneo, la compresenza della focalizzazione interna e di quella sul protagonista accanto alla focalizzazione di e su personaggi compartecipi in misura più o meno determinata al dramma, e naturalmente accanto alla prospettiva onnisciente usata anche, ma non esclusivamente, nei quadri d'ambiente; tutto finisce per sintetizzarsi in un'unica prospettiva, quella del narratore, in cui si annullano in fondo tutte le altre: la focalizzazione zero. E proprio nel tentativo di garantire quanto più spazio possibile anche alle figure meno rappresentative o dinamicamente drammatiche della vicenda, il narratore finisce col peccare d'invadenza. Anche qui il confronto con De Roberto favorisce quest'ultimo che, in fin dei conti, assegna soltanto alla protagonista lo spazio necessario per esercitare il proprio punto di vista e preferisce tacere sul punto di vista altrui, anche di quei personaggi che sono i più vicini a Teresa Uzeda, come la stessa Stefana.

Questa selezione di un punto di vista preciso, pur determinando nel romanzo di De Roberto una certa monotonia e ripetitività, d'altro canto lo salva da quel caleidoscopio prospettivo che invece finisce per essere *L'esclusa*. E caleidoscopio di voci, naturalmente: a quella della protagonista si sommano quelle di Rocco, suo marito; del suo amante, l'Alvignani; di suo padre, di sua madre. E fin qui possiamo ancora tollerare. Ma diventano un eccesso quelle pagine dedicate agli sfortunati spasimanti di Marta: non tanto il Falcone, che ha pur sempre una funzione dinamica nell'evolversi della vicenda [38]; quanto e so-

---

[38] Cfr. nota 28.

prattutto il Mormone [39] e il « professoricchio » [40].

Per non parlare poi della insistita caratterizzazione di figure del tutto secondarie, come Paolo Sistri [41] o il consigliere Breganze [42]: i loro discorsi sono esempi addirittura canonici di indiretto libero, così come lo intende Herczeg: un immancabile, ostentato *parlar vivo*. Ma a cosa servono queste sapide caratterizzazioni, se non a sdrammatizzare forse un poco la fatalità della tragedia di Marta? Una sdrammatizzazione che però diventa insopportabilmente invadente anch'essa, proprio perché superflua. In fondo sarebbe bastata l'assurdità dell'epilogo, grottesca nella sua tragicità, a sdrammatizzare la tragedia, a farne una farsa, una *pochade*.

Questo, Pirandello sembra capirlo quando scrive *Il Turno*: l'autore cerca allora una soluzione diversa. Possiamo dire che lo scrittore nel *Turno* resiste moltissimo alle sollecitazioni dei suoi personaggi: rinuncia al solito ruolo di uditore delle singole vicende. L'esempio che balza agli occhi è quello di Filomena, la sfortunata sorella di Pepè, soffocata fino alla morte dalla ossessiva gelosia del marito. Ma nel modulo di scrittura distaccato e ironico che Pirandello adotta per *Il turno* non c'è posto per il tragico, così come nell'*Esclusa* non ci sarebbe stato posto per il comico. Pertanto la morte di Filomena passa in secondo piano, rispetto alla possibilità di ridicolizzare ulteriormente la figura del Coppa:

---

[39] « Per il Nusco il gran Pompeo Emanuele era troppo grosso, troppo sciocco, ed egli aveva troppa stima dell'ingegno di Marta per temerlo; il Mormoni invece aveva troppa stima per il gusto di Marta da temere il piccolo Attilio, con quell'animella sempre spaventata » (*L'esclusa*, p. 125, vol. I).

[40] « Un giorno egli volle dimenticarsi il fiore sul tavolino della sala d'aspetto: dopo un'ora vi ridiscese: il fiore non c'era più. Ah, finalmente! Marta aveva capito e se l'era preso... Ma, ridisceso, in sala dopo l'altra ora, disinganno crudele: il fiore era all'occhiello della napoleona di Pompeo Emanuele » (*Ibidem*, p. 121).

[41] *L'esclusa*, pp. 34-35.

[42] *Ibidem*, pp. 97-98.

— Fammi una grazia, — gli mormorò — Un confessore. Ciro, chino sul seno di lei, ruppe in un pianto furibondo, come se il cordoglio, *mordendolo,* lo avesse arrabbiato. — Non hai più fiducia in me, Filomena? — ruggì tra i singhiozzi irrompenti. Poi, levandosi scontraffatto, terribile: — *E che peccati puoi aver tu sulla coscienza, da confidare sotto il suggello della confessione?*
— Peccati, e chi non ne ha, Ciro? — sospirò la moribonda.
Egli uscì dalla camera con le mani afferrate ai capelli. Ordinò alla serva di chiamare un prete.
— *Vecchio! Vecchio!* — le gridò; /.../
Per circa due ore, alla Passeggiata, andò in su e in giù sotto gli alberi, *scervellandosi a immaginare i peccati che la moglie* in quel momento confessava al prete.
Che peccati?... che peccati? Peccati di pensiero, certo... peccati d'intenzione... Chi aveva mai veduto sua moglie?... Cose antiche? peccati antichi!... (*Il turno*, p. 249-50)

Ci penseranno Mommina nella novella *Leonora, addio* e l'omonima protagonista di *Questa sera si recita a soggetto* a sviluppare il motivo estremamente tragico già in nuce in Filomena. Ma intanto la coerenza della narrazione nel *Turno* non è scalfita. *Il turno* dunque, supera i problemi 'demografici' dell'*Esclusa* propendendo per il distacco: Pirandello non sarà mai più tanto ironicamente umorista come in questo romanzo. Una scelta simile, però, è sostenuta anche e soprattutto dall'estrema brevità dell'opera: la velocità narrativa è infatti direttamente proporzionale alla presenza del narratore al punto che, ad esempio, in narrativa niente è più autoriale del sommario. Così, nella narrativa pirandelliana, paradossalmente, il romanzo in cui la distanza tra narratore e personaggi è maggiore è proprio *Il turno.*

4.5. I vecchi e i giovani, *ovvero il dramma corale*

Sulle lunghe distanze, tuttavia, Pirandello non riesce a controllare i suoi interventi: così, dopo *Il turno* — senza considerare la parentesi innovativa del *Fu Mattia Pascal* —abbiamo l'opulento affresco dei *Vecchi e i giovani,* l'epopea dei fasci siciliani, il dramma corale di due generazioni a confronto.

Nei *Vecchi e i giovani* balza in primo piano quella necessità che Pirandello avverte di rappresentare la storia attraverso la parola. Qui possiamo veramente verificare la sua predilezione per una visione del 'caso' — cioè della singola vicenda narrata — non come 'caso' appunto, ma come 'problema': un problema di cui si discute, con cui ci si confronta, fino a trovarne la soluzione o lasciarsi inghiottire da esso [43].

L'esempio lampante è dato da quello che potremmo considerare l'episodio centrale del romanzo: l'orrenda fine di Aurelio Costa e Nicoletta Capolino. Questo episodio costituisce il momento di maggiore tensione dinamica del libro: man mano che si procede nella diegesi verso di esso, la tensione cresce; da questo punto in poi, essa si attenua, fino a trascinarsi nel finale, stancamente. Eppure, così come il narratore lo rappresenta, questo episodio estremamente drammatico e diegetico insieme è stemperato nel racconto di parole; quasi digerito in esso. La morte dei due sfortunati amanti, infatti, è prima annunciata attraverso un articolo del giornale della sera; poi ricostruita dalla 'voce popolare' che ne riproduce i particolari, inorridita e curiosamente morbosa al tempo stesso, all'indomani dell'accaduto, quando ai miseri resti dei due viene data ufficiale sepoltura:

> *Allora* la carrozza era stata assaltata da ogni parte, e l'uno e l'altra, tempestati prima di martellate, di coltellate, erano stramazzati, poi sbranati addirittura, come da una canea inferocita; e *anche la carrozza, anche la carrozza* era stata sconquassata, ridotta a pezzi; e quando su la catasta formata dai razzi delle ruote, dagli sportelli, dai sedili erano stati gettati i miserandi resti irriconoscibili dei due corpi, *s'era visto* uno versare su di essi, da un grosso lume d'ottone a spera /.../, il petrolio, e tanti e tanti, con cupida ansia affannosa appiccare il fuoco, come per togliere subito, ai loro stessi occhi, l'atroce vista dello scempio.

---

[43] « Nessun altro scrittore dell'epoca denuncia un così vivo e diretto rapporto con il caso umano, in quel suo aggrovigliato ragionare, rendersi conto, comandare, interrogare, in quei suoi tentativi di sistemazione dialettica, in quel suo passaggio dal 'caso' al 'problema' » (G. MACCHIA, *op. cit.*, pp. 63-64).

Così i particolari della strage erano per minuto, e quasi con voluttà d'orrore descritti e rappresentati /...! (*I vecchi e i giovani*, p. 80, vol. II)

Le incongruenze rinvenute nell'*Esclusa* risultano così assorbite e giustificate nella scelta di fondo che anima *I vecchi e i giovani:* non esiste un protagonista, ma una folla di personaggi, chi più chi meno in grado di ritagliarsi una parte in questo dramma collettivo, che li vede in fondo tutti destinati al fallimento, alla sconfitta.

Alle loro spalle, pronto a ceder loro voce e punto di vista, il narratore, che si amministra il suo solito ambito espressivo, talvolta mantenendosi in ogni caso nascosto, tal altra uscendo meno abilmente allo scoperto.

Abbiamo già incontrato i casi in cui, utilizzando maldestramente i tratti espressivi caratteristici della titolarità del personaggio, il narratore nascosto tradisce la propria presenza [44]. Disponiamoci a riconoscere invece la sua più matura perizia là dove, ad esempio, servendosi del presente di generalità, ne sfrutta contemporaneamente la polifunzionalità di presente commutativo, dando a un tempo l'illusione che a parlare sia ormai immediatamente il personaggio; con la più penetrante consapevolezza, d'altro canto, che il messaggio di fondo vada attribuito al narratore, anzi all'autore implicito:

Ah, in verità sorte miserabile quella dell'eroe che non muore, dell'eroe che sopravvive a se stesso! Già l'eroe, veramente, muore sempre, col momento: sopravvive l'uomo e resta male. (*Ibidem*, p. 308, vol. II)

Così in quest'altro brano:

/.../ si dava a pensare che... sì, la morte è sempre accanto a tutti, bimbi, giovani, vecchi, invisibile, pronta a ghermire da un momento all'altro; ma allorché man mano si fa sempre più prossimo il *limite segnato* alla vita umana e già per tanti anni e

---

[44] Cfr. nota 28.

tanto *cammino* si è sfuggiti comunque all'*assalto* di quella *compagna invisibile*, scema da un canto grado grado l'illusione di un probabile scampo, e cresce dall'altro e si impone il sentimento gelido e oscuro della *tremenda necessità d'incontrarla*, di trovarsi a un tratto a tu per tu con essa, in quella strettura del tempo che avanza. (*Ibidem*, p. 117-18, vol. II)

Anche la scelta dei vocaboli è forse più accurata: sentiamo che al narratore non basta caratterizzare il discorso del personaggio esclusivamente attraverso i tratti espressivi: i pensieri del principe devono trovare un riflesso immediato nel suo linguaggio. Notiamo tutti che la morte, in questo brano, è chiamata col suo nome solo una volta, e con evidente sforzo da parte di chi parla; poi essa è evocata tramite suggestive metafore. In questo modo il narratore esprime lo stato d'animo dell'anziano principe Laurentano: egli ancora non ha imparato a guardare alla morte così com'è, ma si illude di poterla eludere, anche nel pensiero, chiamandola appunto *compagna invisibile*, pensando al *cammino* che s'è compiuto, aspettando a un tempo il suo *assalto* e soprattutto il « *limite segnato* ».

Estremamente incisiva è poi la descrizione che il narratore fa della squallida realtà pre-industriale di Porto Empedocle, servendosi di un inatteso quanto riuscito presente di commutazione, che per una volta non coincida col presente di generalità, ma possiede piuttosto sfumature concitative, da presente storico:

E a tutti e tre si rappresentò l'immagine di quella borgata di mare cresciuta in poco tempo a spese della vecchia Girgenti e divenuta ora comune autonomo. Una ventina di casupole, prima, là sulla spiaggia, battute *dal* vento tra la spuma e la rena, con un breve ponitoio *de'* legni sottili, detto ora Molo Vecchio /.../. Non potendo allargarsi per l'imminenza d'un altipiano marnoso alle sue spalle, il paese *s'è allungato* sulla stretta spiaggia, e fino all'orlo di quell'altopiano le case *si sono addossate*, fitte, oppresse, quasi l'una su l'altra. I depositi di zolfo *s'accatastano* lungo la spiaggia; e da mane a sera *è* uno stridor continuo di carri che *vengono* carichi di zolfo dalla stazione ferroviaria o anche, direttamente, dalle zolfare vicine; e

un rimescolio senza fine di uomini scalzi e di bestie, ciattio di
piedi nudi sul bagnato, sbaccaneggiar di liti, bestemmie, richiami, tra lo strepito e i fischi d'un treno che *attraversa* la
spiaggia, diretto ora all'una ora all'altra delle due scogliere.
(*Ibidem*, p. 29, vol. II)

Rispetto al *Turno* il narratore si riavvicina ai personaggi: tanto
l'analisi interna quanto la percezione soggettiva narrata risultano più approfondite, meno sbrigative. L'esempio che ora
scrutiniamo è quanto mai significativo: lo sguardo di Pepè, nel
Turno, e quello del principe Laurentano, nei *Vecchi e i giovani,*
si posano sulla valle dei templi di Agrigento. Ma vediamo che
cosa vede l'uno e cosa l'altro. La percezione di Pepè è sensuale:
denuncia la voluttà di abbandonarsi al sogno, di cogliere soltanto la dolcezza delle sensazioni visive, olfattive, uditive del-
l'incantata notte siciliana:

> Certe sere, mentre contemplava dal viale solitario, all'uscita dal
> paese, il grandioso spettacolo della campagna sottostante e del
> mare là in fondo, si sentiva preso da certi sogni, angosciato da
> certe malinconie. In quella campagna, una città scomparsa,
> *Agrigento, città fastosa, ricca di marmi, splendida, e molle d'ozii
> sapienti.* Ora vi crescevano gli alberi, intorno ai due tempii
> antichi, soli superstiti; e *il loro fruscio misterioso* si fondeva col
> *borbogliare continuo* del mare in distanza e con un *tremolìo
> sonoro incessante,* che pareva derivasse dal *lume blando* della
> luna nella *quiete abbandonata,* ed era il *canto dei grilli* in mezzo
> al quale sonava di tanto in tanto il *chiù lamentoso* remoto, *d'un
> assiolo.* (*Il turno,* p. 224)

Pepè avverte l'eco di Girgenti, ormai decaduta, scomparsa,
sepolta da quella natura lussureggiante: l'eco delle sue ric-
chezze, dei suoi *ozii sapienti;* della sua debordante sensualità. Il
tutto però è appena accennato: il narratore vi allude col solito
distacco, con quella superficialità che abbiamo detto componente particolare del *Turno.* In questo brano, infatti, mancano
i tratti espressivi della discorsività; o piuttosto risultano am-
morbiditi, disciolti in immagini la cui impalpabile piacevolezza

è attribuibile tanto ai sentimenti del personaggio che all'arte del narratore.

E passiamo ora all'altro personaggio, al principe Laurentano. Il brano in cui è rappresentata la sua 'percezione' può apparire neutralizzato almeno quanto il brano del *Turno*:

> Don Ippolito guardò i Tempii che si raccoglievano austeri e solenni nell'ombra, e sentì una pena indefinita per quei *superstiti d'un altro mondo e d'un'altra vita*. Tra tanto insigni monumenti della città scomparsa, *solo ad essi* era toccato in sorte di veder quegli anni lontani; *vivi essi soli già*, tra la rovina spaventevole della città; *morti ora essi soli* in mezzo a tanta vita d'alberi palpitanti, nel silenzio, di foglie e d'ali.
>
> Dal prossimo poggio di Tamburello pareva che movesse al tempio di Hera Lacinia, sospeso lassù, quasi a precipizio sul burrone dell'Akragas, una lunga e folta teoria di antichi chiomati olivi; e uno era là, innanzi a tutti, curvo sul tronco ginocchiuto, come sopraffatto dalla maestà imminente delle sacre colonne; e forse pregava *pace* per quei clivi abbandonati, *pace* per quei Tempii, *spettri d'un altro mondo e di ben altra vita*. (*I vecchi e i giovani*, p. 119-20, vol. II)

Avvertiamo implicita nella descrizione malinconica dei templi agrigentini l'allusione alla 'sorte volontaria' del Laurentano: rinchiusosi nel feudo di Colimbetra, egli ha creduto così di poter conservare intatti i valori umani di un'epoca, quella borbonica, ormai superata, della quale il principe è soltanto un sopravvissuto. Dall'esordio del brano in cui i templi sono guardati dall'esterno, rispettosamente, come *superstiti d'un altro mondo e d'un'altra* vita, alla conclusione, in cui emerge, carica di rimpianto, la consapevolezza ch'essi sono soltanto *spettri d'un altro mondo e di ben altra vita*, il progressivo pessimismo del quadro sottolinea la velata allusione, rendendo manifesto il parallelismo esistente tra don Ippolito e i templi: entrambi dovrebbero conservare le vestigia di un passato sepolto ormai, di cui in fondo non sono che spettri. Rimane però la neutralizzazione a insinuare il dubbio se questa consapevolezza della propria sterile sopravvivenza sia avvertita direttamente dal personaggio o il paragone tra i due termini non sia semplicemente suggerito dal narratore al lettore.

Può venirci incontro il precedente del *Turno:* esso si chiudeva sul canto lamentoso di un assiuolo che, senza incrinarlo, si inseriva nel contesto idillico sensuale e sentimentale del brano.

Anche nei *Vecchi e i giovani* interviene l'assiolo, ma bruscamente:

> Sonò a un tratto, nel buio sopravvenuto, il chiurlo d'un assiolo, come un singulto. Don Ippolito si sentì stringere improvvisamente la gola da un nodo di pianto. (*Ibidem*, pp. 119-20, vol. II)

Il verso dell'assiolo sembra provocare l'effetto di interrompere i pensieri del principe e le sue impressioni alla vista incantata delle rovine; ma al tempo stesso innesca il passaggio dalla riflessione al pianto, cioè dal discorso al racconto: soltanto attraverso questa immagine, improvvisamente diegetica, il narratore, riprendendo il filo della storia, ritorna palesemente alle sue funzioni, lasciando meno avvolta nell'ambiguità di voce la pausa descrittiva precedente.

Rispetto all'*Esclusa,* poi, il romanzo presenta un analogo sovraffollamento di voci e punti di vista; ma questa volta è giustificato dal taglio stesso della storia, che già prima abbiamo definito una tragedia corale. Quanto alle descrizioni, anche qui notiamo ampi quadri umani, quale quello che ritrae Girgenti, le sue strade, il suo tribunale:

> « In piazza Sant'Anna, ov'erano i tribunali, nel centro della città, s'affollavano i clienti di tutta la provincia, gente tozza e rude, cotta dal sole; gesticolante in mille guise vivacemente espressive: proprietarii di campagne e di zolfare in lite con gli affittuarii e coi magazzinieri di Porto Empedocle, *e sensali e affaristi e avvocati e galoppini;* si affollavano storditi i paesani zotici di Grotte o di Favara, di Ragalmuto o di Raffadali o di Montaperto, *solfarai e contadini,* la maggior parte, dalle facce *terrigne e arsicce,* dagli occhi *lupigni,* vestiti dei grevi abiti di festa di panno turchino, con berrette di strana foggia: a cono, di velluto; a calza, di cotone; o padovane; con cerchietti e

> catenacci d'oro agli orecchi /.../. E avean seco le loro donne, *madri e mogli e figlie e sorelle,* dagli occhi spauriti o lampeggianti d'un'ansietà torbida e schiva, vestite di baracane, avvolte nelle brevi mantelline di panno, bianche o nere, col fazzoletto dai vivaci colori in capo, annodato sotto il mento, alcune coi lobi degli orecchi strappati dal peso degli orecchini a cerchio, a pendagli, a lagrimoni; altre vestite di nero, e con gli occhi e le guance bruciati dal pianto, parenti di qualche assassinato. Fra queste, quand'eran sole, s'aggirava *occhiuta e obliqua* qualche vecchia mezzana a tentar le più giovani e appariscenti /.../. (*Ibidem,* pp. 162-63, vol. II)

Sono autoriali le caratterizzazioni iniziali e risulta palese intento dell'autore quello di voler rendere, anche stilisticamente in questo eterogeneo campionario umano, la confusione della folla, che si concentra per le strade e le piazze di Girgenti. Anche l'aggettivazione utilizzata, nelle sue assonanze, sottolinea il clima di caotica congerie in cui ricchi, poveri, donne, parassiti e sfaccendati convivono e sopravvivono *(dalle facce terrigne e arsicce, dagli occhi lupigni; occhiuta e obliqua).* Si passa poi alla descrizione delle città.

> I molti sfaccendati della città andavano intanto in *su e giù,* sempre d'un passo, cascanti di noia, con l'automatismo dei dementi, *su e giù* per la strada maestra, l'unica piana del paese, dal bel nome greco, via Atenea, ma angusta come le altre e tortuosa, via Atenea, Rupe Atenea, Empedocle... *nomi, luce di nomi,* che rendeva più triste la miseria e la bruttezza delle cose e dei luoghi. (*Ibidem,* p. 163, vol. II)

L'autorialità, come si vede in questo caso, non coincide però con il forzato oggettivismo della descrizione di stampo naturalistico, che abbiamo invece colto nell'*Esclusa:* c'è una evidente ricerca di esprimere il senso, il sentimento della realtà; una ricerca stilistica che prorompe poi nell'ultima parte della descrizione in un intervento diretto: il giudizio sfiduciato, avvilito, incontestabile del narratore: « *nomi, luce di nomi /.../* ». Questo intervento diretto conferma l'ipotesi di un coinvolgimento emotivo maggiore nei *Vecchi e i giovani,* rispetto all'*Esclusa* (e dovuto forse ad una latente sfumatura di autobiografismo). Nel primo romanzo pirandelliano il racconto di cose era marcatamente oggettivo: quando però intendeva garantire drammaticità agli eventi, allora il narratore preferiva affidarli alla sfera della discorsività, sia pure nei limiti già posti in luce, attribuendone l'espressione alla voce del personaggio o intervenendo con gli stessi mezzi espressivi altrimenti esclusivi dell'idioletto di quest'ultimo. Nei *Vecchi e i giovani* tutto lo sfondo su cui si affacciano le singole vicende dei vari Laurentano, Salvo, Capolino, ecc., appunto vecchi e giovani a confronto, è di pertinenza del racconto di cose, ascrivibile cioè al narratore. Ma, ripeto, più pacata risulta l'espressione, impastata di allusioni che in qualche modo garantiscono maggiore pregnanza alla descrizione, spesso addirittura drammatizzandola:

> « Donna Caterina Auriti Laurentano abitava con la figlia Anna, vedova anch'essa, e col nipote, una vecchie e triste casa sotto la Badia grande /.../.
> Vi si saliva per *angusti vicoli sdruccioli, a scalini,* malamente acciottolati, sudici spesso, intanfati dai cattivi odori misti, esalanti dalle *botteghe buie come antri, botteghe* per lo più di fabbricatori di pasta al tornio, stesa *lì* su canne e cavalletti ad asciugare, e dalle catapecchie delle *povere donne, che passavano le giornate* a sedere su l'uscio, *le giornate eguali tutte,* vedendo la stessa gente alla stessa ora, udendo le solite liti che s'accendevano da un uscio all'altro, tra due o più comari linguacciute per i loro monelli che, giocando, s'erano strappati i capelli o rotta la testa. *Unica novità,* di tanto in tanto, *il Viatico; il prete* sotto il baldacchino, *il campanello, il coro* delle divote: 'Oggi e sempre sia lodato / Nostro Dio Sacramentto... (*Ibidem,* p. 80, vol. II)

Qui, infatti, avvertiamo un preciso intento di denunciare una situazione umana e civile in cui la miseria endemica della provincia siciliana si materializza in una sorta di sterile ignavia: lo stile è impregnato di partecipazione, a cominciare dalla descrizione oggettuale, attraverso la quale si passa poi a ritrarre la squallida umanità del luogo. In un primo tempo, per la verità, il narratore, riavvicinandosi agli stilemi dell'*Esclusa,* risulta piuttosto minuzioso nella caratterizzazione di vicoli, case, botteghe: tutto ritratto con una dovizia di aggettivi che rimanda tanto alla ambientazione di Girgenti vista in precedenza, quanto alla canonica festa patronale vista nell'*Esclusa*, appunto; e accanto agli aggettivi, similitudini *(come antri)*, deissi ('stesa *lì* »), elementi tipici della descrizione autoriale pittoresca e compiaciuta ad un tempo. Passando poi all'aspetto umano, il narratore comincia a lasciarsi sfuggire un accenno di partecipazione, a partire dal pietoso *povere donne*, per arrivare all'iterativo « passavano le *giornate* /.../ *le giornate eguali tutte* »: si tratta di piccoli accenni, in fondo, perché diluiti nell'ambito di una ambientazione classica; bastano però a sottolineare la ripetitività di un'esistenza in cui l'unica novità è rappresentata dalla morte.

A un diverso livello espressivo si colloca poi l'accenno al Viatico, appunto: tutta l'espressione, infatti, è un ellittico elenco di immagini, *il prete; il campanello; il coro;* dove il motivo percettivo più evidenziato è il suono — del campanello, del coro — che spezza l'insofferente monotonia dei quotidiani litigi tra comari. Anche se poi la litania del coro risulta adeguarsi e anzi confermare per l'eternità — « Oggi e sempre » — l'inane ritmo quotidiano dell'esistenza [45].

Molto vicini, invece, sono i due romanzi, *L'esclusa* e *I vecchi e i giovani*, per quanto riguarda la categoria del racconto di parole: si tratta della categoria preferita dal narratore, perché gli permette di lasciare quanto più spazio è possibile alla 'parola', nelle analisi, nella percezione, nelle analessi a titolarità del personaggio. Tuttavia qui, nei *Vecchi e i giovani*, come già

---

[45] Pirandello risulta altrettanto *engagé* nell'esordio del romanzo, quando descrive le campagne attorno a Girgenti: il punto di vista è quello del personaggio, ma la voce — di denuncia, senz'altro — è del narratore: « dopo aver faticato un anno, il cosiddetto mezzadro si vedeva portar via dall'aia a tumulo a tumulo il raccolto: i tumuli per la semente, i tumuli per la pastura, e questo per la lampada e quello per il campiere e quest'altro per la Madonna Addolorata, e poi per San Francesco di Paola, e per San Calogero, e insomma per quasi tutti i santi del calendario ecclesiastico; sicché, talvolta, sì e no, gli restava il solame, cioè quel po' di grano misto alla paglia e alla polvere, che nella trebbiatura rimaneva sull'aie » (*I vecchi e i giovani*, p. 37, vol. II).

nell'*Esclusa*, avvertiamo una netta prevalenza di discorso indiretto misto: è difficile cioè che l'indiretto sia esclusivamente libero; per lo più a momenti nettamente liberi si alternano momenti di indiretto legato, quasi che — lanciato troppo liberamente il personaggio — il narratore intervenga a inibirne gli eccessi di immediatezza. Anzi possiamo dire che questo fenomeno nell'*Esclusa* è meno avvertibile di quanto non sia nei *Vecchi e i giovani*, dove l'impasto disordinato di forme libere, legate, narrativizzate, determina sovente il risultato di una monotonia diffusa, in quanto le punte in cui compare l'indiretto libero sono rapidamente stemperate nel tono dimesso e scarsamente drammatizzato delle rievocazioni all'indiretto legato; sommerse in pause descrittive e riflessive in cui torna a imporsi la voce necessariamente narrativizzante del narratore.

· L'esperimento del romanzo storico, insomma, come soluzione all'immaturità di fondo dell'*Esclusa* risulta riuscito solo là dove è giustificata l'adozione di una prospettiva multipla, che analizzi ciascuno dei protagonisti della vicenda. Riuscito, più che nel primo romanzo, è anche il tono allusivo e vissuto del 'racconto di cose' che non subisce gli impacci delle tecniche naturalistiche e propende più che mai verso i modi del decadentismo.

Ma le difficoltà di un narratore che vuol essere onnisciente e nascosto insieme, al punto che l'una qualifica finisce col limitare l'altra, approdano a risultati poco convincenti come le citate forme miste di indiretto legato e libero; la sua indiscrezione e le sue censure sviliscono molto il racconto di parole, soprattutto considerando che esso dovrebbe poi risultare la struttura portante del romanzo: basti pensare che qui, come nell'*Esclusa*, quasi mai l'indiretto libero sfocia — come altrove avviene quasi naturalmente — nel monologo interiore. Anzi, fatta eccezione per alcuni passi in cui rinveniamo il presente di generalità — e vogliamo di proposito attribuirlo al personaggio — non esistono testimonianze di discorso riferito. Ora questo può ricondurci ad un antico giudizio negativo espresso dalla critica nei confronti dei *Vecchi e i giovani* [46]: in effetti, se

---

[46] Cfr. G. MACCHIA, *op. cit.*, p. 72.

consideriamo che questo romanzo viene dopo la parentesi stili-
stico-innovativa del *Fu Mattia Pascal,* potremmo considerarlo
un passo indietro. Ma non dobbiamo dimenticare che a sua
volta *Il fu Mattia Pascal,* rispetto agli altri due romanzi in
prima persona, risulta molto più vicino alla narrativa tradizionale di quanto potremmo aspettarci da un racconto autobiografico. Anche lì, il narratore aveva nei confronti di se stesso
personaggio un atteggiamento così distaccato da riportare i
propri discorsi non in forma diretta, attraverso il monologo
interiore, ma in forma indiretta, mediante quello che abbiamo
definito discorso trasposto di prima persona; anzi, in analogia
con le riserve fatte a proposito del racconto di parole nei
Vecchi e i giovani, potremmo considerare l'indiretto di prima
persona una sorta di 'forma mista', le cui componenti non
sono più l'indiretto libero e il legato, ma l'indiretto libero e il
discorso riferito, proprio nella sua accezione di monologo interiore, cioè di libero sfogo del personaggio protagonista:

> Ah, se fossi stato almeno un mascalzone! avrei forse potuto
> adattarmi a restare così, sospeso nell'incertezza della sorte, ab-
> bandonato al caso, esposto a un rischio continuo, senza base,
> senza consistenza. Ma io? io, no. E che fare, dunque? Andar-
> mene via? e dove? E Adriana? Ma che potevo fare per lei?
> Nulla... Nulla... (*Il fu Mattia Pascal,* pp. 521-22, vol. I)

Questa scelta stilistica potrebbe essere ascritta alla convivenza
di istanze narrative che rimandano sia a un narratore onnisciente sia a un narratore nascosto: in scala più vasta, cioè, e
risalendo all'autore implicito, l'uso del discorso trasposto di
prima persona potrebbe giustificarsi come livello intermedio
adottato dal narratore per non incorrere nelle eccessive limitazioni imposte dal tradizionale indiretto legato (o anche libero)
dei romanzi in terza persona e, d'altro canto, per sottrarsi alle
responsabilità dell'eccessivo anticonformismo del monologo interiore.

Dal punto di vista funzionale ne consegue una netta separazione, o — se non netta — evidente e sempre ricostruibile,
tra Mattia Pascal che racconta e Mattia Pascal che vive la
storia: alle spalle del personaggio c'è qualcuno investito delle

funzioni e delle responsabilità del narratore, che garantisce al
romanzo una struttura narrativa non troppo distante da quella
del romanzo tradizionale: è appunto Mattia Pascal narratore
palese. Dal punto di vista estetico il romanzo rimane sospeso a
metà: da una parte la novità del messaggio, che ne fa una
pietra miliare nell'ambito della narrativa contemporanea;
dall'altra la tradizionalità dello stile, spesso tuttavia interrotta
da momenti di incredibile effetto estetico, in cui prorompe,
naturalmente, il monologo interiore.

Questo ci induce a concludere che nei primi romanzi
Pirandello risulta ancora insicuro dei propri strumenti linguistici, al punto che alcuni lo hanno disinvoltamente accusato di
sciatteria; a guardar bene potremmo ascrivere questa sciatteria
ad un processo di svisceramento, ad una sorta di inesauribile e
provvisorio inventario dei propri mezzi espressivi, che il narratore vuole e deve fare prima di approdare a risultati più validi
e soddisfacenti.

In questo processo inseriamo appunto i primi quattro
romanzi, compreso *Il fu Mattia Pascal,* che con *Il turno* può
considerarsi la prova migliore di questo periodo (1901-1908),
nonché l'anello di congiunzione tra la prima produzione e gli
ultimi tre romanzi *(Suo marito, Quaderni di Serafino Gubbio
operatore, Uno, nessuno e centomila).*

4.6. Il fu Mattia Pascal *fra tradizione e innovazione*

Può sembrare poco convincente che un romanzo in prima
persona come *Il fu Mattia Pascal* risulti innagabilmente 'distaccato', tradizionale. Ma abbiamo già detto che Mattia, come
narratore, si pone dall'esterno rispetto alla sua vicenda e sor-
ride ormai bonariamente dei suoi goffi tentativi di sottrarsi o
di rientrare « nella legge e nelle sue particolarità ». D'altro
canto il confronto con un altro famoso romanzo in prima
persona, *L'innocente* di Gabriele D'Annunzio, servirà ad evidenziare esattamente che cosa vogliamo dire quando parliamo
di 'distacco'. Tullio Hermil, il protagonista del romanzo dannunziano, si dimostra molto più coinvolto nella diabolica sto-

ria di cui è primo attore: la premessa dell'*Innocente* che, introducendo il racconto, gli dà il taglio di uno sfogo, quasi di una irrefrenabile confessione di un condannato al rimorso [47], è ben diversa dalle due premesse del romanzo pirandelliano nella quali, tra l'altro, Mattia Pascal rivela esplicitamente che l'idea di scrivere la propria storia non è originale, ma gli deriva dalle sollecitazioni del suo unico amico, Eligio Pellegrinotto, e dalla consapevolezza della unicità del suo 'caso'. E in ciò già trae delle conclusioni che generalizzano la sua personale esperienza, e si sottrae alle emozioni che invece coinvolgeranno il suo personaggio. Ma, leggendo al di là dei contenuti, l'effetto di distacco e soprattutto di fedeltà a un tipo di racconto tradizionale si realizza in scelte precise, in risultati già evidenziati in precedenza; la tendenza ad anticipare lo svolgersi degli eventi, l'adozione di un punto di vista spesso onnisciente, l'indiretto di prima persona. D'Annunzio con il suo Tullio Hermil, pur mantenendosi poco trasgressivo nell'impiego dei codici narrativi, non cade in queste scelte strutturali: è raro che Hermil anticipi nel suo racconto-confessione quello che sarà l'evolversi degli eventi (la stessa premessa, a riguardo, è piuttosto sibillina). Mancano poi i debordi di prospettiva, che si mantiene rigorosamente interna: anche l'analisi che il narratore protagonista esegue degli atteggiamenti della moglie, risalendo così alle sue emozioni ed ai suoi sentimenti, è sempre contingente e in tal modo non diviene mai analisi interna.

---

[47] « Andare davanti al giudice, dirgli: 'Ho commesso un delitto. Quella povera creatura non sarebbe morta se io non l'avessi uccisa. Io, Tullio Hermil, io stesso l'ho uccisa. Ho premeditato l'assassinio, nella mia casa. L'ho compiuto con una perfetta lucidità di coscienza, esattamente, nella massima sicurezza. Poi ho seguitato a vivere col mio segreto nella mia casa, un anno intero, fino ad oggi. Oggi è l'anniversario. Ascoltatemi. Giudicatemi'. Posso andare avanti al giudice? posso parlargli così? Non posso nè voglio. La giustizia degli uomini non mi tocca. Nessun tribunale della terra saprebbe giudicarmi.

Eppure *bisogna che io mi accusi, che io mi confessi*. Bisogna che io riveli il mio segreto a qualcuno.

A Chi? » (*L'innocente*, Mondadori, Milano 1986, p. 39).

Quanto alla scelta dell'espressione discorsiva, domina il discorso riferito, alternato a brevi introduzioni all'indiretto legato. Ma si tratta di un tipo di discorso riferito che denuncia profonde differenze da quello che altrimenti definiamo monologo interiore o addirittura flusso di coscienza. Il personaggio-narratore infatti rievoca i suoi pensieri sotto forma di battute dirette, in questo modo:

« Ed ora? » — *pensai* al colmo dell'angoscia /.../. « Ed ora? Ella sa che io conosco il vero. Tra noi due ogni dissimulazione ormai è inutile. Ed è necessario che noi ci guardiamo in faccia, che noi parliamo della cosa tremenda. Ma non è possibile che questo duello avvenga stamani ». (*L'innocente*, p. 210)

Sicché la narrativa dannunziana deve il suo tocco di modernità soprattutto alle reminiscenze dostoevskijane, che avvertiamo in particolare nello scontro tra l'impulsiva gelosia dell'Hermil o i suoi altrettanto emotivi sensi di colpa e la sarcastica coscienza che di tanto in tanto ironizza, ridicolizza la sua situazione [48], denunciando così al fondo la lucidità intellettuale con cui questo personaggio si guarda agire (e che per certi versi sembra avvicinarlo, sia pure per contrasto, ad un altro personaggio pirandelliano, Moscarda di *Uno, nessuno e centomila*) [49].

[48] « Era presumibile che la malattia avesse resa sterile Giuliana. Or bene, ella si dà a un uomo, commette il suo primo fallo e rimane incinta, ignobilmente, con la facilità di quelle femmine calde che i villani sforzano dietro le siepi, su l'erba in tempo di foia. E appunto mentre ella è piena delle sue nausee, io mi pasco di sogni, m'abbevero d'ideale, ritrovo le ingenuità della mia adolescenza, non m'occupo d'altro che di cogliere fiori... (Oh, quei fiori, quegli stomachevoli fiori offerti con tanta timidezza!) E, dopo una grande ubriacatura, tra sentimentale e sensuale, ricevo la dolce notizia — da chi? — da mia madre! E, dopo la notizia, ho un'esaltazione generosa, faccio in buona fede una parte nobile, mi sacrifico in silenzio, come un eroe di Octave Feuillet! Che eroe! che eroe! » (*Ibidem*, p. 225).

[49] L'affinità che accomuna Moscarda a Tullio Hermil è quella della lucidità; il contrasto sta nel motivo ispiratore che li fa entrambi osservatori puntuali di se stessi: in D'Annunzio, ancora una volta trionfa l'autoesaltazione; Moscarda invece è l'espressione della totale distruzione dell'io (« Non conclude »).

È assai raro che nel ricostruire i drammatici fatti di un anno addietro, Hermil intervenga immediatamente, utilizzando quella forma di discorso riferito con valore di commento che invece troviamo nel *Fu Mattia Pascal* e che attualizza in ogni caso la presenza del narratore nella storia. Da questo punto di vista, anzi, possiamo rivalutare la modernità del romanzo pirandelliano rispetto a quello di D'Annunzio: anche se distaccato, Mattia Pascal è un narratore che lascia molto spazio a se stesso personaggio: non è raro che l'indiretto di prima persona, che già di per sé attualizza moltissimo la narrazione in prima persona, divenga poi naturalmente discorso riferito, cioè monologo interiore [50].

Quello che manca ai due romanzi forse è l'immediatezza della narrazione simultanea, che garantisce invece a *Quaderni di Serafino Gubbio operatore* una presa — e una resa — maggiore su chi legge; oppure la presenza tangibile di un narratario, che possa conseguentemente umanizzare il narratore, come avviene in *Uno, nessuno e centomila*. Con questi ultimi due testi l'esasperazione e il compiacimento che mantenevano la precedente narrativa pirandelliana nella sfera di certo decadentismo da manuale, vengono a scomparire quasi naturalmente: siamo ormai in pieno Novecento.

4.7. Suo marito, *ovvero il romanzo sentimentale*

Ma prima c'è *Suo marito:* al dramma storico corale dei *Vecchi e i giovani,* segue cioè la satira di costume, il romanzo sentimentale. In un ambiente dannunziano come la Roma intellettuale *fin de siècle* ritorna la figura dell' 'esclusa', questa volta impersonata da Silvia Roncella; e la sua vicenda è meno grottesca, ma ben più amara di quella di Marta Ajala.

---

[50] Cfr. *ibidem*, p. 226: «Ripiombai col pensiero a Roma; entrai come un'ombra nella casa abbandonata. dormivano tutti? Adriana, forse no... m'aspetta, aspetta ancora ch'io rincasi... ».

Le fa da contrappunto quello che potremmo definire il falso protagonista della storia, 'suo marito', appunto: Giustino Boggiolo. Alla frenetica attività di questo arrampicatore sociale si contrappone infatti l'esistenza contemplativa della protagonista, secondo uno schema narrativo che, per quanto maturo, è ancora lo stesso dei romanzi precedenti. Privilegio della parola: è la parola infatti che caratterizza i due attori della vicenda.

Racconto di parole sono infatti i ritratti, le ambientazioni, le analisi che il narratore attribuisce alla voce di Giustino; racconto di parole le reminiscenze, gli abbandoni lirici, le digressioni psicologiche, che fanno di Silvia la vera protagonista della storia.

Rimandano ai romanzi precedenti anche i capitoli introduttivi di *Suo marito*: all'atto di creare l'ambiente più completo in cui inserire Silvia e Giustino, uno sfondo che sia superficiale e mondano, cartina di tornasole per l'ingenuo arrivista, insopportabile sovrastruttura per la giovane scrittrice, Pirandello ricade tuttavia negli eccessi dell'*Esclusa* e dei *Vecchi e i giovani*. Troppo caratterizzati sono la Barmis e il Raceni per i ruoli secondari che reciteranno nella vicenda, dalla quale sono destinati a scomparire progressivamente ma inesorabilmente. Troppo dovizioso nei particolari l'episodio del banchetto, nel quale Pirandello propone una rassegna non troppo generosa dell'entourage culturale romano, tra personaggi di successo, stelline ansiose di farsi conoscere e falliti più o meno consapevoli. Ed anche in questo caso il narratore si lascia sfuggire quelle improprie espressioni discorsive che sviliscono la sua pur giustificabile ricerca dell'effetto:

> Sotto gli occhi delle innumerevoli giovani scrittrici italiane, poetesse, romanzatrici, novellatrici, (qualcuna anche drammaturga), che lo guardavano dalle fotografie disposte in vari gruppi alle pareti, tutte col volto composto a un'aria particolare di grazia vispa o patetica, scese dal letto — *oh Dio. in camicia da notte, naturalmente, ma lunga, lunga per fortuna fino alla noce del piede*. (*Suo marito*, p. 589)

Fin dai primi capitoli, però, ci rendiamo conto di una evoluzione nell'ambito del racconto di parole: è come se il narratore si fosse liberato da certi viluppi, da legami non meglio identificati — forse la fedeltà ai canoni classici del raccontare? — e permettesse ai suoi personaggi di parlare liberamente.

Infatti, fin dal suo primo apparire, Silvia si presenta diversa dalla sua diretta antecedente Marta Ajala; il narratore lascia che parli liberamente, adottando per lei addirittura il monologo interiore:

> 'ci vuol tanto perché un uccellino muoia: un villano passa e schiaccia con le scarpacce imbullettate quei fili d'erba, schiaccia una moltitudine di formiche... Fissarne una fra tante e seguirla con gli occhi per un pezzo, immedesimandosi così piccola e incerta tra il va e vieni delle altre; fissar fra tanti un filo d'erba, e tremar con esso a ogni lieve soffio; poi alzar gli occhi a guardar altrove, quindi riabassarli a ricercare tra tanti quel filo d'erba, quella formichetta, e non poter più ritrovare né l'uno, né l'altra e aver l'impressione che un filo, un punto dell'anima *nostra* si sono smarriti con essi lì in mezzo, per sempre... (*Ibidem*, p. 620).

Il biglietto da visita di Silvia Roncella è questo: un discorso diretto che però è anche confessione, che fa pensare in più di un caso a una sorta di identificazione emotivo-spirituale tra il personaggio e il narratore: un'identificazione che noi avvertiamo a livello impressionistico, ma che trova ad esempio in questo caso conferma nel fatto che accanto al presente lirico, quello iniziale; accanto ad una serie di infiniti narrazionali — altra categoria discorsiva prediletta dall'Herczeg nella sua ricerca del « parlar vivo » —; segue e conclude il brano un presente di generalità, che oltre a proiettare su un piano universale lo sfogo intimistico del personaggio, attesta l'avvenuta unificazione delle due voci (« e non poter ritrovare né l'uno né l'altra, e aver l'impressione che un filo, un punto dell'anima *nostra* si sono smarriti con essi lì in mezzo, per sempre... »); per ripristinare poi il regime diegetico a carico del narratore (« Un improvviso silenzio arrestò quel fantasticare di Silvia Roncella »).

Sia pure alla luce di queste limitazioni, l'irrompere del discorso riferito in un romanzo tradizionale in terza persona costituisce senz'altro una testimonianza importante della veloce

maturazione espressiva dello scrittore. Ben presto scompaiono
dal romanzo a poco a poco tutte le sbavature che ancora
legavano i primi capitoli alla produzione precedente. Libero
dagli ultimi vincoli che ancora lo costringevano alla fedeltà
verso i modelli ottocenteschi, il narratore addirittura cade in
distrazioni da 'ipercorrettismo': l'autore, cioè, quasi affascinato
da questo nuovo modulo discorsivo, utilizza il discorso riferito
anche più di quanto non sia necessario, o in un contesto nel
quale la trasgressione appare forse fuori di luogo, come nel
brano:

> Diceva casa, ma così, tanto per dire. Che casa! Non era casa.
> Era... *ma zitti, per carità, che Silvia ancora non lo sappia!* un
> villino era — *zitti!* — /.../. *fuori mano? Che fuori mano! Due
> passi e si è al Corso.* Via signorile, silenziosa: la meglio che si
> potesse scegliere per una che doveva scrivere! *Ma c'è di più.*
> Non lo aveva mica preso in affitto quel villino. — *Zitti, per
> carità!* — Lo aveva comperato. *Sissignori, comperato per novan-
> tamila lire.* Sessantamila là, sul tamburo; le altre trenta da
> pagare a respiro, in tre anni. E — *zitti!* — circa venti altre mila
> lire aveva speso finora per l'arredo. *Meraviglioso! (Ibidem,* p.
> 742)

Qui, il discorso riferito è usato dal personaggio, che non è più
Silvia, ma Giustino suo marito, per rivolgersi al pubblico dei
lettori. Lo scopo del narratore può essere stato duplice: da una
parte operare in chi legge un coinvolgimento a livello superficiale che abbia per oggetto le concitate, ingenue aspettative di
Giustino; dall'altra, attraverso la messa a fuoco di questi elementi superficiali, sottolineare indirettamente la puerile limitatezza del personaggio. A Silvia, chiusa in un silenzio carico di
tensione, impregnato di sottintesi contenuti, il narratore oppone questo Giustino che cerca interlocutori anche tra i lettori, pur di parlare, parlare, parlare. In ogni caso, tutti possiamo riconoscere che si tratta di un procedimento piuttosto
incauto. Abbiamo parlato di ipercorrettismo: in sostanza possiamo attribuire questo incidente al persistere di una patina di
ingenua immaturità nel narratore: è come se Pirandello non
sapesse rinunciare al gusto di questi effetti, trascurando il fatto

che essi siano coerenti o meno alla tenuta generale della narrazione [51]. L'isolamento di questo fenomeno, nel contesto dell'intero romanzo, è comunque spia propizia dell'evoluzione dell'autore. Possiamo chiudere un occhio, come se l'episodio gli fosse sfuggito di mano, quasi una tentazione irresistibile.

Liberatosi dei residui del retaggio naturalistico, il romanzo rimane comunque inserito nell'atmosfera decadente degli inizi del secolo: a questo proposito torna nuovamente opportuno il paragone con D'Annunzio, soprattutto per quel che riguarda le ultime pagine dei due romanzi. Ancora una volta la morte è il deus ex machina risolutivo della vicenda: ma l'affinità tra la morte di Rirì nel romanzo pirandelliano e quella di Raimondo nell'*Innocente* non è soltanto stilistico-narrativa. È necessario che Raimondo muoia nella logica esaltata di Tullio Hermil, narratore-protagonista dell'*Innocente,* così come è necessario che muoia Rirì nella logica realista del narratore di *Suo marito.* Fatale è infatti il sacrificio dei due 'innocenti': essi rappresentano un vincolo col passato, una catena che va spezzata. Rirì muore infatti perché sua madre Silvia possa prendere definitivamente il volo (cfr. il titolo del penultimo capitolo « Vola via »); analogamente Raimondo moriva perché fosse cancellata ogni traccia dell'indesiderato passato e Tullio potesse abbandonarsi totalmente alla gioia sensuale della ritrovata fedeltà. Morivano, ricorderete, anche le due figliolette di Mattia Pascal: inevitabilmente! Mattia doveva aver spezzati tutti i legami per poter morire, per poter diventare prima Adriano Meis, poi il fu Mattia Pascal.

Non facciamoci ingannare dai toni dimessi e poco compiaciuti, se confrontati alle analoghe descrizioni dannunziane, con cui Pirandello tratta queste morti premature (a cui possiamo aggiungere anche quella del primo figlio di Marta, nell'*Esclusa*): la logica del narratore pirandelliano, nel suo realismo, è molto più drastica e più crudele. Ma, nella sua crudeltà, finisce con

---

[51] Cfr. nei *Vecchi e i giovani* il paragrafo dedicato al « cascinone di Valsania », nel quale il narratore interrompe improvvisamente il regime coerente della narrazione, per 'animare' anzi 'umanizzare' la vecchia cascina e gli animali che le sono intorno (p. 185).

l'essere più verosimile rispetto all'esaltazione sensuale che domina invece la narrazione dannunziana. La sua maggiore credibilità è un passaporto di modernità che invece la narrativa dannunziana stenta a conseguire.

E veniamo ai rispettivi campioni:

> Tutta la camera era *piena di fiori; pieno di fiori* il lettuccio su cui giaceva *il cadaverino* sotto un velo azzurro; quattro ceri ardevano agli angoli; quasi a stento, *come se le fiammelle* penassero a respirare in quell'aria troppo *gravata di profumi.* Anche *il morticino* ne pareva oppresso: *cereo, coi globi* degli *occhietti induriti* sotto le palpebre *livide. (Suo marito,* p. 860).

Facciamo un primo confronto con D'Annunzio:

> *Il cadaverino* era già chiuso in una cassetta bianca, ricoperta da un cristallo. Aveva su la fronte una corona di crisantemi bianchi, aveva un crisantemo bianco tra le mani congiunte, ma nulla eguagliava *la bianchezza cerea* di quelle mani esigue ove soltanto le unghie erano rimaste violette. (*L'innocente,* p. 388).

In entrambi i casi l'atmosfera, descritta dal narratore e non percepita dal personaggio (anche se nell'*Innocente* i due coincidono) è opprimente, e morbosamente barocca: particolari macabri, insieme a un patetismo forzato, di maniera, si fondono in un gusto tipicamente decadente. Ma osserviamo ancora due brani, in qualche modo avvicinabili:

> E il bimbo sotto il velo azzurro, irremovibilmente abbandonato a quel profumo inebriante, *sprofondato in esso, prigioniero di esso, ecco,* non poteva esser più guardato se non *da lontano,* al lume di quei quattro ceri, il cui *giallor caldo* rendeva quasi visibile e impenetrabile il *gravolente ristagno* di tutti quegli odori. (*Suo marito,* p. 860)
> Attraverso il cristallo *quel piccolo viso livido, quelle piccole mani congiunte, e quella* veste e *quei* crisantemi e *tutte quelle cose bianche* parevano indefinitamente *lontani,* intangibili, quasi che il coperchio diafano di quella cassa su le braccia del gran vecchio lasciasse intravvedere come per uno spiracolo un lembo d'un mistero soprannaturale tremendo e dolce. (*L'innocente,* p. 390)

Ora l'obiettivo della descrizione sembra essere meno distaccato e autoriale, sia nell'uno che nell'altro romanzo: essa sembra assumere connotati discorsivo-emotivi, evidenziati dalla ripetizione, dalla deissi, dai dimostrativi. Solo il riferimento al soprannaturale, ad una sorta di estetica della morte, denuncia però che quest'ultimo lacerto è di D'Annunzio: non meno voluttuoso, infatti, il motivo della morte appariva nella pagina di Pirandello. Vorrei però far notare un altro particolare. A prima vista si direbbe più partecipe di ciò che narra il pirandelliano narratore nascosto che non il narratore-protagonista dell'*Innocente*. Anche sotto le spoglie del personaggio, infatti, Tullio Hermil si mantiene perfettamente lucido: è raro, forse impossibile, riconoscere nel protagonista l'attore, colui che vive personalmente la propria esperienza. Infatti, quando talvolta Tullio si lascia andare a parlare liberamente, quali sono le sue riflessioni?

> Credo che nell'ora della morte, nell'attimo stesso in cui cesserò di soffrire, io *rivedrò* quel gesto solo; *fra tutte le immagini della vita passata innumerabili, rivedrò* unicamente quel gesto. (*Ibidem*, p. 80)

Sono i pensieri di un esteta, di un don Giovanni inteso kierkegaardanamente; del profeta dell'arte-vita, di colui che assiste alla sua esistenza come a una rappresentazione. Non vorrei ripetere tutte le scontate definizioni della poetica dannunziana, ma è pur vero che esse coincidono con ciò che leggiamo. È questo concetto di arte-vita che manca al decadentismo di Pirandello: o meglio, nell'autore siciliano, non è la vita a farsi arte, ma l'arte che, discesa dai palcoscenici, deve tentare di ripetere la creatività, la multiformità, l'apparente inverosimiglianza delle situazioni esistenziali.

Ed ecco, attraverso questo confronto aggiungiamo un nuovo tassello alla figura del narratore: se per Pirandello l'arte non è osservazione, ma partecipazione, il narratore che si cela dietro ai suoi romanzi — onnisciente, nascosto, protagonista che sia — deve essere sempre 'partecipe'. E lo è, come dimostrano le spie, a volte trascurabili, che si insinuano anche nei più tradizionalmente impersonali tessuti dei suoi primi romanzi; come dimostrano quegli stessi effetti che non sempre ci hanno convinto. Egli è sensibile alla commedia o alla tragedia della vita; e fa di tutto perché sia rappresentata, recitata, parlata.

5.0. Il romanzo 'rappresentato'

5.1. *Il sintagma di legamento tra necessità e didascalia*

Ritornando ora ai congegni narratologici che ci hanno permesso di verificare alcuni dei presupposti da cui eravamo partiti, proviamo a riavvicinare, confrontandoli, i due filoni che, per comodità, al principio avevamo separato: quello dei romanzi autobiografici e quello della narrazione in terza persona. È la definitiva verifica, cioè, che vogliamo apporre a quella che ci sembra la risultante più significativa della nostra analisi: Pirandello narratore tenta di conciliare in tutti i suoi romanzi le sue due personalità, quella che privilegia la 'teatralizzazione' del linguaggio, e quindi il racconto di parole su quello di cose; e quella, partecipe e discreta insieme, ma invadente ed esauriente, che domina il superstite racconto di cose, e anzi di esso si fa scudo per intrufolarsi e vivere la sua presenza nel racconto. In che misura si equilibrano o meno racconto di cose, e anzi di esso si fa scudo per intrufolarsi e vivere la sua presenza nel racconto. In che misura si equilibrano o meno racconto di cose e racconto di parole? Possiamo appurarlo prendendo in esame quell'elemento narrativo che costituisce il ponte tra le due diverse tipologie di racconto: il sintagma di legamento.

Si tratta di quella frazione dell'enunciato che ha lo scopo di introdurre il discorso del personaggio, trasposto, riferito, diretto o indiretto che sia. Quello che ci interessa osservare sono le modalizzazioni con cui si presenta questo sintagma-ponte: partiamo da una scala gerarchica che abbia come punto di partenza la pura *allusione* e come gradino più alto le *anticipazioni* e le *inferenze* del narratore: in questo diagramma inseriremo poi una serie di gradini progressivi, dalla semplicità immediata dei *verba dicendi* alla precisione quasi didascalica che spesso caratterizza le battute dirette: nell'introdurre queste ultime, infatti, spesso il narratore dà delle indicazioni sul modo, il tono, la gestualità con cui esse vanno pronunciate dal personaggio.

L'allusione. È questo il sintagma a grado zero, come abbiamo detto:

> Attilio Raceni s'avviò in fretta, *contrariato.* Bell'affare se non si passava! Tutti, tutti gl'impedimenti in quei giorni /.../! (*Suo marito*, p. 592).

Col termine allusione ci riferiamo ad una sorta di cornice in cui il personaggio è ritratto — un gesto, una posizione, uno sguardo, una notazione psicologica — che anticipa e prepara il susseguente discorso di quest'ultimo.

Mattia Pascal è abilissimo nel creare queste cornici:

> Oliva, *in lagrime,* raccoglieva la sua roba: voleva tornare dal suo babbo, a cui finora per prudenza, non aveva fatto neppure un cenno di quanto le era toccato di soffrire. (*Il fu Mattia Pascal*, p. 350, vol. 1).

tanto che spesso le adotta riferendosi a se stesso:

> « Aprii gli occhi e rimasi un pezzo *accigliato,* a contemplarlo nella palma della mano. Tutto, attorno, mi s'era fatto nero. Ecco ancora un resto della catena che mi legava al passato! (*Ibidem*, p. 410, vol. I).

Queste allusioni introducono il discorso trasposto: nei romanzi in terza persona esso si presenta sotto forma di indiretto libero; in quelli autobiografici, se a parlare è il protagonista, sotto forma di trasposto di prima persona. Questo ci permette di sottolineare ulteriormente l'ambiguità di questa forma di discorso, e di evidenziarne soprattutto una sfumatura di effetto, come se l'ambiguità fosse cercata. Nei romanzi tradizionali, infatti, spesso il discorso che segue l'allusione può anche non essere giudicato tale. Mi spiego meglio con qualche esempio:

> Subito Antonio Pentagora con la mano le fe' cenno d'andar via: non c'era più bisogno di lei, perché Rocco non voleva cenare. (*L'esclusa*, p. 7, vol. I).

Oppure:

> Donna Bettina, sentendo nominar la figlia, si turbò. Non voleva saper più nulla di lei. (*Il turno*, p. 240).

L'unica spia che possa far ritenere 'discorso' i due lacerti « Non c'era più bisogno di lei » e « Non voleva saper più nulla di lei » è l'imperfetto, tempo della discorsività. Ma se a parlare non sono i personaggi, allora chi è? Il narratore, naturalmente. Egli interviene nella situazione; anticipa le ragioni del personaggio. Però lo fa in maniera accorta, neutralizzata, lasciandoci nel dubbio. Così nei romanzi in prima persona:

> Questo dubbio mi turbò non poco. Perché veniva ella a domandare proprio a me, avendo in mente Aldo Nuti, se la professione dell'attore le paresse tale, che ogni bestia potesse senz'altro credersi adatta a esercitarla? Sapeva dunque della mia amicizia con Giorgio Mirelli? (*Quaderni...*, pp. 580-81, vol. II).

Accortamente, molto spesso, il trasporto di prima persona è introdotto da una allusione: sicché noi non sappiamo se si tratta dei pensieri e delle parole espresse dal personaggio relativamente alla situazione vissuta, o di un commento a posteriori che il narratore fa sulla situazione narrata. Ancora una volta l'imperfetto è scelto per lasciare chi legge nel dubbio: e l'indiretto conserva quella sua sfumatura di ambiguità che lo amalgama perfettamente al racconto di cose. L'effetto sta appunto in questo: nella capacità di neutralizzare tra loro l'istanza del narratore e quella del personaggio.

L'allusione del sintagma di legamento rappresenta dunque uno degli strumenti più efficaci nelle mani del narratore che voglia introdurre, innestandolo gradatamente, il racconto di parole sul racconto di cose. Ci sono infatti dei brani particolarmente riusciti:

> Teneva gli occhi fissi acutamente alla punta della babbuccia di velluto rosso, che compariva e scompariva dall'orlo della veste al lieve dondolio della gamba accavalciata. *Era la prima volta che il marito* con quell'aria e con quel tono *le annunciava di voler parlare con lei.* Non le aveva mai detto nulla prima, quando avrebbe avuto ragione di parlare. *Che poteva dirle più ora? (I vecchi e i giovani,* p. 252, vol. II)

Questo, ad esempio, è un cammeo: il narratore riprende il personaggio in una posa plastica, quasi accompagnandosi con la macchina da presa. Plastica e didascalica insieme.

L'efficacia di tale strumento non sfugge evidentemente al narratore che, nel *Fu Mattia Pascal*, sembra addirittura farne una sorta di comodo formulario:

> *Mi buttai su la poltrona con le mani su la faccia /.../. (Il Fu Mattia Pascal,* p. 590, vol. I)
> *Mi nascosi il viso tra le mani; caddi a sedere su la poltrona.* (*Ibidem*, p. 521, vol. I)
> Quando la signorina Caporale andò via /.../, *mi torsi le mani, me le addentai.* (*Ibidem*, p. 532, vol. I)

Sia pure nella sua ripetitività, comunque, l'allusione è preferibile ad altre manipolazioni dell'autore, le interferenze del quale ad esempio a volte risultano eccessive, addirittura superflue rispetto al discorso del personaggio: ma si tratta di casi assai rari nella narrativa pirandelliana, quelli cioè in cui il narratore intervenga oltre il modo dovuto. Più frequenti sono tutt'al più le anticipazioni; non meno fastidiose talvolta:

> — Ma come, dico io, senz'avvertire? — Quest'ultima esclamazione era — s'intende — di don Cosmo. /.../ *E chi sa fino a quando lo avrebbe ripetuto,* se finalmente non gli fosse balenata l'idea che bisognava dare aiuto in qualche modo a quei giovanotti. Che aiuto? (*I vecchi e i giovani,* p. 432, vol. II)

Siamo alle ultime drammatiche battute dei *Vecchi e i gio-vani:* uno dei protagonisti si prepara a sfuggire, esiliato, alla 'giustizia'; un altro, convinto ancora di poter lottare in nome degli ideali « che hanno fatto l'Italia », sta per perdere la vita per essi.

Inopportuna risulta quindi la caratterizzazione caricaturale di don Cosmo, di colui al quale il narratore, in ultima analisi, avrebbe affidato la chiave di lettura dell'intero romanzo [52].

Dalle anticipazioni e dalle interferenze sono pressoché im-muni i romanzi autobiografici. Stranamente, invece, esse com-paiono nel *Turno:* ma sotto quale aspetto? Sempre adottando quello stile 'parlato' che abbiamo individuato precedentemente e che consente al narratore la riuscita di tutti gli effetti cercati in questo romanzo breve:

> Il Ravì, *s'intende,* non parlava a don Diego di queste minacce della figliuola; diceva *soltanto* che bisognava avere un po' di pazienza, perché le ragazze, oh Dio, si sa... (*Il turno,* p. 217)

Qui infatti, il narratore si riconferma a un tempo distaccato dalla storia e abile burattinaio di essa. Le sue manipolazioni sono sfrontate (non a caso si ripete qui la stessa espressione asseverativa « s'intende » che abbiamo invece condannato nei *Vecchi e i giovani*); ma il linguaggio immediato e caricaturale, nel *Turno,* si amalgama perfettamente all'ambiente, alla storia, ai personaggi. Il narratore riesce così a mimetizzarsi: è un gran simulatore.

Meno accorto risulta invece Pirandello nell'adibire il sin-tagma vero e proprio: un suo critico, Marziano Guglielminetti, in taluni casi addirittura gli imputa di esprimere platealmente « giudizi aperti di denuncia » [53]: ad esempio quando, a prefe-

---

[52] Cfr. R. ALONGE, *op. cit.,* p. 78: « Cosmo è la suprema rappresentazione di tutto ciò, di questa filosofia del pessimismo cosmico, sì che anche il suo nome finisce per diventare simbolico ». E. GRANA, *op. cit.,* p. 590: « egli cede espressamente le riflessioni più schiettamente sue, gli appunti abituali di una filosofia pessimistica e scettica, a una strana figura di aristocratico, astratto e solitario /.../, il quale rappresenta l'altro volto della coscienza pirandelliana, staccato e contemplativo /.../. Parlo di don Cosmo Laurentano. »

[53] M. GUGLIELMINETTI, *op. cit.,* p. 70. E più oltre: « Così Marta 'mentiva' quando afferma alla madre di essere contenta, sebbene lontana dal

renza di un semplice *verbum dicendi*, il narratore propende per una perifrasi più accurata, che meglio renda l'atteggiamento con cui il personaggio esterna il suo pensiero:

> /.../ ma conoscendo la diversità, anzi l'opposizione inconciliabile tra i due modi di pensare e sentire del Salvo e di don Cosmo, *gli piaceva supporre* che qualche attrito, qualche urto potesse nascere dal soggiorno di quello a Valsania. (*I vecchi e i giovani*, p. 52, vol. II)

Siamo d'accordo col critico torinese: implicitamente Pirandello caratterizzando il personaggio ne fornisce una chiave di lettura — in questo caso chiaramente negativa — che è anche un giudizio personale; tuttavia vorrei far notare in questa ricerca di espedienti l'abilità del narratore che riesce a fare esprimere dal personaggio, indirettamente, quello che in fondo è il suo (del narratore) pensiero sulla vicenda. Ciò io credo che riveli una grande apertura alla narrativa moderna. Questo tipo di sintagma (*gli piaceva supporre*), in fondo, prima e forse meglio del discorso stesso, è un codice che il narratore suggerisce a chi legge per meglio intendere l'atteggiamento di chi parla. Come in questo brano di *Suo marito*:

> Giustino nelle sue lettere frettolose *si lasciava intravveder tra le righe* soddisfatto, anzi contentissimo. *Si rappresentava* è vero come rapito in un turbine, e *non rifiniva di lamentarsi* della stanchezza estrema e delle lotte che doveva sostenere con gli amministratori delle compagnie e con gli impresari, delle arrabbiature che si prendeva coi comici e i giornalisti; ma poi *parlava* di teatroni rigurgitanti di spettatori /.../. (*Suo marito*, p. 831, vol. I)

marito; 'era perduta' invece quando accetta di andare in casa dell'amante; e questi a sua volta 'sofisticava' per indurre Marta a continuare nella loro relazione peccaminosa. /.../. C'è solo un passo dell'intero romanzo in cui Pirandello si stacca da questa autonoma e uniforme sintassi ». Tuttavia, in uno dei casi citati, quello a proposito di Marta che 'mentiva' sarei meno d'accordo col critico torinese: contestualizzando il brano, infatti, il sintagma non risulta a titolarità del narratore, piuttosto si inserisce in un'analessi a titolarità del personaggio: « *E seguitava a ricordare, a rivedere col pensiero*. Nel salotto entrava la madre, che le domandava del marito. Al solito... — rispondeva lei — Sei contenta? Sì. *E mentiva*. Non che avesse da ridire sulla condotta del marito; ma, ecco, le rimaneva in fondo all'anima un sentimento ostile, non ben definito /.../. » (*L'esclusa*, p. 34). Non si tratterebbe, quindi, di un « giudizio aperto di denuncia », ma di autoanalisi e confessione da parte del personaggio.

Assistiamo qui a un crescendo di partecipazione: « si lasciava intravvedere » infatti è ancora larvato, è l'esordio; ma poi il brano si chiude con l'immagine dei « teatroni rigurgitanti », là dove esplode direttamente il discorso del personaggio. Questi però risulta già inquadrato nel suo tipo dalle scelte espressive adottate dal narratore: *si rappresentava* è una chiara allusione, ad esempio, alla melodrammatica teatralità di Giustino; e poi tutte le sue lamentazioni (*non rifiniva di lamentarsi*) che non servono ad altro che a rendere più grande la sua 'gloria', lo classificano definitivamente.

Questa specie di sintagma-biglietto da visita è presente anche nei romanzi in prima persona, ma in particolare in *Uno, nessuno e centomila* (e forse ciò conferma il senso di incombente giudizio autoriale che esso suggerisce a chi legge):

> Ma non stava meno, se vogliamo, dalla parte di Quantorzo, allorché questi *(non ne ho il minimo dubbio) gli dovette far notare a quattr'occhi* che, essendo io il padrone della banca, quel mio disinteressamento dagli affari e la mia insipienza, non erano da assumere come armi contro di me. /.../. (*Uno, nessuno e centomila*, pp. 836-37, vol. II)

Interessante a questo punto può risultare la domanda: da che cosa dipende nei romanzi pirandelliani la scelta di un sintagma puramente ed esclusivamente necessario, come « disse » o « pensò », rispetto a quella di un introduttore altamente analitico (e drammatico), del tipo « *feci, quasi tra me, staccando la voce da un silenzio che mi parve fuori della vita* /.../ ». (*Uno, nessuno e centomila*, p. 82, vol. II).

Nei primi romanzi, come *L'esclusa*, il sintagma non è mai essenziale: il narratore fa di tutto per infondergli una carica espressiva che, proiettandosi sulla *reference*, caratterizzi o il personaggio parlante o la situazione descritta. Prendiamo ad esempio uno dei primi momenti del romanzo:

> Saltò alcuni righi; fissò lo sguardo su un 'Quando?' sottolineato, poi buttò il fiammifero e restò con la lettera in mano e gli occhi sbarrati nel buio. *Rivedeva la scena.* (*L'esclusa*, p. 20, vol. I)

Il sintagma che in questo caso potrebbe apparire piuttosto stringato, opera due grossi effetti: il primo è quello di trasformare la descrizione che lo precede da un'allusione introduttiva dei pensieri del personaggio (uguale cioè a quelle viste poc'anzi) in una sorta di didascalia che precisa la collocazione del personaggio stesso prima che rievochi i suoi immediati ricordi; il secondo è quello di garantire continuità diegetica al racconto di cose, anche attraverso la parentesi del racconto di parole. (E abbiamo così una nuova conferma dei giudizi da noi espressi sull'*Esclusa*). Il racconto di parole è infatti iscritto nel racconto di cose, in quanto il legame tra i due (« rivedeva la scena ») nella sua essenzialità è carico di valori diegetici che finiscono con l'avere il sopravvento rispetto alla funzione esclusivamente introduttiva di cui un sintagma più generico e normale sarebbe latore. L'analessi così preannunciata, pur essendo attribuibile al personaggio e, di conseguenza, alla categoria del racconto di parole, è in realtà un resoconto preciso di quello che potremmo considerare il prologo del dramma, l'atto scatenante dell' 'esclusione' di Marta:

> Aveva forzato l'uscio con un violento spintone, gridando: — La lettera! Dammi la lettera! — Al fracasso Marta s'era fatta riparo dello sportello aperto del grande armadio a muro presso al quale leggeva. Egli aveva tratto in avanti lo sportello e le aveva attanagliato i polsi [54]. — Che lettera? Che lettera? — Aveva ella balbettato, guardandolo atterrita negli occhi. Ma la carta, *spiegazzata nell'improvviso terrore, e impigliata tra le vesti e un palchetto dell'armadio,* era caduta *come una foglia secca* sul pavimento. Ed egli, nel lanciarsi a raccoglierla, s'era ferito alla fronte, urtando contro lo sportello aperto dell'armadio. *Accecato dall'ira, dal dolore,* aveva allora inveito contro di lei, senza riguardo alla maternità incipiente, e l'aveva senz'altro cacciata di casa, a urtoni, a percosse. (*Ibidem,* pp. 20-21, vol. I)

Progressivamente il racconto va perdendo così ogni valenza discorsiva, per acquistare invece una tenuta diegetica non esente dall'intervento commentativo, anche se ben mimetizzato, del narratore onnisciente.

---

[54] A questo proposito A. PAGLIARO, *op. cit.*, si chiede perché Rocco, parlando a se stesso, non abbia formulato il suo pensiero in modo più semplice.

Almeno in principio le immagini della memoria si susseguono immediate, senza interventi espositivi e chiarificatori da
parte del narratore. Procedendo però la forma si fa più accurata, la prospettiva si allarga, accoglie entrambi i personaggi
(« Ma la carta, *spiegazzata nell'improvviso terrore tra le vesti e
un palchetto dell'armadio* »); il narratore esprime dei giudizi
(« senza riguardo »; « senz'altro »). E appare attuata dal punto
di vista del personaggio la precisione con cui — non senza un
accento di vittimistico masochismo — Rocco rivede tutti i
particolari della scena, compreso quello piuttosto secondario
della ferita procuratasi nella foga: egli in fondo attribuisce a
Marta anche la colpa di quella ferita, del dolore fisico che va a
sommarsi a quello interiore, e che assolve ai suoi occhi — o
almeno dovrebbe — la rabbia villana con cui la scaccia di casa.
Ma se pure possiamo attribuire ancora l'analessi al personaggio
almeno sotto l'aspetto logico, l'esposizione, tanto a livello
espressivo quanto a livello prospettico, propende nettamente
verso il racconto di cose, cioè verso la diegesi.

A partire cioè dal sintagma di legamento abbiamo un
accurato gioco di scatole cinesi: ad esporre il presupposto del
romanzo Pirandello chiama un personaggio, e ciò si può interpretare, qui come altrove, come indice del taglio 'drammatico',
nel senso etimologico della parola, con cui l'autore affronta
solitamente la narrazione. Questo racconto di parole è però
iscritto nel racconto di cose, a cui a sua volta fa da cornice:
sicché, pur conservandosi la prospettiva 'parlata', non viene
perso il filo diegetico della trama narrativa. Consideriamo a
questo proposito un esempio affine:

> Antonio Pentagora la seguì con gli occhi fino all'uscio, poi
> guardò Niccolino e si stropicciò il capo con ambo le mani,
> aprendo le labbra a un ghigno frigido, muto.
> *Ricordava.*
> Tant'anni addietro anche a lui, di ritorno alla casa paterna
> dopo il tradimento della moglie, la sorella Sidora, bisbetica sin
> da ragazza, aveva voluto che non si movesse alcun rimprovero.
> Zitta zitta, lo aveva condotto nell'antica sua camera da scapolo,
> come se con ciò avesse voluto dimostrargli che s'aspettava di
> vederselo un giorno o l'altro ricomparire davanti, tradito e
> pentito. (*Ibidem*, pp. 7-8, vol. I)

L'analogia tra i due brani è evidentissima: senonché l'analessi — che tra l'altro in questo caso riporta un episodio trascorso da tempo, che ha un'importanza relativa nell'intreccio, soprattutto se confrontato all'episodio della lettera — è qui forse più colloquiale, meno fortemente manipolata dal narratore: la stessa comparativa ipotetica conclusiva (« come se con ciò avesse voluto dimostrargli ») può essere attribuita, se non alla voce, senz'altro al punto di vista del personaggio. Obbligatorio diviene dunque in questo caso il ritorno più marcato alla diegesi (« — Te lo avevo predetto! — ripeté, *riscotendosi da quel ricordo lontano*, con un sospiro »); ritorno che invece è dato per scontato nel brano riferito a Rocco: « — Lui no, e io sì? Oh bella! — pensò Rocco nel silenzio della scala ».

Non ritroviamo una fenomenologia così accurata del sintagma di legamento in romanzi come *Il turno* e *Quaderni di Serafino Gubbio operatore*: per motivi di economia narrativa, di ritmo, di immediatezza, il narratore qui trascura il sintagma di legamento, che per lo più è essenziale, quasi narrativizzato. Preferisce apparire frettoloso, sciatto, come può essere chi appunta note, riflessioni, cronache in un diario, o chi spettegola sull'ultimo scalpore di paese; ma non si lascia sopraffare dalla compiacenza analitica che caratterizza invece le pagine degli altri suoi romanzi.

Del resto, soprattutto nel caso dell'indiretto legato, spesso il narratore sopperisce alla eccessiva semplicità del sintagma marcando affettivamente il racconto di parole, anzi marcandolo molto:

> E don Diego *spiegò* all'Alletto in qual modo si passavano le serate in casa sua, *intercalando qua e là* riflessioni *sulla vitaccia sciocca e la vecchiaia maledetta*. (*Il turno*, p. 253, vol. I)

Questo si verifica anche nei romanzi in prima persona: troviamo cioè talvolta utilizzati in maniera semplice i *verba dicendi* più innocui, talvolta seguiti da un indiretto affettivamente espressivo, tal altra accompagnati da modalizzazioni che ne perfezionano in qualche modo la genericità. E infine li troviamo assoluti, che quasi narrativizzano il discorso del personaggio: essi per lo più rispondono all'esigenza di sveltire il ritmo del racconto di parole, adeguandolo a quello del racconto di cose [55].

Che il sintagma di legamento sia comunque necessario alla narrazione e risponda quindi in tutte le sfumature ad esigenze diegetiche mi sembra sia stato sufficientemente provato.

Al di là della *necessità* che può costituire comunque una risposta all'ultimo interrogativo che ci siamo posto, cioè da che cosa dipenda la scelta di un sintagma più o meno naturale e stringato rispetto a un sintagma carico di sottintese valenze; al di là di tale necessità, dicevo, resta da considerare l'aspetto 'sovrastrutturale' del sintagma di legamento, costituito dalle modalizzazioni. Il punto è che queste modalizzazioni sono particolarmente ricche e ricercate, soprattutto quando introducono una battuta diretta. Nell'*Esclusa*, ad esempio, come nei *Vecchi e i giovani*, le modalizzazioni intervengono spesso a caratterizzare il personaggio che parla, soprattutto quando si tratta di una figura secondaria:

> Donna Sara Alaimo, la casiera, che si trovava in quel punto a servire a tavola, per rialzarsi agli occhi degli ospiti dalla sua indegna condizione di serva, *fu tentata d'interloquire e sospirò timidamente con un languido risolino:* — Metastasio! — (*I vecchi e i giovani*, p. 35, vol. II)

La situazione contingente — donna Sara che serve a tavola —; quella generale — le velleità di questo personaggio di essere più che una cameriera in quella casa —; la battuta in sé: la modalizzazione *(fu tentata di interloquire, ecc.)* chiarisce e stigmatizza, riassumendoli, tutti e tre i livelli.

---

[55] Si considerino alcuni esempi: « E tutto in preda a una gaia smania feroce, *le dissi che avevo giocato, giocato* e che, volevo seguitare a giocare » (*Uno, nessuno e centomila*, p. 845, vol. II). « Ma il signor notaro *m'avvertì che* per fare quell'atto gli bisognavano alcuni dati e documenti per cui mi toccava andare al banco da Quantorzo. » (*Ibidem*, pp. 818-19, vol. II); « *Mi profferse* la sua cameretta » (*Quaderni di Serafino Gubbio operatore*, p. 532, vol. II).

Il primo è definito mediante la caratterizzazione (« la casiera, che si trovava in quel punto a servire a tavola »), il secondo, grazie a una sottile inferenza del narratore onnisciente (« per rialzarsi agli occhi degli ospiti dalla sua indegna condizione di serva »). Quanto alla battuta in sé preannunciata, dal sintagma vero e proprio *(fu tentata d'interloquire e sospirò)*, viene enfatizzata da ulteriori indicazioni descrittive *(timidamente; con un risolino languido)*.

Questa polifunzionalità della modalizzazione, se andiamo sfogliando un po' tra i romanzi in terza persona, ma anche tra quelli autobiografici, è un fenomeno diffuso, che si estende, oltre che alle battute dirette, anche e soprattutto al discorso indiretto legato: in questi casi potremmo definire il sintagma di legamento una zona franca in cui il narratore di volta in volta può inserire spiegazioni, descrizioni, caratterizzazioni inerenti al personaggio. La zona risulta franca in quanto spesso il sintagma di legamento è già avvolto nell'ambiguità di voce, sicché è difficile capire poi se la modalizzazione è condizionata dalla sensibilità del narratore o dalla psicologia del personaggio:

> Alla fine, *facendosi animo, come un autor novellino chiese rispettosamente* a uno lì di guardia, che non conosceva, se la signora Carmi era in teatro. (*Suo marito*, p. 841, vol. I)

Anche qui abbiamo più di un livello della modalizzazione: quello riferito puramente al tono della battuta *(rispettosamente)* e l'altro *inerente allo stato d'animo del personaggio*. A questo proposito ci si chiede se il paragone con un « autor novellino » sia una metafora creata dal narratore o non rifletta piuttosto il modo con cui Giustino stesso appare ai propri occhi.

Se però andiamo scrutinando tra le modalizzazioni concorrenti al discorso diretto, il livello dominante rimane uno solo: quello relativo al tono, al gesto, al modo con cui è pronunciata la battuta stessa:

> — Mi lasci stare! — sbuffò Giustino, *con un gesto disperato* — Ci siamo! Le doglie. L'ho lasciata con le doglie. (*Ibidem*, p. 687, vol. II)

Apriamo a questo punto una breve parentesi su un aspetto importante dei modalizzatori pirandelliani: vorremmo, infatti, mettere in risalto l'insistita presenza del tema degli occhi, dello sguardo, in queste modalizzazioni didascaliche:

> — Me l'ero immaginata proprio così! — disse Silvia, *con gli occhi pieni d'affettuosa e tenera riverenza.* (*Ibidem,* p. 673, vol. I)
> — Accomodatevi, accomodatevi, — propose Pepè premuroso, *con gli occhi ora all'uno ora all'altro.* (*Il turno,* p. 253, vol. I)

Questo motivo degli occhi, infine, raggiunge l'acme in un romanzo autobiografico, *Quaderni di Serafino Gubbio operatore;* paradossalmente, infatti, il narratore rinuncia al canone della focalizzazione interna pur di evidenziare — da narratore onnisciente — il particolare dell'impassibilità del proprio protagonista, come dall'esempio successivo:

> Il quale, capito il mio proposito, *mi guardò negli occhi,* e, *vedendomeli perfettamente impassibili,* esclamò sorridendo: — Come sei imbecille! (*Quaderni,* p. 532, vol. II)

Lo sguardo esprime spesso molto più della parola; così è nello sguardo che i personaggi di questo romanzo, guardandosi negli occhi, cercano di scoprire reciprocamente la lealtà, di trovare una collocazione precisa gli uni di fronte agli altri [56]: finché si arriva al punto che il sintagma di legamento passa in

---

[56] Interessante è il confronto tra due brani, l'esordio di *Quaderni di Serafino Gubbio operatore,* e un monologo centrale in *Uno, nessuno e centomila,* in cui la tematica degli occhi come specchio di reciproca individuazione trova la sua esaltazione e immediatamente dopo il suo tragico crollo: « *Studio* la gente nelle sue più *ordinarie occupazioni,* se mi riesca di *scoprire negli altri quello che manca a me* per ogni cosa ch'io faccia: *la certezza che capiscano quello che fanno. /...../.* Ma poi, se mi fermo a *guardarli* un po' addentro *negli occhi,* con *questi miei occhi intenti e silenziosi,* ecco che subito s'aombrano » (*Quaderni,* p. 519, vol. II). Le affinità con *Uno, nessuno e centomila* sono subito manifeste: « Oh Dio mio, e non sentiranno venir meno a un tratto la loro bella *sicurezza, vedendosi guardati* da *questi miei occhi* che non sanno quello che vedono? Fermarsi per un poco a guardare

secondo piano rispetto alla modalizzazione, come dimostrano le scelte espressive operate nel frangente che segue:

> *Mi guardò appena,* accostò appena la cannuccia di bambù al cappello per un cenno di saluto, *guardò con la solita sprezzante indifferenza la tigre in gabbia, dicendo* all'amante: — Andiamo: Polacco è pronto; ci aspetta. (*Ibidem*, p. 584, vol. II)

Mette conto sottolineare le variazioni con cui un medesimo tema, quello dello sguardo, appunto, è utilizzato a secondo dei contesti, in maniera da caratterizzare coerentemente ciascun attore della vicenda. Ho detto attore. Non è un lapsus. Infatti siamo a una svolta importante: abbiamo verificato la necessità del sintagma di legamento; ora dobbiamo fare un'altra considerazione. Queste modalizzazioni, soprattutto quando introducono battute dirette, riguardano il tono, il gesto, l'atteggiamento del personaggio: tre elementi che costituiscono la connotazione indispensabile a distinguere una battuta 'recitata' da una semplicemente 'detta'.

Quando si rimane nell'ambito dell'indiretto e del monologo interiore, al narratore pirandelliano bastano i tratti espressivi per rendere il discorso trasposto verisimile nella sua prerogativa di « parlar vivo ». Quando però la battuta è diretta, egli sembra soggiacere al dovere di dare delle indicazioni precise circa il modo con cui vada letta: indicazioni che sfiorano

uno che sta facendo anche la cosa più ovvia e consueta della sua vita; guardarlo in modo da fargli scorgere il dubbio che a noi non sia chiaro quello che egli stia facendo e che possa anche non essere chiaro a se stesso; basta questo perché quella sicurezza *s'aombri* e vacilli. Nulla turba e sconcerta di più di *due occhi vani* che dimostrino di non vederci e di non vedere ciò che noi vediamo. *Perché guardi così?* E nessuno pensa che *tutti dovremmo guardar sempre così, ciascuno con gli occhi pieni della propria solitudine senza scampo* » (*Uno, nessuno e centomila*, p. 848, vol. II). La lettura parallela dei due brani suggerisce in conclusione che il volontario isolamento in cui si rinchiude Serafino Gubbio diviene con Vitangelo Moscarda la condizione estrema attraverso cui l'uomo può aspirare a sublimare la propria solitudine nella solitudine universale.

spesso la didascalia, proprio perché sono quasi esclusivo appannaggio delle battute dirette.

Questa eccessiva forza di modalizzazione del discorso diretto è tipica soprattutto dei romanzi autobiografici: ora, se nei romanzi in terza persona abbiamo assolto il narratore, attribuendo molte delle caratterizzazioni che accompagnavano il sintagma di legamento al punto di vista interno del personaggio, altrettanto dovremmo fare per i romanzi in prima persona: possiamo cioè attribuire le modalizzazioni al punto di vista interno del personaggio protagonista-narratore.

Ma un esempio precedente, quello tratto dai *Quaderni,* butta all'aria la nostra ipotesi, in quanto in esso il narratore scavalca completamente i limiti del punto di vista interno e .così modalizza la battura del suo interlocutore: « mi guardò negli occhi, e, *vedendomeli perfettamente impassibili,* esclamò ». A questo punto tra il personaggio-protagonista e il narratore avviene il divario: le esigenze del secondo sono chiaramente più importanti della coerenza narrativa del primo. E queste esigenze si avvertono ancora più chiaramente quando assistiamo, soprattutto in *Uno, nessuno e centomila,* ad una serie di episodi in cui il narratore didascalizza con una certa precisione le battute del personaggio, cioè le *proprie* battute.

Il fenomeno compare già nel *Fu Mattia Pascal:*

> Poi, *come prendendo una risoluzione improvvisa, si voltò a guardarmi in faccia, mi porse una mano e mi domandò:*
> — È mio amico, lei? —.
> — Se vuol concedermi questo onore... Le risposi, *inchinandomi. /.../.*
> — Donna, brutta e vecchia — esclamò — tre disgrazie a cui non c'è rimedio! Perché vivo io? —.
> — Si calmì, via, — la pregai, *addolorato* — Perché dice così, signorina? — *Non mi riuscì di dire altro. (Il fu Mattia Pascal,* p. 471, vol. I)

Confrontata alla modalizzazione relativa alla battuta del suo interlocutore, quella destinata al proprio intervento è senz'altro più povera; ma non si può negare che il narratore protagonista ci tenga ad essere quanto più correttamente preciso nel-

l'introdurre sia le proprie sia le altrui parole; e qui, naturalmente, abbiamo ancora una conferma che dietro al personaggio
— nei romanzi in prima persona — si muova sempre un
narratore in tutto simile a quello rintracciabile nei romanzi
tradizionali in terza persona.

Così anche in *Quaderni di Serafino Gubbio operatore*, un
romanzo nel quale sembrava evitato qualsiasi indugio dichiaratamente narrativo (o interiorizzato) in maniera da sfuggire alle
influenze della regolazione autoriale, abbiamo ancora qualcosa
di affine:

> — Estranea come me al caso, è vero? — attaccai subito, *osten-*
> *tando una maggiore freddezza.* (Quaderni..., p. 685, vol. II)

Per giungere all'accurata precisione, quasi esasperante di *Uno,*
nessuno e centomila:

> Facendo uno sforzo, acre d'onta segreta per trovarmi in gola una
> voce che non paresse troppo strana, le domandai /.../. (*Uno,*
> *nessuno e centomila*, p. 794, vol. II),

un romanzo nel quale, come dall'esempio che segue, il sintagma
tende a scomparire:

> Ed io, *sorridendo nervosamente:* — Mi pende verso destra, non
> vedi? — (*Ibidem*, p. 795, vol. II)

Il narratore in sostanza dichiara il suo indubbio interesse a
caratterizzare al meglio l'aspetto visivo, teatrale del dialogo,
rispetto a quello diegetico vero e proprio.

È vero che in taluni casi il sintagma, con la sua modalizzazione, rientra in quel progetto di autoanalisi, fredda e spietata,
che estrinseca — più della confessione stessa — la alienata follia a
cui è giunto il protagonista-narratore:

> — Lusso di bontà... — feci, *quasi tra me, staccando la voce da un*
> *silenzio che mi parve fuori della vita, perché ombra davanti a mia*
> *moglie, non sapevo più donde io — io come io — le parlavo.*
> (*Ibidem*, p. 82)

Si tratta ancora una volta di servirsi dello spazio libero costituito dal sintagma di legamento per introdurvi delle caratterizzazioni, a metà tra discorso e racconto. In contesti analoghi, nei
romanzi precedenti, come abbiamo visto, Pirandello inseriva
per lo più delle parentesi in cui risolvere definitivamente, ed
economicamente, la caratterizzazione delle figure minori. Qui
invece questo espediente assurge a un livello superiore: e il
diverso risultato lo possiamo constatare tutti. Nei romanzi in
terza persona il narratore finiva con lo scoprirsi onnisciente e
invadente, caratterizzando e spiegando anche là dove non fosse
immediatamente necessario; qui, nei romanzi autobiografici, in
un regime stilistico di per sé più coinvolgente e discorsivo,
quello della narrazione in prima persona, appunto, narratore e
personaggio sono invece accomunati nella ricerca e nell'analisi
di sé stessi, sicché il racconto del primo diviene monologo del
secondo, la descrizione diviene percezione, la caratterizzazione
si fa di volta in volta riflessione, ricerca, confessione di se stesso.

Tuttavia vorrei ancora chiudere sul motivo didascalico del
sintagma di legamento unito alla modalizzazione, che testimonia l'intento di chi scrive di far prevalere l'aspetto teatrale-
raprpesentativo della storia su quello diegetico; tanto a livello di
racconto di parole quanto — e questo è ugualmente, se non
addirittura più significativo — a livello di racconto di cose:

> *Sperando* di scomporlo da quel penoso atteggiamento, *gli sorrisi;*
> *sollevai* dalle gambe *con tutt'e due le mani* la coperta e *gliela*
> *mostrai ancora una volta, domandandogli, con grazia:* — Ma
> davvero, scusi, non le sembra bella così verde questa coperta di
> lana? — (*Ibidem*, p. 898, vol. II)

La modalizzazione qui scompone e analizza in altrettanti foto-
grammi la mimica espressiva del personaggio: *gli sorrisi; sollevai;*
gliela mostrai; sono immagini staccate di singoli gesti, legate tra
loro da ulteriori, molteplici tratti descrittivi: *con tutt'e due le*
mani; con grazia; ancora una volta.

In questa esasperata 'descrittività' si inserisce, quasi si insinua timidamente l'analisi: *sperando.* Non c'è più posto ormai
per essa, come non c'è più posto per un sintagma netto: di netto
c'è solo l'immagine. Così, il sintagma, anche in questo caso,
diviene anch'esso modalizzazione: *domandandogli.*

5.2. Conclusioni: il racconto come 'teatralizzazione' della parola

Privilegio della parola; anzi, Pirandello narratore di parole. Sono espressioni un po' sibilline che abbiamo trascinato nel corso di questa lettura: forse ora potremmo chiarire a cosa miri una definizione così precisa. Essa allude alla predilezione che Pirandello dimostra per gli aspetti rappresentativo-psicologici del racconto. Una predilezione forse non sempre soddisfatta: si trattava di operare una teatralizzazione del racconto, in termini però essenzialmente pirandelliani: trasformare il racconto in « teatro retto sulla parola, non più sull'azione parlata » [57].

Tuttavia, accanto a questo ruolo, convive nel narratore un'altra istanza, che insieme all'aspetto discorsivo, subisce il fascino di quello visivo, cinematografico. Il romanzo di Pirandello risente dell'influenza dei copioni teatrali (e questo è scontato), ma anche delle sceneggiature cinematografiche (e questo lo è un po' meno).

Sicché, tirando le somme, assistiamo a due profonde tensioni: quella dell'azione che si fa parola; quella della parola che si fa immagine.

Il racconto di cose, infatti, affidato alla voce del personaggio, tramite analessi, percezione, analisi interna, diviene il più delle volte discorso: il 'caso' diviene un problema di cui discutere, con cui confrontarsi, dal quale tentare quando e come è possibile di sottrarsi. Ma nel loro parlare, discutere, confessarsi questi attori-personaggi sono inquadrati quasi impietosamente; le parole fissano essi e l'ambiente in cui si muovono in immagini nelle quali anche il particolare vorrebbe essere reso visibile, perché reca in sé un sintomo, un tassello che meglio compone la visione totale del quadro.

A livello stutturale si avverte questa doppia aspirazione, all'immediatezza della rappresentazione drammatica, alla irraggiungibile completezza dell'inquadratura cinematografica.

A livello testuale queste due aspirazioni, realizzandosi separatamente in alcuni romanzi, o convivendo a volte soltanto nel breve spazio di un capitolo, di un paragrafo, di una pagina, danno comunque la misura della forza innovativa dell'arte di Pirandello.

[57] Cfr. G. MACCHIA, op. cit., p. 65 ss.

DOMENICO TUCCILLO

ARTICOLAZIONI SPAZIO-TEMPORALI IN FOGAZZARO E TOZZI. APOTEOSI E FINE DEL PRIMATO DIEGETICO

1.0. Tempo della realtà e tempo della 'Fictio'

L'arte del racconto, così di frequente ancorata a un'istanza di realismo, ha nel suo prodigioso potere di dominio della temporalità un tratto distintivo assoluto, un elemento di irriducibile alterità rispetto alla vita. La linea cronologica continua, infatti, su cui si dispone senza possibilità di appello il nostro vissuto, può essere, e viene immancabilmente alterata, anche se in modo più o meno palese, dal libero gioco della fabulazione narrativa. Non vi è racconto, insomma, là dove non vi è una qualche deviazione dal tragitto obbligato e dalla scansione uniforme che il tempo impone alla nostra esistenza. È intorno al problema della temporalità, perciò, che abbiamo pensato di centrare la nostra analisi; più precisamente discuteremo qui i problemi relativi agli effetti di accelerazione, così come essi operano nel tempo del racconto rispetto al tempo della storia, quindi l'uso della tecnica dell'ellissi [1].

[1] L'ellissi è una categoria narratologica che, stando alla classificazione di Genette, rientra in una delle tre fondamentali determinazioni, precisamente quella di *durata*, relativa allo studio dei rapporti tra tempo della storia e tempo del racconto. Proposto preliminarmente «di chiamare *storia* il significato o contenuto narrativo /.../ racconto propriamente detto il significante, enunciato discorso o testo narrativo stesso» (GÉRARD GENETTE, *Figures III*, Seuil, Paris 1972; tr. it. *Figure III*, Einaudi, Torino 1976, p. 75) sarà chiaro come per l'autore studiare il problema del tempo nel romanzo significherà porre l'accento su una dualità temporale «designata dai teorici tedeschi mediante l'opposizione fra *erzählte Zeit* (tempo della storia) e *Erzählzeit* (tempo del racconto)» (*ibidem*, p. 81) e quindi procedere ad un confronto tra le due direttrici temporali «secondo le tre determinazioni, a

I campioni da noi scelti appartengono alla produzione più
significativa del romanzo moderno: si tratta, per l'esattezza, del
Daniele Cortis di Fogazzaro e del *Podere* di Tozzi [2]. Essi sono
stati, per la verità, esaminati dapprima separatamente, quindi,
per i giochi di equivalenza e di opposizione che via via emerge-
vano dai raffronti testuali, come due tappe in qualche modo
emblematiche dell'evoluzione delle forme narrative in Italia tra
fine ed inizio secolo.

I romanzi che ci avviamo a studiare narrano entrambi
storie dall'estensione alquanto limitata. La vicenda del *Daniele
Cortis* si snoda lungo un arco di tempo inferiore all'anno (si va
dal 26 giugno 1881 al 18 aprile 1882), tenuto conto del punto
di partenza e del punto di arrivo del racconto primo [3], esclu-

mio parere fondamentali: i rapporti fra l'*ordine* temporale di successione
degli avvenimenti nella diegesi e l'ordine pseudo-temporale della loro disposizione nel racconto /.../ i rapporti fra la *durata* variabile di tali avvenimenti, o segmenti diegetici, e la pseudo-durata (in realtà, lunghezza del
testo) della loro relazione nel racconto: rapporti dunque, di velocità /.../
infine, rapporti di *frequenza*, cioè /.../ relazioni fra le capacità di ripetizione
della storia e quelle del racconto» (*ibidem*, p. 83). A proposito della durata
Genette poi precisa: «teoricamente infatti, esiste una grandezza continua che
parte dalla velocità infinita delle ellissi, dove un segmento inesistente di
racconto corrisponde ad una durata qualsiasi di storia, per arrivare alla
lentezza assoluta della pausa descrittiva, dove un segmento qualunque del
discorso narrativo corrisponde ad una durata diegetica zero» (*ibidem*, pp.
143-144). L'ellissi, quindi, consente al narratore di saltare integralmente parti
di storia — un giorno, un mese o interi anni — ritenute prive di interesse
per il racconto.
  [2] Per il *Daniele Cortis* si è fatto riferimento all'edizione Mondadori,
Milano 1980; per *Il podere* si è fatto riferimento all'edizione Rizzoli, Milano
1983. Apprendiamo, nel licenziare questo saggio, dell'uscita di una nuova
edizione del *Daniele Cortis,* presso Garzanti a cura di Mario Santoro.
  [3] Si badi che la nozione di «racconto primo» non ha alcuna attinenza
con una graduatoria relativa ai livelli narrativi (compresenza cioè nella
narrazione di più percorsi diegetici e/o di più voci narranti), essa bensì
riguarda esclusivamente «il livello temporale di racconto rispetto al quale
una anacronìa si definisce come tale» (G. GENETTE, *op. cit.*, p. 97): in pratica
la parte di storia compresa tra l'inizio e la fine della narrazione, a prescindere dalle proiezioni sul passato e sul futuro che oltrepassino il limite
temporale segnato da tale inizio o da tale fine, le quali ultime indicheremo
perciò, rispettivamente, come analessi esterne o prolessi esterne.

dendo cioè le varie direzioni e proiezioni rispettivamente sul passato e sul futuro: analessi e prolessi esterne [4]; ancora più breve l'arco di tempo ricoperto dalla vicenda del *Podere* (all'incirca dall'aprile al luglio del 1900). Eppure, vedremo, in ambedue i romanzi l'ellissi gioca un ruolo determinante.

2.0. Il *Daniele Cortis* e l'accelerazione drammatica del racconto

2.1. Consequenzialità crono (logica) dello sviluppo diegetico.

Il *Daniele Cortis* ci narra gli ultimi dieci mesi di un'infelice storia d'amore tra il protagonista del romanzo e sua cugina, Elena Carrè. Un amore tutto platonico, spirituale, in ragione apparentemente dei legami matrimoniali di Elena (sposata col barone Carmine Di Santa Giulia), ma che, nel precipi-

---

[4] «Studiare l'ordine temporale di un racconto, significa operare un confronto fra l'ordine di disposizione degli avvenimenti o segmenti temporali nel discorso narrativo e l'ordine di successione che gli stessi avvenimenti o segmenti temporali hanno nella storia, sia seguendo le esplicite indicazioni fornite dallo stesso racconto, sia per quanto si può inferire da questo o quell'indizio indiretto» (G. GENETTE, *op. cit.*, p. 83). Le eventuali discordanze emerse dal confronto tra l'ordine della storia e quello del racconto vengono indicate da Genette come *anacronie*. All'interno di questa categoria d'analisi più generale poi lo studioso opera un'ulteriore distinzione «designando con *prolessi* qualsiasi manovra narrativa che consista nel raccontare o evocare in anticipo un evento ulteriore, e con *analessi* qualsiasi evocazione, a fatti compiuti, d'un evento anteriore al punto della storia in cui ci si trova, e riservando il termine generale *anacronia* a tutte le forme di discordanza fra i due ordini temporali non completamente riducibili, come vedremo, all'*analessi* e alla *prolessi*» (*ibidem*, pp. 87-88). La prima sottoclassificazione delle analessi e delle prolessi in *esterne, interne* e *miste* viene stabilita da Genette in base all'ampiezza (durata di storia coperta) dell'anacronìa. Possiamo così «definire *esterna* l'analessi la cui ampiezza globale resta esterna a quella del racconto primo /.../. Inversamente, qualificheremo analessi *interna* il capitolo sesto di *Madame Bovary*, consacrato agli anni di convento di Emma, evidentemente posteriori all'entrata di Charles al liceo, punto di partenza del romanzo /.../. Si possono anche concepire (e a volte le si incontrano) delle analessi *miste*, per le quali il punto di portata è anteriore e il punto di ampiezza posteriore rispetto all'inizio del racconto primo» (*ibidem*, p. 97).

tare degli eventi, svelerà la sua carica di sottile erotismo, la sua compiaciuta e perversa deviazione in senso masochistico del desiderio amoroso. Come già detto, i dieci mesi sono tali in rapporto al punto di partenza e al punto di arrivo del racconto primo; né il racconto consecutivo [5] si sofferma per intero su di essi, ma ce ne narra appena dodici giorni. La narrazione, infatti, risulta divisa in tre distinti blocchi cronodiegetici: il primo di otto giorni (ma in realtà il racconto si sofferma solo su sei di essi), il secondo di sei (ma in realtà il racconto si sofferma su due soli giorni) e il terzo di quattro. Questi blocchi corrispondono ai tre momenti decisivi del percorso logico dell'azione *(premessa — sviluppo — conclusione)*.

Motivo portante della storia risulta quello degli affari del barone. Nel primo blocco (26 giugno — 3 luglio, *premessa*) viene riferito della rottura tra questo e la famiglia Carrè, causata dalla richiesta di denaro da parte di Di Santa Giulia e delle studiose manovre di Elena — che il marito crederà, per una serie di fortuite circostanze, istigata dalla famiglia — per evitare di farglielo ottenere. Elena, infatti, per il momento, non sospetta la gravità della situazione finanziaria del marito e attribuisce la richiesta al vizio del gioco del barone; peraltro la protagonista, minacciata da quest'ultimo di essere confinata a Cefalù qualora non siano soddisfatte le sue richieste, è ben lieta di optare per questa soluzione, volendosi distaccare da Cortis, verso il quale si sente ormai troppo pericolosamente attratta. Nel secondo blocco (24 — 29 marzo, *sviluppo*) viene riferito dei tentativi compiuti da Elena, e dagli altri personaggi da lei sollecitati, per soccorrere, con l'aiuto della famiglia, il marito; del caparbio e orgoglioso rifiuto del barone — il quale, dopo

---

[5] Per racconto consecutivo, o *ordo naturalis* della storia, intendiamo una sottocategoria del racconto primo. Il racconto consecutivo, come chiarisce l'aggettivo stesso, riguarda il racconto degli avvenimenti narrati in successione univoca, cioè progressivamente e senza salti cronodiegetici, a partire dalla scena di apertura del romanzo, quindi dal punto di inizio del racconto primo. Vengono escluse perciò da esso tutte le analessi e le prolessi interne (oltre, come ovvio, quelle esterne) che entrano invece a far parte del racconto primo.

essersi vista respinta la richiesta di denaro, aveva dichiarato chiusi i suoi rapporti con i Carrè; — e infine dell'impegno assunto dalla protagonista, al fine di dimostrare l'estraneità della famiglia Carrè alla proposta Boglietti (l'avvocato Boglietti, mandatario di un istituto di credito, è stato incaricato dal conte Lao, zio di Elena e capofamiglia di casa Carrè, di proporre a Di Santa Giulia, senza rendere nota la provenienza dell'offerta, una ricomposizione di tutti i suoi debiti a patto che egli parta per sempre per l'America) e di indurre il marito ad accettarla, a partire con lui (sarà dato, successivamente, facoltà al barone di andarsene anziché in America ad Yokohama). Nel terzo blocco (14 — 18 aprile, *conclusione*) viene riferito della permanenza di Elena e Cortis a Passo di Rovese, per la convalescenza di quest'ultimo, colpito, nel suo discorso alla Camera, da una mimaccia di congestione cerebrale; del pieno rivelarsi della reciproca passione amorosa, fino al sopraggiungere della lettera del barone, annunciante la partenza per il giorno 19, che determina, per un imporsi, questa volta, della salda coscienza etica dell'eroe sui vacillamenti emotivi e sentimentali della donna, la definitiva separazione tra i protagonisti; e, infine, della decisione del protagonista a riprendere, con rinnovato impegno e totale dedizione, la sua battaglia ideologico-politica.

Al motivo principale si associa poi quello collaterale della comparsa della signora Cortis. Esso viene inserito nel primo blocco, dove la drammaticità esterna e il senso del romanzesco non potevano affermarsi in rapporto al motivo centrale, quello degli affari del barone, di cui si ponevano solo le premesse per gli sviluppi successivi. Di fatti l'autore svolge questa vicenda con una costruzione a suspense, ricca di colpi di scena (tale signora Fiamma, la quale ha inviato una lettera a Cortis annunciandogli che sua madre, dall'eroe mai conosciuta, è viva, trovasi a Lugano ammalata e desidera vederlo, si rivelerà essere ella stessa, dopo un primo incontro col protagonista, l'ignota genitrice), che imprimono al racconto una cadenza quasi da giallo.

Intorno a questi eventi, che costituiscono lo scheletro diegetico della storia, i cardini su cui si articola in modo limpidamente consequenziario la successione logica e cronologica della vicenda, si aggregano quindi i robusti lacerti tematici della narrazione, i discorsi e le problematiche che ne vanno a impinguare la poderosa massa ideologica. Da una parte abbiamo la tematica amorosa (etico-sentimentale ed emozionale), di interesse privato, intimista, ma al tempo stesso euforizzante, tenuto conto soprattutto della compatta presenza di forze oppositive (interne ed esterne) che si frappongono e, alla fine, impediscono la conquista dell'Oggetto da parte dell'eroe. Dall'altra abbiamo la tematica etico-politica, di interesse pubblico, intensamente impegnata, considerato che investe direttamente il problema del rapporto soggetto-mondo circostante, individuo-società. Codesti contenuti, oltre alla costruzione ad intrico — anche se quest'ultima risulta perfettamente ricostruibile, passaggio dopo passaggio, nei suoi progressivi sviluppi e intersezioni, e perciò impeccabilmente conseguente —, snodantesi lungo un filo narrativo ad elevata tensione cronodiegetica, formano la sostanza romanzesca del *Daniele Cortis*, che, come vedremo, si rispecchia e si esalta nelle soluzioni relative alla formalizzazione dei contenuti.

2.2. *Le ellissi strategiche: dal tempo storico al tempo cronologico.*

Abbiamo accennato all'importanza della tecnica dell'ellissi in questo romanzo. Il *Daniele Cortis* si apre con una grande scena, di gusto realistico, dove si riprende e si rappresenta una tipica serata di ricevimento in casa Carrè. Tale scena occupa l'intero primo capitolo ed è seguita, nei successivi, da un insieme di sommari, scene e pause analitico-descrittive [6] che si

---

[6] Riguardo alla durata Genette precisa ancora: «Le quattro forme fondamentali del movimento narrativo /.../ sono i due estremi che ho appena evocato (*ellissi* e *pausa* descrittiva) e due intermedi: la scena, nella maggior parte dei casi "dialogata", che lo abbiamo già osservato, convenzionalmente realizza l'uguaglianza di tempo fra racconto e storia, e quanto la critica anglosassone chiama *summary*, termine senza equivalente preciso, che noi chiameremo *racconto sommario* o, brevemente, *sommario:* forma del movimento variabile (mentre le altre tre possiedono un movimento, almeno in teoria, determinato) che copre, con una grande elasticità di comportamento, tutto il campo compreso tra scena e ellissi» (G. GENETTE, *op. cit.*, pp. 143-144).

svolgono in un *continuum* temporale pressoché ininterrotto fino al capitolo X incluso. Tenuto conto che la scena del ricevimento è da collocarsi sicuramente in data 26 giugno 1881 e che il capitolo X si chiude con un dialogo tra Elena e suo marito — nel corso del quale la protagonista manifesterà le sue intenzioni di trasferirsi comunque, anche avendo il marito ritirato la minaccia del confinamento a Cefalù — da situare nella prima mattina del 3 luglio, distingueremo allora nel romanzo una prima seguenza temporale dell'ampiezza di otto giorni scarsi. Il cap. XI, a sua volta, si apre con una lettera (datata 19 gennaio 1882) inviata da Cortis ad Elena, autorelegatasi già dall'estate in un forzato soggiorno a Cefalù. Tra la fine del cap. X e l'inizio del cap. XI, quindi, constatiamo la presenza di un primo consistente salto temporale, un'ellissi strategica [7] dell'ampiezza di ben sei mesi e mezzo. Il cap. XI si

---

[7] Dal punto di vista formale Genette distingue le ellissi in a) *determinate* e *indeterminate:* nel primo caso (ad esempio: "due anni dopo") viene indicato con precisione il tempo di storia eliso; nel secondo caso (ad esempio "molti anni dopo") tale indicazione risulta imprecisata o del tutto inesistente. b) *Esplicite* e *implicite:* nel primo caso (ad esempio: "due anni dopo" o anche "molti anni dopo") abbiamo elisione con indicazione, alla ripresa del racconto, del tempo trascorso; le ellissi esplicite possono poi a loro volta distinguersi in *qualificate* o *non qualificate* a seconda che all'indicazione puramente temporale si aggiunga o meno un'informazione di contenuto diegetico (ad esempio "trascorsero lunghi anni *di felicità*"); nel secondo caso non abbiamo alcuna indicazione in merito al tempo trascorso e l'ellissi è inferibile da parte del lettore solo tramite qualche lacuna cronologica o soluzione di continuità narrativa (Genette, utilizzando come campione d'indagine la *Recherche* cita, ad esempio, il caso «del tempo indeterminato che trascorre fra la fine delle *Jeunes filles en fleurs* e l'inizio di *Guermantes:* sappiamo che Marcel è rientrato a Parigi, dove ha ritrovato la sua «vecchia camera dal soffitto basso»; lo ritroviamo in un nuovo appartamento annesso a palazzo Guermantes, il che suppone almeno l'ellissi di qualche giorno e forse molto di più » (*ibidem*, p.157). Procedendo nell'esame del funzionamento dell'ellissi nei testi da noi studiati si è dimostrato proficuo l'inserimento di altre due sottocategorie di analisi non previste nello schema genettiano. Abbiamo indicato così con *ellissi strategiche* quei tagli temporali di estensione rilevante, per lo meno superiore alle ventiquattro ore; con *ellissi tattiche* i tagli, invece, di estensione ridotta, perciò non superiore alle ventiquattro ore.

compone, poi, per intero di lettere. Si tratta di uno scambio
epistolare intrecciato tra Elena, il suo medico curante (dottor
Niscemi), Cortis, il senatore Clenezzi e la contessa Tarquinia:
un complesso di tredici lettere che coprono un arco di tempo
che va dal 19 gennaio, appunto, data di emissione della lettera
di Cortis, al giorno di emissione della lettera della contessa
Tarquinia in data non precisata, da collocarsi comunque,
senz'altro, nella decade tra il 14 e il 24 marzo. Da esse apprendiamo, tra l'altro, che la situazione finanziaria del barone Di
Santa Giulia, migliorata dopo la forte vincita al gioco nella
notte del 2 luglio, è di nuovo pericolosamente precipitata, tale
da non consentirgli di saldare con l'approssimarsi dell'ultima
scadenza (31 marzo) il debito contratto. Apprendiamo altresì
del turbamento prodotto nell'animo di Elena dalle velate mi-
nacce del marito — il quale, in più occasioni, ha lasciato
intendere di non escludere il ricorso anche a soluzioni estreme,
pur di riscattare il proprio onore, senza per questo accogliere
l'aiuto dei Carrè — e, quindi, del suo disporsi a lasciare Cefalù
per recarsi a Roma, dove già Cortis si sta adoperando per
ottenere una dilazione dei termini di pagamento del debito. La
narrazione vera e propria riprende con il cap. XII, più precisamente con il dialogo tra Cortis e l'avvocato Boglietti, che si
svolge nel primo pomeriggio del 24 marzo, nel quale il legale
negherà la disponibilità precedentemente manifestata a concedere una proroga. Dal cap. XII al cap. XIX si snoda quindi una
nuova sequenza cronodiegetica pressoché ininterrotta, dell'ampiezza di sei giorni (24-29 marzo), tutta ambientata nella capi-
tale. Il cap. XX si apre con una scena mista a descrizione, che
vede Elena e Cortis ripresi nella suggestiva cornice paesaggistica di Passo di Rovese, dove i protagonisti, nella scena finale
del cap. XIX (29 marzo), avevano deciso di recarsi insieme per
la convalescenza dell'eroe, a seguito della minaccia di congestione cerebrale che aveva colto quest'ultimo nel suo discorso
di dimissioni alla Camera; da qui si intuisce l'immissione di
un'altra ellissi strategica, la quale però non viene dichiarata dal
narratore (ellissi implicita). Risulta tuttavia facile, con le indicazioni che via via emergono dal narrato, ricostruire i passaggi e
collocare la scena di apertura del capitolo, con assoluta cer-

tezza, in data 15 aprile: si tratta quindi di un ellissi implicita sì, ma determinata, dell'ampiezza di sedici giorni. il terzo blocco narrativo va avanti, a sua volta, fino al termine del romanzo, in un'unica sequenza temporale anch'essa abbastanza continua di quattro giorni (15-18 aprile).

Siamo, come si può osservare, di fronte ad una fortissima accelerazione ritmica del tempo del racconto, che, a prescindere anche dagli elementi della fabula e dalla costruzione ad intrico della vicenda, produce di per se stessa una notevole elevazione della tensione drammatica della narrazione.

Sarà bene precisare subito, a questo punto, che la nostra interpretazione circa l'effetto prodotto nella narrazione dallo spostamento ellittico diverge nettamente da quella del De Rienzo, che pure si è occupato, nel suo studio sui romanzi di Fogazzaro [8], del problema temporale. Il De Rienzo proponendosi "attraverso una lettura fedele del testo (e ripetiamo di quall'unico testo valido per me, ma che va da *Malombra* a *Leila*), di penetrare nel piccolo mondo di Fogazzaro, considerato proprio nei suoi limiti, per quanto angusti essi possano essere" [9], e di evitare perciò drastiche quanto inutili stroncature ai danni di uno scrittore già abbondantemente ridimensionato dalla critica [10] e privo ormai anche del crisma della popo-

---

[8] GIORGIO DE RIENZO, *Fogazzaro e l'esperienza della realtà*, Silva, Milano 1967.

[9] *Ibidem*, pp. 13-14.

[10] Tanto la critica di indirizzo stilistico quanto quella di indirizzo storicistico-sociologico si sono espresse, in genere, con giudizi fortemente negativi sull'opera del Nostro. Per la prima basti ricordare la sentenza di condanna emessa in poche pagine di analisi da MARIO FUBINI, *Critica e poesia*, Laterza, Bari 1956, pp. 58-63; seguita dalla stroncatura, poggiante su ben più ampia e dettagliata disamina della lingua e dello stile dello scrittore, condotta « con un'acribia che rasenta la ferocia » come ebbe a dire il Falqui, di MARIA LUISA SUMMER, *Le approssimazioni stilistiche di A. Fogazzaro*, « GSLI », XXVIII (1961). Per quel che riguarda la seconda, per il priodo che precede l'uscita del lavoro del De Rienzo, basterà rifarsi al noto giudizio di CARLO SALINARI, *Il Santo*, in *Miti e coscienza del decadentismo italiano*, Feltrinelli, Milano 1960. Il critico, riallacciandosi all'analisi condotta da GAETANO TROMBATORE nel suo articolo *Il successo di Fogazzaro* [1945] (articolo confluito poi in *Riflessi letterari del Risorgimento in Sicilia*, Manfredi, Palermo 1960) circa la tendenza del Vicentino al « gusto borghese di affrontare il

larità, riscontra nell'opera del Vicentino, in merito proprio al trattamento dei fattori temporali, elementi inaspettatamente originali, una sensibilità per certi aspetti vicina a quella dei grandi autori del Novecento europeo. Il critico ritiene, anzitutto, che «Se in Manzoni il tempo è un continuo trascorrere verso un tempo infinito, in Fogazzaro è un qualcosa di immobile, di sempre uguale a se stesso, che si scarica del suo significato storico e cronologico, fissato com'è in ore e momenti particolari, che si susseguono nella memoria senza un reale

rischio e di ritrarsene in tempo», all'innovare ma senza con ciò attentare all'integrità degli istituti costituiti, tanto nel campo morale, che religioso, che sociale (e, si potrebbe aggiungere, stilistico-narrativo), così conclude il suo studio: «Dalla analisi condotta fino a questo punto, si può dedurre che le idee critiche illuminanti nei riguardi dell'opera fogazzariana sono essenzialmente due: quella che colloca la sua ideologia nell'ambito del movimento cattolico-liberale, e quella che colloca la sua poetica nell'ambito di un attardato romanticismo. Entrambe queste intuizioni tendono a sottolineare la caratteristica che mi pare venga alla luce con chiarezza dopo la nostra analisi: che tutta l'opera del Fogazzaro si trova fuori di chiave rispetto al tempo in cui si realizza e quindi risulta incapace di un'autentica *conoscenza,* superata com'è dalle cose e irrimediabilmente in ritardo. Se il superuomo appariva velleitario, il santo ci appare anacronistico. E, a guardar bene, è da questa sfasatura che deriva quanto di inverosimile, di astratto, di eccessivo troviamo nei romanzi fogazzariani» (p. 246). Sulla scia di Salinari, per gli studi successivi a quello del De Rienzo, ELSA SORMANI, *Arte, scienza e fede in Antonio Fogazzaro,* in *La Letteratura italiana. Storia e testi. Il secondo Ottocento,* 8 II, Laterza, Roma-Bari 1975, la quale parla di «una personalità irrisolta, ansiosa ma incapace di conoscersi a fondo, attratta dal mondo dell'inconscio, ma premunita da un complesso sistema di difese» (p. 658). Tendente invece, soprattutto nella prima parte del saggio, a focalizzare in modo puntuale l'ideologia politica di/del *Daniele Cortis,* ma senza per questo astrarre dalla specificità della situazione narrativa, anzi poggiando su essa, lo studio di ENRICO GHIDETTI, *Le idee e le virtù di Antonio Fogazzaro,* Liviana, Padova 1974; così pure interessato all'analisi della costruzione della storia, al fine di individuare l'ideologia sottesa al romanzo e la corrispondente classe sociale che vi risulta rappresentata, prima ancora che ad esprimere un giudizio politico di condanna di quella classe e di quell'autore, si mostra CARLO A. MADRIGNANI, Introduzione a A. FOGAZZARO, *Daniele Cortis,* Mondadori, Milano 1980. Giudizio, infine, decisamente positivo sul romanzo esprime M. SANTORO nella più recente edizione del testo, Introduzione a A. FOGAZZARO, *Daniele Cortis,* Garzanti, Milano 1988.

senso di continuità. /.../ un'esperienza insomma tipicamente 'verticale', perché trova la sua nuova dimensione, non più nell'estensione della storia, ma nella profondità della memoria (al tempo della storia dunque si sostituisce il tempo della memoria).» [11] Quindi, in merito alla riduzione operata dall'autore del tempo del racconto rispetto al tempo della storia, lo studioso afferma: «già l'esame del tempo narrativo di questi romanzi (considerato nel suo succedersi cronologico di giorni e di ore, e in quelli che potremmo definire "salti" narrativi), anche se condotto da un punto di vista del tutto esteriore, semplicemente computistico, ci potrà portare ad una nuova definizione individuante di questa singolare esperienza fogazzariana, mentre la registrazione di alcune costanti, particolarmente evidenti (come quella dell''addio'), ce ne permetterà una qualificazione sempre più precisa /.../. Così, se per un verso assistiamo al successivo e costante restringimento del tempo narrativo da una durata cronologica media di un anno, ad una durata di effettiva azione narrativa sempre più breve; per l'altra registriamo una tendenza alla dilatazione del momento fondamentale in un tempo indefinito senza precisi e individuabili limiti cronologici » [12]. Il critico sembra così attribuire la forte accelerazione ritmica non all'esigenza di muovere verso un presente drammatico, quanto, invece, all'esigenza di fermare il racconto su alcuni attimi di forte intensità emotiva, che risulterebbero cronologicamente slegati tra loro, dal momento che, intrecciandosi all'interno di essi, nella coscienza dei personaggi, memoria del passato e proiezioni fantastiche sul futuro, la percezione di un tempo storico esteriore verrebbe dissolta per far posto a quella di un tempo vissuto interiore.

Ora se, da una parte, ci pare di poter consentire col De Rienzo sul fatto che in Fogazzaro svanisce la prospettiva storica presente in Manzoni, dall'altra, non ci pare per niente condivisibile la tesi che nel Vicentino il tempo si scarichi, oltre che del suo significato storico, anche del suo significato crono-

[11] G. De Rienzo, *op. cit.*, pp. 54-55.
[12] *Ibidem,* pp. 56-57.

logico. Lo studioso stesso, del resto, resosi conto di essere andato forse troppo in là con le sue affermazioni, a conclusione del secondo dei brani precedentemente riportati, precisa in nota: «Senza raggiungere [Fogazzaro] tuttavia i limiti estremi di un tale 'verticalismo' del tempo a cui previene un Proust di *À la recherche du temps perdu*». Confronto che, seppur di tipo contrastivo, appare risolto in termini quanto mai vaghi ("limiti estremi") nella definizione dei suo tratti differenziali, e finisce perciò col risultare ancora più pericoloso. Dopotutto se ne potrebbe inferire che la qualità delle due proposte, quella fogazzariana e quella proustiana, non sia poi tanto diversa, che lo scrittore francese non abbia fatto altro che spingersi un po' più in là lungo la strada maestra già tracciata dal Vicentino in direzione delle *intermittences du coeur*.

In realtà i limiti entro cui opera il Fogazzaro sono ben più ristretti e devono essere oggettivamente definiti, per non dar adito a fuorvianti equivoci e confusioni. La nostra impressione è che, almeno per quel che riguarda il *Daniele Cortis* [13], che pur non esula dall'analisi del De Rienzo, il critico, spinto forse da un'eccessiva 'simpatia' verso il suo autore, estenda impropriamente considerazioni pertinenti a singoli temi e situazioni narrative al modo stesso in cui verrebbe strutturata, in assoluto, la temporalità nei romanzi del Nostro. Contro l'ipotesi interpretativa formulata dal De Rienzo cozzano, infatti, i risultati dell'analisi da noi condotta, dai quali si evince

---

[13] L'interpretazione del De Rienzo si riferisce, infatti, come già precisato dallo studioso stesso nel primo dei suoi brani da noi sopraccitati, alla generalità delle opere del Vicentino, non nel senso però, si badi, che essa risulta applicabile e valida per ogni singolo romanzo, ma nel senso che essa funziona solo considerando questi romanzi, tutti insieme, come un unico, grande romanzo. Tale premessa rende il discorso critico generico, se non poco attendibile, dal momento che le ipotesi formulate non possono essere di volta in volta verificate sui singoli testi. Va da sé, comunque, che la nostra critica si appunta esclusivamente sul *Daniele Cortis,* al quale, pure, lo studioso fa spesso riferimento nelle sue citazioni e considerazioni; riservando ad ulteriori indagini di accertare la maggiore o minore validità dell'ipotesi del De Rienzo in rapporto agli altri romanzi fogazzariani.

che una limitazione e una scansione cronologica nel racconto non solo esistono, ma reggono di fatto la compagine narrativa, ne suturano e ne allacciano le varie sezioni diegetiche, la strutturano in modo perfettamente lineare e razionale. Il drastico restringimento temporale, insomma — che, vedremo, non appare affatto indefinito — risulta, a nostro avviso, funzionale soprattutto all'elevazione della tensione diegetica della vicenda, cioè al conseguimento di un presente drammatico, prima ancora che introspettivo. Il discorso apparirà più chiaro se, una volta accertata la prima, fondamentale ripartizione del romanzo in tre distinte sequenze temporali, corrispondenti rispettivamente sotto il profilo logico-diegetico, alla *premessa,* allo *sviluppo* e alla *conclusione,* proveremo ad esaminare il funzionamento delle ellissi e in genere degli indicatori temporali all'interno dei singoli blocchi cronodiegetici.

2.3. *Ellissi strategiche e sommario: progressione drammatica e recupero realistico.*

Partiamo, allora, dall'esame delle ellissi strategiche, che, seppure in dimensioni ridotte, sono tuttavia presenti anche all'interno di questi blocchi di limitata estensione temporale. La prima di esse la troviamo ad inizio del cap. IV, dopo che nei capitoli precedenti l'autore si è soffermato interamente sulla serata del ricevimento, dapprima con una panoramica sui discorsi dei partecipanti (cap.I), quindi con le scene focalizzanti — scene di prologo all'azione tra Elena e il conte Lao e tra Elena e Cortis (cap. II); scena a forte contenuto ideologico-politico tra Cortis e Grigiolo (cap. III) — intese a dare rilievo ai protagonisti. Il cap. IV si apre nel modo seguente [14]:

> La chiesettina di Villa Carrè /.../ non aveva quasi mai posato, *la notte fra il 28 e il 29 giugno,* di far chiasso con le sue campanelle. Venne il giorno, venne il sole /.../. Elena, che aveva preso un po' di sonno sull'alba, si svegliò di colpo /.../.

---

[14] I corsivi all'interno dei brani citati sono sempre nostri.

Pensò che *incominciava il terzo giorno dalla partenza di Cortis e che* forse *fra poche ore* sarebbe venuta una lettera. *(Daniele Cortis,* IV, pp. 66-67)

È a questo punto che compare la prima indicazione temporale oggettiva del romanzo. Essa ci permette di ricavare con precisione la data della sera del ricevimento. Se infatti il 29 mattina inizia il terzo giorno dalla partenza di Cortis (Cortis aveva annunciato ad Elena, la sera del ricevimento, che l'indomani sarebbe partito per Lugano), è evidente che la scena di apertura deve essere collocata in data 26 giugno ed i primi tre capitoli riguarderanno di conseguenza la serata e la notte del 26. Siamo anche qui pertanto di fronte ad un'ellissi strategica, esplicita e determinata, che interessa cioè la cesura degli avvenimenti relativi ai giorni del 27 e del 28 giugno. Ma a proposito di quest'ellissi interna al primo blocco andrà fatta qualche osservazione. Noteremo anzitutto come essa non possa esser subito inferita dal lettore. L'indicazione della data *la notte fra il 28 e il 29 giugno,* fornita ad apertura del capitolo IV, non permette di per sé alcuna chiara deduzione cronologica; essa prenderà a funzionare in tal senso solo in seguito alla precisazione *incominciava il terzo giorno dalla partenza di Cortis,* immessa però dopo una buona pagina di narrato analitico-descrittivo. L'impressione prodotta ad arte sul lettore, quindi, è quella di un *continuum* temporale del racconto consecutivo, di uno sviluppo senza soluzione di continuità, se non per il taglio che attiene appunto al riposo notturno. Insomma, inizialmente, si ha l'impressione di trovarsi nel giorno successivo a quello del ricevimento, i cui avvenimenti sono stati narrati nei primi tre capitoli. Su tale impressione fa leva l'ellissi vera e propria, introdotta solo in un secondo momento, la quale finisce così col proiettare i contenuti che informano la pausa anche nel tempo della storia saltata dalla narrazione (27-28 giugno). Ciò tanto più, in quanto la pausa è fino a quel punto tutta giocata sul tema adiegetico dell'attesa:

/.../ si svegliò di colpo alzando il capo dal guanciale. Non avevan suonato il campanello e portato una lettera di Daniele? Non l'avevan posata lì sul tavolino? No, sul tavolino v'erano i anelli, il suo braccialetto, il suo Chateaubriand aperto. Un sogno, un sogno, era stato un sogno. (*Daniele Cortis*, IV, p.66);

Pensò che incominciava il terzo giorno dalla partenza di Cortis e che forse fra poche ore sarebbe venuta una lettera. (*Ibidem*, IV, p. 67)

L'attesa di Elena, in altre parole, dato il modo in cui vengono collocati ed operano sulla ricezione del brano gli indicatori temporali, non pare limitata alla mattinata del 29 giugno, ma si estende a ritroso anche sui giorni precedenti ed evita pertanto il vuoto diegetico che il balzo in avanti del racconto avrebbe altrimenti prodotto sul terreno della storia: anche non essendo l'ellissi esplicitamente qualificata è come se in realtà lo fosse, come se cioè il narratore dicesse "incominciava il terzo giorno *[di attesa]* dalla partenza di Cortis".

Né il taglio ellittico del cap. IV, dopo l'avvenuta biforcazione diegetica a seguito della partenza di Cortis, recide gli avvenimenti di quei giorni relativi al protagonista. Dopo la pausa del cap. VI e V, infatti, entrambi centrati sulle vicende, soprattutto interiori, di Elena, lungo l'estenuante giornata del 29, ad inizio del cap. VI con una pronta sterzata analettica di tipo extradiegetico [15] l'autore ci riporta al giallo di Daniele, che seguiamo giorno per giorno, dal momento del suo arrivo a

---

[15] Genette distingue le analessi e le prolessi oltre che in esterne, interne e miste in *omodiegetiche* ed *eterodiegetiche* (per ulteriori e ancora più articolate sottoclassificazioni, che pure non mancano, ma che non trovano applicazione nella nostra analisi, rimandiamo all'opera dello studioso francese): le prime sono «basate sulla medesima linea del racconto principale» (G. GENETTE, *op. cit.*, p. 99); le seconde sono fondate «su una linea di storia e perciò su un contenuto diegetico diverso da quello (o da quelli) del racconto primo» (*ibidem*, p. 98). Dobbiamo rilevare però che, in questo caso, l'uso dell'aggettivo *primo* riferito a racconto può generare una certa confusione, avendo già lo studioso adoperato questa espressione, *racconto primo*, in rapporto al problema dei livelli temporali senza alcuna interferenza, come a suo tempo ci siamo preoccupati di sottolineare, con i livelli diegetici del racconto stesso, i quali ultimi vengono invece qui chiamati in causa. Meglio insomma avrebbe fatto Genette a parlare anche in quest'ultimo caso di racconto principale e non di racconto primo.

Lugano: "Cortis arrivò a Lugano a sera inoltrata" p.99 (sera del 27), al momento del suo ritorno a Passo di Rovese (mattina del 30), senza mai abbandonarlo (capp. VI, VII, VIII, IX).

È ad inizio del cap. X, con il racconto che torna a focalizzarsi su Elena, che ci imbattiamo nella seconda ellissi strategica del primo blocco: «I Di Santa Giulia erano a Roma da due giorni, e il barone non aveva ancor detto una parola a sua moglie.» p. 154. Occorre precisare, a proposito di questa ellissi, peraltro qualificata, che subito dopo di essa, seppur in forma di sommario: «È vero che il senatore ne soffriva poco. Si alzava dopo le due, usciva e non rientrava che all'alba. Elena non lo vedeva neppure. Il primo giorno la cameriera dell'albergo le aveva detto che /.../» p.154, l'autore si preoccupa di informarci in modo piuttosto dettagliato sui primi due giorni di permanenza a Roma dei Di Santa Giulia. Il racconto consecutivo infatti si reinserisce solo dopo due pagine, proprio in rapporto alla serata del secondo giorno, cioè del 1 luglio «La seconda sera dopo il suo arrivo andò in carrozza da Loescher» p.156, per poi giungere fino alla mattina del 3 luglio. In realtà qui l'ellissi, pur producendo un salto temporale, non ha la funzione di spazzare via l'unità cronodiegetica, ma soltanto quella di operare, proiettandoci in avanti, un mutamento di visuale. Essa, cioè, permette all'autore di riassumere brevemente (ma non di eliminare!) quanto accaduto in precedenza, mantenendo però l'attenzione e la tensione del lettore tutta spostata verso il racconto consecutivo introdotto e lasciato in sospeso proprio dall'abbrivo ellittico.

Il punto ci sembra particolarmente importante perché dimostra l'inattendibilità della tesi del De Rienzo, almeno qualora essa venga applicata specificamente al *Daniele Cortis,* soprattutto quando lo studioso asserisce: «E si noti che è lo stesso autore, con il suo intervento insistente, a scandire il tempo, a segnarne ed a fermarne i momenti più significativi, a spezzare, in definitiva, il senso della continuità cronologica, rivolgendo costantemente la propria attenzione ad un momento presente, via via scelto e situato sull'arco cronologico del romanzo: sicché il lettore, perdendo il senso di una continuità, è portato naturalmente ad attribuire al tempo una durata sempre più lunga o più breve di quella effettiva, misurabile cioè con l'orologio o col calendario.» [16] A noi pare, invece, proprio da quanto visto a proposito di quest'ultima ellissi strategica, che l'autore, pur scandendo il tempo, spezzandolo, proiettando il lettore in avanti, tende poi sempre a ricomporre la continuità cronologica degli eventi, a contemperare, cioè, nel romanzo, le esigenze della logica drammatica con quelle della logica realistica.

Il fenomeno, poi, così come è stato appena osservato e discusso, si rivelerà in forma maggiormente marcata se ci spostiamo per un attimo al secondo blocco cronodiegetico. Noteremo qui, anzitutto, come il ritmo narrativo risulti ancora più rapido di quanto già fosse nel primo blocco. In quest'ultimo, considerando l'ellissi dell'ampiezza di due giorni posta a inizio del cap. X e mettendoci dal punto di vista della protagonista, centro di interesse narrativo, come sappiamo, dell'intero capitolo, abbiamo constatato come la sequenza primaria si soffermi su sei degli otto giorni inclusi tra il suo punto di partenza e il suo punto d'arrivo, cioè tra il 26 giugno e il 3 luglio. Allo stesso modo la sequenza appare accorciata se ci poniamo dal punto di vista del protagonista, relativamente al quale la narrazione degli avvenimenti si arresta al 30 giugno.

Nel secondo blocco, tuttavia, la restrizione operata dal tempo del racconto sul tempo della storia è ben più categorica: dei sei giorni indicati (24-29 marzo) qui, in effetti, ce ne vengono narrati meno della metà. I primi cinque capitoli, infatti (capp. XII, XIII, XIV, XV, XVI), coprono un arco temporale di appena ventiquattr'ore, dal pomeriggio appunto del 24 marzo a quello del 25. Qui vediamo Cortis oberato dagli impegni più svariati: l'inasprirsi della questione Di Santa Giulia e il moltiplicarsi dei suoi tentativi di mediazione tra il barone e l'avvocato Boglietti per porvi rimedio; il riemergere prepotente della passione amorosa a seguito dell'incontro con Elena dopo una così lunga separazione; la preparazione del suo discorso di dimissioni alla Camera e l'accesa discussione con

---

[16] G. De Rienzo, op. cit., pp. 57-58.

altri deputati e uomini politici sulle linee portanti di questo, quale programma da utilizzare, al tempo stesso, per il giornale che l'eroe intende fondare con essi. Nel pomeriggio del 25 Cortis si reca alla Camera dove, già in preda ad uno stato di profonda prostrazione psicofisica, appena presa la parola, viene colto da malore; il capitolo si chiude con l'invio al conte Lao, da parte di Elena, del seguente telegramma «Daniele malato piuttosto gravemente. Ho bisogno di te, subito» p.249. Con l'inizio del capitolo successivo, il XVII:

> "Il diretto di Firenze?" chiese ad un guardasala il senatore Clenezzi entrando tutto trafelato, verso le quattro pomeridiane, nella stazione di Termini. (*Daniele Cortis*, XVII, p. 249),

intuiamo facilmente, dal cambiamento dei personaggi (Elena - Cortis vs. Clenezzi), dalla variazione d'ambiente (Montecitorio vs. Stazione di Termini), e infine di tempo (l'ultima scena del capitolo precedente si svolgeva in un'ora sicuramente successiva alle quattro pomeridiane), che è stata introdotta un'ellissi. Sarà opportuno notare come il carattere implicito di questa, allo stesso modo di altre ellissi presenti nel romanzo, risulti funzionale alla creazione di un clima di incertezza e di suspense e, in definitiva , ancora una volta all'elevazione della tensione drammatica. Si noterà d'altronde, come l'autore si preoccupi, qui come altrove, di determinare prima o poi l'ellissi stessa a soddisfacimento della chiarezza e pienezza informativa pretesa dalla logica realista; dopo un paio di pagine, infatti, ce ne viene proposta l'ampiezza:

> Lao gli fece un leggero cenno di saluto, gli chiese subito:
> "E Cortis?"
> "Ah, bene, bene! *Oggi ne abbiamo 28*, non è vero? Sono passati *tre giorni*. Non c'è confronto col primo giorno." (*Daniele Cortis*, XVII, p. 251);

ancora una volta, quindi, le esigenze della logica drammatica e quelle della logica realista vengono a contemperarsi nel romanzo del Vicentino.

Lao, appena giunto a Roma, si reca all'albergo per incontrarvi sua cognata (la contessa Tarquinia) e sua nipote (Elena); qui egli viene puntualmente aggiornato circa il cattivo stato di salute di Cortis e quello ancora più cattivo di salute finanziaria del barone Di Santa Giulia. Il cap. XVIII si apre con un'altra ellissi, seppure dall'ampiezza di poche ore "Undici ore suonavano, quella sera del 28 marzo, da Piazza Navona e dalla Sapienza" p. 267, e si compone di due grandi scene che vedono protagonisti prima Elena e suo marito — sarà la scena in cui, prevalendo ancora nella protagonista il principio del dovere su quello del piacere, ella si impegnerà, pur di dimostrare al marito l'estraneità della sua famiglia alla proposta Boglietti e di indurlo così ad accettarla, a seguirlo dovunque egli vada — poi Elena e il conte Lao, nella quale scena il vecchio zio rivelerà alla protagonista essere stato effettivamente lui ad avere dato incarico a Boglietti di avanzare al barone la proposta di ricomposizione del debito. Le scene, tuttavia, così come accadeva in apertura del cap. X, vengono precedute anche qui da due sommari analettici riguardanti, rispettivamente, gli sviluppi della questione Di Santa Giulia-Boglietti dopo la giornata del 25 (cioè dopo il tentativo di mediazione, fallito, da parte di Cortis) e gli sviluppi della medesima questione dopo l'intervento del conte Lao, avvenuto, come apprendiamo dal sommario stesso, proprio in quel tardo pomeriggio del 28 tagliato dall'ellissi di apertura del capitolo. Interessa rilevare, quindi, per quel che attiene all'esame dei fattori temporali, il verificarsi di un doppio spostamento in avanti: dal pomeriggio del 25 al pomeriggio del 28, prima (cap. XVII), dal pomeriggio del 28 alla sera (ore undici) dello stesso giorno, dopo (cap. XVIII); il che certamente imprime al racconto uno scatto narrativo ancora più perentorio. Col cap. XIX, infine, l'obiettivo della narrazione torna ancora una volta sull'eroe, il quale può così nuovamente impadronirsi della linea conduttrice del racconto consecutivo e decidere, col sopraggiungere di Elena nella tarda mattinata, di partire insieme a lei, la sera stessa, per Passo di Rovese.

L'ellissi del cap. XVII, dunque, che si estende dal pomeriggio del 25 a quello del 28, copre la gran parte del percorso temporale del secondo blocco cronodiegetico e il racconto si limita allo spazio intercorrente tra il 24 pomeriggio e il 25 pomeriggio ed a quello tra il 28 pomeriggio e il 29 mattina: in definitiva soltanto due giorni scarsi. Tale concentrazione temporale, rinforzata da un gioco di ellissi più incalzante, come dimostra il doppio spostamento relativo al giorno 28 (cap. XVII prima, e cap. XVIII poi), risulta senz'altro funzionale ad un ulteriore incremento della tensione drammatica — che anche a livello diegetico e di intreccio raggiunge, in questo blocco di mezzo, il suo culmine —, ma non vieta poi, neanche qui, così come nel primo blocco, di colmare pienamente i vuoti cronodiegetici apertisi lungo il selciato della storia e così mal tollerati dal rigido asse delle vetture realiste.

A veder bene, infine, lo stesso meccanismo opera anche a livello delle due grandi ellissi strategiche, quelle che determinano lo stacco fra i tre blocchi cronodiegetici. Se è vero infatti che nel romanzo di Fogazzaro il racconto consecutivo relativo ad una storia di dieci mesi circa si concentra in realtà solo su una dozzina di giorni, è vero anche che ad ogni salto da un blocco cronodiegetico all'altro seguono, in quello successivo, dei pronti recuperi analettici riguardanti il periodo di tempo tagliato dall'ellissi. Così avviene nella prima grande scena del secondo blocco, quella relativa all'incontro, a Roma, di Cortis con la contessa Tarquinia ed Elena. Qui sarà la viva voce della contessa a riepilogare, nel colloquio col protagonista, gli avvenimenti salienti verificatisi nel corso dei mesi esclusi dalla narrazione. E così pure, ad inizio del terzo blocco, sarà il temporaneo subentrare della forma iterativa continua [17] al po-

---

[17] Volendo essere più precisi, in merito ai problemi di frequenza, diciamo che: «Fra queste capacità di "ripetizione" degli eventi narrati (della storia) e degli enunciati narrativi (del racconto) si stabilisce un sistema di relazioni che possiamo a priori ricondurre a quattro tipi virtuali, per il semplice prodotto delle due possibilità offerte dall'una e dall'altra parte: evento ripetuto oppure no, enunciato ripetuto oppure no. Possiamo dire, molto schematicamente, che un racconto, di qualsiasi tipo, può raccontare una volta sola quanto è avvenuto una volta sola, *n* volte quanto è avvenuto *n* volte, *n* volte quanto è avvenuto una sola volta, una volta quanto è avvenuto *n* volte » (G. GENETTE, *op. cit.*, p. 163). Genette chiama il primo

sto di quella singolativa a permettere l'immediato recupero della parte di storia mutilata dal racconto consecutivo: «'Mezzogiorno!' esclamò Elena, alzandosi, sorpresa che fosse già così tardi. Al tocco, di solito, si portavano le lettere a casa Carrè. Le ore del mattino erano le più angosciose per Elena. Dopo l'arrivo della posta respirava un poco, gustava con avidità intensa la sua dolce casa, le sue montagne, la presenza e le parole dell'amico, con questo pensiero che fino al tocco dell'indomani poteva vivere in pace, lettere non ne capitavano più. » p. 296. Anche in questi casi quindi non si tratterà di tagliare delle unità, ma di scavalcare, per poi rapidamente riagganciarle. Ciò che interessa e conta è, da una parte, che la presa del lettore sia già tutta spostata verso l'epilogo della vicenda (logica drammatica), dall'altra, che non si generi un vuoto informativo nella narrazione della storia (logica realista).

In definitiva si osserverà come, nonostante una serie di spostamenti temporali in avanti e indietro, un alternarsi di tagli e di recuperi della cronologia, uno sdoppiarsi, a tratti, della linea diegetica del racconto — vedi la biforcazione del primo blocco relativa alle storie parallele di Elena e Cortis —, l'autore provvede sempre nel *Daniele Cortis* a cucire e a saldare i vari tasselli del mosaico narrativo, a sostituire là dove mancano e a legare insieme gli anelli della catena cronodiegetica, ad assicurare, pur nella dinamicità delle variazioni temporali, la perfetta tenuta logico-cronologica del racconto.

tipo di racconto *singolativo;* il secondo «poiché in esso le ripetizioni del racconto si limitano a corrispondere /.../ alle ripetizioni della storia », viene assimilato ugualmente al tipo *singolativo;* il terzo lo designa come *ripetitivo;* e il quarto come *iterativo.* Anche all'interno della tipologia del racconto iterativo, poi, ci è risultato proficuo operare un'ulteriore distinzione, individuare cioè due sottocategorie d'analisi che abbiamo designato come *racconto iterativo continuo* e *racconto iterativo discontinuo:* col primo tipo si intende un racconto iterativo che non presenta iati diegetici al suo interno (ad esempio «tutti i giorni della settimana mi sono coricato presto ») e col secondo, invece, un racconto iterativo più rapsodico, con soluzioni di continuità al suo interno (ad esempio: «Per alcuni/molti giorni della settimana mi sono coricato presto »).

2.4. Tempo 'verticale' e tempo 'orizzontale' nel racconto consecutivo.

Accertata quindi l'unitarietà, la salda tenuta orizzontale del tempo fogazzariano, occorrerà ora indagare la fenomenologia del tempo narrativo, non più in merito alla costruzione generale del racconto, bensì all'interno di quei pochi giorni, di quei pochi momenti cruciali che costituiscono oggetto di interesse esclusivo da parte del racconto consecutivo. È a proposito di questi momenti che il De Rienzo ha parlato, come già riferito, di «qualcosa di immobile, di sempre uguale a se stesso, che si scarica del suo significato storico e cronologico, fissato com'è in ore e momenti particolari, che si susseguono nella memoria senza un reale senso di continuità», alludendo, con ciò, al ricorrere di «alcune costanti tematiche, particolarmente evidenti (come quelle dell'"addio')», ruotanti sempre intorno ad uno stato di forte tensione emotiva del personaggio. Si è già notato, dall'analisi delle ellissi strategiche, come in realtà la forte riduzione del tempo del racconto rispetto al tempo della storia non solo non intacchi l'unità cronologica della narrazione, ma sia altresì funzionale, anzitutto, ad un incremento della drammaticità della vicenda, già di per se stessa, negli elementi della fabula e dell'intreccio, piuttosto tesa ed avvincente. Sarà opportuno perciò soffermarci più in particolare su uno di questi momenti privilegiati della narrazione, al fine di veder confermate o contraddette le risultanze emerse finora dalla nostra analisi.

Cerchiamo allora, per prima cosa, di accertare quali siano all'interno del romanzo la presenza e le caratteristiche delle ellissi cosiddette tattiche, e in che modo gli effetti da queste prodotti sul tempo del racconto si accordino con quelli determinati dalle ellissi strategiche. Prendiamo in esame una sequenza temporale di estensione non superiore, ovviamente, alle ventiquattr'ore. Compiendo un passo indietro rispetto al secondo blocco narrativo ci soffermeremo sulla giornata del 30 giugno, quella del ritorno di Cortis da Lugano:

> *Il mattino dopo*, alla stazione di..., la penultima del suo lungo viaggio, Cortis trovò B. e alcuni altri amici che gli erano venuti incontro. *(Daniele Cortis*, VIII, p. 122);

Si cacciò in un angolo del vagone /.../ fino a che B. gli disse: "Ci siamo. *Sono le dodici*" soggiunse. "Io ho qui la carrozza e ti porto a casa mia. Là ti lascio a far colazione e vado a tastare il terreno. *Al tocco* vengo a prenderti /.../!"
(Ibidem, VIII, pp. 125-126);

Venti minuti dopo, tutti sapevano, nella piccola città, la scena della stazione, i fischi, l'atto di Cortis. B., che, appena accompagnatolo a casa, era corso al caffè, *tornò a prenderlo al tocco* /.../. *(Ibidem,* VIII, pp. 126-127);

Cortis ordinò a colui di tenere i cavalli pronti per le *due e mezzo*. *(Ibidem,* VIII, p. 127);

Un quarto d'ora dopo correva nel calesse /.../.
(Ibidem, VIII, p. 140);

Verso le quattro, cavalli e ruote entrarono fragorosamente nel portico. *(Ibidem,* IX, p. 144);

"Ti raccomando" disse egli "che non faccia niente senza dirlo a me. Addio. Che ore sono?"
"Cinque meno dieci." *(Ibidem,* IX, p. 147);

Solo *a sera tarda* tornò a quel pensiero.
(Ibidem, IX, p. 150);

Pochi minuti dopo /.../. *(Ibidem,* IX, p. 154)

Si noterà, anzitutto, la precisione, in alcuni casi estrema [18], degli indicatori temporali *(Sono le dodici; tornò a prenderlo al*

---

[18] Tale precisione e dovizia di indicatori temporali si riscontrano costantemente nel romanzo di Fogazzaro. Ad esempio, nella seconda giornata del secondo blocco: «Elena non dormì quella notte» p. 213; «Si alzò alle sei» p. 213; «'/.../ Sa mica se sono appena appena le sei e mezzo?'» p. 215; «La contessa Tarquinia non si svegliò che un paio d'ore più tardi» p. 216; «Clenezzi tornò alle nove e mezzo» p. 216; «Verso le undici, la carrozza delle signore» p. 219; «L'avvocato Boglietti andò a casa Cortis alle dodici e un quarto» p. 224; ecc. E nella prima giornata del terzo blocco: «'Mezzogiorno!' esclamò Elena» p. 296; «Non potevano venire che alle sei e mezzo; ci mancavano ancora più di quattr'ore» p. 305; «E mancavano ancora quasi tre ore alle sei e mezzo» p. 309; «Alle otto di sera, due ore dopo il pranzo» p. 310; ecc.

*tocco; due e mezzo; Verso le quattro; Cinque meno dieci; a
sera tarda*), che rinviano ad un referente esterno, oggettivo, nel
quale va a radicarsi la storia, a garanzia della sua attendibilità;
quindi il concitato succedersi delle ellissi tattiche *(Il mattino
dopo; Venti minuti dopo; Un quarto d'ora dopo; Pochi minuti
dopo)*, le quali, insieme alle stesse indicazioni temporali poste
così a ridosso l'una dell'altra, non concedono un attimo di
respiro al lettore. Si tratta, ancora una volta, di colmare con
quanti più eventi possibili, per di più sapientemente intrecciati,
lo spazio di tempo prescelto per la narrazione. L'ellissi funge
allora da forza dinamizzante, da attivatore dei tempi drammatici. Grazie ad essa, il racconto non ammette più pause o
rallentamenti; ma, come un treno che salti le stazioni interme-
die, corre rapido e senza esitazioni alla sua meta, sui binari
dritti e perfettamente levigati del tempo.

In conclusione possiamo dire che l'opera di Fogazzaro
propende, prima ancora che a condensare, a tagliare i tempi
morti della diegesi, riservandosi solo in un secondo momento
di recuperarli in forma di sommari analettici. Essa perciò
concentra l'azione del racconto consecutivo in uno spazio di
tempo strettissimo (in realtà ben inferiore agli stessi diciotto
giorni — 26 giugno-3 luglio + 24 marzo-29 marzo + 15
aprile-18 aprile — ipotizzabili da un primo computo di massima) e tende altresì, questo spazio (soprattutto nei due primi
blocchi narrativi), a ritagliarlo di continuo, a restringerlo e a
modellarlo, nel modo più aderente possibile, sulle dimensioni
del corpo diegetico, scartando il superfluo, evitando sbavature
o inutili eccedenze. Il tempo è, insomma, inteso come una
forza vettoriale univocamente orientata e, soprattutto, sempre
produttrice di progressione diegetica; vuoi in merito allo sviluppo evenemenziale, vuoi in merito alla maturazione interiore, alla crescita morale dei personaggi. Nulla di esso, perciò,
va sprecato; e nulla, in esso, confuso.

Ma, una volta accertato come la concentrazione del racconto consecutivo su pochi giorni decisivi della storia non
riguarda né risulta funzionale soltanto ai momenti di forte
tensione interiore vissuti dai personaggi, bensì, primariamente,
a quelli in cui prevale una forte tensione esteriore, l'esigenza di

una resa massimamente drammatizzata dell'azione, non bisognerà dimenticare, poi, che nel romanzo del Vicentino ricorrono anche, in forma di intervalli pausativi opportunamente dosati e numericamente limitati, quei segmenti narrativi a presunto carattere extratemporale che il De Rienzo, forzando la mano, tende altresì ad assolutizzare, a considerare come *fondamentali* della narrativa fogazzariana. Non si tratta solo del tema degli addii, ma spesso, come ben segnala lo studioso stesso, sulla scorta di una notazione del Vossler [19], della confidenza ispirata al personaggio dal paesaggio con cui egli entra in contatto. Il primo caso rilevante, in questo senso, lo riscontriamo, nel *Daniele Cortis*, tra i capp. IV e V, ovvero dopo l'ellissi relativa ai giorni di attesa da parte di Elena della lettera di Cortis (27 e 28 giugno); anzitutto quando la protagonista si reca a passeggio, all'alba del 29, nel noto ed amato giardino, la cui rivisitazione suscita nel suo animo un tumultuoso intrecciarsi di sensazioni, di pensieri e dei più svariati ricordi. Siamo, cioè, per dirla ancora con le parole, già citate, del critico, di fronte alla « dilatazione del momento fondamentale in un tempo indefinito senza precisi e ben individuabili limiti cronologici. » Indubbiamente bisogna riconoscere che limiti cronologici interni a questi momenti non ve ne sono, nel senso che in essi affluiscono ricordi provenienti dagli strati più profondi della memoria e che, per di più, a volte, si fondono con fantastiche proiezioni sul futuro, sicché il tempo sembra acquistare « uno 'spessore' diremmo, che ne approfondisce la du-

---

[19] « Tuttavia se ciò può confermare e avvalorare l'ipotesi (già del Vossler) di uno spazio vissuto nella dimensione creata dalla "confidenza", dal "dialogo" continuo con le cose, dall'affetto diremmo (il che indica poi un modo esistenziale di Fogazzaro), non deve indurre nell'errore interpretativo di una realtà empirica, di una realtà semplicemente trovata, di fronte alla quale il romanziere verrebbe a fermarsi. Questo spazio fogazzariano, anche se si lega ad un'esperienza diretta, ed anzi diremmo proprio perché si lega a tale esperienza, assume una verità figurativa, un suo valore di realtà suscitata ed esclusiva: una realtà evocata dalla memoria, che rinunciando ad una dimensione 'orizzontale' (in estensione), sa ampliarsi in una direzione 'verticale' (in profondità); ed è in questo 'verticalismo' che si annida l'esperienza dello spazio fogazzariano » (G. DE RIENZO, *op. cit.*, pp. 37-38).

rata» [20]. Tuttavia va rilevato come, anche in queste circostanze, delle indicazioni cronologiche esterne permangono e, imbrigliandolo, frenano ogni tentativo di espansione autosufficiente del discorso ai danni della storia. Nel caso in questione, ad esempio, troviamo, accanto alla notazione ellittica di avvio, un'altra importante segnalazione temporale: «Pensò che incominciava il terzo giorno dalla partenza di Cortis, e che forse *fra poche ore* sarebbe venuta una lettera» p. 67. Subito dopo questa indicazione ha inizio la pausa analitico-descrittiva in cui il personaggio si abbandona, con la complicità del paesaggio, al proprio mondo e al proprio tempo interiore. Ciononostante, alcuni segnali dello scorrere, insieme al tempo vissuto, del tempo esteriore compaiono ugualmente, laddove gli spostamenti via via effettuati dal personaggio all'interno dell'ambiente o anche il prodursi di incontri o avvenimenti esterni marcano il passaggio da un *prima* a un *dopo* rigorosamente direzionati: «Discese in giardino, pigliò il viale che scende con i declivi erbosi /.../. 'Dodici ore ancora!' pensava Elena ferma sul ponticello di legno /.../. Passò il padrone della vicina sega idraulica /.../. Ella si avviò alla sinistra del Rovese, fra gli ontani /.../. Riprese sospirando la via /.../. Passando presso un grosso pioppo si ricordò /.../. Allora vi ritornò di slancio, vi si dimenticò dentro fino a che il sole, uscendo dalle spalle della montagna imminente, le sfolgorò sul libro. /.../ Passando sotto le finestre del conte Lao lo vide /.../. Appena vide Elena da lontano, le agitò in aria una lettera» pp. 67-72. Si tratta di enunciati che scandiscono il succedersi di eventi esterni in cui il personaggio risulta attivamente o passivamente implicato, e che delineano, perciò, il progredire di un tempo orizzontale della storia parallelamente all'espandersi di un tempo verticale della memoria. Quest'ultimo, anzi, a veder bene, viene sempre costretto ad adeguare la sua ampiezza, il suo spessore discorsivo (misurabile in numero di righi occupati), all'ampiezza oggettiva di tempo in cui il primo lo circoscrive. Nel nostro caso, ad esempio, il diffondersi della pausa per circa quattro

---

[20] *Ibidem*, p. 58.

pagine corrisponde ad un'ampiezza cronologica esterna ben definita, cioè di qualche ora, come si intende dal succedersi di certe azioni o, anche, dal raffronto tra l'indicazione temporale iniziale « fra poche ore sarebbe giunta una lettera » e il gesto compiuto in lontananza dal servitore ·al ritorno in villa della protagonista: « le agitò in aria una lettera ».

Nella pausa seguente, quella in cui la protagonista, prima di partire per Roma, si reca a Villa Cortis (cap. V), per l'addio a quei luoghi resi sacri ai suoi occhi dall'appartenenza all'amato, e in cui perciò la dimensione di un tempo vissuto si impone con particolare forza, pure riscontriamo delle precise delimitazioni cronologiche, entro le quali lo spazio del discorso viene fermamente compresso. Qui ci viene detto che Elena, salutando lo zio Lao prima di dirigersi alla villa del cugino, « scappò via con la scusa della messa, benché alla messa dei padroni, nella chiesetta di casa, ci mancasse *ancora un'ora e mezzo* » p. 78, mentre al suo ritorno a casa — dopo circa tre pagine di pausa analitico-descrittiva — la protagonista trova i familiari e gli amici in procinto di recarsi a messa. Del resto, nel corso della stessa descrizione del giardino della villa incontriamo un'esplicita indicazione cronologica: « Elena ricomparve *mezz'ora dopo,* più pallida » p. 80, che denota la quantità di tempo reale occupata, in linea di massima, dalla pausa.

Ma, a parte il fatto che la 'sosta' tende sempre, nel romanzo di Fogazzaro, a tradursi in cifre, a temporalizzarsi, ciò che maggiormente ci preme sottolineare, ripetiamo, è il rapporto conseguente ed organico che si stabilisce tra la misura oggettiva di tempo e lo spazio occupato dalla descrizione. Qualora, infatti, la pausa concerna le micro-articolazioni del racconto, cioè brani di estensione grosso modo non superiore alla mezza pagina, troveremo, a differenza dei casi appena osservati, un'indicazione temporale estremamente ridotta, del tipo: « Elena guardò *un momento* dalla finestra » p. 67; « Elena si trattenne *un poco* a guardarle » p. 319. Qualora invece questa si dispieghi a livello di macro-articolazioni, l'indicazione, come visto, sarà più ampia, tale da motivare una più estesa pausa analitico-descrittiva e una più lunga 'sosta' da parte del lettore.

Pertanto, se da una parte si dovrà convenire col De Rienzo circa l'instaurarsi nella narrazione, in rapporto ad alcune costanti tematiche o anche alla pausa in genere, di un tempo interiore sciolto al suo interno da ogni rigido ordinamento cronologico, dall'altra occorrerà precisare che, anche in rapporto a questi particolari momenti — tutt'altro che esclusivi, come evidenziato nella nostra analisi, del racconto consecutivo —, persiste una chiara delimitazione cronologica esterna, ai cui termini il tempo interiore deve *necessariamente* adeguare la propria 'durata' esteriore, ovvero il proprio volume discorsivo. Il tempo verticale della memoria, insomma, è, ancora una volta, nell'ambito della costruzione generale del racconto, sottoposto al sistema e alle leggi oggettive del tempo orizzontale della storia.

* * *

3.0. *Il podere:* Rallentamenti e discrasie temporali

3.1. *Tema economico e aporie diegetiche.*

Se adesso proviamo a spostarci dal *Daniele Cortis* al *Podere* troveremo una situazione alquanto diversa. Il *Podere* narra del tentativo tragicamente fallito, da parte del giovane protagonista, di difendere una proprietà ricevuta per diritto, ma non per volontà del padre, in eredità. Siamo perciò di fronte ad un tema di natura economica, quello tipicamente verista della 'roba', che si snoda attraverso le varie fasi dello scontro tra Remigio e la comunità circostante, tra lo straniero (Remigio è vissuto infatti per lunghi anni lontano da casa e vi ha fatto ritorno solo in occasione dell'aggravarsi dello stato di salute del padre), che cerca di immettersi in un sistema chiuso e costituito, ed un ambiente non disposto ad accoglierlo.

Il fulcro intorno al quale si articola il confronto/scontro tra il protagonista e la società, il motivo cioè conduttore della diegesi, è quello della causa intentata da Giulia, amante del padre di Remigio, contro l'erede (la ragazza asserisce infatti di essere creditrice di ottomila lire nei confronti dell'estinto), e delle iniziative intraprese da quest'ultimo per far fronte all'azione legale. Intorno a questo motivo principale andranno poi ad intrecciarsi una serie di motivi secondari, situazioni in cui Remigio verrà a urtare con l'ambiente sociale, ora per ragioni più o meno plausibili, cioè sempre economiche, come avviene in rapporto alla massa dei sedicenti creditori, ora per motivi meno chiari o, per lo meno, non riconducibili a quelli di natura economica. Alla fine della vicenda, comunque, il protagonista risulterà sconfitto dalla sua rivale; ma la storia non finirà lì. Respinto ormai dall'ambiente sociale e sempre più anche da quello naturale (nell'implacabile succedersi di disgrazie, quali lo straripamento del fiume e il conseguente danneggiamento del raccolto, la morte del vitello appena nato, ecc.), egli concluderà la sua triste storia subendo un atto di aggressione mortale ad opera del più accanito tra i suoi avversari, l'assalariato Berto, personaggio caratterizzato da un odio tanto feroce quanto 'inspiegabile' nei confronti del giovane erede, destinato ad esplodere, appunto, nella cieca violenza omicida del finale.

Va precisato, altresì, che l'insieme di disgrazie che si abbattono progressivamente sul protagonista, determinandone l'inesorabile sconfitta e la morte, non sopraggiungono mai in un crescendo drammatico, come avveniva nel *Daniele Cortis*, ma sono precedute da opportuni presagi, da continue premonizioni che ci rendono l'evento quasi prevedibile, se non proprio scontato [21]. L'autore, cioè, sembra mantenersi ancora una volta

---

[21] Il funzionamento del rapporto presagi/disgrazie nel *Podere* è stato attentamente studiato da ALDO ROSSI, *Modelli e scrittura di un romanzo tozziano. Il Podere*, Liviana Editrice, Padova 1972. Lo studioso partendo da un confronto col modello verghiano dei *Malavoglia* mostra come « Rispetto al modello dei *Malavoglia*, la tecnica del presagio in P ha notevoli punti di contatto /.../ avvertendo che nei *Malavoglia* di solito il presagio si aggira intorno alle disgrazie di più vicina realizzazione /.../ mentre in P si ha tutta una prima parte del romanzo (capp. I-X) che verte su disgrazie venture, nella seconda (XI-XXVI) la realizzazione di quanto era stato presagito /.../.

fedele alla logica naturalista, la quale rifugge da costruzioni a suspanse e quindi da effetti drammatici e romanzeschi, e privilegiare invece uno svolgimento amorfo della vicenda, una tenuta diegetica a diagramma orizzontale (cioè con prevalenza delle punte basse) anziché cuspidiale (con prevalenza di punte alte) [22].

3.2. *Carattere indeterminato delle ellissi strategiche.*

Ma cerchiamo di vedere anche con il *Podere* in che modo i contenuti della storia si riflettano sul processo di formalizzazione degli stessi, entrino in rapporto dialettico con esso, puntando in particolare la nostra attenzione sulla presenza e sul funzionamento delle ellissi e degli indicatori temporali all'interno del romanzo.

Nel *Daniele Cortis,* abbiamo visto, le ellissi strategiche (quelle cioè, ripetiamo, di lunga gittata, di ampiezza superiore alle ventiquattr'ore) erano in numero molto ridotto, due per l'esattezza — cinque se consideriamo quelle interne, rispettivamente, al primo e al secondo blocco —, ma di estensione ampia e determinata: la prima di sei mesi e mezzo o, addirittura, se escludiamo il capitolo epistolare, di otto mesi e mezzo; la seconda di sedici giorni (quelle interne ai due blocchi risultavano dell'ampiezza rispettivamente di due o tre giorni). Esse

Ne deriva, nel caso di P, l'impressione di fissità, di bloccaggio della trama: appena è cominciato, si sa già come andrà a finire » (pp. 72-73).

[22] Si veda a questo proposito ROLAND BOURNEUF-RÉAL OUELLET, *L'univers du roman,* Presses Universitaires de France 1972; tr. it. *L'universo del romanzo*, Einaudi, Torino 1976: « Se si riportano su un grafico i punti del racconto in cui la tensione cresce per l'arrivo di un nuovo personaggio, per un avvenimento carico di conseguenze, la minaccia di un pericolo, di un conflitto, un atto brutale, e i momenti in cui questa tensione si allenta per il trascorrere di un lasso di tempo vuoto, l'intervento di fattori che potranno risolvere il conflitto, la "curva drammatica" così ottenuta presenterà un profilo estremamente variabile: linea tendente all'orizzontale con leggera convessità, oppure linea spezzata in cui si alternano concavità e punte molto accentuate »(p. 41).

tagliavano i tempi morti della diegesi (che poi, in osservanza al principio realista di esaustività dell'informazione, venivano di volta in volta, come già rilevato, riempiti per mezzo di compendiosi riassunti analettici) in ossequio alle esigenze della logica drammatica e riducevano il racconto consecutivo a pochi giorni, lo concentravano, cioè, e lo limitavano ai momenti cruciali della storia. A loro volta le ellissi tattiche (quelle a corta gittata, dell'ampiezza non superiore alle ventiquattr'ore e che perciò operano all'interno di una sequenza temporale pressoché continua), abbiamo visto, si susseguivano a ritmo incalzante, erano cioè in numero molto elevato e, per di più, in integrazione con l'altra frequenza degli indicatori temporali: *Mezzogiorno; due e mezzo; Verso le quattro; Cinque meno dieci;* ma dall'ampiezza ridottissima e determinata: *Venti minuti dopo; Un quarto d'ora dopo;* ecc. Anche in questo caso, si è notato, l'ellissi e gli indicatori temporali servivano a non dare respiro al lettore, ad elevare massimamente la tensione diegetica del racconto.

Nel *Podere* osserviamo un comportamento opposto. A pochi e consistenti tagli operati dalle ellissi strategiche sulla diegesi nel *Daniele Cortis* corrisponde, anzitutto, nel romanzo di Tozzi, una più fitta serie di interventi, un prodursi costante di grandi accelerazioni i cui effetti dinamizzanti, però, vengono avvertiti in misura molto minore da parte del lettore: vuoi perché la crescita quantitativa dei tagli ne diminuisce la singola intensità; vuoi perché, come vedremo, le ellissi assumono qui carattere molto più blando e sfumato, specie se raffrontate alla drastica nettezza e profondità dei tagli fogazzariani.

Cominciamo col rilevare come la storia narrata nel *Podere,* anche se non presenta grossi problemi di collocazione temporale — all'incirca tra l'aprile e il luglio del 1900 per quel che attiene al racconto primo — non viene però racchiusa in uno spazio di tempo assolutamente definito, come accadeva per Fogazzaro (indicazione precisa, oltre che dell'anno, dei mesi, dei giorni e delle ore); né risulta possibile, all'interno di essa, conoscere con certezza l'entità degli spostamenti temporali tra un avvenimento e l'altro. Basta a questo proposito scorrere l'*incipit* del romanzo. Il *Podere* si apre con un'indicazione di

carattere temporale: « *Nel millenovecento* Remigio Selmi aveva
vent'anni » p. 47, che situa in un anno preciso la vicenda
narrata. Il passaggio, però, dall'enunciazione informativa del
narratore alla narrazione vera e propria della storia avviene
senza una chiara indicazione cronologica: « Ma *una sera* rice-
vette una cartolina » p. 47, né la data di inizio della vicenda
potrà ricavarsi con esattezza da qualche successiva precisazione,
come accadeva invece per il *Daniele Cortis*. Pur nell'incertezza
di un riferimento oggettivo, ossia di una data di inizio, la
storia si svolge nei primi tre capitoli con chiari passaggi temporali (vengono qui narrati i primi tre giorni a partire dal ritorno
a casa del protagonista, aventi come loro centro diegetico-
tematico l'agonia di Giacomo, padre di Remigio, nonché le
reazioni prodotte nell'animo di quest'ultimo dal verificarsi
della morte del genitore) e pressoché senza soluzione di continuità. Ad apertura del cap. V (il IV sarà oggetto di un esame
successivo) troviamo la prima ellissi strategica:

> Parecchi conti, più o meno veri ed esatti, giunsero in una
> settimana alla Casuccia: il fabbro avanzava tre annate, il carraio
> due, il droghiere aveva da riscuotere ottocento lire, il farmacista
> settecento, il dottor Bianconi novecento; altri medici, chiamati
> a consulto, cento; poi, c'era da pagare la cera del trasporto
> funebre, la cassa, il prete, il marmista per la pietra sepolcrale: in
> tutto tremila lire, ad aggiungersi alle ottocento dei diritti di
> successione.
> Anche Remigio andò da un avvocato /.../. *(Il podere,* V, p. 68)

Questa ellissi rappresenta un'eccezione nel romanzo per
un duplice motivo. Intanto perché essa appare, con quella
lunga elencazione che segue al segno pausativo dei 'due punti',
più che qualificata — cioè fornita di un minimo contenuto
diegetico —, iperqualificata: un dettagliato resoconto informativo che, però, proprio in quanto piattamente elencatorio e
quindi per nulla narrativizzato non evolve in sommario, ma
resta formalmente confinato nell'ambito dell'ellissi. Il secondo
motivo d'eccezione è che l'ellissi sopraccitata risulta essere, se
non l'unico, uno dei rarissimi casi in cui la cesura, oltre che
esplicita, appare rigorosamente determinata: la sua ampiezza,

infatti, ci viene riferito, è giusto di una settimana. Per il resto le numerose ellissi strategiche presenti nel *Podere* — ne contiamo per lo meno dieci — risultano tutte implicite e indeterminate.

Cerchiamo ora di analizzare qualcuna di queste, sempre procedendo secondo l'ordine di successione in cui esse sono disposte nel testo. Tagliata, con l'ellissi di apertura del cap. V, una settimana di tempo a partire dal terzo giorno dal rientro a casa del protagonista, osserviamo Remigio recarsi, in preda allo sconforto per le tante difficoltà, anche psicologiche, occorsegli in merito alla successione, nonché per le molteplici ed esose richieste di denaro pervenutegli, dall'avvocato Neretti, al fine di farsi opportunamente consigliare. Qui ha inizio una nuova sequenza cronodiegetica, della lunghezza di cinque giorni (capp. V-XI), nella quale vedremo il protagonista, pur tra i tanti ostacoli che continuano a frapporsi sulla sua strada, tra uno scontro e l'altro con i vari creditori e assalariati, firmare la cambiale suggeritagli dal legale, saldare grazie al denaro così ricevuto parecchi dei suoi debiti e disporsi di buon animo a risolvere i restanti problemi, prima fra tutti quelli relativi alla riorganizzazione e alla ristrutturazione del podere. Dopo poche righe dall'inizio del cap. XII ci imbattiamo in una nuova ellissi strategica: « *Il venerdì* di *quella settimana* il Pollastri *[il notaio]* con il suo scritturale andò alla Casuccia; per fare l'inventario. » p. 105. A prima vista sembrerebbe anche questa un'ellissi determinata, data la specificazione del giorno *Il venerdì*, nonché l'aggettivo dimostrativo *quella* apposto a *settimana*. In realtà l'ellissi è indeterminata o, potremmo dire, pseudo-determinata, dal momento che, non essendo il lettore a conoscenza di quale sia il giorno antecedente al taglio temporale, non può inferire da tali precisazioni l'ampiezza dell'ellissi stessa. Un caso analogo lo osserviamo ad apertura del cap. XIX, in occasione dell'andata alla fiera da parte di Picciolo — un assalariato di Remigio — per l'acquisto di un vitello: « *Il primo lunedì del mese,* a Siena, fanno la fiera del bestiame /.../. *Il lunedì mattina,* si vestì come per andare a una festa » p. 158. Si tratta evidentemente del primo di luglio, l'unica data veramente certa del romanzo; ma l'ellissi risulta ugualmente non determinata o, meglio, pseudo-determinata: alla precisa indicazione temporale relativa al giorno non corrisponde infatti un'altrettanto precisa indicazione temporale relativa agli ultimi avvenimenti del racconto principale (cap. XVII), né relativa al racconto centrato sulle vicende del coprotagonista Berto (cap. XVIII), per cui risulta impossibile ancora una volta calcolare l'ampiezza del salto temporale. In tutti gli altri casi di ellissi strategiche, queste si presentano palesemente indeterminate. Così a conclusione della giornata trascorsa alla Casuccia dal notaio Pollastri e dal suo scritturale:

> Quando tornarono a Siena, pareva che avessero fatto tutti e due una scampagnata.
> *Un lunedì* mattina, cominciarono a falciare i fieni. (*Il podere*, XII, p. 106),

dove l'articolo, indeterminativo appunto, non ci consente alcun computo attendibile dello spazio di tempo eliso; o, egualmente, ad apertura del cap. XIII. Questo capitolo è tutto centrato sulla coprotagonista Giulia, che seguiamo dapprima nella visita da ella resa a Berto, suo alleato-concorrente nella gara di aggressione contro Remigio, quindi nell'incontro con il chirurgo Bianconi, al fine di convincere quest'ultimo a testimoniare nel processo a suo favore; il tutto svolgentesi nell'arco di una sola giornata. L'obiettivo si sposta qui dal racconto principale, quello cioè relativo alle vicende del protagonista, al racconto secondario, senza che le due storie abbiano mai ad intrecciarsi. Per quel che attiene agli sviluppi temporali, poi, tale giornata è da collocarsi senz'altro, come facilmente deducibile dal contenuto diegetico (vi è infatti un'allusione allo straripamento del fiume avvenuto a compimento della falciatura e narratoci a fine del cap. XII), dopo l'ultima giornata narrata nel cap. XII, ma ad una distanza non precisata né accertabile, dal che ricaviamo che anche in questi casi siamo di fronte ad un'ellissi, implicita e indeterminata. Lo stesso avviene a inizio del cap. XIV, quando, all'inverso, torniamo dal racconto secondario a quello principale, e l'enunciato di apertura, che pure contiene un'indicazione cronologica, « *Una mattina,* per non piangere Remigio esci» p. 120, non ci consente, in ragione ancora una volta dell'indeterminativo, di calcolare il salto compiuto dall'ellissi [23].

3.3. Bassa frequenza e massima estensione delle ellissi tattiche: l'appiattimento temporale.

Occorrerà, adesso, sempre in parallelo con l'analisi svolta sul *Daniele Cortis,* soffermarsi brevemente sul funzionamento dell'ellissi all'interno di una sequenza temporale pressoché continua, vale a dire sulla presenza e sulle caratteristiche delle ellissi tattiche. Scegliamo per la nostra esemplificazione la più estesa sequenza cronodiegetica del romanzo, dell'ampiezza di cinque giorni, che va dal primo incontro di Remigio con il Neretti « Anche Remigio andò da un avvocato » p. 68, cap. V, al giorno in cui il protagonista riceve la citazione per la causa

[23] Altri casi di ellissi indeterminate li troviamo ai capp. XVI, XXII, XXIII. Per quel che riguarda il cap. XVI vediamo come, dopo che tra i capp. XIV e XV si è svolta una sequenza temporale continua di dodici giorni, nove dei quali raccontati in forma iterativa continua, esso si apra con un'ellissi indeterminata: « Quando Remigio tornò dal suo avvocato » p. 134; anche se va precisato che, in questo caso, nessun dato diegetico o informazione sta a garantirci circa la sicura antecedenza delle sequenze dei capp. XIV-XV rispetto alla giornata narrata nel cap. XVI, che potrebbe collocarsi anche all'interno dell'iterativa ad essa precedente nella narrazione. Con l'inizio del cap. XXII: « La notte, il fontone pareva uno specchio disteso sotto la luna » p. 184, si ha l'impressione inizialmente di essere nella notte conclusiva della giornata appena narrata al capitolo precedente, il XXI appunto. Ma il contenuto diegetico, soprattutto l'uso dell'imperfetto con riferimento all'atteggiamento di Picciolo nei riguardi di Remigio, dopo lo screzio, relativo all'acquisto del vitello, avvenuto proprio nel corso della giornata narrata al cap. XXI: « Picciolo, dopo il bisticcio per il vitello che ripigliava vigore, non *gli parlava* più volentieri come prima » p. 184, ci fa pensare che forse anche qui vi sia stato un salto temporale, un'ellissi cioè ancora una volta indeterminata. Nell'ultimo caso siamo di fronte ad un'ellissi qualificata, quasi un minuscolo resoconto: « Ed ella, per quanto Remigio le dicesse che acconsentiva, non ebbe più pace finché l'ipoteca non fu trattata e convenuta in presenza dell'avvocato Ceccherini: *dopo né meno una settimana* » (p. 103) e, se si vuole, anche determinata, ma in modo comunque impreciso.

intentata da Giulia ai suoi danni, capp. XI e XII. La prima ellissi la troviamo a conclusione del dialogo tra l'erede e il legale: « Ma quando, la sera, tornò alla Casuccia, dopo aver girato senza scopo *tutto il pomeriggio,* provò una delusione forte » p. 72. Si tratta di un'ellissi qualificata, che ci informa di passaggio circa il lungo, ozioso girovagare di Remigio a seguito del deludente incontro con il Neretti, e che, al tempo stesso, ci fa intendere come l'ampiezza del salto temporale si aggiri intorno alla mezza giornata. Tutte le altre ellissi tattiche presenti nella sequenza raggiungono un'ampiezza sempre prossima alle ventiquattr'ore. La prima la incontriamo ad inizio del cap. VIII (i capp. VI e VII seguono un percorso temporale alternativo che ci preoccuperemo di analizzare in un secondo momento): *« Quando* Remigio tornò dal Neretti » p. 89, dove il nesso temporale fa riferimento al giorno successivo a quello del primo incontro, nel quale l'avvocato aveva invitato il protagonista a tornare l'indomani per la firma della cambiale. Quindi ad inizio del cap. X se ne susseguono due a brevissima distanza: *« Al Banco di Roma,* dove si fece portare da Giangio, gli tremavano le mani prendendo il denaro; poi, si sentì contento. E, tornando alla Casuccia, fece i conti; e pagò tutti gli assalariati. *Il giorno dopo,* pagò anche il carraio, il fabbro e il droghiere » p. 96. Giangio, giovane di studio del Neretti, aveva reso noto al protagonista che il denaro sarebbe stato disponibile all'indomani dall'apposizione della sua firma alla cambiale, dopo mezzogiorno, e che, se Remigio lo desiderava, egli avrebbe potuto accompagnarlo alla banca per il prelievo. A inizio del cap. X, perciò, è da collocare ancora un'ellissi tattica, anch'essa dell'ampiezza di circa ventiquattr'ore, quelle che vanno dalla seconda visita resa dal protagonista allo studio del Neretti all'andata in banca il giorno dopo. Così pure dell'ampiezza di circa ventiquattr'ore è da considerare l'ellissi tattica che segue a brevissima distanza, introdotta dalla spia linguistica *Il giorno dopo.* Giungiamo in tal modo, con poche battute risolutive, al quarto giorno dal punto di abbrivo della sequenza. L'ellissi successiva, che ci porta di colpo al quinto ed ultimo giorno, la troviamo ad apertura del capitolo XI: « Quando *la mattina dopo* si alzò » p. 99, e si tratta ancora una volta evidentemente di un'ellissi tattica prossima alle ventiquattr'ore. Nel corso della mattinata assistiamo dapprima ad un nuovo, violento alterco tra l'erede e l'assalariato Berto; quindi, dopo una pausa analitica, la narrazione riprende con la consegna a Remigio della citazione per la causa intentatagli da Giulia; il capitolo poi si chiude nel modo seguente: « Egli ripiegò la citazione e se la mise in tasca: si sentiva troppo stanco, per andare subito dall'avvocato. E tornò sull'aia; con la voglia di piangere. » p. 105. Ad apertura del cap. XII: « Il pranzo fu triste: anzi, Remigio non avrebbe voluto né meno mangiare. » p. 105, troviamo l'ultima breve ellissi tattica, dell'ampiezza di poche ore, quelle appunto intercorrenti tra l'uscita sull'aia del protagonista e il suo ritorno a casa per il pranzo. Il pranzo del quinto giorno pone termine alla sequenza avviata nel cap. V; infatti con il primo capoverso del cap. XII verrà introdotta la già menzionata ellissi strategica « Il venerdì di quella settimana il Pollastri con il suo scritturale andò alla Casuccia » p.105, che, troncando la precedente, darà il via ad una nuova sequenza cronodiegetica.

In conclusione, le ellissi strategiche, quelle che separano i vari blocchi narrativi, appaiono in numero piuttosto elevato nel *Podere* — ne contiamo per lo meno dieci —, di certo molto superiore a quello del *Daniele Cortis*, specie se si considera la diversa ampiezza temporale esibita dalle due storie. Queste ellissi quasi sempre implicite, come del resto quelle del *Daniele Cortis*, risultano però, a differenza di quelle, per la maggior parte indeterminate. Non è possibile, cioè, stabilirne con precisione l'ampiezza, che d'altronde è sempre piuttosto ridotta (si tratta per lo più di pochi giorni, al massimo una settimana). A loro volta le cosiddette ellissi tattiche, quelle operanti all'interno di un solo blocco narrativo, appaiono, a differenza del *Daniele Cortis*, in numero molto ridotto, in genere una sola in un giorno, ma dall'estensione ampia (possono tagliare, abbiamo visto, mezza giornata e più), anche se pur sempre indeterminata. Siamo evidentemente di fronte ad un completo ribaltamento delle posizioni e dei criteri di funzionamento individuati in merito al romanzo fogazzariano.

Se ora proviamo ad integrare questi risultati con i dati numerici generali dei due romanzi, vedremo che le differenze di direzione risulteranno ancor più accentuate. Il *Daniele Cortis*, infatti, presenta un'estensione in pagine che è circa il doppio di quella del *Podere* (trecentotrentasei pagine contro centosettanta-quattro, nelle edizioni da noi seguite), narra una storia del-l'ampiezza più che doppia rispetto a quella del *Podere* (quasi dieci mesi contro quattro mesi scarsi), ma limita il racconto consecutivo ad un numero di giorni pari alla metà se non meno di quelli raccontati nel *Podere* (dodici giorni contro trentasette, fatta esclusione per le scene iterative discontinue). Tutti questi fattori contribuiscono a produrre un ben definito effetto ritmico, che per il *Daniele Cortis* è di impressionante velocizzazione del tempo del racconto rispetto al tempo della storia (in ottemperanza ad una logica drammatica e romanze-sca) e che, invece, per il *Podere* è del maggior appiattimento possibile del tempo del racconto sul tempo della storia (in ottemperanza, almeno apparentemente, ad una logica naturali-stica e antiromanzesca).

3.4. *Le soluzioni logistiche a sostegno della tipologia delle ellissi.*

L'esame condotto sull'ellissi tattica nel *Podere*, soprattutto la constatazione or ora fatta, in relazione al cap. XII, di un'apertura in ellissi tattica « Il pranzo fu triste » p. 105, immediatamente seguita da un'ellissi strategica « Il venerdì di quella settimana » p. 105, ci sollecita inoltre ad un approfondi-mento del problema logistico, ovvero ad uno studio sul modo in cui l'autore organizza e dispone la presenza dell'ellissi sul campo del romanzo.

A questo proposito noteremo anzitutto come nel *Daniele Cortis* le ellissi strategiche sono poste sempre ad inizio di capitolo, così come anche quelle più rilevanti tra le tattiche (che, peraltro, data la loro frequenza e la loro funzione, deb-bono ovviamente essere disseminate lungo l'intero percorso). La prima ellissi strategica viene automaticamente esplicitata dalla data del 19 gennaio 1882, posta in testa alla lettera che apre il cap. XI. Le altre sono comunque immediatamente identificabili — tranne, come abbiamo visto, quella del cap. IV, relativa ai giorni del 27 e 28 giugno trascorsi da Elena in attesa della lettera di Cortis — e valgono a rimarcare, nella posizione privilegiata in cui sono collocate, i salti operati dal tempo del racconto rispetto al tempo della storia.

Diversamente avviene per il *Podere*. Qui infatti l'autore opera in modo tale da occultare o, quanto meno, da far passare inosservato, il salto temporale. Più precisamente diciamo che lo scrittore si preoccupa di minimizzare il taglio, di non dargli risalto diegetico, di neutralizzare in qualche modo lo sbilanciamento a favore del romanzesco che l'ellissi per definizione produce. Questa infatti non solo non risulta mai, o quasi mai, determinata (e l'indeterminatezza tende ad attenuare chiaramente la tensione diegetica) ma, ripetiamo, difficilmente viene posta in posizione privilegiata, di rilievo, tenuto conto anche del rapporto tra ellissi strategiche e tattiche. Il fenomeno si evidenzia proprio in merito al succitato cap. XII. È vero che il capitolo si apre con un salto temporale, ma siamo di fronte ad un'ellissi tattica, tutt'al più di qualche ora — intercorrente tra la consegna della citazione e il pranzo —, e quindi tra le più ridotte per ampiezza del *Podere;* la quale, proprio perché seguita a breve distanza da un'ellissi strategica, funge più da elemento di giuntura che di divisione rispetto al narrato del capitolo precedente. Si tratta, in questo caso, di un audace *enjambement,* che proietta la sequenza relativa al cap. XI nel capitolo successivo. L'introduzione dell'ellissi principale (quella strategica), infatti, risulta in tal modo ritardata di quel tanto che basta a spiazzare le unità cronodiegetiche, in cui viene ripartita la storia, rispetto alle unità dei capitoli in cui viene ripartito il romanzo.

La stessa strategia opera, seppur in modo diverso, tra i capp. XXIII e XXIV. Nel primo di questi vediamo Remigio recarsi, in seguito all'incendio della mucchia di grano (cap. XXII), dal Neretti per la firma di una seconda cambiale, e qui apprendere che la matrigna è stata spinta dal suo avvocato, il Ceccherini, a garantirsi l'usufrutto sulla proprietà con un'ipoteca. Quindi, con il ritorno del protagonista alla Casuccia, assistiamo alla scena di chiarificazione tra questo e la matrigna. La scena viene, a sua volta, troncata dalla seguente ellissi

strategica qualificata: « Ed ella, per quanto Remigio le dicesse
che acconsentiva, non ebbe più pace finché l'ipoteca non fu
trattata e convenuta in presenza dell'avvocato Ceccherini; dopo
né meno una settimana. » p. 193. La narrazione prosegue, poi,
con l'incontro tra Remigio, la matrigna e il Ceccherini, per la
trattazione, appunto, dell'ipoteca. Dopo di che Remigio si reca
dal suo vicino di casa, il Centini, per proporgli, ma senza
successo, l'acquisto del fieno danneggiato dall'alluvione. Il cap.
XXIV si apre nel modo seguente: « Eppure *la sera stessa,* alla
Casuccia, Remigio si sentiva contento » p. 199. Si tratta anche
qui di un'ellissi tattica, dell'ampiezza di circa mezza giornata, la
quale però, se messa in rapporto con l'ellissi strategica interna al
cap. XXIII, si configura, più che come punto di frattura, come
un anello di congiunzione tra le unità dei due capitoli. La
frattura è, invece, interna all'unità del singolo capitolo, perché è
proprio con l'ellissi strategica inserita nel cap. XXIII che si
interrompe drasticamente la sequenza cronodiegetica.

L'attivazione di una tale tecnica appare in modo ancora più
evidente se torniamo, per un attimo, all'esame del cap. XII.
Abbiamo già visto come dopo pochi enunciati dall'ellissi tattica
di apertura: « Il pranzo fu triste » p. 105, venisse introdotta
un'ellissi strategica: « Il venerdì di quella settimana il Pollastri
con il suo scritturale andò alla Casuccia; per fare l'inventario. »
p. 105, a cui segue una sintetica narrazione degli avvenimenti
relativi alla permanenza del Pollastri, nel corso di quella giornata appunto, alla Casuccia. Una pagina dopo troviamo una
nuova ellissi strategica: « Un lunedì mattina, cominciarono a
falciare i fieni. » p. 106, di ampiezza peraltro indeterminata. La
narrazione-descrizione della falciatura, con un racconto svolto
in forma mista iterativa-singolativa, si protrae per un altro
paio di pagine, quindi leggiamo: « In una settimana, il fieno fu
tutto falciato » p. 108, nuova ellissi strategica, anche se questa
volta qualificata, che dà il via ad un'altra sequenza cronodiegetica. All'interno di una sola unità (cap. XII) risultano presenti,
in definitiva, ben tre ellissi strategiche, cioè circa 1/3 di quelle
presenti nell'intero romanzo.

Laddove nel *Daniele Cortis,* insomma, avvertivamo piena,
armonica rispondenza tra le unità dei due rispettivi ordini, qui

ci troviamo di fronte ad una sfasatura: da una parte assistiamo, per rimanere all'ultimo caso, alla fuoriuscita di una sequenza — quella degli avvenimenti relativi ai cinque giorni intercorrenti tra la prima visita resa da Remigio al Neretti (cap. V) e il pranzo del quinto giorno (inizio cap. XII) — che va ad agganciare i contenitori adiacenti (cap. XI → cap. XII) e a legarli tra loro come anelli di una catena ininterrotta, dall'altra rileviamo la presenza di pesanti e ripetute fratture nell'ambito degli stessi singoli contenitori (si vedano le tre ellissi strategiche interne appunto al cap. XII).

In altri casi, poi, le ellissi strategiche vengono sì collocate ad apertura di capitolo, ma disposte in tali contesti diegetici da scivolare via inavvertitamente sotto gli occhi del lettore. Così ad inizio del cap. XIII — dopo che il cap. XII si è chiuso con la narrazione dello straripamento delle acque del fiume e il conseguente danneggiamento del fieno appena falciato — leggiamo: «Giulia aveva un vestito nuovo /.../ andò a trovare Berto per fargli visita.» p. 113. Il capitolo è interamente centrato sugli avvenimenti relativi ad una sola giornata della coprotagonista, seguita dapprima nel suo incontro con Berto, quindi con il chirurgo Bianconi. L'ellissi, la cui presenza qui è deducibile solo in un secondo momento dal contenuto del discorso di Giulia con l'assalariato («Il fieno quanto è stato?» / «Veramente, non sarebbe andata male, ma gliel'hanno sciupato le acquate che sono venute. Ci ricaverà la metà di quel che poteva costare» p. 115; battute evidentemente riferite agli avvenimenti conclusivi del cap. XII), risulta assolutamente implicita. Essa inoltre va ad innestarsi su una deviazione diegetica, cioè sul riemergere nella narrazione della figura della coprotagonista, senza che l'azione portata avanti da quest'ultima abbia mai ad interferire, nel corso del capitolo, con quella del racconto principale, vale a dire con quella che vede Remigio partecipe in prima persona. È questo aspetto, quindi, quello di uno spostamento tematico, che emerge maggiormente (oltre che inizialmente), mentre lo spostamento temporale, l'ellissi insomma, passa di nuovo in sott'ordine, pressoché inosservata. Lo stesso meccanismo si ripete, ovviamente, seppure all'inverso, con il ritorno dal racconto laterale al racconto

primo, a inizio del cap. XIV: « Una mattina, per non piangere,
Remigio escì di casa » p. 120.

Ugualmente avviene con l'immissione di un'altra linea di
racconto laterale, quella relativa al coprotagonista Berto, introdotta ad apertura del cap. XVIII: « Ormai, Berto era deciso » p.
150. Se vi è ellissi (ma in questo caso, a differenza di quanto
accadeva nel cap. XIII per Giulia, riesce impossibile collocare
con sicurezza la giornata di Berto in un tempo precedente o
successivo a quello del racconto principale), anche qui essa passa
in secondo piano rispetto allo spostamento tematico.

Come si può osservare quindi dall'esame or ora svolto,
l'orientamento dell'autore del *Podere,* circa la collocazione
dell'ellissi, diverge profondamente da quello dell'autore del
Daniele Cortis. Laddove, infatti, Fogazzaro cerca di porre in
rilievo, di enfatizzare, proprio attraverso la collocazione dell'ellissi, un procedimento organizzato già per suo conto in modo
forte (bassa frequenza, ampia estensione e carattere determinato
delle ellissi strategiche; alta frequenza, ridotta estensione e carattere determinato delle ellissi tattiche), Tozzi fa in modo, anche
attraverso la collocazione, di non dare alcun risalto, di sfumare
il procedimento ellittico, organizzato fin da principio in modo
debole (alta frequenza, ridotta estensione e carattere indeterminato delle ellissi strategiche; bassa frequenza, ampia estensione e
carattere indeterminato delle ellissi tattiche). I risultati ricavati
dallo studio del problema logistico dell'ellissi vanno così ad
integrarsi e a confermare — nonché, ovviamente, ad illustrare
con la maggior chiarezza descrittiva possibile — le conclusioni
già tratte in precedenza circa l'adesione del Fogazzaro ad un
modello narrativo drammatico e romanzesco (anche a prescindere dagli elementi della fabula e dell'intreccio) e l'adesione di
Tozzi, che, almeno fino a questo momento, non pare discuti-
bile, ad un modello narrativo naturalista e antiromanzesco
(anche qui a prescindere, anzi potremmo dire in opposizione,
agli elementi della fabula, dal momento che la storia racconta di
uno scontro per una successione ereditaria culminante in un
omicidio).

3.5. Direzione di marcia nello sviluppo diegetico e crono (logico).

Ma vi è ancora un aspetto importante relativo al funzionamento delle strutture temporali, a cui abbiamo già accennato per il *Daniele Cortis* ma non per il *Podere*. Abbiamo infatti visto come nel *Daniele Cortis* lo sviluppo drammatico proceda su una linea temporale, oltre che fortemente accelerata nel tempo del racconto, univocamente orientata. Abbiamo osservato anche come i vuoti prodotti dai salti temporali venissero colmati, in ottemperanza ai canoni narrativi realisti, dai rapidi riassunti analettici, senza che perciò variasse mai la direzione di marcia del racconto primo, fermamente orientato, lanciato con forza verso i momenti culminanti della vicenda e l'epilogo. Le strutture temporali quindi nel *Daniele Cortis* venivano saldamente controllate e guidate dalla mano sapiente dell'autore-demiurgo, operando nel testo in modo tale da risultare sempre produttive e funzionali alla progressione logica della vicenda.

Dall'esame finora condotto sul *Podere* si potrebbe avere l'impressione di essere di fronte ad un caso abbastanza simile, la cui diversità consisterebbe non in altro che in una maggiore aderenza del tempo del racconto al tempo della storia. Tozzi cioè, rispetto al Fogazzaro, si preoccuperebbe solo di dare un tono più realistico al suo romanzo [24], imprimendo al racconto un ritmo non più concitato, ma regolare, apparentemente schiacciato su quello blando e uniforme della quotidiana esistenza. Per il resto le strutture temporali resterebbero univocamente orientate, poste a garanzia della costruzione e della progressione logica della vicenda. Sarebbe questa, però, una conclusione affrettata, dal momento che va precisato come nell'esame dell'ellissi nel *Podere* si è volutamente messo da parte, per ragione di ordine espositivo, ogni problema temporale che non presupponesse uno svolgimento univoco e conse-

---

[24] Anche Fogazzaro si preoccupa, come abbiamo visto, di garantire il realismo della sua opera, dal che maggiormente si evince che ogni realismo è convenzionale.

cutivo dei fatti. Sarà opportuno allora procedere ad una più
analitica ricognizione e valutazione dei fattori temporali al fine
di verificare la unidirezionalità o meno dello sviluppo cronologico e quindi logico (secondo il principio del *post hoc ergo
propter hoc* [25]) del romanzo.

Si ricorderà, anzitutto, che dall'analisi sull'ellissi alcuni
capitoli (IV, VI e VII) sono stati da noi automaticamente
esclusi. Partiremo, allora, proprio dalla prima di queste esclu-
sioni. Si è detto che i primi tre capitoli del *Podere* narrano dei
primi tre giorni di permanenza del protagonista alla Casuccia e
che dall'inizio del cap. V il lettore viene a trovarsi di fronte
alla prima ellissi. Occorrerà perciò, per lo meno, chiarire
quanto avviene nel cap. IV. Esso si apre nel modo seguente:

> Giulia, *la notte innanzi che Giacomo morisse,* buttatasi vestita
> sul letto, non aveva dormito. /.../ e la mattina non aveva forza
> di reggersi in piedi /.../.
> *Scacciata da Remigio,* andò in casa della zia; e, con lei, dall'av-
> vocato Renzo Boschini /.../. *(Il podere,* IV, pp. 62-63),

e comporta perciò un regresso di un giorno e mezzo rispetto
alla linea del racconto primo. Si tratta di un'analessi interna
ma spostata tematicamente rispetto al racconto principale, centrata cioè sulle iniziative della coprotagonista, intraprese parallelamente alle azioni svolte in quegli stessi giorni dal protagonista e già narrate. Sotto questo aspetto essa potrebbe apparire
simile all'analessi del *Daniele Cortis* relativa al viaggio a Lugano del protagonista; senonché emerge un elemento di diffe-

---

[25] « Tutto lascia pensare, in effetti, che la molla dell'attività narrativa
sia proprio la confusione tra consecutività e consequenzialità, in quanto ciò
che viene *poi* è letto nel racconto come *causato da:* il racconto sarebbe, in
questo casi, un'applicazione sistematica dell'errore logico denunciato dalla
scolastica sotto la formula *post hoc ergo propter hoc,* che potrebbe bene essere
l'emblema del Destino, di cui il racconto non è infine che la lingua ed è
l'impalcatura delle funzioni cardinali a compiere questo "schiacciamento"
della logica e della temporalità » (ROLAND BARTHES, *Introduction à l'analyse
structurale des récits,* « Communications », 8, 1966; tr. it. in AA.VV., *L'analisi del racconto,* Bompiani, Milano 1969, p. 20).

renza decisivo tra di esse. L'analessi del *Daniele Cortis* partiva proprio dalla mattina successiva alla serata del ricevimento in casa Carrè, in occasione del quale l'autore aveva avuto modo di presentarci per la prima volta la figura dell'eroe. L'analessi del *Podere*, invece, si porta indietro di una notte rispetto a una sequenza già presente nel primo capitolo: « Remigio, presala per un braccio, la fece camminare all'indietro fino alle scale; e ve la spinse. » p. 56, e che sarebbe da inserire appena prima del capoverso *Scacciata da Remigio* p. 63. A questo proposito Aldo Rossi ha osservato con acutezza che « questo accavallarsi dei tempi non è per niente causale: serve a dimostrare come Remigio abbia bruciato davanti a sé il terreno, prima di muoversi. Mentre il protagonista doveva pensare ai funerali del padre (con tutta la tregua dei risentimenti che la circostanza imponeva), la nemica Giulia aveva già pensato ad ordine tutta la trama, con la zia Fosca, con l'avvocato Boschini, con i testimoni. La lotta di chi vive 'con gli occhi chiusi' contro chi si muove ad occhi aperti è già risolta prima di cominciare. » [26] Tuttavia lo studioso sembra cadere anch'egli vittima dell'inganno tozziano quando presenta il brano come il primo e più notevole dei due unici casi di distorsioni temporali operanti nel romanzo. Stando al Rossi, infatti, nel *Podere* « gli indicatori temporali sono parchi, a volte ellittici (comunque integrabili con gli schizzi e gli appunti inediti), ma univoci nella loro progressione, che tende a far coincidere logica della narrazione e temporalità » [27], di conseguenza « Secondo il canone classico, in P quello che viene prima costituisce la causa di quello che viene dopo: e Tozzi rispetta nella scrittura questa successione, eccezion fatta per due casi. » [28]

[26] A. ROSSI, *op. cit.*, p. 126.

[27] *Ibidem*, p. 123.

[28] *Ibidem*, p. 125. Uguale giudizio, se non ancora più riduttivo, esprime il Maxia, che pure pone al centro della sua indagine sui romanzi tozziani il problema della temporalità. Proprio a proposito del *Podere* lo studioso afferma: « Comunque, la grammatica dei tempi non dà luogo a nessuna osservazione particolare: il racconto dei fatti è regolarmente affidato al passato remoto e l'imperfetto è restaurato nella sua abituale funzione di fondo. C'è insomma un generale ritorno all'ordine romanzesco, manifesto

Ora, per quanto le considerazioni del critico sul significato di questa analessi siano di indubbia pertinenza, va sottolineato come il brano succitato non costituisca affatto uno dei
due unici casi di distorsioni temporali reperibili nel romanzo.
In quanto a rilevanza, poi, esso ci appare come un episodio
minore, quasi trascurabile, se commisurato ad altre, ben più
consistenti, slogature logico-cronologiche operanti nel testo, le
quali minano alla base il sistema codificato della comunicazione romanzesca (appunto la classica identificazione tra logica
della narrazione e temporalità che il Rossi vede ancora impe-
rare nel *Podere*) e, pur senza disintegrarlo, lo portano ai limiti
della dissoluzione.

Vediamo allora, dopo il caso sopra discusso, quali altri casi
di distorsione temporale appaiono nel romanzo. Abbiamo
detto che a inizio del cap. V troviamo un'ellissi strategica:
« Parecchi conti /.../ giunsero in una settimana alla Casuccia »
p. 68, che, dopo la sterzata cronodiegetica del cap. IV, ci
riporta alla narrazione degli avvenimenti relativi al racconto
primo: « Anche Remigio andò da un avvocato, perché gli
pareva che il Pollastri avesse un modo di fare tutt'altro che
fidato. » p. 68. Questa scena dell'incontro tra Remigio e l'avvocato Neretti si protrae per circa tre pagine; il capitolo poi si
chiude con il ritorno di Remigio, a sera, alla Casuccia. Abbiamo anche notato come, a seguito dell'incontro avvenuto in
questa giornata, non si riscontra alcun rilevante salto temporale (ellissi strategica), dal momento che dopo poche righe
dall'inizio del cap. VIII si legge: « Quando Remigio tornò dal
Neretti » p. 89; scena, quest'ultima, da collocare nel giorno
successivo al primo incontro tra i due, conclusosi appunto con
l'invito del Neretti a ritrovarsi l'indomani: « Ora, vattene; e
torna domani » p. 71. Resta tuttavia da accertare quanto accaduto, in merito agli spostamenti temporali, nell'ambito dei
capp. VI e VII.

anche nella riadozione della tradizionale divisione in capitoli » (SANDRO
MAXIA, *Uomini e bestie nella narrativa di Federigo Tozzi*, Liviana, Padova
1972, p. 99).

Il cap. VI si apre con la descrizione di un personaggio secondario, il notaio Pollastri, a cui segue la narrazione degli incontri di questo prima con Remigio e poi con la matrigna, sempre in forma di scena iterativa:

> Il Pollastri, uno dei più vecchi notai di Siena, era molto rispettato e tenuto in conto. Bassotto, con il buzzo a pera /.../ molte volte seguitava a parlare ripulendosi il vestito con tutte e due le mani; e poi, specie quando voleva ascoltare, le teneva stese sopra lo scrittoio *e i pollici appuntellati sotto.*
> *Remigio era andato* da lui come da un padre, contento di confidarcisi; *Luigia aveva cercato,* anche per mezzo di un avvocato, di capire ch'egli non sarebbe stato parziale a favore del figliastro. E il Pollastri, accontentando ugualmente Luigia e Remigio, trovava sempre qualche motivo per cui era necessario che tornassero da lui /.../. *Con quel suo sorriso,* che gli faceva raggrinzare tutta la sua faccia, *diceva a Remigio:*
> "Sì, lei ha ragione; ma, d'altra parte, dovrebbe essere più generoso /.../."
> "Ma io voglio darle soltanto quel che le si spetta. Non le pare giusto?"
> "Soltanto quel che le spetta? Ma se le fa vedere che lei è disposto a più, la matrigna, in compenso, sarà più affezionata..."
> "Non mi importa!"
> Il Pollastri rideva, come se avesse detto una cosa da far ridere e rispondeva:
> "Ah, non gliene importa!"
> /.../
> E, magari, due ore dopo, diceva a Luigia:
> "È un ragazzo che non mi vuol dare ascolto! /.../"
> Luigia lo supplicava piangendo:
> "Per carità, la sbrighi lei questa brutta matassa! /.../" (*Il podere,* VI, pp. 73-77)

Queste scene, proprio in quanto iterative discontinue, sono di dubbia collocazione, e rappresentano il primo caso forse di rottura dell'ordine di successione temporale relativamente al tempo del racconto. Ma sarà senz'altro interessante analizzare in modo più dettagliato il processo di 'spiazzamento' che l'autore opera ai danni del lettore, proprio in relazione all'esigenza di quest'ultimo di costruirsi un saldo quadro di riferimento logico-cronologico in cui situare gli avvenimenti. La scena sopra riportata ci offre una buona occasione di approfondimento. Noteremo anzitutto come, con il concludersi della descrizione *(e i pollici appuntellati sotto),* la narrazione non riprenda con il tempo verbale tipico del *Podere,* cioè il passato remoto, bensì con il trapassato prossimo *(Remigio era andato da lui; Luigia aveva cercato).* Questa variazione produce un effetto di retrospezione [29], uno spostamento all'indietro rispetto alla linea cronologica del racconto consecutivo. L'impressione trasmessa al lettore è che quindi la scena faccia riferimento ad una serie di incontri avvenuti, almeno in parte, in un tempo antecedente all'incontro di Remigio con il Neretti. Tale impressione, che è effetto di una strategia puramente grammaticale, viene del resto confermata dalle risultanze diegetiche, poiché la visita all'avvocato, nel cap. V, risulta motivata

---

[29] HARALD WEINRICH, *Tempus, Besprochene und erzählte Welt,* Kohlhammer, Stuttgart 1965; tr. it. *Tempus. Le funzioni dei tempi nel testo,* Il Mulino, Bologna 1978, opera una distinzione di fondo tra tempi commentativi e tempi narrativi. Ai primi appartengono: presente, passato prossimo, futuro; ai secondi appartengono: imperfetto, passato remoto, trapassato prossimo, trapassato remoto, condizionale presente, condizionale passato. Dice l'autore: « Se — come accade relativamente spesso — la relazione tra tempo testuale e tempo reale non presenta alcun problema o, per dirla più esattamente, il parlante non intende attirare l'attenzione dell'ascoltatore sull'eventuale problema di una relazione tra tempo testuale e tempo reale, i due gruppi, tanto quello dei tempi commentativi quanto quello dei tempi narrativi, comprendono un posto zero. Nel gruppo dei tempi commentativi questo posto zero viene occupato dal presente, nel gruppo dei tempi narrativi dall'imperfetto insieme col passato remoto /.../. Gli altri tempi verbali di entrambi i gruppi, non solo quelli segnati più sopra ma anche quelli non compresi nelle due liste, danno invece a capire all'ascoltatore che egli deve applicare una certa dose di attenzione alla relazione tra tempo testuale e tempo reale, e in particolare dovrà o guardare indietro al tempo reale trattandosi di recuperare un'informazione o prevedere il tempo reale trattandosi di anticipare un'informazione. Entro il gruppo dei tempi commentativi il tempo della retrospezione è al passato prossimo » (p. 79), il trapassato prossimo e il trapassato remoto sono invece « tempi verbali della retrospezione o dell'informazione da recuperare, in dipendenza dal tempo reale, nel gruppo dei tempi narrativi » (p. 80).

proprio dalla sfiducia nutrita dal protagonista nei confronti del notaio. Occorre precisare però che, nel momento in cui, per introdurre l'iterativa, lo scrittore ci riporta al tempo non marcato dell'imperfetto « *Con quel sorriso /...*/ *diceva a Remigio* », cioè di nuovo su un grado zero della temporalità, non tutta la scena (vale a dire non tutti i vari incontri che essa sintetizza) deve essere necessariamente anteposta a quella relativa all'incontro tra Remigio e Neretti; illazione questa non contraddetta dalle risultanze diegetiche, dal momento che, sappiamo, Remigio continuerà dopo la visita al Neretti ad incontrarsi ugualmente con il notaio. Ad ogni modo, anche volendo propendere per la drastica successione: iterativa Remigio-Pollastri → singolativa Remigio-Neretti, cioè per un'iterativa rigorosamente analettica, un chiaro, indiscutibile passo in avanti rispetto al punto di arrivo della linea cronologica del racconto consecutivo sembra effettuarsi con il passaggio alla singolativa:

> Ma al suo scritturale /...*/ disse una volta:*
> "Per un'eredità di dieci lire, non vogliono mettersi d'accordo. Peggio per loro!" (*Il podere*, VI, p. 77)

Questa scena si protrae per due pagine e narra degli accordi intercorsi tra il Pollastri appunto e lo scritturale, al fine di spingere Remigio ad accettare un prestito in cambio di un'ipoteca da porre sulla Casuccia. L'impressione netta di essersi riagganciati al filo principale del racconto è data ovviamente dal ripristino, con la singolativa appunto, del tempo base della narrazione, cioè il passato remoto *disse*. Qualora poi si avessero ulteriori dubbi, basta a fugarli l'ellissi implicita e, soprattutto, indeterminata, che introduce la scena (*una volta*), la quale, proprio perché di ampiezza non precisata, ci conferma circa l'avvenuto salto temporale; essa infatti può condurci benissimo al di là della scena di incontro Remigio-Neretti, così come esige la logica grammaticale. Come se non bastasse, poi, a conclusione di questa stessa singolativa la narrazione compie un ulteriore passo in avanti: « *Il giorno dopo* a Remigio si mostrò più premuroso del solito » p. 79. Con questa ellissi viene introdotta un'altra scena singolativa che si protrae per circa tre pagine, nella quale vediamo in azione ancora il Pollastri che cerca, senza riuscirci, di convincere Remigio ad accettare il prestito; il capitolo si chiude con il ritorno del protagonista alla Casuccia e con la scena dell'accordo tra lui e la matrigna, decisi entrambi a regolare direttamente i propri rapporti senza più l'intermediazione del notaio.

Il cap. VII, a sua volta, si apre nel modo seguente:

> Remigio, il più delle volte, si sentiva sperso; e gli faceva caso di poter scendere nell'aia e andare dove volesse. *Il cancello della strada era tutto fuor di posto*, con i gangheri strappati /.../. (*Il podere*, VII, p. 84)

Si ritorna in questo modo alla scena iterativa. A questo punto però, il lettore ha assunto la certezza di essere stato proiettato oltre il tempo segnato dal primo incontro tra Remigio e il Neretti. L'iterativa comunque, brevissima, serve ad introdurre un'ampia pausa descrittiva sul podere: *Il cancello della strada era tutto fuor di posto*, ecc., che si estende per circa una pagina, dopo di che si ritorna alla narrazione con una nuova iterativa analettica:

> I *primi giorni*, Remigio evitava d'incontrarsi con i sottoposti; non sapeva né meno riconoscerli l'uno dall'altro e, per timidezza, voleva sorvegliarli quasi di nascosto. *Una mattina*, fece il giro di tutto il podere, solo /.../. (*Il podere*, VII, p. 85)

Con questa iterativa, dal momento che c'è un riferimento ai *primi giorni*, retrocediamo chiaramente in un tempo precedente all'incontro tra Remigio e il Neretti. Quindi *(Una mattina)* abbiamo il passaggio alla singolativa, che va avanti per circa quattro pagine, fino al termine del capitolo, e può a sua volta distinguersi in due scene dialogate: quella tra Picciolo e Remigio e quella tra Remigio e la matrigna. Ora, in questo passaggio così immediato (si badi, senza nemmeno un 'a capo') alla singolativa, il lettore crede senz'altro di cogliere una specificazione della iterativa che la introduce; in sostanza egli è pronto a collocare la scena a ridosso dei *primi giorni* e quindi anch'essa in un tempo anteriore a quello dell'incontro col Neretti, a quello degli incontri col Pollastri e, a maggior ragione, a quello della iterativa che apre il capitolo in esame (VII): la considera, cioè, un'analessi. Senonché nel corso della lettura, in particolare nel dialogo con la matrigna, vengono inseriti nella narrazione elementi diegetici che ci costringono ancora una volta a rivedere le nostre illazioni e ad aggiustare il tiro. Quando nel colloquio con la matrigna, infatti, il protagonista allude alla possibilità di firmare una cambiale (possibilità prospettata dal Neretti, che aveva invitato Remigio a tornare il giorno dopo per poter compiere l'operazione in banca), ci troviamo di nuovo e automaticamente sbalzati oltre la data dell'incontro col Neretti. È evidente che nel passaggio dalla iterativa alla singolativa *(Una mattina)* vi è da interporre un'ellissi strategica implicita di notevole ampiezza, la cui presenza non solo è taciuta ma è occultata ad arte, e solo a posteriori è possibile ricavare [30]. A

---

[30] Un'altra occorrenza simile a quella appena analizzata la troviamo al cap. XX, che si apre con una forte analessi (« Qualche giorno prima dell'udienza, Fosca gli aveva detto » p. 168 — la scena dell'udienza è rappresentata al cap. XIV), seppur eterodiegetica (riguardante cioè una linea di racconto secondaria, quella relativa alla relazione tra Giulia e Ciambella). Dopo qualche pagina leggiamo:

> *Dal giorno dopo,* cominciò a darsi d'attorno anche lui; accompagnando Giulia quando andava dall'avvocato. *Tutte le volte* che si vedevano, non parlavano d'altro; sicuri di farsi piacere. E credevano che tutti i loro conoscenti facessero lo stesso.
> *Fosca, una volta, domandò:*
> "Non vi siete né meno baciati?"
> "Chi ci pensa mai? Ho altro per il capo. Saremo a tempo".
> *E la sera* disse al tipografo:
> "Sai che la zia si è messa a ridere perché non ci siamo baciati? /.../"
> Il tipografo restò un poco vergognoso, quasi contrariato; e rispose, per galanteria:
> "Ho io la colpa!"
> /.../
> *Il giorno dopo,* andò a trovarlo in tipografia. Era bianca come un cencio lavato /.../.
> Ella gli raccontò che l'avvocato di Remigio aveva fatto rinviare la causa a due mesi /.../. (*Il podere*, pp. 173-174)

conclusione della medesima scena poi, il lettore viene costretto a un'ulteriore modificazione del quadro cronologico degli avve-

Inizialmente troviamo un'ellissi tattica *Dal giorno dopo* che introduce la scena, poi notiamo un passaggio all'iterativa *Tutte le volte,* col capoverso *Fosca, una volta, domandò* torniamo di nuovo alla singolativa. Questa singolativa, come possiamo ormai affermare è tipico del *Podere,* sembra inserirsi in qualità di specificazione esplicativa dell'iterativa che la precede; ad ogni modo l'indicazione temporale *una volta* resta estremamente generica e la scena risulta di impossibile collocazione. Quindi, come d'uso, Tozzi passa a costruire, con due ellissi tattiche, il segmento narrativo in modo indiscutibilmente lineare: *E la sera disse al tipografo; Il giorno dopo.* Senonché dal contenuto diegetico (Giulia è sconvolta dalla notizia della proroga della causa) ci rendiamo conto di essere ad una altezza cronologica di certo superiore a quella dell'ultimo incontro di Remigio col suo avvocato (capp. XVI e XVII), nel quale, appunto, il Neretti si era impegnato con il cliente al fine di ottenere un rinvio della causa; ma, per il resto assolutamente imprecisata. L'effetto che se ne ricava è di forte straniamento, dal momento che la sequenza del cap. XX è iniziata in forte analessi (qualche giorno prima dell'udienza) e adesso, in modo inspiegabile (sembrando procedere il racconto, come erroneamente pare al lettore, ad un ritmo lento ed uniforme), ci proietta ad un'altezza cronologica che sarà superiore a quella dei capp. XVI e XVII relativi a Remigio, e per il resto (rispetto cioè al capitolo della fiera, il XIX) ci lascia in uno stato di totale incertezza, di 'pericolosa' sospensione. Con l'inizio del cap. XXI, poi, andiamo immediatamente a riallacciarci alla linea del racconto principale: « Eppure la bestiola era meno abbattuta del giorno avanti » p. 176, senza che per questo sia stata chiarita la collocazione e quindi l'ampiezza della sequenza del cap. XX. E la ormai nota tecnica tozziana di puntigliosa precisazione e narrazione di segmenti cronodiegetici continui, ma isolati e irrelati rispetto al restante quadro temporale. Solo a conclusione del capitolo, troviamo l'informazione decisiva « L'avvocato gli aveva detto che era riuscito a rimandare di due mesi la causa » p. 182, grazie alla quale possiamo tentare di stabilire un rapporto con la sequenza del cap. XX; e l'effetto sarà, ancora una volta, e maggiormente, di totale straniamento. In questa circostanza infatti si fa strada l'ipotesi di una prolessi nel cap. XX o meglio, di una sequenza che, partita in forte analessi (qualche giorno prima dell'udienza), arriva addirittura a scavalcare parte delle unità cronodiegetiche del capitolo successivo, seppur su una linea di racconto laterale. In effetti, laddove con il passaggio dall'iterativa alla singolativa, *Fosca, una volta, domandò,* si era fatto in modo che il lettore vedesse nient'altro che una specificazione dell'iterativa stessa, viene collocata dall'autore un'ellissi strategica di notevole ampiezza (proprio come era avvenuto al cap. VII, nel caso di « Una mattina fece il giro del podere » p. 85), la quale ci proietta senza farcene avvedere oltre la linea temporale marcata dal racconto principale.

nimenti. Poiché la matrigna non condivide la proposta avanzata da Remigio, ne segue un nuovo scontro tra i due, un battibecco, a cui la voce del narratore pone termine nel modo seguente: « ambedue, senza più parlarsi, tornarono dai loro avvocati. » p. 88. Evidentemente, allora, questa scena sarà da situare in un momento successivo all'ultima singolativa del cap. VI, quando cioè Remigio, tornato alla Casuccia dopo l'ultimo incontro con il Pollastri, si era riappacificato con la matrigna; mentre adesso i due tornano nuovamente a separarsi. L'ellissi, quindi, introdotta da *Una mattina* non solo scavalca la scena dell'incontro Remigio-Neretti, ma va altresì oltre la singolativa di chiusura del cap. VI che ci era parsa come il punto più avanzato dello svolgimento temporale della storia.

Ma le sorprese non sono finite qui, dal momento che il cap. VIII ci mette di fronte a uno sconvolgimento più radicale del quadro logico-cronologico. Esso si apre con una descrizione dell'avvocato Giulio Sforzi e prosegue con la brevissima narrazione dell'incontro tra questi e Chiocciolino, un sensale che, come aveva annunciato già il Neretti nel primo incontro a Remigio, gli faceva causa per duecento lire. Abbiamo quindi un'analessi simile — soprattutto in funzione della logica delle azioni e al modo come esse si riflettono e condizionano, senza via di scampo, il destino del protagonista — a quella vista a proposito della coprotagonista Giulia nel cap. IV: mentre Remigio decide di recarsi dall'avvocato, c'è chi lo ha già preceduto e bruciato sul tempo. Ma l'indicazione cronologica che scompiglia letteralmente il quadro di riferimento del lettore è quella successiva:

> Accettò sghignazzando la causa propostagli da Chiocciolino, perché si trattava di dare addosso a un borghesuccio /.../.
> Quando Remigio tornò dal Neretti, un uomo lo fermò alle prime case di Siena /.../. (*Il podere*, VIII, p. 89)

Con il capoverso vi è evidentemente un'ellissi che ci riporta all'altezza cronologica su cui si era arrestato il racconto consecutivo nel cap. V, cioè all'incontro tra Remigio e Neretti. Che si tratti del giorno dopo, rispetto al primo incontro, è accertato dall'affermazione di Giangio, giovane di studio del Neretti: « Ah, l'avvocato, ieri, se ne prese subito cura, e, per mezzo suo, il direttore del Banco ha subito acconsentito! » p. 92. Pertanto il lettore, con un'ulteriore, inopinata inversione, si vedrà costretto a retrocedere tutto il contenuto diegetico esposto nei capp. VI e VII a prima dell'incontro Remigio-Neretti, a considerare cioè quell'insieme di scene iterative e singolative come tutte analettiche rispetto al cap. V. Ciò che sotto questo profilo, poi, appare ai limiti dell'assurdo, dell'incongruo, è che occorrerà retrocedere anche l'ultima singolativa del cap. VII (quella cioè relativa al litigio tra Remigio e la matrigna causato dalla prospettata eventualità di firmare una cambiale), che invece avevamo ritenuto di dover posporre non in base esclusivamente alla disposizione nel testo dei segni grammaticali (come avveniva semmai per le altre singolative o iterative), ma in base a precisi contenuti diegetici (la cambiale, abbiamo detto, viene consigliata dal Neretti nell'incontro narrato al cap. V). Altro, quindi, che « far coincidere », come vuole il Rossi, « logica della narrazione e della temporalità »! Qui siamo alla quasi impossibilità di stabilire un preciso ordine cronologico, così come pure, evidentemente, un chiaro ordine di derivazione causale degli eventi. Non si tratterà più soltanto, a questo punto, di scombussolare a più riprese il quadro logico-cronologico di riferimento del lettore, di spiazzare quest'ultimo attraverso ripetuti ribaltamenti e pseudo-ribaltamenti dell'asse temporale, di creare un disordine nella successione degli avvenimenti così come essi vengono progressivamente da lui recepiti; ma si tratterà di mettere in pericolo, di scuotere dalle fondamenta e di far vacillare lo stesso impianto oggettivo delle strutture temporali su cui si regge il romanzo tradizionale. Del resto, anche se volessimo per assurdo anteporre l'insieme delle scene che compongono i capp. VI e VII alla scena dell'incontro Remigio-Neretti (cap. V), dovremmo collocarle tutte (tranne l'iterativa relativa ai *primi giorni*) nell'arco della settimana di storia tagliata dalla prima ellissi strategica, quella che apre appunto il cap. V: « Parecchi conti /.../ giunsero in una settimana alla Casuccia ». E pare per lo meno arduo tentare di situare in una sola settimana un insieme di scene distinte in numerose singolative concernenti tre diversi giorni, nonché in due iterative: non vi sarebbe nemmeno lo spazio materiale per accoglierle!

Il fatto è che il romanzo di Tozzi ha ben poco a che vedere anche con i canoni della scuola naturalista e, per quel che attiene in particolare alle strutture temporali, occorre rilevare come esse risultino modificate, rispetto ad un romanzo di fine Ottocento quale il *Daniele Cortis,* ben oltre la direzione inizialmente precisata, cioè ben oltre il semplice allentamento della tensione drammatica e l'appiattimento massimo del tempo del racconto sul tempo della storia. Le trasformazioni attivate dal *Podere* investono il problema del tempo in senso molto più moderno di quanto la critica non abbia finora ipotizzato; esse infatti spingono il racconto, pur senza condurlo oltre, ai limiti dell'acronia.

3.6. *Iperdeterminismo e straniamento antinaturalista.*

Contribuisce peraltro, paradossalmente, a rendere ancora più confusa la situazione quella precisione quasi puntigliosa nelle indicazioni temporali che Tozzi esibisce, anche con una certa frequenza, nel romanzo. È questo un aspetto su cui vorremmo brevemente soffermarci perché ci pare molto originale e tipico dello scrittore. Questi sembra, infatti, impegnarsi diligentemente per garantire al racconto una sua indiscutibile coerenza cronologica. Anche se le ellissi, come abbiamo visto, sono quasi sempre indeterminate, anche se abbondano le iterative, Tozzi non manca, all'interno di sequenze diegetico-temporali pressoché continue (come quella che parte appunto dal primo incontro col Neretti e arriva fino al quarto giorno successivo a tale incontro, capp. V-XII), di specificare gli sviluppi temporali e di chiarire i rapporti cronologici interni ad esse. Così avviene, ad esempio, per il caso appena citato in cui Giangio ci fa intendere senza alcun dubbio di essere (*incipit* del cap. VIII) all'indomani del primo incontro (cap. V) di Remigio col Neretti. Precisazioni come quelle di Giangio, del tutto irrilevanti per la diegesi e quindi tranquillamente espungibili, tanto più in un testo che tende a sabotare l'ordine

cronologico, hanno la sola funzione di rafforzare l'articolazione del racconto lungo un ben preciso percorso temporale,
scandito da tappe progressive tutte meticolosamente rilevate. È
in sostanza una garanzia di realismo che Tozzi intende mantenere (per questo parlavamo di *limite*, ossia di rischio dell'acronia), e che può, se l'unità segmentale viene considerata a sé
stante, senza cioè essere rapportata alle altre unità che la attra-
versano e la lambiscono, o trarre in inganno, facendoci parlare
semmai di ritorno al naturalismo, o anche all'inverso, se
l'unità viene messa in relazione alle slogature or ora rilevate,
nonché alle tante altre che percorrono il romanzo, apparire
come la massima espressione dell'"irriverenza' del nostro verso
i modelli codificati del romanzo ottocentesco; i quali verreb-
bero così assunti e utilizzati in funzione 'ironica' [31] e quindi
decisamente antinaturalista. La puntigliosità delle indicazioni,
infatti, in casi come quello appena prospettato, non serve
affatto a far luce in un ammasso di eventi difficilmente districa-
bili, ma finisce con l'aggrovigliarli di più, col renderli definitivamente confusi. Che una tale strategia operi poi attivamente
nel *Podere* e che Tozzi cerchi di esaltare gli effetti prodotti
dalle distorsioni temporali con pseudo-riparazioni delle stesse,
lo dimostra il fatto che quanto più la sequenza diegetico-
temporale è estesa, rilevante — come quella che va appunto dal
cap. V al cap. XII —, tanto più si accrescono le distorsioni
(vedremo tra breve che a quella massimamente estesa dei capp.
VI e VII ne seguono altre ancora) e tanto più parallelamente si
infittiscono le pseudo-determinazioni cronologiche (tale, appunto, quella relativa all'incontro Giangio-Remigio). Un analogo procedimento riscontriamo quando indicazioni molto precise ci vengono fornite nell'ambito di contesti di assolutamente
incerta collocazione. Ne troviamo un esempio all'interno del

---

[31] Moderni studi di retorica estendono la figura dell'ironia oltre i limiti
restrittivi dell'antifrasi in cui la retorica antica la confinava, dando ad essa il
senso di una citazione non necessariamente parodica (anche se una valenza
'aggressiva' rispetto al modello resta comunque), del discorso altrui in un
contesto diverso. Vedi, a questo proposito, « Poetique », 36, in particolare
l'articolo di Dan Sperberg - Devidre Wilson, *Les ironies comme mentions*.

cap. VI, quando, dopo la doppia iterativa relativa agli incontri Pollastri-Remigio e Pollastri-matrigna, viene introdotta una prima singolativa in modo assolutamente indeterminato: « Ma al suo scritturale /.../ disse una volta » p. 77, e quindi una seconda, con pseudo-determinazione: « Il giorno dopo » p. 79. Il carattere illusorio della determinazione apposta alla seconda singolativa sta nel fatto che il segmento narrativo formato dalle due scene, che vuol apparire e risulta effettivamente continuo, regolare, resta tuttavia del tutto disancorato rispetto allo svolgimento cronologico generale, data la doppia indeterminazione, della iterativa e della prima singolativa, e finisce con l'apparire come una meteora errante nell'universo romanzesco alla ricerca di una sua impossibile collocazione.

Infine, con una tecnica che è tutta tozziana, lo scrittore, relativamente alle indicazioni temporali, ci mette di fronte ad un massimo di precisione che è al tempo stesso un massimo di indeterminatezza, ad una rilevazione esattissima dei dati che sfocia, paradossalmente, nella dissoluzione di un quadro di riferimento oggettivo. Questo meccanismo opera, a volte, anche al di là delle sequenze diegetico-temporali continue. Basti pensare a quelle ellissi strategiche già a suo tempo classificate come pseudo-determinate. Ne vediamo un esempio proprio al termine della sequenza che stiamo ora analizzando, cioè a poche righe dall'inizio del cap. XII: « Il venerdì di quella settimana » p. 105. Dei giorni che precedono questo salto temporale, al di là delle slogature, noi sappiamo soltanto che sono cinque, dal giorno dell'incontro col Neretti (cap. V) a quello della consegna della citazione (capp. XI-XII), ma non ci viene precisata la data, né ci viene indicato con esattezza il giorno della settimana in cui si stanno svolgendo gli avvenimenti narrati. Quella specificazione del venerdì, allora, apposta all'ellissi, suonerà tanto più 'ironica' in quanto non ci permette nel modo più assoluto di stabilire e di chiarire il rapporto cronologico intercorrente tra i due blocchi narrativi, tra le due sequenze diegetico-temporali. Anche in questo caso, quindi, ci imbattiamo in tasselli dai contorni, semmai, ben definiti, ma che restano inesorabilmente estranei gli uni agli altri, che non si integrano in un sistema unitario. Anzi diciamo che è proprio questa estrema precisione dei confini che, mentre da una parte sembra volerci dare l'illusione di una eventuale ricomposizione del quadro, dall'altra ci mette di fronte all'impossibilità di incastrare i pezzi del mosaico, di ricavare una superficie perfettamente levigata da cui far emergere un disegno compiuto e coerente.

Sarà bene ricordare a questo punto come la critica, soprattutto negli ultimi tempi, abbia visto in Tozzi uno tra i grandi innovatori del romanzo di questo secolo, accomunandolo, in modo spesso indiscriminato, qualche volta a sproposito, ai grandi maestri della narrativa italiana (Pirandello e Svevo) e straniera (Kafka, Joyce, ecc.) del Novecento. Tale discorso è stato svolto poi, di preferenza, con riferimento al primo e più sperimentale romanzo del Senese, *Con gli occhi chiusi*. Così è avvenuto all'inizio con Debenedetti [32] (che comunque aveva il merito della scoperta), così è avvenuto in ultimo con la Cavalli Pasini [33], nel suo peraltro accattivante studio di ispirazione narratologica. E non è un caso forse che Debenedetti parli del *Podere* come di un momento di ripiegamento dello scrittore sui vieti canoni della narrativa naturalista e che la Cavalli Pasini lo escluda dal suo studio intendendo rivolgersi ai romanzi « più 'moderni', i più omologhi tra sé e i più conformi al progetto innovativo dello scrittore » [34]. L'interesse straordinario del *Podere* sta, invece, a nostro avviso, giusto in quell'apparente rispetto (ritorno) del rigore naturalista — mai del tutto sparito, anzi presente, proprio in *Con gli occhi chiusi,* come un retaggio mal digerito —, osservato però, come abbiamo appurato, a fini tutt'altro che restaurativi. Il fatto è che se nel suo primo romanzo il Senese aveva cercato, senza riuscirci del tutto, di sbarazzarsi dei canoni narrativi e stilistici della grande scuola ottocentesca, di puntare, in alternativa, verso forme espressive palesemente, quasi provocatoria-

[32] GIACOMO DEBENEDETTI, *Il romanzo del Novecento*, Garzanti, Milano 1971.
[33] ANNAMARIA CAVALLI PASINI, *Il « mistero » retorico della scrittura*, Patron, Bologna 1984.
[34] *Ibidem*, p. 20.

mente nuove, inedite, qui egli le accoglie e le rende funzionali, le integra, per quanto possa apparire paradossale, al suo progetto di dissoluzione del naturalismo stesso. [35] È in questa 'ambiguità' di fondo, in questo carattere ancipite del naturalismo tozziano, il quale sembra negarsi in forza della sua stessa attuazione, che va individuata, a nostro parere, la forma più propria della narrativa del Senese, l'inoppugnabile coerenza stilistica finora mai focalizzata e puntualizzata, spesso pericolosamente equivocata, dell'opera specifica in esame; che costituisce altresì il più autentico contributo dello scrittore all'evoluzione del romanzo italiano del Novecento.

Non vogliamo, con ciò, dimenticare i punti di contatto che pure esistono tra l'opera di Tozzi e quelle dei grandi artefici del romanzo moderno europeo, a cominciare da Joyce e Proust; anzi l'analisi da noi finora svolta, evidenziando per la prima volta l'intervento massiccio compiuto dallo scrittore sulle strutture temporali, ci dà modo vieppiù di sottolineare quella comunanza di interessi, dal momento che il problema della temporalità risulta centrale a tutta la grande narrativa europea primo-novecentesca. Tuttavia ci sembra importante cercare di cogliere e dare rilievo alla specificità delle soluzioni esperite e degli esiti raggiunti da parte di uno scrittore spinto sempre dai suoi lettori o troppo avanti o troppo indietro. Il *Podere,* più degli altri romanzi del Senese, vale a inquadrare la peculiarità del lavoro tozziano, negli anni in cui (1918-20) il

---

[35] Si è già cercato di dimostrare, in un precedente studio da noi condotto sull'opera di Tozzi, DOMENICO TUCCILLO, *Per una rilettura unitaria della narrativa di Federico Tozzi,* « Tempo Nuovo », 31, luglio-settembre 1985, come il ripiegamento da parte dello scrittore, nel *Podere,* su di un sistema compositivo e su di uno stile 'naturalisticamente' più oggettivi e stabili rispetto alla forma sperimentale e soggettivamente coinvolgente di *Con gli occhi chiusi,* rispondesse altresì, non ad una scelta puramente formale, ma ad una necessità interiore dello scrittore. Vi è l'esigenza da parte di questo di interporre uno schermo protettivo tra sé e la scottante materia narrativa, di garantirsi un sufficiente grado di immunità rispetto alle vicende dei suoi autobiografici personaggi, così da condurli impassibilmente, scandagliando e bruciando attraverso i loro destini tragitti esistenziali insiti nel suo stesso destino, verso uno sbocco tragico, e insieme liberatorio per l'artista, di autodistruzione e di morte.

romanzo italiano, risorgendo faticosamente dalle macerie del frammentismo vociano, doveva far leva sulla solida tradizione ottocentesca, non riproducendola in modo pedissequo, bensì trasformandone dall'interno principi e forme narrative, adeguandoli ad una mutata sensibilità e ai progressi compiuti dalle tecniche di rappresentazione letteraria. [36]

3.7. Verso l'acronia: la legge del caos.

La sistematicità e la sottigliezza con cui il Senese opera in questa direzione traspaiono in modo ancora più evidente se proviamo a completare l'analisi delle distorsioni temporali comprese all'interno dell'intera sequenza cronodiegetica in esame, cioè nell'arco di tempo che va dal giorno del primo incontro tra Remigio e il Neretti (cap. V) al giorno della consegna della citazione al protagonista (capp. XI-XII). Con l'esame finora condotto sull'insieme di iterative e singolative relative in sostanza agli incontri prima tra Remigio e il Pollastri, poi tra Remigio e la matrigna (capp. VI e VII), abbiamo infatti limitato la nostra attenzione al caso macroscopico, ma certo non unico, di discrasie logico-cronologiche presenti all'in-

---

[36] « Se fosse legittimo un confronto fra il romanzo tozziano — e italiano più in generale — e i risultati europei, il limite del primo potrebbe individuarsi proprio nella forma di un realismo assestato subito al di qua dello scompaginamento radicale dei piani narrativi e della disintegrazione dell'universo della lingua » (PAOLO GETREVI, *Nel prisma di Tozzi*, Liguori, Napoli 1983, p. 217). Tuttavia troppo sbilanciato a sfavore del Senese e ingiustamente riduttivo nei suoi riguardi appare il confronto stabilito dallo studioso con i grandi maestri europei: Proust, Joyce e Musil. « La *summa* metafisica del romanzo europeo diventa qualche anno prima in Tozzi il piccolo catalogo della neuropatia provinciale. Le grandi rotture del tempo narrativo mancano. » (*ibidem*, p. 92). Affermazione quest'ultima che si rivela decisamente errata alla luce dell'analisi da noi fin qui condotta sui fattori temporali (nonché dell'analisi condotta su *Con gli occhi chiusi* dalla CAVALLI PASINI, *op. cit.*); segno questo, forse, che siamo ancora ben lontani da quella « saturazione » di letture a « impianto narratologico » di cui parla l'autore del saggio.

terno della sequenza. Da un'ulteriore e più capillare analisi compiuta su quest'ultima si ricavano invece altri casi di distorsione che, mentre vanno a affiancarsi sotto l'aspetto quantitativo al primo, giocando a conferma del già dimostrato carattere 'irregolare' del *Podere*, aggiungono poi, sotto l'aspetto qualitativo, tipologico, altre precise prerogative.

Ad apertura del cap. VIII seguiamo Remigio mentre si reca, all'indomani del primo incontro, dal Neretti (ma al posto di questo troviamo il giovane di studio Giangio) per la firma della cambiale. L'autore, dopo l'ampia, cronologicamente incongruente, parentesi dei capp. VI e VII, sembra volerci riportare sulla linea temporale, univocamente orientata, del racconto consecutivo. Il capitolo si chiude appunto con la scena tra Remigio e Giangio e poi con il ritorno del primo alla Casuccia. Il cap. IX si apre nel modo seguente:

> *Qualche volta Remigio si sentiva impazzire* e qualche volta provava un benessere immenso /.../.
> Aveva voglia di mettere a posto tutti i debiti e di guadagnare /.../. *Li attendeva nel campo* [gli assalariati], stava a vederli lavorare /.../.
> Berto non lo consigliava mai /.../.
> /.../. *E vedendo che Remigio ne restava confuso e mortificato, diceva:*
> "Ora non venga a rifarsela con me /.../." (*Il podere*, IX, pp. 93-94)

Siamo, cioè, di fronte a un'iterativa. Ancora una volta il lettore riceve l'impressione di essere proiettato in avanti rispetto all'ultimo giorno su cui si era arrestata la narrazione nel cap. VIII (l'incontro Giangio-Remigio), tanto più che dall'analisi interna *Qualche volta Remigio si sentiva* ecc., si scivola ben presto su precisi contenuti diegetici (*Li attendeva nel campo*, ecc.) e, infine, persino sul dialogato. Ma ecco il passaggio alla susseguente singolativa:

> Ma non dimenticò mai più la delusione provata quando, *proprio il giorno della prima cambiale*, si sentì dire da Berto: "Non li vuol pagare lei i suoi sottoposti? /.../" (*Il podere*, IX, p. 95)

Nulla di più decisivo e significativo di quell'inciso temporale, del tutto irrilevante per la diegesi e di cui perciò si poteva fare benissimo a meno. Esso tuttavia viene inserito quasi a testimoniare la scrupolosità del narratore che rispetta, segue e indica in modo meticoloso le scansioni cronologiche della vicenda. Ma vediamo quali sono i risultati prodotti da tale indicazione in rapporto alla delineazione del quadro temporale della storia. Abbiamo già osservato, intanto, come il lettore tendesse a disporre naturalmente l'iterativa di apertura del cap. IX — in quanto appunto successiva e priva di specifiche indicazioni cronologiche — dopo la singolativa di chiusura del cap. VIII. Con il passaggio alla singolativa e alla precisazione temporale *Il giorno della prima cambiale*, egli si trova nuovamente spiazzato: dal momento, infatti, che la singolativa così introdotta andrà a collocarsi necessariamente nel pomeriggio successivo alla mattina dell'incontro Giangio-Remigio (cap. VIII), in cui appunto era stata firmata la cambiale, è ovvio che il blocco iterativo dovrà essere ancora una volta retrocesso. Insomma, quanto avveniva in grande per i capp. VI e VII, avviene adesso, in piccolo, per il cap. IX: lì la frattura era tra un giorno, primo incontro Remigio-Neretti (cap. V), e il giorno successivo, secondo incontro Remigio-Neretti (cap. VIII), tra i quali, appunto, si inserivano il blocco delle iterative più quello delle singolative relative ai capp. VI e VII; qui la frattura è all'interno di una stessa giornata, dove tra la mattinata, incontro Giangio-Remigio per la firma della cambiale (cap. VIII), e il pomeriggio, scontro Remigio-Berto per il mancato pagamento degli assalariati (fine cap. IX), si inserisce l'iterativa di apertura del cap. IX (*Qualche volta Remigio si sentiva*, ecc.).

Emerge, poi, dall'esame di questo caso specifico, una nota ancora più paradossale, la quale va ad alimentare quella che è ormai una vera e propria avventura disegnata dal solo e puro manifestarsi del significante cronologico. Constatiamo, infatti, come il riaggancio del racconto primo ad opera della singolativa finale del cap.IX avvenga, qui, in modo del tutto casuale. Basta rilevare la presenza di quell'avverbio che introduce l'indicazione temporale, *proprio il giorno della prima cambiale*, per capire come la scena singolativa si inserisca non in forma di ripresa della linea di racconto interrotta con l'immissione dell'iterativa, bensì come specificazione esplicativa della iterativa stessa (da cui dipende e deriva), e in definitiva viene solo per caso a coincidere con la frazione temporale immediatamente successiva all'incontro, in mattinata, tra Remigio e Giangio (singolativa di chiusura del cap. VIII). Volendo poi collocare l'iterativa sarà d'obbligo, a questo punto, retrocedere anch'essa in quella famosa settimana di storia tagliata dall'ellissi di apertura del cap. V, dove avevamo già dovuto porre con evidente incongruenza il complesso di singolative e iterative dei cap. VI e VII. Apparirà in modo ancora più eclatante, così, il venir meno, nella cronologia della vicenda, di ogni criterio di verosimiglianza, e proprio in relazione alle indicazioni temporali fornite dal narratore al fine di assicurarne il rispetto. Ciò che salta in effetti è ancora una volta l'identificazione tra logica della narrazione e temporalità. Non riuscendo più a stabilire con certezza, o almeno con attendibile approssimazione, l'estensione e la collocazione temporale degli eventi in corso, risulta impossibile determinarne anche un *prima* e un *dopo*, e quindi vederli legati da un principio di concatenazione causale, secondo appunto il criterio del *post hoc ergo propter hoc*: la narrazione, scivolando dai binari dritti e lucidi del tempo su quelli opachi e contorti dell'acronia, guida i fatti verso l'acquisizione di una valenza assoluta, non deterministica, di "esemplarità". [37]

---

[37] Gioverà ricordare, a proposito del sottrarsi dell'evento, nel romanzo moderno, alla legge di causalità e alla logica meccanicistica dell'accadere, le parole di G. DEBENEDETTI, *op. cit.*, pp. 122-123: « Il romanziere tradizionale credeva nell'idea classica, meccanicistica, antropomorfica di forza, quindi nella legge che presiede alla produzione di ogni evento particolare. Perciò si assumeva la piena responsabilità dell'evento che narrava, poteva prospettarcelo come l'evento per eccellenza, l'unico possibile in quel determinato momento. Oggi si direbbe che nel romanziere, come nel fisico, viga l'idea dell'onda di probabilità che permette soltanto di constatare dei comportamenti di corpuscoli (i personaggi, i loro moventi) che si muovono non già in un compatto tessuto del divenire, ma in discontinuo, con vuoti e interstizi incalcolabili, e vengono a contatto perché c'è statisticamente la probabilità che questo contatto si verifichi, e producono un particolare evento, tra innumerevoli possibilità che non siano quei corpuscoli a incontrarsi, anzi che non si incontrino mai ».

Ad apertura del cap. X leggiamo:

> Al Banco di Roma, dove si fece portare da Giangio, gli trema-
> vano le mani prendendo il denaro; poi, si sentì contento. E,
> tornato alla Casuccia, fece i conti; e pagò tutti gli assalariati. *Il
> giorno dopo*, pagò anche il carraio, il fabbro e il droghiere /.../.
> Incaricò il Neretti di chiamare allo studio la matrigna: e
> s'ordinò un vestito /.../.
> *Era scontento che tutti gli parlassero dell'eredità* /.../. L'opi-
> nione che avevano di lui gli metteva nell'animo un senso di
> stanchezza /.../. Molti volevano sapere anche quanto suo padre
> aveva lasciato a Giulia, e doveva convincerli che era morto
> senza far testamento.
> Ma si sentiva rispondere:
> *"Tutti credono che abbia fatto testamento! /.../"*
> /.../
> Una volta, dovette fin quasi leticare.
> *Almeno, alla Casuccia poteva stare lunghe ore in silenzio! (Il
> podere*, X, pp. 96-97)

Come si può osservare, gli avvenimenti relativi al terzo
giorno, quello successivo alla seconda visita resa da Remigio al
Neretti (cap. VIII) e all'alterco, nel pomeriggio, tra Remigio e
Berto (cap. IX), vengono velocemente liquidati con un sommario e con un'ampia ellissi tattica *Il giorno dopo*. Anche la
diegesi attinente al giorno successivo, il quarto, risulta molto
ridotta. Quindi, partendo da un'analisi interna sul personaggio
Era scontento che tutti gli parlassero dell'eredità, ecc. (così come
avveniva all'inizio del cap. IX), troviamo inserita la forma
iterativa, che investe poi anche la diegesi, fino allo stesso
dialogato. Con l'indiretto libero, [38] evidenziato dalla presenza

---

[38] « Possiamo ora schematicamente definire le principali caratteristiche
del discorso indiretto libero: 1) non è — a differenza del discorso indiretto
— introdotto dai verbi del dire e del pensare (ma negli esempi più classici è
preceduto o seguito a breve distanza da espressioni che alludono al fatto che
il tal personaggio ha parlato o pensato in una certa circostanza, o da brani
del discorso indiretto vero e proprio); 2) il personaggio fa riferimento a sé
in terza persona; 3) il riferimento al momento in cui hanno luogo il
discorso o i pensieri del personaggio avviene nel tempo normale del racconto (imperfetto se si narra all'imperfetto, presente se si narra al

dell'esclamativo *Almeno, alla Casuccia poteva stare lunghe ore in silenzio!,* dobbiamo ritenere di aver fatto ritorno sulla linea principale del tempo del racconto interrotta dall'iterativa. Queste considerazioni, però, questo intrecciarsi di riflessioni e di stati d'animo di Remigio che arrivano fino alla conclusione del capitolo, prendono spunto e in sostanza dipendono non dalla singolativa di apertura, ma dalla successiva iterativa, in specie dalla battuta dialogica: *Ma si sentiva rispondere: "Tutti credono che abbia fatto testamento! /.../"* Si ripete quindi il meccanismo già osservato nell'esame del cap. IX, quando, abbiamo visto, la singolativa di chiusura relativa al litigio tra Remigio e Berto, introdotta come esplicazione dell'iterativa precedente, andava a ricongiungersi, in modo del tutto casuale, al filo del racconto consecutivo. Anche qui il ricollegamento alla singolativa di apertura si rivela una pura coincidenza, voluta e imposta al narrato dell'autore implicito [39] al fine di salvaguardare un appa-

presente...); il riferimento ai tempi precedenti avviene mediante un tempo verbale anteriore a quello normale del racconto (trapassato se si narra all'imperfetto, passato prossimo o remoto se si narra al presente); 4) si usano i termini deittici di lontananza nello spazio e nel tempo (là, allora, quello, etc.); 5) lo stile, tendenzialmente, è quello più informale proprio del parlato e del passato e comunque quello normalmente utilizzato nei discorsi o nei pensieri diretti (spesso: sintassi più elementare, frequenza di esclamative, interrogative, espressioni enfatiche...) e quello proprio del personaggio (sintassi, lessico, proprietà di linguaggio, espressioni particolari sono quelli normalmente attribuiti al personaggio nelle citazioni).

Altre caratteristiche variano storicamente e da autore a autore, soprattutto per quanto concerne la comprensibilità dei riferimenti a fatti o situazioni noti al solo personaggio [...] e, di conseguenza, per quanto concerne la presenza o meno di un destinatario » (HERMANN GROSSER, *Narrativa*, Principato, Milano 1985, pp. 132-133).

[39] Il concetto di « autore implicito » è stato introdotto nella teoria della letteratura da WAYNE BOOTH con l'opera, ormai classica, *Rhetoric of Fiction*, University Press, Chicago 1961. Più di recente è stato ripreso e sistemato, all'interno di una più articolata analisi strutturale e semiologica condotta sul romanzo, da SEYMOUR CHATMAN, *Storia e discorso*, Pratiche, Parma 1981. Dice Chatman: « L'autore viene detto 'implicito' perché è ricostruito dal lettore per mezzo della narrazione. Non è il narratore, ma piuttosto il principio che ha inventato il narratore insieme a tutto il resto nella narrazione, che ha sistemato le care in un certo modo, ha fatto succedere queste

rente rispetto dell'ordine logico-cronologico della storia. Tale
coincidenza, tuttavia, non deve trarci in inganno facendoci
parlare di sostanziale adesione ai canoni del naturalismo. Intanto si osserverà come il riaggancio al filo del racconto consecutivo, comportando, per un'estrema riduzione e saturazione
degli spazi temporali, l'incollocabilità di una nuova iterativa,
contribuisce esso stesso al sabotamento dell'ordine temporale.
Ma soprattutto si noterà come, essendo il ricongiungimento
effetto del caso, meglio ancora effetto dell'imporsi di una consequenzialità logico-cronologica tutta esteriore, esso finisca col
fungere, nella logica profonda ed interna del testo, da fattore
paradossale, 'ironico', disaccratore.

Con l'ellissi di apertura del cap. XI: « Quando la mattina
dopo si alzò e aprì la finestra » p. 99, viene avviata la narrazione, questa volta senza distorsioni temporali, relativamente
agli avvenimenti del quinto giorno, che si conclude con la
sequenza del pranzo — dopo che a Remigio è stata consegnata
la citazione — ad inizio del cap. XII.

Riassumendo possiamo dire che in presenza della sequenza
cronodiegetica più estesa del romanzo, quella dei cinque giorni
che vanno dal primo incontro Remigio-Neretti (cap. V) alla
consegna della citazione al protagonista (capp. XI-XII), vi è
un'altissima frequenza di distorsioni temporali, rilevanti per
quantità e per qualità. La prima e più considerevole copre ben
due capitoli (capp. VI e VII) e si inserisce tra il primo e il
secondo giorno con un blocco di iterative più singolative che
risultano, alla prova dei fatti, incollocabili; la seconda e la terza
si inseriscono rispettivamente all'interno del secondo e del
quarto giorno con due iterative anch'esse incollocabili. Indicando le iterative con X, le ellissi con Ø e i vari blocchi

cose a questi personaggi, in queste parole o in queste immagini. A differenza
del narratore, l'autore implicito non può *dirci* niente. Egli, o meglio esso,
non ha voce, non ha mezzi diretti di comunicazione » (pp. 155-156). Ovviamente il concetto di autore implicito va anche distinto da quello di autore
reale. Il primo, infatti, è un principio strutturale, una "persona testuale"
operante in un dato romanzo, e passibile di mutamento in un altro, anche
dello stesso scrittore. Il secondo è, invece, la figura storica, la persona fisica
che ha dato vita a quella creazione.

continui di giorni con le progressive lettere dell'alfabeto, a partire dal primo capitolo e finendo al cap. XI, avremo la seguente successione: A^1 -A^2 -A^3 -A^2 -A^3 -$\varnothing$ -D^1 -X -B^1 -B^2 -X -X -$\varnothing$ -C^1 -D^2 -X -D^2 -D^3 -D^4 -X -D^4 -D^5; dove, come si potrà osservare, la sequenza in D presenta una linearità tutta di facciata, che tanto più opera in funzione antifrastica quanto più risulta attraversata ed infranta, in profondità, da segmenti cronodiegetici disomogenei, difficilmente dislocabili in spazi ben delimitati e talvolta inamovibili (come è il caso della maggior parte delle iterative).

Non si tratta in definitiva, con il *Podere*, di conseguire, in ossequio al naturalismo, un semplice appiattimento del tempo del racconto sul tempo della storia; si tratta, piuttosto, in contrasto con il fondamentale criterio di verosimiglianza proprio di quella scuola, di organizzare il primo in maniera del tutto autonoma dal secondo. Se una storia vi è (come chiara successione temporale e causale di eventi), essa non appare ricostruibile nella sua presunta consecutività-consequenzialità a partire dal racconto; ma più probabilmente quella storia nel romanzo di Tozzi non esiste affatto, e il racconto altro non è che la rappresentazione di una non-storia, di un conflitto permanente tra io e mondo; un conflitto non narrato, perché non spiegabile in base ad una deterministica successione crono(logica) dei fatti. Muovendo quindi dal naturalismo, ostentando dapprima una quasi compiaciuta autorelegazione nei rassicuranti confini dei suoi territori, Tozzi riesce a portarsi, in modo insospettabile, ma al tempo stesso risoluto, fino alle estreme regioni di esso, e a gettare lo sguardo anche oltre, negli spazi inesplorati di un altrove, non più governati, come i primi, dai principi razionali di chiarezza e di distinzione, bensì retti dalla legge del caos.

E se lo scrittore cerca comunque — per un senso del *limite* vuoi passivamente subito, vuoi deliberatamente ricercato — di tenersi ben ancorato alle linee di frontiera del realismo, di non valicarle del tutto, queste ultime man mano che egli le percorre vanno impercettibilmente mutandosi sotto i suoi e i nostri occhi, ambiguamente 'pervertendosi', divenendo esse stesse sempre più labili, sfumate, ambivalenti.

4.0. Soggettività e profondità analogica
dello spazio fogazzariano

4.1. *La pausa e il bilanciamento della tensione diegetica.*

Abbiamo già osservato come alla strutturazione formale del *Daniele Cortis* concorrano due diverse logiche: quella drammatico-romanzesca e quella realista. La prima determina il carattere dell'ellissi (numero ridotto ma ampia estensione di quelle strategiche, numero elevato ma estensione ridotta di quelle tattiche), esclude il sommario dal racconto consecutivo, impone le scene dialogate in presenza delle punte alte della diegesi. La seconda provvede al recupero dei tagli operati dall'ellissi attraverso i sommari analettici (esterni ed interni). La logica realista vale altresì ad assicurare un riequilibrio del racconto, quando esso appare troppo sbilanciato a favore delle punte alte della diegesi, attraverso l'inserimento di inserti pausativi a ridosso delle scene.

Occorrerà, a proposito di questi ultimi, notare anzitutto la cura profusa dallo scrittore nel dosare in modo armonico i vari ingredienti all'interno della narrazione, ciò sia a livello delle macro che delle micro-articolazioni. Per quel che riguarda le grandi articolazioni basti prendere in esame il primo blocco del romanzo, la cosiddetta premessa, che va dal cap. I al cap. X e che ricopre l'arco di storia compreso tra il 26 giugno e il 3 luglio 1881. Sappiamo che il libro si apre con una grande scena di sfondo, la panoramica sugli interni di casa Carrè nel corso del ricevimento serale del 26 giugno. Col cap. II alla grande scena di congiunzione subentrano due scene focalizzanti: il colloquio Elena-conte Lao e quello Elena-Cortis, entrambi rilevanti soprattutto in qualità di prologo all'azione. Nel cap. III, infine (prima sezione del primo blocco), troviamo il lungo dialogo tra Cortis e Grigiolo, con esiti chiaramente disambiguanti a vantaggio della figura del protagonista. Questi infatti illustra qui, per la prima volta ad un altro personaggio, in realtà al lettore, la sua solida concezione etico-politica. All'inizio del cap. IV, come sappiamo, viene introdotta un'ellissi implicita (che sarà poi successivamente esplicitata e determinata: « Pensò che incominciava il terzo giorno dalla partenza di Cortis » p. 67), che taglia gli avvenimenti relativi alla sola protagonista nei due giorni che seguono il suo colloquio con Cortis. L'ellissi crea uno stacco rispetto alla sezione precedente, su cui faranno leva i contenuti prevalentemente, anche se non totalmente, analitici e descrittivi della seconda sezione (capp. IV e V). L'obiettivo qui, dopo che la prima sezione si è conclusa con un intero capitolo dedicato all'esposizione dell'ideologia del protagonista (cap. III intitolato, appunto, *Le idee di Daniele Cortis*), con un crescendo diegetico-tematico tutto a favore di quest'ultimo, si sposta e si focalizza in modo esclusivo su Elena. Solo col cap. VI, introdotto da un'ellissi extra-diegetica di due giorni, il filo del racconto verrà riagganciato di nuovo all'eroe, che seguiremo nelle diverse fasi della sua avventura a Lugano e in occasione del suo ritorno, il giorno 30 giugno, a Passo di Rovese (terza sezione, capp. VI-VII-VIII-IX), per l'esposizione al circolo degli elettori del suo programma politico. Assistiamo, in tal modo, ad un nuovo crescendo diegetico-tematico a vantaggio del protagonista, rafforzato per di più da un nutrito incremento di ellissi tattiche e da una conseguente intensificazione del ritmo del racconto. Quindi con il cap. X, che chiude il primo blocco, sarà ancora un'ellissi ("I Di Santa Giulia erano a Roma da due giorni, e il barone non aveva ancor detto una parola a sua moglie" p. 154) a interrompere l'ascesa portentosa delle punte alte e, spostando nuovamente l'interesse della narrazione sulla protagonista, a favorire l'introduzione di tematiche analitiche e descrittive. L'alternanza di focalizzazione della narrazione ora su Cortis ora su Elena, a seguito soprattutto della biforcazione diegetica avvenuta dopo la serata del 26 giugno (Cortis partirà il giorno dopo per Lugano e, al suo ritorno, Elena sarà già a sua volta in viaggio per Roma), apparirà funzionale oltre che alla ricerca di un equilibrio nella resa e nella messa a fuoco dei personaggi, anche al raggiungimento di una stabilità diegetica, di un bilanciamento tra le punte alte e le punte basse della tensione drammatica. Non vi è dubbio, infatti, proprio da quanto appena osservato che, nel *Daniele Cortis*, il protagonista si configura come un centro di interesse prevalentemente diegetico e tematico-ideologico, mentre la protagonista appare come un centro catalizzatore di pause analitiche e descrittive. Oltre che personaggi, essi sono quindi anche funzioni, attanti, per usare la definizione di Greimas [40], figurazioni fantastiche messe al servizio della logica e delle esigenze narrative. È necessario a tale logica (che postula sempre l'attivazione, in modi e in forme diverse, di un sistema compensativo) che al crescendo cronodiegetico della prima sezione subentri un momento di distensione, di sedimentazione del già accaduto, affinché venga poi rilanciata, su un nuovo asse, l'azione, e quindi nuovamente interrotta all'apice della sua tensione. Le pause analitico-descrittive hanno pertanto a livello macrostrutturale una loro precisa e ben studiata collocazione e funzione, a conferma di un disegno razionale e unitario imperante nel *Daniele Cortis*, a cui vengono sottoposti e in linea col quale vengono distribuiti e formalizzati tutti i materiali narrativi.

4.2. La 'tematica vuota' ovvero la narrativizzazione della descrizione.

Peraltro le pause non si riscontrano solo a livello di macroarticolazioni, bensì anche a quello più modesto di microarticolazioni. Intendiamo dire che anche all'interno della prima e della terza sezione, dove la corrente diegetica è viva e sempre crescente, questa viene di tratto in tratto ad arrestarsi, allo stesso modo in cui anche nei capitoli riservati alla protagonista vengono inseriti, tra le pause, delle scene-eventi. Per un esame più mirato ed approfondito del fenomeno converrà par-

---

[40] Partendo dagli studi compiuti negli anni '20 in Unione Sovietica da VLADIMIR PROPP sulla *Morfologija Skazki*, Leningrado 1928; tr. it. *Morfologia della fiaba*, Einaudi, Torino 1966, i teorici francesi, in particolare CLAUDE BREMOND e ALGIRDAS J. GREIMAS (vd. per entrambi « Communications », 8, 1966; tr. it. in AA.VV., *L'analisi del racconto, op. cit.*), trasferendo l'analisi dalla narrativa folklorica a quella colta, hanno cercato di individuare e di fissare un certo numero di ruoli e di processi che, se combinati tra loro, potessero descrivere il funzionamento e la logica di ogni testo. Greimas « ha

tire proprio dalla osservazione di queste brevi interruzioni, dal modo in cui esse si manifestano ad apertura di romanzo, puntando la nostra attenzione prevalentemente sulle pause descrittive.

La prima occorrenza, molto breve, la troviamo a distanza di pochissimi enunciati da quello di apertura del romanzo:

> "Che tempo!" disse la signora, prudente. "Fa paura."
> In faccia all'uscio a vetri il grande cipresso morto, avvolto nel glicine sino alla punta, rizzava il suo chiaro verde nel cielo livido; radi goccioloni macchiavano la ghiaia. (*Daniele Cortis*, I, p. 27),

dove noteremo, anzitutto, la funzione strutturale svolta dal dialogo, che funge da fattore motivante rispetto alla descrizione: è infatti la battuta del personaggio che dà modo all'autore di introdurre quest'ultima *naturaliter*, e quindi con effetto apodittticamente verisimilizzante. Buona parte degli inserti descrittivi del cap. I vengono immessi nel narrato nel modo suddetto. Si evidenzia così, senza alcun riserbo, la preoccupazione dello scrittore fin nell'*incipit* di attenersi quanto più possibile al dettato realista-naturalista, di garantire, cioè, l'autonomia dell'opera. Ma la tecnica di inserimento della descrizione attraverso la battuta dialogica è presente anche altrove, ad esempio nel cap. I:

> "Basta, cara" rispose Cortis, pacato. "È una follia di turbarsi così /.../? Guarda che bel cielo!"
> Il basso oriente dove si toccano, fra montagna e montagna, il cielo e la sconfinata pianura veneta, luceva /.../. (*Daniele Cortis*, II, pp. 52-53);

analogamente nel cap. XXI:

---

insistito sulla definizione di ruoli narrativi in relazione alle azioni compiute dai personaggi, che infatti vengono designati con i termini di attanti e attori (due attori che insieme compiano un'azione e svolgano quindi una funzione nel racconto costituiscono un solo attante, che è concetto quindi sensibilmente più astratto di persona o personaggio) » H. GROSSER, *op. cit.*, p. 243.

"L'ho detto, io" esclamò Lao "che il tempo cambia? A violatri."
Bianche nuvole uscivano dalla cima del Passo Grande sulle vette
degli alberi affollate a fronte e a sinistra del cancello; e il sole
veniva meno sul breve prato /.../. (*Ibidem*, XXI, p. 326);

e in altri casi ancora; segno questo di una vigile attenzione dello
scrittore alle forme del suo stile.

Altro segno demarcativo e introduttivo della descrizione
presente nel *Daniele Cortis* e tipicamente naturalista è quello che
lo studioso francese P. Hamon ha indicato come 'tematica
vuota' o pseudo-funzione narrativa [41]. Con essa si tende a superare il brusco stacco tra narrazione e descrizione caratteristico
del romanzo primo-ottocentesco a impostazione chiaramente
autoriale, e presente talora nello stesso *Daniele Cortis*:

"Basta" diss'egli.
Elena era ben sicura di quel virile cuore, tanto leale, tanto caldo
sotto un'inerzia lunatica, nata da qualche difetto segreto dello
spirito, favorita dalle tradizioni nobiliari, cresciuta con l'abitudine, sancita dalle sofferenze reali nel corpo o nella immagina-

---

[41] « Consideriamo di conseguenza temi *obbligati* (condizionamenti impliciti, a posteriori, del discorsso realista di Zola): a) gli ambienti trasparenti:
finestre, serre, porte aperte, luce violenta, sole, aria tersa, panorami, ecc.; b)
certi personaggi tipo quali il pittore, l'esteta, il curioso, il passante, la spia, la
pettegola, il novizio, l'intruso, il tecnico, l'informatore, l'esploratore di un
luogo, ecc; c) certe scene tipo quali l'arrivo in anticipo ad un appuntamento,
la scoperta di un segreto, la visita di un appartamento, l'intrusione in un
luogo ignoto, la passeggiata, la pausa, il momento di tregua, l'affacciarsi ad
una finestra, la salita ad un luogo eminente, la sistemazione di un locale o di
un ambiente, ecc.; d) certe motivazioni psicologiche quali la distrazione, la
pedanteria, la curiosità, l'interesse, il piacere estetico, la facondia, l'inazione,
lo sguardo istintivo, l'irresistibile seduzione, ecc.
Tutti questi temi ora elencati servono semplicemente da segni
demarcativi, da contrassegni che introducono a descrizioni, e costituiscono
una tematica *vuota*, totalmente predeterminata dalla serie di postulati dell'autore (verisimiglianza, ecc.) la cui funzione è anzitutto quella di evitare un
certo 'iato' fra descrizione e narrazione, di colmare gli interstizi del racconto
procurando di conferire verisimiglianza alle sue interruzioni » PHILIPPE
HAMON, *Qu'est-ce qu'une description?*, « Poetique », 12, Paris 1972; tr. it. *Cos'è
una descrizione*, in *Semiologia lessico leggibilità del testo narrativo*, Pratiche,
Parma-Lucca 1977, pp. 64-65.

zione, confermata dallo scetticismo amaro dell'uomo come degna del mondo e di lui.

Un domestico venne a vedere se il signor Daniele avesse dimenticato lì i suoi guanti. (*Daniele Cortis,* II, p. 47)

In questo caso, pur trattandosi di una pausa analitica e non descrittiva (analisi caratteriale del conte Lao), si intende chiaramente come tanto la voce quanto il punto di vista [42] siano da attribuire all'autore. È la prima circostanza del romanzo in cui dobbiamo prendere atto di una vera e propria intromissione della voce narrante, che arresta di colpo il cammino del rac-

---

[42] Il problema del 'punto di vista' è tra i più dibattuti nell'ambito degli studi narratologici, a partire dalle prime formulazioni teoriche della critica angloamericana (James, Booth, ecc.) fino agli studi più recenti della critica francese (Todorov, Genette, ecc.) e russa (Bachtin, Uspenskij, ecc.): posizioni teorico-critiche tutte presentate e discusse nel bel libro di PAOLA PUGLIATTI, *Lo sguardo nel romanzo,* Zanichelli, Bologna 1985. Nel suo già più volte citato studio narratologico sulla *Recherche,* Genette affronta il problema preoccupandosi di operare una preliminare distinzione e separazione tra « modo e voce, cioè fra la domanda *qual è il personaggio il cui punto di vista orienta la prospettiva narrativa?* e la domanda, completamente diversa: *chi è il narratore?* o per parlare più sinteticamente, fra la domanda *chi vede?* e la domanda *chi parla?* » G. GENETTE, *op. cit.,* p. 233, rientrando il problema del 'punto di vista' esclusivamente nella categoria del *modo* e non della *voce.* All'espressione 'punto di vista', poi, Genette preferisce sostituire il termine più astratto di *focalizzazione,* distinguendo le seguenti sottoclassi: racconto *non focalizzato* o a *focalizzazione zero,* racconto a *focalizzazione interna* (quest'ultima distinta a sua volta in *fissa, variabile,* o *multipla*) e racconto a *focalizzazione esterna:* « si stabilisce senza grande difficoltà » — dice Genette — « l'accordo su una tipologia a tre termini, il primo dei quali corrisponde al racconto chiamato, dalla critica anglosassone, "racconto con narratore onnisciente" e, da Pouillon, "retrovisione", simboleggiato, da parte di Todorov, mediante la formula Narratore > Personaggio (in cui cioè il narratore ne sa di più del personaggio, o meglio ne *dice* più di quanto ne sappia uno qualunque dei personaggi); nel secondo, Narratore = Personaggio (il narratore dice solo quello che sa il personaggio in questione): è il racconto secondo Lubbock con "punto di vista", secondo Blin con "campo ristretto", e secondo Pouillon, si chiama "vision con", nel terzo, Narratore < Personaggio (il narratore ne dice meno di quanto ne sappia il personaggio): si tratta del racconto "oggettivo" o "behaviourista", chiamato da Pouillon "visione dell'esterno" » (*ibidem,* p. 236).

conto per tracciare 'da fermo' un quadro sintetico, con relative
motivazioni onniscienti, della personalità del personaggio. Ma,
ripetiamo, nella maggioranza dei casi, Fogazzaro tende a superare tale impostazione e ad assicurare, in conformità con i
canoni del naturalismo, una certa omogeneità del narrato, tale
da garantire la piena autonomia e autosufficienza del racconto.
La 'tematica vuota', in particolare il ricorso ai mezzi trasparenti più cari ai naturalisti, la finestra e la porta, serve appunto
ad evitare gli stacchi netti e decisi all'interno del narrato, a
offrire una motivazione narrativa alle pause analitico-
descrittive:

> *Elena guardò un momento dalla finestra* attraverso il fogliame
> delle rose battute dal vento. Le cime dei monti eran tutte
> vermiglie /.../. (*Daniele Cortis*, IV, p. 67);

> "C'è ancora un'ora, dunque? Scusa, debbo scrivere una lettera e
> non l'ho ancor finita."
> *Elena sedette in silenzio presso la finestra.* V'era già una fila di
> lumicini intorno alla guglia del piccolo campanile /.../. (*Ibidem*,
> V, p. 92);

> *uscì in giardino per la porta di ponente, andò a cadere* sopra uno
> dei sedili di ferro che la contessa tiene lì fuori.
> Un gran vento freddo si era levato da settentrione e ruggiva
> negli abeti, infuriava negli arbusti /.../.
> Elena sentiva un ristoro nell'aspetto del cielo e delle montagne
> /.../. (*Ibidem*, XX, p. 307);

> *Uscì, per la porta vicina, nel giardino.*
> Là, in occidente, i grandi pianeti fiammeggiavano nel cielo
> sopra le montagne nere, come la notte ch'ella li aveva guardati
> dal finestrino del vagone, viaggiando verso Roma e immagi-
> nando il mare, la lontana Sicilia: sinistre luci nella loro fissità
> splendente al di sopra delle ombre tutte piene di fragor d'acqua
> e di vento. *Elena si trattenne un poco a guardarle*, appoggiata
> allo stipite della porta. Poi scivolò via rapidamente /.../. (*Ibi-
> dem*, XX, p. 319)

In corsivo sono stati da noi posti gli enunciati pseudo-
narrativi che vanno a costituire la 'tematica vuota'. Li defi-

niamo tali dal momento che essi non hanno alcun effettivo ruolo narrativo, ma fungono semplicemente da supporto alla descrizione: l'azione svolta dal personaggio (guardare dalla finestra, uscire dalla porta, ecc.) non ha alcun valore in se stessa, è funzionale solo all'abbrivo dinamico, potremmo dire narrativizzato, della pausa descrittiva. La descrizione, insomma, tende ad essere assorbita integralmente nel flusso diegetico del racconto, a dipendere da quest'ultimo, che ne determina il ritmo e insieme ne motiva l'inserimento, liberandola, e liberando il narrato, dall'ingerenza dell'autore. Al mezzo trasparente, poi, come si potrà notare analizzando i brani sopra riportati, si intrecciano spesso altri temi obbligati inerenti alla 'tematica vuota'. Le azioni di guardare, di affacciarsi, ecc., vengono cioè a loro volta motivate sia in rapporto alle caratteristiche psicologiche del personaggio, sia in rapporto alla situazione diegetica. Nei primi due casi tra quelli citati, ad esempio, siamo di fronte ad una classica scena-tipo, quella dell'attesa. Soprattutto nel secondo è evidente come la descrizione tenda ad essere giustificata dalle esigenze stesse del racconto, il quale è esso ad imporre la pausa (Lao deve terminare la sua lettera prima di poter parlare con Elena), e quindi a favorire attraverso la pseudo-azione di sedersi alla finestra (mezzo trasparente) la descrizione del paesaggio visibile.

Nei casi poi delle macroarticolazioni, sempre al fine di dinamizzare il narrato (esigenza tanto più avvertita quanto più estesa è la pausa), troveremo di preferenza non un personaggio fisso, come appariva sempre nei quattro casi sopra citati (fermo alla finestra o seduto o appoggiato allo stipite della porta), ma un personaggio mobile, che passa in rassegna l'ambiente circostante. È il caso appunto delle due grandi pause del primo blocco narrativo, quella relativa al cap. IV:

> *Si sentiva bisogno d'aria e di moto.* Tolse il volume e uscì per l'anticamera /.../.
> Discese in giardino, pigliò il viale che scende con i declivi erbosi e con le selvette di sempreverdi alla chiesuola /.../.

Elena si avviò alla sinistra del Rovese, fra gli ontani che nascondono il fiume alle praterie /.../. Riprese sospirando la via /.../. (*Daniele Cortis*, IV, pp. 68-70),

e quella relativa al cap. X:

Alla sera, dolendole, per il continuo leggere, il capo e gli occhi, sentendosi morire nell'afa delle sue camere, si fece portare, in carrozza, fuori di Porta Pia. L'ultimo *tramonto* colorava di viola i monti della Sabina, l'aria era fresca, Elena non fece che piangere; ma l'ora mesta, la solitudine, e, laggiù, verso Ponte Nomentano, *le rovine sparse per la campagna avevano voci di consenso con lei* /.../. Tornando verso Roma si vedeva davanti, un po' a destra, *la luna* falcata /.../. (*Ibidem*, X, p. 164)

In questi casi il tema obbligato è fornito più che dal mezzo trasparente o dalla scena-tipo, dal personaggio-tipo, soprattutto da certe motivazioni psicologiche (desiderio di evasione, esigenza di svago e di movimento) che spingono appunto il soggetto ad esplorare l'ambiente circostante e ad offrire occasione, come sempre narrativizzata, per descriverlo.

Va notato, ancora, come in tutti i brani finora citati operi sempre quello che Hamon chiama il sintagma dello sguardo [43].

---

[43] « Sia, ad esempio, una descrizione di *locomotiva* da inserire in un dato punto del racconto /.../. Posto che l'autore non deve né apparire né trasparire nel suo enunciato, perché facendolo darebbe l'impressione di monopolizzarlo a suo esclusivo vantaggio (postulato dell'"obiettività", dell'"impersonalità"), saranno i personaggi ad essere delegati alla visione e ad assumerla su di sé. A tal fine essi dovranno: a) sia *guardare* la locomotiva /.../; b) sia *parlare* della locomotiva /.../; c) sia *agire* loro stessi sull'oggetto da descrivere (alla presenza o in assenza di un terzo "interessato") /.../.

Teniamo presente che i motivi delle tre serie (la parola, l'atto, lo sguardo) possono molto facilmente, e in modo del tutto naturale, permutarsi, venire omessi, combinarsi o cumularsi. Ad esempio: "X (novizio, apprendista) *guarderà* una locomotiva *smontata* da Y, che gli *spiegherà* in tutti i particolari il funzionamento della macchina » (P. HAMON, *op. cit.*, pp. 57-63). Per ognuna delle serie, poi, lo studioso ricava tre sintagmi narrativi tipo introduttivi della descrizione che sono rispettivamente: 1) Per la serie dello sguardo: P (Personaggio X) + N (Notazione di pausa: ozioso, distratto, curioso, in anticipo all'appuntamento, che passeggia, che visita un

La descrizione viene resa cioè attraverso lo sguardo del personaggio, che costituisce il mezzo grazie al quale è possibile rispettare il canone dell'impersonalità. La descrizione, insomma, non deve apparire come il risultato del *sapere* del romanziere ma del *vedere* (e/o del *parlare* o dell'*agire*) del personaggio. Nei brani sopra citati, premessa la possibilità di qualche variazione o inversione dei termini nello schema approntato dal critico francese, riscontriamo sempre la seguente successione: P (Elena) + N (*sedette in silenzio; andò a cadere; Si sentiva bisogno d'aria;* ecc.) + V (*guardò; guardarle;* ecc.) + M (*la finestra; la porta; il tramonto; la luna;* ecc.) + O ("giardino"; "cielo"; "paesaggio romano"; ecc.). È questa la forma introduttiva della descrizione che meglio favorisce una valutazione estetica dello spettacolo osservato da parte del ricettore, nonché il prodursi di risultati emotivi o di proiezioni di stati d'animo nel paesaggio: in definitiva, una correlazione attiva tra personaggio ed ambiente. Lo sguardo del personaggio può, in questi casi, fungere non da semplice veicolo interno atto a garantire un inserimento legittimo della pausa descrittiva, una raffigurazione dell'ambiente che resta comunque di competenza dell'autore; esso può bensì sostituirsi integralmente allo sguardo impassibile dell'autore e giungere a connotare il referente in senso fortemente soggettivo attraverso il filtro deformante della propria sensibilità. Non è un caso,

---

ambiente, ecc.) + V (Verbo di percezione: vide, si avvicinò, si affacciò, scorse, si interessò, si perdette a contemplare, ecc.) + M (Mezzo trasparente: finestra, porta, giardino, vetrina, aria limpida, ecc.) + O (Oggetto da descrivere: locomotiva, ambiente floreale, interno borghese, ecc.); 2) Per la serie della parola: 1 personaggio dis/sottoinformato (intruso, curioso, desideroso di istruirsi, ecc.) + 1 personaggio informato loquace (facondo, chiacchierone, esperto, informato, intenditore, ecc.) + 1 verbo di parola (spiega, illustra nei particolari, descrive, enumera, cataloga, ecc.) + 1 oggetto da descrivere (la locomotiva, il giardino, la rimessa, ecc.); 3) Per la serie dell'agire: 1 personaggio attivo (specialista, esperto, tecnico, diligente, lavoratore, ecc.) + 1 spettatore (che guarda, che osserva, ecc.) + verbo d'azione (lavora, agisce, fabbrica, sistema, ripara, smonta, fa l'inventario, ecc.) + oggetto da descrivere (locomotiva, giardino, magazzino, ecc.).

allora, che in tutti i brani citati il personaggio monopolizzante la descrizione sia sempre lo stesso: Elena. La protagonista, infatti, è il canale attraverso cui passano, seppur in forma contrastata, le pulsioni più segrete dell'io, i desideri inconsci censurati dalla rigida coscienza morale del protagonista e che trovano proprio nel paesaggio il luogo ideale in cui proiettarsi e realizzarsi fantasticamente. [44] La lettura di tutti i brani ora riportati ci fa propendere senz'altro per una ricezione di tipo soggettivo del paesaggio, il quale non di rado finisce con l'assumere anche forti valenze simboliche. Questo scambio attivo tra personaggio e ambiente è ben chiaro alla coscienza del narratore e del personaggio stesso, come leggiamo nell'ultimo brano riportato (*le rovine sparse per la campagna avevano voci di consenso con lei*) e altrove più esplicitamente:

> Le rose avevano un odore troppo molle, una grazia troppo delicata. Si soffriva, lì, si perdeva tutto il vigore dello spirito; bisognava esser felici per abitare un nido simile, non aver nell'anima quello che ci aveva lei e *che si accordava tanto,* in un certo doloroso modo, *con l'ambiente. (Daniele Cortis,* IV, p. 67)

---

[44] Prendendo spunto dall'osservazione di KARL VOSSLER, *La letteratura italiana dal Romanticismo al Futurismo,* Ricciardi, Napoli 1922, secondo il quale, in Fogazzaro: « I paesaggi sono osservati o sognati, son veduti con gli occhi del cuore » (p. 66), G. DE RIENZO, op. cit, precisa: « Ebbene, questa continua animazione della natura (un'animazione affidata alla suggestività di queste "voci") non dovrà essere intesa (e lo osserva già il Trombatore) nel senso che "Fogazzaro volesse prestare alla natura caratteri e sentimenti umani" si che questa corrisponda, in qualche modo, all'uomo, ma in un senso completamente opposto: è il romanziere (e dietro naturalmente il personaggio) che, attraverso la "sua lunga confidenza" e il dialogo con le "cose" (secondo indica il Vossler), anima la natura di sé e dei suoi sentimenti: non si tratta cioè di una risposta meccanica della natura all'uomo, ma della consuetudine delle domande dell'uomo alla natura, che dà animazione allo spazio naturale. Solo in questo senso ci sarà un colloquio e una corrispondenza di umani sentimenti fra natura e uomo: lo spazio naturale diviene allora un prolungamento, per così dire, dallo stato d'animo del personaggio: un qualcosa in cui egli si specchia nel momento solenne del colloquio con se stesso » (p. 44).

Del resto, se torniamo per un attimo al primo capitolo del romanzo, avremo modo di osservare l'attitudine in cui viene colta e ci viene presentata la protagonista:

> Neppure la baronessa *Elena*, rimasta sola, parea commuoversi del temporale. Abbandonata la persona sulla spalliera del canapè, teneva il viso un po' chino al petto e le braccia strette alla vita sottile, come se avesse freddo. *Gli occhi* grandi, neri, *guardavan le vette* dei giovani abeti del giardino, *agitate senza posa; parevano*, nella vitrea e grave immobilità loro, vedere fra quelle vette, nel cielo oscuro, qualche fantasma, *qualche solenne parola di tristezza* invisibili altrui. (*Ibidem*, I, p. 33)

Anche qui funziona evidentemente il sintagma dello sguardo. Notiamo dapprima un personaggio, che è Elena, sorpreso in uno stato di inattività, di totale estraniazione dai discorsi degli ospiti e degli invitati, di assorta contemplazione. Quindi il mezzo trasparente, *gli occhi*, accompagnato dal verbo di percezione *guardavan*, che immediatamente inquadra la ripresa da un 'punto di vista' interno, da una prospettiva limitata. Segue la descrizione dell'oggetto, dove già quelle « *vette /.../ agitate senza posa* » sembrano rispondere, più che a criteri oggettivi di rappresentazione, ad una proiezione dello stato d'animo del personaggio, nonché riflettere l'agitazione interiore dell'eroina; infine l'introduzione del verbo modalizzante *parevano*, consente la sterzata in senso decisamente soggettivo e impone la visione fantastica (con il paesaggio divenuto addirittura latore di messaggi, di parole rivolte al personaggio-destinatario, *qualche solenne parola di tristezza*) sulla visione 'reale'. È in questo modo che si accelera quel processo di "circolazione (nonché coesione) semantica tra l'habitat e l'ambiente", [45] che è proprio di una descrizione non più statica e puramente decorativa.

4.3. Struttura interna della descrizione e suoi rapporti analogici con la diegesi.

---

[45] P. HAMON, *op. cit.*, p. 80.

Ma veniamo, allora, ad un più attento esame della strutturazione interna della descrizione avendo sempre come punto di
riferimento l'eccellente griglia di indagine suggerita, anche a
questo proposito, da Hamon. [46] Prendiamo come campione un
brano estrapolato dalla grande pausa dei capp. IV e V, precisamente quello relativo all'ultima visita resa da Elena ai giardini
di villa Cortis, prima della sua partenza per Roma:

> "Villa Cortis" disse Elena al cocchiere, salendo.
> Passate le ultime casupole del paesello, *vide* il muraglione
> del giardino francese e, al di sopra, il getto bianco, *il bosco*
> pendente della montagna. Smontò *pallida e accigliata* sulla spia-
> nata verde davanti alla casa, s'avviò per il cortile rustico al
> cancello dei giardini e *si perdette nelle ombre del bosco. Si*
> *perdette nel mistero delle ombre,* che posano in giro al cancello il
> loro silenzioso invito, e che si chiudono a pochi passi, dense,
> sulla via che gira e scompare, sui sentieri che accennano e
> dileguano. *Vi sono là dentro colli e valloni perpetuamente om-*
> *brosi, laghi e prati cinti d'ombra, taciti canali che tremolano*
> *nell'ombra, voci di fontane* invisibili. Le vette degli alti alberi in

---

[46] « Una descrizione, lo si è visto, risulta di frequente dalla congiunzione di uno (o più) personaggi (P) con una cornice ambientale, un habitat,
un paesaggio, un catalogo di oggetti. Questo ambiente, tema introduttore
della descrizione (T-I), dà l'abbrivio all'apparizione di una serie di sottotemi,
di una nomenclatura (N) le cui unità costitutive sono in relazione metonimica di inclusione con esso, sorta di "metonimia diffusa": la decrizione di
un *giardino* (tema principale introduttore) implicherà quasi necessariamente
l'enumerazione dei diversi fiori, viali, aiuole, alberi, attrezzi, ecc, che lo
costituiscono. Ogni sottotema può anche dar luogo ad una espansione
predicativa, tanto qualificativa quanto funzionale (PR) che funga da chiosa
di quel sottotema. La formula della descrizione tipo sarebbe quindi: P + F
+ T-I (N + PR q / PR f), in cui F, l'abbiamo visto, è per lo più della
forma/guardare/,/ parlare di/, /agire su/, e in cui ciascuna unità può essere
più o meno disgiunta dalle altre, risultare assente, o permutarsi. Fatte le
debite proporzioni, è possibile avvicinare la successione T-I → N → PR
all'altra: parola in neretto → definizione → esempi, che è la struttura di
base per qualsiasi lemma di dizionario. In generale l'oggetto da descrivere
(termine-tema introduttore, parola-perno che metterà in moto la descrizione,
lemma-generatore della nomenclatura) è annunciato *all'inizio* della descrizione. Resterà per così dire memorizzato, come fattore comune a tutta la
descrizione » (*ibidem,* pp. 68-69).

giro al cancello annunciano ondulando, mormorando al vento, questo poema dell'ombra e della vita, ne promettono le oscure magnificenze. (*Daniele Cortis,* V, p. 79).

Anche in questa circostanza opera dunque il sintagma dello sguardo: un personaggio, come al solito Elena, in preda a uno stato di profonda inquietudine, si reca in visita ad un luogo particolarmente suggestivo, sia per la sua intriseca bellezza sia, soprattutto, perché in relazione metonimica con l'oggetto del desiderio (trattandosi, come si è detto, del bosco di casa Cortis). Seguendo lo schema sintagmatico abbiamo: P (Elena) + N (*pallida e accigliata:* gli epiteti in questione danno la misura dello stato d'animo del personaggio e quindi della motivazione psicologica che giustifica l'escursione e la conseguente descrizione, ovviamente, in questo caso, a personaggio mobile) + V *(vide)* + O *(bosco).* L'oggetto, il bosco appunto, viene allora a configurarsi come il tema della pausa, a partire dal quale si dirama tutta la descrizione, cioè tutto l'insieme dei sottotemi e delle relative predicazioni. L'espansione nomenclatoria, metonimica (per inclusione), è articolata in quattro punti (*Vi sono là dentro colli e valloni /...*/ *laghi e prati /...*/ *taciti canali /...*/ *voci di fontane /...*/), le cui unità lessicali selezionate in rapporto al motivo del *locus amoenus,* si presentano come estremamente prevedibili e leggibili. Altrettanto prevedibili e leggibili appaiono le predicazioni qualificative, anzi, diremmo, assolutamente ridondanti, giocate come sono intorno al lessema dell'*ombra (perpetuamente ombrosi; cinti d'ombra; tremolano nell'ombra).* La descrizione non risulta essere quindi che una variazione sul tema al fine di ribadire ogni volta, sebbene in misura sempre più articolata, la stessa informazione. Va precisato tuttavia che il riferimento all'ombra non è qui di tipo puramente denotativo, ma acquista, già prima dell'espansione nomenclatoria del tema, forte valenza metaforica. Il personaggio, abbiamo visto, non è fermo ma si muove nell'ambiente circostante; è naturale quindi che al verbo di percezione (*vide /...*/ *il bosco)* subentri ben presto un verbo d'azione *si perdette nelle ombre del bosco.* Si noterà tuttavia come tale sostituzione sia accompagnata anche da una variazione dell'oggetto da descrivere, la quale variazione pare essere dettata da nient'altro che da una precisazione del tema stesso (*bosco* ·→ *ombre del bosco*). Senonché con la successiva ripresa esplicativa *Si perdette nel mistero delle ombre* quella che sembrerebbe un'ulteriore precisazione del tema base (*ombre* → *mistero delle ombre*) comporta già uno spostamento metaforico rilevante. Attraverso il termine intermedio delle *ombre* si passa così da un'esplorazione del bosco ad un'esplorazione del mistero, dove la ripetizione insistita della parola-chiave e delle sue espansioni morfologiche, in funzione predicativa, acquista proprio il senso di un'autenticazione del circolo analogico anteriormente costituito: bosco → ombre → mistero. Ma un rapporto metaforico ancora più significativo si stabilisce altresì con l'esterno, tra l'ambiente cioè e il personaggio. Elena, in preda a un'oscura inquietudine, penetra in un luogo dominato dalle ombre e dal mistero, il quale altro non è, evidentemente, che la raffigurazione sensibile della sua condizione interiore: i messaggi cifrati (sentieri che accennano, alberi che annunciano e promettono), provenienti ancora una volta (come nella scena di apertura) dall'ambiente, guidano il personaggio alla ricerca della sua identità più vera e nascosta, alla scoperta e alla realizzazione fantastica delle pulsioni inconsce, al definitivo ritrovarsi e pacificarsi dell'animo. Elena intraprende così il suo cammino attraverso il bosco, obbedendo all'invito silenzioso rivoltole dal paesaggio. Spia linguistica della ripresa della narrazione è il passaggio dal presente (il cosiddetto 'presente di garanzia', che sanziona appunto un effetto globale di realtà rinviando a un referente oggettivo extratestuale) al passato remoto:

> Elena *sparve* là dentro per la via larga che gira a sinistra.
> /.../
> Ella *risaliva* il valloncello che *mette* capo da sinistra, a quella svolta; lo stretto *valloncello* dove un *rivolo gorgoglia* fra le *ninfee, l'erba affoga* il *sentiero*, e in alto, le *acacie* dell'uno e dell'altro pendio *confondono* nel sole il loro verde, *spandono* al di sotto un'*ombra dorata. Si ascende* per di là ad un quieto seno aperto del colle, e quindi, fra gli alberi, al piano erboso dove una colonna di marmo antico, portata dalle terme di Caracalla in quest'altra solitudine, *reca* sulla base due mani in rilievo che si stringono e le seguenti parole:

HYEME ET AESTATE
ET PROPE ET PROCUL
USQUE DUM VIVAM ET ULTRA.
(*Daniele Cortis*, V, p. 80)

Si noterà come col subentrare dell'imperfetto *risaliva* viene reintrodotta la pausa descrittiva, con immediata individuazione del tema, *il valloncello*. Anche in questa circostanza la descrizione procede come espansione metonimica di sottotemi assolutamente prevedibili, con un lessico quasi stereotipato (*rivolo; ninfee; erba; sentiero; acacie*), accompagnato dalla ripresa del presente di garanzia (*gorgoglia; affoga; confondono; spandono; Si ascende; reca*). Anche qui, tuttavia, si può individuare un'espansione metaforica a partire dall'ultimo sottotema, dove quelle *acacie* che intrecciano i loro rami nel sole prefigurano senz'altro l'intreccio delle mani sulla colonna, e costituiscono quindi, insieme a quest'ultima apparizione, l'attuazione in ambito fantastico-paesaggistico dei desideri rimossi o inappagati della protagonista. [47] Non per niente con la acacie ritorna il lessema-chiave dell'*ombra*, seguito, nella circostanza, da un aggettivo che ne accresce il valore e il potere di suggestione *ombra dorata*. Anzi, estendendo per un attimo il nostro campo di osservazione, noteremo come il tema dell'ombra costituisca

[47] « Ora la modalità di funzionamento dell'epigrafe è tanto più rilevante in quanto si offre come uno *specimen* esemplare del processo costruttivo sotteso al testo fogazzariano, caratterizzato dall'applicazione della tecnica sineddochica del frammento, che trasforma l'elemento visibile oggettuale in « feticcio » di una soggettività presente come assente. I due frammenti anatomici delle mani, proprio perché sostitutivi della totalità corporea degli amanti, ne presentificano il rapporto amoroso *in absentia*, senza cioè "che il mondo nemico potesse conoscere mai né il viso né il nome di chi si amava tanto!" Gli oggetti legati alla corporeità ed i frammenti corporei, anch'essi ormai reificati, perché sottratti alla totalità vivente, all'interno della quale soltanto possono assumere senso, vengono così iscritti in un processo sineddochico (la parte per il tutto) che, trasformandoli in « significanti » del desiderio, consente loro di presentificare *in absentia* la figura fantasmatica degli amanti » (GIOVANNA BARLUSCONI, *Psicoanalisi dei personaggi fogazzariani*, in ATTILIO AGNOLETTO [a cura di] *Antonio Fogazzaro*, Angeli, Milano 1984, p. 218).

quasi una costante di accompagnamento per la protagonista, meglio ancora, una spia del manifestarsi, dell'emergere del sentimento amoroso, di cui, sappiamo, Elena è veicolo privilegiato:

"Dodici ore ancora!" pensava Elena ferma sul ponticello di legno a guardar le acque *ombrose* del Rovese /.../. (*Daniele Cortis*, IV, p. 69);

le *ombre* dei giardini, il lago e i loro cuori erano una pace sola fin dentro alle più nascoste profondità. (*Ibidem*, X, pp. 163-164);

staccò il capo dalla spalla del suo compagno, sospettosa d'un occhio umano che la potesse coglier tra l'*ombre* della notte in quall'atto di abbandono. (*Ibidem*, XX, p. 320);

Quel correr silenzioso nell'*ombra*, fra montagne enormi, verso paesi reconditi, li faceva sognare, dinenticar tutto che non fosse la passione. (*Ibidem*, XXII, p. 339)

Possiamo dire quindi che con le immagini conclusive dell'intreccio amoroso (rami delle acacie, mani sulla colonna), il circolo analogico si estende e si chiude tautologicamente intorno alla figura della protagonista, secondo il seguente schema: Elena → bosco → ombre → mistero → amore → Elena. In questo modo, con un notevole effetto di ridonanza, la descrizione contribuisce alla definizione del senso del racconto, soprattutto in merito alla conservazione e precisazione delle informazioni e dei tratti caratteriali relativi al personaggio attivatore del sintagma introduttivo.

Non stupirà, a questo punto, rilevare come le pause analitiche siano, tranne che in rare occasioni, sempre intrecciate alle pause descrittive. Se queste ultime servono a fissare per il tramite metaforico i tratti caratteriali dei personaggi, è evidente che esse a maggior ragione favoriranno l'immissione di inserti introspettivi nel narrato. Ciò avviene soprattutto nelle due grandi pause relative al primo blocco narrativo. La prima di esse (quella che si estende per buona parte del cap. IV), come abbiamo già osservato, fa leva sul bisogno di moto e di svago avvertito da Elena in attesa del sopraggiungere dell'ora della posta (la protagonista aspetta una lettera di Cortis da Lugano), che la spinge a inoltrarsi per il giardino permettendone così la descrizione. Ma trattandosi, soprattutto, della prima importante pausa riflessiva oltre che descrittiva, l'autore tiene ad offrire un'opportuna motivazione all'inserto analitico, ad assicurarne un ancoraggio oggettivo che, nella fattispecie, sarà costituito da un famoso testo letterario, per così dire eponimo della tradizione romantica, suscitatore nell'eroina di improvvisi moti di autorisconoscimento. Elena scende, infatti, in giardino con il capolavoro di Chateaubriand, i *Mémoires d'Outretombe* prestatole — non è un caso — proprio da Cortis, e quindi, come il giardino di villa Cortis, dotato di un doppio potere di suggestione: intrinseco e perché in relazione metonimica con l'oggetto del desiderio. E per buona parte del capitolo vediamo alternarsi nel narrato fasi descrittive con fasi riflessive, scaturite, queste, proprio dalla lettura di brevi passi dei *Mémoires*:

> Elena era giunta, la notte, a questo passo d'una lettera senza data:
> "Quelle pitié que l'attention que je me porte! Dieu ne peut plus m'affliger qu'en toi. /.../"
> Elena si era fermata qui con le lacrime agli occhi. Questo fratello che Lucilla chiamava la miglior parte di se stessa e dopo di Dio, *non era egli mai stato un pericolo per lei?* Quale inconscio sentimento la portava a Renato, quando, fra i boschi di Combourg, *non viveva che dall'anima di lui /.../? Elena si era posta, leggendo la lettera, in luogo della scrittrice;* ella stessa diceva così a Daniele. (*Daniele Cortis*, IV, p. 68)

È il tipico caso di storia parallela [48], dove la vicenda principale tende ad attenuare al suo interno l'effetto del romanzesco,

---

[48] « Il racconto è innestato su una mega (extra) Storia che, in trasparenza, lo duplica, lo chiarisce, lo predetermina, e crea nel lettore linee di flusso di minore resistenza, qualche prevedibilità, un sistema di attese, rinviando implicitamente od esplicitamente (tramite la citazione, il nome proprio, l'allusione, ecc.) ad un testo già scritto che egli conosce. Tale testo può essere sacro o profano (ad esempio, i riferimenti all'assedio di Parigi nei *Deux Amis* di Maupassant, o quelli alla Genesi nella *Faute de l'abbé Mouret* di Zola, oppure il passaggio furtivo di Napoleone III nella *Débâcle* di Zola) » (P. HAMON, *op. cit.*, p. 26).

dell'invenzione a sorpresa, modellandosi su una storia già nota
che, accompagnando lo svolgimento, lo motiva e insieme, du-
plicandolo, lo chiarisce (giusto quanto avveniva nel rapporto
personaggio/ambiente prima esaminato). Procedendo in questo
modo sarà poi possibile anche sviluppare la pausa analitica non
nella forma classica della focalizzazione zero (tipica del romanzo primo-ottocentesco sottoposto al dominio incontrastato
dell'autore onnisciente), bensì nelle forme più moderne della
focalizzazione interna. Tale tipo di focalizzazione viene atti-
vato nel nostro caso dall'introduzione dell'indiretto libero nel
narrato, per mezzo della successione delle interrogative dirette
(non era egli rimasto un pericolo per lei?; non viveva che dell'a-
nima di lui /.../?); anche se va notato come l'infrazione stilistica risulti qui ancora molto contenuta, tutto sommato scolastica [49], e consenta perciò il pronto ripristino, nell'enunciato

---

[49] « Proposizioni e infiniti interrogativi e esclamativi, meno frequentemente anche costrutti ellittici costituiscono i parchi mezzi di cui dispone il
Fogazzaro per dare l'impressione della viva voce dei suoi discorsi indiretti
liberi» (GIULIO HERCZEG, *Lo stile indiretto libero in italiano,* Sansoni, Firenze
1963, pp. 25-26); e, sempre a proposito dell'indiretto libero, afferma oltre
l'autore: « egli non ha nemmeno lontanamente esaurito le possibilità che
stavano a sua disposizione per renderlo più vivace, perché ha volutamente
rinunciato alle forme sconnesse, apparentemente elementari, di concatena-
zioni delle frasi » (*ibidem,* p. 27). Per quel che riguarda poi in genere lo stile
di Fogazzaro, abbiamo già ricordato i giudizi negativi espressi da autorevoli
critici, primo fra tutti il FUBINI, *op. cit.,* e quindi M.L. SUMMER, *art. cit.,* che
così concludeva la sua analisi: « Dunque il discorso è un altro: Fogazzaro
non può considerarsi vittima d'un tentativo di rinnovamento linguistico,
perché in tal caso bisognerebbe riconoscergli un merito non piccolo, ma
vittima del suo impaccio espressivo, della sua impossibilità di conciliare
elementi diversi e di sintetizzarli; il che limita la sua arte all'abilità di
allineare vari particolari narrativi e a sommarli senza scelta » (pp. 408-409).
Valutazioni più equilibrate, tendenti a riconoscere accanto ai rischi e alle
manchevolezze insite nello stile dello scrittore aspetti anche apprezzabili,
troviamo invece in GIACOMO DEVOTO, *Studi di stilistica,* Le Monnier, Firenze
1950, che rileva il valore tutt'altro che documentario, e quindi 'poetico', dei
'tecnicismi' del Nostro, e, più di recente, in GIORGIO CAVALLINI, *La dina-*
mica della narrativa del Fogazzaro, Bulzoni, Roma 1978 e, dello stesso
autore, *Aspetti della lingua fogazzariana,* in A. AGNOLETTO [a cura di], *op.*
cit., nel quale articolo lo studioso afferma: « Ciò, comunque, conferma
ancora una volta l'opinione che Fogazzaro è narratore 'a dimensione ampia'

conclusivo *Elena si era posta, leggendo la lettera, in luogo della scrittrice,* della visione onnisciente dell'autore.

Anche la seconda pausa relativa alle macroarticolazioni del primo blocco narrativo (quello che occupa buona parte del cap. X), non si espande gratuitamente nel narrato ma sempre a partire dalla lettura da parte del personaggio di un testo dato (la lettera scritta da Cortis a Elena e già nota al lettore), sebbene, in questo caso, si tratti di uno scritto interno alla vicenda:

> All'albergo trovò *la lettera* di Cortis /.../.
> La divorò, prima, da capo a fondo, correndo via sulle poche espressioni d'affetto come se bruciassero; specialmente su queste: "non vi troverebbe una sola delle parole che posso aver detto a questa rosa moribonda, la quale non le riporterà". Pensò che Cortis non avrebbe *dovuto scrivere* così e, giunta alla fine, tornò di slancio alla prima pagina /.../. E l'elezione? Daniele ne parlava scherzando, ma c'era lì e in altri luoghi della *lettera* una gaiezza nervosa che tradiva il turbamento dell'animo /.../. E questo c'era di buono e di confortante nella *lettera,* che vi si sentiva una energia morale più forte dell'amore /.../. (*Daniele Cortis,* X, pp. 162-163)

E ci piace, in conclusione, a proposito di Cortis, riportare un brano che vede anche il protagonista finalmente soggetto attivatore di una pausa analitico-descrittiva:

> A un tratto *si trovò sul viso il Colosseo enorme, nero fino alle nuvole* /.../. S'intravvedeva appena, in fondo all'entrata, *l'arena chiara.* Cortis *si cacciò* in quel buio, avidamente, parendogli uscir dal tempo *in un'aria eterna, a riposare.* La luna pendeva sul Celio, imbiancando in alto, a sinistra di Cortis, *le giganteesche vertebre nude dell'anfiteatro* /.../.
> Cortis *si appoggiò a un rudere del podio imperiale,* nell'*ombra.* Il silenzio desolato, *le immense rovine cineree e nere* gli davan l'idea di un cratere spento della luna, fra quelle montagne

e che la sua misura espressiva va verificata su ritmi più lunghi o, se si vuole, meno angusti della pagina o del capitolo » (p. 48).

morte, al crepuscolo. E tornavano, con questo triste sogno, il
viso, la voce d'Elena. Ella era dunque in un'altro pianeta?
Proprio in eterno non sarebbe stata sua? *Il cuore si mise a
battere, a battere.* Si strinse con le mani il petto, temendo uno
sfacelo di sé. *Dio, Dio, cos'era questa* prostrazione dello spirito,
cos'era questa onda che gli veniva *su su su alla gola, al viso, così
dolce, così amara, così forte? Lui, Cortis, piangere? Si voltò alla
pietra antica,* vi affisse la fronte. Pochi minuti dopo uno sciame
di gente *sbucò nell'arena,* si fermò all'entrata con degli:
"Oh! Beautiful! Wonderful!".
Cortis andò via. (*Daniele Cortis,* XIII, pp. 212-213)

Funziona, come al solito, in fase di introduzione, il sintagma dello sguardo, secondo l'ormai noto schema: P (Cortis)
+ V (*si trovò sul viso; S'intravvedeva; si cacciò*) + M *(La luna)*
+ N (*Cortis si appoggiò a un rudere*) + O *(Il Colosseo).* Si ripete
la medesima strutturazione formale osservata in rapporto alla
descrizione del bosco di villa Cortis visitato da Elena: in primo
luogo viene infatti enunciato il tema della decrizione (T = *Il
Colosseo*), che successivamente risulta sviluppato attraverso le
ancora una volta prevedibili espansioni nomenclatorie dei sottotemi (N = *l'arena chiara; le gigantesche vertebre nude dell'an-
fiteatro; un rudere del podio imperiale, le immense rovine; Si
voltò alla pietra antica; sbucò nell'arena*). Il personaggio non è
veicolo neutro per l'inserimento dello sguardo dell'autore, ma
efficace filtro per la ricezione del paesaggio; l'ambiente, ancora
una volta, è in correlazione attiva con il visitatore e con i suoi
stati d'animo. Cortis, in preda a una profonda amarezza e
scoraggiamento per gli ultimi incidenti di vita privata e pubblica in cui è incorso, sente l'esigenza quasi disperata di sottrarsi alla realtà, alle relazioni umani e sociali, di trovarsi,
seppure per un attimo, *in un'aria eterna, a riposare.* Il paesaggio immenso, spettrale, desolato, in cui egli penetra avi-
damente, è la raffigurazione materiale delle sue fantasie di
annichilimento, di catabasi. Non a caso esso tanto più iperboli-
camente si dilata (*Il Colosso enorme, nero fino alle nuvole; le
gigantesche vertebre; le immense rovine*) e sembra coprire ed
avvolgere ogni cosa quanto più evoca, attraverso l'aggettiva-

zione *(nero; cineree e nere)*, l'idea della morte, di un totale ritrarsi dal cosmo dell'energia vitale e del desiderio. Ecco allora scaturire dalla pausa descrittiva quella riflessiva, farsi strada, per opposizione, il pensiero di Elena (accompagnato dal noto indizio dell'*ombra*), come unica fonte dispensatrice di vita e di amore, ma tuttavia negata all'eroe, confinata in un altrove inaccessibile, e produttrice perciò essa stessa di angoscia e di disperazione. L'indiretto libero in questo caso non si limita a qualche frase interrogativa, ma investe progressivamente gli elementi propri dello stile. La ripetizione, dapprima, delle interrogative stesse, poi del verbo, *il cuore si mise a battere, a battere*, che dà al ritmo della frase un valore quasi onomatopeico, e l'implorazione *Dio, Dio*, seguita dall'anafora *(Cos'era questa /.../ cos'era questa)*, rinforzata da una nuova, più forte ripetizione *su su su* e culminante infine nella enumerazione e nell'anafora conclusiva, chiuse da altre due interrogative *alla gola, al viso, così dolce, così amara, così forte? Lui, Cortis, piangere?*, introducono di forza, in crescendo, la voce del protagonista nella narrazione. Sono questi i casi, per la verità rari, in cui l'eroe sembra sbarazzarsi della rigida corazza impostagli dall'autore implicito, sotto la quale appare schiacciato per gran parte del romanzo. Toccato invece dallo sconforto, vittima anch'egli di un momento di debolezza, pericolosamente vacillante sotto i colpi infertigli dalla passione amorosa, il personaggio acquista una gamma di 'tratti' più ricca e sfumata, diviene umano e simpatico e, perciò stesso, artisticamente più vivo.

4.4. *La logica naturalista come criterio di ordine e di simmetria.*

Appare abbastanza chiaro, in definitiva, come l'apporto più consistente ed originale dato da Fogazzaro al rinnovamento del romanzo moderno passi proprio attraverso la trattazione della pausa descrittiva. Il paesaggio, nello scrittore vicentino, non è mai, o quasi mai, il semplice habitat in cui vada a collocarsi la storia dei personaggi, una fredda, impersonale topografia atta a creare esclusivamente un effetto di reale; esso entrando in correlazione con le tormentate vicende interiori dei suoi abitanti, collabora attivamente allo sviluppo e alla definizione dei destini individuali. Risulta così difficile anche parlare di pausa, nel senso di un arresto della narrazione. In realtà il prodursi di relazioni metonimiche/metaforiche nella descrizione, nonché di effetti di ridondanza tra personaggio e ambiente, vale comunque ad imprimere un certo movimento al narrato. Il fatto poi che la pausa descrittiva sia quasi sempre seguita da un'analisi introspettiva (anch'essa, come la prima, sviluppata di preferenza a focalizzazione interna, nonché arricchita e vivacizzata dall'apporto rilevante degli indiretti liberi) e che essa funga altresì da fattore motivante rispetto a quest'ultima, va ad ulteriore conferma del peso esercitato dalla logica drammatica nella composizione del *Daniele Cortis*.

Ma accanto alla logica drammatica abbiamo visto operare anche una logica realista. In rapporto alle pause descrittive, anzi, possiamo parlare più specificamente di vera e propria logica naturalista [50]. Fogazzaro, infatti, sembra proprio qui allinearsi in pieno ai canoni e alle tecniche della scuola zoliana: lo

---

[50] Non stupisca questa assimilazione da parte del Fogazzaro delle tecniche di rappresentazione letteraria del naturalismo, della quale scuola, come è stato mostrato proprio nel recente convegno dedicato al Vicentino e contrariamente a quanto si è sempre ritenuto, il Nostro finisce per condividere anche alcuni postulati ideologici. Si veda, in particolare, quanto afferma la Giannetto in merito al *motivo* — *archetipo dell'eredità genetica*: « Fogazzaro, a dire il vero, all'inizio sembra intenzionato a rovesciare quasi polemicamente il *cliché* tradizionale: egli infatti insiste sul concetto che Leila, con la finezza e gli scrupoli che la caratterizzano, smentisce la sua origine. Poi però le contraddizioni affiorano e Fogazzaro non manca di sottolineare che la bravata con cui Leila raggiunge da sola l'amato nella remota condotta valsoldese è dovuta alla goccia di sangue paterno che è rimasta in lei. Del resto, già a proposito di Luisa Rigey e di Piero Maironi, Fogazzaro si lascia sfuggire delle osservazioni implicanti l'idea che il carattere e gli atteggiamenti intellettuali dei due personaggi non potevano essere diversi da come li descrive, scaturendo essi, come conseguenze "necessarie", dalle tendenze caratteriali e dalle idee dei rispettivi genitori » (NELLA GIANNETTO, *Per una lettura semiotica di Leila,* in A. AGNOLETTO [a cura di], *op. cit.,* pp. 236-237).

notiamo dall'uso sistematico dei sintagmi introduttivi-tipo (tra cui primeggia senz'altro quello dello sguardo, atto a meglio soggettivizzare e verisimilizzare la pausa stessa), dal ricorso a 'tematiche vuote' tipiche, dalla strutturazione formale interna alla descrizione stessa. Questa, infatti, abbiamo visto, si sviluppa in modo estremamente prevedibile, per cui identificato e posto un certo tema se ne ricavano per implicazione metonimica i vari sottotemi con le relative predicazioni, gli uni e le altre selezionati ed accoppiati, sotto il profilo lessicale, secondo criteri costanti di trasparenza e di leggibilità. La descrizione, quindi, nonostante la valenza simbolica in essa latente, presenta sempre un assetto chiaro e razionale, una costruzione equilibrata e simmetrica, la quale, procedendo dal generale al particolare, dal tutto alla parte, conferisce ad ogni oggetto le sue debite proporzioni rispetto all'insieme e lo colloca al posto che gli compete (con le annesse predicazioni).

Se insomma va rilevato che dalle pause descrittive si ricavano le ragioni di modernità del Vicentino, va detto anche che esse appaiono molto ben controllate (come opportunamente contenuta è la forza dirompente del personaggio femminile, nonostante le spinte indomabili che esso tenta di liberare in campo affettivo ed etico), sviluppate sempre in forma moderatamente innovativa sotto il profilo stilistico. Ciò spiega anche il fatto che alle pause, vuoi a livello di macro- che di microarticolazioni, vengono riservate dall'autore spazi ampi ma anche ben delimitati in cui dispiegarsi. Esse non infrangono nella loro strutturazione formale interna l'ordine costituito e, a maggior ragione, risultano nella struttura esterna, nel contesto generale del narrato, armonicamente dosate e razionalmente distribuite, sottoposte ai criteri di ordine e di linearità che modellano la forma ancora tutta ottocentesca del racconto di Fogazzaro.

5.0. La pausa descrittiva in Tozzi: autonomia ed emblematicità
del rappresentato

5.1. *Trasgressività della descrizione e sabotaggio delle convenzioni
narrative.*

Il *Podere* sembra segnare, proprio in merito al trattamento
della pausa, addirittura un passo indietro rispetto al *Daniele
Cortis*. Abbiamo visto come in questo romanzo lo scrittore si
adoperi per adeguare le sue tecniche di rappresentazione agli
strumenti approntati dalla scuola naturalista. In particolare, per
quel che attiene ai modi di inserimento della pausa descrittiva
nel narrato, si è colto il ricorso alle 'tematiche vuote' o funzioni pseudo-narrative che dir si voglia. Tozzi, per quanto
ricorra anch'egli ad alcune delle tecniche naturaliste, non sembra nel *Podere* preoccuparsi eccessivamente di assorbire la descrizione nel flusso diegetico del racconto. Lo si nota soprattutto in rapporto ai numerosissimi ritratti riservati ai personaggi del romanzo. Nel *Daniele Cortis* le descrizioni dei personaggi sono molto ridotte per numero ed estensione, limitate
quasi esclusivamente ai protagonisti e, seppure svolte di preferenza dal 'punto di vista' dell'autore, comunque introdotte
dalla visione interna dei personaggi; è il caso, ad esempio, dello
stesso Cortis:

> Daniele Cortis s'avvicinò agli amici, che /.../ guardavano, con
> le spalle alla porta, l'uomo ch'entrava nella luce piovosa,
> un'alta persona elegante, una bizzarra fisionomia nobile, im-
> prontata di dignità e di risoluzione militare, due occhi azzurri,
> intelligenti e fieri. (*Daniele Cortis*, I, p. 36),

dove funziona, come al solito, il sintagma dello sguardo, benché sia evidente che la descrizione-valutazione sul protagonista
appartenga all'autore, il quale utilizza solo in senso strumentale la visione dei personaggi-introduttori. Nel *Podere*, invece, i
ritratti dei personaggi abbondano, tanto nel numero quanto
nell'estensione, e vengono sempre introdotti senza alcuna mediazione pseudo-narrativa. Nel primo capitolo del romanzo,

dall'estensione di dieci pagine scarse, troviamo ben sette ritratti, alcuni dei quali, come quello del padre del protagonista, Giacomo, ripetutamente tracciati. Uno solo tra questi, quello relativo a Giulia, è svolto da un 'punto di vista' interno, per la precisione quello di Remigio:

> *Ma come poteva piacergli quella ragazza?*
> Magra e gialla, quasi rifinita; con i denti guasti e lunghi; un'aria stupida e gli occhi del colore delle frutta marce. (*Il podere*, I, p. 50)

La descrizione dell'antagonista si affida all'indiretto libero innescato dall'interrogativa, ma si tratta di un caso unico, di un *apax*, nel corso dell'intero romanzo.

Negli altri casi, ripetiamo, lo stacco descrittivo è perentorio, e vi si sente subito dietro la presenza dell'autore. Il tratto demarcativo di introduzione è in genere tipografico, l'andata 'a capo', unitamente a quello pausativo, i 'due punti':

> "Vorrei che mi riconoscesse".
> Giacomo alzò, a poco a poco, faticosamente, il volto; e guardò il figlio ma non se ne fece caso: *le sue labbra si erano affloscite e screpolate, deformando la bocca;* gli occhi non erano più neri; ma, con le sclerotiche gialle e segose, le pupille parevano vizze. (*Il podere*, I, p. 48);

> /.../ non osò, per timidezza e per paura che il padre /.../ gli rispondesse magari qualche parola che gli sarebbe restata sempre a mente.
> Il giorno dopo, le donne chiamarono il prete: un giovane muscoloso, bruciato dal sole, con gli occhiali turchini e la tonaca troppo stretta per il suo grasso. (*Ibidem*, I, p. 51)

Questi ritratti non sono frutto né di un vedere né di un parlare né, tanto meno, di un agire dei personaggi, in maniera tale da giustificare dall'interno la descrizione stessa (secondo gli schemi sintagmatici dello sguardo, della parola o dell'agire, operanti come abbiamo visto, specie il primo di essi, nel *Daniele Cortis*); essi vengono inseriti, pertanto, per espressa imposizione dell'autore, con un arresto arbitrario della narrazione. In questo senso, quello di Tozzi non sarebbe, come si è spesso troppo disinvolta-

mente detto, un semplice ritorno al naturalismo dopo la fase
più sperimentale di *Con gli occhi chiusi* (dove uno dei tratti
caratterizzanti era costituito proprio dagli squarci descrittivi di
impronta lirico-soggettiva), ma un risalire all'indietro dello
stesso naturalismo, un riallacciarsi al romanzo autoriale del
primo Ottocento. Tuttavia, proprio osservando i ritratti sopra
citati, la loro funzione nel contesto della narrazione e le loro
caratteristiche   interne,   ci   appare   immediatamente   la
particolarità dell'applicazione tozziana. Cominciamo col dire
che non vi è un personaggio nel *Podere*, sia anche il più
marginale, che non venga prima o poi accuratamente descritto.
Il primo dubbio che allora sorge riguarda proprio la funzione e
il valore assegnati dall'autore alla descrizione. Il ritratto del
prete, ad esempio, non solo non si giustifica nel senso, ora
precisato, che esso non viene 'naturalizzato' da un filtro interno
alla narrazione, ossia dallo sguardo di un personaggio; ma
soprattutto nel senso che quell'indugio descrittivo, in cui si
risolve per intero l'apparizione del personaggio, non risulta
funzionale a nessun progetto diegetico. Cerchiamo di chiarire il
concetto partendo dall'esame di un caso ancora più eclatante
rispetto al precedente:

> Giulia la guardò e disse:
> "Povera zia! Se non avessi avuto lei!".
> Ad un tratto, un mucchio di cenci che era in mezzo al letto
> cominciò a muoversi e ad aprirsi: una bambina, piangendo, alzò
> la testa e guardò fisso chi c'era nella stanza. Fosca corse al letto,
> e cavò di tra i cenci la sua figliola più piccola: aveva le mani e i
> piedi fasciati, con la tubercolosi alle ossa; un visuccio come la
> cera strutta, gli occhi neri, d'una lucentezza che pareva aumen-
> tare sempre.
> "Povera Iolanda! Non dormi più? *Vuoi andare dal tuo fratello,
> che ti terrà?*"
> Allora, *s'aprì una porta;* ed entrò un giovanotto sporco, magro,
> con due grossi occhiali cerchiati di ferro: stava nell'altra stanza a
> leggere   un   romanzo,   con   il   ţavolintto,
> e cavò di tra i cenci la sua figliola più piccola: aveva le mani e i
> piedi fasciati, con la tubercolosi alle ossa; un visuccio come la
> cera strutta, gli occhi neri, d'una lucentezza che pareva aumen-
> tare sempre.
> "Povera Iolanda! Notossì e disse:

"Dammela: le insegno a leggere".
La prese, e richiuse l'uscio.
Fosca s'era fatta anche gobba, benché fosse abbastanza giovane.
Ai polsi ci aveva due soprossi, che non riesciva a nascondere né
meno tirando giù le maniche fino a strapparle. (*Il podere*,
XVIII, pp. 154-155)

Siamo al cap. XVIII, quando Berto si reca a far visita a
Giulia e Fosca. Nel bel mezzo della scena la bambina, per
l'appunto Iolanda, inizia a lamentarsi e a piangere e provoca
così l'ingresso nella stanza di un nuovo personaggio, il fratello.
L'evento offre occasione allo scrittore per un accurato ritratto
del nuovo entrato (oltre che della bambina stessa e di Fosca),
nel quale, come avveniva per il prete, si risolve interamente la
funzione del personaggio. Questo fratello, infatti, così come è
apparso sulla scena del romanzo per attivazione di un tipico
mezzo trasparente *(s'aprì una porta)*, ne scompare per disattiva-
zione dello stesso *(e richiuse l'uscio)*, senza più farvi ritorno: il
suo contributo, quindi, allo sviluppo della storia è praticamente nullo; lo rivedremo solo per un attimo in una sequenza
di poco successiva alla prima apparizione, dopo che Berto ha
posato sul tavolo una manciata di albicocche rubate a Remigio:
"Il giovanotto riaprì l'uscio, ne prese quante potevano entrar-
gli nella mano; e tornò nella sua stanza." p. 156. Si noterà
come formalmente Tozzi tenga sempre a garantire la motivazione realista dell'evento, nella fattispecie il fatto che produce e
spiega l'ingresso del personaggio (il pianto della bambina, rafforzato dalla motivazione verbale di Fosca: « /.../ *Vuoi andare*
dal tuo fratello, che ti terrà? »); ma, allo stesso tempo, si noterà
come tale fatto risulti palesemente svuotato di ogni necessità
logico-diegetica, si risolva cioè in un semplice pretesto, in un
mero espediente finalizzato soltanto ad assicurare la 'naturalità'
di un'apparizione innaturale, a giustificare una presenza in se
stessa inspiegabile. Avviene pertanto paradossalmente che, proprio per l'evidenza con la quale l'espediente si rileva tale,
specie nella preventiva identificazione e chiamata in causa del
giovane da parte di Fosca, il racconto acquisti una sua valenza metadiscorsiva, appaia come una citazione 'ironica', dissa-

crante, di congiunture già abbondantemente sperimentate e codificate dalla tradizione narrativa, si manifesti esso stesso come un artificio 'innaturale'. L'innaturalità dell'apparizione del giovane, poi, sta nel fatto che, a differenza di quanto avveniva per il prete, non vi è in quest'ultimo caso una ragione sufficiente a spiegare, non dico il ritratto, peraltro molto dettagliato, ma nemmeno la semplice presenza del personaggio; laddove, nel primo caso, la presenza del prete poteva essere richiesta da un'esigenza di resa realistica della situazione: l'estrema unzione da impartire al moribondo in una realtà rurale fortemente legata alle tradizioni religiose. Tale presenza perciò o, per meglio dire, la misteriosa apparizione fisica del personaggio in cui essa integralmente si risolve (tanto quella del fratello quanto quella della bambina, soggetti assolutamente irrilevanti per la storia), risulta perfettamente inutile alla narrazione, del tutto ingiustificata sotto il profilo diegetico, se non addirittura gratuita. Siamo qui davvero alle soglie di certe esasperate, disorientanti situazioni kafkiane, dalle quali però Tozzi si distingue per quel rimaner ancorato, ma in modo tutto suo, alle forme del naturalismo; atteggiamento stilistico che non è un limite, ma che è il modo, originale e tutto tozziano, tanto più potente quanto più 'ambiguo', di produrre sul lettore intensi effetti di straniamento.

5.2. Valore epifanico dei "ritratti".

Sarà il caso allora, come abbiamo già fatto per il *Daniele Cortis* di addentrarci anche qui all'interno del sistema descrittivo, di studiarne i meccanismi compositivi, di comprenderne la logica di funzionamento interna ed esterna. Si tratta, come sempre per il Senese, di una logica realista portata alle estreme conseguenze. Il soffermarsi infatti sulla descrizione del soggetto/oggetto insignificante è soluzione che rientra nel progetto realista: più il particolare inserito nella narrazione è privo di funzione generativa rispetto alla trama, più esso si giustifica e legittima la narrazione come pura mimesi del reale [51]. Il problema si pone quando questi soggetti/oggetti insignificanti acquistano proporzioni e ricorrenze tali da mettere in discussione, da far vacillare con la loro stessa presenza l'ordine e i criteri di selezione e di rappresentazione del realismo. Nel *Podere*, ripetiamo, vi è una galleria sterminata di ritratti di personaggi che fungono da semplici comparse, che cioè risultano assolutamente irrilevanti per lo sviluppo della vicenda. Per altri personaggi, che pure hanno una qualche funzione, la pausa descrittiva (ma spesso vi si unisce quella analitica) risulta di dimensione decisamente abnormi rispetto al ruolo ricoperto dal personaggio stesso nella storia. È il caso, per restare al primo capitolo, del chirurgo Bianconi, presente alla Casuccia in qualità di medico curante di Giacomo:

> Intanto venne il chirurgo Umberto Bianconi; uno dei più reputati a Siena, ma non valeva gran che: aveva fatto carriera presto, perché suo padre insegnava all'università. Piccolo e magro, una barbetta castagna, brutta, quasi cappuccinesca, con gli occhi neri, *dov'era un sorriso di astuzia, da scimmia,* un poco miopi, mai fermi, quand'egli parlava si baloccava a lisciare con l'unghia di un pollice quella dell'altro; e non guardando mai in viso, ma sempre intorno. Maligno e maldicente, anche senza ragione, a motivo della sua falsa gentilezza, s'era fatto nome di buono e di modesto; e faceva pagare tali conti che gli procuravano un rispetto sempre maggiore.
> Quando c'era un moribondo abbastanza ricco, magari come Giacomo, non aveva nessuno scrupolo /.../. (*Il podere,* I, p. 52)

Questa pausa si estende per quasi un'intera pagina, dopo di che al Bianconi non resterà che da cambiare la fasciatura

---

[51] « *La riva del mare urlante,* particolare senza alcuna utilità funzionale nella storia, è, in modo estremamente tipico, malgrado il carattere stereotipato della formula (che ricorre varie volte nell'*Iliade* e nell'*Odissea),* e al di là delle enormi differenze di scritture fra l'« epopea » omerica ed il romanzo realista, quel che Barthes definisce *un effetto di reale.* /.../ Particolare inutile e contingente, è il *medium* per eccellenza dell'illusione referenziale, e perciò dell'effetto mimetico: è un *connotatore di mimesi* » (G. GENETTE, *op. cit.,* p. 212. Cfr. altresì R. BARTHES, *L'effet de reèl,* « Communications », 11, 1968).

all'ammalato, per poi sparire definitivamente di scena. Sono constatazioni che lasciano perplessi e invitano ancora una volta ad una riflessione attenta sulla funzione e sul valore attribuiti dall'autore alla pausa.

Ma cerchiamo intanto, come dicevamo, di addentrarci nel sistema, e di cominciare ad accertare quali siano le caratteristiche formali di queste descrizioni. Si noterà, come denominatore comune, la tendenza non tanto a delineare un sintetico quadro di insieme, ad offrire un'immagine a tutto tondo del personaggio, quanto piuttosto a fissare alcuni particolari somatici e/o comportamentali del soggetto in questione. I particolari, soprattutto, appaiono sempre come staccati dall'insieme, isolati rispetto alla totalità del disegno. Lo strumento principale usato a tale scopo da Tozzi, in modo perfettamente consapevole, è la punteggiatura. Lo constatiamo proprio in relazione al ritratto appena riportato: si veda, in particolare, quella successione incalzante di virgole nella parte centrale della descrizione, che spezza il ritmo della frase, fornendo una rappresentazione scheggiata dell'oggetto; nonché l'uso frequentissimo e tutto tozziano, diremmo « al limite dell'arbitrio » [52], del punto e virgola, presente nel brano citato — a staccare due coordinate dalla principale [53] -, come in tutti i ritratti già ricordati; e ci piace evidenziare, per tutti, il caso ancora una volta eclatante del fratello: « *e la testa rasata era sparsa di cicatrici bianche; per*

[52] A. ROSSI, *op. cit.*, p. 103. Il Rossi dedica un capitolo del suo libro ("Tipologia delle pause: il punto e virgola") allo studio sistematico di questo fenomeno nel *Podere*, già segnalato del resto, a suo tempo, e come ricorda il Rossi stesso, da « Bonaventura Tecchi nella *Noterella* pubblicata nell'omaggio di 'Solaria', 1930, p. 49: 'Anche la punteggiatura, diversa nel *Podere* da tutti gli altri libri: nel modo di isolare, non solo tra virgola ma tra due *punto e virgola*, un aggettivo, buttandoci tutta l'attenzione sopra, scopre una 'volontarietà' di stile che in altre opere non si era dimostrata così scoperta', osservazione questa ripresa da E. De Michelis nel suo saggio tozziano del '36 » (A. ROSSI, *op. cit.*, p. 99).

[53] « si baloccava a lisciare con l'unghia d'un pollice quella dell'altro; e non guardando mai in viso, ma sempre intorno /.../ s'era fatto nome di buono e di modesto; e faceva pagare tali conti che gli procuravano un rispetto sempre maggiore » (F. TOZZI, *op. cit.*, p. 52).

tutti i versi. » p. 155, dove il punto e virgola arriva persino a separare il complemento dal sostantivo. D'altronde, anche a prescindere dalla punteggiatura, va notato il rilievo plastico e/o cromatico dato dall'autore sempre ai particolari, non in direzione beninteso di un abbellimento della figura, quanto invece di una sua alterazione in senso espressionista [54]. Ora, se la deformità di Giacomo (« *le sue labbra si erano affloscite e screpolate, deformando la bocca* » p. 48) sembra giustificarsi naturalisticamente in quanto espressione di una malattia mortale, di una patologia d'eccezione sui cui particolari, anche più crudi, è dato soffermarsi, non così possono giustificarsi le deformità manifestate indistintamente da tutti gli altri personaggi finora incontrati: dal Boschini, a Fosca, al fratello. In ognuno di questi ritratti l'accento va a porsi inesorabilmente su di un particolare attraverso il quale si manifesta, o dichiaratamente (vedi il caso del Boschini « *dov'era un sorriso d'astuzia, di scimmia*») o implicitamente, un tratto di deformità animalesca [55]. Va rilevato, poi, che tale tratto sembra accentuarsi mag-

[54] Di 'espressionismo' tozziano 'sia pure per metafora' ha parlato GIANFRANCO CONTINI, *Letteratura dell'Italia unita (1861-1968)*, Sansoni, Firenze 1968, p. 937.

[55] Il primo critico a parlare di animalizzazione in rapporto ai personaggi tozziani è stato G. Debenedetti « L'animalizzazione, dunque, che avevamo lungamente osservata nel libro *Bestie* dove era ancora il più delle volte uno studio lirico, una sorta di ricognizione poetica e angosciatissima del modo di apparire nel mondo, qui nel romanzo torna, quasi implacabile, in forma del tutto funzionale. Animalizzati non soltanto gli esseri e gli aspetti, ma il loro modo di agire » (G. DEBENEDETTI, *op. cit.*, p. 234). È lo stesso Debenedetti poi a inaugurare una lettura di tale fenomeno, e in genere della narrativa tozziana, con il ricorso non più a motivazioni e a parametri logico-estetici tipici del naturalismo, dell'emisfero diurno' del cosciente, ma a motivazione e a parametri nuovi, antinaturalistici, afferenti all'emisfero notturno' dell'inconscio: «Perché le cose e la gente si presentino a Tozzi con quella che egli chiama "animazione invidiosa" e perciò temibile, quindi egli li veda necessariamente come animali che nuocciono e offendono con una loro possibilità di agire che non si spiega, e quindi in ogni caso è cattiva, mette in uno stato ansioso di dipendenza contro cui non c'è rimedio, si è già accennato allorché identificavamo in quelle apparizioni, nel loro modo di manifestarsi, una pressione di contenuti coatti. Ma si diceva pure che questa soggezione a contenuti coatti dipende sempre da un trauma

giormente in rapporto ai personaggi privi di qualsiasi rilevanza per lo sviluppo diegetico, a quelle semplici apparizioni dove cioè la caratterizzazione non può essere giustificata col ricorso a motivazioni fisio-patologiche e/o di razza. Rivediamo, a questo proposito, i punti salienti della descrizione del fratello: « *il suo collo, addirittura livido e deforme, sembrava una gonfiezza di muscoli flosci e noccioluti. Anche le tempie erano incavate come le guance, e la testa rasata era sparsa di cicatrici bianche; per tutti i versi* » p. 155. Personaggio che, in quanto a deformità, pare possa fare invidia ai più noti appestati di Camus.

È proprio questa caratteristica rilevata a partire dai ritratti dei personaggi minori, quando non, come in questo caso, da quelli delle semplici comparse, che si chiarisce poi il senso e la funzione delle pause descrittive. Esse evidentemente non hanno un ruolo subalterno e strumentale rispetto alla diegesi, per cui i ritratti non sono disegnati, per cura e grandezza, in base alla funzione che dovrà in seguito svolgere il personaggio nella narrazione; ma hanno un valore autonomo ed 'esemplare'. La loro esemplarità consiste nel portare alla ribalta una patologia

psichico iniziale, che ha leso e bloccato in maniera definitiva, incancellabile, la libertà che l'uomo ha di scegliere i propri contenuti o, quando li subisce senza sua scelta, di scegliere il proprio comportamento, di rispondere ad essi con una iniziativa autonoma, dettata dalla ragione, dal giudizio oggettivo delle cose, dalla capacità di utilizzarle fin dove è possibile o in ogni caso di ridurre al minimo il danno della loro aggressione » (*ibidem*, p. 234). « Nemmeno l'autore del romanzo » — continua oltre il critico — « riesce a intuire quel nodo che è ormai irrimediabilmente rimosso nell'inconscio. Il romanzo, il suo lievito drammatico, la sua tensione sono in questo conflitto che non capisce se stesso, che si limita a proiettarsi, sulla linea di demarcazione tra l'emisfero notturno e quello diurno, in un ripetersi di gesti coatti, in un subire passivamente tutti i contenuti come contenuti coatti » (*ibidem*, p. 246). Il fatto poi che Debenedetti — critico letterario e non psicoanalista — faccia appello alquanto genericamente al complesso di castrazione (come gli è stato imputato da ELIO GIOANOLA, nel suo peraltro prezioso contributo allo studio psicoanalitico della narrativa del Senese, *Gli occhi chiusi di Federico Tozzi*, « Otto/Novecento », IV, I, gennaio/febbraio 1980) per spiegare la presenza di quei traumi, senza individuare la specificità della patologia dell'eroe tozziano, non intacca la portata rivoluzionaria e, diciamo pure, la genialità della sua interpretazione.

fisica o psicofisica che non è più un fatto d'eccezione, unico, assunto e presentato (naturalisticamente) in quanto tale, cioè appunto nella sua eccezionalità, di singolo individuo o di famiglia, ma divenuto norma, legge generalizzata e ineludibile. *Quel* ritratto diventa così uno dei tanti possibili ritratti, non necessario in se stesso, al limite anche espungibile, ma in *sostanza* non modificabile. Siamo consapevoli, cioè, che qualora l'autore avesse voluto mutarlo o avesse voluto aggiungerne altri (oltre quelli innumerevoli già presenti), essi sarebbero sempre e comunque risultati uguali ai precedenti, cioè sempre caratterizzati, inesorabilmente, dalla deformità animalesca. Una deformità (ed è questo il punto centrale del nostro discorso) che non rinvia deterministicamente (né, inversamente, risulta da essa spiegata) ad una tipicità psico-fisiologica o psico-sociologica del personaggio, secondo appunto la logica naturalista, ma che pare invece alludere alla struttura ontologica, invariabile, oggettiva in senso assoluto, dell'essere umano, riferirsi ad un destino comune di dannazione e di matta bestialità i cui segni sono impressi in modo indelebile e inoccultabile nel corpo stesso dei personaggi agiti, e le cui cause non paiono riconducibili a forze tradizionalmente note, né scientificamente misurabili — o per lo meno non misurabili con i tradizionali strumenti della ragione. [56]

I ritratti assumono quindi un valore autonomo nel senso che essi non risultano modellati, anche per quel che riguarda l'estensione materiale, in dipendenza del rilievo e delle caratte-

---

[56] Non è un caso che la riscoperta di Tozzi, la comprensione e quindi il riconoscimento della ricchezza problematica dei suoi personaggi, nonché della validità della sua arte, ha avuto inizio proprio con i primi tentativi esperiti in Italia da parte di Debenedetti di applicare alla letteratura, e in particolare proprio alla narrativa tozziana, i moderni strumenti di indagine della psicoanalisi. A partire dagli studi di Debenedetti si sono mossi in questa direzione numerosi altri saggi, con risultati più o meno interessanti, tra i quali vanno ricordati quelli di LUIGI BALDACCI, *Le illuminazioni di Tozzi*, « Il bimestre », 2, luglio-ottobre 1970; E. GIOANOLA, *art. cit.*; FRANCO PETRONI, *Ideologia del mistero e logica dell'inconscio nei romanzi di Federigo Tozzi*, Manzuoli, Firenze 1984; GRAZIELLA MAGHERINI, *« Con gli occhi chiusi »: considerazioni di una psicoanalista*, in AA.VV., *Per Tozzi*, Editori riuniti, Roma 1985, pp. 326-333.

ristiche comportamentali dei personaggi a cui si riferiscono,
non funzionano, cioè, da supporto aggiuntivo, supplementare
(e quindi tranquillamente tralasciabile, soprattutto in relazione
ai personaggi 'privi di sostanza') della psicologia; ma, al contrario, definiscono essi stessi in via preliminare, nel binomio
inscindibile mostruosità/malvagità, il campo d'azione obbligato dei personaggi; contengono e manifestano *in nuce* l'essenza profonda e 'misteriosa' dei singoli destini umani, di ogni
destino. Che poi tale essenza si esterni nell'azione è problema
secondario: questa può prodursi con forza, come avviene al
massimo grado con il sadismo intriso di eros di Giulia e la
follia omicida di Berto; in modo più contenuto, come avviene
per la squallida cattiveria vendicativa di un Chiocciolino o per
l'aggressività offensiva di un Centini; ma anche in modo appena percettibile, come avviene per il brusco atto di appropriazione delle frutta da parte del fratello; o addirittura non prodursi per niente, come avviene per un personaggio come Fosca
o, meglio ancora, per quei suoi figlioli, i quali non appaiono
mai in scena e che pure, fatto estremamente significativo, ci
vengono ugualmente descritti, e in un modo che ci è ormai
familiare: « aveva partorito dieci figliuoli, *gongosi e tisici* » p.
64. L'azione del personaggio, che può esserci ma anche non
esserci, assume perciò un carattere quasi dimostrativo, potremmo dire, doppiamente 'esemplare', non *necessario* rispetto
all'autosufficiente significatività e inamovibilità del ritratto.

I ritratti sembrano così accamparsi in primo piano: sempre 'misteriosamente' e al tempo stesso 'epifanicamente' uguali
a se stessi, mentre l'insieme delle altrettanto misteriose ed
epifaniche scene-eventi vengono a porsi in condizioni di subordinazione strutturale, nonché di dipendenza esplicativa rispetto
ad essi, dal momento che l'agire del personaggio risulta opzio-
nale rispetto alla obbligatorietà della sua descrizione. Si arriva,
in questo modo, persino a ribaltare il tradizionale ordine gerar-
chico dei fattori narrativi; ed al raggiungimento di questo
risultato contribuisce senz'altro il valore assoluto che ai ritratti
assegna la visione onnisciente, l'eliminazione cioè dell'inquadratura interna e soggettiva prodotta dal sintagma dello
sguardo.

5.3. Gli 'esterni'. Ambiguità dell'espressionismo tozziano: focalizzazione zero e/o collusione neutralizzante.

Ma la descrizione dei personaggi non rappresenta che un momento, seppur rilevante, della più generale pausa descrittiva, nella quale d'altronde non troviamo che amplificate e rafforzate le caratteristiche formali ora evidenziate a proposito dei ritratti. Abbiamo già osservato come la violenza non caratterizzi solo i rapporti tra i personaggi aggressori ed il protagonista, o tra i personaggi in genere, ma si estenda anche al mondo della natura, alla serie di pesanti disgrazie che si abbattono progressivamente, senza possibilità di scampo, sul capo di Remigio (alluvioni, incendi, morti, ecc.). Ora, anche a prescindere dai rapporti interumani, possiamo constatare come l'asimmetria deformante, di cui la mostruosità animalesca non è che l'espressione più accentuata, contraddistingua ogni pausa descrittiva, anche quella non puramente ritrattistica. Crudeltà di azione da una parte (malvagità) e crudeltà di descrizioni dall'altra (mostruosità) costituiscono il nucleo germinale unico della creazione tozziana. Limitando la nostra indagine alle descrizioni di esterni, anche perché quelle degli interni non offrono spunti diversi o particolari di riflessioni, troviamo in sostanza confermate le osservazioni e le ipotesi interpretative già da noi avanzate a proposito dei ritratti. Per quel che riguarda le tecniche di introduzione della descrizione, occorre però rilevare, in questo caso, un maggior ricorso alle soluzioni di contenuto, vale a dire alle funzioni pseudo-narrative delle 'tematiche vuote'. Ma se l'autore si preoccupa di dinamizzare in qualche modo la pausa, di inserirla nel flusso del racconto, tende ugualmente, come per il ritratto, a neutralizzare ogni tentativo di focalizzazione interna. La soluzione si raggiunge abolendo nello schema del sintagma dello sguardo (schema imperante in senso quasi assoluto rispetto a quello dell'agire e del parlare) il verbo di percezione: la visione che sembra, così, orientata in base al punto di vista del personaggio, alla sua collocazione nello spazio, risulta poi, in realtà, filtrata tutta, tranne casi eccezionali, dall'occhio dell'autore. Vediamo due tra le maggiori descrizioni del romanzo, la prima delle quali riguarda l'aia del podere:

Remigio, il più delle volte, si sentiva sperso; e gli faceva caso di poter scendere nell'aia e andare dove volesse. Il cancello della strada era tutto fuor di posto, con i gangheri strappati e arruginiti; *schiantato,* con la vernice che veniva via a pezzi. *Il settembre dell'anno avanti* ci avevano legacciato i pruni e le marruche, perché non passassero a rubare l'uva; e le siepi ora avevano i getti nuovi.

Da una parte dell'aia c'era la capanna: un fabbricato piuttosto *basso, tarchiato,* con il tetto spiovente da due parti, fin quasi a terra; *con l'uscio sciupato da lunghe spaccature /.../.*

La parata era dall'altra parte dell'aia; piuttosto *grande, fatta di mattoni doventati d'un rosso quasi nero;* e, tra i mattoni, ciuffi di capperi. Attaccate alla parata, dinanzi alla capanna, la casa degli assalariati e quella padronale, con tre porte /.../.

Vicino alle stalle, *un fontone;* dove *lavavano* i panni, *abbevevano* i bovi e *mandavano* il branco delle anatre /.../. (*Il podere,* VII, pp. 83-84)

Qui ci aspetteremmo, dopo la motivazione psicologica riferita al personaggio e produttrice appunto di una 'tematica vuota', uno sviluppo conseguente della impostazione prospettica e del discorso pseudo-narrativo, laddove, invece, l'azione e la visione del personaggio vengono completamente esautorate, sostituite di forza dalla focalizzazione zero. Lo schema può essere il seguente: P (Remigio) + N (il personaggio-tipo dell'ozioso inquieto che si aggira nell'ambiente circostante per scaricare la propria tensione emotiva) + M (lo spazio aperto) + O (l'aia del podere). Dovrebbe trattarsi di una descrizione a personaggio mobile, ma come si può osservare, mancando proprio i verbi di percezione e di azione, essa appare quanto mai statica e impersonale. Il personaggio è presente solo come occasione introduttiva ma non di sviluppo e di ricezione delle notazioni paesaggistiche; nessuna relazione di scambio si stabilisce tra esso e l'ambiente circostante. Del resto, che sia l'autore a condurre la descrizione lo si intende, in questo caso, facilmente. Non solo manca, infatti, il verbo di percezione; ma l'informazione relativa ad una fase temporale anteriore al tempo del racconto primo *(Il settembre dell'anno avanti),* così come il procedere per immediata giustapposizione di inquadrature a 'camera fissa' *(Da una parte dell'aia c'era la capanna*

/.../. *La parata era dall'altra parte dell'aia)* rinviano senz'altro
alla onniscenza e alla oggettività della visione   autoriale. Il
tema (T = l'aia) è svolto con puntuale e diligente cura tassono-
mica; i sottotemi (N = *la capanna; la parata; un fontone*) e le
predicazioni (Pr q = *basso, tarchiato, con l'uscio sciupato;* Pr q
= *grande, fatta di mattoni doventati d'un rosso quasi nero;* Pr f
= *lavavano; abbeveravano; mandavano*) si espandono per naturale derivazione metonimica, vanno a comporre un'arida, quasi
asettica, topografia. Eppure anche in questa, che è la più fredda
ed impartecipe tra le descrizioni del *Podere*, emerge qua e là
quella attenzione al particolare già rilevata a proposito del
ritratto. Attiva, ancora una volta, la punteggiatura: si vedano
più specificatamente le espressioni da noi riportate in corsivo,
isolate, come al solito, da una ricorrenza abnorme del punto e
virgola. E si noti come proprio in quei particolari (l'aggettivo
schiantato e l'espressione *con l'uscio sciupato da lunghe spaccature*), nella loro insistita deformità, sembra venirsi a pietrificare
la forza mortifera e distruttrice che domina il mondo, reificarsi
la visione tragica e catastrofica dell'esistenza propria del Senese.

La seconda descrizione — già da noi segnalata —, che
occupa buona parte del cap. XIX, ha per oggetto la fiera del
bestiame e costituisce un momento di pausa a livello di macroarticolazioni; anch'essa si sviluppa a partire da una 'tematica vuota' costituita, nella fattispecie, dalla scena-tipo della
visita a un luogo; si tratta dell'assalariato Picciolo che riceve
l'incarico da Remigio di recarsi alla fiera per acquistare un
vitello. Anche in questo caso, tuttavia, non compare mai il
verbo di percezione o di azione in relazione al personaggio;
ancora una volta quest'ultimo funziona come un pretesto per
avviare il discorso, svolto poi per intero dal narratore. Il
procedimento formale rispetta in pieno lo schema classico naturalista: T + N + Pr q/f, come si può osservare qui di
seguito:

> Il prato a sterro, dinanzi alle prime case del Borgo, era pieno
> fino in fondo: i bovi e i vitelli pigliavano tutto il mezzo; i
> cavalli e gli asini erano legati alla fila degli alberi, da una parte;
> i maiali grufolavano lungo il muro del Tiro a Segno. (*Il podere*,
> XIX, p. 158),

oppure:

> Fin quasi mezzogiorno, i bovi continuarono ad arrivare /.../.
> C'erano bovi montigiani, di pelame candido e liscio, con gli
> occhi turchini e pelosi; le corna piccole; alti e lunghi. C'erano
> quelli maremmani, di pelame scuro e anche tutto nero; con le
> corna grosse e grandi. Parecchi avevano un campano attaccato
> al collo; con una fibbia di cuoio. (*Ibidem*, XIX, pp. 159-160)

A volte la descrizione tende a ridursi a pura elencazione
di oggetti:

> All'entrata del prato, alcune baracche vendevano coltelli, falci,
> pietre rotatoie, forbici da potare, barili nuovi. (*Ibidem*, XIX,
> p. 161)

Ma anche qui il particolare crudele, la scheggia affilata e
tagliente, non manca di ferire lo sguardo del lettore:

> Su la stesa delle groppe si levavano le corna. Le mosche copri-
> vano il collo e la giogaia dei bovi, mettendosi fitte fitte at-
> torno all'orlo degli occhi; attaccandosi, ostinate, con le ali
> lustre e iridescenti. Quando una volava via, restava una goccia
> di sangue, con una punta d'un ago, sul pelo. (*Ibidem*, XIX, p.
> 160)

In altri casi, riguardanti le pause descrittive di estensione
più ridotta, la 'tematica vuota' sembra condizionare la visione
in senso soggettivo e favorire l'imporsi di una focalizzazione
interna:

> Ma, sbadigliato due o tre volte, andò ad aprire la finestra.
> Lontano, dalla Montagnola, bubbolava; e le *nuvolette* primave-
> rili attraversavano il cielo *come se sobbalzassero*. Il ciliegio, di-
> nanzi alla finestra, aveva messo le foglie; e i tralci delle viti, le
> gemme. I grani, d'un *pallore quasi doloroso*, luccicavano;
> perché la notte era piovuto. (*Ibidem*, II, pp. 56-57);

analogamente:

> Remigio s'appoggiò con i gomiti al cancello della strada. Tornavano a casa, verso Colle di Malamerenda e l'Isola, le ragazze /.../.
>
> *I mandorli e i peschi*, sparsi su per le colline, erano *quasi* invisibili nell'ombra della sera: sebbene, sopra il sole tramontato, restasse una luce limpida a rischiarare *quasi* la metà del cielo. Un branco di avvinazzati passò, cantando. Dietro un baroccio, un gregge di pecore empì tutta la strada; e il cane si fermò a fiutare lo spigolo della capanna sciupato dai mozzi delle ruote.
>
> *Solo! Era solo!* a quell'ora, a Campiglia, s'accendevano le lampadine elettriche; egli faceva le somme e gli apparecchi elettrici giravano ticchiettando. Il cuore gli batté come quando, da ragazzo, s'era innamorato. (*Ibidem*, IX, p. 96)

Prima l'azione di aprire la finestra, poi quella di appoggiarsi al cancello, da parte del protagonista, ci fanno propendere inizialmente, anche in mancanza di un verbo di percezione, per un caso di descrizione a focalizzazione interna. Tale convinzione risulta di certo rafforzata dalla presenza di un registro stilistico più elaborato, dalla tendenza, cioè, diversamente da quanto avveniva nei brani precedentemente esaminati, ad evadere dalle secche dell'arida elencazione e a connotare la pausa in senso fortemente soggettivo. Si veda a questo proposito, per la prima descrizione, l'introduzione del diminutivo affettivo *nuvolette*, della similitudine *come se sobbalzassero*, dell'antropomorfizzazione di un elemento naturale *pallore quasi doloroso*, modulato da quel nesso modale tipicamente tozziano, *quasi;* per la seconda, il tono lirico dell'insieme *(I mandorli e i peschi /.../)* con il ripetersi del nesso modale *(quasi /.../ quasi)*, ed infine, l'innesto della pausa riflessiva in forma di indiretto libero (*Solo! Era solo!* ecc.). Ma, se di visione soggettiva si può senz'altro parlare, più difficile risulta sostenere, a veder bene, che si sia in presenza di una indubbia focalizzazione interna. Ciò che lascia perplessi, oltre all'assenza del verbo di percezione, è la rigida ripartizione tipografica imposta dall'autore. In effetti, il brano descrittivo vero e pro-

prio finisce sempre con l'essere staccato da un 'a capo', introduttivo e conclusivo, rispetto al resto della narrazione. È come
se, una volta agevolato il passaggio dal narrativo al descrittivo
attraverso la 'tematica vuota', l'autore cercasse comunque di
riservare una certa autonomìa alla pausa descrittiva, di assicu-
rarsi con essa uno spazio proprio di intervento. La descrizione
a focalizzazione zero non significa infatti necessariamente, per
Tozzi, descrizione oggettiva, uso della lingua come strumento
squisitamente denotativo, ma può significare appunto deformazione soggettiva, benché esterna, della realtà. Vediamo ancora
un altro caso:

> Andò a una specie di nascondiglio, che s'era trovato su la
> greppa della Tressa: come dentro un letto di erba; dove con il
> corpo aveva fatto ormai una buca.
> *Sopra* l'acqua limpida, un velo di sudicio si spezzava; trascinato
> via dalla corrente: un velo biancastro, che bucavano e taglia-
> vano certi insetti galleggiando con la punta delle zampe alte. *In
> mezzo a un prato*, dall'altra parte della Tressa, c'era steso in
> terra il tronco di un melo, *nero e marcio;* che però aveva messo
> alcune *foglie stente e di un verde patito.* Mentre larghe prese di
> granturco luccicavano *su per il poggio;* e le ombre delle nuvole,
> *rapide come se avessero fretta,* passavano sopra l'erba e sopra le
> groppe di una mandria di bovi; salendovi *come se saltassero. (Il
> podere,* XXV, p. 209)

Anche qui, dopo la 'tematica vuota', l'"a capo' che introduce il brano descrittivo; ma, anche qui, le soluzioni stilistiche
di gusto marcatamente soggettivo: la ricca aggettivazione (si
veda quel binomio *nero e marcio* riferito al tronco d'albero
abbandonato sul prato, che sembra dare all'oggetto una valenza
simbolica, quasi da pittura metafisica) e, inoltre, l'antropomorfizzazione, nel segno ancora una volta della sofferenza, del
martirio di esistere, *foglie stente e di un verde patito,* oltre
alle ripetute similtudini *(come se avessero fretta /.../ come se
saltassero).* Più che di focalizzazione interna o zero in senso
assoluto potremmo parlare forse, come nei casi immediatamente precedenti, di *collusione* tra lo sguardo del personaggio e
quello del narratore. Se da una parte, infatti, quest'ultimo

sembra mantenere per sé il controllo della regia, disporre con mano sicura e con visione onnisciente le inquadrature degli 'esterni' (si veda a proposito l'uso di determinazioni di luogo che paiono ricoprire tutto lo spazio visibile e descrivibile: *Sopra l'acqua limpida; In mezzo a un prato; su per il poggio*) provvedere al montaggio delle sequenze; dall'altra, il modo in cui l'occhio filtra le immagini sembra subire l'influenza dello sguardo del personaggio o, meglio, i due sguardi sembrano fondersi in una sola visione.

5.4. Dinamizzazione antropomorfa della pausa.

Al di là comunque dei casi di collusione esistono, e le abbiamo già viste, per lo meno due descrizioni che usano il personaggio e la 'tematica vuota' solo come pretesto introduttivo, ma sono poi svolte in forma di inequivocabile focalizzazione zero: si tratta delle descrizioni relative all'aia del podere e alla fiera del bestiame. Altre due tra le più ampie descrizioni del *Podere* rappresentano, in questo senso, un ulteriore passo avanti. In linea con i criteri di esecuzione dei ritratti, infatti, esse non fanno leva su alcuna 'tematica vuota' introduttiva, ma si inseriscono per la sola volontà e autorità del narratore. La prima di esse riguarda il sopraggiungere del temporale che determinerà lo straripamento del fiume a seguito della falciatura del fieno:

Ma, *prima che* gli assalariati portassero il fieno in capanna, il tempo si guastò. Poco dopo mezzogiorno, e in quel silenzio della campagna s'era sentito soltanto le campane della chiesa di Colle, il sole *cominciò a essere* meno limpido. Non c'erano nuvole ancora; ma, proprio nel mezzo del cielo, il turchino *cominciò a doventare sempre più smorto; finché, all'improvviso, vi nacque* una nuvola grigia che si faceva *sempre più scura. Poi,* altre nuvole, dello stesso colore e più bianche, si accostarono insieme. *Pareva che dovessero pigliare fuoco,* perché all'intorno scintillavano tutte e nel mezzo si facevano quasi nere. *Quando* tutte furono chiuse l'una con l'altra, un lampo *abbarbagliò gli occhi e fece luccicare le ruote del carro, gli aratri e tutti gli strumenti di ferro su l'aia.* La luce era livida; e a pena ci si vedeva. *Allora, i tuoni cominciarono; come se avessero dovuto schiantare anche le case.* E le prime gocciole, quasi bollenti, si sentirono picchiettare su le tegole e su i mattoni. *Dopo un poco,* l'acqua venne giù *sempre più grossa;* e il temporale durò quasi tre ore. (*Il podere,* XII, p. 109)

Ci si potrebbe aspettare, in questa particolare situazione, in merito cioè all'eliminazione di ogni convalida soggettiva, sia pure come semplice espediente di avvio alla descrizione (ricordiamo gli inserti descrittivi relativi all'aia e alla fiera), uno stile ancora più francamente referenziale di quello esibito in precedenza , dove, abbiamo visto, prevaleva un piatto procedimento classificatorio, sebbene a tratti spezzato dall'emergere di qualche dettaglio deformante. Si resta colpiti, invece, qui proprio dalla icasticità e forza di impatto delle immagini. Queste vengono costruite, come già abbiamo visto altrove, per mezzo di figure di significato, tra cui fanno spicco le similitudini attivate dai modalizzatori, ad esempio: *Pareva che dovessero pigliar fuoco; come se avessero dovuto schiantare anche le case.* Ma occorrerà anche rilevare come la violenza delle immagini risulti altresì accresciuta e pluriconnotata per mezzo delle figure del significante. Si veda in particolare l'espressione *abbarbagliò gli occhi e fece luccicare le ruote del carro, gli aratri e tutti gli strumenti di ferro*, dove noteremo anzitutto la presenza della parola-chiave *luccicare,* sempre spia nel *Podere* di un incipiente atto di aggressione: si ricordi, a questo proposito, *il ferro, arrotato da poco, luccicava* p. 221, riferito all'accetta di Berto nella scena finale dell'omicidio. Ma ancor più la violenza dell'immagine risulta rafforzata da un fitto ricorrere dei suoni aspri, che accrescono acusticamente la sensazione di durezza dell'insieme.

Noteremo, altresì, il modo dinamico in cui si inserisce e si sviluppa la descrizione, anche in assenza di una 'tematica vuota' introduttiva. Più esplicitamente l'autore opera qui una quasi totale sostituzione dei segni propriamente topologici con quelli narrativi, considerati nelle loro varie determinazioni temporali *(prima che; poi; quando;* ecc.). La successione incalzante di questi ultimi, nonché dei verbi di movimento, come abbiamo messo in risalto attraverso i ripetuti corsivi, porta il lettore a recepire il passo più come avvenimento, come diegesi, che come pausa descrittiva. Lo stesso procedimento si verifica nell'altra grande descrizione relativa alla mietitura:

> *Le falci* tutte insieme *luccicavano* tra gli steli del grano; *con un rumore simile a uno strappo* rapido. *Urtavano,* talvolta, sopra un sasso, *con un suono languido e smorzato. S'insinuavano* curve tra le spighe; e *le spighe sbattevano* sopra i volti; *qualche stelo s'insanguinava dopo* aver fatto un taglio o una scorticatura. Allora, il contadino, senza chiudere il pugno pieno di mèsse, si guardava un istante; *poi la falce s'affondava ancora, lucida e affilata.*
>
> Dietro gli uomini, *gl'insetti* disturbati *saltellavano* insieme da tutte le parti, *verdi, neri o grigi;* mentre certi *ragni dalle zampe lunghissime ed esili percorrevano* i solchi, *sparendo* nell'ombra di una fenditura e *ricomparendo* subito in cima a qualche zolla. Le *lucertole scappavano* sempre innanzi; qualche *ramarro osava indugiare,* ma, poi, *spariva* anche più rapido. Di rado era possibile che qualche *vipera fosse tagliata* a pezzi; ma i rospi, *enormi e nerastri,* che *restavano* come intontiti, *erano infilati e squarciati* con la punta delle falci; poi *un contadino,* con un calcio, li *lanciava* dall'altra parte del filare. Qualche cova di ragno *s'apriva;* e allora, gli innumerevoli ragnolini *si spandevano* in tutti i sensi. (*Il podere,* XV, p. 132)

In questo caso constatiamo, è vero, la presenza di una 'tematica vuota', operante in riferimento sia alla scena-tipo, quella della mietitura appunto, sia ai personaggi-tipo, nella fattispecie, i contadini, intenti ad operare sull'oggetto da descrivere. Il sintagma introduttivo non sarà quindi quello dello sguardo, bensì quello dell'agire. Ma così come a proposito del sintagma dello sguardo rilevavamo sempre la mancanza del verbo di percezione, qui rileviamo la mancanza di uno spettatore che giustifichi dall'interno la descrizione. Ancora una volta questa è frutto quindi di una deliberata volontà e autorità del narratore.

Noteremo, inoltre, come la forma della descrizione non sia statica, ma risponda ai criteri di narrativizzazione della pausa, per mezzo anche qui di una forte contaminazione (tendente alla quasi totale sostituzione) dei segni narrativi *(dopo; poi; ancora;* ecc.) con quelli topologici. Per di più, in questo caso specifico, constateremo l'attivazione di un altro efficace procedimento stilistico, quello di una "dinamizzazione antropomorfizzante dei lessici" [57], finalizzato anch'esso alla narrativizzazione della pausa. Si tratta di un impiego di forme pronominali pseudo-riflessive, presenti in forma davvero massiccia nel brano: *S'insinuavano, s'insanguinava, s'affondava, s'apriva,* che, come le forme pseudo-narrative, servono a sciogliere la descrizione nel narrato, a creare un effetto di movimento all'interno della pausa. Si noterà poi come proprio le forme pseudo-riflessive esautorino il personaggio agente, ponendo in primo piano gli oggetti, appunto, antropomorfizzati. Quindi nello schema naturalista tipo (P +F + T + N + Pr q/f) non sarà più il contadino ad occupare il posto di P, quanto invece lo strumento da lui usato, la falce. Questa ricopre la funzione di P (e in parte, allo stesso tempo, di T, in ragione delle predicazioni qualificative ad essa riferite, *con un rumore simile a uno strappo; con un suono languido e smorzato; lucida e affilata)* dal momento che è essa ad agire; mentre la coesione sematica interna alla descrizione viene assicurata prevalentemente dalla definizione e precisazione del campo d'azione di P, cioè dalla ricca espansione metonimica di F *(luccicavano; urtavano; s'insinuavano; s'affondava).* Tale impostazione si riflette, a sua volta, anche su T (il tema implicito della descrizione è 'il podere'),le cui espansioni nomenclatorie assumono di preferenza predicazioni non qualificative, ma funzionali (Pr f = *le spighe sbattevano; qualche stelo s'insanguinava).* Nella seconda parte della descrizione sono gli esseri animati, animali *(insetti; ragni; lucertole; ramarri; vipere; rospi)* e uomini *(un contadino),* uniti in un solo quadro d'insieme, e non più l'oggetto *(le falci),* a

[57] P. HAMON, *op. cit.,* p. 80.

portare avanti l'azione, che resta sempre il fulcro intorno al quale ruota e si organizza la descrizione. Così sia a volerli intendere come P che come N, cioè personaggi agenti e/o espansioni nomenclatorie del tema unico e sottinteso 'il podere', la materia verbale che va ad occupare nello schema la postazione di F e/o di Pr f risulta comunque, in sintonia con la prima parte, cospicua e determinante *(saltellavano; percorrevano; sparendo; ricomparendo; scappavano; osava indugiare; spariva; fosse tagliata; restavano; erano infilati e squarciati; lanciava; s'apriva; si spandevano)*, mentre significative, ma di peso ridotto, appaiono le predicazioni qualificative *(gl'insetti /.../ verdi, neri o grigi; ragni dalle zampe lunghissime e esili; rospi enormi e nerastri)*.

Inoltre, sempre in merito al succitato brano e al problema della coesione sematica, occorre rilevare, anche ad ampliamento di un'osservazione già fatta nell'esame della descrizione precedente, il ricorso alla coesione fonetica degli enunciati. Anche in questa circostanza, intanto, compare la parola-chiave *luccicavano,* che, anzi, posta non a caso ad apertura potrebbe configurarsi come il T lessicale da cui discendono, in qualità di N, le successive espansioni afferenti tutte, in modo diretto o traslato, al campo sematico della violenza: *Urtavano; sbattevano; s'insanguinava; infilati e squarciati;* ecc. Il brano poi appare come un vero e proprio campionario di suoni aspri, che possono ricordare il Dante delle malebolge o il Montale di *Meriggiare*: i fonemi più ricorrenti sono: "r", "s", "t", "z", "f", "ff" (si veda in particolare l'espressione *falce s'affondava ancora lucida e affilata,* dove alle fricative labiodentali fanno da contrappunto le affricate dentali) e ancora: "ss", "c"e "gl" palatali, che riflettono a livello fonetico, nei loro stridenti abbinamenti sonori, la violenza sematica dell'enunciato. Il fenomeno si manifesta in forme così evidenti e marcate da far assumere al messaggio una chiara valenza fonosimbolica: attraverso un massimo di prevedibilità e leggibilità naturalistica del segno si giunge così ad una connotazione in senso 'poetico', cioè antinaturalista, del segno stesso.

5.5. *Protagonismo descrittivo come 'topos' della disarmonia del mondo.*

Con queste descrizioni l'autore radica a livello cosmico e ontologico la sua *Weltanschauung,* che c'è stata già esplicitamente comunicata attraverso i dialoghi più ideologizzati dei personaggi ("L'uomo è sempre stato male, per quello che capisco io, fino da Adamo." p. 151, dice Berto a Tordo). Il malessere è la condizione stessa dell'esistenza, le angosce e le tragedie individuali non ne sono che un occasionale, 'esemplare' inveramento; esso, come afferma appunto Berto, segna la storia dell'umanità fin dalle origini e, attraverso le descrizioni, si volge anche alla natura, all'intero universo. Steli che s'insanguinano, pascoli che bruciano, alberi che si seccano e che marciscono, sono le figure drammatizzate, gli emblemi in cui si concreta e si attorce il dolore del mondo. La descrizione, così, per quanto staccata da una visione soggettiva e interna, acquista un'importanza fondamentale per la ricerca e la definizione del senso del racconto.

Ciò che va sottolineato è, ancora una volta, la particolarità e l'originalità dell'operazione tozziana. Fogazzaro, come rilevato dall'applicazione dello schema di Hamon, assimila in pieno la lezione del naturalismo francese, ai cui canoni stilistici si allinea diligentemente, assorbendo la pausa sia a livello formale che sostanziale nel flusso diegetico del racconto. Egli, infatti, oltre a far uso costantemente della 'tematica vuota' (livello formale), utilizza la descrizione come strumento attivo per la conoscenza dei personaggi e quindi per la costruzione della storia (livello sostanziale). Il paesaggio, in particolare, inquadrato sempre attraverso il sintagma dello sguardo, e in forma di focalizzazione interna, diventa veicolo privilegiato di espressione della psicologia più profonda ed oscura dei protagonisti, specie di Elena. La descrizione si sbarazza così dei suoi compiti istituzionali, rompe cioè il perimetro della pura denotazione in cui la costringeva certo realismo ottocentesco, ed acquista anch'essa, con la narrativizzazione a tutto campo imposta al romanzo dalla scuola zoliana, un ruolo senz'altro attivo per la definizione della vicenda. Va precisato però, d'altra parte, che l'ambiente, usato in questo modo, cioè come cassa di risonanza degli stati d'animo del personaggio, finisce col risultare comunque sottoposto alla diegesi, funzionalizzato alla conservazione e allo sviluppo di questa. Anche l'entità, la presenza materiale di tali pause, pertanto, appare nel *Daniele Cortis* particolarmente ridotta, di ordine secondario rispetto all'impianto narrativo, alla cui crescita essa contribuisce sì attivamente, ma pur sempre in modo ausiliario.

Ben diversa la posizione di Tozzi. Questi, con un'operazione apparentemente restaurativa, sembra determinare un nuovo stacco tra descrizione e narrazione. Per quel che riguarda i ritratti, anzitutto, Tozzi escludendo ogni processo di narrativizzazione, determina una decisa separazione a livello formale tra pausa e narrazione. Diverso il procedimento per la descrizione di ambienti, dove lo scrittore sembra invece preoccuparsi di dinamizzare la pausa, di favorire una fusione formale tra narrazione e descrizione, tanto attraverso i procedimenti di forma (grammaticali: contaminazione tra segni topologici e narrativi, dinamizzazione antropomorfizzante del lessico) quanto di contenuto ('tematiche vuote'). In ogni caso, anche quando la pseudo-funzione narrativa viene supportata dal sintagma dello sguardo, Tozzi non permette mai una prevaricazione della focalizzazione interna sulla focalizzazione zero (nei casi estremi, abbiamo visto, si arriva tutt'al più a forme di *collusione*): la descrizione, narrativizzata o meno, resta quindi, sempre e comunque, saldamente nelle mani del narratore. Questa constatazione potrebbe far propendere per un'interpretazione del *Podere* come romanzo di ispirazione addirittura preverista. Senonché abbiamo visto come quella oggettività autoriale sia poi funzionale al conseguimento di un valore autonomo della descrizione, dal momento che questa manifesta subito, a partire principalmente dai ritratti, una valenza fortemente indiziale. L'oggettività della descrizione — in quanto non mediata da un filtro soggettivo — non esclude infatti, anzi finisce col dare risalto alla sua asimmetricità interna, costituisce la base realista da cui emerge per approfondimento ed insieme per contrasto il particolare insignificante (strutturalmente, quindi, e spesso anche semanticamente, contraddistinto da deformità [58]). La descrizione risulta perciò nel *Podere,* così come nel *Daniele Cortis,* agganciata allo sviluppo diegetico e alla definizione del destino dei personaggi. Anzi essa riesce in Tozzi, proprio perché resa indipendente e nel contempo *significativa,* a porsi sul medesimo piano, se non su di un piano più alto, rispetto alla stessa narrazione. La pausa descrittiva, insomma, appare nella sua autonomia, nel suo valore assoluto, la vera protagonista del romanzo tozziano.

In questo senso il Senese non arretra, ma va ben oltre i principi compositivi della scuola naturalista. Col naturalismo, infatti, è lo sguardo del personaggio che, introdotto come filtro omogeneizzante e verisimilizzante della visione, si rivolge agli oggetti e, selezionandoli in un quadro unitario o anche, più modernamente, limitandosi a registrare in modo frammentario le impressioni che da essi riceve [59], arriva a

---

[58] « Un "campo percettivo" — l'abbiamo già osservato — non si presenta mai a Tozzi come totalità bensì come congerie, o meglio, pullulare di particolari in lotta fra loro per la supremazia. Ciò spiega il ricorso così frequente alla frase nominale, vero e proprio grado zero sintattico, nella quale gli oggetti, svincolati da ogni gerarchia, si accampano come presenze assolute e solitarie, quasi che una sorta di delirio paratattico impedisse al riguardante di dar loro un qualunque ordinamento » (S. MAXIA, *op. cit.,* p. 70).

[59] « Prima dei Goncourt — osserva Charles Du Bos — avevamo il paesaggio *composé:* in Chateaubriand alla Poussin, in Senancour in funzione della metereologia intima, in Flaubert come uno degli elementi che concorrono alla complessità del suo paragrafo... I Goncourt non compongono, ma chiedono alla casualità fortunata dello spettacolo di *ricomporsi* sotto l'occhio "artista" dello spettatore. Atteggiamento "realista" e pittorico, che si fa più evidente negli interni (si pensi allo studio del pittore Coriolis in *Manette Salomon),* in cui gli oggetti e le prospettive si accumulano inesauribilmente, e l'unificazione stilistica dell'insieme viene affidata ad una "resa" omogenea. E sarà appunto il "pittoricismo" dei Goncourt, prima e più direttamente che l'evoluzione "impressionista" della pittura, a guidare degli eredi di solito ingrati come gli scrittori naturalisti a giustapporre piuttosto che a "comporre" gli elementi di un racconto o di un romanzo » (ENZO CARAMASCHI, « *Descrittivo* » e « *narrativo* » nel romanzo francese dell'Ottocento, in AA.VV., *Il romanzo,* ETS, Pisa 1987, p. 92). Da quanto finora visto a proposito di Fogazzaro ci sembra che la sua descrizione rientri più nel tipo classico della scrittura « composé » che non in quello moderno della scrittura frammentaria, goncourtiana.

sottrarre la descrizione ad una funzione puramente denotativa, la arricchisce di significati e di valori extrareferenziali. Con Tozzi, invece, la visione interna è come neutralizzata dallo sguardo supremo del narratore. Meglio ancora, potremmo dire che adesso non è più l'oggetto a dover attendere passivamente lo sguardo del soggetto-personaggio o del soggetto-narratore, sia esso neutro o deformante, per poter manifestarsi ed esistere. All'inverso è l'oggetto, nella sua costitutiva forza di emblema, ad imporre la propria presenza all'occhio distaccato e insieme partecipe di chi guarda: vuoi narratore, vuoi narratore-personaggio. Avviene allora, in questi casi, che la stessa focalizzazione zero, di cui abbiamo accertato la supremazia nel corso del racconto, tende sempre più a risolversi in focalizzazione esterna, sperimentata quest'ultima nel modo che sarà poi tipico di certa narrativa novecentesca, nella sua forma eponima dell' *École du regard*, dove la 'ripresa' descrittiva, per quanto filmata da un occhio assolutamente neutro, maggiormente riflette l'intrinseca enigmaticità degli oggetti rappresentati. Così quanto più la descrizione sembra restringersi all'indicazione del puro referente, tendere ad uno stile decisamente prosciugato, quasi arido, tanto più essa si carica di valori fortemente connotativi, sprigionantisi dalla nudità stessa delle cose denotate [60]: ancora una volta il Senese giunge a negare il realismo attraverso un'adesione quanto più stringente possibile alla struttura oggettiva della realtà [61].

Peraltro il carattere asimmetrico che contraddistingue la pausa descrittiva non si evidenzia solo al suo interno (e basterebbe già questo a farla apparire profondamente diversa dalla troppo

---

[60] « Tuttavia proprio questa precisione esasperata è la via attraverso cui l'allucinazione si mostra nelle cose, e la morte si radica nell'apparenza. È questa la maniera seguita da Tozzi per fondere in un unico stampo coppie di contrari, tradizionalmente antinomici, come oggetto-soggetto, mistero-evidenza, immaginazione-realtà » (MATTEO PALUMBO, *Il narratore interdetto: epifania e paralisi della realtà in F. Tozzi*, « Lavoro critico », 27, settembre-dicembre 1982, p. 67).

[61] Fermo restando, ovviamente, che tale oggettività risulta essere comunque una forma di interpretazione, quindi una lettura immancabilmente soggettiva del reale.

simmetrica, quasi stereotipata, espansione nomenclatoria e predicativa della descrizione fogazzariana), dove si arricchisce strutturalmente di una dimensione di profondità semantica che la descrizione di Fogazzaro acquistava solo grazie all'attivazione dello sguardo del personaggio. In realtà anche all'esterno, nel contesto globale del narrato, la pausa non viene disciplinata ed incanalata da Tozzi in spazi appositamente costituiti e rigidamente delimitati, tale da poter giocare, come avveniva nel *Daniele Cortis*, un ruolo ritmico-strutturale funzionale alla diegesi; ma si insinua di continuo negli interstizi della narrazione, ritarda il racconto, si espande con dovizia di particolari 'insignificanti' e gratuiti nel tessuto sfilacciato della diegesi. Essa rompe quindi l'armonia, l'equilibrio razionale della costruzione romanzesca tradizionale; ed anche nella strutturazione esterna, cioè nella posizione assunta nel contesto globale del narrato, a prescindere dalla valenza simbolica dei suoi referenti, diviene fortemente emblematica e rappresentativa del senso profondo della storia: quello di una astorica crudeltà e disarmonia del cosmo.

VALERIA CHIMENTI

ENUNCIAZIONE E VOCE IN SVEVO, PALAZZESCHI E GADDA

1.0 L'opera di Svevo, *start* comparativo per la narrativa del Novecento.

Il periodo che va dalla fine dell'Ottocento alla prima metà del Novecento è caratterizzato da notevoli rivolgimenti che investono vari aspetti dell'esistenza e della società, oltre che, in primo luogo, gli atteggiamenti culturali. L'intellettuale pertanto, non sentendosi più vicino alla sua classe di appartenenza, è portato a identificare il proprio malessere interiore con il disordine della realtà che lo circonda.

In tale contesto l'opera di Svevo si pone come momento di svolta nello sviluppo del romanzo italiano in relazione sia alle tematiche che alle tecniche narrative impiegate. Analizzarle comporta dunque l'individuazione e l'osservazione di strutture la cui evoluzione a favore di determinati traguardi assumerà caratteri diversi nel corso di tutto il Novecento. Per rimanere nei limiti della prima metà del secolo, si può infatti fare riferimento a scrittori come Palazzeschi e Gadda, i quali nell'ambito delle medesime categorie compositive, riguardanti prevalentemente l'*enunciazione* e la *voce*, giungeranno a posizioni diverse o addirittura antitetiche rispetto a quelle di Svevo. Nel condurre pertanto un'analisi sui tre romanzi sveviani adotteremo come termini di confronto *Sorelle Materassi* (1934) di Aldo Palazzeschi e *La cognizione del dolore* (1963, ma parzialmente edita già nel 1938-41) di Carlo Emilio Gadda, concentrando in particolare il nostro interesse sulle figure del narratore e del narratario, i due poli attraverso i quali si articola il discorso narrativo e che hanno ben pochi rapporti con l'autore ed il lettore reali [1].

---

[1] Queste due figure, come dice TZVETAN TODOROV, *Les catégories du récit littéraire*, in *L'analyse structurale du récit*, numero speciale di « Communications », 8, Seuil, Paris 1966; tr. it. in AA.VV., *L'analisi del racconto*,

2.0. Il narratore e l'universo dell'extradiegetico

2.1. *L'onniscienza del narratore*

Uno dei modi in cui si evidenzia la presenza del narratore è quello attraverso il quale egli denota una maggiore maturità rispetto ai suoi personaggi, esercitando la riflessione critica sugli avvenimenti o mostrandosi conoscitore di realtà a loro ignote o note solo a livello inconscio. In tal caso ci troviamo di fronte ad un narratore onnisciente [2].

Nei romanzi sveviani ciò accade molto di frequente anche se con modalità e con manifestazioni diverse. In *Una vita* [3], ad esempio, il narratore si mostra molto spesso in grado di operare una distinzione tra ciò che i personaggi immaginano e ciò che costituisce la realtà, per cui a proposito di Alfonso, il personaggio centrale della vicenda, egli osserva che:

> Alfonso credeva di avere dello spirito e ne aveva di fatto nei soliloqui. Non gli era stato mai concesso di farne con persone ch'egli stimasse ne valessero la fatica, e, recandosi dai Maller, pensava che un suo sogno stava per realizzarsi. (*Una vita*, p. 56)

Il periodo iniziale « Alfonso credeva di avere dello spirito e ne aveva di fatto nei soliloqui » stabilisce ovviamente un più alto grado di conoscenza del narratore nei riguardi del personaggio e contemporaneamente introduce l'osservazione che segue,

Bompiani, Milano 1984, p. 264, dipendono l'una dall'altra, essendo il loro grado di apparizione in proporzione diretta. È importante però delineare con maggior precisione le due entità assegnando ad ognuna il proprio campo d'azione in quanto, pur sovrapponendosi ed intrecciandosi spesso, esse si evidenziano comunque mediante un certo numero di tratti distintivi.

[2] Cfr. PAOLA PUGLIATTI, *Lo sguardo nel racconto, Teorie e prassi del punto di vista*, Zanichelli, Bologna 1986, p. 21, la quale sottolinea con chiarezza che « il narratore onnisciente visita la psiche del personaggio (altrove traguarda eventi da una posizione demiurgica che li comprende senza limitazioni nè ostacoli) e ne riferisce i meccanismi con *parole sue*. »

[3] Si cita da ITALO SVEVO, *Una vita*, Newton Compton, Roma 1975.

volta quasi a giustificare la contraddizione di cui il narratore si è fatto portavoce. L'intervento inoltre si rivela strettamente legato e consequenziale ai fatti narrati: la visita ai Maller e le congiunte aspettative di promozione sociale di Alfonso; e non evidenzia alcuna traccia discorsiva. Il medesimo tipo di osservazione possiamo ancora fare quando Alfonso, in un attimo di lucidità, riesce a capire a fondo l'indole di Annetta, la protagonista femminile, figlia del banchiere presso cui lavora e della quale è innamorato. In questo caso il narratore, dopo aver riportato i pensieri di lui:

> Era proprio quale Macario l'aveva descritta! Fredda e vana, ed anzitutto vana /.../ (*Ibidem*, p. 170),

avverte l'esigenza di sottolineare i motivi che spingono Alfonso a tale conclusione, motivi di cui egli, in preda all'emotività del momento, non può essere perfettamente conscio:

> Non era soltanto per spirito di vendetta ch'egli pensava di lei così. Caduta dall'altezza a cui il suo amore l'aveva posta, egli credeva ora di vederla quale era. (*Ibidem*, p. 170)

L'*interpretazione* [4] è comunque evidente ma non si distacca dal contesto né si estende a uno spaccato molto ampio. Risulta così vero soltanto in parte quanto afferma Pretolani Claar [5] a

---

[4] L'intervento onnisciente del narratore si realizza in tal caso mediante una forma di commento sulla storia che *Seymour Chatman, Story and Discourse*, Cornell U.P., Itaca-London 1978; tr. it. *Storia e discorso. La struttura narrativa nel romanzo e nel film*, Pratiche, Parma 1981, p. 249, chiama « interpretazione ». Intendendo per commento sulla storia « gli atti di parola del narratore che oltrepassano la narrazione, la descrizione o la identificazione » e che « hanno la risonanza e le suggestioni della *propria persona* »; egli sottolinea che l'interpretazione rappresenta la spiegazione « della sostanza, della rilevanza o del significato » di un particolare della storia.

[5] Cfr. MICHELA PRETOLANI CLAAR, *Guida alla letteratura di Svevo*, Mondadori, Milano 1986, p. 134: « se anche il narratore interviene per commentare e precisare gli avvenimenti, la sua voce non altera la prospettiva, non crea un più alto livello del racconto in cui i fatti possano essere spiegati, completati o dimostrati e non aggiunge aspetti alla vicenda noti a lui solo:

proposito della posizione piuttosto esterna del narratore nei
riguardi dei personaggi, in quanto, pur prevalendo la caratteristica dell'analizzatore distaccato e privo di enfasi, si nota già nei
brani citati il tentativo di spiegare e commentare i fatti.

Non si tratta ancora, è vero, di uno studio dettagliato della
interiorità dei personaggi, dato l'ancora relativo spessore di
approfondimento, ma non bisogna neppure trascurare la presenza di tali piccoli spunti che quasi preludono allo sviluppo che
si osserverà nelle opere successive. In *Senilità* [6], infatti, la medesima opposizione fra realtà interna e realtà esterna al personaggio viene sottolineata dal narratore in maniera diversa:

> Il Brentani parlava spesso della sua esperienza. Ciò ch'egli cre-
> deva di poter chiamare così era qualche cosa ch'egli aveva suc-
> chiato dai libri, una grande diffidenza e un grande disprezzo dei
> propri simili. (*Senilità*, p. 11)

Il procedimento va, come si può vedere, al di là di quella
ipostatica opposizione e si volge all'analisi e alla definizione di
ciò che appunto Emilio, il protagonista, vanta come esperienza
e da cui il narratore prende esplicitamente le distanze. L'analisi
dunque si approfondisce e, pur partendo dai fatti, li trascende e
di conseguenza espone maggiormente la voce narrante o, come
afferma Franco Petroni [7], rivela appieno l'elemento atto a creare
« il dislivello tra il grado di conoscenza del personaggio e quello
del narratore, che puntualmente contrappone al 'sogno' di Emilio la lezione della realtà ». Tutto ciò risulta ancora più evidente
quando vengono messi in luce i sottili motivi che possono
legare tra loro due temperamenti diversi come quello di Emilio
e quello di Stefano, suo unico amico, ma anche antagonista [8]:

così la tradizionale onniscenza del narratore è limitata a una migliore
capacità di analisi ».

[6] Si cita da I. Svevo, *Senilità*, Bompiani, Milano 1985.

[7] Franco Petroni, *Svevo*, Milella, Lecce 1983, p. 26.

[8] Per la comprensione esatta della figura dell'antagonista nei romanzi
sveviani si veda Teresa de Laurentis, *La sintassi del desiderio. Struttura e
forme del romanzo sveviano*, Longo, Ravenna 1976, *passim*.

Il Balli invece aveva impiegato meglio i suoi quarant'anni suonati, e la sua esperienza lo rendeva competente a giudicare di quella dell'amico. Era men colto, ma aveva sempre avuto su di lui una specie di autorità paterna, consentita, voluta da Emilio, il quale, ad onta del suo destino poco lieto ma per nulla minaccioso, e della sua vita in cui non v'era niente d'imprevisto, abbisognava di puntelli per sentirsi sicuro. (*Ibidem*, p. 11)

L'intervento valutativo del narratore [9] istituisce un ampio paragone fra i due personaggi, mettendo in risalto i tratti caratteriali che li rendono complementari. Inoltre l'ampiezza dello spaccato ed il procedimento per contrapposizioni e puntualizzazioni determina di per sé una notevole differenza col testo precedente in quanto denota una maggiore attitudine al discorso da parte della voce narrante.

Per meglio capire questi concetti basterà confrontarli con le *Sorelle Materassi* [10] di Palazzeschi, in cui il narratore, pur operando lo stesso tipo di analisi che ritroviamo in *Senilità*, non teme per nulla il contatto col narratario [11], né disdegna di mostrarsi in primo piano mediante vistosi nodi di discorsività. Nel modo che segue infatti viene spiegata la reazione di Carolina, una delle due sorelle, ogni qual volta ella baci Remo, il nipote che romperà la monotonia della loro vita:

[9] Ci troviamo di fronte ad un « giudizio », un'altra forma di commento sulla storia che S. CHATMAN, *op. cit.* p. 249, caratterizza come espressione di una valutazione morale o puramente formale operata dal narratore.

[10] Si cita da ALDO PALAZZESCHI, *Sorelle Materassi,* Mondadori, Milano 1980.

[11] Portando ad estreme conseguenze tale discorso, GENO PAMPALONI, *I romanzi della maturità*, in *Palazzeschi oggi*. Atti del convegno, Firenze 6-8 novembre 1976, Il Saggiatore, Milano 1978, pp. 180-181, sostiene che « *Sorelle Materassi* è il libro palazzeschiano nel quale trionfa più luminosamente la sua teatralità ». Vedendo dunque agire, « come in uno spettacolo, tre componenti: l'autore, l'attore e il pubblico », il critico giunge infatti a concludere che persino « le battute che i personaggi si scambiano sono quasi sempre degli "a parte", e in ogni caso rivolte verso il pubblico prima ancora che verso l'interlocutore reale. »

Bisogna riflettere che [12] per la prima volta la zitella cinquantenne baciava un maschio, per quanto adolescente; fino a quel momento ne aveva baciati solo dei molto più giovani di lui, dei bambini fino a cinque o sei anni o poco più, e il suo bacio esprimeva tutta l'innocenza e la gentilezza del suo stato di vergine. *Sarebbe inorridita se di quel turbamento taluno le avesse fatto conoscere le origini remote e confuse.* (*Sorelle Materassi*, p. 153)

L'invito alla riflessione, oltre a coinvolgere più direttamente l'ideale destinatario del racconto, ci proietta al di là della storia stessa [13] in un'analisi di ampio respiro, dove il narratore, argomentando e dimostrando, giunge a ipotizzare ogni eventuale reazione emotiva del personaggio qualora si verifichino determinate condizioni. L'onniscienza del narratore è dunque attuata al suo massimo grado così come il suo spiccato spirito colloquiale che differenzia questo romanzo da *Senilità*. Anche nei riguardi di Remo non mancano interventi del medesimo tenore, i quali non possono che confermare le nostre convinzioni:

Questo curioso ragazzo, che aveva saputo comprendere e senza indugio di essere caduto bene fra le camicie e le mutandine, aveva già capito un'altra cosa importante, essenziale, che quelle vecchie cavalle, anche quando mostravano i denti o li lasciavano fuori per dimenticanza, non erano lì per mordere, e mangiassero la biada o spalancassero la bocca per nitrire, rimaneva impassibile. (*Ibidem*, p. 138)

Abbondano infatti in questo caso le forme discorsive, come « questo curioso ragazzo », « essere caduto bene fra le camicie e le mutandine » e, non ultima, l'ampia immagine finale atta a rendere plasticamente l'atteggiamento del giovane nei riguardi delle zie, che conferiscono a tutto l'enunciato la vivacità di un apologo.

[12] I corsivi all'interno delle citazioni sono sempre nostri.
[13] Potremmo così dire con WALTER PEDULLÀ, *La letteratura del benessere,* Bulzoni, Roma 1973, p. 357, che il narratore « parte dalla realtà data delle idee e delle parole » per opporre ad essa in maniera giocosa o impietosa la propria verità.

Rimanendo nell'ambito dell'onniscienza constatiamo dunque come essa si trasformi in approfondimento psicologico nel secondo romanzo sveviano e in *Sorelle Materassi* ponendo in evidenza in ogni caso una realtà almeno duplice, quella dei personaggi limitata e spesso contraddittoria e quella del narratore sorretta dalla esatta conoscenza dei fatti e dalla capacità di spiegarli e commentarli. Il distacco da *Una vita* è dunque percepibile soprattutto in relazione alle capacità di astrazione del narratore, che in quel testo è minima, e alla totale assenza di tracce discorsive.

Ritornando così al primo romanzo di Svevo tutto ciò risulterà quanto mai lampante, in particolare quando si prendono in considerazione i moventi che spingono all'azione i personaggi, come accade ad esempio a proposito di Alfonso e del suo desiderio di collaborare con Annetta alla composizione di un romanzo:

> Gli balenarono alla mente alcune buone idee per il romanzo che egli riteneva di aver compreso come dovesse essere per risultare conforme al desiderio di Annetta. Non vedeva che queste piccole buone idee, non il tutto. *Non pensava del resto alla stampa e al pubblico. Per il momento non pensava ad altro che a fare una buona figura con Annetta. (Una vita, p. 144)*

Il narratore sa perfettamente ciò che il protagonista pensa e ciò che non pensa e manifesta dunque in tal modo la sua onniscienza; ma non adotta un periodare ampio ed articolato, ossia discorsivo, servendosi invece di brevi frasi atte a suggerire più che a esplicare. È per questo motivo che la sua presenza rimane ancora in ombra; la qual cosa consente di collocare il romanzo nella tradizione tardo-ottocentesca di stampo naturalista. Ad ogni modo bisogna pur sottolineare il costante tentativo di superare tali schemi con l'offrirci talvolta dei resoconti di quanto i personaggi non hanno né detto né pensato [14], ma

---

[14] Osserva S. CHATMAN, *op. cit.*, pp. 245-246, che tale tipo di intervento « richiama ancor più chiaramente l'attenzione sull'artificio dello stesso processo narrativo », mostrando il narratore esplicitamente più informato del personaggio o su « quello che sarebbe potuto accadere ma non accadde » o su sentimenti per lui inconsci.

che giace comunque nel loro inconscio. Ciò avviene anche a proposito di semplici comparse nell'ambito della vicenda, come ad esempio Giacomo, un ragazzetto da poco entrato al servizio dei Maller, che nonostante la sua aria infantile non manca di farsi valere nei riguardi persino di Sanneo, il capocorrispondente:

> Uscì con la medesima fretta preceduto da Ballina che voleva fargli vedere d'essere subito ritornato nella sua stanzetta, e seguito da Giacomo, impettito, *che batteva i piedi per terra per dare importanza al suo piccolo passo.* (*Ibidem*, p. 45)

Il giovanetto agisce in modo del tutto istintivo per cui l'osservazione del narratore passa da un livello esterno: « batteva i piedi per terra », ad un livello interno inconscio per il personaggio: « per dare importanza al suo piccolo passo », pur rimanendo strettamente legata ai dati offerti dalla situazione. Emerge quasi un meccanismo di causa-effetto di cui il narratore si serve per spiegare gli eventi e per imporre in maniera inequivocabile la sua maggiore conoscenza della realtà.

Proprio tale sicurezza e soprattutto la legge di causalità che sembra sottesa in particolare alla narrazione di *Una vita* trova il suo opposto nella *Cognizione del dolore* [15] di Gadda, in cui spesso ci troviamo di fronte a commenti e a manifestazioni di onniscienza paradossalmente caratterizzati dal dubbio ed esplicitamente introdotti da un « forse »:

> Questa suspicione ebbe per effetto di imbestiare lo hidalgo: un furore nero gli bolliva sull'anima, dentro la pentola dell'avarizia. Essere tenuto per legge a devolvere una quota de' propri emolumenti in onore del bacchiante! L'idea lo mise in una rabbia senza precedente esempio nella lunga storia delle sue bizze. *Lo impacciava per altro la timidità naturale, più forse lo conteneva la paura delle complicazioni burocratiche, stormo di buste gialle in franchigia e di citazioni davanti la bidelleria tabaccosa, ch'erano il postumo prevedibile d'un eventuale rifiuto.* (*La cognizione del dolore*, p. 168)

---

[15] Si cita da CARLO EMILIO GADDA, *La Cognizione del dolore*, Einaudi, Torino 1984.

L'avverbio conferisce all'enunciato la scoperta problematicità dell'opinione del narratore e non esclude l'eventuale confutazione, mentre la tendenza spasmodica a caratterizzare ogni espressione ne mette in luce l'esigenza di definire una realtà che tutto sommato gli sfugge[16]. Ad ogni modo non per questo egli si astiene dall'indagine sulle cause che determinano l'atteggiamento dei suoi personaggi, dimostrando per altro un sottile acume psicologico:

> Il battibecco ebbe come unico effetto di mettergli, come si suol dire, il pepe nel culo al Di Pascuale: esasperando il suo triplice puntiglio di ufficiale, di medico, e di oriundo italiano. Anche perché il contradditore più petulante era un dottoronzolo, uno sbarbatello, per quanto maggiore, che si dava la aria di volerne sapere più di lui. (*Ibidem*, p. 114)

Quella che si presenta come spiegazione aggiuntiva, introdotta da un « anche perché », risulta invece la vera causa di disappunto del personaggio sul quale il narratore non manca di esercitare il suo sarcasmo, vedendolo attaccarsi più che ad ogni altra cosa a una sorta di falso prestigio personale. C'è quasi il divertimento di immedesimarsi nel personaggio immaginandone le parole di scherno per il collega meno esperto e anziano di lui, definendolo coloritamente « dottoronzolo » e « sbarbatello ». Non distacco dunque e considerazione dei fatti da un'ottica esterna o per lo meno obiettivamente onnisciente, ma esigenza di cogliere alcuni aspetti della realtà attraverso quelle che sarebbero state le parole ma anche i sentimenti dei personaggi: il dislivello esistente fra il narratore e i personaggi giunge così ad annullarsi e le voci di entrambi paradossalmente sembrano mimarsi e confondersi tra loro.

Dalla oggettività di *Una vita* siamo così passati alla voluta difficoltà di lettura degli eventi propria della *Cognizione del*

---

[16] Conclude pertanto GIAN CARLO ROSCIONI, *La disarmonia prestabilita*, Einaudi, Torino 1975, p. 124: « Accade insomma che la descrizione e ricostruzione del particolare trascenda, nell'atto di esplicarsi, il suo scopo e il suo oggetto, finchè, sollecitata da una sorta di capzioso furore, la scrittura si fa sempre più metaforica, dissonante, elusiva. »

dolore. Avevamo però momentaneamente messo da parte il romanzo che suggerisce la possibilità di spiegare e interpretare solo soggettivamente gli eventi, ed è quanto appunto si verifica nella *Coscienza di Zeno* [17]. Si tratta infatti di un romanzo in prima persona in cui si attua naturalmente la convergenza del punto di vista e della voce nel narratore-protagonista [18]. Zeno Cosini, giunto ormai a maturità, può vedere con maggior distacco i vari episodi che va rievocando e grazie a tale distacco può manifestare la sua riflessione critica sugli avvenimenti. « La ricerca di Zeno », sostiene Gabriella Contini [19], « sembra obbedire al rovello di richiamare i fatti passati alla consapevolezza presente; costituire il senso di ciò che fu vissuto sbadatamente e poi scordato; correggere il falso giudizio di 'allora' coll'esperienza di 'oggi' ». È naturale quindi che, accanto a brani che estrinsecano effettivamente l'autoanalisi del narratore, ve ne siano altri che invece tendono a giustificare o a presentare in un'ottica deresponsabilizzante determinati atteggiamenti o azioni. Così, rievocando il dolore per la morte del

[17] Si cita da I. SVEVO, *La coscienza di Zeno*, dall'Oglio, Milano 1979.

[18] Bisogna a questo punto chiarire i concetti di « voce » e di « punto di vista ». GÉRARD GENETTE, *Figures III*, Paris 1972; tr. it. *Figure III*, Einaudi, Torino 1976, pp. 260-261, sottolinea che la « voce » caratterizza l'istanza narrativa e regola l'enunciazione degli eventi, accogliendo sulla « enunciazione » la definizione di ÉMILE BENVENISTE, *Problèmes de linguistique générale*, Paris 1966, pp. 258-266, secondo cui essa costituisce l'elemento che regola i rapporti tra i fatti esposti e la loro istanza produttrice. Per quanto riguarda il « punto di vista » P. PUGLIATTI, *op. cit.*, p. 1, sintetizza che « scegliere un 'punto di vista' per una storia significa /... decidere dove collocare il luogo di osservazione del narratore. » Esso infatti può essere collocato all'esterno della storia, costringendo il narratore ad una prospettiva molto limitata e ponendolo nella medesima condizione di uno spettatore, oppure all'interno di un personaggio della storia. Si può inoltre dotare il narratore « della facoltà di visitare liberamente e onniscientemente tutti gli spazi, i tempi e i ruoli da narrare. » Non bisogna però confondere tali canoni, che regolano la maggiore o minore conoscenza della realtà da parte del narratore o dei personaggi, con il concetto di punto di vista « concettuale o esistenziale », inerente alla visione del mondo propria delle due entità.

[19] GABRIELLA CONTINI, *Il romanzo inevitabile, temi e tecniche narrative nella Coscienza di Zeno*, Mondadori, Milano 1983, p. 151.

padre, per il quale da vivo non aveva mostrato alcuna attenzione, egli si rende conto che il suo, in fondo, era un atteggiamento di dipendenza nei confronti di chi gli appariva più forte
e, nonostante l'incompatibilità di carattere, gli comunicava un
benefico senso di protezione. Tale dolore viene perciò inter-
pretato da Zeno narratore nel modo che segue:

> Invece la morte di mio padre fu una vera, grande catastrofe. Il
> paradiso non esisteva più ed io poi, a trent'anni, ero un uomo
> finito. *Anch'io!* M'accorsi per la prima volta che la parte più
> importante e decisiva della mia vita giaceva dietro di me,
> irrimediabilmente. *Il mio dolore non era solo egoistico, come
> potrebbe sembrare da queste parole. Tutt'altro!* Io piangevo lui e
> me, e me solo perché era morto lui. Fino ad allora io ero
> passato di sigaretta in sigaretta e da una facoltà universitaria
> all'altra, con una fiducia indistruttibile nelle mie capacità. *Ma io
> credo che* quella fiducia che rendeva tanto dolce la vita, sarebbe
> continuata magari fino ad oggi, se mio padre non fosse morto.
> Lui morto non c'era più una dimane ove collocare il proposito.
> (*La coscienza di Zeno*, p. 52)

Si tratta, come si vede, di un ampio commento fortemente
discorsivizzato dalle esclamazioni *anch'io!*, *tutt'altro* e dall'esplicito riferimento alla propria facoltà di interpretazione: *io credo
che*. Inoltre è fuori discussione il ripiegamento del narratore
sull'atto stesso del narrare [20]: *Il mio dolore non era solo egoi-
stico, come potrebbe sembrare da queste parole*, che testimonia il
desiderio di puntualizzare e precisare ogni sua affermazione.
Elementi simili trovano nel testo ampio riscontro e si rivelano
comunque naturali in una narrazione il cui esecutore non ha
assolutamente bisogno di occultarsi, anzi ne è impedito da una
categorica impossibilità, considerato il suo carattere autobiografico. È più che lecito parlare dunque di maggiore maturità
dell'io narrante rispetto all'io narrato attraverso cui Zeno narratore rivede la propria vita e ne commenta le vicende. Così,

---

[20] Si attua in questo caso il commento sul discorso di cui parleremo più
ampiamente in seguito.

ad esempio, egli si esprime a proposito della sua passata attrazione per Ada:

> Questa che è stata la più pura avventura della mia vita, anche
> oggi che son vecchio io la ricordo quale la più turpe. Era fuori
> di posto, fuori di tempo quella roba, come se un ragazzo di
> dieci anni si fosse attaccato al seno della balia. Che schifo!
> (*Ibidem*, p. 103)

Il discorso si colorisce di una profonda autocritica nei riguardi
degli errori commessi, la quale acquista concretezza grazie alla
immagine e all'enfatizzazione finale. Si evince una continua
ricerca dei moventi di ogni azione e delle origini di ogni
sentimento fino a determinare la completa scissione fra io
protagonista e io narrante, senza rinunciare a mettere in luce le
eventuali differenze del punto di vista concettuale determina-
tesi col passare degli anni. Tale divergenza di opinioni offre
alla narrazione una estrema veridicità in quanto a tutti può
succedere di ritrattare atteggiamenti o convinzioni quando una
maggiore esperienza giunge ad illuminarli. Ciò si manifesta
anche a livello compositivo mediante il continuo avvicendarsi
dei due livelli temporali, quello della storia e quello della
narrazione [21]. Anche la relazione di Zeno con Carla e il suo
modo di giudicare la ragazza si coloriscono nel presente della
scrittura di nuovi riverberi, denunciando addirittura un capovolgimento del punto di vista:

---

[21] Partendo dal fatto che, come illustra J. CHATMAN, *op. cit.*, p. 41, la
storia è l'insieme degli eventi e degli esistenti, mentre la narrazione è
« l'operazione compiuta dal discorso » in base alla quale gli « eventi di una
storia vengono trasformati in intreccio », l'ordine logico e cronologico di
essi non necessariamente deve coincidere con quello della storia stessa.
Pertanto, cfr. *Ibidem*, p. 62, volendo analizzare la cosa da un punto di vista
temporale, si distinguerà un « adesso » della narrazione occupato appunto
dal narratore e realizzantesi generalmente al presente, e un « adesso » della
storia caratterizzato dal passato.
   Sull'argomento cfr. anche UMBERTO ECO, *Lector in fabula*, Bompiani,
Milano 1979, p. 102.

> Non le credetti quand'essa m'assicurò che non domandava altro che di essere sicura della propria e della vita della madre. Ora lo so con certezza ch'essa mai ebbe il proposito di ottenere da me più di quanto le occorresse, e quando penso a lei arrossisco dalla vergogna di averla compresa e amata tanto male. (*Ibidem*, p. 231)

Importa sottolineare che grazie alla raggiunta isotopia temporale a conclusione della storia [22], ogni elemento di dubbio da parte del personaggio, acquista nel corso dell'esposizione dei fatti una dimensione di certezza ad opera del narratore. Perciò in brani simili a quello citato, in opposizione al « credetti », quel « so » relativo al momento della narrazione non può che rivelarsi un ulteriore indizio di una maggiore conoscenza della realtà. Inoltre, se tale è il procedimento in relazione agli eventi passati, ancor più il medesimo intento analitico si evidenzia quando il narratore si dedica a spiegazioni di tipo psicologico, che al momento dell'azione assolutamente non sarebbe stato in grado di dare:

> Alla sua tomba come a tutte quelle su cui piansi, *il mio dolore fu dedicato anche a quella parte di me stesso che vi era sepolta.* Quale diminuzione per me venir privato di quel mio secondo padre, ordinario, ignorante, feroce lottatore che dava risalto alla mia debolezza, la mia cultura, la mia timidezza. *Questa è la verità: io sono un timido! Non l'avrei scoperto se non avessi qui studiato Giovanni. Chissà come mi sarei conosciuto meglio se egli avesse continuato a starmi accanto!* (*Ibidem*, p. 89)

L'interpretazione passa, dalla spiegazione diretta delle cause del suo dolore per la morte del suocero, ad un commento che, distaccandosi da esso, si volge a considerazioni sulla propria

---

[22] L'isotopia temporale, come afferma G. GENETTE, *op. cit.*, pp. 267-269, è un fenomeno che assume rilievo in caso di narrazione ulteriore, di narrazione cioè che si realizza a fatti avvenuti. Accade pertanto che talvolta la storia venga a raggiungere la narrazione annullando ogni differenza temporale fra i due momenti. Date queste condizioni si ha appunto l'isotopia temporale.

indole. A questo punto, abbandonando ogni aggancio temporale con quanto precede, il discorso del narratore si enfatizza e, mediante l'espressione deittica *questa è la verità* e l'esclamazione successiva *io sono un timido!*, attesta una condizione che dura ancora nel presente della narrazione, avvalorata dall'ipotesi finale che vede l'interpretazione trasformarsi in una presupposizione contraria alla realtà dei fatti [23]: « *chissà come mi sarei conosciuto meglio se egli avesse continuato a starmi accanto!* ». L'ampiezza dell'enunciato e l'enfatizzazione di certi concetti dà risalto al tono colloquiale del discorso, che appare il necessario completamento dei fatti esposti e, secondo il giudizio di Gabriella Contini [24], rappresenta il modo mediante il quale « l'io di oggi » entra in competizione « con tutti gli io di molti ieri ». Si può parlare quindi di mutevolezza del dato al mutare dell'ottica da cui il medesimo viene osservato, e di conseguenza constatare quanto Svevo si sia senz'altro allontanato dalle posizioni espresse in *Una vita*, ma anche in *Senilità*, dove l'analisi si volgeva ad esprimere l'incapacità del protagonista di cogliere la realtà, ma ci presentava altresì un narratore ben sicuro della oggettività di ogni sua deduzione. Si trattava insomma di una entità narrante che non mutava la propria ottica, che la manteneva uguale a se stessa dall'inizio alla fine della vicenda. In questa prospettiva è opportuno soffermarsi sull'attenzione prestata all'estrema duttilità di Emilio anche di fronte all'evenienza adombrata da Angiolina di un matrimonio con un vecchio sarto, il Volpini, che avrebbe riservato a entrambi, paradossalmente, maggiori libertà:

> Infatti, forse ella faceva un buon affare. Con la consueta debolezza, non potendo convincere lei, per andare d'accordo, egli procurò di convincere se stesso. (*Senilità*, p. 31),

o, ancora, di fronte all'evidenza di una menzogna:

> Acuto osservatore, Emilio s'accorse benissimo che tutti quei dubbi erano finti, e la vecchia doveva sapere che Angiolina non

[23] Cfr. S. CHATMAN, *op. cit.*, p. 263.
[24] GA. CONTINI, *op. cit.*, p. 120.

sarebbe venuta tanto presto. Ma, come sempre, la sua forza di osservazione gli fu di piccola utilità. (*Ibidem*, p. 141)

Si chiarisce attraverso questi brani l'incapacità del personaggio di comprendere i moventi che lo spingono all'azione o all'accondiscendenza passiva; moventi di cui, contrariamente a quanto afferma Pretolani Claar [25], si fa analizzatore e portavoce in narratore stesso. È inoltre interessante notare come si tenda ad offrire un'immagine del personaggio che spazi al di là degli episodi narrati ed esprima un suo modo di reagire alla vita piuttosto che uno specifico atteggiamento del momento. Si possono così spiegare espressioni del tipo « consueta debolezza » o « come sempre », che sembrano sottolineare, diversamente da quanto accade in Zeno, la staticità di certi aspetti del carattere di Emilio e, parallelamente, della posizione del narratore di fronte ai medesimi. Egli conduce infatti la sua analisi argomentando e spiegando, ma sempre con estrema sicurezza e quasi con la preoccupazione di chiarire ad altri, ma non a se stesso, i motivi di certi comportamenti.

Nella *Cognizione del dolore*, invece, il narratore, pur analizzando le situazioni narrate, sembra voler spiegare più a se stesso che ad altri ciò che va esponendo; ma non per questo può essere paragonato a Zeno, il quale una volta raggiunta la maturità mostra di riuscire in qualche modo a far luce sul proprio modo di interpretare la realtà. Ciò tuttavia non deve indurre a pensare che manchi in Gadda un'ottica onnisciente intesa come ricerca delle motivazioni profonde dei personaggi, come testimonia il brano seguente, relativo all'intolleranza di Gonzalo, il protagonista, per le norme costituite:

« ... non credo... legge... », sussultò il figlio arrossendo, con severità dura. Aveva, della legge, un concetto sui generis; non appreso alla lettura dell'editto, ma consustanziato nell'essere,

---

[25] M. PRETOLANI CLAAR, *op. cit.*, p. 135, sostiene infatti la tesi che in *Senilità* « la voce che narra in terza persona, in sostanza tende a coincidere coi pensieri del protagonista, riservandosi solo la pura esposizione dei fatti e il loro commento in chiave ironica. »

biologicamente ereditario. E faticava a riconoscere la specie della
legge in un abuso o in un arbitrio, tanto più, anche, in una
soperchieria. (*La cognizione del dolore*, p. 102),

dove l'esposizione delle cause dell'atteggiamento di Gonzalo [26]
procede per continue puntualizzazioni: « consustanziato nell'essere, biologicamente ereditario », e per ripetizioni di uno stesso
concetto mediante connotazioni gradatamente più negative:
« abuso », « arbitrio », « soperchieria ». Tali rilievi di superficie
denunciano un narratore alla costante ricerca di espressioni che
possano aderire alla realtà rappresentata, verso la quale anch'egli
seppure in misura minore dei personaggi, avverte la propria
tensione conoscitiva. Tutto ciò però, anziché distogliere la voce
narrante dall'esercitare il proprio giudizio valutativo, la spinge a
soffermarsi su ogni particolare della vicenda senza trascurarne
nessuno. Per esempio:

> La mamma gli si accostò con una tenerezza indicibile, gli mise
> una mano sul braccio, la sua scarna mano. /.../
> — Non mangi caro? — gli disse /.../.
> Egli allora si riscosse; come a rompere, bruscamente, lo stanco,
> l'inutile ordito degli atti: quasi che una rancura segreta gli
> vietasse di conoscere la tenerezza più vera di tutte le cose, il
> materno soccorso. (*Ibidem*, p. 166)

Sembra che il narratore rivolga continuamente l'attenzione sul
dato ma soprattutto sulla mutevolezza del dato [27]; molto spesso

---

[26] Cfr. G.C. ROSCIONI, *op. cit.*, p. 14, il quale mette in evidenza il particolare atteggiamento dell'autore nei riguardi del protagonista: « Gadda /.../ si
compromette continuamente, ed esige che la condotta aberrante di Gonzalo
— in cui nessun lettore si identificherà — venga ritenuta razionale e giusta.
Non simpatia, ma semmai pietà, e più ancora rispetto egli pretende per la
« cognizione insopportabile. » Attraverso questo personaggio infatti, egli
mette in atto « la riflessione intorno ai problemi di relazione e dell'organizzazione sociale » che si concretizza « in una dettagliata, puntigliosa analisi
della società » da cui risalire « a un indiscriminato giudizio, a una requisito-
ria violenta e astratta contro l'umanità e il destino » (*Ibidem*, p. 124).
[27] Cfr. *Ibidem*, p. 19.

infatti il suo punto di vista si contrappone nettamente a quello dei personaggi quasi per affermare questa verità:

> Un disperato dolore occupò l'animo del figliolo: la stanca dolcezza del settembre gli parve irrealtà, immagine fuggente delle cose perdute, impossibili. *Avrebbe voluto inginocchiarsi e dire: « Perdonami, perdonami! Mamma, sono io!* » Disse: « Se ti trovo ancora una volta nel braco dei maiali, scannerò te e loro... » Questa frase non aveva senso, ma la pronunziò realmente (così certe volte il battello, accostando, sorpassa il pontile). (*Ibidem*, p. 209)

La percezione della madre di Gonzalo può cogliere soltanto ciò che realmente dice; ma ciò che avrebbe voluto dire, dal senso completamente opposto, lo sa solo il narratore e non esita a sottolinearlo, mentre con l'immagine finale coglie plasticamente quanto è accaduto nell'animo del protagonista. Ci troviamo quindi di fronte a una esplicita manifestazione di onniscienza per cui si prendono le distanze dai personaggi dimostrando una maggiore conoscenza della realtà rispetto ad essi. Tuttavia pur dichiarando la diversità di ciò che « avrebbe voluto dire » da quanto effettivamente « disse », il mezzo di cui il narratore si serve sono proprio le parole di Gonzalo, non pronunciate da lui ma solo ipotizzate: *Perdonami, perdonami! Mamma, sono io!* Si può quasi arguire che la voce narrante si diverta a mimetizzarsi con i personaggi, facendo sì che non si distingua più nel testo la propria identità e conseguentemente si accorci o si annulli la distanza che la separa da essi. È superfluo sottolineare che ci troviamo in un ambito molto lontano da Svevo e forse ancor più dalle *Sorelle Materassi*, in cui il linguaggio popolaresco e colorito dei molti personaggi si oppone all'idioletto sufficientemente normativo del narratore, come si evince in modo particolare dall'uso dell'indiretto libero [28], procedimento che maggiormente ci soccorre nella no-

---

[28] Il discorso indiretto libero, (cfr. S. CHATMAN, *op. cit.*, pp. 216-217) a differenza di quello legato, oltre a non avere alcun nesso che lo colleghi formalmente alla diegesi, ha un certo grado di autonomia dalla voce nar-

stra osservazione. Inoltre ciò che distingue Palazzeschi è il modo in cui la voce narrante esercita la propria onniscienza apertamente in funzione di un lettore ideale. Tale tipo di intervento infatti, ponendosi sempre come illustrazione, spiegazione o anticipazione dei fatti, sottende comunque la presenza autoriale e parallelamente il riferimento implicito al narratario. In *Sorelle Materassi* tale parallelismo assume un ruolo di primo piano, fino a far apparire ogni intervento del narratore finalizzato non solo alla fruizione del narratario, ma anche alla comunicazione dialogica con esso. L'oggetto di questa comunicazione sono appunto i personaggi del romanzo dei quali il narratore esibisce una profonda conoscenza. Teresa e Carolina vengono così sottoposte ad un'analisi che tende a sondare gli aspetti più reconditi del loro carattere, di cui magari esse stesse non sono consapevoli. Perciò sappiamo che pur essendo ricamatrici e cucitrici di bianco non riservano per sé alcun vezzo,

> ... né avevano mai pensato di poter fregiare il proprio corpo con le raffinatezze della loro arte. Forse a questo pensiero, si sarebbero fatte il segno della croce: quasi fosse stato quello un altro mondo, il mondo dell'anima che nulla aveva in comune con le loro persone. (*Sorelle Materassi*, p. 63)

Dal momento che il pensiero su esposto non ha mai sfiorato le menti delle protagoniste, l'interpretazione successiva stabilisce un certo grado di onniscienza del narratore nei loro confronti, mentre il « forse » iniziale e la comparativa ipotetica « quasi fosse stato quello un altro mondo, il mondo dell'anima che nulla aveva in comune con le loro persone » sottolineano il tono colloquiale che abbiamo già segnalato. La nostra lettura viene ulteriormente confermata nel passo in cui, partendo dal ritratto fisico di Teresa, se ne sintetizzano i dati per giungere a considerazioni di ordine psicologico:

> Gli occhi neri, grandi e molto infossati, erano circondati da ombre peste che sfumavano sulla pelle del viso più che sfiorita

rante e si rivela espressione più vicina alle parole o al pensiero dei personaggi.

divenuta arida, e da olivastra divenuta grigia, impolverata. *Tutto in lei rivelava lo sforzo di una esistenza difficile e coraggiosa, e una femminilità sepolta come una gioia effimera o un lusso ch'ella non poteva concedersi. (Ibidem,* p. 39)

È evidente come il narratore sia giunto a delle conclusioni dopo uno studio attento dell'aspetto del personaggio, fino a dare di esso una interpretazione tutt'altro che esteriore. Inoltre l'istituzione di un paragone (« *una femminilità sepolta come una gioia effimera /...*/ ») non può che rivelarsi il mezzo più idoneo per manifestare l'intervento dell'autore. Vanno infatti analizzate nella medesima chiave le varie spiegazioni offerte attraverso le immagini, le quali più che mai in questo libro conferiscono al discorso autoriale il tono della conversazione:

> Fu fatta sedere alla destra di Teresa, sul canapè, e nelle due poltrone che lo affiancavano, nell'una Carolina /.../ nell'altra Remo accanto alla direttrice che pur non avendogli ancora rivolto la parola /.../ già gli aveva elargito, alla sfuggita e di traverso, *sorrisi e occhiate che volevano significare tante cose: che l'interesse per lui sarebbe venuto a suo tempo, e dalle quali albori d'indulgenza passavano già pomposamente attraverso l'autorità, come roselline che si aprono un varco attraverso una siepe* di spine. (*Ibidem*, p. 134)

Tutti i personaggi sono oggetto di studio, cosicché anche un gesto o uno sguardo possono trasformarsi in sintomi che denunciano un modo di essere o di apparire. Pertanto il narratore, registrando i dati, mediante espressioni colorite, colloquialismi e abbondanza di immagini [29], si dimostra profondo conoscitore della realtà soggiacente alla storia. Anche Niobe, la vecchia e devota governante, non sfugge all'analisi, e di conseguenza il suo animo semplice di popolana non manca di venire in luce in più di una occasione:

---

[29] A tale proposito Francesco Paolo Memmo, *Invito alla lettura di Palazzeschi*, Mursia, Milano 1976, p. 103, sottolinea il particolare carattere della scrittura di Palazzeschi, che tende quasi al parlato.

Ma al primo scalino si fermò, tornò indietro: dormivano certamente, dopo tanto scompiglio: « dopo tante emozioni hanno bisogno di dormire, lasciamole stare, non andiamo a disturbarle ». *In fondo questa premura era per tranquillizzare se stessa, il suo disagio invincibile nel rivederle.* Si fece alla porta per sentire il rumore della macchina: « Nulla. Meglio, meglio così, tutto torna a posto da sé naturalmente ». (*Ibidem*, pp. 282-283)

I sentimenti di Niobe dopo la scena della cambiale vengono estrinsecati, più che dagli inserti dialogici di titolarità del personaggio, dalla voce del narratore che coglie la vera essenza della premura, di cui la vecchia serva, presa dall'emozione del momento, non potrebbe essere consapevole. La ricerca dunque si approfondisce e automaticamente mette in rilievo la figura dell'analizzatore, che si trasforma in una guida palese alla lettura del testo. Proprio questo aspetto accomuna *Sorelle Materassi* e *Senilità* e, come si è detto, colloca i narratori in una posizione quasi demiurgica rispetto al materiale narrativo, nel senso che essi offrono di continuo spunti di analisi, che sono sconosciuti non solo ai personaggi ma anche agli ideali lettori dell'opera, chiamati così, apertamente, alla collaborazione con la voce narrante. Una differenza comunque sta nel fatto che in *Senilità* tutto ciò è ancora implicito, per quanto l'analisi sia sorretta dal medesimo intento. Anche lì infatti il narratore è attento a cogliere i motivi che ispirano le azioni dei personaggi; per la qual cosa non vengono tralasciati in particolare quelli che spingono il Balli a frequentare la casa del Brentani, senza peraltro trascurare lo stato d'animo di Amalia, sorella di Emilio, che da tali visite si sente incoraggiata a nutrire speranze per il proprio amore:

> Sarebbe stato difficile dire perché egli ogni giorno facesse quelle scale per andare a prendere il caffè dai Brentani. Era gelosia probabilmente; egli lottava per conservarsi l'amicizia di Emilio. Ma Amalia non poteva indovinare tutto ciò. (*Senilità*, p. 59)

Si sottolineano inoltre le cause dell'allontanamento dello scultore Balli da quella stessa casa, anni prima, alla morte del padre dei due fratelli:

> La vita di famiglia non gli si confaceva eppoi, a lui che amava
> soltanto le cose belle e disoneste, l'affetto fraterno offertogli da
> quella brutta fanciulla doveva dar noia. (*Ibidem*, p. 51)

Si evince prima di ogni cosa la perfetta onniscienza del narratore, capace di individuare le motivazioni più profonde di stati
d'animo del tutto inconsci e magari rimossi dai personaggi
stessi [30]. Tale capacità di approfondimento si concretizza anche
a livello di superficie, ma non si arricchisce dei colloquialismi e
della spigliata apertura verso il narratario che abbiamo notato
in *Sorelle Materassi*. Ad ogni modo l'avverbio « probabilmente » ed il periodo finale « Ma Amalia non poteva indovinare
tutto ciò », nel primo brano, e la contrapposizione fra « le cose
belle e disoneste » e « l'affetto fraterno offertogli da quella
brutta fanciulla », nel secondo, scoprono appieno la voce del
narratore oltre che il suo prendere atto di una propria maggiore conoscenza della realtà. È precisamente questo maggiore
controllo e dominio della vicenda che ci permette di distinguere *Senilità* da *Una vita*, dove ci troviamo di fronte ad un
narratore che, pur manifestando la propria onniscienza, lo fa
con cautela, suggerendo più che indicando espressamente. Tuttavia non bisogna dimenticare qualche spunto di analisi già
presente in questa prima opera, che testimonia la consapevolezza da parte di Svevo circa i limiti degli schemi del naturalismo [31]. In tali casi il tipo di intervento in esame si realizza ad

---

[30] Emerge a questo punto un'altra differenza fra il romanzo in questione e *Una vita*, dove oggetto dell'onniscienza del narratore è prevalentemente Alfonso, mentre gli altri personaggi sono quasi sempre osservati
dall'esterno, tranne che per qualche piccolo spunto a carattere psicologico su
determinati loro comportamenti, per cui non conosciamo di essi pensieri e
sentimenti.

[31] Cfr. GIORGIO LUTI, *Svevo*, La Nuova Italia, Firenze 1979, p. 67: « Già
lo stesso spirito analitico di Svevo pone in discussione le risultanze estreme
del naturalismo ed è sintomatico il fatto che del naturalismo egli accetti
unicamente le esperienze di carattere più ampio, essenzialmente sociali e
documentarie, in particolare l'esperienza balzachiana, o i quadri più vasti, in
un cerchio che corre da Balzac a Zola, mentre rifiuta le esperienze teoriche
o semplicisticamente sperimentali, tutte le formule di generica impostazione
'di scuola'. »

esempio come mezzo per giustificare un dato comportamento, come avviene a proposito di Francesca che confessa le sue aspirazioni nei riguardi di Maller, mostrando però quanto esse siano strettamente legate al buon esito della relazione di Alfonso con Annetta:

> La figurina sempre composta, il volto pallido sempre uguale, ella andava sempre più adirandosi senza gestire affatto ed egli sentiva l'ira nel suono della voce che già conosceva. *Quanto poi gli disse erano cose che soltanto l'ira poteva averla spinta a confessare così esplicitamente.* (*Una vita*, p. 298);

oppure come mezzo per rendere palese l'illusorietà di certe speranze:

> *Volle non vedere* nella fame svegliatasi improvvisamente nella madre che la naturale reazione di un organismo indebolito che vuole rifarsi, *mentre la fretta con cui ella ingoiava il poco cibo che le riusciva di prendere dinotava piuttosto il vivo desiderio di illudersi, la fretta di usare vantaggiosamente della tregua accordatale.* (*Ibidem*, p. 251)

In quest'ultimo caso l'intervento del narratore è fuori discussione in quanto in poche righe sintetizza lo stato d'animo di ben due personaggi, che nella circostanza particolare si mostrano interdipendenti. Egli ha saputo cogliere l'apparenza e la realtà con le loro inevitabili ripercussioni sull'animo del protagonista e di sua madre, al punto che il suo intervento non costituisce più un'analisi esterna ma una introspezione. Talvolta non manca di preannunciare l'epilogo di determinati avvenimenti prima che gli stessi vengano narrati e ciò, se negli altri testi esaminati può apparire naturale, assume in questo romanzo una particolare connotazione in quanto rompe la consequenzialità degli eventi assunta come obiettivo. Infatti, prima che si venga a conoscenza del sentimento che lega Fumigi ad Annetta, la quale respingendo lo sfortunato corteggiatore segnerà l'inizio della sua follia, già sappiamo che accadrà qualcosa che distoglierà Alfonso dalle sue aspirazioni:

> Venne strappato a quell'idillio non per suo volere e non per
> volere di Annetta; Macario glielo aveva creato senza saperlo,
> Miceni e Fumigi lo distrussero. (*Ibidem*, p. 163)

In questi casi, per la verità non molto frequenti, il narratore
oltre ad esercitare una funzione ideologica nel commentare gli
eventi, fa risaltare la sua capacità di organizzare il materiale
narrativo assumendone la regia. È chiaro comunque che non
potremmo aspettarci in questo romanzo, in relazione a tale tipo
di intervento, la discorsività che troviamo in *Sorelle Materassi* o
nella *Coscienza di Zeno*, e neppure un dominio della vicenda che
vada oltre i limiti di tempo della stessa, come in *Senilità* [32]; ma
neppure dobbiamo trascurare questi primi conati all'affermazione della propria istanza.

Parlare di onniscienza fino a questo momento ha significato mettere in luce un narratore che distaccandosi dai personaggi dimostra maggiore conoscenza della realtà narrata e inoltre dichiara pienamente il suo ruolo di regista. Il concetto però
trova espressioni diverse nei vari autori, dalla ricerca di sempre
nuovi aspetti del reale nella *Cognizione del dolore* al rinnega-
mento di alcune scelte di vita operate da Zeno in funzione di
personaggio nel romanzo omonimo. Nella *Cognizione del dolore*
poi, oltre a spiegare realtà che non possono essere colte dai
personaggi perché risiedenti essenzialmente nel loro inconscio,
il narratore introduce informazioni culturali inesistenti nel
tempo della storia, quasi per il gusto di dimostrare la relatività e
la multiformità del reale stesso. Ad esempio l'orrore di Gonzalo
per la folla e per ogni genere di frastuono viene reinterpretato
alla luce di conoscenze la cui acquisizione è esplicitamente legata
al tempo della narrazione:

---

[32] Cfr. *Senilità*, p. 150: « Sul proprio contegno durante la breve parte di
quella giornata in cui egli aveva immaginato si potesse ancora intraprendere
qualche cosa per Amalia, *egli non ebbe mai rimorsi.* » È evidente che il
narratore tende a sottolineare una condizione esistenziale di Emilio i cui
effetti si protrarranno oltre la vicenda, nel corso di tutta la restante vita del
protagonista. Il preannuncio della morte di Amalia dunque si arricchisce di
nuove connotazioni che ancora una volta ne indicano le ripercussioni sull'a-
nimo del fratello.

E d'altronde, ai lumi di psichiatria queste fobie del fanciullo rimpetto alla pluralità dei corpi e degli impeti, sono, oggi, interamente dichiarate. (*La cognizione del dolore*, pp. 206-207)

La riflessione critica non si ferma soltanto sui fatti e sui personaggi, ma si volge ad abbracciare campi più vasti che talvolta esulano dalla storia stessa. Da questo punto di vista nella *Coscienza di Zeno* troviamo posizioni ancora più estreme, in quanto Zeno narratore, oltre ad allontanarsi spesso dal tempo della storia, come del resto è normale che avvenga in un romanzo diaristico, per analizzare se stesso in quello della narrazione, alla fine della vicenda giunge a rinnegare la veridicità di ciò che ha narrato o, per lo meno, l'attendibilità della propria interpretazione dei fatti. Anche in relazione alla psicanalisi e alle situazioni che grazie ad essa è riuscito a rievocare, il suo parere a conclusione della storia è mutato [33]; ed egli provvede a sottolinearlo, non temendo per questo di vanificare quanto ha precedentemente esposto:

Quest'era il mio concetto finché credetti nell'autenticità di quelle immagini! Ora, purtroppo (Oh! quanto me ne dolgo!) non ci credo più e so che non erano le immagini che correvano via, ma i miei occhi snebbiati che guardavano di nuovo nel vero spazio in cui non c'è posto per fantasmi. (*La coscienza di Zeno*, p. 450)

Fino a questo momento, però, abbiamo visto Zeno narratore che analizza retrospettivamente la vita di cui egli stesso è protagonista, per cui non si può parlare di onniscienza, ma semplicemente di riflessione critica sulla propria esistenza al fine di chiarirla analiticamente. Tuttavia nel testo in oggetto il narratore si volge talvolta anche allo studio del comportamento altrui. Si assiste pertanto ad un debordo di prospettiva,

---

[33] Prima che ciò avvenga, come afferma MARIO LAVAGETTO, *Zeno*, « Nuovi argomenti » N.S., 63-64, luglio-dicembre 1979, p. 192, l'io narrante opera il tentativo di distaccarsi da sè e al tempo stesso di difendersi « dall'interpretabilità psicoanalitica dei suoi gesti » da parte del Dottor S., che seppure in sottofondo è sempre presente.

per cui il narratore, divenuto quasi onnisciente, opera un'incursione nell'animo dei personaggi, situazione paradossale ma abbastanza frequente nel romanzo in prima persona [34]. Zeno si ritrova pertanto a interpretare la diffidenza del padre nei propri confronti:

> Epperò io sospetto, che, pur senza l'appoggio di una convinzione scientifica, egli diffidasse di me perché ero stato fatto da lui, ciò che serviva — e qui con fede scientifica sicura — ad aumentare la mia diffidenza per lui. (*Ibidem*, p. 53),

l'amore della suocera per il consorte:

> Essa amava il suo grosso uomo ed egli deve averla conquistata e conservata a furia di buoni affari. Non l'interesse, ma la vera ammirazione la legava a lui, un'ammirazione cui io partecipavo e che perciò facilmente intendevo. (*Ibidem*, p. 93),

o ancora l'atteggiamento di Guido, suo cognato ed antagonista, allorché lui stesso si offre di contribuire a sanare con un prestito le sue perdite finanziarie:

> Egli m'aveva tenuto quel lungo discorso solo per poter accettare il mio dono senza aver da manifestare della gratitudine. Ma io non pretendevo nulla. Mi bastava di saper che tale riconoscenza egli proprio me la doveva. (*Ibidem*, p. 413)

Dagli esempi riportati si evince che egli, come sostiene anche Pretolani Claar [35], analizza gli altri per poter meglio studiare se stesso, per opporre ed affiancare i suoi sentimenti e le sue azioni a quelle degli altri personaggi. Il suo interesse dunque non si sposta su chi è diverso da sé, se non per creare un termine con cui paragonarsi. Anche a livello di superficie tali segmenti appaiono più brevi e meno ricchi di tracce discorsive in confronto a quelli volti all'autoanalisi. Inoltre Zeno non teme di esprimere su di essi pareri del tutto personali pur di

[34] Cfr. G. GENETTE, *op. cit.*, p. 246.
[35] M. PRETOLANI CLAAR, *op. cit.*, p. 76.

manifestare, giustificare o motivare una propria azione o un proprio sentimento: è evidentemente lui, in qualità di autobiografo, il filtro attraverso cui passa ogni dato. Svevo, infatti, con la *Coscienza di Zeno* ha compiuto l'ultima tappa di un cammino — attraverso cui è passata la figura del narratore onnisciente —, dall'interpretazione della realtà muovendo unicamente da dati esterni, quali potevano essere quelli ambientali, quelli sociali o quelli del comportamento, come avveniva per lo più in *Una vita*, allo studio dell'influenza dei dati medesimi sugli strati più profondi della psicologia dei personaggi in *Senilità*, alla presentazione parziale e soggettiva di essi nell'ultimo romanzo.

2.2. *Enunciazione caratterizzante, esplicativa e conversativa*

La presenza del narratore si rende palese anche quando egli si accinge a delineare meglio la realtà rappresentata mediante spiegazioni e caratterizzazioni che, pur inerenti al testo, si rivelano accessorie e perciò evidenziano più che mai la voce narrante. In Svevo tale tipo di intervento autoriale non trova ancora grande riscontro, mentre assume una certa importanza in Palazzeschi e soprattutto in Gadda. Nella *Cognizione del dolore*, infatti, la caratterizzazione e la spiegazione si complicano e si aggrovigliano nelle modalità più varie quasi a testimoniare paradossalmente che nulla può essere spiegato o caratterizzato a sufficienza. In pratica sembra che il narratore voglia dimostrare, come lo stesso Gadda sostiene [36], che « il barocco e il grottesco albergano già nelle cose, nelle singole trovate di una fenomenologia a noi esterna ». Ad ogni modo le strategie impiegate sono diverse, così come diverse sono le valenze sintattiche che ad esse fanno da supporto. Ad esempio l'im-

---

[36] C.E. GADDA, *L'Editore chiede venia del recupero chiamando in causa l'Autore, La cognizione del dolore, cit.*, p. 236. Tale scritto, come afferma ADRIANO SERONI, *Gadda*, La Nuova Italia, Firenze 1983, p. 36, « vuol essere giustificativo dell'inatteso recupero » del romanzo da noi analizzato che, incompiuto, fu accolto in volume nel 1963.

piego di relative con funzione caratterizzante assume un valore molto problematico. Vi è infatti nell'autore un continuo bisogno di chiarimento e di delimitazione dei concetti che va esprimendo, bisogno che lo spinge ad arricchire il ventaglio di informazioni relative anche a fatti o personaggi marginali nell'economia della storia. Per questa stessa esigenza molte volte la caratterizzazione assume la forma scarna e poco articolata che si potrebbe avvicinare allo stile di un puntiglioso poligrafo o lessicografo nell'atto di analizzare un lemma, come risulta dall'esempio che segue:

> Il Maradagàl, come è noto, uscì nel 1924 da un'aspra guerra col Parapagàl, *stato limitrofo con popolazione della medesima origine etnica, immigratavi via via dall'Europa, a far tempo dai primi decenni del secolo decimosettimo.* (*La cognizione del dolore*, p. 6).

Tali interventi, oltre a caratterizzare quanto viene esposto, potrebbero indurci a postulare un'esigenza di chiarezza nel delineare la realtà rappresentata; ma a bilanciare questa ipotesi subentra un altro tipo di proposizione relativa con funzione caratterizzante:

> Si riteneva da taluni, specie da un dotto genealogista di Pastrufazio, *a cui altri, però, davano del visionario, e altri di impostore e di venduto, e fabbricante di duchi senza duchea*, che i Pirobutirro avessero poi a dover ripetere nobiltà e sangue dai Borgia, e che in onore di San Francisco Borgia e di Don Pedro Ribera, detto lo Spagnoletto, ricevessero non di rado, al Fonte, i nomi baptesimali di Pedro, o di Francisco. (*Ibidem*, p. 48)

La caratterizzazione si pone come elemento di disturbo per la credibilità del brano immediatamente precedente, rivelandosi quasi un mezzo per confutare piuttosto che per chiarire la realtà rappresentata. Già da questi pochi esempi è facile capire la complessità di tali indugi esplicativi nel testo gaddiano; ma per affrontare con maggiore chiarezza la questione facciamo riferimento a *Una vita*, in cui la spiegazione mediante un nesso causale assume una sfumatura particolare:

Negli ultimi anni, traviato dall'ambizione dell'indipendenza, il signor Lanucci aveva abbandonato un impiego non splendido ma ch'era bastato a nutrire la famiglia e s'era messo a fare l'agente, a rappresentare ogni e qualunque specie di case, in tutti gli articoli. Il poveretto scriveva tutto il giorno offerte a case di cui toglieva gli indirizzi alle quarte pagine dei giornali, ma guadagnava sempre meno che a suo tempo da impiegato e *perciò l'umore in famiglia era triste, le sue condizioni essendo precarie dopo essere state discrete.*

Quest'umore aveva aumentato la nostalgia in Alfonso, *perché è la gente triste che fa tristi i luoghi.* (*Una vita*, p. 49)

Per ben due volte il narratore interviene a fornire delle spiegazioni; e se nel primo caso esse risultano strettamente consequenziali a quanto precede, nel secondo, pur trattandosi di una *generalizzazione* [37], si mantengono tuttavia legate al contesto e non ampliano gli orizzonti della storia come avverrà spesso nella *Cognizione del dolore*. Bisogna inoltre aggiungere che la subordinazione di tipo causale segna in maniera troppo netta una interruzione della narrazione che pertanto svela la voce narrante. Per tale motivo gli interventi di questo tipo sono molto rari in *Una vita*, in cui vengono invece preferite forme di commento più discrete. Abbondano infatti le spiegazioni fornite attraverso comparative:

— Non perdano tempo, non perdano tempo! — Nessuno si arrischiava di rispondere e il gruppo si scioglieva *come una mandra dispersa da un cane imbizzito.* (*Ibidem*, p. 74),

ed ancor più mediante le comparative ipotetiche:

In un'oretta all'incirca Miceni terminò il suo lavoro. Con tutta calma rifece toletta, mise anche il cappello in testa con tanta cura *come se non avesse avuto da levarlo più mai.* Prese seco le

---

[37] La generalizzazione è un'altra forma di commento sulla storia mediante la quale si « raggiunge l'universo del reale » con la citazione di verità generali o di osservazioni che « oltrepassano il mondo dell'opera narrativa » (S. CHATMAN, *op. cit.*, pp. 267-272).

sue lettere e i dispacci che passando voleva deporre dal signor
Sanneo, vi unì con compiacenza due lettere scritte da Alfonso e
uscì canticchiando. (*Ibidem*, p. 46)

Tali proposizioni risultano maggiormente legate alla diegesi
che non gli interventi del genere precedentemente esaminato
(le causali), ed inoltre assolvono quasi il duplice compito di
spiegare e di caratterizzare a un tempo. Infatti, venendo a
crearsi con la comparativa un naturale termine di confronto,
più facilmente si possono comprendere certi particolari del
comportamento del personaggio che, come abbiamo notato a
proposito della onniscienza del narratore, il più delle volte
sono affidati all'osservazione del lettore anziché essere esplicitamente analizzati dalla voce narrante. A questo punto è d'obbligo il paragone con *Sorelle Materassi*, in cui, parallelamente
all'evidenza con cui il narratore opera l'indagine nell'intimo
dei personaggi, si evince una grande disponibilità alla spiegazione ed alla caratterizzazione pur circoscritte in un contesto
di estrema aderenza alla storia [38]. Inoltre i due tipi (spiegazione
e caratterizzazione) risultano nettamente differenziati e non
più fusi come si è osservato in *Una vita*. La caratterizzazione
infatti si realizza spesso mediante l'uso di immagini quasi
sempre tratte dall'ambiente domestico, come nel brano che
segue:

> Secca, mostrando e lasciando intravedere nell'andatura caden-
> zata le corde di tutto il corpo, *aveva l'aspetto del vecchio cavallo
> da tiro a cui la fatica pare aver ridotto le membra allo stato di
> legno e fune.* (*Sorelle Materassi*, p. 163),

dove il narratore esprime un giudizio sull'aspetto del personaggio e nel caratterizzarlo si serve dell'immagine del « *cavallo da*

---

[38] Cfr. SERGIO SOLMI, *Palazzeschi poeta e romanziere*, in S. GIOVANARDI,
La critica e Palazzeschi, Cappelli, Bologna 1975, p. 62, il quale ribadisce che
il narratore, più che giudicare, si attiene ad un gioco psicologico grazie al
quale può facilmente passare dalla pietà al sorriso al riso, pur rimanendo
nella cornice del romanzo.

tiro ». Tuttavia, anche quando esclude l'uso delle immagini, l'interesse del narratore per la quotidianità rimane sempre desto e si esplica grazie alla generalizzazione:

> Faceva da amministratrice anche presso la clientela illustre, *che non è sempre illustre all'ora di pagare.* Amministrava il podere: *i contadini vogliono, si sa, buono e avveduto governo per il reciproco vantaggio*; faceva i conti del latte, delle verdure che quasi ogni mattina venivano portate sul mercato di Firenze; giacché in quel podere le riprese contavano infinitamente più delle raccolte che si riducevano a un po' di grano e al vino, un vinello di pianura poco gagliardo, per non dire fiacco. (*Ibidem*, p. 56)

Se la relativa con valore caratterizzante si rivela quasi un inciso in cui il narratore esterna implicitamente il suo punto di vista rispetto a certe manifestazioni della borghesia [39], la generalizzazione a sua volta caratterizza in un certo senso quella categoria (i contadini) che nel testo rimane un po' in margine rispetto alla vicenda. Inoltre il ribadimento *si sa* rimanda ad un eventuale lettore, alla fruizione del quale sembrano diretti tali interventi. Anche le espressioni dimostrative ovviamente rispondono a questo fine, per l'esigenza di concretezza sempre viva nel narratore:

> Né era possibile, guardandolo, sorprenderne il pensiero minimamente /.../ e questo senza traccia di tenebrosità o di tristezza, con purità elementare e, se mai, di un intimo compiacimento contenuto e composto, *e quel leggerissimo tono di canzonatura di chi, conoscendo gli altri, conosce a meraviglia il valore delle proprie risorse.* Giacché bisogna sapere che l'essere canzonati un pochino, e qualche volta un po' di più, è cosa che attrae molto, tanto gli uomini che le donne, più assai che l'essere trattati con serietà e rispetto. (*Ibidem*, p. 186)

---

[39] A questo proposito GIORGIO PULLINI, *Aldo Palazzeschi*, Mursia, Milano 1972, p. 104, evidenzia in Palazzeschi non un atteggiamento ostile verso la classe sociale in se stessa, ma verso la « borghesia nella sua forma più rigida, mentale prima che economica », ribadendo comunque che il concetto di classe in tale scrittore « non obbedisce a schemi politico-sociali ».

La figura di Remo viene in tal modo perfettamente caratterizzata mediante una forma che chiama alla collaborazione l'ipotetico interlocutore, sulla base di indici di comportamento comuni a tutti [40]. Tale impressione viene consolidata dalla spiegazione immediatamente successiva fornita attraverso il nesso causale « giacché » ed introdotta esplicitamente da un invito alla riflessione: « bisogna sapere che ». Siamo in un ambito molto lontano da *Una vita*, in cui mai si verificava che per tanto tempo il narratore si allontanasse dalla diegesi per offrire spiegazioni in cui si avvertisse un gusto analogo del discorso o finanche della cicalata. Come abbiamo già detto, nel primo romanzo sveviano sono presenti soltanto piccoli spunti discorsivi strettamente necessari alla comprensione del contesto. La situazione ora riscontrata in *Una vita*, anche se dovuta a motivi del tutto diversi, si ripropone in *Senilità*, che rivela un narratore meno incline alla discorsività che alla analisi di fatti e personaggi. Quest'ultimo dato, anziché contenere una contraddizione, può rappresentarne la spiegazione in quanto il narratore, preso com'è da ogni aspetto che abbia una ripercussione sull'animo dei personaggi, poco si interessa dell'eventuale fruitore della narrazione a cui sarebbero indirizzati gli interventi discorsivi. Tuttavia non manca la presenza di qualche comparativa che assomma in sé un valore tanto caratterizzante quanto esplicativo-generalizzante:

> Egli che, *come tutti coloro che non vivono*, s'era creduto più forte dello spirito più alto, più indifferente del pessimista più convinto, guardò attorno a sé le cose che avevano assistito al grande fatto. (*Senilità*, p. 16)

Si tratta evidentemente di un inciso di ampiezza irrilevante rispetto al resto dell'enunciato, che serve solo a meglio definire il comportamento di Emilio. Anche la generalizzazione di

---

[40] A proposito di Remo il narratore indugia spesso sulle caratteristiche del suo aspetto fisico e sull'armonia di forme e di colori che da esso promana quasi facendoci intravedere in ciò, come ben rileva S. SOLMI, *op. cit.*, p. 64, una imperturbabilità dell'animo a qualsiasi moto esterno.

conseguenza trova scarso riscontro: è infatti il mondo interiore il fulcro attorno a cui ruota la vicenda mentre non riscuotono interesse i possibili agganci di essa con la realtà esterna ai personaggi. Tuttavia talvolta la riflessione generale si distende fino a farci cogliere tracce più esplicite della voce del narratore:

> Ogni pretesto gli era buono per lasciare il suo tavolo, e dedicare qualche istante ad accarezzare, cullare il proprio dolore. La sua mente sembrava destinata a questo e quando poteva cessare dallo sforzo di attendere ad altre cose, essa ritornava da sé alle idee predilette, se ne riempiva *come un vaso vuoto, ed egli provava proprio il sentimento di chi s'è potuto togliere dalle spalle un peso insopportabile. I muscoli si rianno, si stendono, ritornano alla loro posizione naturale.* (*Ibidem*, p. 80)

· Non si esamina un aspetto esteriore con una spiegazione che ne offra motivazioni psicologiche, come accadeva in *Una vita*; ma al contrario si evidenzia un dato già interno con un'immagine legata alla concretezza. Inoltre possiamo contare in questo brano ben due immagini di cui la seconda contiene un ribadimento del narratore: l'asseverativo *proprio*, che testimonia il desiderio di incisività, mentre il lungo indugiare sui particolari dell'immagine attesta una tendenza più spiccata a far sì che si realizzi un perfetto parallelismo fra i due termini di confronto. Non è un caso che solo in brani di questo tipo si notino tali elementi generalmente rari: è in essi infatti che l'analisi si approfondisce e il narratore non ha remora a mostrarsene l'esecutore. A questo proposito ci aspetteremmo che nella *Coscienza di Zeno*, romanzo costituito per definizione dall'autoanalisi del personaggio narrante, il tipo di enunciazione che stiamo esaminando fosse più largamente presente. In realtà ciò non avviene, ancora una volta perché Zeno narratore è troppo preso dall'approfondimento psicologico di certi aspetti diegetici per prestare attenzione ad elementi che in qualche modo oltrepassino la storia. Anche questo comunque non costituisce un assoluto, e pertanto non manca qualche spunto di concretezza attraverso espressioni dimostrative che trascendono la puntualità del preterito, per ridurre la loro rilevanza generica a esili finalità decorative o di scontata gnomicità, come:

Le prime sigarette ch'io fumai non esistono più in commercio. Intorno al '70 se ne avevano in Austria *di quelle che venivano vendute in scatoline di cartone munite del marchio dell'aquila bicipite.* (*La coscienza di Zeno*, p. 26),

oppure:

Se essa si fosse rotto l'osso del collo la mia posizione sarebbe stata semplificata di molto.
Invece arrivò a me sorridendo perché si trovava *in quello stato in cui i dolori non dolgono troppo.* (*Ibidem*, pp. 46-47)

In tali forme emerge anche il riferimento implicito al narratario, elemento quest'ultimo quasi sempre messo da parte negli altri romanzi sveviani. In ogni caso caratterizzazione e spiegazione sono anche qui normalmente fuse e per lo più utilizzate per giustificare atteggiamenti che altrimenti apparirebbero troppo legati alla soggettività di Zeno. Quest'ultimo aspetto si realizza in pieno nella generalizzazione con valore caratterizzante, la quale denuncia una chiusura per tutto ciò che non riguardi da vicino il personaggio narrante e al tempo stesso una tendenza a usare qualsiasi mezzo pur di conferire credibilità e plausibilità alla narrazione, appellandosi a tal fine al senso comune. Pertanto anche le massime che ci vengono offerte apparentemente come meditazioni slegate da ogni particolarismo sottendono tale proposito:

Naturalmente io non sono un ingenuo e scuso il dottore di vedere nella vita stessa una manifestazione di malattia. *La vita somiglia un poco alla malattia come procede per crisi e lisi e ha i giornalieri miglioramenti e peggioramenti. A differenza delle altre malattie la vita è sempre mortale. Non sopporta cure. Sarebbe come voler turare i buchi che abbiamo nel corpo credendoli delle ferite. Morremmo strangolati non appena curati.* (*Ibidem*, p. 479)

La similitudine appare evidentemente slegata dalla diegesi ed è piuttosto un mezzo per caratterizzare il pensiero del narratore. Inoltre, per usare una felice espressione di Contini [41], « attiva

[41] G. CONTINI, *op. cit.*, p. 147.

un processo di iterazione per cui ciascuna delle due sfere, restando autonoma getta illuminazioni conoscitive sull'altra ». Il ribadimento finale attraverso un'altra immagine (« Sarebbe come voler turare i buchi che abbiamo nel corpo credendoli delle ferite. Morremmo strangolati non appena curati ») accentua la discorsività dell'intero enunciato e rinvia esplicitamente al tema della malattia [42] tanto frequente nei romanzi sveviani insieme con quello dell'inettitudine, che nel testo in oggetto si realizza come incapacità di qualsiasi atto di volontà [43]. *La Coscienza di Zeno* dunque si pone come momento di evoluzione rispetto agli altri romanzi di Svevo proprio per la spiccata tendenza al discorso che in esso si evince, oltre che per la funzione del tutto nuova che assumono questi procedimenti stilistici che trascendono la storia. In pratica anch'essi si trasformano in mezzi per attirare l'attenzione sulla individualità del protagonista; il quale, pur tenendo presente in funzione di narratore un ideale lettore del diario, cerca in lui, come si vedrà meglio in seguito, più che un interlocutore un complice. La caratterizzazione e la spiegazione dunque non trovano ampio riscontro in nessuno dei romanzi sveviani, nei quali l'attenzione si focalizza quasi esclusivamente sull'oggetto della narrazione. Palazzeschi e Gadda si trovano quindi in una posizione di netta evoluzione anche se perseguono fini rispettivamente diversi. In *Sorelle Materassi* ad esempio tutto diventa materia di spiegazione e di chiarimento sia che si tratti della vita di campagna che svolgono le protagoniste, sia che si tratti di un dettaglio fisico, o di un tratto psicologico, mentre la ricorrenza delle immagini, la ripetizione ed il ribadimento dei

---

[42] Cfr. Mariano Guglielminetti, *Struttura e sintassi del romanzo italiano del primo Novecento*, Silva, Milano 1964, p. 143, il quale, a proposito dell'estensione del concetto di malattia all'umanità intera sostiene: « In questa prospettiva, la celebre pagina del romanzo ove alla vita sono assegnati i caratteri della malattia, segna nell'opera di Svevo l'apertura verso un messaggio profetico, che ancor oggi a quarant'anni dalla pubblicazione di questo romanzo, non può non turbarci ». Sul medesimo tema cfr. M. Pretolani Claar, op. cit., pp. 117-121.

[43] Cfr. *Ibidem*, p. 116.

concetti ci riconducono ancora una volta ad uno stile colloquiale e ad un rapporto aperto col narratario. Proprio a questo
proposito va sottolineata una circostanza del tutto assente nei
romanzi sveviani. In Palazzeschi assume infatti un carattere
esplicativo e comunicativo al tempo stesso anche la citazione
metalinguistica che, come sostiene Prince [44], è oggetto di un
atto verbale « orientato verso il codice » e trasmette « informazioni su di esso ». Il narratore ama pertanto, in virtù di una
esigenza di colorismo e di concretezza, riportare espressioni
popolaresche delle quali offre subito l'equivalente, quasi a non
voler spezzare neppure per un istante il filo di comunicazione
che lo lega al narratario:

> Dopo di che abbuiato il fatto, venne mandata a servizio a
> Firenze. *Abbuiarlo vuol dire in questo caso parlarne sotto sotto*
> *fino all'esasperazione, fino all'esaurimento della curiosità, che in*
> *certi luoghi non si esaurisce in un tempo breve non avendone un*
> *altro da sostituire, e con un gusto mille volte più grande che a*
> *voce spiegata con la quale si dicono le cose di scarso interesse e*
> *fastidiose.* (*Sorelle Materassi*, p. 59),

e ancora:

> Le contadine ammiravano il ritratto senza riserve, e volevano
> vedere da vicino e alla luce quelle piccine /.../.
> — Che impostura! — *Impostura voleva dire imponenza.* (*Ibidem*,
> p. 372)

Se nel secondo caso abbiamo la semplice indicazione del significato della parola riportata, nel primo caso sembra quasi che il
narratore si sia dimenticato del vero scopo dell'inciso e abbia
invece colto l'occasione per fare una divagazione sui costumi di
paese, divagazione della quale in realtà la citazione metalinguistica rappresenta solo il pretesto. Comunque anche la presenza
di tali espedienti può avere altrove una finalità e un'articola-

---

[44] GERALD PRINCE, *Narratology. The Form and the Functioning of Narra-*
tive, W. de Gruyter and Co., Berlin 1982; tr. it. *Narratologia*, Pratiche,
Parma 1984, p. 177.

zione diversa; e a confermarlo ci soccorre la *Cognizione del dolore*, in cui predomina una voce narrante estremamente varia nel manifestarsi e che quasi si diverte nel confondere le idee al lettore persino sull'uso della lingua. Pertanto le citazioni metalinguistiche rientrano, come sostengono Grignani e Ravazzoli [45], « in una più generale attitudine definitoria », per cui la glossa è una componente discorsiva pressoché inscindibile dalla prosa gaddiana. Se prendiamo in considerazione il brano che segue:

> Il marchese padre, amorosamente, ogni mattino, gli preparava lui stesso la refezione: nel cestello scemo, ch'era la delizia areata, e purtuttavia parallelepipeda, degli igienisti e dei genitori dell'epoca. Una fetta di bue lesso, *detto spagnolescamente mannso, cioè creatura ammansita, stopposa come una cima di canapa frusta che perde i trefoli, con sopravi un pizzicchetto di sale da cucina.* (*La cognizione del dolore*, pp. 202-203),

la glossa non si rivela assolutamente necessaria alla comprensione dell'enunciato, ma anzi lo rende contorto, anche perché si amplia in un'immagine che per nulla riguarda le caratteristiche della parola analizzata. Non mancano comunque le citazioni lessicologiche:

> « Scemo » si dice « mocoso » con un c solo, in maradagalese, e la locuzione pretta è perciò « Mocoso de guerra! » (*Ibidem*, p. 7),

oppure:

> « Ho fatto tardi quest'oggi, a momenti è già qui mezzogiorno ». *« Qui » moto a luogo si dice « scià » nei dialetti della Keltiché.* (*Ibidem*, p. 53),

le quali effettivamente si pongono come spiegazione e chiarificazione dell'uso linguistico. Tuttavia sentiamo che la figura del narratario ha

---

[45] MARIA ANTONIETTA GRIGNANI e FLAVIA RAVAZZOLI, *Tragitti gaddiani*, « Autografo », vol. I, 1, febbraio 1984, p. 30.

una collocazione molto particolare nell'attenzione del narratore [46] (e ciò differenzia questo romanzo da *Sorelle Materassi*), il quale spiega e definisce quasi unicamente per sé. Perciò abbiamo l'impressione, come sottolinea Gian Carlo Roscioni [47], che per lui « un qualsiasi fatto o dato non è integralmente conoscibile se non viene scomposto nei suoi minuti elementi e riferito all'universa realtà ». Si potrebbe dire quindi che la spiegazione e la caratterizzazione in Gadda costituiscono un testo parallelo alla narrazione, mediante il quale il narratore allontanandosi dalla diegesi ed arricchendone i dati lascia meglio intravedere la complessità del reale. Di qui la ricchezza delle immagini, che più di ogni altro mezzo possono caratterizzare personaggi e stati d'animo. Il medico di Lukones, ad esempio, orgoglioso di essere a conoscenza di ogni avvenimento del luogo, ad una richiesta di informazioni sul conto del Palumbo, viene raffigurato nel modo che segue:

> Aveva drizzato gli orecchi, se si può dire, in un balzo verso la gioia, *come un cavallino allo schioccar della frusta. Un serbatoio in pressione, che appena aprirgli un rubinetto sotto la pancia, vi-i-i!, ti piscia fuori un fischio da non arrivar più a chiuderlo, neanche con la chiave inglese.* (*Ibidem*, p. 109)

Le due immagini di cui si è servito il narratore esprimono la medesima idea e danno quindi estremo rilievo alla componente caratteriale, mentre l'onomatopea *vi-i-i!* attesta una tale recettività del narratore verso l'ambiente da non esitare neppure a mimetizzarsi con esso, qualora risulti funzionale a meglio concretizzarne i dati. Ci troviamo in un ambito molto lontano da Svevo, nelle cui invenzioni non si assiste mai ad una simile complicazione del reale. Molte sono infatti le verità che Gadda sottende ad ogni suo intervento, come se appunto volesse approdare a conclusioni mai univoche o immutabili, al contrario di quanto accadeva spesso in *Una vita*, ma passibili di

---

[46] In pratica il narratario, come vedremo meglio anche in seguito, anche se presente, non è il destinatario di spiegazioni o di chiarificazioni, ma l'entità da chiamare in causa qualora ci si riferisca ad un universo che trascenda i limiti della storia per approdare a considerazioni di ordine politico, sociale o puramente esistenziale.

[47] G.C. Roscioni, *op. cit.*, p. 57.

mutamenti a seconda di chi si accinga alla lettura di quegli stessi dati. Tutto ciò si avverte anche quando il narratore opera una caratterizzazione mediante l'esposizione di una verità generale, come nel punto in cui prende in esame la megalomania che alligna nella maggior parte degli individui, a cominciare dalle energie spese dalla madre di Gonzalo nell'edificazione della villa Pirobutirro:

> C'è poi da aggiungere che il più degli uomini si comportano tal'e quale come loro. Ed è una proprio delle meraviglie di natura, a volerlo considerare nei modi e nei resultati, questo processo di accumulo della volizione: è l'incedere automatico della sonnambula verso il suo trionfo-catastrofe: da un certo momento in poi l'isteria del ripicco perviene a costituire la loro sola ragione d'essere, di tali donne, le adduce alla menzogna, al reato /.../. (*Ibidem*, p. 146)

Oltre alla presenza continua di espedienti come « a volerlo considerare nei modi e nei resultati », che delineano perfettamente il discorso, e al continuo chiarimento dei concetti esposti anche attraverso la loro riformulazione in chiave metaforica, come « è l'incedere automatico della sonnambula verso il suo trionfo-catastrofe », dobbiamo notare il distacco e la disapprovazione di tali aspetti, che testimoniano l'avversione di Gadda per certe manifestazioni della società borghese o, meglio ancora, per la degenerazione di alcuni valori della tradizione durante il regime fascista [48]. La caratterizzazione quindi diviene spesso un mezzo per esercitare un certo sarcasmo e raggiungere toni talvolta grotteschi, che suggellano un'implacabile presa di distanza dagli elementi della storia:

[48] Cfr. ENRICO FLORES, *Accessioni gaddiane*, Loffredo, Napoli 1973, pp. 66-67, che stabilisce una serie di paralleli fra la situazione italiana al tempo del fascismo e quella contemplata nel testo ed indica anche (*Ibidem*, p. 65), l'aspetto emblematico che assume, grazie all'apertura del romanzo, il « Nistituos de vigilancia para la noche », in relazione al quale egli commenta che « gli anni 1925-1933 sono appunto quelli successivi all'assassinio di Matteotti ed il costituirsi a Stato del fascismo attraverso le Leggi Eccezionali, il Tribunale speciale e la repressione ad ogni livello. »

e glie la prese a coprir di baci e ribaci /.../. Di baci e di baci, *in quella effusione ardente, irrefrenabile, che è degli umili e dei puri di cuore, oltre che dei giovani, i cui impulsi prorompono fuori così spontanei, così « commoventi », da non esserci più né etichetta né regolamento, né capitano né colonnello, per quanto rigidi, per quanto pignoli, che possano arrivare a contenerli.* (*Ibidem*, pp. 118-119)

Si registra in questo enunciato la reazione del Palumbo all'atto della concessione della pensione di invalidità di guerra conferitagli dal colonnello medico Di Pascuale. Il grottesco nasce dal fatto che il Palumbo, considerati i precedenti e soprattutto la sua falsa sordità, non potrebbe assolutamente rientrare fra i « puri di cuore », sicché sembra quasi che il narratore si diverta ad affiancare verità incontestabili e pacificamente calate nella morale comune a fatti che appaiono tutt'altro che moralmente validi. La generalizzazione dunque realizza in tali casi il desiderio eversivo del narratore, atto a denudare impietosamente il gioco della parvenza con la caustica esibizione di una opposta realtà che difficilmente riesce a essere colta da chi vive direttamente la storia. Siamo pertanto giunti, parallelamente all'aumento della frequenza di tali forme enunciative nel testo gaddiano, ad un arricchimento delle loro valenze, che già in *Sorelle Materassi* possedevano una significativa rilevanza, ma che ora, nella *Cognizione del dolore*, toccano l'apice grazie a questa insistita negazione di ogni verità precostituita.

La presenza del narratore è facilmente avvertibile anche in enunciati che più esplicitamente stabiliscano un rapporto col narratario. È ovvio che casi del genere si verificano soltanto in testi in cui anche la seconda figura abbia un suo rilievo. Risulta pertanto pienamente coerente con le nostre affermazioni l'assenza di un benché minimo spunto di conversazione in *Una vita* e in *Senilità*, romanzi che, come si è visto, si rivelano completamente assorbiti nella vicenda narrata. È facile dunque concludere in base all'analisi già condotta che il testo in cui si registra una maggiore incidenza di discorso finalizzato alla comunicazione è *Sorelle Materassi*, dove il narratario occupa una posizione di primo piano nelle intenzioni del narratore. Perciò, insieme con quest'ultimo, anche l'ideale destinatario dell'opera

assume le sembianze di persona reale alle cui eventuali domande la voce narrante si sente in dovere di rispondere:

> Qual era l'argomento dei loro discorsi? Per qualunque altra
> coppia di zitelle sarebbe facile indovinare, ma per queste, chi lo
> potrebbe dire? Ebbene, lo credereste mai, anche stavolta l'e-
> nigma è facile da risolvere, l'argomento era l'amore anche per
> queste. (*Sorelle Materassi*, p. 66)

Il discorso si articola e si ravviva di spunti colloquiali che per
nulla lasciano intendere il desiderio di imporre le proprie idee
da parte del narratore, il quale non esita ad interrompere la
diegesi per il gusto della *causerie* col facile appiglio dell'apostrofe al narratario, sottolineata dal pronome di seconda persona e mirante a stabilire con lui un rapporto di parità. Gli
incisi asseverativi così ricorrenti in questo romanzo confer-
mano tale osservazione, oltre ad aggiungere un altro dato a
favore della sua forte connotazione comunicativa:

> semi e piante per il giardinetto della direttrice, frasche, *sissi-*
> *gnori*, perché le piacevano tanto anche le frasche, e le teneva in
> camera, sul cassettone, mentre i fiori li teneva nel salotto da
> pranzo. (*Ibidem*, p. 148)

Il narratore si sente libero di argomentare, di ribadire, di
ripetere concetti pur di non interrompere il filo diretto che lo
lega al narratario [49]; ed è bene sottolineare che ogni suo intervento non pone mai quesiti irrisolti né complica la realtà di
cui egli è perfetto conoscitore.

L'atteggiamento di Gadda a tale proposito è totalmente
diverso, raramente disposto agli slanci comunicativi. Lo stesso
procedimento per domande e risposte che abbiamo incontrato

---

[49] Se adottiamo la terminologia che G. PRINCE, *op. cit.*, p. 177, ha
mutuato dalla linguistica (cfr. a proposito delle funzioni della comunicazione ROMAN JAKOBSON, *Closing Statement: Linguistics and Poetics*, in *Style
and Language*, Mass, Cambridge 1960; tr. it. *Linguistica e poetica*, in *Saggi di
Linguistica Generale*, Milano 1966, pp. 185-189), designeremo tale intervento
come *conativo*, orientato cioè sul ricevente.

in *Sorelle Materassi* si colora in lui di connotazioni particolari, pervase dal consueto, implacato scetticismo:

> « Chillo m'a vo' fa' fesso », si era detto il valoroso e zelante ufficiale nel dialetto de' padri.
> Tuttavia come si fa a provare che un sordo di guerra non è sordo? che ci sente benone da tutt'e due gli orecchi? A rifletterci anche soltanto un istante, uno lo vede subito, basta ragionare un momentino, che il problema è tutt'altro che semplice. Quello non sente. Perché! Perché gli è sparata la granata dilacerante lì vicino, a quota 131. Sicché non sente. E, se non sente, voi avete un bel dire: « no, che ci sente ». Come fate a provarlo? Lui vi butta in faccia la quota 131. È la quota 131 quella che vi frega. C'eravate voi a quota 131? E allora? (*La cognizione del dolore*, p. 114)

L'enunciato è costellato di continue interrogazioni che non si rivelano come quesiti che potrebbe formulare il narratario ma, al contrario, come domande quasi provocatorie che il narratore pone al destinatario dell'opera per dimostrare l'insolubilità del problema. Non si tratta più di un narratore capace di venire a capo di qualsiasi situazione, ma che cerca nell'interlocutore quasi un aiuto.

Dopo aver fissato in linea di massima la qualità del rapporto comunicativo instaurato positivamente da Palazzeschi e in maniera estremamente problematica da Gadda, sarà opportuno analizzare questo stesso rapporto nella *Coscienza di Zeno*. Qui si è ugualmente lontani sia dalla distensiva conversazione di *Sorelle Materassi* sia dall'impaziente problematicismo della *Cognizione del dolore*. Anche nella *Coscienza di Zeno* si espleta una tendenza al discorso che si realizza mediante insistenze, precisazioni ed aggiunte, che in quanto tali non possono prescindere dalla presenza di un esplicito destinatario; ma è appunto la specifica identità di quest'ultimo che ci spinge a considerazioni del tutto particolari:

> *Io temo che* il dottore che leggerà questo mio manoscritto abbia a pensare che anche Carla sarebbe stata un soggetto interessante alla psicoanalisi. *A lui sembrerà che* quella dedizione, preceduta dal congedo del maestro di canto, fosse stata troppo rapida.

Anche a me sembrava che in premio del suo amore, essa si fosse
attesa da me troppe concessioni. *Occorsero molti, ma molti mesi,
perché io intendessi meglio* la povera fanciulla. Probabilmente ella
s'era lasciata prendere per liberarsi dell'inquietante tutela del
Copler, e dovette essere per lei una ben dolorosa sorpresa
all'accorgersi che s'era concessa invano perché da lei si conti-
nuava a pretendere proprio quello che le pesava tanto, cioè il
canto. (*La coscienza di Zeno*, p. 244)

I punti da noi corsivati testimoniano il desiderio di chiarire e
precisare i concetti espressi attraverso l'esposizione e la confutazione dei differenti punti di vista presupposti o riportati. Molti
sono infatti gli indizi di un mutamento di opinione soprag-
giunto nel narratore grazie alla maturità acquisita col tempo,
indizi che lasciano scorgere l'esigenza di offrire una migliore
immagine di sé. Per lo stesso motivo, dal momento che la
vicenda si articola su un doppio piano temporale, accade spesso
che il narratore nel momento in cui scrive cerchi contemporaneamente di spiegare alcune sue scelte passate:

Infine, *e non so veramente perché*, per qualche tempo mi dedicai
agli studi di religione. Mi parve di riprendere lo studio che avevo
iniziato alla morte di mio padre. *Forse questa volta fu per un
tentativo energico di avvicinarmi ad Augusta e alla sua salute.*
Non bastava andare a Messa con lei; io dovevo anche andarci
altrimenti, leggendo cioè Renan e Strauss, il primo con diletto, il
secondo sopportandolo come una punizione. *Ne dico qui solo per
rivelare quale grande desiderio m'attaccasse ad Augusta.* (*Ibidem*,
p. 196)

È palese il tentativo di giustificare un atteggiamento che nell'e-
conomia del testo potrebbe sembrare incoerente, quasi per
difendersi da un'eventuale interpretazione negativa del proprio
operato. La comunicazione dunque si trasforma in competizione, nel desiderio di rendere plausibile e coerente ogni parola
e ogni gesto, ed ha sempre come oggetto il protagonista narrante e non altri personaggi della storia o altre vicende di essa.
Ciò si verifica anche quando il discorso è orientato verso il
'contatto' [50] per prolungare ad esempio la comunicazione:

[50] Sempre secondo quanto attesta G. PRINCE, *op. cit.*, p. 177, chiameremo tale forma di comunicazione *fatica*. Preferiamo pertanto mantenere

> *Il dottore è partito ed io davvero non so se la biografia di mio padre occorra.* Se descrivessi troppo minuziosamente mio padre, potrebbe risultare che per avere la mia guarigione sarebbe stato necessario di analizzare lui dapprima e si arriverebbe così a una rinunzia. Procedo con coraggio perché so che se mio padre avesse avuto bisogno della stessa cura, ciò sarebbe stato per tutt'altra malattia della mia. Ad ogni modo per non perdere molto tempo, dirò di lui solo quanto possa giovare a ravvivare il ricordo di me stesso. (*Ibidem*, p. 51),

o, ancor più, per offrire una attestazione di falsa modestia:

> Il dottore al quale ne parlai mi disse di iniziare il mio lavoro con un'analisi storica della mia propensione al fumo:
> — Scriva! Scriva! Vedrà come arriverà a vedersi intero. —
> Credo anzi che del fumo posso scrivere qui al mio tavolo senz'andare a sognare su quella poltrona. *Non so come cominciare* e invoco l'assistenza delle sigarette tutte tanto somiglianti a quella che ho in mano. (*Ibidem*, p. 26)

Enunciati di quest'ultimo tipo sono molto frequenti in quanto la dichiarazione di una certa difficoltà nell'esposizione non può che conferire maggiore veridicità al narrato di cui si sottolineano le caratteristiche informi del diario, diverse da quelle definite dell'opera segnatamente destinata alla pubblicazione. Naturalmente tutto ciò fa parte della finzione narrativa e dobbiamo comunque immaginare, oltre ad un destinatario esplicito, appunto il Dottor S., anche un altro tipo di narratario più implicito col quale, come vedremo, Zeno ricerca una speciale complicità. I brani citati possono già fornircene un'indicazione dal momento che, pur affermando l'assenza dello psicologo, il narratore procede ugualmente ad una esposizione discorsiva. La narrazione si evolve pertanto di episodio in episodio attraverso commenti ed argomentazioni talvolta anche introdotti da enunciati con valore proemiale. Per fare un esempio, in tal modo il narratore introduce l'esposizione che riguarda i rapporti col Dottor S.:

---

ben netta la distinzione fra funzione conativa e funzione fàtica, piuttosto che unificare i due concetti nella medesima definizione di *funzione di comunicazione*, come sembra gradire G. Genette, *op. cit.*, p. 304.

> Impiegherò il tempo che mi resta libero scrivendo. Scriverò
> intanto sinceramente la storia della mia cura. Ogni sincerità fra
> me il dottore era sparita ed ora respiro. Non m'è più imposto
> alcuno sforzo. Non debbo costringermi ad una fede né ho da
> simulare di averla. (*Ibidem*, p. 444)

I momenti della scrittura e della storia vengono esplicitamente
separati ed è riservato a quello della scrittura anche il compito
di organizzare il discorso, oltre che di preannunziare avvenimenti che, come in questo caso, segnano una svolta nella vita
del protagonista narratore. È infatti il momento in cui Zeno si
libera da ogni influenza della psicoanalisi, per cui il discorso,
venendo a mancare il principale interlocutore, è più chiaramente rivolto ad un destinatario diverso da lui. La posizione di
primo piano è comunque ancora occupata da Zeno, il quale
sembra cercare spasmodicamente qualcuno a cui appoggiarsi
per procedere nella narrazione e non qualcuno che possa fruire
della narrazione stessa, come accade invece nella effusa disin-
voltura dell'opera palazzeschiana. Qui il rapporto conversativo
non è solo formale, ma si evidenzia e si irrobustisce col
procedere della narrazione, che quasi non prescinde da esso. Il
narratore non rinuncia neanche a ritornare sul discorso poco
prima interrotto ricorrendo a formule incidentali di ripresa, le
quali direttamente rimandano ad un interlocutore:

> Vi sono per tale ragione, *come vi dicevo poco fa*, tratti di
> pianura che si accompagnano a loro e che voi, percorrendo per
> passeggiata o per visita, a piedi o in tranvai o su una macchina,
> trascurate passando o percorrete guardando avanti, in cima, in
> fondo la vostra meta, in alto la vostra mira e quasi dispiacen-
> dovi che il tratto di pianura sia troppo lungo e che, sia pure
> per poco tempo, vi separi da quella. (*Sorelle Materassi*, p. 22)

La formula di ripresa va comunque inserita in un contesto in
cui il protagonista è paradossalmente il narratario, indicato
esplicitamente mediante l'uso verbale e l'iterazione della rispettiva particella pronominale, nell'ottica del quale il narratore si
cala fino al punto di immaginarne atti e pensieri riguardo al
luogo che sta descrivendo. Il rapporto comunicativo raggiunge
in tal modo l'acme della sua realizzazione, grazie anche alla

presenza di enunciati che costituiscono una vera e propria messa in atto della funzione fàtica per regolare il contatto e motivare il discorso:

> *Dirò altresì non per migliore chiarezza ma per scolpire meglio con un'immagine* la positura, che se in questa terra la collina vi tiene il posto della signora, e quasi sempre di signora vera, principessa, la pianura vi tiene quello della serva, della cameriera o ancella; e che il più benevolo e cortese dei passanti ha per lei quella cordialità di concessione che si usa verso la donna che ci apre la porta allorquando si va per visitare la padrona; o nel più fortunato dei casi della dama di compagnia che mantiene il proprio rango con dignità e compostezza senza permettersi di giudicare, esternando ammirazione bonaria e socchiudendo appena gli occhi o storcendo un po' la bocca alla molta polvere che per colpa dell'altra è costretta ad inghiottire dalla mattina alla sera. (*Ibidem*, pp. 22-23);

ma anche per giustificare precedenti omissioni:

> Nei tempi andati quando esisteva ancora questo genere di relazione, era stata nella loro clientela qualche mantenuta di grido, sfarzosissime, *specie da me omessa poc'anzi giudicandola eterogenea, irregolare*, ma ottima invece per le nostre sorelle, giacché le donne suddette facevano sperpero di biancheria sopraffina senza badare alla spesa, essendo le loro entrate facili e abbondantissime. (*Ibidem*, p. 46);

o infine per attirare l'attenzione del lettore su quanto verrà poi esposto:

> E per meglio esaurire la nostra introspezione aggiungerò un ultimo particolare che non so fino a qual punto possa avere per voi, come invece per me, un significato allettante. (*Ibidem*, p. 82)

Dagli esempi riportati si arguisce una esplicita assunzione del discorso collegata ad una insistita consapevolezza del narrare, mentre l'impiego di immagini quasi sempre tratte da un ambito di domestica concretezza e la messa in atto di espliciti riferimenti al narratario accentuano il tono colloquiale di tutto il romanzo. Inoltre a testimoniare la lontananza di Palazzeschi da ogni forma di distaccata ricostruzione dei dati concorre ampiamente la descrizione d'ambiente effettuata propriamente nel primo dei brani citati, in cui il ricorso alla lunga immagine, soffusa di sermocinante eleganza, della serva e della padrona per definire la pianura e la collina ci fanno subito intendere come il narratore riviva anche l'ambiente in una visione tutt'altro che spersonalizzata [51]: anche una descrizione, qualora sia condotta col dovuto brio, può dunque aspirare a diventare oggetto di conversazione. I due brani successivi non possono che arricchire di particolari quanto si è già affermato a proposito della discorsività del testo, dal momento che espressamente la voce narrante fa appello alla propria capacità di giudicare l'opportunità o meno di certi argomenti, nel secondo, e la validità di altri ai fini della storia, nel terzo, in cui inoltre essa sembra quasi invitare al giudizio anche il narratario. La situazione quindi è molto diversa dalla *Coscienza di Zeno*, dove il pregiudizio sembra guidare ogni rapporto comunicativo, anche perché il contatto col narratario viene ricercato su ogni particolare della storia, intorno al quale è sempre possibile esprimere un parere e al tempo stesso invitare l'ideale destinatario a condividerlo o a confutarlo in un sereno clima di confronto reciproco. Ad ogni modo in entrambi i romanzi (*Sorelle Materassi* e *La coscienza di Zeno*) la comunicazione assume una importanza fondamentale nell'economia della narrazione, a prescindere dall'impostazione che ad essa viene data; cosa che non accade nella *Cognizione del dolore*, in cui l'apertura verso il destinatario risulta nel complesso minore. Ciò si

---

[51] Pur notando con S. SOLMI, *op. cit.*, pp. 62-63, una analogia col romanzo classico ottocentesco per quanto riguarda l'ambientazione e l'impostazione iniziale dell'opera, ci sembra eccessivo parlare, come fa il critico, di « atmosfera determinata e realistica », in quanto il narratore, pur offrendo degli spunti ben precisi sui luoghi in cui si svolgerà l'azione, non si serve della pura referenzialità, ma affronta molto spesso il discorso servendosi di immagini e di forme colloquiali che ben si collegano allo svolgimento successivo.

verifica anche se talvolta la conversazione scorre in maniera abbastanza lineare, contrassegnandosi, come nel brano che segue, di ribadimenti, precisazioni e aggiunte da parte del narratore:

> Quei trenta o quaranta giovani, infatti, anziché percepire dallo stato maradagalese una anticipata sovvenzione della ignavia e della scioperataggine, con la falsa motivazione d'aver patita la guerra nelle lor carni — che risultarono viceversa profumate ed intatte qual di floridissimo lazzaro, o, se pur tocche, tuttavia lese e intignate da ben altra guerra che non fosse nell'odiato Parapagal, — quei giovani, *dico*, furono stimolati dalla non-pensione a riflettere seriamente ai casi propri e a cercarsi, *dico*, un diverso e più dignitoso mezzo di sussistenza. (*La cognizione del dolore*, p. 125)

La ripetizione incalzante del sintagma *dico* riesce più plasticamente a rendere l'idea di un narratore che, trasformatosi quasi in un infervorato oratore, ponga ogni energia nel conferire forza e inappellabilità al proprio sermone. Il ribadimento quindi, anziché trovare la sua ragion d'essere come elemento di fruizione da parte del narratario, appare volto alla affermazione dell'individualità del narratore, il quale solo formalmente perora una causa da lui per primo non condivisa. Ciò si evince soprattutto dal suo enfatizzare « la falsa motivazione » che spinge i giovani in questione a pretendere il beneficio d'una pensione di stato e dall'inciso apertamente polemico. Alla luce di tali osservazioni si può attribuire un valore sarcastico all'intero brano, in cui il narratore, ostentando sicurezza nell'affermare certi concetti, li ha di fatto negati e ridicolizzati più per esprimere le proprie irrefutabili convinzioni che per coinvolgere il narratario in una reale conversazione. Sono di contro ben chiari i motivi che ci spingono a vedere nella *Coscienza di Zeno* una maggiore apertura alla comunicazione, intesa appunto come scambio di messaggi fra emittente e ricevente, e non come una esposizione che solo formalmente tenga conto del secondo. Inoltre, trattandosi di una narrazione diaristica, non deve stupire che alcune formule proemiali fungano da elemento di rettifica della storia:

> *Di vero, invece, in quella storia non c'era che questo*: a Trieste,
> anche dopo morto il Bertini, viveva una persona che diceva
> delle bestialità, camminava in modo che pareva si movesse sulle
> punte dei piedi e aveva anche una voce strana. Ne avevo fatta
> la conoscenza in quei giorni e, per un momento, m'aveva
> ricordato il Bertini. (*La coscienza di Zeno*, p. 134)

In casi del genere il carattere della narrazione tende essenzialmente a fornire eventuali prove più o meno credibili di una
certa maturità conseguita dal personaggio narrante, il quale
afferma la propria sicurezza nello scoprire la verità sottesa alle
sue azioni passate. Tuttavia non lo fa per se stesso, e ciò è
quanto mai palese. Anche le analessi e le prolessi ripetitive [52],
per il loro carattere di rinvio o di preannuncio in relazione ad
eventi interni alla storia, mostrano la loro identità di mezzo di
comunicazione col narratario. Trattandosi poi di una narrazione che concerne avvenimenti già vissuti dal protagonista,
accade molto più frequentemente che egli, in veste di narratore, offra in anticipo la sintesi di fatti che soltanto in seguito
verranno esposti per esteso; si realizza così una prolessi ripetitiva:

> Correndo via pensai ancora: — Se essa sapesse quanto io ami
> mia moglie si comporterebbe altrimenti —. *Quando lo seppe si
> comportò infatti altrimenti.* (*Ibidem*, p. 245)

L'ultima frase risponde infatti al proposito di attirare l'attenzione del lettore sul precedente pensiero del narratore protagonista e conferisce ad esso quasi il valore di presentimento.
Inoltre, nell'offrire in anticipo l'epilogo della propria avven-

---

[52] I concetti di analessi e di prolessi vanno considerati in stretta relazione col tempo della storia, costituendo rispettivamente un'infrazione al-
l'ordine cronologico degli avvenimenti in senso retrospettivo oppure antici-
pativo, secondo quanto afferma G. GENETTE, *op. cit.*, pp. 97, 115. Abbiamo
affrontato questo argomento, facendo esclusivo riferimento alle analessi e
alle prolessi ripetitive, perchè esse, in quanto semplici forme di richiamo o
di preannuncio, secondo G. GENETTE, *op. cit.*, p. 121, rinviano esplicitamente ad una forma di comunicazione col destinatario.

tura, Zeno sembra quasi voler discolpare in qualche modo la sua amante e al tempo stesso provare di aver già pagato per la superficialità con cui aveva impostato il suo rapporto con lei, Carla.

È molto facile a questo punto notare la diversità che caratterizza il medesimo tipo di intervento in *Sorelle Materassi*, dove il fine ultimo è anche qui quello di mantenere il contatto col narratario, sia che si utilizzi come espediente retorico un tono di falsa modestia:

> *E ora che vi ho alla meglio descritto il circostante paesaggio*, incomincerò a notare con voi quali siano le cose che colpiscono a prima vista la nostra curiosità osservando quell'assieme di case che si chiama Santa Maria a Coverciano. (*Sorelle Materassi*, p. 33),

sia che si introduca il discorso mediante enunciati con funzione inaugurale:

> Per coloro che non conoscono Firenze, o la conoscono poco, alla sfuggita e di passaggio, dirò com'ella sia una città molto graziosa e bella circondata strettamente da colline armoniosissime. Questo strettamente non lasci supporre che il povero cittadino debba rizzare il naso per vedere il cielo come di fondo a un pozzo, bene il contrario /.../. (*Ibidem*, p. 19)

Formule del genere sono ampiamente presenti nel capitolo d'apertura, in cui il narratore offre ragguagli sui luoghi e sulle caratteristiche del paesaggio, secondo lo schema del romanzo classico ottocentesco, parlando in prima persona e non lasciando dubbi sulla funzione di tali enunciati. Interessante è comunque che tali formule discorsive siano presenti nel corso di tutta la narrazione, nei punti in cui il narratore desidera introdurre fatti particolari o comunque diversi da quelli che sta narrando:

> Avendo in prima linea descritto, e giustamente, la forza e la virtù, la fatica di queste donne, in quei particolari che ritenni necessari per darvi sufficiente testimonianza del loro carattere, *è bene che ora sappiate di queste brevi pause, di queste ore di tregua tanto curiose e rare, e insieme delle loro debolezze che non offu-*

scano la virtù ma anzi, concedono umanità alle creature che
spogliate di esse non risultano né simpatiche né vere, ma aride,
artifiziose, monotone e false. (Ibidem, pp. 78-79)

A inizio del brano la presenza di un breve sommario con
funzione caratterizzante [53] prima che si proceda con la formulazione proemiale vera e propria (« *è bene che ora sappiate*
/.../ »), conferisce al tutto un tono molto colloquiale, comprovato dal costante riferimento al narratario, oltre che dalla
generalizzazione finale e dalla ricchezza dell'aggettivazione.
Tale breve sommario costituisce un'analessi ripetitiva di cui il
testo è molto ricco e che insieme con la prolessi ripetitiva
accentua il carattere di spigliata *causerie* che assume sempre in
Palazzeschi il discorso narrativo. È come se il narratore si
fermasse un attimo, nella analessi, a fare il punto della situazione o a richiamare l'attenzione su particolari narrati, per
evitare che l'eventuale destinatario compia un qualsiasi sforzo
di ricostruzione. Nella prolessi invece, che si attua nella forma
classica del preannuncio, egli sembra voler addirittura incuriosire l'interlocutore, centellinando per lui qualche spunto che
solo più avanti troverà sviluppo:

> Infatti il giovane provocava, ovunque fosse, l'ammirazione e le
> simpatie anche perché, *come vedremo in seguito*, il suo contegno
> coi maschi era ben diverso da quello che usava con le donne in
> generale, e anche per esse aveva tutta una graduatoria che non
> poteva sfuggire all'occhio esperto. (*Ibidem*, p. 206)

Tutte le strategie sono dunque impiegate al fine di catturare l'attenzione del narratario, per coinvolgerlo nella storia,
per dimostrare che si sta raccontando per lui, per il suo diletto

---

[53] Il sommario o riassunto costituisce, come illustra S. CHATMAN, *op.*
cit., p. 67, una accelerazione del discorso rispetto al tempo effettivo della
storia, come potrebbe essere il raccontare in poche righe avvenimenti che si
sono svolti in diversi anni. Perciò pur essendo un argomento inerente al
tempo della storia ed inseribile nell'ambito della sua durata (cfr. G. GE-
NETTE, *op. cit.*, pp. 145-148), esso ci interessa in quanto si realizza in questo
caso come una analessi ripetitiva.

e non per convincerlo di qualcosa, come accade invece nella *Coscienza di Zeno*, o per dimostrargli che alla fine nulla è dimostrabile come viene postulato ben più amaramente nella *Cognizione del dolore*. La comunicazione per il gusto della colloquialità assoluta è quanto in Svevo non si è ancora realizzato; è ciò che in Gadda non costituisce un fine; è ciò che in Palazzeschi rappresenta invece il filo conduttore dell'intera narrazione.

2.3. *Commento sul discorso*

La differenza sostanziale fra storia e discorso, come illustra Chatman [54], sta nel fatto che mentre la storia è l'insieme degli eventi e degli esistenti, il discorso è il mezzo attraverso il quale essa viene rappresentata. In sostanza il discorso costituisce « la struttura della trasmissione narrativa » e al tempo stesso « il medium specifico che la materializza ». Perciò ogni osservazione effettuata dal narratore non sulla storia, ma sull'atto stesso del narrare potrà essere intesa come commento sul discorso [55]. Da quanto detto risulta chiaro che tale tipo di intervento si può rinvenire soltanto in testi in cui il narratore mostri consapevolezza di sé, non preoccupandosi di esporsi più del necessario riguardo all'economia della storia.

Naturalmente ciò spiega la mancanza di commento sul discorso in *Una vita*, dove il narratore sembra voler sfuggire ad ogni manifestazione esplicita della propria presenza, ma anche in *Senilità* che appare voler conferire una importanza predominante alla storia e alle ripercussioni interne di essa sui personaggi piuttosto che alla narrazione, alla quale viene affidato un compito di supporto e di illuminazione dei fatti. La *Coscienza di Zeno* invece, data l'impostazione diaristica, offre al narratore maggiori possibilità di rendere visibili anche le varie

---

[54] Cfr. S. CHATMAN, *op. cit.*, pp. 15-18, ed anche T. Todorov, *op. cit.*, p. 250.
[55] Cfr. S. CHATMAN, *op. cit.*, pp. 272-277.

fasi della scrittura fatta di incertezze nell'espressione, di ripensamenti, di precisazioni [56]. Zeno all'inizio sembra credere fermamente in quanto va narrando, trattandosi della storia della sua vita, e gran parte dei commenti contribuisce direttamente alla messa in atto del tessuto narrativo. Pertanto, fin dalle prime righe, come si è notato in precedenza, il narratore manifesta una certa difficoltà nell'organizzare il discorso, difficoltà che si rivela naturalmente fittizia in quanto in ogni caso la narrazione procede, ma che è comunque importante come riflessione sull'atto dello scrivere. Non bisogna inoltre dimenticare che il diario gode della prerogativa di essere scritto per finalità immaginariamente non letterarie e, nel caso specifico, da un uomo comune; di conseguenza tali enunciati non fanno altro che attribuire maggiore credibilità al narrato. Abbiamo inoltre già sottolineato che la caratteristica costante del personaggio narrante in quest'opera è l'assoluta dipendenza dal suo psicologo [57], a cui è diretta la narrazione e che mostra di influire anche sulla scelta degli argomenti da trattare. Il narratore si accinge dunque a spiegare ogni minimo particolare, non trascurando di chiarire persino i motivi che lo spingono a dare un certo significato alle parole da lui impiegate:

> Attonito e inerte stetti a guardare il mondo sconvolto, fino al principio dell'agosto dell'anno scorso. Allora io cominciai a « comprare ». *Sottolineo questo verbo perché ha un significato più alto di prima della guerra.* In bocca di un commerciante, allora, significava che egli era disposto a comperare un dato articolo. Ma quando io lo dissi, volli significare che io ero compratore

---

[56] Anche G. CONTINI, *op. cit.*, p. 154, sostiene infatti che « dal cuore dei discorsi sui fatti accaduti emerge un discorso che parla di sè, delle sue difficili regole di produzione, del suo progetto di essere un « altro » romanzo. »

[57] Cfr. M. PRETOLANI CLAAR, *op. cit.*, p. 72: « Di fatto, il dottor S., che compare solo nella prefazione, non ha solo la funzione di presentare l'argomento e le intenzioni del narratore — compito tradizionale delle prefazioni — ma anche e soprattutto quello di rivolgersi direttamente al lettore per informarlo che Zeno nella ricostruzione della propria vita ha mescolato verità e menzogna. »

di qualunque merce mi sarebbe stata offerta. (*La coscienza di Zeno*, p. 477)

Oppure il desiderio di caratterizzare in qualche modo il discorso raggiunge la prolissità, approdando ad assunti generalizzanti:

> Le parole bestiali che ci lasciamo scappare rimordono più fortemente delle azioni più nefande cui la nostra passione c'induca. *Naturalmente designo come parole solo quelle che non sono azioni, perché so benissimo che le parole di Jago, per esempio, sono delle vere e proprie azioni. Ma le azioni, comprese le parole di Jago, si commettono per averne un piacere o un beneficio e allora tutto l'organismo*, anche quella parte che poi dovrebbe erigersi a giudice, *vi partecipa e diventa dunque un giudice molto benevolo.* Ma la stupida lingua agisce a propria e a soddisfazione di qualche piccola parte dell'organismo che senza di essa si sente vinta e procede alla simulazione di una lotta quando la lotta è finita e perduta. Vuole ferire o vuole accarezzare. Si muove sempre in mezzo a dei traslati mastodontici. E quando sono roventi, le parole scottano chi le ha dette. (*Ibidem*, p. 331)

Il commento sul discorso assume talvolta anche la caratteristica di una forma che tradisce « un certo ritegno » a parlare di alcuni argomenti, benché destinato a risolversi in un ennesimo espediente retorico:

> Mia suocera... Ecco! *Anch'io provo un certo ritegno a parlarne con troppa libertà*. Da molti anni io le voglio bene perché è mia madre, ma sto raccontando una vecchia storia nella quale essa non figurò quale mia amica e intendo di non rivolgerle neppure in questo fascicolo, ch'essa mai vedrà, delle parole meno che rispettose. (*Ibidem*, p. 92)

Non bisogna lasciarsi sfuggire che in quell'*anch'io* iniziale potrebbe essere nascosto il desiderio di generalizzare i sentimenti che vengono poi esposti. Il narratore inoltre prende apertamente le distanze dal narrato definendolo appunto « vecchia storia » per sottolineare ancora una volta quanto siano passibili di mutamento le sue opinioni. Non manca infatti il tentativo troppo scoperto di giustificare certi atteggiamenti poco coerenti nei riguardi di altri personaggi, atteggiamenti che, proprio perché enfatizzati in tal modo, mettono in dubbio la stessa sincerità di Zeno narratore:

> *Mi duole di dover dire tanto male del mio povero amico, ma devo essere veritiero anche per intendere meglio me stesso.* Ricordo quanta intelligenza egli impiegò per ingombrare il nostro piccolo ufficio di fantasticherie che c'impedivano ogni sana operosità. (*Ibidem*, p. 313)

La slealtà di Zeno sta appunto nell'ostentare un falso rincrescimento quando si riferisce poco benevolmente a chi non ha mai riscosso le sue simpatie, cioè al cognato Guido, e solo per il desiderio di offrire al Dottor S. una buona immagine di sé. Ecco dunque che proprio l'obiettivo della verità o, meglio, la finzione della verità, gli impone di articolare in un certo modo la narrazione almeno secondo il suo punto di vista, e il dottore deve prendere atto della sua esitazione nell'organizzare il discorso narrativo. Il commento sul discorso quindi si può dire che più di ogni altro procedimento rivela le intenzioni e i moventi che spingono Zeno alla ricostruzione della propria vita e, almeno fino ad un certo punto, non intralcia, ma anzi aiuta lo sviluppo della storia.

Quest'ultimo aspetto tróva la sua massima realizzazione in *Sorelle Materassi*. Infatti, proprio per il carattere conversativo che assume la narrazione, questo romanzo presenta una grande ricchezza e varietà di riflessioni sull'atto del raccontare che non possono che fare da supporto al medesimo. Il narratore avverte l'esigenza di giustificare ogni sua affermazione e di apportare verifiche ad ogni sua impressione, persino su argomenti già di per sé eloquenti come le descrizioni d'ambiente:

> *Ho detto armoniosissime, giacché* la cosa che salta agli occhi dello spettatore anche distratto, mediocre o indifferente, è la linea di esse che veduta una volta non sarà facile cancellare dal ricordo, producendosi tale armonia dalle irregolarità più impreviste, come soltanto il caso può architettare. (*Sorelle Materassi*, p. 20);

e ancora:

> *Non a caso ho nominato questi due ruscelli ed ora ve ne dico il perché.* È pregio di queste colline il ricordare personaggi grandi della storia, principi e Re, poeti, scienziati... *ma questo campo è tanto vasto che qui lo spazio non consente di avanzarci il piede /.../. (Ibidem,* p. 27)

Tali spunti di discorsività si rivelano talvolta anche mezzo per delimitare il campo a cui prestare attenzione in determinati momenti della vicenda:

> Oltre al passaggio di troppe cose che lo riguardano a volo, e meglio sarebbe dire che mai lo riguardano e nello spirito di cui già abbiamo discusso, e che, noi non riguardano per nessun conto, ferma la nostra attenzione una cosa che lo riguarda davvero e da vicino, anzi nel cuore, ed è il sostare frequente di automobili signorili al cancello sempre aperto a metà della casa già accennata e destinata ad assorbire tutte le nostre mire /.../. (*Ibidem,* p. 33)

Si procede alla indicazione implicita del narratario mediante il pronome di prima persona plurale, quasi a suggerire un rapporto di complicità con lui nel costruire il discorso, mentre le ripetizioni, forse eccessive in questo caso, e il riferimento a una discussione già affrontata ribadiscono il carattere colloquiale a cui si è già accennato. Ciò trova ulteriore conferma nel brano che segue, in cui il narratore si intrattiene a giustificare l'uso di un'immagine:

> Nella nostra vita quotidiana si è spesso vittime di certi abbagli /.../, e quando più siamo sicuri di essere noi a mandare la barca, proprio in quel momento ci accorgiamo (un momento terribile) che la barca ci fa andare, e dove vuole; ed è allora che ci affanniamo con ogni mezzo per mantenerci nella primitiva illusione e dimostrarlo a chi vede. *Voi penserete certo che la giuntura sia delle più bislacche, giacché se possiamo mantenerci noi nell'illusione, ciò non accade per coloro che dalla riva ci stanno a guardare, i quali sempre meglio accorgendosi che la barca va da sé, se la ridono a crepapelle di tutto il nostro gestire e*

> *gridare. Macché! Da altro non essendo attratti che dallo strepito
> /.../, costoro vivono arcisicuri che siamo noi a mandarla, perfet-
> tamente.* (*Ibidem*, p. 182)

In particolare ci imbattiamo nell'ipotesi di una eventuale obie-
zione del narratario a proposito della « giuntura » adottata dal
narratore, e al tempo stesso la confutazione di essa che culmina
nella scoria altamente discorsiva e confidenziale: *Macché!* Se già
precedentemente avevamo notato l'enorme attenzione di cui
gode il narratario in questo testo: dobbiamo ora sottolineare
che egli è chiamato altresì alla collaborazione nel mettere
insieme il materiale narrativo.

Anche nel commento sul discorso le posizioni di Svevo e
di Palazzeschi divergono, in quanto mai Zeno si sente tanto
vicino al suo destinatario da proporgli una effettiva cooperazione; ma anzi si adopera, come abbiamo già notato, ad imporre se stesso attraverso gli espedienti della scrittura che lo
aiutino ad acquistare credibilità agli occhi del Dottor S. Anche
le sue lunghe divagazioni sul significato delle parole non si
discostano da tale finalità e prescindono dal carattere puramente tecnico che un simile interesse dovrebbe avere. Nella
Cognizione del dolore, al contrario, il narratore pur riflettendo
spesso sulle modalità linguistiche della scrittura, si dedica ben
poco ad osservazioni che riguardino la messa in atto del tessuto narrativo e, se lo fa, non sempre dimostra un atteggiamento favorevole nei riguardi dell'argomento trattato e neppure il desiderio di comunicare col destinatario e di collaborare
con lui, come invece abbiamo messo in luce in Palazzeschi.
Eppure, se consideriamo il brano:

> Il commerciante di stoffe (*tanto da esaurire questa stupida storia
> e potercene sbarazzare una volta per tutte*) non era, come è
> ovvio, un commerciante del luogo /.../. (*La cognizione del do-
> lore*, p. 17)

ci rendiamo conto che nonostante egli giudichi « stupida » la
storia che sta narrando e al tempo stesso affermi di volersi
« sbarazzare » di essa il più presto possibile per passare ad altre
argomentazioni, implicitamente chiama in causa il lettore pur

non occupandosi deliberatamente di lui nell'esprimere il suo giudizio. Ad ogni modo casi del genere risultano molto rari, dal momento che il narratore, scorgendo una difficoltà di analisi nella realtà stessa [58], non sembra prestare molta attenzione alla perfetta edificazione dell'impianto narrativo. Altrettanto polemici sono gli interventi che si offrono quale strumento di demolizione d'ogni forma letteraria aulica e forbita:

> Della gran parte di quelle ville, quando venivan fuori più « civettuole » che mai dalle robinie, o dal ridondante fogliame del banzavois come da un bananeto delle Canarie, si sarebbe proprio potuto affermare, in caso di bisogno, e ad essere uno scrittore in gamba, che « occhieggiavano di tra il verzicare dei colli ». Noi ci contenteremo, dato che le verze non sono il nostro forte, di segnalare come qualmente taluno de' più in vista fra quei politecnicali prodotti, col tetto tutto gronde, e le gronde tutte punte, a triangolacci settentrionali e glaciali, inalberasse pretese di chalet svizzero /.../. (*Ibidem*, p. 22)

Il fatto che Gadda isoli con gli apici le espressioni classicheggianti ed affianchi la propria opinione sulle « verze » a chiaro scopo denigratorio, testimonia la sua posizione contro il bello scrivere che quasi sempre si rivela, proprio per la sua linearità, incapace di cogliere l'essenza del reale. Il commento sul discorso comunque non trova mai nella *Cognizione del dolore* espressioni che incrinino la credibilità del tessuto narrativo. In effetti quest'ultimo aspetto è comune anche a Palazzeschi, molto più aperto, come abbiamo già sottolineato, a tale forma di enunciazione. In *Sorelle Materassi* l'intervento autoriale si articola infatti, dall'inizio alla fine del romanzo, nel massimo rispetto del lettore, in quanto il narratore mostra di non voler più scuotere in lui l'illusione che sia realmente esistita una famiglia Materassi con le sue vicende e le sue sorti:

---

[58] Afferma infatti G.C. ROSCIONI, *op. cit.*, p. 4, che per Gadda le cose « altro non sono che le infinite relazioni, passate e future, reali o possibili, che in esse convergono: relazioni che attuano, nel mondo effimero delle « immagini », prestabilite idee o 'forme'. »

> Io non so se su questo grado di parentela si siano fatte, come su
> altri, tante apologie, spero di no e non credo, e non per la
> ragione pratica che sia rimasto a me un cantuccino libero per
> tentarne una a dovere, ma perché in molti casi lo scrittore si
> lasciò tanto levar la mano dalla corrente, da rendere necessario
> l'ingrato compito di rimettere al posto le cose, magari esage-
> rando dall'altra parte; se invece il campo è sgombro si respira
> bene e si lavora con serenità. (*Sorelle Materassi*, p. 64)

Il « grado di parentela » in oggetto è appunto quello esistente fra
le protagoniste e concede al narratore la possibilità di riflettere
sull'organizzazione del materiale narrativo, ma anche di andare
oltre agganciandosi a considerazioni che ancora una volta stabiliscono un legame di complicità col narratario. Ad ogni modo
non è sempre in questi ambiti che il narratore ama ripetutamente attirare l'attenzione del lettore e stimolarne la curiosità.
Ora è appunto la storia che assorbe tutte le sue finalità:

> Verrebbe fatto di pensare che affinità naturali sviluppatissime li
> avessero avvicinati per tenerli insieme, e la consuetudine di due
> spiriti affini ne avesse stretto i vincoli a poco a poco e cementata
> l'unione. *Senza anticipare troppo nel racconto dirò soltanto che
> siamo ben lontani da ciò.* (*Ibidem*, p. 169);

ora qualche aspetto del carattere dei personaggi, su cui poter
sorridere col narratario:

> E c'è di peggio: qualche sozzo furfante rimasto ignoto, aveva
> avuto la sfrontatezza di fare i propri bisogni sul loro cancello,
> proprio nel mezzo dove si doveva passare /.../. La povera
> Niobe, una mattina, aveva dovuto lavare bene bene le pietre e il
> cancello medesimo /.../. E rientrando poi nella casa, a capo
> basso, umiliata ed offesa, aveva borbottato a sé stessa: « Sarà, ma
> per me è roba di donne ». *Noi non vogliamo indagare sulle
> astrologie di Niobe.* (*Ibidem*, p. 342)

L'amicizia fra Remo e Palle, nel primo di questi brani, viene
così caratterizzata in negativo attraverso l'ipotesi che potrebbe
appunto essere avanzata dal narratario e che il narratore subito
smentisce, preannunziando un ulteriore sviluppo della propria

indagine e al tempo stesso mantenendo in sospeso l'argomento per il gusto di farsi portavoce di informazioni che solo egli possiede. Il carattere dei personaggi, il loro mondo interiore, o anche le loro « astrologie », come si legge nel secondo enunciato, costituiscono costantemente un oggetto di studio del narratore, che anche a proposito di Niobe [59] non esita a fermare la narrazione e, argomentando sulla messa in atto del racconto, ad esprimere il suo bonario giudizio senza trascurare ancora una volta di chiamare in causa sia pure indirettamente il narratario. Sarebbe superfluo ricordare i vari espedienti retorici atti a coinvolgere quest'ultimo nel commento sul discorso, come il classico appiglio a collaudate remore d'ordine espressivo nell'affrontare l'argomento. Il risultato è comunque il medesimo: il carattere di invenzione della narrazione e la coscienza del suo artificio non vengono mai traditi; la narrativa di per sé non appare mai incrinata.

Con Svevo invece il discorso si complica, in quanto nella *Coscienza di Zeno* ogni prerogativa di credibilità viene a mancare col cessare della fiducia del protagonista narrante nella efficacia della psicoanalisi [60]. Perciò, solo nel momento in cui si realizza questa convinzione, Zeno si sente in animo di muovere delle critiche alla metodologia espositiva richiesta dal Dottor S.:

> Il dottore presta una fede troppo grande anche a quelle mie benedette confessioni che non vuole restituirmi perché le riveda. Dio mio! Egli non studiò che la medicina e perciò ignora

[59] Cfr. G. PULLINI, *op. cit.*, pp. 102-103: « Niobe /.../ incarna la natura elementare, generosa e amorale /.../. Il suo amore alla vita, il suo istinto sensuale e materno le permettono di guardare oltre i casi personali, e di sentirsi emotivamente vicina a tutte le manifestazioni della vita come a fenomeni sacri e positivi. »

[60] Si evince così il duplice atteggiamento di Zeno nei riguardi del suo discorso narrativo, per cui diremo con GA. CONTINI, *op. cit.*, p. 150, che egli « scrive anche la storia di se stesso che scrive per giustificarla o falsificarla o rinnegarla. »

che cosa significhi scrivere in italiano per noi che parliamo e
non sappiamo scrivere il dialetto. Con ogni nostra parola to-
scana noi mentiamo! Se lui sapesse come raccontiamo con
predilezione tutte cose per le quali abbiamo pronta la frase e
come evitiamo quelle che ci obbligherebbero a ricorrere al
vocabolario! È proprio così che scegliamo della nostra vita gli
episodi da notarsi. Si capisce come la nostra vita avrebbe tut-
t'altro aspetto se fosse detta nel nostro dialetto. (*La coscienza di
Zeno*, p. 445);

ed ancora sul medesimo tema:

Se ne avessi parlato sarebbe stata una nuova difficoltà nella mia
esposizione già tanto difficile. Quest'eliminazione non è che la
prova che una confessione fatta da me in italiano non poteva
essere né completa né sincera. In un deposito di legnami ci
sono varietà enormi di qualità che noi a Trieste appelliamo con
termini barbari presi dal dialetto, dal croato, dal tedesco e
qualche volta persino dal francese (« zapin » p.e. non equivale
mica a « sapin »). Chi m'avrebbe fornito il vero vocabolario?
(*Ibidem*, p. 456)

A questa disquisizione linguistica si accompagna un ribaltamento dello schema del commento sul discorso che, incri-
nando il tessuto narrativo, gli sottrae quella credibilità che
finora era stata tanto cercata[61]. Zeno dichiara infatti senza
mezzi termini di aver mentito o almeno di aver modificato a
suo piacere le realtà da lui date una volta per certe e come tali
confessate. L'ultima prova di questa sostanziale inattendibilità
ci viene fornita ancora da lui, che denuncia un totale discredito
per la terapia finora seguita, ma anche il proprio distacco da
quelle che, essendo le confessioni della sua vita, meriterebbero
forse da parte sua, se veritiere, una maggiore considerazione:

[61] Cfr. M. LAVAGETTO, *art. cit.*, p. 195: « Basta questo piccolo segmento
per condannare rovinosamente la macchina che Zeno ha costruito e ha
cercato di smerciare come « confessione ». Confessarsi è mentire, la lingua lo
tradisce, lo tradisce anche la grammatica ».

Dal maggio dell'anno scorso non avevo più toccato questo libercolo. Ecco che dalla Svizzera il Dottor S. mi scrive pregandomi di mandargli quanto avessi ancora annotato. È una domanda curiosa, ma non ho nulla in contrario di mandargli anche questo libercolo dal quale chiaramente vedrà come io la pensi di lui e della sua cura. Giacché possiede tutte le mie confessioni, si tenga anche queste poche pagine e ancora qualcuna che volentieri aggiungo a sua edificazione. Ho poco tempo perché il mio commercio occupa la mia giornata. Ma al signor Dottor S. voglio dire il fatto suo. Ci pensai tanto che ormai ho le idee ben chiare. (*Ibidem*, pp. 476-477)

Anche la figura dell'autorevole destinatario si colorisce di tinte diverse ed il rispetto finora dimostratogli da Zeno si risolve tutto in quel sarcastico « signor Dottor S. », che fa assumere all'enunciato un tono decisamente provocatorio. Tuttavia Zeno non rinnega la vita, ma l'esposizione di essa attraverso il diario che avrebbe dovuto guidare la diagnosi e la risoluzione della malattia: egli ha ormai superato questo stadio intermedio passando a considerare la vita stessa una malattia. Poiché non ha più bisogno della psicoanalisi, avverte di conseguenza la nullità del proprio discorso e non può che commentarlo negativamente, mettendo in crisi, prima di ogni altra cosa, la veridicità stessa di quanto ha narrato.

2.4. *Rapporto col narratario e commento sulla storia*

Come abbiamo avuto modo di osservare precedentemente, ogni qual volta il narratore rende manifesta la sua voce, implicitamente si riferisce ad un virtuale destinatario che costituisce appunto la figura del narratario. Potremmo pertanto sostenere con Eco [62], inseguendo le suggestioni d'un tema di così vasta portata teorica, che il narratore « prevederà un Lettore Modello capace di cooperare all'attualizzazione testuale » e « di muoversi interpretativamente così come egli si è mosso genera-

---

[62] U. Eco, *op. cit.*, p. 51.

tivamente ». Per delimitare il problema si dovrà pertanto stabilire il ruolo effettivo che tale entità assume nei romanzi presi in esame. Naturalmente la prima cosa a cui corre la nostra mente è la certezza che tutte le parti narrative contenenti spiegazioni, descrizioni o commenti si rivelino in sostanza come un sussidio offerto al lettore ideale e pertanto un riferimento ad esso per implicazione [63]. Tuttavia se fossero solo questi gli indizi della presenza del narratario non potremmo assolutamente definirne il ruolo e la funzione nell'economia della narrazione e finiremmo di conseguenza con l'avvicinarlo e quasi identificarlo col lettore reale, troppo esterno alla storia perché abbia una qualche influenza sulla narrazione. A conferma di ciò appare perfettamente calzante l'esempio di *Una vita*, in cui parallelamente all'assenza esplicita del narratore si registra una assenza esplicita del narratario, mentre entrambi si manifestano implicitamente attraverso questi espedienti (spiegazioni, descrizioni o commenti). Tutto ciò non ci stupisce affatto dal momento che l'oggettività degli eventi si è rivelata come il fine ultimo a cui si tende in questo romanzo; oggettività di cui, in linea di massima, il narratore e conseguentemente il narratario devono soltanto prendere atto.

Nei romanzi in cui le due entità trovano maggiore ragion d'essere e in cui il rapporto tra il narratore e il narratario diventa più intenso, si arricchisce la gamma di segnali di superficie che denunciano la qualità della comunicazione. A questo proposito il rango più elevato si deve attribuire a Palazzeschi, la cui scrittura — come si è detto — ci fa quasi partecipare sensibilmente a una sorta di prolungata conversazione instauratasi fra i due poli dell'istanza narrativa. Le vicende delle sorelle, di Niobe, la loro astrazione dalla realtà, la comparsa di Remo non costituiscono, paradossalmente, gli elementi su cui più si focalizza l'attenzione del narratore: è il narratario il vero protagonista della narrazione, l'interlocutore verso cui si orienta ogni spunto conversativo, cosicché la sua figura finisce con l'essere tutt'altro che convenzionale. Per lui il narratore

---

[63] Cfr. S. CHATMAN, *op. cit.*, p. 282.

mai si stanca di ribadire un concetto, di rispondere in anticipo ad eventuali domande e persino di chiarire eventuali equivoci:

> Gli abitanti di questo luogo, e coloro che hanno dimestichezza con esso, lo chiamano Santa Maria semplicemente; i cittadini invece, più evoluti e meno intimi, Coverciano senz'altro. *Questo non lasci supporre a una scissione tra Massoni e Clericali, Dio ce ne guardi, tale diversità rivela solo l'indifferenza da una parte e dall'altra l'intimità e l'amore.* (Sorelle Materassi, p. 27)

Non c'è dunque antagonismo ma solo la generosa compiacenza di chi, sapendone di più, è lieto di offrire ragguagli al proprio interlocutore. Abbondano perciò espressioni colloquiali e confidenziali che portano il narratore ad una corrispondenza continua col narratario fino a farlo diventare una figura quanto mai concreta. L'uso della prima persona plurale accresce tale rapporto di complicità ponendo l'emittente e il ricevente sullo stesso piano:

> *Dicemmo sul principio del racconto che* le sorelle erano quattro e delle quali, fino a questo momento, ne abbiamo conosciute tre: *vediamo* che ne fosse dell'ultima, Augusta, terza in grado di età, la cui storia non è né troppo lunga né troppo gaia. (*Ibidem*, p. 91)

L'invito alla collaborazione è palese e non soltanto formale, in quanto l'uso del « noi » è inserito in un vero e proprio enunciato di riepilogo, volto si direbbe a rinfrescare la memoria dell'interlocutore con in più l'avvertimento a tener conto di una situazione tralasciata « sul principio del racconto » e che dal narratore viene ora espressamente giudicata [64] una « storia /.../ né troppo lunga né troppo gaia ». Il narratario dunque non può aspettarsi sorprese in quanto la cooperazione « all'attualizzazione testuale » — secondo la già ricordata definizione di Eco — gli è oltremodo semplificata, così come il rapporto confidenziale stabilito con lui dal narratore emerge a livello di

---

[64] L'attività commentativa del narratore esplicantesi nel giudizio può estendersi (cfr. S. CHATMAN, *op. cit.*, pp. 264-266) anche agli eventi della storia, come appunto si verifica nel caso su esposto.

superficie attraverso l'uso del « voi » [65] e la relativa apostrofe
intrisa di collaudata retorica:

> Se a questo momento *vi sarete sentiti penetrare* in qualche parte
> la punta aguzza della curiosità *vi dovete domandare* chi possa
> vivere in una vecchia casa della pianura di Firenze, dall'appa-
> renza borghigiana e dimessa, capace di attirare persone così
> eminenti e diverse. Vien fatto di pensare all'arte sopraffina di
> quella padrona di casa capace di cementare insieme gente tanto
> lontana d'età e di costume e capace di stuzzicare la nostra
> impazienza e la nostra ammirazione. (*Ibidem*, p. 35)

Talvolta il narratario è nominato esplicitamente:

> *Come il lettore comprende*, i suoi « sì » non erano dei « sì »
> qualunque, ma pesati bene, e scendevano da quell'altezza ac-
> compagnati da sorrisi esercitati a scala come le parole /.../.
> (*Ibidem*, p. 133)

Non sfugge nel primo brano il tentativo di tenere un po' in
sospeso il destinatario per gustare fino in fondo il privilegio
della narrazione e al tempo stesso l'abilità nel fornire in maniera allusiva informazioni sulle misteriose protagoniste [66]. Sarebbe dunque superfluo continuare a definire l'identità del
narratario in *Sorelle Materassi* dal momento che, essendo la sua
presenza costante come pure costante è il suo rapporto col
narratore, rischieremmo di ripeterci avendo sottolineato più
volte la ricorrenza e la concretezza di questa figura, in fun-

---

[65] Si procede quindi alla nominazione esplicita del narratario, (cfr. S.
CHATMAN, *op. cit.*, pp. 281-282). Abbiamo preferito attenerci alla schematiz-
zazione di Chatman, sebbene l'argomento sia stato trattato anche da G.
GENETTE, *op. cit.*, pp. 307-308, in quanto il critico francese non sembra aver
affrontato con uguale attenzione il rapporto diretto col narratario attraverso
i vari procedimenti stilistici.

[66] Generalizzando a proposito dell'affabile sorriso di Palazzeschi sui
personaggi del romanzo in oggetto, cfr. G. PAMPALONI, *art. cit.*, p. 179:
« Trascorre con la sua ironia gentile, crudele e familiare sulle immagini di
un mondo decaduto, ridotto a repertorio di macchiette; ma la solida fenomenologia di quel mondo, la sua certezza creaturale, rimane pur sempre lo
spazio in cui è capace di muoversi. »

zione della quale ogni elemento della diegesi viene commentato e analizzato. Abbiamo avuto modo di constatare la similarità di tale procedimento analitico anche nel secondo romanzo sveviano. Infatti si è precedentemente notato che sia in *Senilità* sia in *Sorelle Materassi* è presente la medesima attitudine del narratore allo studio delle ripercussioni del reale sull'animo dei personaggi, della opposizione da essi inconsciamente vissuta tra mondo interno e mondo esterno, fino alla manifestazione da parte del narratore di una maggiore conoscenza della realtà rispetto ad essi. La differenza, però, fra questi due romanzi sta nel fatto che mentre in Palazzeschi l'analisi del narratore nei riguardi della storia si proietta su una terza entità che è appunto il narratario, con cui la voce narrante si diverte a dar prova della sua onniscienza, in *Senilità* il binomio narratore-storia generalmente non si amplia e il narratario rimane una presenza implicita e silenziosa, dal momento che tutta l'attenzione è assorbita dalla vicenda. E anche quando, alla morte di Amalia, il narratore, ormai in procinto di concludere, si concede una pausa di riflessione e sembra abbracciare lui medesimo e i personaggi e il narratario, quasi a suggellare, con enfasi adatta all'epilogo, questa stretta unione di entità che nel corso della storia egli ha mantenuto in uno stato di latenza, non dobbiamo lasciarci ingannare:

> L'immagine della morte è bastevole ad occupare tutto un intelletto. Gli sforzi per trattenerla o per respingerla sono titanici, perché ogni *nostra* fibra terrorizzata la ricorda dopo averla sentita vicina, ogni *nostra* molecola la respinge nell'atto stesso di conservare e produrre la vita. Il pensiero di lei è come una qualità, una malattia dell'organismo. La volontà non lo chiama e non lo respinge. Di questo pensiero Emilio lungamente visse. (*Senilità*, p. 179)

Quel « nostra », infatti, non costituisce un richiamo esplicito al narratario extradiegetico [67] ma, inserito in un contesto ampia-

---

[67] Per chiarire meglio il concetto di narratore e di narratario extradiegetico diremo con G. GENETTE, *op. cit.*, p. 308, che si definiranno tali qualora non partecipino in alcun modo alla storia narrata, in contrapposizione al narratore e al narratario intradiegetici, che ne fanno parte come personaggi.

mente generalizzante, concretizza soltanto un riferimento alla comune condizione umana. Pertanto il discorso si amplia e si articola in maniera distesa quasi a prendere congedo dalla storia, facendo accenno a una temporalità che non è più nei limiti di essa: « Di questo pensiero Emilio lungamente visse ».

L'evidenza o meno della figura del narratario risponde quindi — a seconda dei testi — a motivazioni diverse che non possono essere schematizzate a priori ma che comunque devono essere calate nell'economia del narrato. Come in *Senilità* anche nella *Cognizione del dolore* il narratore non ama molto rapportarsi ad un narratario, non solo perché anche lui è troppo preso dalla sua storia ma anche perché troppo profondamente sente la complessità del reale per coinvolgere un possibile interlocutore nella decodificazione del medesimo. Tuttavia, più che in *Senilità*, sono presenti degli spunti che ci rimandano ad esempio alla designazione diretta del narratario mediante il consueto ammiccamento alla prima persona plurale:

> La porta-finestra delle scale: quella, *tanto per intenderci*, da cui il figlio, nel pomeriggio, era uscito sul terrazzo. (*La Cognizione del dolore*, p. 220)

Apparentemente ci troviamo di fronte a chiarimenti, a ribadimenti, ma in effetti non sembra che il narratore dia molta importanza alle opinioni del proprio narratario, preso com'è da una storia che sembra stia raccontando a se stesso. E anche quando ci troviamo di fronte a enunciati apparentemente dialogici, come si è visto in precedenza, egli non esprime certezze, non risponde agli interrogativi da lui stesso posti, quasi a voler dimostrare che l'impossibilità di provare o di confutare un dato, oltre ad essere del narratario, è principalmente di lui narratore. Quanto detto, tuttavia, non ci deve indurre a concludere che la voce narrante non si rivolga mai direttamente al suo ideale interlocutore o che non lo faccia quasi mai attraverso l'uso del « voi », che erroneamente M.A. Grignani e F. Ravazzoli [68] individuano unicamente nel brano che segue:

---

[68] M.A. Grignani e F. Ravazzoli, *art. cit.*, p. 29.

Gli parve impossibile che le cariche narcissiche de' suoi generanti si fossero risolte /.../ nel Serruchòn a denti di sega. « Talché non è chi, al primo vederlo, purché sia di fronte, come per esempio sulle mura di Pastrufazio... ».
Oh! non ringalluzzitevi: si tratta del Serruchòn, beninteso. E le mura erano bastioni con pennacchi al moderno secolo di verdi ippocastani sopra le maglie dei trasvolanti ciclisti, con pioggia di fiori bianchi nei capelli notturni delle scarmigliate... (*Ibidem*, p. 204)

Il riferimento netto al luogo dei *Promessi Sposi* [69], per descrivere il Serruchòn, comporta anche un invito implicito a stabilire un nesso tra la situazione politico-sociale di quel paese immaginario con quella dell'Italia [70], coinvolgendo quindi il narratario in una serie di cooperazioni e di analogie extradiegetiche che porteranno all'identificazione, non solo geografica, del Serruchòn con la Lombardia [71].

Altre volte ci troviamo di fronte a un appello al narratario quando il narratore rievoca un patrimonio culturale, nonché ambientale, comune:

aprile entrava nella stanza, *come il settembre nostro*, dalle finestre, e alcune mosche, moscerini e crepuscolari mosconi, alquanto

[69] Cfr. a questo proposito E. FLORES, *op. cit.*, pp. 47-49, il quale a sua volta si riferisce al seguente passo del romanzo manzoniano (cap. I): « il Resegone, dai molti suoi cocuzzoli in fila, che invero lo fanno somigliare a una sega: talchè non è chi, al primo vederlo, purchè sia di fronte, come per esempio di su le mura di Milano che guardano a settentrione, non lo discerna tosto, a un tal contrassegno, in quella lunga e vasta giogaia ».

[70] Come suggerisce ancora E. FLORES, *Ibidem*, pp. 62-70, Gadda nel testo in esame conduce una sottile polemica contro il fascismo.

[71] Cfr. *La cognizione del dolore*, p. 174: « In quella regione del Maradagal, *così simile, per molti aspetti, alla nostra Brianza*, parevano le luci del laghi di Brianza, un tenue dorato velo di tristezza lungo l'andare della collina, dal platano all'olmo: quando ne frulla via, svolando, un passero: e le chiome degli antichi alberi, pensose consolatrici, davanti ai cancelli delle ville disabitate dimettono la loro stanca foglia. » Si può pertanto dire che, nelle descrizioni, stabilendo delle analogie fra i luoghi teatro dell'azione e la Brianza, il narratore lascia volutamente pensare che l'analogia non sia soltanto topografica.

decadenti nel tono questi ultimi e per vero dire un po' sospetti, ronzavano e rigiravano alti /.../. (*Ibidem*, p. 195)

E ancora:

> Fu per le cure d'un agronomo che speculava il Progresso e ne diede sicuro il presagio, vaticinando la fine alle querci, agli olmi, o, dentro ai forni della calcina, all'antico sognare dei faggi. Dei quali non favolosi giganti, verso la fine ancora del decimottavo secolo, era oro e porpora sotto ai cieli d'autunno tutta la spalla di là della dolomite di Terapattola, dove di qua strapiomba, irraggiando, sulla turchese livellazione del fondovalle, che *conosciamo* essere un lago. (*Ibidem*, p. 51),

dove il periodare si distende e tocca punte di alta liricità, che coinvolgono il lettore nel rimpianto di un incorrotto passato [72], da cui gli uomini si sono progressivamente allontanati perpetrando un immane scempio paesaggistico, col distruggere anzitutto gli alberi « dentro i forni della calcina » per far spazio a nuove costruzioni. Il procedimento, ricco di metafore (come « l'antico sognare dei faggi. Dei quali non favolosi giganti /.../, era oro e porpora sotto ai cieli d'autunno tutta la spalla », o ancora: « strapiomba, irraggiando, sulla turchese livellazione del fondovalle »), attesta l'intensa personalizzazione di questi paesaggi ma anche il desiderio di stimolare nel lettore le medesime reazioni. Anche per la *Cognizione del dolore*, come già per *Senilità*, non si può quindi parlare di rapporto competitivo col narratario, ma è come se il narratore lanciasse di tanto in tanto delle piccole provocazioni per spingere alla riflessione. I suoi riferimenti a realtà solo apparentemente legate alla storia non sono casuali, come non è un caso che egli invochi la cooperazione di un interlocutore soprattutto in ambiti di acuta rilevanza storica e sociale, simili a quelli ora citati. Il narratario in pratica funge da elemento di verifica o di chiarificazione del discorso narrativo piuttosto che rappresentare l'entità in funzione della quale esso venga effettuato. Era

---

[72] Cfr. G.C. ROSCIONI, *op. cit.*, p. 49.

invece quest'ultima la prerogativa fondamentale di *Sorelle Mate-rassi*, dove la preminente considerazione in cui era tenuta la figura del narratario rimaneva costante e non tradiva alterazioni. Nella *Coscienza di Zeno* invece, pur assumendo le sembianze ben nette e delineate del Dottor S. e pur rappresentando al tempo stesso la spinta motivante e l'elemento finalizzante della narrazione, in maniera analoga a quanto avviene in Palazzeschi, il narratario subisce però delle modificazioni nell'ottica di Zeno e, come si vedrà, anche degli sdoppiamenti. Il personaggio narrante si sforza in ogni modo di chiarire le proprie posizioni ed instaura quindi col suo interlocutore un rapporto di agonismo, in base al quale egli argomenta per imporre il proprio punto di vista, prevenendo eventuali domande o cercando di evitare conclusioni sbagliate:

> Adesso, dicendone, dopo aver registrate tutte le fasi della mia avventura, *potrebbe sembrare ch*'io facessi il tentativo di far sposare da altri la mia amante e di conservarla mia, *ciò che sarebbe stata la politica di un uomo più avveduto di me e più equilibrato, sebbene altrettanto corrotto. Ma non è vero*: essa doveva decidervisi solo la dimane. (*La coscienza di Zeno*, p. 280)

La conversazione col narratario non assume qui un tono disteso e disinteressato, ma denuncia il timore da parte del narratore che la propria immagine sia svalutata moralmente; e tale timore tanto più è evidente quanto più aumenta in lui la consapevolezza di non aver sempre operato secondo i criteri impartiti dal Dottor S. Pertanto le insistite puntualizzazioni « *potrebbe sembrare che /.../. Ma non è vero* » attestano come di consueto la instabilità di opinione dello stesso personaggio narrante nei riguardi delle proprie azioni passate. La figura del narratario rappresenta in certo modo un elemento di disturbo per Zeno in quanto potenziale formulatore di false interpretazioni che condurrebbero ad un'analisi errata del suo paziente. In questa ottica si spiegano i continui riferimenti a eventuali valutazioni altrui e la corrispondente confutazione di esse, nonché il frequente mutamento del punto di vista del narratore stesso in relazione ad alcuni episodi della propria vita, utilizzati come elementi di persuasione nei riguardi del narratario direttamente chiamato in causa. Anche la posizione dell'interlocutore non è sempre eguale in tutto il romanzo, ma subisce anch'essa — né potrebbe essere diversamente — un profondo mutamento. L'atteggiamento di dipendenza nei suoi riguardi viene meno col venir meno della fiducia di Zeno nella psicoanalisi, finché il personaggio narrante rinnega la validità di quel rapporto manifestando definitivamente al suo narratario un'aperta avversione:

> Questa prova convincerebbe anche il dottore. Se ne dia pace: le sue parole non poterono guastare il ricordo della mia giovinezza. (*Ibidem*, p. 444)

Non è un caso che nei punti cruciali di questa dinamica di argomentazione e di confutazione Zeno non lasci dubbi sull'identità dell'effettivo narratario e indispensabile termine di confronto, nominandolo esplicitamente « dottore ». Abbiamo però accennato anche a uno sdoppiamento della figura del narratario; il che ci rimanda immediatamente ad individuarne la diversa identità e funzione. Si tratta infatti del lettore ideale o implicito, la cui presenza è ammessa ufficialmente grazie alla prefazione scritta dal Dottor S., editore fittizio del diario, come sostiene Contini[73], ma anche — al di là della figura del Dottore — eventuale appoggio invocato più o meno allusivamente da Zeno narratore per giustificare il proprio comportamento:

> *Chi* ha provato di restare per giorni e settimane accanto ad un malato inquieto, essendo inadatto a fungere da infermiere, e

---

[73] Cfr. GA. CONTINI, *op. cit.*, p. 88: « *La Prefazione* simula di dare carattere pubblico alla schermaglia segreta di Zeno e di ammettere una terza persona, il lettore esterno al testo. » Bisogna dire però che secondo l'affermazione della Contini, Zeno dovrebbe essere inconsapevole di questa presenza in quanto la pubblicazione del diario avverrà soltanto dopo che egli lo abbia scritto, ben lontano da questo scopo. In realtà, come si esemplificherà, tale figura si realizza anche a prescindere dall'atto polemico del Dottor S., la pubblicazione cioè delle confessioni del suo paziente, concretizzandosi attraverso i riferimenti del protagonista-narratore nel corso del romanzo.

perciò spettatore passivo di tutto ciò che gli altri fanno, *m'intenderà*. (*Ibidem*, p. 75)

Questo tipo di riferimento ricorre molto spesso e inoltre, a un'analisi di superficie, si osserva che quanto più Zeno vuol mettere a tacere i suoi sensi di colpa, tanto più confidenziale diventa il suo atteggiamento nei riguardi di tale entità interlocutiva; perciò le si rivolge mediante l'uso di pronomi indefiniti, o anche con la prima persona plurale nei momenti in cui più esplicitamente ne cerca la complicità:

> Del resto *noi uomini* siamo molto inclinati a compiangere le donne che si abbandonarono agli altri. Non *vediamo* mai quale vantaggio se ne possano aspettare. *Possiamo* magari amare l'uomo di cui si tratta — come avveniva nel caso mio — ma *non sappiamo* neppure allora dimenticare come di solito vadano a finire quaggiù le avventure d'amore. (*Ibidem*, p. 331)

Ciò che più attira la nostra attenzione è che il lettore implicito venga chiamato in causa quasi sempre in contesti generalizzanti, mediante i quali Zeno si sforza di dimostrare che il proprio modo di agire risponde a regole dettate dall'uso comune: lui si comporta in una determinata maniera perché tutti lo fanno, compreso il destinatario ideale e silenzioso a cui si rivolge. Quest'ultimo infatti è utilizzato dal narratore come termine di verifica o anche come proiezione di se stesso; ma non gode dello spazio e della considerazione di cui dispone ad es. l'interlocutore delle *Sorelle Materassi*; è un mezzo, non un fine e, tutto sommato, sebbene Zeno lo menzioni più frequentemente, risulta anche più lontano dalla narrazione di quanto non avvenga nella *Cognizione del dolore*. Perciò la figura che acquista maggiore spessore in tale ruolo rimane quella del Dottor S., indipendentemente dal fatto che Zeno ne ricerchi la stima e poi gli si opponga; e tale spessore è dato paradossalmente dalla ricerca — con una sua funzione compensativa — di un secondo interlocutore meno determinato (il lettore implicito), che viene chiamato in causa per acquistare credito nei confronti del destinatario ufficiale, divenuto forse troppo esigente nella prospettiva psicologicamente riluttante di Zeno.

3.0. Il personaggio e l'universo nell'intradiegetico

3.1. *Personaggi narratori e personaggi narratari*

Quando il narratore di prima istanza cede nel corso della sua storia la parola ad un personaggio perché questi effettui il proprio racconto indirizzandolo a un suo ascoltatore, queste due entità assumono la funzione di narratore e di narratario intradiegetici, mentre il racconto prodotto, trovandosi ad un livello diverso rispetto alla diegesi e precisamente all'interno di essa, si chiamerà metadiegetico[74]. Nei romanzi da noi analizzati la frequenza di impiego di tale tecnica è alquanto bassa, evidentemente perché, con motivazioni diverse, i rispettivi narratori preferiscono mantenere ben separata dai personaggi la propria funzione e la propria immagine. Quando però, come in *Una vita*, il narratore si serve dei personaggi stessi come mediatori[75] per non manifestare troppo apertamente la propria

[74] Cfr. G. GENETTE, op. cit., p. 276.
[75] Il concetto di mediazione operata dai personaggi sarà ancor più chiaro se prenderemo in considerazione ad esempio la descrizione d'ambiente « /.../ L'ho condotta da questa parte per poter farle vedere subito qualche stanza; è la parte più bella della casa /.../ Sul tavolinetto c'erano delle chincaglierie chinesi. Sembrava che il gusto della signorina Annetta fosse orientale. Sulle tappezzerie, al chiarore della candela accesa da Santo, Alfonso vide dipinti su un fondo azzurro due piccoli chinesi; l'uno seduto su una corda fissata a due travi ma molle e pendente come se i chinesi non pesassero, l'altro in atto di arrampicarsi su per un erta invisibile. — Qui dorme la signorina — disse Santo giunto nell'altra stanza /.../. » (*Una vita*, p. 58). Anche se ci troviamo di fronte ad una percezione del personaggio analizzabile nell'ambito del discorso indiretto, non abbiamo nessuna traccia della voce di Alfonso. Il brano realizza tutte le caratteristiche indicate da PHILIPPE HAMON, *Qu'est-ce qu'une description?*, « Poétique », 12, Paris 1972; tr. it. *Cos'è una descrizione*, in *Semiologia lessico leggibilità del testo narrativo*, Pratiche, Parma 1977, pp. 64-65, perchè una descrizione sia realista. Tutto infatti rientra in una sequenza di motivazioni che giustificano la parentesi descrittiva. L'occasione è data dall'anticipato arrivo di Alfonso all'appuntamento a casa dei Maller, dove il domestico Santo invita espressamente il protagonista a visitare la casa: « L'ho condotta da questa parte per poter farle vedere subito qualche stanza ». Si realizza dunque in lui il personaggio tipo dell'informatore, mentre in Alfonso si evidenzia la motivazione psicologica della curiosità. Inoltre tutto è reso ancor più realisticamente dall'evi-

presenza, accade che si venga a conoscenza di alcuni particolari della storia grazie al loro contributo. Non a caso in questi ambiti il metadiegetico si realizza sotto forma di comunicazione epistolare e ciò va ad accreditare la tesi che vuole questo romanzo ancora legato al naturalismo, poiché la lettera possiede di per sé inoppugnabile valore di documento. La vicenda è introdotta appunto da una lettera inviata da Alfonso alla madre affinché questa sia informata della sua nuova condizione di inurbato:

> Mamma mia, iersera, appena, ricevetti la tua buona e bella lettera.
> Non dubitarne, per me il tuo grande carattere non ha segreti; anche quando non so decifrare una parola, comprendo o mi pare di comprendere ciò che tu volesti facendo camminare a quel modo la penna. Rileggo molte volte le tue lettere; tanto semplici, tanto buone, somigliano a te; sono tue fotografie.
> Amo la carta persino sulla quale tu scrivi! La riconosco, è quella che spaccia il vecchio Creglingi, e, vedendola, ricordo la strada principale del nostro paesello, tortuosa ma linda. /.../
> Non credere, mamma, che qui si stia tanto male; son io che ci sto male! Non so rassegnarmi a non vederti, a restare lontano da te per tanto tempo, e aumenta il mio dolore il pensare che ti sentirai sola anche tu in quel grande casamento lontano dal villaggio in cui ti ostini ad abitare perché ancora nostro. /.../
> Voglio dirti tutto! Non poco aumenta i miei dolori la superbia dei miei colleghi o dei miei capi: forse mi trattano dall'alto in basso perché vado vestito peggio di loro. Son tutti zerbinotti che passano metà della giornata allo specchio. Gente sciocca! /.../ Questi i miei affanni, e con una sola parola tu puoi annullarli. Dilla e in poche ore sono da te. /.../
> Un bacio dal tuo affezionato figlio. Alfonso. (*Una vita*, pp. 37-38)

denza del mezzo grazie al quale Alfonso può indugiare sui particolari: « al chiarore della candela accesa da Santo », particolari dai quali viene distolto ancora una volta dalla battuta del servo: « Qui dorme la signorina — disse Santo giunto nell'altra stanza », che fornisce così l'espediente per chiudere la descrizione. La pausa perciò è anche pausa del personaggio che si sofferma ad osservare, e pertanto rientra nel normale tempo della storia, pur rappresentando un canale attraverso il quale il narratore ci fornisce delle informazioni.

La posizione di tale brano all'inizio della storia fa sì che esso svolga quasi la funzione di proemio adottato dal narratore per denunciare esplicitamente la propria assenza anche se, come sostiene Guglielminetti [76], data la forte presenza di discorso a svantaggio della pura referenzialità, il brano in questione non può assumere esclusivo valore documentario, come avrebbe invece richiesto la poetica naturalista. Dobbiamo comunque notare l'identità di un « io » e di un « tu » ben delineati come narratore e narratario intradiegetici, fra i quali si sviluppa un metaracconto che, essendo costituito da una lettera privata, si improntà alla naturale discorsività determinata dai rapporti affettivi di un figlio nei riguardi della madre. Ha invece la forma di freddo documento, come sottolinea ancora Guglielmi-netti [77], la lettera conclusiva del romanzo con la quale i Maller danno al tutore di Alfonso il distaccato annuncio della sua morte:

> Egli invece si sentiva incapace alla vita /.../
> N... 23 ottobre 18... Signor Luigi Mascotti, in risposta alla pregiata vostra del 21 corr. Vi annunciamo che ci sono del tutto ignote le cause che spinsero al suicidio il nostro impiegato signor Alfonso Nitti. Fu trovato morto nel suo letto il 16 corrente, alle quattro della mattina, dal signor Gustavo La-nucci, il quale, rincasato a quell'ora, s'insospettì per l'intenso odore di carbone che trovò diffuso in tutta l'abitazione. Il signor Nitti lasciò una lettera diretta alla signora Lanucci in cui la dichiarava sua erede. La vostra domanda sulla somma trovata presso il signor Nitti deve quindi essere diretta a quella signora.
> I funerali si fecero addì 18 corrente con l'intervento dei colle-ghi e della direzione.
> Con distinta stima vi riveriamo. Maller & C°. (*Ibidem*, pp. 354-355)

Anche in questo caso è interessante notare la presenza di un emittente e di un ricevente interni alla storia mediante i quali

---

[76] M. GUGLIELMINETTI, *op. cit.*, p. 123.
[77] *Ibidem*, p. 123.

ci vengono fornite le informazioni relative alla conclusione della vicenda, senza che il narratore di prima istanza intervenga ulteriormente. Dobbiamo però analizzare il modo in cui il racconto secondo viene introdotto e quali relazioni lo legano a quello di primo livello. Se rivolgiamo la nostra attenzione sul periodo che precede l'ampia citazione epistolare: « Egli invece si sentiva incapace alla vita », ci accorgiamo che quell'enunciato, di titolarità del narratore, fa sì che il racconto secondo si ponga come diretta conseguenza di quanto in esso indicato, costituendone anzi la logica spiegazione. Se invece consideriamo il problema dal punto di vista narratologico, rivolgendo l'attenzione sulla importanza della nuova istanza narrativa, scopriamo che il racconto secondo è legato direttamente al primo senza che intervengano procedimenti espliciti di analogia o di contrasto. Con Genette [78] chiameremo questi due tipi di relazioni che interagiscono fra di loro rispettivamente relazione esplicativa e relazione di concatenazione, sottolineando che comunque l'enunciato introduttivo non presenta alcuna traccia di intervento autoriale. In effetti, fra le categorie di congiunzione dei due livelli, la relazione esplicativa e quella di concatenazione sono le più frequenti e trovano più ampio riscontro nei nostri romanzi. Tuttavia anche in questo ambito vanno fatte delle distinzioni e, rimanendo alla comunicazione epistolare che anche in *Sorelle Materassi* è molto frequente, constateremo che le finalità del passaggio di livello si diversificano notevolmente rispetto a quanto ora visto in Svevo:

Ma la povera Augusta era ben lungi dal subire il fascino delle parole e le sue lettere si possono riassumere con facilità: « Mie care sorelle, vi scrivo per dirvi che non ho niente da dire, ma che per ora io sto bene e così quelli della mia famiglia che con me vi salutano e vi augurano buona Pasqua nella speranza che altrettanto sia di voi con l'aiuto del Signore ». (*Sorelle Materassi*, p. 92).

---

[78] Cfr. G. GENETTE, *op. cit.*, pp. 280-281, ma anche T. Todorov, *op. cit.*, pp. 252-253.

Anzitutto il nesso introduttivo « Ma la povera Augusta era ben lungi dal subire il fascino delle parole e le sue lettere si possono riassumere con facilità », contrariamente a quanto avveniva in *Una vita*, denuncia in maniera inequivocabile la presenza autoriale. Il narratore esprime un giudizio sul personaggio a cui cederà l'istanza e contemporaneamente attesta la ricorrenza di simili rapporti epistolari fra narratore e narratari intradiegetici. All'interno del racconto poi si deve notare l'enfatizzatore di istanza « vi scrivo per dirvi che ». Se invece consideriamo il contenuto del racconto prodotto ci rendiamo subito conto che esso non aggiunge alcuna informazione sulla storia, ma soltanto evidenzia la bonaria semplicità del personaggio. In sostanza se nel primo romanzo di Svevo si poteva parlare di valore documentario del metaracconto, che si poneva appunto come integratore diegetico, tale caratteristica scompare del tutto in Palazzeschi, per cui anche il racconto prodotto si realizza come mezzo per condurre l'indagine sulla interiorità dei personaggi [79]. Ciò accade anche nei pochi racconti orali, i quali per la vivacità che naturalmente assumono, mettono ancor più in rilievo i personaggi fra cui si svolgono:

> — *Non l'hai più visto? — azzardò Teresa tornandole alla memoria la figura del fuggiasco in partenza.*
> — Sì, una volta, a Firenze, cinque anni fa. Stette qui alcuni giorni per la morte della madre. Lo incontrai per la strada, è molto cambiato, quasi irriconoscibile, ha i capelli tutti bianchi. Fu il sangue che me lo fece riconoscere, me lo sentii salire tutto su, e poi scendere tutto giù. — /.../ — ma gli passai davanti a testa alta. — (*Ibidem*, p. 140)

La collaborazione fra narratore e personaggio è evidente soprattutto nel nesso fra i due livelli costituito dalla battuta dialogica — *Non l'hai più visto?* —, corredata dall'indicazione dello stato di animo che la caratterizza (*azzardò*) e da una interpretazione del narratore: « tornandole alla memoria la figura del fuggiasco in partenza ». Inoltre l'indole della diret-

---

[79] Cfr. G. PULLINI, *op. cit.*, p. 105.

trice, il personaggio che appunto si accinge alla narrazione, è messa a nudo in un enunciato come questo, il cui contenuto comunica senz'altro una prevalenza di discorso rispetto all'incremento dei dati oggettivi. Così si scopre che ad esempio la famosa direttrice non è altro che una roccia dal cuore tenero, capace di sentire il sangue « salire tutto su, e poi scendere tutto giù », nel rivedere chi tanti anni prima la aveva abbandonata, ma al tempo stesso orgogliosa della propria reazione esterna: « ma gli passai davanti a testa alta ». Proprio questi dettagli interessano il narratore e lo spingono a cedere l'istanza, dal momento che dell'informazione ama preoccuparsi personalmente e senza remore [80], come abbiamo già osservato in relazione alla spiegazione, alla caratterizzazione, nonché alla descrizione topografica e ai vari congegni impiegati per far procedere la diegesi. La medesima tendenza si riscontra in *Senilità*, in cui il metaracconto estrinseca evidenti spunti sul carattere di chi lo effettua ma, a differenza del romanzo palazzeschiano, offre qualche dato che può incrementare la diegesi, pur non potendosi assolutamente questa forma di metaracconto rapportare per le sue finalità alle medesime procedure presenti in *Una vita*:

> il Balli raccontò che per un caso, l'errore di un fattorino, egli aveva scoperto che Margherita dava degli appuntamenti ad un altro — precisamente un artista — disse egli con rabbia. — Ciò mi rattristò profondamente. È un'infamia d'esser trattato così. Mi posi a fare delle indagini e quando credetti di aver scoperto il mio rivale, trovai che nel frattempo erano divenuti due. La cosa diventava molto più innocente. Allora per la prima volta mi degnai di fare delle indagini sulla famiglia di Margherita e trovai ch'era composta della madre e di una caterva di sorelle giovanissime. (*Senilità*, p. 61)

[80] Cfr. GUIDO GUGLIELMI, *L'udienza del poeta. Saggi su Palazzeschi e il futurismo*, Einaudi, Torino 1979, p. 88, il quale a proposito del testo in esame puntualizza che « il pregiudizio (in senso etimologico) di realtà si è imposto allo scrittore. E in esso trovano un limite caricatura e ironia. Certo l'interesse va sempre alla crisi dell'oggetto, alla sua disgregazione fantasmatica, ma il punto di vista dello scrittore si è spostato all'interno del mondo rappresentato. »

Il Balli dunque racconta ad Emilio, e indirettamente a noi, la sua scoperta; ma tale brano è determinante per capire che anche un personaggio così rude all'apparenza è capace di provare certi sentimenti, i medesimi che prova il protagonista, anche se diversa è la reazione nei riguardi degli avvenimenti perché diversa e più forte è la sua indole. La funzione del metadiegetico è dunque molto importante, in quanto il Balli non viene mai analizzato dall'interno mediante l'uso dell'indiretto, libero o legato che sia, né attraverso interventi onniscienti, come avviene invece per Emilio. Inoltre neppure si può dire che tale espediente acquisti in senso stretto valore di documento, visto che, come afferma anche Pretolani Claar [81], l'interesse del narratore non è rivolto alla trama ma al mondo interiore dei personaggi, soprattutto di Emilio. Tenendo ancora presente il brano citato, possiamo notare che il racconto vero e proprio è introdotto da un enunciato nettamente autoriale (« il Balli raccontò che per un caso, l'errore di un fattorino, egli aveva scoperto che Margherita dava degli appuntamenti ad un altro »), il quale, oltre a realizzare perfettamente fra i due livelli narrativi le relazioni di esplicazione e di concatenazione, mette inequivocabilmente in luce la voce del narratore che si offre persino di dare una sintesi di quanto poi sarà narrato dal personaggio. Si manifesta dunque una certa esigenza di controllo del narrato anche quando occasionalmente risulterebbe necessario cedere l'istanza. Inoltre il narratore di primo livello introduce in maniera molto netta il produttore del nuovo racconto, come del resto avveniva anche in *Sorelle Materassi*, mentre nella *Cognizione del dolore* ciò non sempre accade. Qui, infatti, la voce narrante non definisce quasi mai la nuova istanza stabilendo personalmente delle relazioni fra il primo e il secondo livello, ma sembra anzi provar gusto ad occultare l'eventuale narratore intradiegetico:

> *Il dottore taceva, guardando a terra: aveva trovato, con la punta*
> *della bacchetta, un sasso più minchione degli altri incastonato*

---

[81] M. PRETOLANI CLAAR, *op. cit.*, p. 55.

nella terra come un brillante di sasso: e gli ci vollero due mani a
far leva.
« ...E certe volte, tutt'a un botto, le urla sulla faccia che costano
cinquemila pezzi, cinquemila pezzi! urla, i brillanti... e che loro
hanno patito il freddo e la fame per le pere, non sa neanche lui
cosa dice: per le pere? /.../
Allora dovrebbe vederla signor dottore! Quella povera vecchia a
piangere! /.../. » (*La cognizione del dolore*, pp. 55-56)

La formula introduttiva (« *il dottore taceva* ») ci presenta il
narratario intradiegetico mentre si accinge ad ascoltare il racconto che solo il contesto ci rivela essere effettuato da Battistina, una delle donne che frequentano la casa del protagonista.
Inoltre il racconto, costellato di esitazioni e spezzature, non si
presenta di immediata comprensione, quasi tradendo
l'incapacità del personaggio a narrare. Ci troviamo quindi in
una posizione antitetica rispetto a *Una vita*, dove ogni metaracconto rispondeva a finalità ben precise, in funzione cioè dell'incremento diegetico, anche quando si realizzava in forma orale.
È, ad esempio, Macario, cugino di Annetta, il titolare del
seguente racconto diretto ad Alfonso:

— *Sa perché è stato trattato con tanta freddezza?* Un impiegato di
mio zio, non appena presentato, s'è messo a fare la corte ad
Annetta. Pare che si sia anche vantato di venir corrisposto, così
che mio zio lo riseppe e si divertì per qualche tempo a deridere
la figliuola. Non era uno sciocco quell'impiegato, un moretto
dai capelli corti e crespi. Annetta non ne volle piu sapere
d'impiegati, perché ella procede sempre per massime generali.
(*Una vita*, p. 68)

Il metadiegetico è introdotto da una battuta dialogica (— *Sa*
perché è stato trattato con tanta freddezza?) che subito isola il
personaggio che si accinge alla narrazione senza minimamente
tradire la presenza autoriale, laddove negli altri testi da noi
esaminati anche l'ampiezza di tali formule favorisce conclusioni
del tutto opposte. Inoltre è ben chiaro che l'istanza narrativa è
stata ceduta ad un personaggio in quanto era necessario che
Alfonso ricevesse delle spiegazioni circa il comportamento della

protagonista femminile, spiegazioni di cui necessita anche il lettore virtuale, dal momento che il narratore non interviene direttamente in tal senso. Pertanto Macario, come personaggio interno alla storia, costituisce il medium più adatto a trasmettere questo messaggio dalla duplice finalità informativa. Il contenuto del metadiegetico è pertanto chiaro, e lineare ne è la esposizione: il personaggio è stato realmente chiamato a dare il proprio contributo. Formulata questa premessa, sarà ora più facile capire la peculiarità che assume in Gadda l'impiego del medesimo procedimento. Vediamo infatti il racconto che Gonzalo fa al dottore di un sogno che lo ha angosciato durante la notte:

> « ... Un sogno... strisciatomi verso il cuore... come insidia di serpe. Nero.
> Era una notte, forse tarda sera: ma una sera spaventosa, eterna, in cui non era più possibile ricostituire il tempo degli atti possibili, né cancellare la disperazione... né il rimorso; né chiedere perdono di nulla... di nulla! Gli anni erano finiti! In cui si poteva amare nostra madre... carezzarla... oh! aiutarla... » (*La cognizione del dolore*, pp. 81-82)

Il periodo iniziale, pur essendo costituito da una battuta dialogica con funzione di nesso fra i due livelli, rivela già una certa esitazione nell'espressione, che ritroviamo anche nel racconto prodotto. Inoltre è interessante notare come, più che lo sviluppo del sogno stesso, il personaggio stia riferendo il proprio stato emotivo nei riguardi di esso, eludendone il racconto effettivo. Anche i personaggi dunque sembrano farsi portavoce, come il narratore, dell'impossibilità di cogliere l'essenza dei fatti [82]. Siamo passati da una collaborazione nella esposizione degli eventi che vedeva come protagonisti in *Una vita* il narratore e i personaggi, ad una complicità di queste due presenze

---

[82] Tale condizione viene riscontrata da G.C. Roscioni, *op. cit.*, p. 113, in gran parte dei personaggi gaddiani il cui stato di dissociazione e di disordine mentale rappresenta una delle tante manifestazioni della universale alogicità del reale.

nel denunciare la difficoltà che incontra chiunque si accinga ad esporre qualche aspetto della realtà; percorso che è possibile individuare attraverso il passaggio per una tappa intermedia costituita da *Senilità* e da *Sorelle Materassi*, in cui i fatti si trasformano in proiezioni di stati d'animo.

Nel romanzo in prima persona la questione si complica notevolmente; ad esempio, nella *Coscienza di Zeno* il narratore è anche personaggio (dobbiamo quindi definirlo intradiegetico) e pertanto il racconto da lui condotto sugli avvenimenti della propria vita non è privo di luoghi in cui Zeno manifesta chiaramente l'intenzione o le motivazioni che lo spingono ad esporre determinati episodi, delineando così perfettamente la propria istanza narrativa:

> *Racconterò ancora delle immagini di un altro giorno alle quali il dottore attribuì tale importanza da dichiararmi guarito.*
> Nel mezzo sonno cui m'abbandonai ebbi un sogno dall'immobilità dell'incubo. Sognai di me stesso ridivenuto bambino e soltanto per vedere quel bambino come sognava anche lui. (*La coscienza di Zeno*, p. 450)

Zeno è pienamente cosciente di raccontare e di rievocare avvenimenti che andranno a costituire il diario della propria vita. Ma tale coscienza non si limita a questo, in quanto, data la globale eliminazione del metadiegetico a vantaggio della narrazione diretta, il narratore, divenuto così di prima istanza, ama riferirsi spesso alla propria storia con espressioni quali « questi fascicoli », « il mio manoscritto », « questo libercolo », che altro non fanno se non rafforzare la sua posizione [83]. Data questa grande esigenza di narrare personalmente avvenimenti che lo hanno coinvolto e che hanno condizionato la sua vita, Zeno quasi mai trasferisce il proprio ruolo ad altro personaggio cedendogli l'istanza narrativa. Abbiamo così la quasi totale assenza di racconti di secondo livello, fatta eccezione per un caso in cui, narrando di una truffa subita da parte del suocero,

---

[83] La medesima situazione è osservata da G. Genette, *op. cit.*, p. 287, nella *Recherche* di Proust.

egli non può fare a meno di rivelare come si sia avveduto del fatto. La scoperta infatti avviene al pranzo di nozze di Ada, allorché il vecchio Malfenti ubriaco esporrà l'accaduto:

> *Allora egli raccontò il fatto, urlando per vincere l'ilarità che gl'impediva la parola*:
> — Capita dunque quel decreto! Abbattuto sto facendo il calcolo di quanto mi costi. In quel momento entra mio genero. Mi dichiara che vuol dedicarsi al commercio. «Ecco una bella occasione», gli dico. Egli si precipita sul documento per firmare temendo che l'Olivi potesse arrivare in tempo per impedirglielo, e l'affare è fatto. (*Ibidem*, p. 86)

Il passaggio di livello si è qui reso indispensabile perché abbia sfogo l'intento del vecchio, quello appunto di deridere il genero. Inoltre notiamo come l'identità del personaggio autore della burla assuma rilievo diegetico autonomo, e non attraverso la voce del narratore, come generalizzando sostiene Pretolani Claar [84], anche se ancora una volta il metadiegetico risponde alla finalità di mettere in luce un aspetto importante del carattere di Zeno: la sua inettitudine al commercio. Il nesso fra i due livelli (*Allora egli raccontò il fatto, urlando per vincere l'ilarità che gl'impediva la parola*) rivela poi come il secondo sia una esplicazione del primo e sia con esso perfettamente concatenato, oltre a contenere un'espressione caratterizzante utile al racconto stesso. Bisogna ancora aggiungere che attraverso questo espediente veniamo a conoscenza di dati che non avremmo potuto registrare, in quanto Zeno narratore non ne fa menzione, e questo ci ripropone il metaracconto come integratore diegetico, già rinvenuto nel primo romanzo sveviano. Una volta attribuita a tale metaracconto la funzione di integratore diegetico, è doveroso sottolineare che in nessun altro modo Zeno avrebbe potuto rendere note le intenzioni del suocero se

---

[84] M. PRETOLANI CLAAR, *op. cit.*, p. 76: «Zeno è sempre intento ad osservare gli altri, perchè con ciascuno misura se stesso. Da parte loro, pur vivendo solo attraverso la sua voce e solo in riferimento a lui, i personaggi che circondano Zeno risultano figure autonome, rese concrete dalla descrizione dell'aspetto dei gesti o dei tratti di un carattere».

non attraverso un racconto diretto, poiché in qualità di personaggio ovviamente non avrebbe potuto compiere incursioni nell'animo di chi lo circonda. Infatti, come sostiene Lepschy [85], il narratore protagonista non può essere « testimone diretto di ogni episodio ». Perciò può avvenire (cosa molto frequente nel racconto in prima persona) che egli si serva di qualche altro personaggio per far progredire l'azione:

> *Mi raccontò per lungo e per largo quanto fino ad allora era stato deciso nell'affare di Guido.* La sera prima s'erano divisi circa d'accordo nella convinzione che bisognava salvare quell'uomo che aveva una disdetta disastrosa. Soltanto alla mattina Ada aveva appreso ch'io dovevo collaborare a coprire la perdita di Guido e s'era recisamente rifiutata di accettare /.../
> Sul pianerottolo, la signora si fermò per respirare ed anche per parlare, e mi disse ridendo che la cosa sarebbe finita senza danno per nessuno. (*Ibidem*, pp. 416-417)

Il racconto della signora Malfenti viene riportato dal diarista senza alcuna inflessione della voce del personaggio in questione. È il recupero di informazioni di cui egli non poteva essere a conoscenza in quanto assente, che sembra attirare più di ogni altra cosa la sua attenzione, non lo studio dell'altrui interiorità. Bisogna inoltre avvertire che ci troviamo di fronte a un espediente narrativo molto particolare e diverso da quelli che abbiamo incontrato precedentemente. Infatti il narratore riassume l'istanza riferendo personalmente il racconto del personaggio e dando vita ad uno pseudodiegetico [86], che a livello

---

[85] ANNA LAURA LEPSCHY, *Come la parola sa varcare il tempo. Tempo e narrazione nella Coscienza di Zeno*, « Lettere italiane », a. XXXI, gennaio-marzo 1979, p. 68.

[86] Come sostiene G. GENETTE, *op. cit.*, p. 284, vanno indicate come pseudodiegetiche « le forme di narrazione dove il cambio metadiegetico, menzionato o no, si trova immediatamente soppiantato a vantaggio del narratore primo. » Tuttavia, il critico include in tale definizione anche segmenti molto brevi, come ad esempio il semplice brano (*ibidem*, p. 288), presente in Proust: « Pur rammemorandomi così la visita di Saint-Loup... », vedendo nel semplice « rammemorandomi » la riassunzione di un secondo livello narrativo. Noi invece riteniamo che tali forme non bastino per

di superficie si concretizza mediante il passaggio dal discorso
diretto a quello indiretto. In tal caso le figure del narratore e
del narratario intradiegetici risultano meno nette e richiedono
perciò maggior cura nell'essere individuate. Dobbiamo infatti
dedurre che, anche se Zeno narratore ne ha riassunto l'istanza
narrativa, il racconto era stato in precedenza effettuato —
seppure in forme e in modi diversi da quelli con cui ci viene
offerto — dalla signora Malfenti a Zeno personaggio, che a
livello secondo figurava come suo ascoltatore, cioè come narratario intradiegetico. Ovviamente quest'ultima situazione può
verificarsi soltanto in un romanzo in prima persona dove il
narratore ed il protagonista si identificano, dando luogo a tali
particolari trasposizioni [87]. La riassunzione completa della
istanza è evidente anche se consideriamo che la formula introduttiva indicante il passaggio dalla diegesi al discorso riportato
(*Mi raccontò per lungo e per largo quanto fino ad allora era stato
deciso nell'affare di Guido*), nella quale viene anticipato il
contenuto del racconto, e l'enunciato di rientro nella diegesi
stessa (« Sul pianerottolo, la signora si fermò per respirare ed
anche per parlare, e mi disse ridendo che la cosa sarebbe finita
senza danno per nessuno ») sembrano assorbire nello sviluppo
narrativo anche il racconto prodotto, quasi annullando la
nuova istanza. Il resoconto del personaggio si isola infatti
soltanto per la trasposizione temporale eseguita in esso [88],
mentre non compare alcun tratto espressivo riguardante la
signora Malfenti, la cui voce è stata del tutto sostituita da
quella di Zeno. Ci aspetteremmo una maggiore concitazione
nella esposizione o almeno una certa enfasi rilevabile a livello

---

determinare una istanza, occorrendo, perchè essa si riveli in modo inequivocabile, oltre all'intensità della formula di riconversione, anche una certa
ampiezza del segmento che lo qualifichino come racconto. In casi diversi
opteremmo per un'analisi esclusivamente grammaticale del brano, classifi-
candolo come semplice discorso indiretto.

[87] *Ibidem*, p. 276.

[88] È forse supefuo precisare che nell'ambito del discorso indiretto, cfr.
S. CHATMAN, *op. cit.*, p. 214, il tempo verbale è generalmente anteriore a
quello che avremmo nella corrispondente forma diretta, mentre il pronome
cambia dalla prima alla terza persona.

di superficie grazie alla presenza di irregolarità sintattiche, di esclamazioni, di interrogazioni, tutti elementi che contribuirebbero a creare in noi l'idea della diretta espansività del personaggio; ma ciò non accade ed è la conseguenza di una ricercata pianificazione. Subiscono questa trasformazione la maggior parte dei racconti prodotti nel testo e la causa sta nel fatto che il personaggio narrante rappresenta, come si è già sottolineato, il filtro attraverso cui passa tutto il materiale diegetico; e la stessa narrativizzazione di tali enunciati risponde alla medesima motivazione. Del resto la tendenza ad assorbire tutto nella diegesi è una caratteristica ampiamente documentabile soprattutto in *Una vita*, dove è riservato uno spazio molto limitato all'espressione dei personaggi:

> *Il vecchio aveva cominciato a raccontare dei lavori della sua giornata.* Era la storia di ogni sera. Per giustificarsi dinanzi alla moglie, raccontava quanto avesse brigato per fare affari. Tutto sommato, quel giorno aveva guadagnato un grosso pacco d'aghi che una piccola fabbrica gli aveva inviato in natura per senseria di un affare conchiuso da lui. Nella mattina aveva fatto delle visite in case private, presentandosi con una lettera di raccomandazione datagli da un suo amico procuratore di una casa commerciale, il quale egli riteneva avesse dell'influenza in paese. (*Una vita*, pp. 52-53)

Il modulo di conversione in pseudodiegetico (*Il vecchio aveva incominciato a raccontare dei lavori della giornata*) presenta le medesime caratteristiche che abbiamo rinvenuto nel precedente esempio tratto dalla *Coscienza di Zeno*: oltre all'esplicito riferimento all'attività del raccontare svolta dal personaggio ci viene fornito l'argomento del racconto stesso. Anche qui inoltre abbiamo l'esposizione narrativizzata di ciò che il signor Lanucci ha fatto durante l'arco della giornata, senza che traspaia alcuna traccia della voce del titolare del racconto. Il passaggio di livello avviene poi gradualmente in quanto, prima di riferire il racconto, il narratore ne segnala le motivazioni mediante una propria forma di interpretazione: « Era la storia di ogni sera. Per giustificarsi dinanzi alla moglie, raccontava quanto avesse brigato per fare affari », elemento che ancor più concretizza la estrema pianificazione del narrato, ormai del tutto scevro di ogni traccia discorsiva delle due entità chiamate alla collaborazione. Inoltre si perde il senso e la concretezza dell'emittente e del ricevente del messaggio, rimanendo essi soltanto gli estremi formali attraverso cui si era prima sviluppato il metaracconto, e ciò anche quando venga lasciata qualche traccia di voce debitamente evidenziata dagli apici:

> Alfonso, franco, senza rimorsi aveva messo in testa alla lettera l'intestazione: « Amata sposa ». Poi: « Partirò! » esclamava col tono di chi si risolve a un sacrifizio. Partiva perché se anche per il premio che gli veniva riservato non trovava offensivo alcun eccesso del padre « che a ragione mi odia », — non sapeva quanta indifferenza oggettiva vi fosse in questa frase, — partiva perché non voleva che per questi eccessi soffrisse anche colei per cui voleva sopportarli. (*Ibidem*, p. 236)

Sono soltanto le espressioni isolate dal narratore: « Amata sposa », « Partirò! », « che a ragione mi odia », quelle che senza ombra di dubbio vengono dirette da Alfonso ad Annetta nella lettera che le scrive dal suo paese, mentre tutto il resto rende visibile la voce del narratore, che tra l'altro esprime anche un giudizio: « non sapeva quanta indifferenza oggettiva vi fosse in questa frase ». Questo scarso rilievo dato ai personaggi nel riportarne il racconto si evince anche dal modulo di conversione, qualora si riconosca che esso funziona da riduttore o simulatore di istanza. Ciò si verifica quando la presenza di una forma verbale impersonale ci impedisce di definire con chiarezza la figura del narratore di secondo livello, in mancanza del quale la nuova istanza non ha quasi ragione di esistere o, quanto meno, perde di intensità:

> *Poi gli venne raccontato* che Mario Gralli era veramente il primo candidato alla mano di Lucia. Era da qualche tempo intimo di Gustavo cui dava da guadagnare qualche poco facendolo incaricare della distribuzione di alcuni giornali agli abbonati, e a Gustavo l'impiegatuccio piaceva perché delle cinque sei ore che passava in tipografia, di lavoro non ne aveva che una o due. (*Ibidem*, p. 196)

Non vi è più nessuna traccia esplicita del narratore intradiegetico e quelle del narratario si riducono alla particella dativale « gli », tanto che potremmo avvicinare l'enunciato ad un semplice indiretto, intendendo il modulo di conversione *poi gli venne raccontato che* come sintagma di legamento [89], e rilevare l'estrema narrativizzazione del brano presentatoci quasi quale luogo diegetico. Non è un caso che questo stesso espediente venga impiegato anche nella *Coscienza di Zeno* e che anche lì ci troviamo di fronte a forme verbali impersonali atte a ridurre l'intensità dell'istanza:

> *Ci volle del tempo per apprendere quello ch'era avvenuto.* Augusta era capitata da Ada quando stava discutendo la questione di Guido con la madre. Vedendola, Ada s'era abbandonata ad un gran pianto e le aveva detto della mia generosità ch'essa assolutamente non voleva accettare. Aveva anzi pregata Augusta d'invitarmi a desistere dalla mia profferta. (*La coscienza di Zeno*, p. 415)

In questo brano, come in quello analizzato immediatamente prima, sono ancora una volta i dati oggettivi a godere dell'attenzione del narratore di prima istanza, mentre l'enfasi che essi richiederebbero nell'essere riferiti, data la dominanza di cui godono nell'animo dei personaggi, viene del tutto tralasciata. Quest'ultimo aspetto, insieme con la tendenza a riassorbire nella diegesi il racconto prodotto con lo scopo di integrarne il contenuto, senz'altro accomunano *Una vita* e *La coscienza di Zeno*; ma va altresì sottolineato che, se nel primo romanzo la narrativizzazione è il fine a cui tende il narratore nel corso di tutta l'esposizione diegetica (e ciò è chiaro anche quando cede realmente l'istanza deludendo l'attesa di una maggiore espressività dei personaggi), nella *Coscienza di Zeno* è opportuno procedere a delle distinzioni. Infatti abbiamo precedentemente

---

[89] L'indiretto legato è costituito da una formula introduttiva che rappresenta l'elemento di passaggio dalla diegesi al discorso riportato e che S. CHATMAN, *Ibidem*, p. 214, chiama *sintagma di legamento,* oltre che dall'oggetto del discorso stesso che il medesimo chiama *proposizione di riferimento.*

analizzato il racconto del suocero di Zeno perfettamente formalizzato ed articolato in modo tale che trasparisse dall'espressione
anche lo stato d'animo del personaggio; la narrativizzazione
risulta pertanto, nell'ultimo romanzo sveviano, una scelta consapevole per mettere in risalto il soggettivismo del personaggio
narrante, che in tal modo rielabora i dati per fornire della
vicenda la propria versione, ma che altrove non esita a vivificare
il discorso [90] lasciandosi alle spalle una conduzione pianamente
diegetica. Svevo non si è limitato a tracciare le linee di una
narrazione oggettiva o soggettiva, due estremi che, come abbiamo visto, talvolta si toccano; particolarmente in *Senilità* ha
voluto dar prova della possibilità di interiorizzazione dei dati da
·parte dei personaggi, i quali vivono una realtà del tutto diversa
da quella del narratore. Pertanto anche quando il narratore
riassume l'istanza le sue motivazioni sono diverse, come diversi
sono i suoi intenti:

[90] Bisogna infatti sottolineare che l'occultamento dei tratti espressivi dei
personaggi nell'uso del discorso indiretto, indipendentemente dal fatto che
questo evidenzi o meno un contenuto diegetico, non deve impedirci di
ribadire che la situazione è molto diversa quando Zeno narratore riferisce
pensieri e sentimenti che lo hanno agitato nella sua vita e che perciò sono
ancora vivi nel proprio animo: « Corsi saltellando giù per le scale. Zia
Rosina era stata quasi un commento della signora Malfenti. La signora
Malfenti mi aveva proposto di restar lontano dalla sua casa per qualche
giorno. Troppo buona la cara signora! Io l'avrei compiaciuta al di là delle
sue aspettative e non m'avrebbe rivisto mai più! M'avevano torturato lei, la
zia ed anche Ada! Con quale diritto? Perchè avevo voluto sposarmi? Ma io
non ci pensavo più! Com'era bella la libertà! Per un buon quarto d'ora corsi
per le vie accompagnato da tanto sentimento. » (p. 117). Sembra quasi che ci
troviamo di fronte ad un monologo interiore che abbia subito esclusivamente una trasposizione temporale, essendo stati conservati tutti i tratti
espressivi del personaggio, evidenziati dalla concitazione del discorso ottenuta mediante il rincorrersi delle interrogazioni e delle esclamazioni. A
questo proposito cfr. G. GENETTE, *op. cit.*, pp. 218-220. La voce di Zeno
personaggio si differenzia inoltre da quella di Zeno narratore che compare
sia nel modulo introduttivo « Corsi saltellando giù per le scale », sia nell'e-
nunciato di rientro « Per un buon quarto d'ora corsi per le vie accompagnato da tanto sentimento », esibendo una notevole referenzialità.

Ella raccontò. Aveva conosciuto il Volpini dalla signora Deluigi. Era un omino. — Mi arriva qui, — e accennò ridendo alla spalla. — Un uomo allegro. Dice d'essere piccolo ma pieno di un grande amore. — Forse sospettando — oh! quale torto gli faceva, — ch'Emilio potesse venir morso dalla gelosia, s'affrettò ad aggiungere: — Brutto assai. Ha la faccia piena di peli del colore della paglia secca. La barba gli arriva agli occhi, anzi agli occhiali. — La sartoria del Volpini si trovava a Fiume, ma egli aveva detto che, dopo il matrimonio le avrebbe permesso di venir a passare ogni settimana un giorno a Trieste e intanto, poiché la maggior parte del tempo egli era assente, essi avrebbero potuto continuare a vedersi tranquillamente. (*Senilità*, p. 31)

Abbiamo una conversione in pseudodiegetico (« La sartoria del Volpini si trovava a Fiume, ma egli aveva detto che /.../ ») dopo che la prima parte del racconto è stata già realizzata mediante un effettivo metadiegetico. Così, se in un primo momento il narratore ed il narratario intradiegetici erano facilmente isolabili, nella seconda parte l'istanza viene completamente riassunta dal narratore di primo livello che lascia delle due entità ben piccola traccia. Questa suddivisione di compiti non giunge però a caso, in quanto la porzione di racconto effettuata da Angiolina è volta unicamente a mettere in luce la leggerezza della donna nel prendere certe decisioni e soprattutto la sua mancanza di sensibilità nei riguardi del futuro marito. Il racconto vero e proprio, l'essenza dei fatti, ci viene invece offerto dal narratore quasi come uno scarno resoconto che volutamente disdegni il vaniloquio del personaggio. Avevamo però parlato di una maggiore attenzione agli stati d'animo lasciati trasparire mediante la conservazione dei tratti espressivi dei personaggi. Analizzeremo pertanto i luoghi in cui ciò risulti evidente:

Con un'espansione quasi gioconda egli raccontò. Mai non l'aveva vista. Quand'era all'aperto, senza voler sembrare, cioè senza fermarsi nei luoghi ove sapeva ch'ella a date ore doveva passare, non faceva altro che aspettarla. Ma non l'aveva vista mai. Sembrava proprio che, dacché era stata lasciata da lui, ella evitasse di farsi vedere per le vie.
— Potrebbe anche essere così - disse Amalia ch'era tutta, devotamente, intenta a studiare la sciagura del fratello. (*Ibidem*, p. 98)

La formula di riconversione (*Con un'espansione quasi gioconda egli raccontò*) segna in questo caso una spezzatura nella diegesi, mediante la quale la voce di Emilio acquista maggiore evidenza, mentre anche l'atteggiamento di Amalia, sua interlocutrice, viene sintetizzato nella clausola di rientro (« — Potrebbe anche essere così — disse Amalia /.../ »). Inoltre si può concludere che l'enunciato non ha alcun valore diegetico, prevalendo in esso il discorso del personaggio. Tale fenomeno si ripete più volte nel corso della narrazione e tocca punte estreme quando la riassunzione dell'istanza non sottrae alcuna sfumatura alla espressività:

> *Poi si confessò perché aveva bisogno di parlare.* Oh, era stata una serata indimenticabile. Aveva amato alla luce lunare, nell'aria tiepida, dinanzi a un paesaggio sconfinato, sorridente, creato per essi, per il loro amore. Ma egli non sapeva spiegarsi. Come poteva dare un'idea di quella serata alla sorella non parlandole dei baci di Angiolina? (*Ibidem*, p. 21)

Oltre alla formula di riconversione (*Poi si confessò perché aveva bisogno di parlare*) contenente una motivazione dell'istanza, anche gli altri tratti stilistici — l'esclamazione, l'enfatizzazione dei dati ambientali, la ricchezza dell'aggettivazione — non possono che tradire la felicità sognante di Emilio, mentre l'intervento finale (« Come poteva dare un'idea di quella serata alla sorella non parlandole dei baci di Angiolina? ») rivela come il narratore non esiti a venire in luce nei momenti cruciali per comunicare decisivamente ciò che ai personaggi non può essere chiaro. Del resto questo aspetto lo abbiamo riscontrato anche in *Sorelle Materassi*, che ha — come in più occasioni abbiamo precisato — dei punti in comune col secondo romanzo di Svevo, ma che al tempo stesso rivela un narratore ancor più disinvolto e pronto al discorso. Ciò si coglie anche quando Palazzeschi riassume con piglio familiare e inaffettato, come d'abitudine, l'istanza narrativa, fermo restando il fatto che in lui, meno che nelle altre invenzioni da noi prese in esame, i personaggi sono chiamati a collaborare alla esposizione diegetica, perché di essa ama occuparsi direttamente la voce narrante:

Teresa parlava sempre del figliolo di un avvocato stato in quei pressi a villeggiare trent'anni prima, e divenuto poi il migliore avvocato di Firenze. Di un altro ancora che aveva impiantato con molta fortuna un'industria di oggetti casalinghi famosissima, diventando ricco e autorevole. E di un terzo, che emigrato in America vi aveva fatto i milioni a cappellate fabbricando le tagliatelle. *Giungeva a dare particolari* accreditando la possibilità di essere divenuta la moglie di uno di essi, fornendo dettagli e chiarimenti, *precisando* le cause per cui il matrimonio non era avvenuto, *quasi fosse andato a monte alla vigilia delle nozze, e sempre concludendo di* essere stata lei la vera e sola responsabile della mancata conclusione. (*Sorelle Materassi*, p. 68)

Il racconto di Teresa a Carolina acquista il tono di un discorso effettuato dal narratore che ribadisce continuamente la sua istanza e non teme di esprimere il proprio parere sorridendo (*quasi fosse andato a monte alla vigilia delle nozze*) e rivelando impietosamente il carattere di fantasticheria dell'intero enunciato [91]. Pertanto, se la voce del personaggio risulta occultata, ciò non avviene per una esigenza di narrativizzazione, ma per il bisogno che il narratore avverte di controllare il narrato. I ribadimenti e le spiegazioni presenti nel racconto di Teresa non sono che i punti di appoggio del discorso autoriale indirizzato, come sempre, al narratario extradiegetico. Tuttavia lo studio dell'interiorità dei personaggi non può prescindere dal ricorso alla messa in evidenza dei loro tratti espressivi, e Palazzeschi non lo dimentica:

Remo parlava poco e guardava molto, mentre intorno si esaurivano i racconti del famoso viaggio, delle quarantotto gallerie: — quattr'ore sotto terra! — E sempre con quell'uggiolina allo stomaco che è facile comprendere, di non rivedere la luce del Signore. Il trasbordo a Faenza, col timore di sbagliar treno e andare a finire chi lo sa dove; quante volte avevano chiesto

[91] A questo proposito cfr. G. GUGLIELMI, *op. cit.*, p. 87: « L'irrealtà /.../ nelle due sorelle Materassi è una funzione del quotidiano, una compensazione magico-fantastica del vivere, non più una forza che aggredisce la realtà del loro mondo. »

terrorizzate: — È questo il treno per Firenze? È proprio questo? Si va proprio a Firenze? — /.../ A quattro anni e mezzo di distanza, e con diversi colori, si ripetevano a Santa Maria i fasti del viaggio romano /.../. (*Ibidem*, pp. 109-110)

Il racconto delle protagoniste rispecchia esattamente la loro condizione interiore di persone non avvezze a viaggiare, per cui è ammissibile che sia di loro competenza l'espressione: « E sempre con quell'uggiolina allo stomaco che è facile comprendere, di non rivedere la luce del Signore », come pure l'elencazione di tutte le ansie che hanno accompagnato il viaggio. Inoltre la presenza delle battute di dialogo: « — quattr'ore sotto· terra! — », « È questo il treno per Firenze? È proprio questo? Si va proprio a Firenze? », accresce la vivacità dell'enunciato oltre a conferire maggiore spessore agli altri tratti espressivi: abbiamo davvero la sensazione di ascoltare la voce delle due sorelle senza alcuna mediazione. Tuttavia una certa ambiguità è racchiusa nell'espressione retta dal presente generalizzante (« quell'uggiolina allo stomaco che è facile comprendere »), che potrebbe, come si è detto, appartenere ai personaggi, i quali se ne servirebbero per giustificare il proprio comportamento, ma anche al narratore che in tono ironico commenterebbe i fatti. Questa seconda interpretazione sarebbe inoltre confermata dall'enunciato di rientro: « A quattro anni e mezzo di distanza e con diversi colori si ripetevano a Santa Maria i fasti del viaggio romano », che attestano la posizione del narratore in relazione all'effetto sulle protagoniste di questi piccoli viaggi dei quali, esagerando, vengono riportati i « fasti ». Questa distanza che separa il narratore dai personaggi, sia riguardo alla interpretazione della realtà, sia con riferimento ai tratti espressivi — distanza che in Svevo e in Palazzeschi rappresenta un dato comune ed incontestabile — si accorcia visibilmente nella *Cognizione del dolore* e talvolta giunge persino ad annullarsi [92]. Perché ciò risulti più chiaro esami-

---

[92] Pur facendo unicamente riferimento all'aspetto dialettale, GIORGIO CAVALLINI, *La funzione del dialetto nell'espressionismo linguistico di C.E. Gadda*, « Giornale storico della letteratura italiana », vol. CLII, fasc. 480, 4

niamo ad esempio il racconto della madre di Gonzalo riportato da Battistina:

« Non sa quel che fa! Non lo vada a ripetere, ma la signora, nell'aiutarmi ad asciugar i piatti, *mi ha contato che* quest'inverno, giù a Pastrufazio, ha voluto schiacciar sotto ai piedi un orologio come fosse uva... che era un ricordo di famiglia: e poi, subito dopo, ha distaccato il ritratto del suo povero Papà, che è appeso in sala da desinare... e ci è montato sopra coi piedi... a pestarlo ». Si fece il segno della croce. (*La cognizione del dolore*, p. 58)

Sembra quasi che i personaggi si cedano di volta in volta la parola per avvalorare le proprie affermazioni. Inoltre bisogna notare che in questo caso viene riportato all'interno di un effettivo metadiegetico — il racconto della Battistina — un altro racconto, quello della madre di Gonzalo, che, rappresentando un eventuale terzo livello, viene però riassunto al livello superiore dando perciò luogo ad uno pseudometadiegetico[93]. Notevole è dunque la complessità delle figure del narratore e del narratario intradiegetici che si moltiplicano in proporzione al moltiplicarsi dei livelli, facendosi quasi portavoce delle modificazioni che possono subire i dati stessi nel corso e a causa della loro trasmissione. È questo forse il messaggio implicito che Gadda ha inteso comunicarci con *La cognizione del dolore*, messaggio che lo vede ancora una volta in una posizione antitetica allo Svevo di *Una vita*, ma anche di *Senilità* e della *Coscienza di Zeno*, nonché a Palazzeschi, in quanto nei testi in questione, come si è detto, la voce narrante evidenzia sempre la propria superiore onniscienza in relazione all'universo narrativo, dichiarando incontrovertibili i dati diegetici in maniera

trimestre 1975, p. 520, documenta in Gadda la dissoluzione di ogni netta differenza formale fra discorso diretto e discorso indiretto, fra voce del narratore e idioletto del personaggio, fra descrizione del reale ed immaginazione dell'irreale.

[93] Si tratta in pratica della riassunzione a livello secondo di un racconto di terzo livello; pertanto analogamente alla definizione di pseudodiegetico si è creata quella di pseudometadiegetico.

più o meno esplicita. Pertanto è ancora una volta coerente col nostro assunto il fatto che, nella *Cognizione del dolore*, anche quando il narratore riassume l'istanza narrativa, non ci troviamo mai di fronte a un procedimento lineare che permetta di distinguere la sua voce da quella del personaggio:

> *La lavandaia Peppa arrivò dunque a poter egutturare, con dei glu glu manzoniani da tacchino femmina, che* la notte avanti il signor cavalier Trabatta stava nel suo letto a dormire, secondo è solito tutte le notti. E mentre lui al primo piano dormiva, che anzi quando gli vien fatto « el ronfa me na putasca », proprio così disse, « erano entrati nello studio », a terreno, e avevano rovistato per tutto, a loro agio, e poi se n'erano andati traverso il parco, graffiandosi e pungendosi di certo nella siepe degli spini /.../. (*Ibidem*, p. 186)

Nella formula di conversione (*La lavandaia Peppa arrivò dunque a poter egutturare, con dei glu glu manzoniani da tacchino femmina*) infatti si nota una particolare densità espressiva mediante la quale il narratore sembra quasi fare il verso al personaggio con l'impiego di due onomatopee: *egutturare* e *glu glu*; abbiamo inoltre un'ulteriore caratterizzazione grazie all'espansione modale *con dei glu glu manzoniani da tacchino femmina* che con la citazione culto-grottesca evidenzia quanto la voce narrante entri in osmosi col personaggio. La voce di quest'ultimo infatti appare registrata e riprodotta simultaneamente [94], fino a dar luogo ad un fenomeno di mimetizzazione. Appunto, perciò, eccessivo e poco reale è l'uso del distanziatore esplicito [95] « proprio così disse » e degli apici per isolare i tratti espressivi del personaggio, là dove si nota invece una sovrapposizione delle due entità. La presenza nella formula di riconversione di forme verbali impersonali, quali riduttori di istanza, non può dunque che accreditare la nostra tesi:

---

[94] Cfr. A. SERONI, *op. cit.*, p. 102.
[95] Cfr. su questo argomento BICE MORTARA GARAVELLI, *La parola riprodotta: i filtri del riuso*, « Autografo », vol. I, 1, 1984, p. 37.

Dicevano che fosse vorace, e avido di cibo e di vino; e crudele: questo già fin da ragazzo: con le lucertole, che bacchettava perfidamente, coi polli del José (il primo José, il predecessore dell'attuale), che inseguiva ferocemente con una sua pazza frusta, arrivando perfino, certe volte, tanto era lo spavento, a farli sollevar da terra e quasi a volare, pensate! pensate! volare! come fossero falconi, i polli! (*Ibidem*, p. 39)

Viene così introdotto un racconto la cui titolarità cade nell'indefinito, essendo la terza persona plurale (*dicevano che*) quasi un limite nello stabilire non solo chi sia ad effettuare il racconto delle stramberie di Gonzalo, ma anche l'obiettività delle stesse. Si perde quindi il valore dell'istanza narrativa, riducendo tutto a un discorso indiretto in cui il narratore provoca quasi una confusione fra la sua voce e quella della moltitudine di cui si riporta l'opinione. Infatti proprio quando il racconto appare più mimetico, ci accorgiamo che è la voce narrante a farsi sentire attraverso l'esclamazione: « pensate! pensate! volare! come fossero falconi, i polli! », quasi a volersi amalgamare con le espressioni che, passando di bocca in bocca, suscitano le ordinarie, confuse dicerie. Non solo i personaggi fra cui si è svolto il racconto, ma anche il narratore di prima istanza hanno così perduto la loro individualità nascondendosi dietro una vaga *communis opinio* che, come tale, elude ogni certezza. Non più i dati, non gli estremi formali fra cui si articola il racconto secondo, né tanto meno la individuazione precisa e inequivocabile degli stati d'animo, rappresentano il fine a cui tende il narratore nel cedere l'istanza, ma costituiscono unicamente la dimostrazione della difficoltà di cogliere e ancor più di esprimere i medesimi.

3.2. *Discorso indiretto libero: gli strumenti grammaticali*

Nell'analizzare lo pseudodiegetico dal punto di vista grammaticale abbiamo già notato che, per conferire ad un enunciato indiretto la concitazione e l'emotività naturalmente presenti nel personaggio che si dedica ad un qualsiasi atto di pensiero o di parola, si ricorre abitualmente a particolari espedienti grammaticali che più facilmente concretizzano tale stato interiore.

A tal fine occorre richiamare la distinzione operata da Genette [96] fra discorso indiretto narrativizzato e discorso indiretto trasposto, intendendo per discorso ogni atto di pensiero o di parola. Il discorso narrativizzato o raccontato presuppone una grossa intrusione del narratore, il quale cancella, nel riportarne il contenuto, ogni inflessione di voce del personaggio, trasformando quasi l'indiretto in luogo diegetico. È chiaro che tale tipologia può trovare una maggiore realizzazione nell'ambito dell'indiretto legato; ma anche nell'indiretto libero, quando ci troviamo di fronte ad un racconto di pensieri effettuato evidentemente dal narratore, dobbiamo far riferimento a tale procedimento che prenderà il nome di *analisi*. Il discorso trasposto, detto così in base alla trasposizione temporale che vi si effettua e al passaggio pronominale dall'io all'egli, offre maggiore rilevanza ai tratti espressivi del personaggio, sia nella forma legata sia ed ancor più nella forma libera, in quanto il narratore prende più evidentemente le distanze da quanto si accinge a riportare.

In *Una vita*, riguardo all'indiretto libero, i tratti espressivi dei personaggi si rivelano spesso fusi con quelli del narratore che, non distanziandosi criticamente dal protagonista, registra dall'interno il suo processo psichico [97]:

— Ella dunque si diverte qui, se ne potrebbe essere sicuri? —
/.../
Era stata una frase detta da Annetta in buona fede credendola molto cortese, ma bastò a procurare ad Alfonso parecchie ore di agitazione. *Era cortese ma tanto presto ella aveva dimenticato di aver visto piangere un uomo da non sapergli dire che quella frasuccia da conversazione?* Egli non sapeva veramente perché quella *frase* gli sembrasse offensiva e per capirlo gli bisognò pensarci a lungo. Intanto provava un immenso malcontento di sé, quasi avesse rimorso per un'azione malvagia o ridicola. *Egli*

---

[96] G. Genette, *op. cit.*, pp. 218-220.
[97] Cfr. P. Petroni, *op. cit.*, p. 20.

aveva pianto ed ella s'era trovata in dovere di dirgli una parola gentile. C'era tale differenza tra l'importanza dei due fatti, ch'egli si vergognava di aver sparso quelle lacrime. Una donna che avesse provato un briciolo di affetto per lui avrebbe pianto con lui. /.../ Egli rimase a lungo sulla via sentendosi incapace di trovar quiete in una stanza. (*Una vita*, p. 150)

Nel brano citato soltanto l'interrogazione e l'esclamazione possono definirsi di titolarità del personaggio, in quanto contenenti enfatizzazioni da cui il narratore sarebbe ben lontano. Così, quella che Alfonso, preso dall'emotività del momento, definisce *frasuccia da conversazione*, viene trasformata in *frase* dal narratore, che riprende il pensiero del protagonista offrendocene l'analisi e denotando una maggiore oggettività [98]. È perciò il narratore che esprime i sentimenti del personaggio attraverso la sua voce, pur mantenendo invariato l'uso dell'imperfetto che caratterizza l'indiretto. Tuttavia, tale analisi interna si interrompe qualora la voce narrante intenda offrire particolari narrativi che prescindono dal pensiero di Alfonso, segnando tale interruzione con l'uso del passato remoto (« e per capirlo bisognò pensarci a lungo »), che rappresenta il tempo dell'oggettività storica. Nell'analisi interna, che come abbiamo visto costituisce una forma narrativizzata di indiretto, il narratore non prende dunque le distanze dal protagonista, ma sembra semplicemente aiutarlo ad analizzarsi. È inoltre interessante notare che il modulo introduttivo « Era stata una frase detta da Annetta credendola molto cortese, ma bastò a procurare ad Alfonso parecchie ore di agitazione », e l'enunciato di rientro « Egli rimase a lungo sulla via sentendosi incapace di trovare quiete in una stanza » propongono un evidente parallelismo. Essi, infatti, sottolineano entrambi l'agitazione del protagonista presentata come un particolare della diegesi ed esplicantesi grazie alla riproduzione e all'analisi dei pensieri di lui. Altrove la voce di Alfonso risulta più ricca di tratti espressivi e dunque più formalizzata, ma non manca mai l'intervento del narratore che, oltre tutto, si serve dell'indi-

[98] Cfr. M. Guglielminetti, *op. cit.*, p. 132.

retto per creare attraverso esso, come sostiene F. Petroni [99] un nuovo spazio narrativo. L'autoanalisi del protagonista, pertanto, assume « un ruolo autonomo dai fatti narrati » e si rivela mezzo idoneo ad incrementare la diegesi:

> Avendo l'abitudine quando era agitato di monologare, doveva accorgersi del ridicolo che c'era nella sua ira. Anche nel sogno più astratto una parola precisa pronunziata richiama alla realtà. Egli era giunto a desiderare Annetta, amarla, esserne geloso, ella invece sapeva appena quale suono avesse la sua voce. Con chi doveva prendersela? Lo aveva offeso più di tutto la stretta di mano di congedo ch'ella gli aveva dato freddamente e tenendo gli occhi rivolti a Spalati che continuava a parlare! Avrebbe voluto forse ch'ella si mettesse a meditare sulle cause dell'improvviso pretestato malessere? Un malessere infine non poteva dire nulla quando prima nulla era stato detto per spiegarlo. Poteva capitare a Spalati e andandosene neppure costui avrebbe potuto ottenere altro che l'augurio di buona salute. Ironizzando su se stesso si trovò piccolo e malaticcio /.../.
> (*Ibidem*, p. 139)

Tutto il brano è un susseguirsi enfatizzato di esclamazioni e di interrogazioni che non lasciano alcun dubbio sulla titolarità di voce del personaggio, mentre ancora una volta il modulo introduttivo attesta l'intervento del narratore nella frase « doveva accorgersi del ridicolo che c'era nella sua ira », reso ancor più evidente dalla generalizzazione; « Anche nel sogno più astratto una parola precisa pronunziata richiama alla realtà », che sembra appellarsi alle possibilità dimostrative insite nella materia stessa [100]. Tale concetto viene ripreso nell'enunciato di rientro « Ironizzando su se stesso si trovò piccolo e malaticcio », che stabilisce la riattivazione diegetica oltre a denotare il desiderio del narratore di inserire anche i pensieri del personaggio in una catena di cause ed effetti, pur escludendo ormai, come sostiene M. Guglielminetti [101], che « lo svolgersi dei fatti » abbia « il

---

[99] F. PETRONI, *op. cit.*, p. 25.
[100] Cfr. M. GUGLIELMINETTI, *op. cit.*, p. 132.
[101] *Ibidem*, p. 130.

potere di modificare la coscienza dei protagonisti». Ad ogni modo, molto rari risultano i casi in cui il personaggio prende in senso assoluto la parola, dal momento che spicca in questo testo una tendenza alla narrativizzazione. Abbondano pertanto i luoghi in cui la voce del personaggio è completamente occultata da quella del narratore:

> Lo si avvisò in ufficio ch'era arrivato Federico e ciò gli produsse una strana impressione di sgomento. A poco alla volta aveva conquistato l'amicizia di tutti coloro che frequentavano casa Maller. Era stata una conquista lenta e difficile che gli sembrava fosse riuscita per caso fortunata, per essere stata preparata prima dalla stima che gli aveva regalata Macario, poi dal rispetto che Annetta, un'ignorante, aveva creduto di tributargli. Ora interveniva una nuova persona che sembrava usasse pensare con la propria mente e chissà con quali massime. Era da temerne, visto che Annetta ne temeva per lui. Federico era di certo un ambizioso che avrebbe cominciato col disprezzarlo.
> Per quella sera non andò da Annetta; non voleva farsi vedere troppo presto. (*Ibidem*, p. 200)

Come si nota, non è presente alcuna enfasi che ci farebbe propendere per l'attribuzione della voce al personaggio, mentre l'unico elemento che distanzia tale tipo di indiretto dalla pura diegesi, oltre che il contenuto di pensiero, è la presenza dell'imperfetto in contrapposizione al passato remoto del modulo introduttivo « Lo si avvisò » e dell'enunciato di rientro « Per quella sera non andò da Annetta », che lo delimitano con molta precisione. Siamo dunque nel campo della pura referenzialità, mentre nell'enunciato di rientro bisogna sottolineare l'interpretazione « non voleva farsi vedere troppo presto » che attesta come l'attività commentativa del narratore, in ogni caso priva di scorie discorsive, si svolga sempre fuori dall'indiretto. Egli infatti si immedesima col protagonista nel riportarne pensieri e sentimenti [102], distanziandosene soltanto quando lo osserva dall'esterno. Anche quando ci troviamo di fronte a forme

---

[102] Cfr. F. PETRONI, *op. cit.*, p. 20.

miste di indiretto legato e di indiretto libero, dove la forma libera dovrebbe mostrare una maggiore autonomia dalla voce narrante, la situazione non cambia di molto:

> Pensava che aumentando la confidenza fra loro sarebbe pur venuto il giorno in cui avrebbe potuto dire la sua opinione, ma per il momento non osava neppure esprimere il dubbio più lieve. Non voleva esporsi al pericolo di veder diminuita la luce che brillava negli occhi di Annetta quando lo guardava. Per lui quel romanzo aveva minima importanza e per esso non avrebbe acconsentito a udire neppure una parola brusca dall'a-mata.
> Venne strappato a quell'idillio non per volere suo e non per volere di Annetta. (*Ibidem*, p. 163)

La narrativizzazione del periodo introdotto dal sintagma di legamento «Pensava che» risulta evidente, ma quel che più interessa è che anche quanto segue, in forma del tutto libera, non presenta alcuna specifica particolarità di voce del personaggio. Perciò si può dire che la forma legata anticipa semplicemente quanto verrà esposto in maniera più estesa attraverso il procedimento analitico. Molto interessante è inoltre l'enunciato di rientro «Venne strappato a quell'idillio non per volere suo e non per volere di Annetta», che assume le caratteristiche del preannuncio e che pertanto offre maggiore evidenza alla voce narrante. Si può pertanto concludere per una tendenza abbastanza marcata alla narrativizzazione e a riferire pensieri e sentimenti nella loro essenza, senza che nulla venga aggiunto ad essi attraverso l'analisi. D'altra parte le eccezioni evidenziate testimoniano un tentativo di allontanamento da tale alta incidenza di referenzialità, la quale avvicinerebbe questo romanzo ai canoni naturalistici [103].

La situazione di occultamento dei tratti espressivi del personaggio, che nel primo romanzo sveviano rappresenta una caratteristica pressoché costante, dal momento che il narratore inclina ad una riproduzione narrativizzata di pensieri e senti-

---

[103] Cfr. M. GUGLIELMINETTI, *op. cit.*, p. 133.

menti, trova in *Senilità* un evidente capovolgimento. Abbondano così le forme di indiretto trasposto che costituiscono
spesso l'espressione di uno stato emotivo:

> Per essere pronto pensò anche le parole che le avrebbe dirette.
> *Dolci. Perché no?* — Addio Angiolina. Io volevo salvarti e tu mi
> hai deriso. — *Deriso da lei, deriso dal Balli!* Una rabbia impo-
> tente gli gonfiò il petto. *Finalmente* egli si destava e tutta la
> rabbia e la commozione non lo addoloravano tanto come la
> indifferenza di poco prima, una prigionia del proprio essere
> impostagli dal Balli. *Dolci parole ad Angiolina? Ma no! Poche e
> durissime e fredde.* — Io sapevo già ch'eri fatta così. Non mi
> sorprese affatto. Domandalo al Balli. Addio.
> Camminò per calmarsi perché al pensare quelle durissime pa-
> role s'era sentito bruciare. (*Senilità*, p. 68)

Il susseguirsi delle interrogazioni e delle esclamazioni: *Dolci.
Perché no?; Dolci parole ad Angiolina? Ma no!* attesta la concitazione del pensiero di Emilio che, dilaniato fra opposti sentimenti, quasi discorre con se stesso. Inoltre, l'irregolarità della
frase *Deriso da lei, deriso dal Balli*, ellittica del verbo principale,
ci fa ancora propendere per la titolarità di voce del personaggio [104], che si manifesta ovviamente con maggiore intensità
nelle battute di dialogo intercalate nell'indiretto: « Addio Angiolina. Io volevo salvarti e tu mi hai deriso. — » e « Io sapevo
già ch'eri fatta così. Non mi sorprese affatto. Domandalo al
Balli. Addio. — » Tali intrusioni di discorso diretto infatti,
oltre a rendere con maggiore evidenza la concitazione dei
pensieri del protagonista, se ne rivelano diretta conseguenza,
accreditando la tesi che tutto l'enunciato rappresenti la riproduzione esatta dei pensieri di lui [105]. A tale irregolarità di
espressione si contrappone nettamente il periodo centrale: « *Finalmente* egli si destava e tutta la rabbia e la commozione non
lo addoloravano tanto come la indifferenza di poco prima, una

---

[104] Cfr. S. CHATMAN, *op. cit.*, p. 217.

[105] L'assenza in *Una vita* di tali espedienti offre dunque un'altra prova
della tendenza alla referenzialità a cui si è più volte accennato a proposito di
quel testo.

prigionia del proprio essere impostagli dal Balli», in cui la
normalizzazione della sintassi tradisce l'intrusione del narratore che, pur seguendo da vicino il personaggio, non si identifica più con lui [106] e anzi denota, grazie all'avverbio *finalmente*,
il suo distacco dalla posizione di passiva accettazione di Emilio. L'opposizione delle due titolarità di voce si rivela dunque,
in questo testo, quale mezzo idoneo a sottolineare la divergenza di punto di vista concettuale o esistenziale registrabile
fra il narratore e il personaggio, mentre gli interventi autoriali
risultano improntati ad una maggiore discorsività. L'enunciato
di rientro: «Camminò per calmarsi perché al pensare quelle
durissime parole si era sentito bruciare», affianca alla ripresa
diegetica, attestata dalla presenza del passato remoto, l'interpretazione introdotta dalla congiunzione causale, che conferma la
maggiore coscienza della realtà di cui gode il narratore. La
suddetta caratteristica si manifesta in maniera ancora più evidente nel brano che segue, dove ancora una volta la voce del
personaggio risulta molto formalizzata:

> Era già scorso parecchio tempo dacché egli aveva parlato col
> Sorniani, e il tumulto che le parole di costui avevano suscitato
> nel suo petto non s'era ancora quietato. Forse ella avrebbe fatto
> qualche tentativo per ravvicinarsi a lui. La dignità non gli
> avrebbe impedito allora d'accoglierla a braccia aperte. Ma non
> come una volta. Sarebbe corso immediatamente alla verità cioè
> al possesso. Giù la finzione! — Io so che tu fosti l'amante di
> tutti costoro, — le avrebbe gridato — e ti amo lo stesso. Sii mia
> e dimmi la verità acciocché io non abbia altri dubbi. — La
> verità? Anche sognando la più rude franchezza egli idealizzava
> Angiolina. La verità? Poteva essa dirla? sapeva dirla? /.../
> Egli dimenticava quanto in altri momenti aveva percepito tanto
> chiaramente, cioè il fatto ch'egli aveva stranamente collaborato
> a vedere in Angiolina ciò ch'ella non era, che era stato lui a
> creare la menzogna. (*Ibidem*, p. 81)

---

[106] Cfr. F. PETRONI, *op. cit.*, p. 26, il quale stabilisce che anche nell'indiretto « il punto di vista del narratore si contrappone a quello del personaggio », attestando il maggiore « grado di conoscenza del primo. »

L'irregolarità del periodo « Ma non come una volta », privo del verbo principale, delinea chiaramente un tratto espressivo del personaggio, insieme con l'esclamazione « Giù la finzione! », che introduce la battuta diretta ancora una volta consequenziale ai pensieri riportati. È interessante notare che ciò che per Emilio rappresenta una soluzione induce il narratore ad un intervento più esplicito, volto a smascherare l'illusorietà di tutto l'enunciato: « Anche sognando la più rude franchezza egli idealizzava Angiolina »; e ancora, in tono crescente: « Egli dimenticava quanto in altri momenti aveva percepito tanto chiaramente », fino alla rivelazione crudele: « Era stato lui a creare la menzogna », che segna un netto divario fra il narratore ed Emilio. Inoltre questo lungo procedimento analitico si rivela quasi come un enunciato cerniera che collega l'indiretto alla diegesi, il ritorno alla quale non è sempre segnato nettamente come nel testo precedentemente analizzato, dove anche grazie a tale espediente si raggiungeva una certa oggettività. I tratti espressivi dei personaggi risultano dunque ben differenziati dalla voce del narratore e non soltanto per il protagonista, ma anche per Amalia e persino per Angiolina la quale, pur non essendo mai analizzata dall'interno, fa udire chiaramente la sua voce negli atti di parola:

> Ella si fece molto seria e parlò in tono drammatico della sua avventura col Merighi. Abbandonata? Non era la vera espressione perché era stata lei a pronunziare la parola decisiva che aveva sciolto il Merighi dal loro impegno. Vero è che l'avevano seccata in tutti i modi, lasciando intendere che la consideravano quale un peso nella famiglia. La madre di Merighi (oh! quella vecchia brontolona, cattiva, malata di troppa bile) glielo aveva spiattellato chiaro e tondo: — Tu sei la disgrazia nostra perché senza di te mio figlio potrebbe trovare chissà che dote — /.../
> Poi ella volle sapere da chi egli avesse appreso quel fatto.
> (*Ibidem*, p. 16)

L'interrogazione « Abbandonata? », l'asseveratore di opinione « vero è », l'inciso colorito « (oh! quella vecchia brontolona, cattiva, malata di troppa bile) » e soprattutto l'espressione colloquiale « glielo aveva spiattellato chiaro e tondo » ci riportano inequivocabilmente alla voce del personaggio, peraltro non interrotta da alcun intervento autoriale. Anche la riassunzione della diegesi presenta la massima referenzialità, non aggiungendo il narratore alcun commento ad esso: «Poi ella volle sapere da chi avesse appreso quel fatto». Non è Angiolina, infatti, l'oggetto dell'analisi del narratore, ma esclusivamente l'effetto che provoca la comparsa di lei nella vita del protagonista. Di fronte a tale intensità di tratti espressivi, molto rari sono gli spunti di analisi interna e si realizzano quando il narratore avverte l'esigenza di sottolineare determinati aspetti rilevabili solo attraverso una visione dall'interno:

> Emilio lo accolse con accurata gentilezza precisamente per celare il rancore che egli covava in fondo all'anima; non voleva che il Balli potesse avvedersi del male che gli aveva fatto, lo avrebbe sì, rimproverato e aspramente, ma studiando il modo di celare la propria ferita. Lo trattava proprio come un nemico. (*Ibidem*, p. 52)

È il narratore che porta alla luce il «rancore celato in fondo all'anima» che probabilmente non avrebbe potuto essere espresso con uguale chiarezza dal protagonista. Di Emilio vengono infatti riportati anche i pensieri inconsci, delineati nell'enunciato di rientro, costituito da un'interpretazione che ne sintetizza lo stato d'animo: «Lo trattava proprio come un nemico». È evidente in tali casi la maggiore regolarità delle sintassi che non mostra alcuna concitazione, grazie alla narrativizzazione operata dalla voce narrante. Come si può notare dagli esempi riportati, le due entità di voce sono nettamente distinte, a differenza del primo romanzo sveviano, ed inoltre l'indiretto libero, come sostiene Petroni [107] ha uno spazio ampio, però sempre rigorosamente contenuto entro i termini segnati dai fatti oggettivi narrati». Esso, in pratica, non rappresenta un mezzo per introdurre nuovi elementi diegetici, ma una stasi incentrata sull'interiorità dei personaggi. Da tutto ciò si può dedurre con Guglielminetti [108] che in questo romanzo

---

[107] F. PETRONI, *op. cit.*, p. 27.
[108] M. GUGLIELMINETTI, *op. cit.*, p. 134.

viene meno ogni « suggestione naturalistica », anche perché vengono ormai sottintesi i dati dell'ambientazione sociale ed ogni possibile riferimento oggettivo. È il modularsi del pensiero che si delinea e che, talvolta, più che esserne la conseguenza, si oppone alla realà dei fatti, mentre il personaggio vive di una vita propria ed autonoma.

Nella *Coscienza di Zeno* si ritorna invece, almeno parzialmente, ad una certa narrativizzazione dell'indiretto, con conseguente scomparsa dei tratti espressivi dei personaggi. Non bisogna dimenticare che la figura del narratore ha naturalmente un'importanza determinante, in quanto nel diario egli rappresenta l'evidente filtro attraverso cui viene riportato ogni atto di parola dei personaggi, mentre per ovvie ragioni non potrebbe riferirne quelli di pensiero, dal momento che è contemporaneamente anche personaggio. Così Zeno si serve dell'indiretto per illuminare meglio qualche altra figura, come ad esempio quella del suocero, di cui riferisce il discorso:

> Egli mi derise. La fama di furberia era utilissima. Intanto molti venivano a prendere consiglio da lui e gli portavano delle notizie fresche mentre lui dava loro dei consigli utilissimi confermati da un'esperienza raccolta dal Medio Evo in poi. Talvolta egli aveva l'opportunità di avere insieme alle notizie anche la possibilità di vendere delle merci. Infine — e qui si mise ad urlare perché gli parve d'aver finalmente trovato l'argomento che doveva convincermi — per vendere e per comprare vantaggiosamente, tutti si rivolgevano al più furbo. Dal melenso non potevano sperare altro fuorché indurlo a sacrificare ogni suo beneficio, ma la sua merce era sempre più cara di quella del furbo, poiché egli era stato già truffato al momento dell'acquisto.
> Io ero la persona più importante per lui a quel tavolo. Mi confidò i suoi segreti commerciali ch'io mai tradii. (*La coscienza di Zeno*, pp. 84-85)

L'impronta a tutto l'enunciato non è trasmessa dalla proposizione di riferimento, in quanto, presentata quasi come un luogo diegetico, non lascia trasparire alcun atteggiamento di pensiero del personaggio, ma piuttosto dalla formula introduttiva « Egli mi derise » e dall'intervento del narratore-diarista all'interno dell'indiretto: « — e qui si mise ad urlare perché gli parve di aver finalmente trovato l'argomento che doveva convincermi — », attestato dalla presenza del passato remoto e dall'interpretazione da esso introdotta. Non compare alcuna irregolarità nella sintassi né espressività nel procedimento, che da solo non rispecchia l'intonazione, suggeritaci da Zeno narratore, con cui le parole sono state pronunciate. Il rientro nella diegesi è segnato gradatamente, prima dall'interpretazione « Io ero la persona più importante per lui a quel tavolo », che rappresenta un commento sulla storia attribuibile all'atto della narrazione, ed infine della vera e propria ripresa diegetica « Mi confidò i suoi segreti commerciali che io mai tradii ». La tenuta narrativa è dunque costante.

Un discorso molto diverso bisogna invece fare, come si è già accennato, quando Zeno riporta pensieri e sentimenti che lo hanno agitato nel corso della sua vita e che perciò sono ancora vivi nel suo animo, o anche in casi in cui parallelamente ai moti interiori di Zeno personaggio emerge una sosta commentativa inerente al tempo della storia:

> Per la prima volta pensai di abbandonare il campo, lasciare Trieste e andare altrove in cerca di svago. Non c'era nulla da sperare. Ada era perduta per me. Ne ero certo! Non sapevo io forse, ch'essa avrebbe sposato un uomo dopo di averlo vagliato e pesato come se si fosse trattato di concedergli un'onorificenza accademica? Mi pareva ridicolo perché veramente il violino fra esseri umani non avrebbe potuto contare nella scelta di un marito, ma ciò non mi salvava. Io sentivo l'importanza di quel suono. Era decisiva come dagli uccelli canori.
> Mi rintanai nel mio studio e il giorno festivo per gli altri non era ancora finito. (*Ibidem*, p. 139)

Accanto al discorso trasposto, che evidenzia nettamente i tratti espressivi di Zeno personaggio, si insinua l'autoanalisi di Zeno narratore, che giustifica il suo astio passato attraverso l'interpretazione « Mi pareva ridicolo perché veramente il violino non avrebbe potuto contare sulla scelta di un marito », la quale rappresenta un commento retrospettivo effettuato al momento della narrazione. Anche in questo diverso ambito temporale perdurano del resto, i medesimi sentimenti: « Io sentivo l'importanza di quel suono », accreditati dalla generalizzazione « Era decisiva come dagli uccelli canori » che, con l'immagine, attesta altresì una certa discorsività del procedimento. Dopo la suddetta parentesi commentativa svoltasi nel tempo della narrazione, si ritorna in quello della storia, riprendendo la diegesi: « Mì rintanai nel mio studio », e si crea così un'alternanza di piani temporali e anche di conoscenza, dal momento che Zeno narratore è più esperto di Zeno personaggio.

Fatta eccezione per i suddetti casi, si può dunque notare in questo testo un ritorno alla narrativizzazione dell'indiretto, da cui consegue una mancanza di interesse per l'interiorità dei personaggi, interesse che in *Senilità* era predominante e che nella *Coscienza di Zeno* si concentra tutto sulla persona del protagonista narrante.

La preferenza che si coglie, nel secondo romanzo di Svevo, per le forme di indiretto trasposto si ripresenta in *Sorelle Materassi*, dove acquistano di nuovo spessore i tratti espressivi dei personaggi:

> Andarsi a mettere con quello zotico ignorante, che aveva una madre con la quale non si poteva fare un discorso in regola, che salutava col grugno anziché con le parole. Altro che « mille ossequi » e « i miei rispetti »! Un brindellone che stava sempre solo perché con lui nessuno ci voleva stare. Quando gliene chiedevano il perché, Remo rispondeva convinto: « è un buon ragazzo, mi piace Palle » e a lui diceva: « vieni Palle, via Palle, si va ». (*Sorelle Materassi*, p. 168)

L'infinito con valore esclamativo: « Andarsi a mettere » e la successione di espressioni colorite come « zotico ignorante », « salutava col grugno », « un brindellone », evidenziano con chiarezza la voce dei personaggi, il cui idioletto può per questo distaccarsi ancor più nettamente da quello del narratore che, riprendendo il discorso dal segmento iniziale « Andarsi a mettere con », continua la narrazione: « Quando gliene chiedevano il perché Remo rispondeva convinto », attestando tra l'altro con l'imperfetto iterativo la ricorrenza di certi discorsi in casa Materassi. Il narratore si diverte dunque ad offrire rilievo alle

espressioni tipicamente popolaresche che distinguono il linguaggio dei suoi personaggi dal proprio, raggiungendo così notevoli
effetti coloristici:

> *"Figlia d'un cane! Se il Signore non le avesse mandato il male allo
> stomaco c'era da guardarsi la pelle"*. Questo Niobe pensò e non
> disse, ma pensò alla sua maniera, tanto coloritamente, che
> possiamo dirlo noi senza tema di sbagliare. (*Ibidem*, p. 178)

La proposizione di riferimento assume quasi il valore di discorso diretto interno da cui il narratore prende le distanze,
isolandolo con gli apici e ribadendo nell'enunciato di rientro la
forte differenza fra la regolarità del suo procedimento e la
vivacità di espressione del personaggio. Inoltre è interessante
notare il tono discorsivo della stessa formula di rientro (« Questo Niobe pensò e non disse, ma pensò alla sua maniera, tanto
coloritamente, che possiamo dirlo noi senza tema di sbagliare »),
la quale peraltro riafferma il controllo autoriale sui pensieri dei
personaggi [109]. Ad ogni sentimento viene data la giusta caratterizzazione attraverso il rispetto dei tratti espressivi; pertanto,
anche l'ira di Giselda nei riguardi delle sorelle e di Niobe viene
resa con grande realismo:

> Il sangue le diede un tuffo, una vampa d'ira e di sdegno le salì al
> capo gettandola in uno stato di delirio e rovesciandole di scatto
> il sentimento interiore /.../ « Dopo quanto era successo, dopo la
> catastrofe irrimediabile dovuta esclusivamente alla loro imperdo-
> nabile debolezza, e che da uno stato di benessere le aveva
> sprofondate nell'indigenza assoluta, dopo tanti giorni di penuria
> e, quasi, di fame, col fuoco spento, vuota la dispensa e senza il
> becco di un quattrino dentro le tasche, le tre scimunite si
> estasiavano a guardare le fotografie di quel furfante che con tanta
> disinvoltura le aveva ridotte in simile arnese, intorno a quella
> tavola più liete assai che se fossero state davanti a un lauto
> pranzo. (*Ibidem*, pp. 356-357)

---

[109] Cfr. G. GUGLIELMI, *op. cit.*, p. 88: « La parola quotidiana non è più
strappata al suo accecamento da un'altra parola (clownesca e paradossale),
ma confermata e confortata da un'identificazione con l'oggetto ».

L'incalzare dei pensieri del personaggio è enfatizzato dalla ripetizione, a sempre più breve distanza, dell'avverbio « dopo », che nell'ultima frase dà il via a veri e propri improperi nei riguardi delle tre donne definite « scimunite » e contro il nipote a cui viene dato del « furfante ». È senza dubbio il personaggio ad esprimere le proprie idee, senza essere mai interrotto dal narratore, che si limita a rientrare nella diegesi con il semplice enunciato « — Che si fa? — disse a denti stretti, bianca di furore » (p. 357), quasi a non poter aggiungere altro alla sfuriata di Giselda oltre a caratterizzarne l'aspetto esteriore. Si concede dunque ai personaggi di manifestare ogni loro moto interiore e di evidenziare, di conseguenza, le particolarità del proprio linguaggio. Tuttavia, in un testo in cui il narratore ama indugiare nel racconto e mostrare senza imbarazzo la sua funzione, non possono mancare gli spunti di analisi interna, in cui l'indiretto appare del tutto narrativizzato:

> Dietro i ferri del cancello, non appariva sulla strada direttamente, gli occhi di Niobe, ritrovato l'ardore giovanile, sfavillavano grandi sullo sfacelo delle proprie forme: ella non aveva preferenze né di corpo né di grado, né si peritava di guardarli in faccia dal primo all'ultimo; dal colonnello all'attendente le piacevano tutti senza riserve, né era capace di rattenere qualche personale apprezzamento che borbottava dietro dietro: — Che occhi! Che tracagnotti! Che zampe! Che spalle! Bei' moro, perdie! — (*Ibidem*, p. 86)

Il pensiero del personaggio introdotto dallo sfavillio dei suoi occhi « sullo sfacelo delle proprie forme » viene completamente riassunto dal narratore, che lo tratta come un evento diegetico, senza nulla lasciar trasparire della voce del personaggio. Il recupero della diegesi è infatti quasi impercettibile, in quanto la traccia del narratore persiste nell'uso dell'imperfetto che, però, dalla sfera di pensiero del personaggio, passa a definire un'azione iterata: « né era capace di rattenere qualche personale apprezzamento che borbottava dietro dietro ». Soltanto in questo momento si delinea il tono in cui quegli stessi apprezzamenti vengono fatti, grazie alla battuta di dialogo « — Che occhi! Che tracagnotti! Che zampe! Che spalle! Bei' moro, perdie! — », che rispecchia la forte connotazione dialettale del modo di esprimersi di Niobe. Solo in questi casi si può affermare con W. Pedullà [110] che il narratore ceda ai personaggi la parola all'interno dell'indiretto unicamente per qualche rapida battuta affinché almeno in parte non venga dissolto l'atteggiamento mentale di essi, atteggiamento che non potrebbe essere rilevato da una forma di indiretto narrativizzato. Bisogna invece sottolineare la prevalenza dei casi precedentemente esposti, che mettono in luce, nella quasi globalità dell'indiretto, i tratti espressivi del personaggio.

La netta distinzione esistente nel testo ora analizzato, ed anche in *Senilità*, fra la voce del narratore e la voce del personaggio, viene a mancare nella *Cognizione del dolore*; tuttavia non per questo risulta una maggiore tendenza alla narrativizzazione, ma un'irregolarità di espressione estesa talvolta ad ambedue le entità:

> Non vide più nulla. Tutto fu orrore, odio. /.../ I capegli le spiovevano sulla fronte, non osava dir nulla, coi labbri secchi, esangui: nessuno, nessuno l'avrebbe udita, sotto il fragore. E a chi rivolgersi, nel tempo mutato, quando tanto odio, dopo gli anni, le era oggi rivolto? Se le creature stesse, negli anni erano state un dolore vano? fiore dei cimiteri: perdute... nella vanità della terra...
> Perché? Perché? /.../
> Nessuno la vide, discesa nella paura, giù, sola, dove il giallore del lucignolo vacillava, smoriva entro l'ombre, dal ripiano della mensola, agonizzando nella sua cera liquefatta. (*La cognizione del dolore*, pp. 133-134)

Il susseguirsi delle interrogazioni e delle esclamazioni, oltre che la forte emotività da cui è pervaso l'intero brano, non creerebbe dubbi sulla titolarità di voce del personaggio. Se però si analizza l'espressione adottata nell'enunciato di rientro « Nessuno la vide, discesa nella paura, giù, sola, dove il giallore del lucignolo vacillava », ci si rende conto che l'unico elemento

---

[110] W. Pedullà, *op. cit.*, p. 355.

che differenzia i due segmenti è, nel secondo, il passato remoto che non potrebbe appartenere al personaggio. Tuttavia il narratore non esibisce, nel ritorno alla diegesi, maggiori certezze del personaggio, ma si limita a ribadire di questo la condizione essenziale. Egli non si distacca dallo stato di angoscia della madre di Gonzalo, ma neppure dal suo modo di esprimersi, procedendo anche lui attraverso continue interruzioni segnate dalla punteggiatura. La difficoltà che si è registrata nello stabilire con sicurezza, in questo libro, la titolarità di voce si evince anche dal brano che segue:

> Gli sfrullò di capo anche un'altra molestia, che gli s'era fermata come nel magazzino, nel retrobottega del cervello. Ma quale? ah! quale?... mah! se stava leggendo il Parmenide? ah! già, che la Peppa seminava pulci per casa, raccoltele in cima di classifica al lavatoio « municipale »... Erano proprio delle pulci fuori classe, d'una vitalità incredibile, con salti ad arcobaleno sopra la torre Eiffel. Nel suo spirito eccitato dagli alcaloidi del caffè, si insinuarono i Vangeli: « ama il tuo prossimo come te stesso ». Ma subito il maligno gli suggeriva: « ...comprese le pulci?... ». Stette comunque a sentire. (*Ibidem*, p. 181)

Le interrogazioni iniziali « Ma quale? ah! quale?... mah! » a prima vista sarebbero da attribuire a Gonzalo; ma, a ben riflettere, esse non sono che la normale continuazione del modulo introduttivo « Gli sfrullò di capo un'altra molestia, che gli s'era fermata nel magazzino, nel retrobottega del cervello ». Perciò si potrebbe dire che il narratore interroghi se stesso su quell'argomento come se ne avesse dimenticato le linee generali, confondendo così la sua voce con quella del personaggio. Del resto anche Gonzalo è preso da un dubbio: « Nel suo spirito eccitato dagli alcaloidi del caffè, si insinuarono i Vangeli: 'ama il tuo prossimo come te stesso'. Ma subito il maligno gli suggeriva: '...comprese le pulci?...' », dubbio riferito nell'enunciato di rientro, che riporta i pensieri del protagonista in un ambito chiaramente diegetico.

Anche nel riprodurre gli atti di parola il narratore ama convergere in osmosi con i suoi personaggi e mimarne quasi le inflessioni di voce, spesso senza prenderne le distanze:

José, il peone, sosteneva ch'egli avesse dentro, tutti e sette, nel
ventre, i sette peccati capitali, chiusi dentro nel ventre, come
sette serpenti: che lo rimordevano e divoravano dal di dentro,
dalla mattina alla sera: e perfin di notte nel sonno. Dormiva la
mattina fino alle otto, e anche otto e mezza: e si faceva portare
al letto il caffè dalla signora, che non finiva più di far le scale
per quel figlio, povera vecchia! e anche i giornali; per poi
leggerli e beverlo fuori a poco a poco, sia il caffè che i giornali,
allungato in letto come un vacca (così diceva il peone): e teneva
anche qualche libro desorevia del cifone, per leggere di tanto in
tanto anche quello, come non gli bastasse i giornali, ma in
letto. Mentre i contadini, alle otto, son già dietro da tre ore a
sudare, e bisogna rifilare il filo alla falce. Così diceva e ripeteva,
poi, la gente. (*Ibidem*, p. 37)

La prima parte dell'enunciato introdotta dal sintagma di legamento « sosteneva che » è ovviamente un indiretto legato, il
quale dovrebbe pertanto mostrare una certa regolarità di
espressione, perché più controllato dal narratore. Abbondano
invece le ripetizioni e ribadimenti ben lontani da ogni manifestazione della voce narrante finora incontrata: « tutti e sette,
nel ventre, i sette peccati capitali, chiusi dentro nel ventre,
come sette serpenti ». Sono proprio tali elementi che non
possono garantire in nessun caso una netta distinzione fra la
voce narrante e la voce del personaggio, che si mimano a
vicenda e si accavallano continuamente. Nella seconda parte
dell'indiretto la forte irregolarità espressiva riconferma il dubbio manifestato per la prima, in quanto il periodo: « Mentre i
contadini, alle otto, son già dietro da due o tre ore a sudare, e
bisogna rifilare il filo alla falce », mediante il presente di generalità, attesta almeno un notevole coinvolgimento del narratore
nel discorso del peone, tanto che quasi potremmo inserire
anche lui fra quella gente di cui si parla nell'enunciato di
rientro « Così diceva e ripeteva, poi, la gente ». Pertanto l'inciso precedente « (così diceva il peone) » funzionerebbe solo
apparentemente come elemento per visualizzare quello che B.
Mortara Garavelli [111] chiama dissociazione fra locutore ed

---

[111] B. Mortara Garavelli, *art. cit.*, p. 37.

enunciatore. Se invece i personaggi vengono lasciati a sé stessi, pur evidenziandosi la loro voce, si dissolve talvolta il senso delle loro parole, come spesso avviene per Gonzalo:

> Ma nulla si salvava dal lezzo, dal dialetto orribile, dalla braveria... dai coriandoli, dai gusci di arachide e di castagne arrosto, dalle bucce di naranza, dette pelli. Mandorlati rosa, croccanti, e ragazze si inturpivano, agli occhi del bimbo, nello svanire di ogni gentilezza...
> Quella che il bimbo pativa non era la festa di una gente, ma il berciare di una muta di diavoli, pazzi, sozzi, in una inutile bestiale diavoleria... Si trattava certamente, pensò adesso tra sé il figlio, di una infanzia malata. L'uomo tentò di riprendersi da quel delirio. (*Ibidem*, p. 206)

Il pensiero del protagonista si realizza attraverso una successione quasi sconnessa di sostantivi che ne rivelano la disgregazione interna, mentre l'intervento del narratore, costituito da una interpretazione « Quella che il bimbo pativa non era la festa di una gente, ma il berciare di una muta di diavoli », finisce poi col mimarne le espressioni che a tal proposito avrebbe aggiunto Gonzalo: « pazzi, sozzi, in una inutile bestiale diavoleria... ». Il passaggio alla diegesi è inoltre segnato da una forma molto narrativizzata di indiretto « Si trattava certamente, pensò adesso tra sé il figlio di un'infanzia malata », che funge quasi da elemento cerniera tra i pensieri del protagonista ed il vero e proprio enunciato di rientro « L'uomo tentò di riprendersi da quel delirio », il quale fornisce così la chiave di lettura di tutto il brano. Narratore e personaggi entrano pertanto in un unico universo narrativo e risultano così strettamente intrecciati fra loro anche nell'espressione, che riesce difficile talvolta isolare i tratti distintivi della voce di entrambi: con Gadda si giunge compiutamente al capovolgimento di ogni canone realista.

A prescindere dai tratti espressivi più evidenti come esclamazioni, interrogazioni e costrutti sintatticamente irregolari, per quanto riguarda l'uso dei tempi, l'imperfetto ha una importanza determinante, realizzando la trasposizione temporale che dà appunto luogo ad un enunciato indiretto. Come conseguenza di ciò, per l'azione anteriore si registrerà normalmente l'uso del trapassato prossimo e, per quella futura, del condizionale passato, atto appunto ad esprimere il futuro in dipendenza da un tempo passato. Qualora poi il narratore voglia intervenire all'interno o a conclusione dell'indiretto, la sua presenza è contrassegnata dal passato remoto. Tutto ciò — giova sottolinearlo con Herczeg [112] — dà vita ad una certa monotonia che non renderebbe perfettamente lo stato d'animo del personaggio a cui viene ceduta la parola. Per tale motivo si rende necessario l'uso di altri strumenti grammaticali, la cui presenza definisce o, meglio, suggerisce una maggiore o minore vicinanza del narratore all'espressione del personaggio. In *Una vita* infatti, dove si è rilevata una tendenza alla narrativizzazione dell'indiretto, ci si trova di fronte ad una marcata regolarità nel procedimento, in cui solo raramente l'imperfetto cede il posto ad un'altra temporalità verbale che conferisca maggiore immediatezza all'espressione. Di rado, nella proposizione di riferimento, si interrompe la sequenza degli imperfetti grazie all'intrusione del presente di generalità che indica, come avviene nella prosa normale [113], qualche apoftegma di valore universale:

> Risoltasi ad abbandonarlo e a sposare Macario, Annetta doveva odiarlo intensamente, e a lei stessa egli poteva sembrare un seduttore, forse violentatore, *perché niente è più facile che di cancellare dalla mente una propria colpa quando non è stata né parlata né scritta.* (*Una vita*, p. 294)

Il pensiero di Alfonso riceve in tal modo una motivazione che accresce la sua verosimiglianza, mentre il presente è giustificato dalla inequivoca vicinanza alla condizione emotiva del personaggio. È inoltre interessante notare come, in questo caso, il segmento generalizzante sia sintatticamente collegato a quanto precede attraverso il nesso causale *perché*, il quale rende più esplicito il rapporto di inerenza tematica che sussiste fra il contenuto della generalizzazione e quello dei pensieri del personaggio. Di fronte alla medesima situazione ci troviamo an

---

[112] GIULIO HERCZEG, *Lo stile indiretto libero in italiano*, Sansoni, Firenze 1963, pp. 18-19.
[113] cfr. *Ibidem*, p. 75.

che nel caso che segue, dove il presente generalizzante non si registra in una proposizione subordinata ma in una principale:

> Quella seconda sera l'ebbe con la stampa. Diceva che scrivendo per la stampa si simulava sempre, non si era mai del tutto sinceri. In pubblico si diceva nuovo quello che era vecchio, meritevole di lode il biasimevole e così via. Fin qui era debole ma andava pigliando forza. A che serviva la scienza? All'infuori di coloro che si dedicavano alle indagini originali in una data parte, *gli altri hanno il torto di curarsene troppo. Stancano il loro cervello e non ne hanno alcun vantaggio, perché chi ha compreso bene una parte, ha il suo cervello altrettanto educato quanto colui che ne ha studiato più parti. La carta stampata danneggia quindi il cervello più che lo avvantaggi.* Quel « quindi » non era del tutto diretto, ma Alfonso non fece mostra di avvedersene e Macario si compiacque del proprio ragionamento. (*Ibidem*, p. 115)

In questo enunciato il presente di generalità assume un ruolo ben preciso, in quanto mediante esso il personaggio parlante attribuisce valore di massima ad un'opinione del tutto soggettiva, da cui sia il protagonista sia il narratore prendono le distanze: « Quel 'quindi' non era del tutto diretto, ma Alfonso non fece mostra di avvedersene ». Solo in tali occasioni si evince un distanziamento dalla norma dell'imperfetto, mentre ancora più raro è l'uso dell'infinito che rappresenta un ben collaudato mezzo per rendere la concitazione di pensiero:

> Per quanto egli credesse che degl'intrighi in città nulla affatto gl'importasse, pure, dopo aver ricevuta la lettera di Francesca, il suo pensiero era per ore intere rivolto più a quelli che alla madre.
> Se, come Francesca, con quel suo tono che non ammetteva dubbi, glielo diceva, Annetta lo lasciava per sposare suo cugino, quali sentimenti avrebbe avuto per lui? Di odio, era certo. Il ricordo della caduta di Annetta faceva anche a lui ribrezzo, ma che cosa avrebbe dovuto produrre nell'animo di Annetta maritata ad un altro? Onta e odio forse, per il timore di veder divulgato il segreto, un odio attivo; lo avrebbe fatto scacciare dalla casa Maller e avrebbe tentato di rendergli impossibile la vita in città. E come si sarebbe comportato lui di fronte a tale odio? *Reagire, difendersi?* Ma gli sembrava di non averne il

> diritto! Fantasticava su tali persecuzioni e si commoveva delle
> sventure ch'egli immaginava gli dovessero toccare.
> La madre vide ch'egli aveva le lacrime agli occhi (*Ibidem*, p. 267)

È questo l'unico caso in cui compaiono due infiniti interrogativi *Reagire, difendersi*? che peraltro, come afferma anche
Herczeg [114], non costituiscono una categoria che rivela un netto
distacco dalle proposizioni circostanti, risultando quelle forme
verbali consequenziali a quanto viene espresso in queste. Bisogna inoltre notare la presenza di una vasta gamma di
temporalità che, insieme con il susseguirsi delle interrogazioni,
rendono perfettamente lo sviluppo di pensiero del personaggio;
il quale, partendo dalla situazione attuale, che si evidenzia come
tale grazie all'imperfetto, si proietta nel futuro designato dal
condizionale, mentre l'indiretto si conclude con un ritorno alla
diegesi segnalato per convenzione dall'uso del passato remoto.
L'eccezionalità di tale enunciato è data dal fatto che in esso
viene meno la tendenza alla narrativizzazione da cui è caratterizzato l'intero testo. Bisogna dunque concludere nel segno di
una evidente scarsezza di forme verbali alternative all'imperfetto, la cui diretta conseguenza è ancora una volta un limitato
interesse per i tratti espressivi dei personaggi.

Tuttavia anche in *Senilità*, ove peraltro si è messa in luce
una maggiore attenzione al personaggio, non si rilevano notevoli irregolarità verbali. Talvolta, comunque, viene conferito il
carattere di ipoteticità a certi enunciati grazie alla presenza del
congiuntivo e del condizionale, offrendo in tal modo una resa
più diretta di atti di pensiero o di parola:

> Il Balli, in seguito alla convinzione della propria innocenza, fu
> più esplicito. Disse ch'egli era stato quale s'era proposto di essere
> allorché s'era offerto di dargli degl'insegnamenti. *Se si fosse messo
> anche lui a belare d'amore, allora sì che la cura sarebbe riuscita
> bene.* Giolona doveva essere trattata come aveva fatto lui, ed egli
> sperava che col tempo Emilio avrebbe saputo imitarlo. (*Senilità*,
> pp. 52-53)

---

[114] Cfr. *Ibidem*, p. 44.

La particolarità espressiva che denota il periodo ipotetico *Se si fosse messo anche lui a belare d'amore, allora sì che la cura sarebbe riuscita bene*, contenente anche una forte carica ironica nei confronti del protagonista, non lascia dubbi sulla titolarità di voce dell'enunciato. Emerge infatti con vigore la vivacità del pensiero che Balli che, col suo pungente argomentare, si augura che in seguito Emilio lo possa imitare.

Il maggiore rilievo conferito ai personaggi non implica, tuttavia, neppure un incremento delle forme generalizzanti, forse perché essi, presi da problemi interiori sono poco propensi a rispecchiare in massime generali le proprie particolarità. Non a caso, infatti, è Angiolina colei che, per giustificare il proprio discorso rivelante una sostanziale mancanza di amore nei riguardi del protagonista, ci offre un esempio di generalizzazione:

> Ella sentì l'amarezza, ma non si offese dell'ironia perché le sembrava di aver ragione e si mise a discutere. Lassù faceva freddo ed ella non amava il freddo; d'inverno si sentiva infelice persino in città. *Poi, a questo mondo, non si vive che una volta sola*, e lassù si correva il pericolo di vivere più brevemente dopo di esser vissuto peggio, perché non le si darebbe ad intendere che *possa essere molto divertente di vedersi passare le nubi anche sotto ai piedi*.
> Ella aveva ragione infatti, ma come era fredda e poco intelligente! Non discusse più perché come avrebbe potuto convincerla? (*Ibidem*, p. 41)

L'indiretto presenta ben due segmenti generalizzanti, il cui susseguirsi rende molto bene l'intento della ragazza di cercare ogni appiglio per motivare le proprie affermazioni, nascondendosi anche dietro luoghi comuni, quale ad esempio *a questo mondo, non si vive che una volta sola*. Il contenuto dei due enunciati non si distacca dunque da quello del discorso di lei, ma svolge anzi il compito di comprovarlo. Infatti, anche il secondo dà per scontato che non *possa essere molto divertente di vedersi passare le nubi anche sotto ai piedi*, rispondendo così Angiolina alla richiesta di Emilio di andare a vivere insieme lontano dal mondo, come aveva accettato di fare un'altra fanciulla per seguire il suo uomo impegnato in ricerche scientifiche. La rarità di tali espedienti espressivi si rivela anche nell'uso dell'infinito, di cui unico caso è il seguente:

> L'aria rigida della sera lo scosse, lo refrigerò fino in fondo all'anima. *Lui usare delle violenze ad Angiolina!* Perché era lei la causa della morte d'Amalia? Ma quella colpa non poteva esserle rimproverata. Oh, il male avveniva, non veniva commesso. Un essere intelligente non poteva essere violento perché non v'era posto a odii. Per l'antica abitudine di ripiegarsi su se stesso e analizzarsi, gli venne il sospetto che forse il suo stato d'animo era risultato dal bisogno di scusarsi e di assolversi (*Ibidem*, p. 165).

L'infinito esclamativo che dà il via ai pensieri del protagonista, connota perfettamente la discussione con se stesso che egli si accinge ad effettuare, pur non determinando alcuna spezzatura nell'indiretto [115], ma rivelandosi quasi preannuncio di quanto in seguito verrà argomentato. La regolarità non viene dunque incrinata, come del resto anche negli altri esempi in cui si è posto in evidenza l'uso di tempi alternativi. Infatti, il fluire dei pensieri o delle parole del personaggio trova in essi un elemento di conferma e di appoggio, piuttosto che un'interruzione o una spezzatura.

Se in *Una vita* e in *Senilità* si manifestano occasionalmente delle forme verbali che si distanziano dalla regolarità dell'imperfetto, quali l'infinito o il presente di generalizzazione, nella *Coscienza di Zeno* si avverte ancor più la presenza normalizzante del diarista che, nel riportare le parole dei vari personaggi, quasi nulla lascia trapelare della loro interiorità, interessandosi più ai fatti esposti che alla personalità di chi parla. Pertanto si spiega da parte sua l'uso del presente generalizzante, mediante il quale vengono riportate verità generali effettivamente pronunciate dai personaggi, ed egualmente si spiega l'omissione di ogni forma di infinito esclamativo o interrogativo, che tenderebbe ad evidenziare lo stato d'animo

---

[115] CFR. *Ibidem*, p. 44.

in cui determinate cose vengono dette. Del resto, anche per quanto riguarda se stesso, nei discorsi trasposti, non arriva mai a rendere la concitazione dei suoi pensieri attraverso tali impieghi verbali. Ritornando al presente generalizzante, esso evidenzia sempre un contenuto in un rapporto di inerenza tematica con quanto viene riferito, ciò che costituisce un'altra prova della referenzialità di tali enunciati:

> Da Carla seppi la storia del suo maestro. Egli aveva fatto qualche anno di studi al Conservatorio di Vienna ed era poi venuto a Trieste ove aveva avuto la fortuna di lavorare per il nostro maggiore compositore colpito da cecità. Scriveva le sue composizioni sotto dettatura, ma ne aveva anche *la fiducia, che i ciechi devono concedere intera*. Così ne conobbe i propositi, le convinzioni tanto mature e i sogni sempre giovanili. (*La coscienza di Zeno*, p. 277)

Il racconto di Carla si presenta in una forma del tutto narrativizzata, ove l'unica espressione della sua voce, peraltro dubbia, è la generalizzazione *la fiducia che i ciechi devono concedere intera*, quale dato oggettivo per meglio descrivere l'attività del maestro di musica al servizio del compositore cieco. Non viene in luce altra particolarità della voce di lei e a tal punto Zeno narratore fa proprio il racconto che, come si nota nel periodo successivo « Così ne conobbe i propositi, le convinzioni tanto mature e i sogni sempre giovanili », egli prosegue l'esposizione senza alcuna mediazione del personaggio. Per quanto riguarda pensieri e percezioni propri è chiaro che tutti i commenti, comprese le generalizzazioni, sono relativi al momento della narrazione, non avendo egli alcun bisogno di esternarli attraverso il discorso trasposto. Si può dunque propendere per una certa regolarità di Svevo nella concordanza dei tempi verbali e non solo in quest'ultimo romanzo che, essendo in prima persona, favorisce tale atteggiamento del personaggio narrante.
Infatti, ampliando il discorso, si può dire che in tutti e tre i romanzi sveviani, a prescindere dall'importanza data in essi ai tratti espressivi dei personaggi — importanza che, come si è

visto, varia da testo a testo —, si nota una certa normalità
nell'uso verbale, e ciò in base al fatto che con Svevo la tecnica
dell'indiretto libero inizia il suo processo evolutivo che porterà
alla sempre maggiore attenzione per l'emotività dei personaggi e
per i mezzi stilistici che sappiano meglio esprimerla.

Con *Sorelle Materassi* si incrementa solo lievemente la
gamma delle voci verbali in questione, soprattutto per quanto
riguarda l'infinito:

> cresceva dentro il desiderio di dirgli tante cose rassicuranti per
> rallegrarlo. *Dirgli* subito che gli avrebbero voluto bene, ch'egli
> sarebbe stato con loro come con la madre: "povera Augusta! Ah!
> Ah!". /.../ *Informarlo* che la loro casa era una reggia rispetto al
> tugurio da cui era uscito, una casa da signori comoda e sana,
> ammobigliata bene, dove non mancava nulla /.../. (*Sorelle Mate-*
> *rassi*, p. 99)

I due infiniti (*Dirgli* e *Informarlo*) adducono elementi nuovi al
discorso e attestano le intenzioni dei personaggi di rassicurare il
ragazzo, rimasto orfano della madre. Il senso di tutto l'indiretto
ci viene infatti offerto dal narratore nell'enunciato introduttivo
« cresceva dentro il desiderio di dirgli tante cose rassicuranti per
rallegrarlo », mentre la voce delle due sorelle risalta con chiarezza anche grazie all'incursione di diretto nell'indiretto, costituita dall'esclamazione « Povera Augusta! Ah! Ah! ». Gli infiniti
segnalati mostrano una maggiore aderenza all'effettivo fluire dei
pensieri dei personaggi, oltre a segnare una stasi nell'animo delle
protagoniste concentrate intorno ad un unico nucleo tematico:
l'informazione e la tranquillizzazione di Remo. Tali infiniti
vengono definiti da Herczeg [116] infiniti descrittivi. Non mancano, comunque, neppure quelli esclamativi, che vivacizzano il
discorso dei personaggi, rendendo le sfumature del loro stato
d'animo:

---

[116] Cfr. *Ibidem*, pp. 46-47.

> *Andarsi a scegliere* per amico quello sciagurato zuzzerellone, quel coso brutto e goffo, vestito Dio sa come... era un boccone che le Materassi non riuscivano a buttar già. *E pensare che* senza correre troppo lontano c'erano fra gl'inquilini due giovinetti della sua età figlioli di un impiegato delle gabelle, il figliolo di un maestro muratore, che studiavano con impegno, destinati a divenire uomini di condizione agiata e da bene, superando con vantaggio lo stato attuale delle loro famiglie /.../. (*Ibidem*, p. 167)

L'indiretto libero viene a bella posta introdotto dagli infiniti *Andarsi a scegliere*, che rompe nettamente e senza alcuna mediazione la diegesi, introducendoci nel discorso delle protagoniste. Esso, peraltro, acquista la vivacità del parlato anche grazie alla successiva forma infinitiva. « E pensare che ». Siamo, come si può ben notare, in un ambito in cui la voce dei personaggi domina incontrastatamente, interrotta soltanto dall'interpretazione del narratore: « era un boccone che le Materassi non riuscivano a buttar giù », che ci permette di isolare con maggiore facilità il tono di disappunto con cui le parole sono pronunciate.

Uno scarso riscontro trova invece, in questo testo, il presente di generalità. Di esso, d'altra parte, si serve spesso il narratore insieme con le altre norme di commento sulla storia, creando una sorta di polarizzazione di voce che sottolinea la divergenza più o meno marcata del suo punto di vista da quello del personaggio e al tempo stesso favorisce un rapporto più esplicito col narratario. Ad ogni modo, quando la generalizzazione viene riferita come atto di pensiero o di parola di un personaggio, essa si rivela molto vicina alla sua psicologia e non lascia, di conseguenza, alcun dubbio sulla propria titolarità:

> Anche Carolina la pensava così, diceva che Remo aveva l'occhio dell'uomo pratico, e in questo forse non diceva male, dell'uomo pratico e di azione, e non quello dello sgobbone; *l'uomo che sa creare il mondo dal nulla, senza altro sussidio che la propria volontà e il proprio valore.* (*Ibidem*, p. 175)

Anche se l'indiretto legato attesta un maggior controllo autoriale, che si palesa grazie al commento « e in questo forse non diceva male », le ripetizioni che si rincorrono in tutto l'enunciato, oltre all'enfasi che viene posta in esso, evidenziano la voce del personaggio che, col suo carattere sognante, vede già in Remo *l'uomo che sa creare il mondo dal nulla*, iperbole questa che senz'altro non potrebbe essere attribuita al narratore.

L'attenzione all'interiorità dei personaggi porta dunque, in questo testo, ad una maggiore libertà nell'uso delle forme verbali, qualora queste risultino funzionali a comunicare messaggi che altrimenti non potrebbero essere percepiti con uguale chiarezza. Tale intento trova la massima realizzazione nella *Cognizione del dolore*, dove si arricchisce il numero di questi costrutti particolari. Soprattutto l'infinito presenta varie connotazioni, che sempre si rivelano mezzo efficace ad esprimere coloristicamente sentimenti e pensieri:

> *Cogliere* il bacio bugiardo della Parvenza, *coricarsi* con lei sullo strame, *respirare* il suo fiato, *bevere* giù dentro l'anima il suo rutto e il suo lezzo di meretrice. O invece *attuffarla* nella rancura e nello spregio come in una pozza di scrementi, *negare, negare*: chi sia Signore e Principe nel giardino della propria anima. Chiuse torri si levano contro il vento. Ma l'andare nella rancura è sterile passo, negare vane immagini, le più volte, significa negare se medesimo. Rivendicare la facoltà santa del giudizio, a certi momenti, è lacerare la possibilità: come si lacera un foglio inturpato leggendovi scrittura di bugie.
> Lo hidalgo forse era a negare se stesso: rivendicando a sé le ragioni del dolore, la conoscenza e la verità del dolore, nulla rimaneva alla possibilità. (*La cognizione del dolore*, p. 165)

Mediante il succedersi degli infiniti intenzionali, si può più facilmente cogliere lo stato interiore di Gonzalo, connotato dall'indecisione e dal dubbio. Ciò si evince grazie alla disgiunzione evidente: « *Cogliere* /.../, *coricarsi* /.../, *respirare* /.../. O *invece attuffarla* /.../, *negare, negare* », che regola la disposizione delle forme verbali. L'impiego di tali stilemi si è, dunque, notevolmente accresciuto in rapporto ai testi precedenti, in cui mai si rinviene una successione tanto ricca della medesima modalità verbale. Non si può inoltre fare a meno di notare che nel brano in questione l'imperfetto non compare mai, cedendo l'infinito il posto ad un presente di concitazione [117]: « Chiuse torri si levano contro il vento », che conferisce alla frase quasi il valore di una folgorazione improvvisa. La rimanente parte dell'enunciato si distende in una meditazione generale, segnata da una certa ambiguità: « Ma l'andare nella rancura è sterile passo, negare vane immagini » ecc. Essa, infatti, potrebbe essere attribuita tanto al personaggio che, ripiegandosi su se stesso, cercherebbe di fare luce nel proprio animo, tanto al narratore che tenterebbe di interpretarne il dissidio. Tutto ciò attesta prepotentemente un allontanamento dagli schemi precostituiti dell'indiretto a favore di un maggiore espressionismo, che non esclude in questo testo, come si è sottolineato, una incerta distinzione fra le due titolarità di voce.

Arricchiscono tale quadro gli infiniti descrittivi, il cui impiego risulta opportuno qualora si voglia mettere in luce una stasi di pensiero intorno ad un unico argomento, senza alcuno sviluppo cronologico dell'azione:

> Una gioia, un orgoglio: che lo aiutavano a vivere: *essere* la "personalità" più informata di Lukones o forse forse, vediamo, di tutta quanta la plaga. Dal Prado ad Iglesia al Ranchito, a Vaqueiras. *Aver attinto* alle fonti: alle scaturigini prime; dai depositari del protocollo, dai titolari dell'ufficio. *Lasciar cadere*, plaf, come niente fosse, tutt'a un botto, sull'assetata curiosità dell'interlocutore, il gocciolone de la palabra oficial. (*Ibidem*, p. 109)

Anche in questo caso la frequenza di uso dell'infinito nel medesimo enunciato si rivela efficace ad esprimere lo stato interiore del personaggio, il medico di Lukones, denotante compiacenza per la propria informazione. La ricerca operata dal narratore nel campo dell'espressione, lo porta a servirsi frequentemente del presente generalizzante, anche perché esso si rivela mezzo efficace a creare quella ambiguità di voce di cui si è già parlato:

> Qualcuno finì per osservare, con dimolta umanità e con una certa gloria, che *a Lukones c'è un'aria particolarmente sottile, affamatrice*: o almeno stimolatrice d'un sano appetito, *per chi*

---

[117] *Ibidem*, pp. 51-52.

arriva su smorto da Pastrufazio, intossicato d'urbanità e d'urbanesimo, e da quella raziocinante piattitudine che ne costituisce il clima. (*Ibidem*, p. 40)

In tal caso, il lasciare nell'ombra l'identità di quel « qualcuno », ci fa propendere per la titolarità di voce del narratore, sebbene tutto l'enunciato, dipendendo dal sintagma di legamento « qualcuno finì per osservare /.../ che », si offre palesemente come il riferimento di un discorso altrui.

Ad ogni modo è interessante notare che talvolta il contenuto del segmento generalizzante, come ora vedremo, si discosta da quello dell'intero indiretto e ciò conferisce plasticità al pensiero o alle parole esposti, dal momento che a tutti è dato di creare parallelismi tra elementi apparentemente inconciliabili, per raggiungere un risultato di concretezza:

> Il medico lo guardò. Aveva ora le mani congiunte sotto il ventre, *come sogliono tenerle i monaci*, le dita tra le dita, quasi pregasse, bianche, lunghe un po' ingrossate alle nocchie: inesperto, era chiaro, d'ogni meccanica, o motore, o pompa, o sporca fatica. Il viso triste, un po' bambinesco, con occhi velati e pieni di tristezza, col naso prominente e carnoso come d'un animale di fuorivia /.../. (*Ibidem*, p. 77)

Il soggetto percipiente, il medico, che rileva della figura di Gonzalo alcune particolarità, e segnatamente la posizione delle mani « come sogliono tenerle i monaci », rende con molta chiarezza l'atteggiamento del protagonista, mentre il presente generalizzante si rivela direttamente collegato al discorso attraverso il nesso di subordinazione « come ».

Si può dunque concludere che la varietà e la frequenza d'uso di tali strumenti stilistici risulta in proporzione diretta con la modernità dello scrittore che, per raggiungere effetti espressionistici, tende ad abbandonare nei limiti del possibile le regole codificate dall'uso.

4.0. Per concludere: dalla onniscienza alla 'non scienza'

Volendo ora tracciare una linea di evoluzione all'interno delle opere di Svevo che trovi dei riscontri parametrici o differenziali in Palazzeschi e in Gadda, si può senz'altro dire che alla base c'è la considerazione della diversa realtà che il nuovo secolo andava proponendo. L'opposizione alla borghesia, sentita ormai come portatrice di valori anacronistici e a volte ipocritamente formali, si risolve in Svevo con la denuncia dell'inettitudine dei suoi rappresentanti e della difficoltà dei medesimi nel venire a capo della stessa realtà che li circonda. In *Una vita* il narratore, manifestando discretamente la propria onniscienza, non offre molte spiegazioni; non caratterizza fatti e personaggi e, per non lasciare spiragli che lo rendano palese, non chiama in causa entità esterne alla storia: non ha un narratario a cui rivolgersi esplicitamente. Egli il più delle volte cerca di fotografare la realtà fino a farci scorgere nell'amore di Alfonso per Annetta — con coerente ripresa di un *topos* naturalistico — un desiderio di ascesa sociale, ma suggerendo più che spiegando. Perciò i personaggi diventano talvolta i reali conduttori della narrazione, permettendogli di non esporsi troppo, mentre quando indirettamente ne vengono riportati i racconti, tutto risulta inglobato nella diegesi: la loro espressività richiederebbe un mimetismo che scoprirebbe troppo la voce narrante. Ma Svevo, nel momento in cui abbraccia la poetica naturalistica, ne avverte anche i limiti e infatti gli indizi del superamento pur presenti in *Una vita* trovano ampio sviluppo nei due romanzi successivi. Le tecniche narrative si modificano e si perfezionano fino a dar vita, nella *Coscienza di Zeno*, alla autoanalisi di un borghese. La narrazione in prima persona, concretizzando la identità narratore-protagonista, crea un gioco temporale in base al quale si distinguono la storia e la narrazione. Ma la narrazione, realizzandosi retrospettivamente, lascia ampio spazio al discorso, quasi assente in *Una vita*, mediante il quale Zeno si analizza in funzione di un preciso interlocutore, il suo psicologo. Spiegazioni, ribadimenti, chiarimenti sono però menzogne per convincere il narratario della propria buona fede e saranno smascherate come tali dal commento sul discorso. Questo espediente, di cui Svevo si serve solo nel suo ultimo romanzo, minerà alle basi l'edificio narrativo con fatica costruito: sono false le immagini rievocate e inefficaci i mezzi espressivi adottati: la malattia non esiste, la vita stessa è malattia. Si passa dalla oggettività alla soggettività, in virtù della quale tutto si modifica al modificarsi della medesima « coscienza ». Quando però sono chiamati in causa gli altri personaggi, quasi mai la loro voce è isolabile. Pochi sono infatti i metadiegetici e, quando ci troviamo di fronte a racconti riprodotti, avvertiamo la medesima sensazione di pianificazione, predominante nel primo romanzo. Non l'interiorità di coloro che lo circondano, ma esclusivamente i dati di cui questi ultimi si fanno portavoce interessano Zeno.

Proprio perché l'importanza di questi dati va quasi annullandosi in *Senilità*, potremmo dire che è questo il romanzo sveviano che più si distacca dalle posizioni naturaliste. L'opposizione fra realtà interna e realtà esterna vissuta dai personaggi è denunciata dal narratore che, nel manifestare la propria onniscienza, non elude il discorso né disdegna di analizzare esplicitamente la situazione. La sua ottica si sposta all'interno dei personaggi fino a mostrare quanto i fatti possano essere distorti, qualora la interpretazione di essi sia falsata da sentimenti forti e contrastanti. Proprio perché è questo l'intento fondamentale della voce narrante, non è presente nel testo alcun rimando ad elementi esterni alla storia: non c'è un narratario extradiegetico esplicitamente chiamato in causa, non c'è alcuna traccia di commento sul discorso. Tutto si basa sullo studio della interiorità, scompare ogni elemento oggettivo; e pertanto il narratore non si può esimere dal riportare, anche quando riassume l'istanza narrativa, i tratti espressivi dei personaggi, che meglio possono rivelarne gli stati d'animo: siamo passati dalla narrativizzazione alla drammatizzazione.

È evidente da quanto detto che Svevo è riuscito ad esemplificare tre diverse impostazioni narrative volte ad estrinsecare in relazione ai dati del reale rispettivamente l'oggettività (*Una vita*), l'interiorizzazione (*Senilità*), la soggettività (*La coscienza di Zeno*). Tali impostazioni in effetti sintetizzano gran parte degli strumenti a disposizione di un narratore e ritorneranno in maniera più o meno definita negli sviluppi del romanzo novecentesco fino alla rivoluzione einsteiniana operata da Gadda e dal successivo romanzo sperimentale della neoavanguardia — che al modello gaddiano si è agganciata prepotentemente —, nella constatazione che sia ormai crollata ogni prevedibilità del cosiddetto mondo oggettivo e ogni superstite fiducia nell'interiorità. La stessa opposizione alla tradizione sarà infatti vissuta da Palazzeschi e poi da Gadda in modi e con mezzi diversi, dalla irrisione e dalla bonaria canzonatura del primo alla aperta polemica volgente al sarcasmo del secondo. Anche questi due autori avvertono l'esistenza di una realtà molteplice che non può appellarsi alla inconfutabilità dei dati, come sembra alla fine concludere anche Svevo. In *Sorelle Materassi*, come in *Senilità*, la voce narrante denuncia tale contrasto vissuto dai personaggi; ma, in maniera ancora classico-ottocentesca, fa sì che specularmente occupi una posizione di primo piano anche il narratario. Tutti gli interventi del narratore, siano essi commenti o spiegazioni, hanno infatti come caratteristica comune il riferimento al narratario attraverso moduli linguistici altamente colloquiali. Storia e discorso procedono parallelamente e il discorso non viene meno neanche quando i personaggi sono chiamati ad esprimersi, dal momento che le inflessioni della loro voce non risultano per nulla diegetizzate. Narratore, narratario e personaggi si esprimono, ma anche si differenziano, in maniera netta e precisa, lasciando al primo piena facoltà di organizzare il materiale narrativo. Ci troviamo dunque in una posizione intermedia, se consideriamo che nella *Cognizione del dolore* proprio tale differenziazione di ruoli viene decisamente meno. L'onniscienza del narratore si trasforma in « non scienza », mentre si rafforza l'esigenza di caratterizzare e di spiegare, proprio in virtù della difficoltà che tali operazioni comportano nella individuazione di cause ed effetti. La voce del narratore e quella dei personaggi si sovrappongono come si sovrappone la loro incapacità di decodificare il mondo e pertanto, in un simile contesto, non avrebbe ragione di essere un commento sul discorso variamente articolato. La dissociazione interna di Gonzalo, la frammentarietà

degli altri personaggi non lasciano troppo spazio ad elementi
che esulino dalla storia. Anche il riferimento al narratario è del
tutto particolare: nulla gli viene chiarito, ma egli è chiamato in
causa perché cooperi alla denuncia di una realtà politica e
sociale che va ben oltre l'universo narrativo. Siamo ormai agli
antipodi di *Una vita* e, provocatoriamente, le medesime tecniche di composizione già impiegate da Svevo danno esiti opposti e rivoluzionari: non più l'oggettività o la soggettività dei
dati, né la interiorizzazione di essi, non più l'opposizione netta
fra realtà e non realtà, né la possibilità di fornirne una spiegazione, sembrano attrarre l'interesse di Gadda, ma unicamente
la messa in evidenza del problema-uomo unita alla consapevolezza dell'impossibilità di una soluzione. Il problematicismo è
l'essenza della specie umana, una pianificazione ne comporte-
rebbe l'annullamento.

ANGELA FERRARO

LA RICERCA DEGLI ANNI OTTANTA TRA ISTANZE METANARRATIVE E NEOFIGURATIVE

1.0 L'arte della finzione

1.1. *La menzogna della letteratura*

Da qualche anno si è cominciato a parlare di una nuova narrativa italiana o, meglio, di una nuova generazione di scrittori che la sta rilanciando anche come presenza internazionale. Il loro ruolo consiste nel restituire dignità al settore sfuggendo alla triplice *impasse* che lo condizionava: l'illeggibilità della narrativa neoavanguardistica o sperimentale, l'ovvietà della narrativa realistica comunque rispolverata, la gravezza o la nullità della narrativa di puro consumo. L'oggetto polemico della recente prassi letteraria è l'istanza realistica della tradizione [1] italiana: gli scrittori da noi esaminati portano allo scoperto il gioco narrativo in tutte le sue forme, rivelando all'interno del romanzo le fasi della progettazione e dei processi operazionali o comunque ostacolando la sua naturale tendenza a chiudersi secondo una « buona forma » che corrisponde alle precedenti esperienze letterarie del lettore. La nostra indagine scongiura quindi un pregiudizio corrente: che lo sperimentalismo artistico si sia estinto con gli anni Sessanta, dopo aver raggiunto il

---

[1] ITALO CALVINO, *I livelli della realtà*, in *Una pietra sopra*, Einaudi, Torino 1980, sostiene che in qualsiasi opera letteraria si incontrano vari livelli di realtà, ai quali corrisponde un livello di credibilità estremamente variabile. La successione degli schermi si allontana dunque all'infinito, si affaccia sul nulla, prevede la sparizione dell'io, primo soggetto scrivente, come quello dell'ultimo oggetto descritto. Per questa ragione non si può parlare per le forme narrative di livelli della realtà: « la letteratura non conosce *la* realtà ma solo livelli. Se esiste *la* realtà di cui i vari livelli non sono che aspetti parziali, o se esistono solo i livelli, questo la letteratura non può deciderlo; la letteratura conosce solo *la realtà dei livelli* e questa è una realtà che conosce forse meglio di quanto non s'arrivi a conoscerla attraverso altri procedimenti conoscitivi. È già molto ». (p. 323)

suo punto più alto in una ostinata e talora deterrente ricerca
linguistico-formale, e che a partire dagli anni Settanta [2] la produzione letteraria si sia invece riavvicinata ai modi realisti,
costruendosi di nuovo come arte della narrazione e non più
dell'enunciazione [3]. L'esposizione esplicita nel flusso narrativo
del suo elemento fittizio costituisce il *trait d'union* della nuova
narrativa con la produzione sperimentale degli anni precedenti,
benchè l'operazione di contestazione dell'ossatura mimetica
non venga affidata alle microstrutture linguistiche ma alle ma-
crostrutture narrative [4], in modo che una prospettiva autocritica non inibisca la comprensione.

[2] Il trascorrere del tempo ha smentito dunque le conclusioni di VITTO-
RIO SPINAZZOLA che in *Pubblico 84*, Bulzoni, Roma 1984, sosteneva che
avremmo assistito ad una sconfitta dell'antiromanzo e del metaromanzo
insieme alla pratica della sperimentaizone e ad un ritorno, invece, del
neofigurativo variamente espresso e sfumato unitamente alle forme classiche
del romanzo d'ambiente e d'intreccio.

[3] ALGIRDAS GREIMAS e JOSEPH COURTÉS, *Sémiotique. Dictionnaire
raisonné de la Théorie du langage*, Hachette, Paris 1979, ne danno una precisa
definizione alla voce enunciazione, p. 127: « Se l'enunciazione è il luogo
d'esercizio della competenza semiotica è anche l'istanza che pone il soggetto
dell'enunciazione ». Si indica dunque con enunciazione la conversione della
lingua in discorso, cioè il passaggio da un insieme di mere virtualità ad un
oggetto concreto e situato, sicché può essere considerata come un'istanza di
mediazione che assicura il passaggio da una virtualità ad una realizzazione,
benché essa non si presenti mai come tale, ma si dia a vedere solo nell'enunciato di cui è il presupposto. Il rinvio esplicito è alla nozione di Émile
BENVENISTE, *Problèmes de la linguistique générale*, Gallimard, Paris 1966 e
Problèmes de la linguistique generale II, Gallimard, Paris 1974.

[4] A tal proposito ci sia consentito un breve excursus metodologico
nell'area della narrazione: secondo i teorici dello strutturalismo ogni forma
narrativa è composta di due parti: una *storia* e un *discorso*, un contenuto ed
un'espressione, essendo la storia ciò che viene rappresentato in una narrativa
tramite il mezzo discorsivo. SEYMOUR CHATMAN (*Story and discourse*, Cornell
U.P., Itaca-London 1978; tr. it., *Storia e discorso*, Pratiche, Parma 1978)
ricorda che ogni storia convoglia il concatenarsi degli eventi (azioni, avvenimenti) mediante la presenza degli esistenti (personaggio, ambienti), mentre il
discorso si sostanzia nella espressione, ossia nei mezzi con cui viene comunicato il contenuto. Partendo da tale distinzione e soffermandoci sul piano del
discorso, ci proponiamo di analizzare lo scritto alla luce delle circostanze di
comunicazione, cioè delle relazioni che intercorrono tra chi scrive, chi
legge, e tra costoro e il materiale scritto.

Il referente più immediato dei procedimenti letterari di tipo metanarrativo o autocosciente va ricercato nell'area della

Derivato lo schema generale della comunicazione da Seymour Chatman:

| AUTORE REALE | AUTORE IMPLITICO (NARRATORE-NARRATARIO) LETTORE IMPLICITO | LETTORE REALE |

chiediamo soccorso allo stesso teorico nella definizione delle figure narrative: il *narratore* è l'istanza che regola le modalità dell'informazione, colui che dice 'io' nel racconto oppure colui che è responsabile dell'atto di enunciazione in un racconto alla terza persona; il *narratario* invece è il correlato del narratore (cfr. GERALD PRINCE, *Narratology. The form and fuctioning of narrative*, Waltes de Gruyter and co., Berlin 1982; tr. it. *Narratologia*, Pratiche, Parma 1984), l'istanza di ricezione interna alla narrazione; *l'autore implicito* è infine l'immagine che il lettore si costruisce dell'autore, il principio che ha inventato il narratore e tutto il resto della narrazione e che, sebbene non possa dirci nulla perché non ha voce, ci istruisce in silenzio tramite il disegno del tutto, stabilendo le norme e i codici della narrativa. (La nozione d'autore implicito compare per la prima volta in un testo di WAYNE BOOTH, *The retoric of fiction*, The Univ. of Chicago Press, Chicago 1961; Cfr. altresì, SEYMOUR CHATMAN, *op. cit.*, p. 155; B. ROMBERG, *Studies in the narrative tecnique of the First-person Novel*, Almquist and Wiksell, Stoccolma 1962; JEAN ROUSSET, *La prima persona nel romanzo, abbozzo di una tipologia*, « Strumenti critici », 11, 1977; NOMI TAMIR, *Personal narrative and its linguistic foundation*, « PTL », I, 1976; WLADIMI KRSINSKY, *The narrator as a sayer of the author*, « Strumenti critici », 11, 1977; MARCELLO PAGNINI, *Pragmatica della letteratura*, Sellerio, Palermo 1980. Si vedano poi le riflessioni di UMBERTO ECO, *Lector in fabula. La cooperazione interpretativa nei testi narrativi*, Bompiani, Milano 1979. Sul lettore implicito, cfr. ancora. WOLFANG ISER, *Der implipite Leser 1972*; tr. ing. *The Implied reader*, John Hopkins Press, Baltimore-London 1974, oppure IDEM, *Der act des lesens*, 1976; tr. it. *L'atto della lettura*, Il Mulino, Bologna 1988; SUSAN SULEIMAN e JUGE CROSMAN [a cura di], *The Reader in the text*, Princeton Univ. Press, Princeton 1980.

Ai diversi livelli delle istanze narrative corrispondono peraltro più strati all'interno di un racconto: « ogni avvenimento raccontato si trova ad un livello diegetico immediatamente superiore a quello dove si trova l'atto meccanico produttore di tale racconto (GÉRARD GENETTE, *Figures III*, Seuil, Paris 1972; tr. it. *Figure III*, Einaudi, Torino 1976, p. 275). Il livello è dunque una soglia figurata della stessa narrazione che segna l'esistenza di due atti di narrazione inclusi l'uno nell'altro: l'atto di narrazione che produce un racconto a un livello inferiore costituisce in effetti un avvenimento raccontato ad un livello superiore. In riferimento a questa articolata suddivisione l'istanza narrativa di un discorso primo si dice per definizione extradiegetica, come quella di un discorso secondo (metadiegetico) è per definizione intradiegetica.

Analizzate le figure attraverso cui si vuole che la storia venga comunicata, rimangono da scrutinare le modalità di trasmissione del messaggio

488

ANGELA FERRARO

neoavanguardia dove l'attenzione sul piano estetico non è mai disgiunta da una componente teorica. Giorgio Manganelli, ad

narrativo poiché qualsiasi storia è sempre riferita dalla voce scritta o orale di qualcuno e deve perciò rispecchiare un preciso orizzonte di conoscenze. Si tratta della tipologia fondamentale della narratologia che distingue tra punto di vista e voce. Secondo Chatman « la differenza fondamentale tra punto di vista e voce è questa: il punto di vista è il luogo fisico o l'orientamento psicologico o la situazione pratico-esistenziale rispetto a cui si pongono in relazione gli eventi narrativi; la voce, al contrario si riferisce al discorso o agli altri mezzi espliciti tramite i quali eventi ed esistenti vengono comunicati al pubblico. Punto di vista non significa espressione, significa solo la prospettiva secondo cui è resa l'espressione. Prospettiva ed espressione non necessariamente sono collocate nella medesima persona » (*op. cit.*, p. 161). Genette peraltro distingue tra due domande a cui si tenta di rispondere in narratologia con lo studio rispettivamente della *voce* e del *punto di vista*. Con la prima — chi è il narratore? — si tratta di stabilire i canali attraverso cui ci viene comunicata la storia; in tale rispetto si può fare un uso abbastanza preciso delle persone (che Genette chiama voci) sebbene si possano riscontrare soluzioni molto diverse all'interno del romanzo. La prima soluzione consiste nell'attribuire al narratore, oltre che la conduzione della diegesi, anche interventi metacomunicativi, di commento alla diegesi stessa: avviene in tal caso una personalizzazione dell'istanza narrante tramite un'insistenza sulle allocuzioni al destinatario e sull'individualità del narratore, che s'impone anche come giudice o interprete di fatti e comportamenti; una seconda soluzione consiste nel far narrare la vicenda ad un personaggio che avendo assistito e partecipato ai fatti li narra al destinatario; la terza evenienza si fonda, invece, sulla possibilità che il narratore riporti discorsi pronunciati dai personaggi. Si può parlare a proposito di questi ultimi casi di *plurivocità* del romanzo, nozione su cui ha particolarmente insistito Michael Bacthin che, rilevando in un qualunque testo una varietà di procedimenti stilistico compositivi — da un lato la narrazione gestita direttamente dal narratore e dall'altra i discorsi stilisticamente individualizzati dei personaggi —, definisce la narrazione come un fenomeno plurilinguistico, pluridiscorsivo e plurivoco. In tal modo, sostiene Bacthin, il personaggio dal punto di vista del narratore non è un 'egli' e non è un 'io' ma un valido 'tu', ovvero un altro 'io' estraneo dotato di diritti, dal momento che « la parola dell'autore sul personaggio è organizzata nei romanzi polifonici, come parola su qualcuno che è presente ed è in grado di rispondergli » (MICHAEL BACHTIN, *Problemy poetiky Dostoevskogo*, Mosca 1964; tr. it., *Dostoeskij*, Einaudi, Torino 1968, p. 86). In questo senso « la pluridiscorsività introdotta nel romanzo è un discorso altrui in lingua altrui; la voce di questo discorso è una particolare voce bivoca » (M. BACHTIN, *Slovo v romane*, in *Voprosy leteratury i estetiki*, Mosca 1933-34; tr. it. *La parola nel romanzo*, in *Estetica e romanzo*, Einaudi, Torino 1979, p. 133).

esempio, con *La letteratura come menzogna* [5] dà inizio ad un originale percorso teorico all'interno della letteratura ritenuta un infinito gioco artificiale e mantenuta sempre estranea alla realtà e alla Storia, nei confronti delle quali svela costantemente la propria immoralità e negatività [6]. Lo scrittore —

La bivocità del discorso narrativo scioglie uno dei nodi più intricati della prassi narratologica che in alcuni momenti si era dimostrata inabile al riconoscimento della voce narrante; se infatti a volte l'attività verbalizzante è attribuibile direttamente al narratore (in quelle zone in cui Chatman rivela la presenza di un narratore palese) o ai personaggi (come nello stile diretto libero o legato, nel flusso di coscienza oppure nel monologo interiore), talora invece nella perfetta corrispondenza delle voci del narratore e del personaggio è impossibile attribuire a qualcuno la responsabilità dell'enunciazione (come accade nell'indiretto nelle sue varianti libera e legata).

All'altra domanda su quale sia il personaggio il cui punto di vista orienta la prospettiva narrativa, Genette risponde ricorrendo all'uso figurato della categoria verbale del modo. Si tratta di stabilire la posizione dell'autore rispetto alla sua materia: il narratore può identificarsi col protagonista della storia, e raccontarcela come un'autobiografia, può presentarsi come un personaggio secondario, testimone di una vicenda in cui è implicato, può infine, restando fuori dalla storia, mantenere comunque il punto di vista del protagonista, oppure farsi di volta in volta interprete di pensieri e sentimenti di tutti i personaggi. (Sul punto di vista in generale cfr. NORMAN FRIEDMAN, *Point of view in fiction: the development of a critical concept*, « PMT », 70, 1965; JAAP LINTVELT, *Essai de tipologie narrative*, Corti, Paris 1981; PAOLA PUGLIATTI, *Lo sguardo nel racconto*, Zanichelli, Bologna 1985; ALESSANDRO VOLPE, *L'occhio del narratore*, Circolo semiologico siciliano, Palermo 1984. Per la nozione di focalizzazione cfr. invece G. GENETTE, *Figure III*, op. cit.; MIEK BAL, *Narration et focalisation*, « Poetique », 8, 1977; IDEM, *Narratologie*, Hes Publishers, Utrecht 1984. Si veda infine, la discussione sviluppata da G. GENETTE, *Nouveau discours du récit*, Seuil, Paris 1983; tr. it., *Nuovo discorso del racconto*, Einaudi, Torino 1987.

[5] GIORGIO MANGANELLI, *La letteratura come menzogna*, Feltrinelli, Milano 1967.

[6] Un aspetto importante nella disputa teorica sul romanzo è la contrapposizione tra *novel* e *romance*, tra « true histories » e « fiction », « verosimile » ed « immaginazione », contrapposizione nata dalla cesura storica settecentesca che ha imposto alla formula romanzesca una sovrastruttura razionalistica. Nell'immensa bibliografia pertinente (un quadro generale si trova in ROBERT SCOLES e ROBERT KELLOG, *La natura della narrativa*, Bologna 1970), ricordiamo un testo di GIANNI CELATI, *Finzioni occidentali*, Einaudi, Torino 1986, dove l'autore, originale esponente dell'avanguardia, profila una situa-

ricorda infatti Manganelli — « è un fool; egli non può tenere discorsi, non può commentare, non ha pareri nè dissente; ma gli si concede, anzi si vuole che straparli, sciocchéggi, strologhi, berlinghi, fabuli ed affabuli, concioni agli inesistenti, spieghi carabattole, e a se stesso dia torto e ragione, si insulti e si approvi, si accetti e ripudi. In quel che dice molte materie e molte qualità s'immischiano, ma non mai la verità e non mai il suo contrario » [7].

Uno degli aspetti più caratteristici della produzione della neoavanguardia è stato quello di vedere l'opera (e non soltanto l'opera narrativa ma anche quella teatrale, figurativa, musicale ecc.) come un meccanismo formale che ha per oggetto il suo stesso farsi. Nel romanzo sperimentale degli anni sessanta infatti « il romanziere si pone su un piano $N+1$ rispetto al romanzo stesso, opera non più a livello del linguaggio oggetto, ma del metalinguaggio » [8]. Sanguineti ad esempio in una tassonomia delle forme letterarie a lui contemporanee [9] contempla la possibilità del romanzo nel romanzo, del romanzo autoriflessiovo — forme che mettono in mostra la loro attività enunciante e l'atto di finzione in base al quale sono stati

zione postmoderna in cui si recupera « l'incoscienza » e « la marginalità » del *romance* — finzione non seria o popolare — contro la finzione « seria » e realistica del *novel*. Al ripudio settecentesco del *romance* (carente della dignità morale della forma realistica) Celati oppone un benjaminiano favore per l'eccentrica fabulazione romanzesca, spazio emarginato dalla memoria-tradizione, dove, però, esiste il diverso senza il quale la storia è tautologia: « nelle figure di finzione l'importante sta nella peripezia attraverso cui ci portano /.../. E allora la peripezia di esposizione del discorso archeologico si offre come il tracciato d'un diverso itinerario, diverso rispetto all'utopia che è la figura spaziale dell'agnizione storica: non più *quête* indirittata che porta ad una verità da visitare /.../ ma una *quête* senza meta, spazializzazione e *flânerie*, ininterrotta visita ai luoghi molecolari d'una città utopica dove galleggiano all'infinito residui di estraneità, oggetti e tracce di ciò che si è perduto e nessun museo è disposto a conservare. » (*Ibidem*, p. 207)

   [7] GIORGIO MANGANELLI, *Discorso dell'ombra e dello stemma*, Rizzoli, Milano 1982 (prefazione).

   [8] MARINA MIZZAU, *La logica della finzione*, in AA.VV., *Gruppo 63. Critica e teoria*, Feltrinelli, Milano 1976, p. 224.

   [9] EDUARDO SANGUINETI, *Il trattamento del materiale verbale nei testi della nuova avanguardia*, in AA.VV., *Gruppo 63*, Feltrinelli, Milano 1976.

costruiti — e del romanzo mito, concepito e costruito come un « racconto che è nel medesimo istante e con la massima indiscriminazione possibile, vero e falso » [10].

A questa prospettiva in cui l'oggetto di narrazione diviene la medesima scrittura può ricondursi altresì gran parte delle attuali direzioni narrative, dove l'accento non è più posto sul soggetto narrante, ma è spostato sull'oggetto di narrazione in quanto tale, ovvero sull'accadere di una realtà come finzione. Mediante un insolito andamento strutturale la neoavanguardia ha pertanto determinato un fondamentale momento eversivo nei confronti del naturalismo; tale momento tuttavia continua a dare i suoi frutti anche quando si è esaurita quella iniziale spinta provocatoria.

Nella nuova narrativa italiana infatti, sebbene la necessità della rottura non sia più così prorompente e non porti alla negazione della storia e alla contrazione del romanzo, essa s'innesta sulle sue strutture codificate, diventando una componente integrata alla stratificazione eidetica dell'opera: i nuovi scrittori riprendono dunque a raccontare, ma narrano insieme agli eventi della storia anche le contraddizioni della scrittura.

1.2. *Sanguineti e Vassalli: l'attività disvelante del narratore e l'emergere della dimensione testuale*

Tra i romanzi dell'avanguardia solo *Capriccio italiano* [11], a differenza delle opere contigue, realizza l'attività di disgregazione dell'istanza mimetica al livello delle strutture narrative e non esclusivamente sul piano linguistico sintattico. *Capriccio italiano* è costruito sul modello della favola onirica: il romanzo ha inizio in una sala da ballo dove un gruppo di amici scherza e parla di cose qualsiasi, da qui si susseguono una serie di avventure sognate o reali che si complicano e si esasperano sempre di più. Il filo conduttore della trama, la gravidanza di

---

[10] *Ibidem*, pag. 216.
[11] E. SANGUINETI, *Capriccio italiano*, Einaudi, Torino 1963; quindi Feltrinelli, Milano 1988.

Luciana, moglie del narratore, è solo un pretesto per scatenare una serie di storie irreali e fantastiche che si arrestano, quando l'intensità ha raggiunto il culmine, con la nascita del bambino, evento che segna anche la fine del romanzo.

Si tratta di una costruzione totalmente inverosimile, non solo per l'andamento onirizzante della vicenda, ma soprattutto per la disarticolazione dell'impianto strutturale, evidente ad esempio sul piano degli esistenti, dove Renato Barilli [12] ha denunciato la carenza di un saldo apparato di identificazione. Tutti i personaggi, presentati mediante le sole iniziali, tradiscono infatti un vuoto d'identità mentre lo stesso io narrante non è definito da una precisa caratterizzazione psicologica. Il meccanismo di nominazione è invece fondamentale per l'economia del racconto poichè — come nota Philippe Hamon — « la prima apparizione di un nome non storico introduce nel testo una specie di spazio bianco semiotico » [13], spazio da riempire con una serie di tentativi e riaggiustamenti continui che portano alla costruzione dell'identità del personaggio. L'assenza di un sistema di nominazione ci conferma dunque che il personaggio di *Capriccio italiano* non è la nozione fondamentale dello spazio narrato, risentendo duramente dell'antisoggettivismo del XX secolo, che induce altresì un *nouveau romancier* come Robbe-Grillet a sostituire ai nomi dei personaggi delle lettere maiuscole [14] nell'intento di dimostrare il proprio disinteresse verso il « concetto individualista del personaggio » [15].

L'obiettivo di spersonalizzazione spinge Sanguineti a adottare una narrazione autodiegetica che, nella formula della foca-

---

[12] RENATO BARILLI, *La struttura del romanzo*, in *La nuova letteratura*, Feltrinelli, Milano 1963.

[13] PHILIPPE HAMON, *Pour un statut sémiologique du personnage*, in AA.VV., *Poétique du récit*, Paris, Seuil 1966; tr. it., *Per uno statuto semiologico del personaggio*, in AA.VV., *Semiologica, lessico e leggibilità di un testo narrativo*, Pratiche, Parma 1977, p. 96.

[14] ALAIN ROBBE-GRILLET, *La Jaulousie*, Minuit, Paris 1957.

[15] Cfr. ALAIN ROBBE-GRILLET, *Pour un nouveau roman*, Gallimard, Paris 1963, pp. 31-33.

lizzazione interna, impone delle autolimitazioni alla conoscenza e alla visione del narratore. Esiste infatti in *Capriccio Italiano* una sorta di centro narrativo ancora occupato dalla coscienza del protagonista narrante, rispetto a cui si adeguano le possibilità conoscitive dell'insieme; tale coscienza però — pur costituendo un nucleo centrale nel romanzo — si presenta in realtà vuota, incapace di penetrare nell'animo degli altri personaggi oppure di produrre giudizi e interpretazioni. La focalizzazione percettiva interna al soggetto narrante si trasforma invero in una focalizzazione esterna sugli altri personaggi della storia che, attraversati dallo sguardo privo di intenzioni del protagonista, risultano privi di qualsiasi caratterizzazione psicologica, rimangono cioè mere entità fantasmatiche.

Il procedimento di frantumazione del personaggio costituisce tuttavia solo il risultato più evidente dell'intenzione antirealistica di Sanguineti che si manifesta altresì mediante l'interruzione della coerenza di svolgimento testuale. In effetti la figura del personaggio costituisce nel tessuto narrativo un effetto di senso che ha una sua ragion d'essere nel materiale testuale, ma che può sussistere soltanto quando un lettore in qualche modo inscritto o previsto dal testo mette in gioco determinate procedure di ricezione che lo costituiscono [16]; la formazione dell'identità del personaggio come effetto di senso dipende pertanto dalla costruzione di un profilo stabilito in

---

[16] Sulla base delle suggestioni di Roland Barthes riguardo all'effetto di reale e della riflessione di Genette sul tema verosimiglianza e motivazione nel racconto, P. HAMON, *Thème et effet de réel*, « Poétique », 64, 1985, ha qualificato il realismo come effetto di senso, effetto cioè di una serie di procedimenti linguistici e narrativi che assicurano una perfetta leggibilità del testo, a sua volta determinata da una rigida coerenza interna. Inoltre — evidenzia lo stesso Hamon — ogni effetto di coerenza presuppone una ridondanza, una ripetizione ricevuta da parte del lettore come la realizzazione di una promessa mantenuta: « la credibilità dell'esistenza di fatti relazionati non passa attraverso la conoscenza di tali fatti ma attraverso la credibilità che il lettore attribuisce all'autore assente. Da qui l'importanza della descrizione come figura chiave e topos privilegiato del discorso realista » (p. 503). Cfr. altresì « Communications », 11, 1968 e ROLAND BARTHES et ALJI, *Litterature et realité*, Seuil, Paris 1982.

base alla selezione di un *topic* pragmatico, che individua dal canto suo una certa regolarità di comportamento testuale. Dal momento che « questo tipo di regolarità è anche quello che fissa sia i limiti che le condizioni di coerenza di un testo » [17], esiste un legame tra il luogo narrativo del personaggio e la coerenza [18] semantica del testo, in virtù del quale la figura del personaggio può essere immaginata come sintesi virtuale di un'isotopia effettivamente presente nel flusso narrativo [19]. Alla frammentazione delle istanze narrate fa dunque da riscontro nel *Capriccio* una definitiva mancanza di coerenza discorsiva; mentre infatti la condizione di coerenza del testo è legata alla individuazione di *topic* discorsivi e narrativi — correlato pragmatico di un'isotopia semantica —, la carenza di unità nello

---

[17] UMBERTO ECO, *Lector in fabula. La cooperazione interpretativa nei testi narrativi*, Bompiani, Milano 1979, p. 90.

[18] Da circa un ventennio la linguistica testuale lavora per definire le condizioni necessarie perché una sequenza di enunciati possa essere considerata un testo: insieme alla coesione (connessione degli indici grammaticali del testo) la coerenza costituisce una condizione di testualità uniformemente accettata. Mentre la *coesione* si riferisce a caratteristiche di superficie, il criterio di *coerenza* permette di indicare le condizioni grazie alle quali il testo soddisfa il principio di connessione semantica tra le frasi. Cfr. ROBERT ALAIN DE BEAUGRANDE e WOLFGANG ULRICH DRESSLER, *Einfuhrung in die textlinguistik*, Tubigen, Max Niemeyer Verlag 1981; tr. it., *Introduzione alla linguistica testuale*, Bologna, Il Mulino 1984.

[19] GIANFRANCO MARRONE, *Sei autori in cerca del personaggio*, Centro Scientifico Torinese, Torino 1986, esamina il rapporto tra il luogo o il discorso del soggetto letterario e le tendenze del pensiero filosofico ed estetico riguardanti la nozione di soggetto. L'autore propone una sorta di ermeneutica del soggetto letterario che si espleta nella figura del personaggio antropomorfizzato e fornito pertanto di una psicologia, un carattere motivante, un'interiorità. Si tratta, per Marrone, di ricostruire le genealogia di un trionfo legato al soggettivismo ottocentesco e di un successivo abbandono coincidente con l'antisoggettivismo del nostro secolo. In questa visione diacronica che abbraccia tanto la pratica narrativa quanto la critica semiologica, il punto finale segna una riconsiderazione attiva del personaggio, rivalutazione che sottintende sia la consapevolezza del carattere storico e sociale del soggetto che del carattere culturale del personaggio, il quale, definito teoricamente come effetto di senso nel testo, si avvia a riacquistare l'antico predominio nello spazio letterario pericolosamente minacciato dagli esperimenti della neoavanguardia.

svolgimento di *Capriccio italiano* procura, in nome della prevalente dimensione onirica del testo, una capacità divagante e
rapsodica; genera cioè una serie di sequenze non progressive,
nate da continue germinazioni e biforcazioni, le quali dal canto
loro, nell'ampliamento del campo semantico e della referenza
enciclopedica di ogni lessema, arrestano nel lettore la produzione di *topics* e l'individuazione di isotopie narrative. Se pertanto è possibile operare una provvisoria chiusura del circolo
ermeneutico nell'ambito di una singola sequenza, la casualità di
successione delle stazioni del romanzo impedisce la costruzione
di isotopie più globali, con la conseguenza che i tratti costituenti i vari personaggi, delineantesi in un processo diacronico
durante la fruizione del testo, non si sommano mai in modo
coerente [20]. Di qui l'esplosione della soggettività che caratterizza in *Capriccio italiano* la resa discorsiva dell'istanza narrante, come delle figure narrate.

Da un punto di vista pragmatico il personaggio è altresì
un segno anaforico, inserito in una struttura attanziale [21] me-

---

[20] Chatman considera il personaggio un paradigma di tratti psicologici,
che viene ricostruito dal pubblico per mezzo di tracce implicite o esplicite
organizzate in un costrutto originale, dove 'tratto' è usato nel senso di « una
qualità relativamente stabile e costante », con un'ulteriore distinzione di
codeste qualità da fenomeni più effimeri come riflessioni, stati d'animo, ecc.
Questa accezione si oppone ad un'enfatizzazione dell'elemento pragmatico o
comunque funzionale del personaggio di alcune teorie semiotiche dove
(come in A. GREIMAS, *Sémantique structurale*, Larousse, Paris 1968; tr. it.
Semantica strutturale, Rizzoli, Milano 1969; *Les actants les acteurs et les
figures*, in AA.VV., *Semiotique narrative et textuelle*, Paris 1973; *Du sens*,
Seuil, Paris 1970; tr. it. *Del senso*, Bompiani, Milano 1974; *Du sens II*, Seuil,
Paris 1983; tr. it. *Del senso II*, Bompiani, Milano 1986; o in TZVETAN
TODOROV, *Les catégories du récit litteraire*, « Communications », 8, 1969; tr.
it.; *Le categorie del discorso letterario*, in AA.VV., *L'analisi del racconto*,
Milano 1969) viene considerato come « sfera d'azione », « ruolo », « attante »
o « agente » e subordinato alla priorità dell'azione o alla funzionalità dell'intreccio. Nel nostro lavoro, pur utilizzando la teoria di Chatman, non trascuriamo però l'approccio funzionale che permette di evitare gli eccessi di psi-
cologizzazione e talora di banale psicologismo.
[21] Riguardo alla tematica delle strutture attanziali indubbiamente il
contributo più interessante e fruttuoso è quello di Greimas: se quest'ultimo
mutua da Levi Strauss il concetto di opera cristallizzata e chiusa in opposi-

diante il processo di ricostruzione da parte del lettore che
individua ruoli attoriali e funzioni narrative; laddove la struttura rapsodica e divagante di *Capriccio italiano* rinnega, invece,
ogni dimensioni attanziale, caratterizzando di una maggiore
incertezza il processo di identificazione dei personaggi. Se dunque la carenza di *topic* narrativi impedisce la rappresentazione
coerente dell'insieme dei tratti del personaggio, nel contempo
la mancanza di una struttura attanziale genera in modo definitivo quella spoliazione dell'identità esasperata peraltro mediante la scelta di un meccanismo focale interno al protagonista.

Tale decisione modale, inserita nella generale dimensione
di spersonalizzazione dell'istanza narrativa, prevede una coscienza enunciante essenzialmente visiva e nondimeno definisce
come spazio vuoto l'interiorità che informa il racconto, con la
conseguenza che le pratiche deformanti legate all'onirismo del
protagonista si realizzano in particolare nell'orizzonte spazio-
temporale del testo. Se il proliferare dei vari « adesso »,
« quando », « mentre », « poi », insieme all'intenso alternarsi
della temporalità verbale, sembra fissare una precisa scansione
temporale [22] all'interno della quale si svolgeranno gli eventi;

zione alle teorie di Eco, d'altro canto la chiusura dell'opera sfocia nella
ricerca delle strutture profonde che generano le strutture di superficie di
ogni testo. A livello di struttura profonda troviamo un soggetto-antagonista
ed un soggetto-eroe che si disputano oggetti di valore. Questi oggetti di
valore costituiscono il premio. Altre funzioni possono entrare in campo ed
essere messe in gioco da altri attanti come per esempio l'Adiuvante o
l'Oppositore, ma il processo generativo di base non muta mai (cfr. A.
GREIMAS, *La semantica strutturale*, op. cit.). Greimas e la scuola di Parigi
giungono a postulare l'esistenza di un quadrato semiotico anteriore ad ogni
investimento semantico, situato a livello di struttura profonda dove si ritrovano relazioni tra contrari, contraddittori e di implicazione, che dovrebbero
strutturare a livello elementare ogni tipo di significazione (cfr. IDEM, *Del
senso*, op. cit.).

[22] Per l'analisi della temporalità narrativa il punto di riferimento obbligato è Genette che suddivide variamente la questione; in riguardo alla
temporalità della narrazione (posizione relativa dell'istanza narrante nei confronti della storia) bisogna infatti distinguere quattro tipi diversi di racconti:
ulteriore (posizione classica del racconto al passato), simultaneo (racconto al

invece passato, presente e futuro sono simultanei nel romanzo e pertanto due eventi legati a due diversi momenti possono coincidere nella resa discorsiva del narratore: « mia moglie ci è entrata intanto che era di là, a letto, che siccome era incinta, intanto dormiva. » (*Ibidem*, p. 18), come un unico fatto può schizofrenicamente sdoppiarsi e non coincidere più con se stesso: « parla piano, infatti, mentre parla ». Allo stesso modo l'alternarsi della temporalità non stabilisce mai un prima e un dopo nella storia e nel rapporto con l'enunciazione ma segue procedimenti casuali ed illogici, poichè le diverse stazioni in cui si articola il romanzo non seguono mai in ordine logico: il coacervo di temporalità diverse e tutte sovrapponentisi determina un'impressione generale di simultaneità, anzi di atemporalità.

Alle allucinazioni temporali fanno immediatamente riscontro le serie di allucinazioni visive: come il tempo anche lo spazio del romanzo è particolarmente labile cosicchè paradossalmente due corpi possono occupare lo stesso punto nello spazio e, inversamente, lo stesso corpo può occupare due o più luoghi contemporaneamente:

> Ma era che noi non li distinguevamo proprio più, i nostri corpi, che c'era una tale confusione, in quel nostro starci a quel modo, e ci sentivamo confusi appunto, ma come possono confondersi i morti, quando è la morte che li confonde, e cioè che li confonde insieme. (*Ibidem*, p. 135)

presente contemporaneo all'azione), intercalato (tra i momenti dell'azione), anteriore (racconto predittivo). Esaminare l'*ordine* del racconto significa invece reperire e misurare le anacronie narrative, le varie forme, cioè di discordanza tra l'ordine della storia e quello del discorso, postulando implicitamente l'esistenza di una specie di grado zero definibile come lo stato di perfetta coincidenza temporale tra racconto e storia. Preferendo sorvolare sulla categoria di *durata* narrativa rinvenibile a nostro parere solamente a livello impressionistico, consistendo nel mettere in rapporto due grandezze assolutamente non omogenee come quella della storia e del testo scritto, accogliamo invece la nozione di *frequenza narrativa* che indica la relazione di ripetizione tra racconto e diegesi e si articola in racconto singolativo, ripetitivo, iterativo e singolativo anaforico.

Tali effetti di *parallessi* [23], cioè di alterazione del processo di focalizzazione, consistenti nel fatto che il narratore fornisce più informazioni di quanto non sia in teoria autorizzato a dare dal codice di focalizzazione che determina l'insieme, sono favoriti dalla dimensione onirica che permette al narratore una totale libertà di movimento nel tempo e nello spazio, sebbene esso sia scopertatamente qualificato come istanza autodiegetica. Sanguineti pertanto opera nel segno di un'inattesa disarticolazione del tradizionale modus narrativo della focalizzazione interna: pur permanendo il filtro visivo del personaggio focalizzato, la totale libertà delle prospettive spazio-temporali di fatto allarga indefinitamente il campo visivo proponendo un'ottica illimitata. Si tratta dell'ultimo passo del processo di esplosione del personaggio che — come sguardo puro o coscienza vuota — non conserva più l'unità psicologica attribuitagli fino all'inizio del secolo.

Mediante una disarticolazione spazio-temporale del testo, realizzata attraverso la coscienza-filtro di un personaggio focalizzante e tramite la negazione della coerenza (isotopia) del racconto, ottenuta operando a livello di *topics* narrativi, Sanguineti trasferisce nella prassi letteraria la convinzione teorica che il romanzo non vada costruito in modo mimetico rispetto alla realtà, e che solo negando ogni verosimiglianza esso acquisti possibilità comunicative [24].

[23] « Si tratta di alterazioni isolate al codice che determina una determinata focalizzazione /.../ purché rimanga pertinente la nozione di modo dominante. I due tipi ammissibili di alterazione consistono o nel dare meno informazioni di quanto non sia in teoria necessario o nel darne di più di quanto non sia in teoria autorizzato dal codice di focalizzazione che determina l'insieme. Il primo termine in retorica ha un nome preciso /.../: si tratta dell'omissione laterale o parallissi, il secondo non ha ancora un nome, lo battezzeremo parallessi » (G. GENETTE, *Figure III*, op. cit., p. 243).

[24] Genette in *Figure III* e poi nel *Nuovo discorso del racconto*, precisa che in un'opera narrativa non è possibile ottenere una vera e propria mimesi se non nel racconto di parole, ovvero nella pura e semplice registrazione di parole registrate dai personaggi: « Non credo che esista imitazione nel racconto perché il racconto è un atto linguistico, e quindi non può esservi maggiore imitazione nel racconto in particolare di quanta ve ne sia nel linguaggio in generale. Un racconto, come qualsiasi atto verbale può

Il discorso realista — stile letterario come gli altri — consiste invero in un « effetto di reale », in una manipolazione arbitraria che cerca di far credere al lettore:

a) che il referente del discorso esista da qualche parte;

b) che la referenza sia verificabile;

c) che l'enunciatore sia dotato di una autorità, di una sincerità ed una competenza che gli permettono di assumere questa referenza.

A questa struttura che nasconde autoritariamente la finzionalità della produzione letteraria, Sanguineti oppone l'incoerenza del discorso e la disgregazione del personaggio, dal momento che il reale agli occhi del lettore si identifica più che altro con il coerente e che il personaggio ricopre all'interno del testo verosimile un ruolo essenziale, col suo realizzare le condizioni di motivazione psicologica delle azioni consentendo così una perfetta leggibilità e coerenza narrativa. La distruzione del personaggio come unità psicologica, ovvero della sua funzione anaforica che rende leggibile il testo e ne garantisce la coesione e la coerenza, annulla pertanto qualsiasi effetto di realtà.

La manipolazione del tessuto discorsivo caratterizza dunque *Capriccio italiano* come un mondo totalmente fittizio e rinnega le convenzioni che fanno del romanzo una costruzione astratta, naturalmente mimetica rispetto al tempo e agli avvenimenti della Storia; l'esplosione della struttura mimetica impedi-

---

solo informare cioè trasmettere dei significati. Il racconto non 'rappresenta' una storia (reale o fittizia) ma la 'racconta', cioè la significa per mezzo del linguaggio » (*Nuovo discorso*, op. cit., p. 34). « La coppia diegesi/mimesi è quindi zoppicante a meno che non vogliamo, come faceva Platone, leggere mimesis come equivalente di dialogo, col senso non d'imitazione, ma di trascrizione, di citazione » (*Ibidem*, p. 36). I procedimenti narrativi del romanzo realista, tendente alla cancellazione dell'istanza narrativa con l'introduzione della focalizzazione interna e della discorsività dei personaggi, generano dunque non mimesi ma illusioni mimetiche; parallelamente il romanzo che afferma clamorosamente il proprio statuto fittizio, ovvero che si pone esclusivamente sul piano della diegesi, porta allo scoperto una realtà comune ad ogni forma narrativa: essere sostanzialmente racconto, atto enunciativo non sottoposto ad alcuna verifica di verità di un narratore più o meno palese nella storia.

sce al lettore di sorvolare sulla dimensione testuale: in *Capriccio italiano* non si può più ignorare che le cose accadono nel testo. Mentre dunque il discorso realista consente di trascurare completamente il lavoro di scrittura sotteso, nella disarticolazione narrativa di Sanguineti questo lavoro diventa invece fin troppo evidente, così come si impone mediante uno scoperto meccanismo autoconsapevole anche nel corso della generazione narrativa seguente.

Abitare il vento [25] di Sebastiano Vassalli, con la sua ricerca di un'azione minima, *autre*, l'adozione di un punto di vista basso [26] che deforma l'andamento sintattico e grammaticale del

---

[25] SEBASTIANO VASSALLI, *Abitare il vento*, Einaudi, Torino 1980.

[26] Il narratore cioè manifesta una personalità particolarmente destrutturata e a questa adegua la propria prospettiva di espressione narrativa.

Il punto di vista, infatti, non ha soltanto un carattere percettivo ma anche un carattere morale e psicologico, perché le cose si vedono in modo diverso, oltre che per il variare di possibilità ottiche informative, anche per dislivelli nelle attitudini mentali. Esistono quindi due concezioni del punto di vista, l'una esclusivamente percettiva e l'altra più propriamente ideologica, implicante quest'ultima la compromissione della soggettività focalizzata.

Considerando quest'ultima variante assiologica ed insistendo sui punti chiave della posizione enunciativa, Paola Pugliatti conclude con una sostanziale identità nel testo tra voce intesa quale istanza dell'enunciazione e dunque riferibile alla soggettività produttrice, e punto di vista, inteso come posizione ideologica sottesa ad ogni porzione di testo: « il punto di vista (orientamento del senso, ideologia, assiologia) è distribuito tra le varie posizioni di persona (soggetti dell'enunciazione ma anche soggetti dell'enunciato); esso è endemico nel testo nelle sue articolazioni /.../ poiché la funzione di orientare il senso è connaturata alla lingua » (P. PUGLIATTI, *op. cit.*, p. 8).

Di contro per Cesare Segre la voce ha solo un carattere verbalizzante, mentre il punto di vista coincide da un lato con la focalizzazione genettiana che regola l'universo del discorso secondo limitazioni puramente ottiche e dall'altro con una posizione assiologica coinvolgente l'orizzonte epistemico del soggetto focale. Nella composizione di un testo ci troviamo infatti di fronte ad un processo di coordinazione di tre attività: vedere, verbalizzare ed orientare il senso. Mentre la voce è grammaticalmente disciplinata, viceversa il modo non è mai segnato da marche grammaticali e si realizza con movimenti che dislocano i limiti dell'orizzonte; nel testo esiste inoltre una persistente dialettica tra le concezioni dell'autore e quelle attribuite ai perso-

racconto, la manifestazione dei processi operazionali della narrazione, rivela la sua dipendenza dal clima culturale dell'avanguardia, dipendenza che diventa molto più sfumata negli altri autori
che, pur nella generale tendenza antimimetica, realizzano romanzi d'azione, annullano la distanza tra autore implicito e
narratore e cancellano le difformità sintattiche e grammaticali.

Lo schema del romanzo è molto semplice: un narratore
autodiegetico racconta in prima persona avvenimenti ai quali

naggi, ovvero tra le loro differenti posizioni ideologiche. « Voce, modo,
posizione ideologica appartengono a tre momenti idealmente successivi della
messa in forma di un testo narrativo. Realizzato l'intrigo in discorso, vanno
prima sistemati i canali attraverso cui si vuole che la storia venga comunicata
al lettore (voci), poi viene scelto punto per punto più o meno nettamente
l'orizzonte percettivo entro il quale essi saranno situati; è infine consustanziale all'elaborazione linguistica la varietà delle posizioni ideologiche assunte
dallo scrittore » (CESARE SEGRE, *Punto di vista e plurivocità nell'analisi narratologica*, in AA.VV., *Problemi del romanzo*, Angeli, Milano 1983, p. 25).

Nella selezione della modalità narrativa si dispiegano dunque per Segre
due fasi autonome di formalizzazione, stabilendo la prima l'angolatura ottica
del racconto e la seconda quella assiologica; d'altronde « le due accezioni del
punto di vista possono coesistere; va solo ricordata la rarità di applicazioni
'pure' del punto di vista ottico, alla James, e la loro avventurosa individuazione, mentre il punto di vista assiologico-linguistico, molto più diffuso, è
individuabile in modo sicuro con l'analisi dello stile » (C. SEGRE, *Riflessioni sul
punto di vista*, « Carte semiotiche », 4/5, 1988, p. 16). In questa considerazione
parallela dello sguardo e dell'ideologia, della focalizzazione ottica e dell'orizzonte epistemico Segre opera uno sdoppiamento della categoria unitaria del
punto di vista recuperando nel contempo la frattura metodologica su cui
hanno lavorato per più di un decennio semiologi e narratologi. La tradizione
narratologica ci ha infatti consegnato la nozione del punto di vista connotata
da due significati diversi, quello ottico sviluppatesi dalle ricerche di Henry
James e quello assiologico dominante nella teoria di Michael Bacthin: in un
caso la focalizzazione implica una limitazione delle possibilità del narratore
costretto ad assumere le restrizioni d'orizzonte proprie di un personaggio;
nell'altro invece il narratore si appropria in modo saltuario o continuativo
dell'orizzonte del personaggio senza mai abbandonare il proprio. Secondo
Segre la scelta del punto di vista in un romanzo implica invece entrambe le
possibilità: una primaria selezione delle prospettive e del montaggio prescelti,
al di là delle quali la voce del narratore e quella del personaggio continuano
ad interagire in ogni passo del procedere discorsivo del racconto dispiegando
le proprie rispettive assiologie.

egli stesso è partecipe utilizzando una continua focalizzazione percettiva interna, la quale diviene coerentemente focalizzazione esterna sugli altri personaggi della storia. Non dimentico però dell'ingenuità di una simile struttura, Vassalli inserisce una componente innovativa a livello strutturale soffermandosi su una zona cerniera in bilico tra mondo narrato e mondo in cui si narra, ovvero sull'irruzione di un'istanza di discorso all'interno del racconto narrato.

Cristiano Rigotti è un narratore autodiegetico che non ha alcuna remora ad automenzionarsi esplicitamente mediante riferimenti a sè stesso e alla propria funzione:

> Così va bene e adesso possiamo andare, sei comodo? Ah chi sono. Che sbadato, scusami. Sono Antonio Cristiano Rigotti, detto Cris e comunque sia chiaro che da questo momento mi muovo nel romanzo mio. Anche se la carta l'hai pagata tu io non ti apparterrò mai, mai! (*Ibidem*, p. 4),

alla storia nel suo farsi e come prodotto dell'istanza enunciante:

> Per mettermi dentro alla storia ho bisogno di un'automobile grossa, possibilmente francese, peugeot o citroen, fai te. Se vuoi darmi la tua padrone. Ma no, cos'hai capito, mica te l'ho chiesta in regalo, non c'è proprio nessun bisogno di fare trapassi o cose del genere. (*Ibidem*, p. 4),

oppure, infine, mediante richiami espliciti all'istanza di lettura [27]:

> Bè, poi mi ci vuole anche un po' di soldi. /.../ Adesso non metterti a fare l'avaro che tu il modo di rifarti ce l'hai, basta solo che vuoi, lo san tutti. Lo dicono tutti anche dove lavori

---

[27] Simili operazioni hanno il compito di naturalizzare, far passare per reale la finzione, nascondendo ciò che essa ha di concertato; d'altro canto però portano alla luce il patto narrativo necessario perché abbia inizio la finzione, privando di conseguenza il testo del suo carattere metafisico.

che sei troppo onesto e che con l'onestà non si fa strada, lo sai.
(*Ibidem*, p. 3-4)

Simili inserzioni diegetiche che introducono un appello al narratario extradiegetico nell'ambito dell'istanza di racconto sono generalmente utilizzate per effetti di verosimiglianza gnoseologica, benchè annullino il tendenziale carattere metafisico al testo del racconto puro attraverso un'operazione effettuata all'interno dell'enunciato narrativo. Questa attitudine, generalmente esclusivo appanaggio di un narratore onnisciente [28] impegnato a garantire la « verità » del proprio narrato, giunge talora a rappresentare discorsivamente la coscienza della produzione narrativa mediante sistematici commenti [29] al discorso. Tale operazione ostenta in Vassalli le condizioni di artificio del mondo narrato che si presenta di conseguenza come una costruzione dell'autore innalzata su uno sfondo di tradizioni e convenzioni letterarie. Si aggiungono infatti ai commenti relativamente semplici ed in armonia con la storia:

> Così comincia la storia e quando sono uscito a Cassino ho visto da lontano i carruba-caramba-carrabeneri, sembrava una

---

[28] Il narratore onnisciente adotta una focalizzazione zero, cioè non si limita in alcun modo nell'approccio al mondo narrato. Grosser sostiene che il narratore onnisciente può muoversi liberamente nello spazio come nel tempo e dire ciò che avviene altrove contemporaneamente, anticipare ciò che al personaggio non è ancora accaduto, entrare liberamente nelle coscienze di più personaggi o addirittura entrare tanto a fondo nella mente di un personaggio da saper dire con chiarezza ciò che il personaggio sente solo oscuramente, da interpretare cioè i suoi modi più profondi. (Cfr. HERMANN GROSSER, *Narrativa*, Principato, Milano 1985).

[29] CHATMAN, *op. cit.*, ritiene che gli atti di parola di un narratore che oltrepassano la narrazione, la descrizione o l'identificazione hanno la suggestione e la risonanza della propria persona, trasmettendo la voce del narratore in modo più distinto che ogni altro mezzo, escluso l'esplicita automenzione. I commenti possono avvenire sulla storia, nell'ordine della generalizzazione, interpretazione o giudizio morale, oppure sul discorso, dividendosi questi ultimi in due varietà a seconda che incrinino o non il tessuto narrativo; le narrazioni del primo tipo sono chiamate autocoscienti.

> pattuglia loffia loffia che s'era messa all'ombra del suo pulmino a
> far finta di controllare il traffico, e invece m'hanno fermato.
> (*Ibidem*, p. 5),

alcune intrusioni autoriali che minano le stesse strutture narrative:

> Così la storia s'imbroglia e naturalmente continua perchè il
> bello delle storie appunto è che continuano sempre, persino
> quando non succede gniente /.../! (*Ibidem*, p. 84)

L'ironia dei commenti al discorso finora esaminati connota
anche gli ammiccamenti ai narratari extradiegetici, sia che si
tratti di rappresentare l'attività di integrazione del lettore e di
chiederne in modo esplicito la complicità: « Dunque cominciano così, che tu t'immagini un caldo generalizzato, umido,
torrido, progressivo. » (*Ibidem*, p. 4), oppure di segnalare l'arbitrarietà e l'inconsistenza di tutto il procedimento narrativo:
« Cassino Chilometri sette virgola cinque, e me ne vado a
Formia. Oppure a Sperlonca, scegli. » (*Ibidem*, p. 4)

Mediante i commenti al discorso e gli ammiccamenti ai
narratari extradiegetici il narratore si pone dunque come coscienza presente che esibisce l'istanza narrativa e l'istanza culturale esplicite; si adopera per una disarticolazione delle strutture
narrative e introduce un elemento straniante che impedisce di
riconoscere il romanzo come un unicum coerente e motivato. Il
narratore dimostra quindi la competenza di uno *scripteur* (termine nato in Francia nell'area della teoria dell'enunciazione [30]
che qualifica un elevato grado di competenza riguardo all'azione
di scrittura).

---

[30] L'enunciazione rappresenta, come si è già detto, l'atto di produzione
di un discorso; essa pone l'*hic et nunc* del racconto, sebbene non sia mai
immediatamente individuabile nel testo. In effetti « l'enunciazione è quella
condizione che rende possibile ogni discorso ma che per questa stessa
ragione non ne può mai fare parte /.../. Conosciamo infatti esclusivamente
enunciazioni enunciate, cioè un discorso in cui l'enunciazione sarà sempre
enunciazione; essa costituisce dunque l'archetipo dell'inconoscibilità ». (T.
TODOROV, *Problemes de l'énonciation*, « Langages », 17, 1970, pag. 3). Dell'e-

Stefano Agosti, tra i primi, in Italia, a tentare una sintesi tra il « funzionalismo » della narratologia ed il « contenutismo » delle metodiche di origine francese, sostiene a tal proposito che « l'enunciazione in quanto messa in discorso del *récit*, assume le forme implicite di:

nunciazione è dunque possibile rinvenire esclusivamente alcune tracce rese manifeste, tramite un meccanismo di *débrayage*, nelle figure diegetiche del narratore e del narratario che, insieme, costituiscono la sfera della enunciazione enunciata, la quale peraltro può essere ulteriormente suddivisa in *enunciazione rappresentata* (che riproduce una situazione di dialogo tra i personaggi) ed *enunciazione enunciata* vera e propria (simulacro della situazione del discorso della quale si finge che il testo sia il messaggio comunicato). La sfera dell'enunciazione enunciata corrisponde peraltro al livello extradiegetico di Genette, dove si compie un atto comunicativo (il romanzo appunto) tra il narratore ed il narratario extradiegetici, mentre la sfera dell'enunciazione rappresentata corrisponde al livello diegetico, ovvero al piano dei personaggi inclusi in un racconto primo. Assunta tale prospettiva è possibile stabilire una suddivisione qualitativa riguardo all'articolazione dell'istanza narrante a secondo dello spazio referenziale del discorso extradiegetico; è possibile cioè identificare le figure diegetiche in base alle competenze da loro dimostrate: queste ultime infatti, nel rinviare (tramite un procedimento di *embrayage*) all'atto enunciativo che le ha poste nel racconto, suggeriscono una tassonomia che collega secondo modalità gerarchiche ogni figura eidetica all'articolazione dell'orizzonte culturale enunciazionale. Alessandro Costantini (cfr. IDEM, *Semiotica dell'enunciazione e romanzo*, in AA.VV., *Problemi del romanzo*, op. cit.) parla infatti di:

narratore semiolinguistico: istanza narrativa esplicita il cui spazio referenziale è compreso all'interno del testo;

narratore semioculturale: istanza narrativa esplicita che gioca su tutta la sfera della cultura e della vita;

scripteur: istanza narrativa esplicita che esibisce se stessa intenta a descriversi e quindi a scriversi, svelando il presupposto epistemico dell'enunciato narrativo che è di gioco e di arbitrarietà;

autore letterario: istanza narrativa esplicita che stabilisce un legame epistemico tra il mondo del testo e quello della vita negando l'esistenza di una narrazione oggettivamente fondata.

Con tale proposta Costantini tenta di conciliare la funzionalità descrittiva della narratologia con una disamina della componente enunciativa caratteristica del metodo dell'area francese, la prospettiva si rivela dunque interessante benché ancora molto gli resti da approfondire perché si possa procedere con una proficua analisi testuale. Cfr. altresì A. COSTANTINI, *Il testo letterario e l'enunciazione*, « Strumenti critici » , 46, 1981; IDEM, *Semiotica ed ideologia delle voci narrative*, « Lectures », 13, 1983.

a) una competenza discorsiva, rappresentata da un *Operatore pragmatico;*

b) una competenza scritturale, rappresentata da uno *Scripteur*

c) una competenza modalizzante, rappresentata da un *Modalizzatore;*

ed esplicite — in quanto delega (tramite un *débrayage*) alla figura semiotica del narratore extradiegetico di:

d) una competenza semiotico culturale, rappresentata da un *Narratore cognitivo*

e) una competenza metalinguistica, rappresentata da un *Narratore metadiscorsivo* » [31].

[31] STEFANO AGOSTI, *Enunciazione e punto di vista nei Promessi Sposi*, « Carte semiotiche », 4/5, 84. La tipologia proposta da Agosti, sviluppando il duplice intento di Costantini di una parallela definizione della competenza e della posizione funzionale dell'istanza narrativa nel testo, ne supera altresì alcune ambiguità definitorie — palesi ad esempio nella dizione di autore letterario — mentre evidenzia in modo incontrovertibile il meccanismo di *débrayage* e di *embrayage* che avviene tra l'operazione di enunciazione e suoi connotati proiettivi espliciti nel testo. La modulazione narrativa si articola infatti nel suo complesso solo al termine di una serie di procedure: dall'atto iniziale di *débrayage*, con cui si installano nel discorso gli attanti dell'enunciato e dell'enunciazione, a quella finale di *embrayage*, che, mediante la produzione della voce narrante esplicita, si avvicina, pur senza raggiungerla mai, all'istanza dell'enunciazione. Agosti peraltro riscontra nella variabilità dello scrutinio testuale le specifiche tracce della figura enunciativa, dal suo manifestarsi esclusivamente quale istanza creatrice dell'enunciato in esame, al suo instanziarsi quale figura esplicita nel testo; figura che, come voce narrante extradiegetica, assume sempre una piena consapevolezza del proprio ruolo di narratore e delle forme del proprio sapere. Noi, interessandoci esclusivamente alle marche caratteristiche della voce extradiegetica e non accettando l'affermazione della sua costante autoconsapevolezza, identifichiamo, di contro, nella voce narrativa una gradualità di manifestazioni che corrispondono alle infinite possibilità attualizzanti dell'istanza enunciazionale implicita. Parliamo infatti di: *narratore cognitivo*, istanza narrante esplicita che, col suo manipolare la struttura e la forma del testo, ne stabilisce le isotopie stilistiche. Il suo spazio referenziale gioca pertanto sia all'interno del testo, sia del mondo culturale più in generale (caso in cui rileveremo palesi intenti modalizzatori realizzanti isotopie semantiche o connotative); *narratore metadiscorsivo*, istanza narrativa esplicita i cui enunciati vertono sul processo stesso del narrare e dunque sulle medesime modalità di costruzione della finzione; *narratore letterario*, figura nata dall'assunto che il

L'intervento del narratore metadiscorsivo, proiezione interna al racconto della suddetta competenza scritturale, determina un crisi totale dell'istituzione narrativa, svela il presupposto epistemico di gioco e di arbitrarietà, di menzogna possibile o reale dell'enunciato narrativo; di conseguenza in *Abitare il vento* svanisce la possibilità di credere a quanto ci viene raccontato e finanche quella di fingere di crederci. Nella finzione narrativa, ormai sgretolata al suo interno, si creano delle crepe riguardo alla sua pretesa verosimiglianza per cui emerge qualcosa che, al di là della finzione, ne permette l'attuazione: il codice narrativo. L'istanza narrativa autocosciente esibisce i propri meccanismi narrativi e nel contempo opera una riflessione sui mezzi linguistici ed extralinguistici dell'espressione; il referente specifico degli enunciati narrativi diventa pertanto la stessa struttura narrativa e linguistica degli enunciati che non parlano della trama del testo, ma del testo stesso, nel suo processo di strutturazione.

Esaminato il processo di contestazione del codice narrativo nel romanzo, è possibile soffermarsi sull'esibizione marcatamente ironica degli strumenti linguistici: in *Abitare il vento* a un linguaggio manieristico ricalcato su uno stereotipo giovanile sgrammaticato e gergale si sovrappone infatti una sistematica ricerca ritmica, per la quale sorprendentemente si è parlato di linguaggio poetico e petrarchesco, benchè il sostrato ironico di talune riflessioni metalinguistiche:

> E penso. Che sono arrivato al capolinea dell'abitare il vento e
> che stasera m'impicco. Senza drammi nè rimpianti nè disperazione. Da cavaliere errante nel pieno esercizio della sua fun-

meccanismo enunciazionale assume — tra le altre — anche la forma implicita di una competenza riguardante l'universo quotidiano, che trasferisce altresì una competenza evenemenziale alla figura esplicita del narratore extradiegetico. Ne deriva l'istanza diegetica del narratore letterario il cui spazio referenziale rinvia ad una situazione storica non istituzionalizzata, ad una extratestualità assoluta, al luogo medesimo della letterarietà intesa — nel suo senso più ampio — come orizzonte culturale. Cfr. S. AGOSTI, *Enunciazione e racconto*, Il Mulino, Milano 1989; cfr. altresì G. CORDESSE, *Note sur l'énonciation narrative*, « Poétique », 65, 1986.

zione, in rima. Che si anagramma con mari e che è uno scarto di
prima. (*Ibidem*, p. 104),

insieme all'accostamento ai giochi enigmistici di cui il protagonista è avidissimo fruitore, riconducano l'andamento ritmico in
un ambito ben specifico: non si tratta di citazioni colte o
letterarie, si tratta invece di spaccati in cui viene utilizzato un
registro linguistico che, privo di contenuti e influenzato dall'in-
flazione di informazioni in forma di slogan, rimane limitato
esclusivamente all'ambito formale. Sfidiamo infatti chiunque a
voler ritrovare in una citazione del genere:

> Il grande proletario è sobrio come un cavallo
> ardito come un fringuello
> paziente come un elefante
> elastico come un serpente
> urgente come un merluzzo
> veloce come uno struzzo
> e io sommamente lo apprezzo. (*Ibidem*, p. 53)

una qualche reminiscenza petrarchesca.

Rientrano nella sfera riservata alla competenza di *scripteur*
anche una serie di elementi semiotici legati al piano della
manifestazione: si tratta delle spiegazioni date tra parentesi,
delle sostituzioni di termini, del particolare carattere di composizione del testo. Si vedano a tale proposito alcune manifestazioni dell'istanza autoriale: « che mi dico la vita è nana; anzi
vana (cambio d'iniziale Cris!) » (*Ibidem*, p. 40), « Mi sveglio ed
ho la bocca tutta impastata-impestata (scambio di vocali Cris!) »
(*Ibidem*, p. 104) oppure « Sono un personaggio che cerca tetto-
letto (scambio d'iniziale Cris!) » (*Ibidem*, p. 93). In questi casi il
rinvio al mondo dell'enigmistica — realtà extratestuale codificata — invita a riflettere sui mezzi utilizzati nell'ambito discorsivo e realizza un preciso esempio di narrazione autocosciente.
Ne deriva un effetto clamoroso a livello del contenuto perchè il
codice enigmistico presuppone un'esautorazione del referente; il
gioco linguistico di Vassalli non prevede pertanto un momento
referenziale ma, rimanendo a livello esclusivamente formale,

esclude la vitalità del mondo narrato e lo caratterizza per questa ragione come un vuoto angosciante.

Le tracce appena esaminate della competenza scritturale, che rimanda a una situazione extratestuale semiotizzata e convenzionale quale quella del meccanismo di narrazione e codificazione linguistica, annullano altresì la verosimiglianza del racconto che si rivela come un prodotto dell'attività intenzionale dell'autore (implicito), costrutto realizzato sulla base di convenzioni narrative il cui presupposto è quello del gioco e dell'arbitrarietà.

Nel romanzo successivo di Vassalli, la narrazione autocosciente, rappresentazione dell'impossibilità di una conoscenza totale ed assoluta, insiste sulla necessità di riconoscere i limiti della storiografia e la relatività dell'enunciazione, con il risultato che ne *L'oro nel mondo* [32] si rinnega l'effetto di realtà garantito da un'autobiografia e da una serie di riferimenti storici che fanno da supporto alla vicenda narrata. I processi di costruzione del mondo narrativo ne mettono infatti in luce la «falsità» e si oppongono all'oggettività di un certo tipo di romanzo che si costituisce come se fosse reale, sostituendosi peraltro alla realtà.

L'oro nel mondo è attraversato da tre nuclei tematici — l'autobiografia, la cronaca di vicende storiche e la realizzazione dello stesso libro — mentre comprende le tipologie di genere del romanzo autobiografico e del romanzo storico, sebbene le privi del loro carattere autonomo e oggettivo mediante l'imposizione di una struttura autocosciente. Il procedimento che supporta ogni narrazione e ne garantisce l'attuazione, rimanendo però sempre una zona opaca nella tradizione narrativa, entra qui come parte costitutiva nel testo; di conseguenza il libro — oggetto che si modifica arbitrariamente a seconda delle richieste dell'industria culturale — rende clamorosamente manifesta la consapevolezza della propria costruzione fittizia. Un simile espediente consente effetti clamorosi nei confronti degli altri piani tematici del romanzo. Il riferimento al mondo del-

---

[32] S. VASSALLI, *L'oro nel mondo*, Einaudi, Torino 1987.

l'industria culturale e dunque ad una realtà storica (non si tratterà più plausibilmente di un meccanismo di finzione che ingloba in sè anche tale riferimento al mondo reale?) rivela invero la pratica convenzionale dell'atto immaginativo strutturante: dipendendo dalle capacità creativa ed immaginativa (non solo stenografica) di qualcuno, il narrato confida il proprio statuto epistemico. Ne risulta sconvolto l'effetto di realtà del racconto storico o autobiografico che stabilisce un'identità tra narrato e realtà in base alla quale assegna allo scrittore uno statuto semidivino per la sua capacità di dare vita a mondi immaginativi, mentre consente altresì la forma del romanzo realistico e, come appendice di questo, di quello autobiografico. La notificazione dell'atto intenzionale dell'autore implicito annulla invece l'isotopia tra narrato e realtà, come quella tra narratore e scrittore, ricordando che si sta leggendo una storia e che non si può trascendere la dimensione del testo.

L'oro nel mondo, l'ultimo romanzo di Vassalli, non presenta le caratteristiche monolitiche di *Abitare il vento;* il racconto non è mediato — come il libro precedente — da un'unica coscienza informante, ma è attuato tramite una pluralità di personaggi, sicchè abbandona l'organizzazione temporale lineare per una tendenziale acronia. Ogni sfera tematica possiede infatti una propria temporalità non priva di connessioni con le altre sfere e, se a volte le varie temporalità coincidono, esse tuttavia non si sovrappongono mai, determinando un meccanismo continuo di salti e interruzioni che corrisponde ad una completa sovversione dell'ordine narrativo.

Alla storia privata di Sebastiano, che nell'arco di una quarantina di anni realizza lentamente una convergenza dei piani temporali della narrazione e della storia fino alla isotopia finale, si oppone la sezione autocosciente dove la presa diretta del narratore appunta gli avvenimenti legati al rapporto con il mondo dell'editoria. L'ultima sfera temporale riguarda la cronaca, la ricostruzione di episodi di guerra (premessa logica del romanzo) ma essa è talmente intrecciata alle vicende personali del protagonista o al processo della realizzazione del testo che l'ordine cronologico della vicenda può essere recuperato esclusivamente tramite una lettura di tipo trasversale.

Mediante il duplice processo della disarticolazione temporale e della narrazione autocosciente Vassalli porta allo scoperto i processi operazionali del romanzo e definisce il narrato come operazione di scrittura; il lettore di conseguenza non potrà più trascendere la dimensione del testo, dovendo fare continuamente i conti con l'attività disvelante del narratore, che qualifica la vicenda raccontata come un atto completamente fittizio. Ne *L'oro nel mondo* la disincantata riflessione disvelante diventa talora nucleo tematico del testo, come anche in *Abitare il vento;* altrove, invece, e lo vedremo tra breve, le stesse strutture narrative inglobano una volontà di discussione oltre che di narrazione; la ricerca sullo statuto epistemico del narrare si sposta in questi casi da un piano di superficie ad un piano più propriamente strutturale e diventa pertanto una verifica della stessa possibilità della narrazione.

1.3. *Calvino: La mistificazione della letteratura e la narrazione come simulacro*

Italo Calvino, ad esempio, con *Se una notte d'inverno un viaggiatore*[33], da un lato riafferma il piacere del fantastico e il desiderio della narrazione, dall'altro non rinuncia a un lavoro teorico sullo statuto della narrazione, riuscendo però, e questo è il suo grande merito, ad includere il discorso sul romanzo all'interno del medesimo testo, senza peraltro costruire un'opera didascalica e pretensiosa. Lo schema del libro è il seguente: un personaggio maschile che narra in prima persona si trova ad assumere un ruolo che non è il suo, in una situazione in cui l'attrazione esercitata da un personaggio femminile e l'incombere dell'oscura minaccia di una collettività di nemici, lo coinvolgono senza scampo. Questa storia, raccontata con stili e modalità diverse nei dieci frammenti di romanzi inseriti nel testo, si riconosce anche nella cornice esterna dove però il

[33] L. CALVINO, *Se una notte d'inverno un viaggiatore*, Einaudi, Torino 1980.

protagonista, lettore dei frammenti di romanzo di cui si è appena detto, viene identificato mediante la seconda persona.

Si ritiene che la grande novità del romanzo consista nel porre come protagonista il suo naturale destinatario: il lettore, protagonista doppio, nota lo stesso Calvino, perchè si scinde in lettore e lettrice. Di conseguenza l'intera opera, dietro la sugge-stione dei discorsi correnti nell'ambito semiotico, viene consi-derata un'avventura aperta [34] a tutte le possibili varianti della pratica narrativa e della lettura. Non è questa, però, la novità del testo, come non è precisa questa interpretazione; già Cesare Segre [35] esaminando segni del 'tu' presenti nel romanzo, ha notato che il 'tu lettore' non rimane sempre a livello dell'e-nunciazione ma nella maggior parte di casi vive la storia che gli è raccontata e quindi diventa un 'egli' come gli altri perso-naggi. Esclusivamente nelle prime due pagine del testo il let-tore è infatti il potenziale destinatario del libro e si pone quale correlato del soggetto dell'enunciazione, girando ai margini della storia, la quale non può più andare avanti ma deve rimanere allo stato virtuale; a partire, invece, dal secondo capitolo il lettore non è più il potenziale lettore di *Se una notte* ma è un personaggio a cui succedono vicende fittizie, un protagonista inserito e catturato nella storia, ironicamente ca-ratterizzata, quest'ultima, con una voluta convenzionalità sug-gellata dal lieto fine matrimoniale.

In un primo momento dunque un narratore extradiegetico instaura un dialogo con un narratario extradiegetico (che pos-siamo anche definire lettore virtuale [36]) chiamando in causa la

---

[34] ALFREDO GIULIANI, *La cattura del lettore*, in *Autunno del novecento*, Feltrinelli, Milano 1984, p. 119, ricorda che « così l'autore lo ha eletto protagonista /.../. Lui il lettore non è più soltanto il beneficiario del romanzo è diventato anche attore della narrazione, quasi mandante dell'autore », mentre ANGELO GUGLIELMI, *Alfabeta* « 6 », 1979, pp. 12-13, sostiene che « Calvino sceglie di scrivere tutti i libri di tutti gli autori possibili.»

[35] C. SEGRE, *Se una notte d'inverno un narratore sognasse un aleph a dieci colori*, « Strumenti critici », 3, 1979.

[36] La figura del lettore virtuale non coincide con quella del lettore implicito di Chatman, speculare all'autore implicito: « pubblico presupposto dalla narrativa stessa » (S. CHATMAN, *op. cit.*, p. 157) né con quello di Iser,

figura del destinatario probabile in funzione del quale il testo è costruito (figura che l'autore si immagina dotata di qualità, capacità, gusti, opinioni determinate, e che delinea il suo modello di pubblico); ben presto però fa seguito un rapporto fàtico con un narratario, intradiegetico (personaggio fittizio completamente inserito nella vicenda narrata). Calvino infatti sdoppia ingegnosamente l'istanza unitaria della ricezione e passa con facilità da un livello all'altro del racconto grazie alla strategia grammaticale della seconda persona e all'intuizione di non nominare o identificare il protagonista se non mediante una relazione [37] con Ludmilla, la lettrice protagonista (quest'ultima però ben definita psicologicamente).

Sebbene alluda costantemente al suo narratario il testo di Calvino non è dedicato al lettore, dal momento che ogni traccia di un narratario rinvia necessariamente al suo correlato e dunque al narratore: ogni pronome di seconda persona che non si riferisca esclusivamente ad un personaggio e che non sia pronunciato o pensato da lui, si riferisce infatti a qualcuno a cui si sta rivolgendo il narratore e pertanto costituisce una traccia della presenza di quest'ultimo nel racconto. Esistono dunque nel testo numerosissime tracce dell'istanza della narra-

---

che è esclusivamente un concetto operativo: insieme delle predisposizioni necessarie perché un'opera letteraria possa conseguire il suo effetto, predisposizioni organizzate non da una realtà empirica ma dal testo stesso (cfr. W. ISER, *The act of reading. A theory of Aesthetic response*, The John Hopkins University Press, Baltimore 1978).

[37] Le proprietà necessarie sono indispensabili per l'individuazione degli individui sovranumerari nella fabula. Infatti gli individui sovranumerari del mondo narrativo non hanno proprietà essenziali che permettano loro di essere identificati in rapporto al mondo di riferimento. Parafrasando le parole dello stesso Eco, nella macroproposizione: « In un periodo intorno al 1890 c'era a Parigi un uomo chiamato Raul. Esso era il marito di Marguerite », il lettore ricorrendo alla propria enciclopedia realizza che Parigi esiste nel proprio mondo di riferimento, Raul invece non può essere identificato senza Marguerite e Marguerite senza Raul; se Parigi è infatti già abbondantemente identificata nella nostra enciclopedia, non possediamo invece nessuna informazione riguardo un individuo chiamato Raul per cui si rende indispensabile una relazione necessaria con un altro individuo, ovvero Marguerite. Cfr. UMBERTO ECO, *Lector in fabula*, op. cit.

zione che, articolandosi in modi differenziati a livello della cornice e dei romanzi inseriti, presenta una sconcertante variazione qualitativa: da istanza implicita a presenza evidente nel racconto, da figura extradiediegetica a entità intradiegetica...

Quando il narratore extradiegetico interpella direttamente il suo lettore virtuale compaiono, tramite l'istanza enunciativa, tracce palesi di un'extratestualità assoluta, perchè il narratore letterario [38] si pone sul piano del lettore virtuale sfuggendo ad un'attività di semiosi tutta interna al testo. Segni inequivocabili di un referente assolutamente extratestuale sono infatti i riferimenti espliciti allo stesso romanzo, inteso nella sua materialità: « Stai per cominciare a leggere *Se una notte d'inverno un narratore* · di Italo Calvino. » (*Ibidem*, p. 4) e « Sto finendo di leggere *Se una notte d'inverno un viaggiatore* di Italo Calvino. » (*Ibidem*, p. 236), oppure la diretta ed esplicita intenzionalità fàtica: « Rilassati. Raccogliti. Allontana da te ogni pensiero. » (*Ibidem*, p. 4) che, nella sua pragmaticità — seppur surrettizia —, si lega indistricabilmente ad un mondo extratestuale contingente e situazionale. Nel resto della cornice, invece, e quindi a partire dal secondo capitolo il narratore, non più letterario, dimostra altresì competenze e conoscenze di uno *scripteur* in virtù dei suoi continui riferimenti all'attività di realizzazione discorsiva del testo.

Nel piano diegetico si assiste peraltro ad un'ulteriore articolazione delle istanze: dieci piccoli racconti metadiegetici inseriti nel flusso principale della narrazione presentano ognuno un diverso narratore intradiegetico, che dotato di una competenza specifica nel campo della narrazione acquisisce, come già il narratore extradiegetico, i connotati di uno scrittore.

---

[38] Il narratore letterario possiede una competenza extratestuale, conosce situazioni storiche ed evenemenziali il cui spazio referenziale abbraccia l'orizzonte culturale della contemporaneità. I suoi interventi stabiliscono dunque, un legame epistemico tra il mondo del testo e quello della vita facendo dipendere direttamente quello da questo e negando l'eventualità di una narrazione oggettiva e astratta che trascenda la realtà storica da cui si è generata.

In sintesi, se sul versante dell'enunciazione una serie di tracce esplicite rimanda al narratore extradiegetico, sdoppiato in due istanze (metadiscorsiva e letteraria) e nel contempo al narratore intradiegetico, scisso schizofrenicamente in dieci vocalità e competenze differenziate; di contro sul versante della ricezione un'ulteriore scissione separa il narratario extradiegetico, dal narratario intradiegetico, diventato protagonista della storia.

L'istanza narrante, a qualsiasi livello la si consideri, dimostra la propria autocoscienza alludendo al processo di scrittura mediante continui riferimenti al livello dell'enunciazione, come nel caso del narratore extradiegetico:

> Questo libro è stato attento finora a lasciare aperta al Lettore che legge la possibilità d'identificarsi col lettore che è letto: per questo non gli è stato dato un nome che l'avrebbe automaticamente equiparato ad una Terza Persona /.../. (*Ibidem*, p. 140)

oppure — come avviene a livello intradiegetico — mediante semplici apostrofi:

> Comprenderete dunque la mia difficoltà a parlare se non per accenni /.../. (*Ibidem*, p. 160),

allusioni ad una scrittura disagiata o ad eventuali difficoltà future:

> Il globo di pasta di vetro /.../ illumina lo scorrere della mia scrittura forse troppo nervosa perchè un futuro lettore possa decifrarla. /.../ Vorrei che questo aleggiare di presentimenti e dubbi arrivasse a chi mi leggerà /.../. (*Ibidem*, p. 60),

richiami ad un'attività letteraria complessiva:

> Sto tirando fuori troppe storie alla volta perchè quello che voglio è che intorno al racconto si senta una saturazione d'altre storie che potrei raccontare e forse racconterò o chissà non abbia già raccontato in qualche occasione /.../. (*Ibidem*, p. 109),

riferimenti espliciti al romanzo:

> Il romanzo comincia in una stazione ferroviaria /.../. (*Ibidem*,
> p. 11),
> /.../ olio di Colza, è specificato nel testo /.../. (*Ibidem*, p. 33),
> Il racconto riprende il cammino interrotto. (*Ibidem*, p. 87),

o a quello che dovrebbe essere:

> Vorrei che il mio racconto esprimesse tutto questo /.../. (*Ibidem*, p. 163),
> Qui il racconto dovrebbe rappresentare il mio animo /.../.
> (*Ibidem*, p. 130)

L'intervento del narratore, dunque, a qualsiasi piano esso
operi, segnala che stiamo leggendo un romanzo, non qualcosa
di autenticamente vero.

Nel contempo la rappresentazione dei dodici io diversi
nello stesso racconto arresta nel lettore l'eventuale identificazione del narratore con lo scrittore reale e, denunciando la
disomogeneità tra enunciazione ed enunciato, impedisce altresì
banali meccanismi di proiezione. Le varie tipologie narranti
sono infatti tutte autodiegetiche, rimandano cioè ad un io
presente nella storia, dall'autore letterario, che ostenta direttamente tale legame, ai narratori intradiegetici che narrano in
prima persona. La decisione di riferire il discorso alla prima o
alla seconda persona permette a Calvino di attuare arditissimi
giochi e di passare con facilità da una figura all'altra, dal
momento che tale scelta grammaticale favorisce la sovrapposizione delle istanze: l'io presente o presupposto nella storia
rimanda infatti, nell'accezione del lettore ingenuo, alla medesima persona, l'autore effettivo del testo. Se la narrazione
autodiegetica consente di impiegare la prima persona come
soggetto delle azioni e non solo delle comunicazioni di un
personaggio, d'altra parte tuttavia « quell'io ormai oggettiviz-
zato diventa un egli: è chiaro che l'io di cui si serve lo
scrittore non ha nulla a che vedere con un simbolo indice ma
è un contrassegno sottilmente codificato: quell'io non è altro
che un egli al secondo grado, un egli rovesciato.» [39]

[39] ROLAND BARTHES, *Saggi critici*, Einaudi, Torino 1966, p. XX.

Dalla sovrabbondanza delle istanze narrative deriva — nel romanzo — un caleidoscopio di punti di vista [40], di prospettive

[40] Calvino, mediante la fondante biforcazione del punto di vista tra narratore e narratario e la sua ulteriore schizofrenica scissione in dodici istanze narranti, sembra anticipare alcune recenti discussioni teoriche sulla nozione di punto di vista che, considerando la modalità e l'aspettativa del discorso, ne privilegiano questo carattere dualistico e culturale insieme.

Tale nozione, nelle sue varianti ottiche o assiologiche, focalizza al momento attuale l'interesse dei narratologi tanto che nell'autunno del 1986 il Centro bolognese di Semiotica ha organizzato un convegno a tal riguardo, momento centrale di una discussione teorica che si è spostata da un piano puramente testuale, verso fenomeniche anche interpretative. Il punto di vista è risultato essere contemporaneamente quello dell'enunciatore e dell'enunciatario, facendo parte di quello stesso processo per cui si definisce la semiosi e s'instaura la significazione. Negli interventi di Segre, Greimas, Agosti ed altri, il testo, narrativo e non, dipende infatti dal doppio sguardo di un osservatore e di un informatore, sia esterni al testo, strategie testuali di presentazione, sia prodotti di quel movimento di *débrayage* con cui il soggetto dell'enunciazione pone in essere l'enunciato. Nell'ambito della recente attenzione al destinatario, al lettore più o meno implicito, una tensione, centrale nella discussione, ha opposto la necessità di semplificazione delle istanze enuncianti alla ricerca di una maggiore chiarezza e fruibilità dei risultati (Segre), all'opportunità di una loro maggiore articolazione in vista di un'opportuna aderenza testuale (Agosti, Zinna, ecc.). Nel convegno, inoltre, la nozione del punto di vista, desunta dalla narratologia di ispirazione letteraria, è stata spostata al campo del cinema e del figurativo in generale, dove ha ritrovato il suo senso concreto, essenzialmente visivo, seppur non alieno da interpretazioni cognitivistiche privilegianti ad esempio i temi dell'aspettualizzazione di ispirazione greimassiana (cfr. « Carte semiotiche », 4/5, 1988).

Tra i molteplici interventi al convegno riteniamo particolarmente interessanti, per la completezza della loro trattazione, le opinioni di Segre e di Greimas. Segre ad esempio propone una drastica semplificazione della problematica del punto di vista soffermandosi sui tre poli fondamentali della comunicazione narrativa: il narratore, i personaggi, i lettori. « Il narratore si presenta in possesso di un orizzonte epistemico, ne attribuisce un altro ai singoli personaggi e infine sceglie il tipo di orizzonte epistemico da riconoscere ai lettori /.../. Se l'orizzonte epistemico dell'autore è fissato in misure molto più ampie di quello dei personaggi, si avrà più facilmente il tipo di narratore onnisciente, se lo scrittore cerca di adeguarsi al più ristretto orizzonte epistemico dei singoli personaggi, verrà naturale il ricorso al punto di vista; l'elaborazione delle tecniche narrative sarà poi più o meno complicata a seconda del tipo di orizzonte epistemico attribuito ai lettori » (*Ibidem*, p. 14). Nell'ambito del rapporto tra autore e lettore impliciti (è infatti necessario conservare tale livello nonostante le volontà riduzionistiche di Segre, poiché il narratore, istanza diegetica, non può guardare oltre i

ed orizzonti epistemici completamente diversi. Se da un lato i
racconti inseriti nel flusso generale della narrazione sono scritti

confini del testo) e nel gioco dei loro orizzonti epistemici si realizza dunque
il testo narrativo che, ammettendo nel suo interno una dialogicità (alla
Bacthin) tra narratore e personaggi, inserisce in una o più modalità generali
di focalizzazione una serie di sfasamenti epistemici ed assiologici, condizione
indispensabile perché il dialogo non diventi tautologia. Esaminata la pluridiscorsività interna al romanzo non resta che stabilire le cause di tale moltiplicazione dei punti di vista che risiede — secondo Segre — nella peculiarità del
rapporto emittente-destinatario e nella circostanza che quest'ultimo non sia
in praesentia, situazione che spinge l'emittente a raddoppiare gli sforzi per
un dialogo pluridirezionale. In questa tensione verso il proprio destinatario
assente l'emittente prende le forme dell'autore implicito e del narratore,
mentre immagina nel corso di questa finzione una figura di lettore ideale
per comunicare col quale dà vita ai personaggi, ulteriori manifestazioni
settoriali e spesso competitive di un campo di possibilità epistemiche che
include l'emittente insieme con i destinatari. « Abbiamo dunque un rapporto tra emittente e lettore ideale che viene impiantato in partenza e
mantenuto in modo più o meno costante; e viceversa un rapporto epistemico, più liberamente e variamente intersoggettivo, tra emittenti e destinatari attraverso i personaggi. I problemi del modo e del punto di vista
riguardano la conduzione del dialogo emittente-personaggi all'interno del-
l'intrigo, fanno dunque parte della messa in forma della narrazione /.../. In
realtà le voci dell'autore e dei personaggi possono continuare ad interferire
al di sopra delle prospettive e del montaggio prescelti perché l'intersoggetti-
vità, ridotta solo convenzionalmente al circuito della comunicazione, realizza una potenzialità epistemica tanto articolata quanto è ampio il raggio
che collega (e solo in parte congiunge di fatto) l'emittente con il multiforme
insieme dei destinatari » (*Ibidem*, p. 20).

Anche Algirdas Greimas si confronta con la categoria del punto di
vista, correlata però alla teoria dell'enunciazione e non alla narratologia,
come avveniva per gli altri teorici citati. Se mediante i procedimenti di
débrayage, cioè di proiezione al di fuori di sé, l'istanza dell'enunciazione
costituisce gli attanti dell'enunciato, cioè le figure che hanno la funzione di
produrre l'opera narrativa; il fenomeno del *débrayage* rappresenta però nel
contempo anche la possibilità di installare osservatori nel medesimo ambito.
Ogni discorso implica pertanto un attante informatore che pone le cose da
osservare ed un attante osservatore che le osserva: l'enunciato narrativo
comporta delle modalità ed un'aspettualità, intendendo per aspetto la descrizione di un'azione di un soggetto, dotato di una propria funzione, in quanto
vista da qualcun altro. Il discorso dell'enunciatore dunque è in qualche
modo 'raddoppiato' dall'attante osservatore che lo articola. Le due figure
extratestuali non dipendono dal contenuto dell'enunciato in quanto la loro
costruzione è un'operazione strategica, fatta dal soggetto dell'enunciazione,
di distribuzione di osservatori e punti di vista sul discorso. Si realizza in tal
modo nel testo un trascorrere continuo di punti di vista che procura una
circolazione di saperi (poiché queste istanze si pongono a livello cognitivo);
una strategia discorsiva che si sovrappone (raddoppiandolo) allo schema
narrativo. Ponendo l'articolazione dei punti di vista a livello cognitivo e

in prima persona e pertanto presentano un 'io' di volta in volta protagonista più o meno palese al quale appartengono la voce e il punto di vista del racconto; d'altro canto la focalizzazione variabile della cornice consente al narratore extradiegetico di identificarsi con la pluralità dei personaggi, rispetto ai quali adegua le proprie conoscenze ed i propri movimenti nello spazio e nel tempo, e di sommare altresì alla dialogicità delle loro posizioni il proprio processo di riorientamento del senso (celato dalla narrazione in seconda persona che occulta il suo produttore).

Il continuo trascorrere di punti di vista, che ha un correlato nella stratificazione eidetica del romanzo, realizza peraltro un contrasto tra i diversi procedimenti narrativi dal momento che i romanzi incompleti (o frammenti) costituiscono nel contempo delle poetiche e delle realizzazioni, risentendo ciascuno di essi e riverberando un determinato modello o un preciso orizzonte culturale. Allo stesso modo i vari personaggi del romanzo rispecchiano diverse ideologie letterarie: Lotaria rappresenta ad esempio il versante della lettura ideologizzata dove vengono portati allo scoperto « i riflessi del modo di produzione, i processi di reificazione, la sublimazione del rimosso, i codici semantici del sesso, la trasgressione dei ruoli, nel politico e nel privato. » (*Ibidem*, p. 180), Ludmilla invece sostiene che « gli autori è meglio non conoscerli di persona perchè la persona reale non corrisponde mai all'immagine che ci si fa leggendo. » (*Ibidem*, p. 185). Marana, frattanto, sogna una letteratura tutta di apocrifi:

> /.../ l'autore di ciascun libro è un personaggio fittizio che l'autore esistente inventa per farne l'autore delle sue finzioni. /.../ E siccome l'artificio è la vera sostanza di tutto, l'autore che congegnasse un sistema di artifici perfetto riuscirebbe a identificarsi col tutto. (*Ibidem*, p. 180)

all'interno della dialettica testuale Greimas, oltre a considerare anche quel dialogo tra emittenza e ricezione che da qualche anno è diventato centrale negli studi semiotici, supera altresì l'eccessivo funzionalismo spesso rimproverato alla semiotica del racconto dal momento che 'riempie' le figure narrative di sapere, passioni, oltre che di ideologie (cfr. A.J. GREIMAS, *De l'imperfection*, Pierre Fanlac, Paris 1987; tr. it., *Dell'imperfezione*, Sellerio, Palermo 1988).

e Flannery predica:

> /.../ il mio scopo è catturare nel libro il mondo illeggibile, senza centro, senza io. A pensarci bene questo scritto totale potrebbe essere il ghost-writer /.../ la mano scrivente che dà a parlare ad esistenze troppo occupate ad esistere. /.../ Avrei potuto moltiplicare i miei io, annettere gli io altrui, fingere gli io più opposti a me e tra di loro.
> Ma se la verità individuale è la sola che un libro può racchiudere tanto vale che io accetti di scrivere la mia /.../. Allo scrittore che vuole annullare se stesso per dar voce a ciò che è fuori di lui si aprono due strade: o scrivere un libro che possa essere il libro unico /.../ o scrivere tutti i libri, in modo da inseguire il tutto attraverso le sue immagini parziali /.../. Ma io non credo che la totalità sia contenibile nel linguaggio, il mio problema è ciò che resta fuori, il non scritto, il non scrivibile. Non mi rimane altra via che scrivere tutti i libri, scrivere i libri di tutti gli autori possibili. (*Ibidem*, p. 181)

Calvino dunque mediante il continuo trascorrere delle focalizzazioni caleidoscopizza i punti di vista e nel contempo scopre artifici, simula alternative, mette in contrasto poetiche e procedimenti cosicchè, per dirla con Segre, « al romanzo del romanzo che negli ultimi anni è diventato quasi un genere letterario Calvino ha sostituito il romanzo della teoria del romanzo »[41]. L'opera letteraria nella varietà delle sue prospettive culturali diventa allora un « Aleph », definito da Borges come un luogo in cui si trovano senza confondersi tutti i luoghi della terra, visti da tutti i punti di vista. Dal momento che ogni personaggio, ogni racconto, ogni punto di vista rappresenta una poetica narrativa di cui viene dimostrata, non direttamente, ma tramite la dialogicità delle voci, la limitatezza e l'infondatezza, il romanzo nella sua globalità rappresenta l'insieme dei possibili procedimenti narrativi[42] — qualcosa in più

[41] C. SEGRE, *Se una notte*, op. cit., p. 204.
[42] In un intervento di Philippe Daros al convegno internazionale su Italo Calvino tenutosi a Firenze il 26-28 febbraio 1987 e ora in AA.VV., *Italo Calvino. Atti del convegno internazionale*, Garzanti, Milano 1988, si evidenzia il legame tra l'evoluzione narrativa di Calvino e le teorizzazioni o

dunque di una semplice narrazione autocosciente —, dei quali di volta in volta svela il sotterraneo meccanismo di finzione.

La struttura di *Se una notte* riproduce il meccanismo formale della narrazione, oltre che attraverso l'esplicitazione delle procedure, anche mediante l'esaltazione ipertrofica del montaggio narrativo, sicchè mentre l'autocoscienza narrativa col suo rinviare alla situazione di enunciazione disvela l'istanza di finzione costitutiva di questo come di ogni altro romanzo, il montaggio narrativo costruisce altresì un mondo fittizio in cui sono contenuti nel contempo ulteriori atti di finzione e la loro fruizione.

Se una notte, allora, mette in luce un procedimento di simulazione dell'atto della narrazione nella sua interezza: non rappresenta una sequenza di azioni possibili o reali nel mondo, ma una sequenza di atti di finzione narrativa. Con questo argomento tematizzato all'interno del romanzo fa irruzione nella stratificazione eidetica il problema della mistificazione della letteratura, sicchè un personaggio, Marana, responsabile del grosso imbroglio di sostituzioni, traduzioni, falsificazioni dei testi che costituiscono i romanzi inseriti, porta con sè un preciso messaggio: la letteratura è un inganno che genera realtà più vere del vero. Questo tema è stato determinante a livello del dibattito critico sul romanzo dove è stata variamente ripresa la frase di Calvino che la letteratura valga per il suo potere di mistificazione e che abbia nella mistificazione la sua verità. Questa citazione però non significa, come ha creduto di poter semplificare qualcuno [43], che per lo scrittore non vi sia

le pratiche del *Nouveau Roman* che, paragonando la letteratura ad una macchina, attribuisce al mondo esteriore un ruolo estremamente residuo. « In tal modo *Se una notte d'inverno un viaggiatore* appare di fatto come una macchina letteraria senza dubbio complessa, ma smontabile, dal momento che confessa la propria funzione: romanzo dell'apoteosi dell'autore che gioca con gli elementi della sua creazione, rendendoli visibili nella sistematizzazione del ricorso al metadiscorso. Nella rinchiusa linearità del detto si svela allora tutta la problematica intorno a cui i Nuovi Romanzieri avevano cercato di fondare i propri rapporti con la scrittura » (p. 317).

[43] A. Guglielmi, ad esempio, sostiene che per lo scrittore non vi è altra strada per raggiungere un testo di verità che affidarlo ad un dettato falso.

altra strada per raggiungere un testo di verità che affidarlo ad
un dettato falso; Calvino infatti non produce mai mistificazioni nell'intensa articolazione narrativa di *Se una notte*, produce invece racconti, in cui propone altresì di volta in volta
una diversa impostazione stilistica e un variabile rapporto col
mondo (il riferimento d'obbligo è Queneau [44]). Si tratta dunque di finzioni e non di mistificazioni [45], ovvero di atti narrativi che qualificano il romanzo come una grande macchina di
finzione, finzione di tanti romanzi e ancora, a maggior ragione, finzione del narrare.

Si può comprendere ora quanto dicevamo riguardo al
processo di relativizzazione attuato nei confronti delle poetiche
narrative: ogni voce (di personaggi o di narratori protagonisti),

---

[44] Sul rapporto tra Calvino e Queneau confronta un intervento di
MARIO FUSCO, *Italo Calvino entre Queneau et l'Ou.Li.Po.*, al Convegno
Internazionale su Italo Calvino, ora in AA.VV., *Atti del Convegno interna-
zionale*, op. cit.

[45] È necessario distinguere la finzione dalla menzogna, abbandonando il
criterio della qualità valutativa dell'universo rappresentato e insistendo invece sulla posizione enunciativa rappresentante. In effetti la nozione di
finzione non coinvolge alcun giudizio di verità/falsità ed è indipendente
dalla verosimiglianza dell'insieme del testo o delle sue parti. L'applicazione
del criterio di verità è giustificata invero solo limitatamente agli enunciati
assertivi, mentre la finzionalità è legata ad una deformazione specifica del-
l'asserzione. Di conseguenza sembra errato parlare a proposito della finzione
di aserzioni, sia pure in forma di 'quasi giudizio' (ROMAN INGARDEN, *The
Literary Work of Art*, Evaston 1973; *The Cognition of the Literary Work of
Art*, Evaston 1973), oppure di 'pseudo asserzioni' (.R. SEARLE, *The logical
Status Fictional Discourse*, « New literary History », 6, 1975; tr. it.: *Per uno
statuto logico della finzione narrativa*, « Versus », 19/20, 1978), di quasi atti
linguistici (OHMAN, *Speech Acts and the Definition of Literature*, « Philosophy
and Rhetoric », 4, 1971). Sembra più giusto invece osservare, insieme a TEUN
VAN DIJK, *Philosophy of action and Theory of narrative*, « Poetics », 5, pp.
287-338 che la narrativa di finzione non si riferisce a sequenze di azioni reali
ma descrive un mondo possibile, azioni per ora solo immaginate che potrebbero eventualmente verificarsi in futuro. Il principio di verità deve per
questo essere sospeso nei testi narrativi poiché la verità di ciascuna porzione
testuale è stabilita rispetto al modello di mondo possibile costruito dall'insieme di frasi che la precedono. Per la nozione di 'possibile' cfr. « Versus »,
19/20, op. cit.

ogni punto di vista è portatore di una poetica di scrittura (di uno stile e di un modo specifico di rappresentare il mondo) o di lettura; le varie voci rappresentano pertanto tutte le narra- zioni possibili, delle quali è tenuto ben presente il carattere finzionale, benchè nessuna di esse possa ambire ad una com- pleta assolutezza: il disvelamento del procedimento narrativo procede verso una sua risoluzione in simulacro [46].

Nei mesi immediatamente successivi alla pubblicazione di *Se una notte* è apparso il primo romanzo di Umberto Eco: *Il nome della rosa* [47] e ben presto sono state ritrovare analogie impreviste che accomunavano i due autori: entrambi i romanzi nella struttura e nelle intenzioni si rivelerebbero infatti un gioco di intrecci, un collage di testi, citazioni, topoi narrativi, una *koiné* comprendente la letteratura universale nella sua glo- balità; il lettore di conseguenza, colpito da una sensazione di già visto, avrebbe l'impressione continua di un *de te fabula narratur* [48]. Tale rapporto con un intoccabile maestro della narrazione è probabilmente servito a un folto gruppo di critici affezionati ad Eco per dimostrare la validità e la novità di un

---

[46] Facciamo qui riferimento alla nozione di simulacro, termine chiave di una feconda tradizione di pensiero sviluppatesi negli anni settanta e perfettamente definito da MARIO PERNIOLA, *La società dei simulacri*, Cappelli, Bologna 1985. Per Perniola « il concetto di simulacro implica tanto il rifiuto di un prototipo esterno quanto il rifiuto della tentazione di considerare l'immagine (per noi narrata) come un prototipo » (p. 127). Il simulacro va inteso dunque come una costruzione artificiosa priva di originale e inadatta a costituire essa stessa un originale; « il simulacro è perciò *l'immagine senza identità*: esso non è identico ad alcun originale esterno e non ha una sua originalità autonoma » (*ibidem*, p. 128), afferma dunque la pregevolezza della finzione in quanto finzione poiché segna « il momento in cui la finzione cessa d'essere nichilistica senza restaurare la metafisica, il momento in cui il conflitto cessa d'essere dissolvente senza ristabilire l'unità » (*ibidem*, p. 129).

[47] U. ECO, *Il nome della rosa*, Bompiani, Milano 1980.

[48] Si veda ad esempio il saggio di BURKHART KRÖEBER, *Il misterioso dialogo di due libri, Eco e Calvino*, in R. GIOVANNOLI [a cura di], *Saggi sul Nome della Rosa*, Bompiani, Milano 1985, testo che raccoglie gli articoli sul romanzo in scala internazionale, selezionando quelli che abbiano autorità di saggio.

romanzo troppo spesso attaccato solo perchè oggetto di notevole consumo. Peraltro lo stesso Eco propone un approccio similare al suo testo giocando sul filo di un rinnovamento della dicotomia tra ordine e disordine, tra opera di consumo ed opera di provocazione; in effetti « dal 65 ad oggi si sono chiarite due idee: che si poteva ritrovare l'intreccio anche come citazione di altri intrecci e che la citazione avrebbe potuto essere meno consolatoria dell'intreccio citato » [49]. Quando invero l'avanguardia (il moderno) non va più oltre e produce un metalinguaggio che parla dei suoi impossibili testi (l'arte concettuale), « la risposta post-moderna al moderno consiste nel riconoscere che il passato, visto che non può essere distrutto, perchè la sua distruzione porta al silenzio, deve essere rivisitato, con ironia, in modo non innocente » [50]. Queste dunque le caratteristiche dell'arte post-moderna: « ironia, gioco metalinguistico, enunciazione al quadrato. Per cui se col moderno chi non capisce il gioco non può che rifiutarlo, col post-moderno è anche possibile non capire il gioco, è possibile non reagire al gioco e prendere le cose sul serio » [51].

I critici italiani e stranieri suggestionati da queste parole non si sono risparmiati nell'indicare citazioni o suggerire eventuali fonti per il *Nome della Rosa,* così Guglielmo, noto come il frate filosofo, sarebbe identificabile all'eroe carismatico del romanzo popolare che lo stesso Eco ha smascherato nel *Superuomo di massa;* il novizio Adso, narratore della vicenda avrebbe esercitato la medesima funzione del dotto Watson; e quanto al luogo dove accadono gli eventi narrati, anche qui Eco non avrebbe inventato quasi nulla: l'abbazia tenebrosa collocata sull'asperrimo monte sarebbe un classico topos del romanzo gotico, come la diavoleria strutturale del numero sette ricorrente in tutto il romanzo rifletterebbe parodisticamente una mania tipicamente medioevale. Eco allora « si è preso un gran bel divertimento riuscendo ad incastrare l'una

---

[49] U. Eco, *Postille a Il nome della rosa,* « Alfabeta », 48, 1983; inserite quindi nella 2ª edizione del romanzo.

[50] *Ibidem,* p. 37.

[51] *Ibidem,* p. 39.

dentro l'altra cinque strutture o generi di romanzi: il poliziesco, il gotico, lo storico, l'ideologico e l'allegorico » [52]. *Il nome della rosa* è diventato dunque nella interpretazione corrente un grande romanzo-citazione, una narrazione costruita nel *remake*, nel rifacimento, nella riscrittura, un grande gioco di parodia, una sfida alla letteratura imbevuta di nostalgia e di ironia. Eco e Calvino avrebbero altresì riscoperto, in virtù dell'ironia, il piacere della narrazione e della lettura, benchè la narrazione-citazione rappresenti nei loro racconti la nostalgia della narrazione e non un ritorno effettivo del romanzo-romanzo, rispetto al quale narrerebbero — seppure paradossalmente — il naufragio e l'impossibilità della narrazione. Piegato dunque il meccanismo citazionale del testo ad un'intenzione di tipo parodistico, si è soliti conferire al romanzo un primato nell'ambito della scrittura post-moderna. L'elemento caratterizzante del *cursus* parodico non è tuttavia rappresentato dai riferimenti espliciti a generi o topoi letterari, quanto piuttosto dalla pratica dell'ironia. Nella carenza pressocchè totale dell'arma dell'ironia, che realizza nello stesso enunciato due intenzionalità di segno opposto portando avanti contemporaneamente due discorsi — uno sulla letteratura e uno all'interno della letteratura —, le citazioni di Eco non si presentano come parodiche, non costituendosi invero come riprese finte di un'intenzionalità altrui indirizzata in una direzione completamente opposta, ma realizzano invece un meccanismo di *captatio lectoris* teso a garantire la verosimiglianza della narrazione. Lo stesso Eco infatti dichiara apertamente l'operazione di mascheramento indispensabile a qualsiasi meccanismo di verosimiglianza gnoseologica: « ho deciso di raccontare nel Medioevo e per bocca di un cronista dell'epoca /.../. Una maschera ecco cosa mi occorreva /.../ per cui la mia storia non poteva che iniziare con un manoscritto ritrovato /.../ così scrissi subito l'introduzione, ponendo la mia narrazione ad un quarto livello d'incassamento dentro altre tre narrazioni: io dico che Vallet diceva che Mabillon ha detto che Adso disse /.../.» [53]

---

[52] A. GIULIANI, *op. cit.*, p. 123.
[53] U. ECO, *Postille*, op. cit., p. 15.

La voce e lo sguardo del racconto sono dunque delegati a Adso, narratore protagonista della storia, che impone all'intera narrazione il suo punto di vista, scisso in due, quello di Adso adolescente che viveva gli avvenimenti e quello di Adso adulto che li interpreta. Tale focalizzazione interna che si svolge nel corso di tutto il romanzo tende però ad occultarne il carattere fittizio, dal momento che la maschera del narratore autodiegetico consente la trasmissione di una « verità » che — benchè soggettiva in quanto riferita all'istanza enunciante — non è soggetta ad un meccanismo di invalidazione, ripetendo la formula realista proposta da James all'inizio del secolo. Lo stesso Eco si lascia sfuggire: « Tornando a ciò che dicevo sulla maschera, duplicando Adso duplicavo ancora una volta una serie di intercarpedini, di schermi posti tra me come personalità biografica o me come autore narrante, io narrante, e i personaggi narrati, compreso la voce narrativa. Mi sentivo sempre più protetto » [54]. E il titolo del romanzo con la bella citazione proprio nell'ultima riga: « stat rosa pristina nome, nomina nuda tenemus », incrociando mistica e semiologia, ci lascia col sospetto che le regole del gioco siano serie e rimandino ad una verità ormai consolidata: l'impossibilità di discernere l'apparizione dei segni dal loro significato. Se dunque il libro di Eco costituisce un vero e proprio repertorio di procedimenti narrativi, un rifacimento a partire dall'espediente del manoscritto ritrovato, che ha un celebre antecedente nel Manzoni, fino alla struttura della biblioteca che ripete quella della *Biblioteca di Babele* di Jorge Luis Borges, tuttavia il divertimento della citazione — davvero sadico perchè si prende amabilmente gioco del lettore che, incapace di discernere la verità e la falsità delle citazioni, è coinvolto in « un'effetto Fantozzi » [55] — non costi-

[54] *Ibidem*, p. 22.
[55] RAUL MORDENTI, *Adso de Melk, chi era costui?*, in AA.VV., *Saggi sul nome della rosa*, op. cit., in una scherzosa recensione coglie un aspetto importante del romanzo trascurato dai successivi recensori, che presuppongono invece un lettore praticamente onnisciente. In realtà il libro, ricco di citazioni vere e false confuse tra loro in maniera borgesiana permette al lettore empirico, non a quello 'modello' (nell'accezione di Eco) di godere anche dei riferimenti che la sua ignoranza gli preclude secondo un 'effetto

tuisce qui un valido esempio di parodia. La citazione diventa infatti garanzia di una verosimiglianza consolidata, non ripresa finta oppure discorso su una parola altrui, come avviene invece in Calvino.

Il gioco della semiosi illimitata, dell'infinità delle interpretazioni a cui è soggetta la letteratura è dunque per Eco un tema da svolgere fino alle sue estreme conseguenze: « nomina nuda tenumus »; la medesima percezione costituisce invece per Calvino la FORMA della vita e della letteratura.

In *Se una notte...* l'intrigo è infatti giocato sul confronto tra le possibili modalità della narrazione, sull'emergenza di una tensione irrisolta che l'autore non si preoccupa di mitigare; in *Il Nome della rosa,* al contrario, la dimensione ironica del già detto viene travolta dal consolidarsi del senso finale che annulla il gioco ed arresta il susseguirsi della semiosi. La dimensione carnevalesca e la coincidenza degli opposti realizzate nel testo calviniano presuppongono altresì un inarrestabile meccanismo dialogico che parte dal mondo narrato e rispetta la libertà dell'interlocutore; nel *Nome della rosa* invece l'imposizione di un concetto finale sottopone ogni voce del testo ad una definitiva riorganizzazione ideologica che parte da questa nozione e consente la coerenza dell'effetto finale. Calvino pertanto chiude emblematicamente il suo romanzo con un matrimonio, Eco con un incendio.

1.4. *Busi: l'iperralismo della rappresentazione e la negazione della verosimiglianza*

Se la finzione narrativa pretende di parlare un linguaggio di verità basandosi su una verosimiglianza sottratta alla verifica del lettore e affidata ad una convenzione coscientemente praticata e universalmente accettata, la possibilità di bloccare questa

Fantozzi': « Il meccanismo della tragica confusione tra realtà/creduta falsa e falsità/creduta vera consentita e mediata dal 'sentito dire' è esattamente lo stesso del fondamentale *Come farsi una cultura mostruosa* di Paolo Villaggio » (p. 42).

operazione risiede in una qualsiasi modalità d'interruzione nel racconto. Il testo che forse in modo più rappresentativo esibisce lo statuto finzionale della narrazione tramite tale aperta inverosimiglianza è la *Delfina bizantina* [56] di Aldo Busi, la cui rappresentazione discorsiva, clamorosamente antimimetica e provocatoriamente iperbolica attribuisce al mondo narrato — mediato da una molteplicità di punti di vista — le inverosimili qualità del narratore e dei personaggi della vicenda.

Il narratore, assente in prima persona dal romanzo, non si attualizza mediante marche esplicite, come la menzione diretta a se stesso e alla propria funzione, ma entra subdolamente nella narrazione e ne tiene le fila [57]; talora infatti introduce brevi commenti alla storia rendendo palese la sua presenza, ma più spesso agisce in modo sommerso e allora, come in ogni caso di narrazione nascosta [58], si sente una voce che parla di

[56] ALDO BUSI, *La delfina bizantina*, Mondadori, Milano 1986.
[57] Secondo convenzione dei semiologi la voce del narratore segue gradi progressivi di narratività. Il narratore infatti può manifestarsi più o meno palesemente nel racconto, dando comunque per scontata la sua presenza: il polo negativo è rappresentato dalle narrative che pretendono di essere la trascrizione diretta del comportamento dei personaggi; il polo positivo invece da un narratore che parla con la propria voce, usando il pronome io e simili oppure dà interpretazioni giudizi, commenti e così via. Dal punto di vista teorico la narrativa narrata in modo minimo è rappresentata da una registrazione del parlato, nelle sue varietà di soliloquio, monologo interiore, flusso di coscienza. Il discorso indiretto libero e legato e la focalizzazione interna mobile, invece, manifestano un'istanza narrante che tenta di celarsi — senza riuscirsi del tutto — tra le pieghe della narrazione. Quando infine il narratore vuole palesare senza riserva la sua presenza si impegna in descrizioni esplicite, analisi psicologiche, informazioni dirette ai narratari, riassunti temporali oppure commenti alla storia, nelle varianti delle generalizzazioni, interpretazioni e giudizi o ancora in commenti al discorso. Chatman correla queste modalità di presentazione del mondo narrato ai concetti di mimesi e diegesi, andando nell'ordine da una pura mimesi ad una pura diegesi e passando per un'infinità di livelli intermedi. In questo lavoro, invece, utilizziamo le definizioni di narratore palese e narratore nascosto a prescindere dalle nozioni di mimesi e diegesi: la narrazione palese o nascosta è per noi solo una modalità diversa del raccontare e non del mostrare, convinti come siamo dell'implausibilità di una narrazione totalmente mimetica.
[58] Secondo Chatman, la narrazione nascosta o nell'ombra occupa un posto intermedio tra la non narrazione e la narrazione perfettamente perce-

eventi, personaggi ed ambienti, ma il narratore rimane nell'ombra. Si assiste invero nel romanzo ad una caratteristica alternanza tra l'onniscienza e la dialogicità dei punti di vista e dei discorsi dei personaggi: il narratore non prevarica sui personaggi facendo loro vedere ciò che vuole, sebbene si riservi una possibilità di intervento autoriale:

> Teodora concepì in quegli istanti in forma commestibile e benevola lo scherzo da ricambiarle: « dare pan per focaccia »; senza acredine, cadde addormentata di schianto sentendosi esplodere in mille brandelli o sguardi di cui era stato il silicato parabolico /.../. E il dolore la riversò all'indietro come uno specchio nero risucchiato di ogni riflusso, una specie di acqua solida ribaltata nel riquadro di un universo stagnante su patte di pantaloni e cerniere inceppate.
> Al mattino fece finta di non ricordare più niente, quasi grata ad Anastasia di essere stata la causa di quel sonno ristoratore. Aveva sentito tante volte la parola inconscio alla televisione. La gente sugli specchi ci si arrampicava. Lei ne aveva così poco. Neppure i traumi erano così preziosi da diventare una ragione di vita. Aveva solo voglia di vedere la sua pianta di melograno nel portapacchi della bicicletta, le gemme si stavano aprendo, per una forza più forte di loro. (*Ibidem*, p. 103)

Nel brano citato le intrusioni autoriali si basano sulle similitudini (« come uno specchio nero ») e sulle forme modalizzanti (« in forma commestibile e benevola »), oltre che sulla scelta linguistica che, priva di volontà comunicativa, ama giocare sul *non sense* provocato accostando due termini di universi semantici completamente differenti (« silicato parabolico ») oppure selezionando un discorso figurato che oppone immagini incongruenti e realizzando, di conseguenza, una metonimia paradossale tra l'immagine dell'acqua stagnante e quella degli

pibile. I *Malavoglia* rappresentano un autentico esempio di narrazione nascosta dal momento che le informazioni vengono date preferibilmente attraverso la focalizzazione di un personaggio o di più personaggi, benché l'istanza del narratore non scompaia mai del tutto e quest'ultimo rimanga sempre dietro agli eventi che racconta, pronto a superare la visione ristretta del personaggio col quale non di meno vorrebbe confondersi.

indumenti sessualmente caratterizzati. Quando invece, per qualche momento, il personaggio focalizzato diventa padrone del discorso, il linguaggio ne risulta profondamente modificato e dunque diventa proverbioso (« arrampicarsi sugli specchi ») e citazionistico, perde altresì la costruzione ipotattica in favore di una paratassi che consente effetti di maggiore immediatezza. La sapiente alternanza stilistica del brano appena citato testimonia più in generale della estrema variabilità della narrazione nascosta che, occupando un posto intermedio tra la non narrazione e la narrazione perfettamente percepibile, preferisce fornire le informazioni attraverso la focalizzazione su un personaggio, benchè l'istanza del narratore non scompaia mai del tutto e quest'ultimo rimanga sempre dietro gli eventi che racconta, pronto a superare la visione ristretta del personaggio, col quale non di meno vorrebbe confondersi.

Una caratteristica della narrazione nascosta è la capacità di esprimere discorsi o pensieri di un personaggio in forma indiretta. Al discorso riportato, in particolare nella sua variante dell'indiretto libero [59], si adatta molto bene la nozione di pa-

[59] Paola Pugliatti si è impegnata in una panoramica di studi sull'argomento dell'indiretto libero — che è da sempre uno dei punti caldi dell'analisi narratologica — identificandone i meccanismi principali. La letteratura in materia ha cercato di stabilire in esso la prevalenza dell'istanza del narratore o del personaggio: da una teoria sintattica che attribuisce il discorso indiretto esclusivamente alla responsabilità del narratore, si è passati ad una teoria semantica secondo cui l'orientamento del senso sarebbe da attribuire esclusivamente al soggetto semantico che vi si esprime e cioè alla coscienza del personaggio narrato. Entrambe le teorie sono state però superate recentemente dalla convinzione che un'interpretazione del discorso indiretto non debba tendere al riconoscimento ad ogni costo di un parlante particolare, quanto piuttosto al riconoscimento della dialogicità e del modo in cui le parole reagiscono sulle parole.

Gli indici dello stile indiretto libero sono stati identificati in un'ampia serie di studi più o meno recenti che li hanno disposti sui piani della grammatica, dell'intonazione, del contesto, ecc. Gli indici grammaticali sono stati individuati nell'uso apparentemente anomalo dell'imperfetto, del condizionale non modale inglese, degli avverbi modalizzatori o avverbi locali e temporali referentisi deitticamente al 'qui' e all' 'ora' di un testo normalmente al passato. Tra gli indici lessicali segnaliamo invece le marche del carattere colloquiale e parlato, dello stile soggettivo di un personaggio.

rola bivoca elaborata da Bachtin: « la parola di questo discorso è una particolare parola bivoca; essa serve insieme a due parlanti ed esprime simultaneamente due diverse intenzioni: l'intenzione diretta del personaggio parlante e quella rifratta dell'autore. In questa parola ci sono due voci, due sensi e due espressioni. E si tratta di due voci dialogicamente correlate, come se sapessero l'una dell'altra /.../ e conversassero tra loro. La parola bivoca è sempre internamente dialogizzata /.../. In essa si trova un dialogo potenziale, un dialogo concertato di due voci, di due concezioni del mondo, di due lingue.» [60] Infatti « individuare ciò che distingue il discorso indiretto libero significa dare conto di un paradosso enunciativo /.../. Il discorso indiretto libero sussiste ogni qualvolta il centro discorsivo di un'enunciazione funzioni come tale soltanto per il sistema personale e non anche per gli altri aspetti della deissi e degli orientamenti discorsivi in genere.» [61] Pertanto nella stessa enunciazione in stile indiretto libero coincidono l'orientamento sul soggetto parlante autore dell'enunciazione e sul soggetto fonte del discorso riportato; di fronte alla bivocità dell'indiretto è necessario accettare la coincidenza delle voci enuncianti e limitarsi a seguirne l'articolazione nel testo, ricordando che — come rileva Bacthin — la lingua è sempre un'opinione sul mondo, un'orientazione ideologica. L'eterogeneità di questa

---

Quanto al piano del contesto, ricordiamo i verba dicendi, sentiendi, declarandi che si trovino nell'immediate vicinanze di un discorso indiretto libero oppure, ancora, la prossimità di enunciati in discorso diretto o discorso indiretto legato.

[60] M. BACHTIN, La parola nel romanzo, op. cit., p. 133.

[61] BICE MORTARA GARAVELLI, La parola d'altri, Sellerio, Milano 1985, p. 113. La studiosa sostiene che nel discorso indiretto libero la collisione tra soggetto dell'enunciazione originaria e soggetto dell'enunciazione riportata si riscontri fondamentalmente: a) in una sfasatura indicale: gli indici della deissi spaziale e temporale; b) nelle sceltre lessicali, ove queste giovino all'attribuzione della parola caratterizzandola sul piano della varietà della lingua; c) negli strumenti capaci di attuare la funzione 'espressiva' o 'emotiva' del linguaggio centrata sul soggetto enunciante: le interiezioni, le esclamazioni e tutti i fattori intonativi che abbiano un effetto di riorientamento analogo; d) nel sistema di riferimento dei tempi verbali.

categoria consente altresì una sapiente mescolanza linguistica, un'affollarsi di materiali compositivi, di aulicismi e di plebeismi, di voci iperletterarie e accenti dialettali cosicchè le mille voci che popolano *La Delfina* sono caratterizzate ognuna da un proprio campo linguistico e stilistico, mentre accanto, dentro e contro queste sfere linguistiche, sotterranea, ironica, effervescente travalica la lingua del narratore sempre pronto a sottolineare ogni particolare inquietante, sanguigno, orrido, brutalmente vitale.

Ne deriva un flusso continuo e palpitante del materiale discorsivo dove il lettore, inabilitato a definire nettamente voci e punti di vista, deve lasciarsi andare ad un gioco in cui spesso il narratore dissocia apparentemente la propria responsabilità da quella del personaggio, sebbene in realtà tradisca continuamente se stesso mediante giochi di sottili interferenze. Nel brano seguente ad esempio:

> E sbarrò un istante le pupille non sulla morta ma dentro al proprio corpo non vivo: cos'era quella sensazione di nuovo tra le cosce? Il solito scolo vivo della femmina che arriva per la mensilesima volta e poi fa dietro front? Le sembrò di scoppiare da un istante all'altro o che doveva scoppiare subito o mai più, aiutanto l'incomprensibile galassia a travolgerla andandole incontro /.../. Il palloncino la stava portando invece da qualche altra parte, un'altra. Non succedeva mai niente, si continuava a patire senza darlo a vedere. (*Ibidem*, p. 390)

l'affettività del personaggio, segnalata dalle proposizioni interrogative, si oppone all'enunciazione del narratore che sceglie una caratteristica costruzione ipotattica ed un linguaggio non immediatamente comprensibile, sebbene il contrasto tra le due voci si ricomponga nella frase finale dove non è più possibile distinguere i due centri discorsivi, le due volontà a confronto.

Dalla difficoltosa distinzione di vocalità, punti di vista e ideologie risulta l'immensa potenzialità disorientante del racconto, sfruttata in particolare nella seconda parte del romanzo, dove una serie ininterrotta di indiretti non nettamente separati tra di loro nè caratterizzati da specifiche marche di titolarità, ma strettamente intersecati e confusi, impediscono ogni attribuzione di vocalità o di prospettiva. Il lettore, di conseguenza, è costretto ad oscillare continuamente tra le coscienze dei vari personaggi senza avere mai un attimo di tregua, privo pertanto del sostegno di un punto di vista stabile. Sulla pluralità ed indifferenzialità delle posizioni s'innesta, poi, quella del narratore che eideticamente non aderisce a nessuna e non distingue pertanto tra eroe ed antieroe, tra bene e male.

La peculiarità di questa grande rappresentazione mitica è l'enorme affollamento di personaggi: Anastasia, Teodora, la signorina Scontrino, in primis, e poi Brunilì, Vulvia, Amilcara, il Conte Eutifrone, i coniugi Fanfarello, Paquito e tanti altri; tutti con qualcosa da dire, una storia da raccontare, un enigma da affrontare. La pluralità dei personaggi resa nella caratteristica bivocale dell'indiretto garantisce la pluridiscorsività e la coralità del racconto e promette nel contempo un romanzo a molti strati. Frequenti metadiegesi [62] prospettano infatti più piani interni all'opera, benchè siano tutte strettamente collegate tra loro così come un intimo legame di sangue lega i protagonisti del romanzo. Spesso i racconti metadiegetici concernono riferimenti memoriali suscitati per analogia con le situazioni raccontate e in tal caso impediscono l'andamento lineare e progressivo della vicenda; a volte invece rappresentano i sogni dei protagonisti, sogni macabri, orridi, strutturalmente e contenutisticamente saldati al resto della narrazione, rispetto alla quale offrono spunti di collegamento oppure aprono difficili questioni. Il susseguirsi delle metadiegesi, che non rispetta criteri razionali, logici o di tipo esplicativo, costituisce altresì per il lettore un elemento di ulteriore difficoltà nei riguardi della ricostruzione unitaria della vicenda; l'inserzione dei racconti secondi nelle due forme analizzate del sogno e dell'analessi delinea infatti molti romanzi nel romanzo, sicchè un numero infinito di intricatissime vicende si succe-

---

[62] Genette sostiene che il prefisso meta connota in contrasto al caso presente e come in metalinguaggio, il passaggio al grado secondario; il metaracconto è invece un racconto del racconto, la metadiegesi, coerentemente, l'universo di questo racconto, proprio come la diegesi designa l'universo del racconto primo.

dono e s'intrecciano l'una all'altra, senza fornirci peraltro la possibilià di indovinare dove finisca l'una e cominci l'altra.

Coerentemente alla scelta narrativa della focalizzazione interna multipla e dell'indiretto libero, la temporalità del racconto non è mai lineare e progressiva dal momento che prosegue quella frantumazione della unità informante determinata dalla variabilità delle focalizzazioni e delle metadiegesi. Similmente la frequenza stessa delle interpolazioni e il loro reciproco incatenamento ingarbuglia tanto le cose da farle restare senza soluzione per il lettore ingenuo e addirittura per l'analista più deciso; d'altronde alle microalterazioni temporali dell'enunciazione si sovrappone una macroscopica acronia che segnala una marcata interruzione nel procedere cronologico del racconto. Tutto il primo capitolo (Pietroburgo/PRIMA) si svolge infatti in una narrazione ulteriore, giacchè la storia è avvenuta precedentemente rispetto all'arco della narrazione; col secondo capitolo (Bisanzio-Istambul/Costantinopoli-Ravenna/ADESSO), si passa invece ad una narrazione simultanea agli eventi, bloccata peraltro nella perenne immutabilità del capitolo terzo (IMMOTO PERPETUO):

> E l'attimo della vita non è più sfuggente perchè il tempo nella Delfina Bizantina, che si allarga a macchia d'olio, viene azzerato boccone dopo boccone dalla famelicità missionaria delle tre signore o signorine sistematesi in pochi Gallia papalmente addobbati e congiunti fra di loro da un bel colonnato doppio più servizi di potenti di mezza Roma e Romagna tutta. (*Ibidem*, p. 378)

che costituisce pertanto un'ampia prolessi interna omodiegetica la quale, dal canto suo, presuppone un narratore onnisciente autorizzato a trasmettere finanche allusioni sul futuro. Con la quarta e ultima sezione del romanzo (Piangipane: PRIMA DI DOPO) la narrazione ridiventa simultanea sebbene si agganci direttamente agli eventi riportati nel secondo capitolo. La frantumazione temporale della storia, sovrapposta all'esplosione dei punti di vista e delle ideologie e alla proliferazione di voci e registri linguistici, contraddice clamorosamente la verosimiglianza narrativa procurando peraltro nel lettore un costante effetto di disorientamento; quest'ultimo, infatti, colpito dall'incessante e velocissimo intricarsi degli avvenimenti, dagli insormontabili scarti nel tessuto temporale, dalle lacune volutamente lasciate aperte dal narratore, non riesce a comporre un'immagine del narrato completa e coerente.

Le stesse categorie della pluralità di voce e di punti di vista, utilizzate in genere per ottenere un effetto mimetico e una sensazione di oggettività, qui sortiscono dunque un esito sorprendentemente opposto: l'affollarsi di lingue, concetti, storie e rappresentazioni completamente diverse lascia il lettore in uno stato di profonda incertezza.

Rinnegata ogni verosimiglianza mediante l'originale applicazione delle categorie narrative, Busi procede nell'operazione antirealistica dotando il narratore di una lingua tutta particolare che non ha intenzioni referenziali ma solo espressive, anaforiche o analogiche. In tal modo giustifica e trova un supporto teorico la sua pretesa bizzarria linguistica:

> /.../ percepiva che nel suo corpo c'era un *oltre*[63] a lei ignaro minato da questa presenza misteriosa. Il fluido in sè non era malvagio ma frugava e sollevava una dopo l'altra le sette pelli, arrivava a organi senza nome dentro, a gigantografie di cellule immaginate lì attorno ai piccolissimi capezzoli e alle ermetiche grandi labbra, cellule fantasmatiche attorno a cui qualcuno stava soffrendo e godendo da lungo i muri.
> Dovette sedersi sulla sponda del letto per togliersi le mutandine e le calze con l'elastico basso sulle cosce. Il fluido scivolò sull'implumità del corpo e si sperse nel minuscolo pizzetto d'ebano trattenendo un grido e causandosi una ferita alla lingua.
> (*Ibidem*, p. 102)

che, creando un clima particolare e istituendo una comunicazione analogica, si avvale, come diremo più avanti, di una specifica funzione mitica. In passaggi come:

---

[63] I corsivi all'interno delle citazioni appartengono al testo.

Il cadavere ha una sensazione di gonfiamento, e di putritudine giovalona, esterna però, facile da estromettere, che intanto che sta lì dentro va in visita qui e là ad organi intrepidi e bussa a porte vive e fa storcere coane uterine ammaccate dal coma ma ora frementi di una loro inespugnabile vita nella morte. C'è all'interno del corpo uno sciabordio marino di liquidi tristi di maschi in branco dentro la stessa zattera. I postumi della vita aleggiano scorreggiando fuori a risme una poesia buia festonata in alto da un'aureola di lucine da luna park, in basso da palloncini colorati attorno alla cassa rappresi nell'istantaneo grugnito dello scoppio. (*Ibidem*, p. 395)

la particolarissima scelta di puntare la focalizzazione su un cadavere manifesta, in mancanza di atti di pensiero o di parola del personaggio, l'abilità fabulatoria del narratore. Il linguaggio carente di intenzioni comunicative sfiora infatti addirittura il *non sense* nella moltiplicazione iperbolica della coordinazione paratattica ed ipotattica e nella sconnessione semantica, realizzata mediante la contiguità di termini appartenenti a contesti linguistici diversi; in questa dimensione assolutamente inverosimile gli organi diventano intrepidi, e gli umori corporei, trasformati in una poesia buia, sono scorreggiati fuori dal corpo. La voce del narratore si differenzia dalle altre in virtù del suo carattere iperletterario, in nome del quale indulge spesso in ricerche raffinatissime specialmente di neologismi non sempre comprensibili. Un linguaggio colto e pretensioso rappresenta pertanto quadri squallidi, sporchi, raccapriccianti, e, perseguendo in tal modo un effetto ironico ma soprattutto straniante, ci propone un duplice dubbio sulla fondatezza degli argomenti affrontati e sulla validità di un certo tipo di tradizione letteraria.

In conclusione, dunque, Busi esaspera l'inverosimiglianza del romanzo tramite le stesse categorie narrative coniate per rafforzarne la dimensione mimetica. La proliferazione di punti di vista mai separati da evidenti marche narrative, la scelta dell'indiretto libero, la mescolanza di stili e registri linguistici differenti, l'abbondanza di metadiegesi, l'insistita acronia della successione diegetica e la totale libertà intrusiva ed interpretativa del narratore rivelano infatti l'atto costitutivo del romanzo che non ambisce più ad una rappresentazione realistica della realtà o a un rapporto mimetico con essa, finalità di un prevalente tipo di narrativa convenzionale che ripudia la distanza incolmabile tra narrato e vita.

Nella *Principessa e il drago* [64] di Roberto Pazzi l'elemento straniante si irradia soprattutto sul piano temporale, dal momento che nel flusso generale della narrazione si inserisce una zona che ha le caratteristiche di un diario o di una lettera:

> Scrivi dunque il viaggio che ti piacerebbe fare, il programma della crociera da inviare ad Elena /.../. Giorgio s'alzò mentre l'altro s'alzava, sedettero entrambi alla scrivania e mentre l'uno dettava l'altro scriveva velocemente. (*Ibidem*, p. 112)

Si tratta di un racconto metadiegetico in cui Giorgio, protagonista diegetico del racconto primo, si qualifica come narratore intradiegetico. Sebbene la peculiarità del genere epistolare consista per convenzione nel riportare fatti già accaduti o che stanno accadendo in quel momento (nel caso di una narrazione in presa diretta), in questa zona della narrazione estremamente libera e disinvolta gli avvenimenti raccontati si avverano (nella costruzione fittizia dell'autore implicito) nell'attimo in cui vengono scritti e per il fatto stesso di essere stati enunciati.

Dall'irregolarità dell'impianto temporale deriva l'inconsueto e liberatorio respiro fantastico del romanzo in cui un giovane principe, prigioniero di due solitudini — la malattia e il privilegio del potere — si prepara con febbrile tenacia alla più radicale delle evasioni: un viaggio al di fuori del tempo. Mutata in « macchina del tempo », la narrazione trasporta dunque il protagonista nel passato e nel futuro, nel regno dei morti e in quello dei non ancora nati; ne risulta una modernissima fiaba dove il tema del sogno consente un'eccitante, impeccabile sregolatezza.

La disarticolazione temporale correlata alla prevalente dimensione fantastica, modalità caratterizzante di Pazzi, si pro-

---

[64] Roberto Pazzi, *La principessa e il drago*, Garzanti, Milano 1985.

paga anche nel suo romanzo precedente, *Cercando l'imperatore* [65], dove la tragedia della fine dei Romanov è presentata
mediante due modalità differenti: il racconto fantastico nei
capitoli che descrivono il viaggio attraverso la Siberia del leg-
gendario reggimento Preobrabenkj alla ricerca del suo Zar e
quello intimo e memorialistico dei capitoli che descrivono
l'attesa interminabile dei prigionieri regali. In *Cercando l'imperatore* il realismo mimetico tradizionalmente connaturale al
romanzo storico è addirittura dimenticato a favore di una
narrazione priva di precise coordinate spazio-temporali o di
stabili dimensioni materiche. Nel fabuloso mondo narrato, in
nome dell'energia vivificatrice che pervade tutto il racconto, il
reggimento Preobrabenkj, stremato dai rigidi inverni sibe-
riani, può rinascere a nuova vita, trasformarsi in uno stormo
confuso di uccelli ed unirsi infine alla forza dell'aquila reale,
incarnazione del defunto re, per punire gli usurpatori del
trono. La poesia della fantasia distrugge pertanto in Pazzi
l'amarezza della realtà, introducendo una tensione irrisolta che
fa scoppiare un genere e che contraddice la forma del romanzo
storico. La scelta tematica di un reggimento vagante nell'im-
mensità della Siberia e della famiglia reale rinchiusa tra quattro
strette mura consente infatti all'autore di sorvolare sulle categorie dello spazio e del tempo e di inserire la vicenda in un
continuum non più logico e lineare; procedimento che trova il
suo prosieguo ottimale nella *Principessa e il drago*, dove al
racconto principale (inizio — p. 112 e p. 160 — fine), in cui il
narratore extradiegetico ci riferisce (mediante una narrazione
ulteriore) la storia di Giorgio, giovane principe infelice, condannato dalla tisi e tormentato da un amore impossibile, si
oppone il racconto metadiegetico (pp. 113-159) che riporta (in
presa diretta) il fantasioso viaggio nello spazio e nel tempo del
principe e del suo aiutante. A questa macroscopica acronia, che
segna un primo arresto nel flusso cronologico della narrazione,
si aggiunge peraltro l'imprevedibile disarticolazione temporale
della zona centrale del testo. Mentre infatti a livello della

[65] R. PAZZI, *Cercando l'imperatore*, Marietti, Casale Monferrato 1985.

diegesi l'ordine del racconto è invertito soltanto da alcune analessi, che compongono brevi recuperi memoriali di una dolcezza tipicamente infantile, nell'universo metadiegetico, i due protagonisti si spostano liberamente nello spazio e nel tempo senza alcuna restrizione di ordine logico: nel tempo necessario a compilare poche lettere ci si trasferisce da Sant'Elena nel gennaio del 1816 a San Pietroburgo nello stesso anno, a Pechino nel 1825, a Roma nel 1818, ancora a Roma un anno più addietro.

In virtù della sua inaspettata alterazione strutturale, la *Principessa e il drago* rientra nel genere fantastico-meraviglioso, ovvero « nella categoria di racconti che si presentano come fantastici e che terminano con l'accettazione del sovrannaturale » [66]. E dal momento che — come sostiene Todorov — « il fantastico non può che sussistere nella finzione » [67], si presenta come un romanzo opalescente che lascia trapelare la convenzione fittiva in base alla quale è costruito; non si tratta però di un romanzo inverosimile poichè conserva la coerenza interna dello svolgimento.

Il *Vangelo di Giuda* [68], ultima prova narrativa di Roberto Pazzi, conferma l'impressione suscitata dai romanzi precedenti, ovvero la propensione dello scrittore a travalicare la realtà degli avvenimenti storici, peraltro frequentissimi nei suoi testi, per lanciarsi sulle ali della produzione fantastica.

E affinchè nulla turbi quel mondo poetico suscitato dall'estendersi del fabuloso racconto, una straordinaria flessibilità stilistica adegua la voce autoriale — peraltro molto ben articolata nell'intercapedine dei vari indiretti — al sostrato contenutistico della vicenda, sicchè esso non appare mai completamente distante dalla storia che narra.

Nella *Delfina bizantina* di Busi al contrario, ogni condizione di coerenza narrativa è annullata dalla moltiplicazione

---

[66] T. TODOROV, *Introduction à la littérature fantastique*, Seuil, Paris 1970; tr. it. *La letteratura fantastica*, Garzanti, Milano 1977, p. 55.

[67] *Ibidem*, p. 65.

[68] ROBERTO PAZZI, *Il vangelo di Giuda*, Garzanti, Milano 1989.

delle istanze narranti e dalla rinuncia a un linguaggio immediatamente comunicativo. Tra le varie prospettive e nell'intercapedine del tessuto grammaticale si aprono degli spazi bianchi che
il lettore non riesce a riempire nel corso della propria attività
ricostruttiva; le interruzioni nella coesione del testo rompono
peraltro la coerenza lineare e la «buona forma» della storia
bloccando il fenomeno della costanza dell'oggetto. Il processo
di ricezione di un testo narrativo consiste infatti nella formazione di una *Gestalt* che rappresenti la connessione tra i segni,
costituiti questi ultimi, da una selezione di norme e allusioni
tratte dal mondo corrente e coordinate secondo varie prospettive (i punti di vista del narratore, dei personaggi, del lettore
implicito, dell'azione, ecc.); i salti, gli spazi vuoti, che separano
le varie prospettive spingono il lettore ad un'attività di coordinazione dei vari punti di vista, azione in cui consiste appunto
la comprensione del testo. Se, come risultato dell'operazione di
ricezione, il mondo narrato deve essere compreso in una *Gestalt*, ossia in una struttura coerente che ne giustifichi l'esistenza, la *Delfina bizantina* di contro non consente una definizione stabile del suo oggetto discorsivo perchè impedisce la
chiusura di senso a livello sia grammaticale (si consideri il *non
sense* del linguaggio del narratore) che narrativo (si consideri il
proliferare dei punti di vista e dei livelli narrativi). L'inverosimiglianza che ne consegue, ovvero la negazione della coerenza
immediata o ricostruibile del racconto sottintende un'operazione di critica delle strutture convenzionalmente stabili del
mondo esterno di riferimento e nega in modo incontrovertibile un'eventuale isotopia tra narrato e realtà. Quest'operazione — in grado maggiore che in Pazzi — mette in mostra lo
statuto finzionale di una narrazione che rinuncia ad ogni attività realistica, senza peraltro appellarsi alla nozione di autonomia dell'arte. Mentre infatti la *Principessa*, forma moderna di
fiaba, mondo in cui non vigono le regole della realtà esterna,
rappresenta la coscienza sporca della letteratura realista del
secolo corrente, la *Delfina* accetta nel suo interno l'incoerenza
e la contraddizione, rifiuta ogni forma di oggettività referen-

ziale — ma non i legami epistemici ad una realtà di riferimento — e così facendo rivela il proprio statuto enunciativo e la propria dimensione finzionale.

1.5. *Malerba e Tabucchi: la contraddittorietà dell'enunciazione e l'irreversibilità del disincanto*

Solo i romanzi di Luigi Malerba possono però diventare emblemi della contraddittorietà e simboli di una coscienza anticonvenzionale, luogo insomma di un definitivo disincanto. *Salto mortale* [69], ad esempio, racconta la storia di un'identità che riguarda innanzi tutto il protagonista, se così si può chiamare la voce che narra la caccia all'assassino di alcune persone chiamate invariabilmente Giuseppe. Anche l'investigatore si chiama però Giuseppe, o meglio Giuseppe detto Giuseppe, ed egli stesso trova strane coincidenze tra i propri movimenti e quelli dell'assassino. Si tratta infatti di una fabula circolare giocata sulla sovrapposizione dei piani dell'enunciazione e della storia, sovrapposizione consentita dalla situazione nevrotico-paranoica del protagonista narrante. *Salto mortale* rappresenta, a ben guardare, il risultato discorsivo di un'incoerenza strutturale poichè recupera la distanza che separa la narrazione dal mondo narrato e rivela un'interruzione incolmabile tra i personaggi coinvolti nella vicenda e tra le mutevoli manifestazioni della medesima identità. Sebbene in effetti ogni passo di un racconto verisimile presupponga come minimo una coerenza — cioè muovendo da un punto iniziale, tutto quello che segue deve sempre stare al gioco e confermare il precedente — con Malerba invece « il primo passo (il porsi) della finzione può essere vagliato quanto a correttezza e perfino cancellato (levato) dai passi successivi.» [70]

[69] LUIGI MALERBA, *Salto mortale*, Bompiani, Milano 1968.
[70] FRANCESCO MUZZIOLI, *Malerba, raccontare e correggere*, « Alfabeta », 106, p. 35; questo scritto è diventato il capitolo conclusivo del successivo volume: *Malerba, La materialità dell'immaginazione*, Bagatto, Roma 1988.

Il giallo fondamentale di *Salto mortale* non è però solo del protagonista alla ricerca di un'identità, ma anche del linguaggio costruito per smascherare il non senso mediante vari atteggiamenti stilistici, uno dei quali consiste in un enunciato affermativo seguito da un altro interrogativo che subito lo contesta. In Malerba infatti « non vi è narrare se non attraverso un controcanto appaiato (dialogico): per una voce che si pone dicendo io c'è addirittura, nelle strettoie di una sola frase, un'altra voce che dice tu e interrogando, precisando, magari negando, espone un punto di vista divergente; ma non si limita a metterlo accanto, lo mette in concorrenza, chiamando a giudicare implicitamente o esplicitamente la pluralità dei lettori.» [71]

La contraddittorietà dell'enunciazione diventa nel più recente *Pianeta azzurro* [72] una verifica della stessa possibilità del narrare poichè investe col suo procedimento disvelante la figura istituzionalizzata del narratore. Infatti tre voci narranti si rincorrono, contraddicono e correggono a vicenda: il testo si apre con una dichiarazione di un narratore (la cui figura sembra rimandare a quella autobiograficamente riconoscibile dell'autore reale) che sostiene di glossare un diario manoscritto ritrovato per caso nella propria casa di vacanze; al rincorrersi delle due voci, del narratore del racconto primo e del narratore del racconto secondo — che non costituiscono come per *Salto mortale* un io e un tu, bensì due io diversificati e contrastanti — improvvisamente subentra una terza voce, un ulteriore io narrante la cui persona, grazie a sofisticati trabocchetti narrativi, sembra coincidere definitivamente con quella dell'autore del testo. Si potrebbe trattare di un collaudato meccanismo di incorniciamento alla terza potenza se il suindicato procedimento non interrompesse il procedere coerente del racconto, se la sequenza delle azioni fosse non-contraddittoria in un

---

[71] *Ibidem*, p. 35. Si ritrovano in questo caso due livelli di interruzioni al racconto dal momento che ai 'blank' propriamente linguistici si sovrappongono i salti realizzati a livello narrativo, con la conseguenza che nessuna attività integrativa è destinata a riscuotere successo.

[72] L. MALERBA, *Il pianeta azzurro*, Garzanti, Milano 1986.

ipotetico mondo possibile generato dalla sequenza di avvenimenti narrati come successivi dalle tre diverse persone enuncianti.

Ricordiamo infatti che per Umberto Eco un mondo possibile testimonia di un probabile corso di eventi immaginati da un'istanza enunciante e che, perchè si possa parlare di mondo possibile, è necessario un'atteggiamento proposizionale di qualcuno che narra, desidera, prevede una sequenza di azioni messe in atto da un insieme di individui forniti di proprietà [73]; ricordiamo altresì che perchè se ne realizzi la condizione di felicità è necessario che sia rispettata la coerenza di svolgimento delle vicende narrate.

Nella definizione di un mondo possibile (W_n) è necessario pertanto « individuare:

1) una famiglia di individui attuali $x_1...x_n$
2) una famiglia di proprietà F, C, M attribuite agli individui
3) una relazione tra le proprietà » [74].

Se indichiamo con W_n il mondo narrato, con x_1 e x_2 i due individui e con f, c, m le proprietà attribuite agli individui in questione, e poniamo che l'individuo x_1 possegga le proprietà f e c e che quello x_2 le proprietà f ed m, il W_n che ne risulta può essere così rappresentato:

W_n	f	c	m
x_1	+	+	−
x_2	+	−	+

[73] Secondo U. Eco, *Lector*, op. cit., il mondo narrativo è un mondo possibile che consiste in un insieme di individui forniti di proprietà. « Siccome alcune di queste proprietà /.../ sono azioni, un mondo possibile può essere visto anche come un corso di eventi, /.../, siccome non è attuale /.../ deve dipendere dagli atteggiamenti proposizionali di qualcuno che lo afferma, lo crede, lo sogna ecc. » (p. 128).

[74] *Ibidem*, p. 142.

Affinchè tale mondo possibile rappresenti una continuità di eventi narrati è però necessario che gli individui e le caratteristiche entrino in rapporto tra di loro, per cui dovremo ancora indicare con fAm, cAm, fAc le possibili relazioni tra le proprietà delle entità individuate.

Tale interattività tra individui e proprietà determina a sua volta continui cambiamenti nel tessuto della narrazione; di conseguenza il mondo narrativo W_n non è mai statico e presenta invece mutamenti evidenti nel tempo. Fissando quindi alcuni istanti temporali di riferimento, il mondo narrativo globale risulta suddiviso in una serie di stadi diversi (ovvero di W_{nsi}) che rappresentano ognuno un dato momento temporale. La condizione di coerenza del costrutto testuale prevede infine che i diversi stadi del mondo narrato siano l'uno la conseguenza logica e lineare dell'altro, sia che si consideri la successione temporale di svolgimento che la sequenza discorsiva dell'enunciazione.

In *Pianeta azzurro*, di contro, la contraddizione delle voci narranti (alle quali corrispondono peraltro i tre livelli della narrazione, dal momento che al tempo t_o si svolge il racconto dell'istanza metadiegetica, a quello t_1 quello dell'istanza intradiegetica, mentre il narratore extradiegetico narra al tempo t_2), realizza tre diversi mondi narrativi assolutamente privi di contatto tra loro che procurano altresì un'interruzione della verosimiglianza del racconto, uno shoc per il lettore abituato alla logica continuità dei romanzi mimetico-realistici.

Il nodo della vicenda risiede nell'inaccessibilità dei tre mondi: un mondo W_i è accessibile a W_j se dalla struttura di W_j è possibile generare attraverso la manipolazione dei rapporti tra individui e proprietà la struttura di W_i. L'accessibilità tra mondi prevede dunque in una prima approssimazione l'identità sostanziale tra gli individui, insieme all'eventualità di un operatore trasformazionale fra le proprietà; se infatti due mondi possibili si rivelano inaccessibili, gli individui in essi presenti sono identificati attraverso proprietà diverse, con immediate conseguenze in termini di effetti psicologici o estetici della narrazione.

Dire che più W_{nsi} sono inaccessibili significa dire in altre parole che i loro universi (in apparenza unificabili) scorrono in realtà paralleli, non hanno alcun punto di contatto; non si tratta dunque dello stesso mondo osservato da punti di vista differenti, dal momento che in ogni sistema il medesimo individuo identificato mediante caratteristiche diverse si rivela una persona differente; si tratta invece di universi distinti che si contraddicono a vicenda e che non possono coesistere se non a danno della coerenza del racconto: per non suscitare una contraddizione irrisolvibile devono rimanere allo stato potenziale, restare appunto mondi possibili.

In *Pianeta azzurro* si realizza, di contro, un'attualizzazione contemporanea di tre mondi inaccessibili, il che provoca come conseguenza la contraddizione del romanzo e della sua enunciazione. Per argomentare in modo maggiormente articolato tale affermazione tentiamo di rappresentare graficamente la struttura reciprocamente inaccessibile dei tre mondi narrati enunciati dalle diverse voci che articolano l'affascinante fabula malerbiana. Definiti come:

W_1 il W_{nsi} enunciato dall'istanza metadiegetica al tempo t_o;

W_2 il W_{nsi} enunciato dal narratore intradiegetico al tempo t_2;

W_3 il W_{nsi} enunciato dall'istanza extradiegetica al tempo t_2,

riduciamo all'essenziale la struttura dei mondi possibili appena denominati: In W_1 il protagonista metadiegetico narra della sua tormentata azione ai danni di un fantomatico professore, uomo politico dai loschi legami criminali; in W_2, invece, — cioè nelle chiose del narratore intradiegetico — il professore, sorprendentemente ancora vivo, tormenta di continuo l'improvviso enunciatore che, colto da una follia investigativa, ritrova le tracce del suicidio del protagonista metadiegetico il quale, presunto reo confesso di un'omicidio inesistente, si impedisce con un atto disperato il crimine mortale di cui sopra. In W_3, infine, la nuova istanza narrante extradiegetica subentrata alle due voci precedenti assiste di persona all'auspicato omicidio del professore, avvenimento di cui ci testimonia con angoscia mi-

sta a sollievo, mentre un'ulteriore e più deciva indagine gli
consente di identificare in modo incontrovertibile l'autore
dell'efferato delitto: si tratta di una sua vecchia conoscenza che
per sviare le indagini avrebbe indossato i panni degli individui
incontrati nei capitoli precedenti.

Passando alla rappresentazione grafica di quanto abbiamo
appena discusso, chiamiamo:

m il narratore metadiegetico
p il « professore »
i il narratore intradiegetico
e il narratore extradiegetico
a l'assassino effettivo

e definiamo con:

v la proprietà di essere viventi
n quella di essere autore della storia

mAp la relazione che definisce il narratore metadiegetico
come assassino e il professore come vittima

aAp la relazione che definisce l'ambigua figura di Costan-
tino come l'assassino del professore.

Lo schema seguente rappresenterà di conseguenza l'intera
situazione narrativa precedenemente delineata:

W_1	v	n	mAp	aAp
m	+	+	+	−
p	−	−	+	−

W_2	v	n	mAp	aAp
m	−	−	−	−
p	+	−	−	−
i	+	+	−	−

W_3	v	n	mAp	aAp
m	+	−	−	+
p	−	−	−	+
i	+	−	−	+
e	+	+	−	+
a	+	+	−	+

Nella sua essenzialità binaria, il grafico tracciato ci sembra indicare eloquentemente la situazione contraddittoria in cui va svolgendosi la vicenda. I vari stadi della fabula non sono infatti l'uno la conseguenza logica dell'altro, giacchè la loro reciproca opposizione fa dell'uno la condizione di negazione dell'altro. Di conseguenza l'istanza enunciante si ritrova scissa in tre livelli narrativi che si annullano a vicenda e scopre altresì l'angoscia della correzione, rivelandosi peraltro anch'essa un'entità diegetica inserita in un'ulteriore universo di discorso. Negando ogni procedimento di buona continuazione e quindi di coerenza narrativa, il romanzo mette infatti in mostra la propria inverosimiglianza operando un'interruzione che blocca la fruizione del racconto a livello di linguaggio di verità. D'altro canto però le tre voci che, contendendosi il ruolo del narratore svelano l'iniziale patto di finzione che tentava di passare inosservato, diffondono un messaggio più generale, insieme comico e tragico come accade per ogni invenzione malerbiana: si tratta di un *animus* narrativo che liquida col ridicolo e la sottesa denuncia della contraddizione tutte le storie con cui viene a contatto, per cui esso stesso alla fine è inficiato dall'ombra del sospetto. Questa straordinaria macchina che procede all'infinito sembra infatti perpetuare in eterno l'angoscioso meccanismo della contraddizione.

Anche Antonio Tabucchi col suo *Il filo dell'orizzonte* [75] blocca l'attività di ricostruzione logico lineare della fabula, negando nella circolarità della vicenda (il detective coincide

[75] ANTONIO TABUCCHI, *Il filo dell'orizzonte*, Feltrinelli, Milano 1986.

infatti con la vittima rinvenuta morta all'inizio del romanzo) una ricostruzione oggettiva e coerente del mondo narrato, il quale regredisce di continuo in una ricerca senza respiro tesa verso un obiettivo che — come il piano dell'orizzonte — sembra spostarsi con chi lo insegue.

Una contraddizione strutturale, un'opposizione di mondi narrativi avvicina invece *Notturno indiano* [76], sempre di Tabucchi, al romanzo di Malerba: il narratore, unico protagonista del libro e impegnato in un viaggio alla ricerca ossessiva di una persona scomparsa o forse mai esistita, scopre con quest'ultima, su un piano metadiegetico, una misteriosa corrispondenza. Esistono dunque nella narrazione due livelli di diegesi enunciati dalla medesima istanza narrante, coinvolta peraltro in prima persona nella vicenda. I due piani discorsivi così realizzati, sebbene costruiti specularmente l'uno rispetto all'altro, sono tuttavia in opposizione poichè attuano una perfetta inversione di ruoli che ne sancisce la mutua inaccessibilità. Un'interruzione irrisolvibile decreta insomma la contraddittorietà dei due livelli della narrazione.

Definendo:

n il narratore della storia

a l'amico scomparso

e definendo altresì:

e la proprietà di enunciare la storia

v la proprietà di viaggiare alla ricerca dell'amico scomparso

r la proprietà di essere la persona ricercata

è possibile schematizzare la situazione dei due livelli appena descritti, dove nella sostanziale corrispondenza tra personaggio narrante e personaggio narrato, si assiste peraltro ad un costante e reciproco intercambio di qualità:

W_1	e	v	r
n	+	+	−
a	−	−	+

[76] ANTONIO TABUCCHI, *Notturno indiano*, Sellerio, Palermo 1983.

W_2	e	v	r
n	−	−	+
a	+	+	−

La rappresentazione schematica dimostra infatti l'inaccessibilità dei due livelli discorsivi che, apertamente in opposizione tra loro, richiedono una selezione attualizzante; il romanzo tuttavia non sceglie l'uno o l'altro mondo, non si chiude pertanto con una certezza, ma rimane a giocare sull'ambiguità, come una di quelle figure che la psicologia sperimentale utilizza per dimostrare la reversibilità tra la figura e lo sfondo: chi non ricorda lo schizzo in cui si vede alternativamente una coppa bianca e due volti di profilo l'uno contro l'altro? Il meccanismo metadiegetico di *mise in abyme* costituisce infatti la contraddizione del piano diegetico, cosicchè la reversibilità tra la figura — il metadiegetico — e lo sfondo — il diegetico — riprende un tema tipico dell'avanguardia, quello dell'opera aperta in cui, tramite un procedere responsabile e un perenne rompersi o pluralizzarsi, il libro non soltanto si pronuncia, ma anche continuamente s'interroga. Il narratore si trova pertanto davanti alla parola fine come di fronte ad una fra le grandi costellazioni possibili del suo narrare: il discorso diventa orizzontale ed aperto, dal momento che il margine ultimo dell'opera non gode di alcun privilegio concreto: è uno dei possibili di cui si dispone. Tabucchi realizza dunque un meccanismo di semiosi illimitata di discendenza neoavanguadistica; egli non lavora tuttavia sul livello sintattico o semantico, ostacolando — come negli anni passati — il procedere del discorso con zeppe ed interruzioni, bensì sul piano narrativo, postulando dunque una continua e ininterrotta reversibilità tra le due strutture di mondi, tra la figura e lo sfondo.

L'interruzione del mondo narrato realizzata mediante la *mise in abyme* metadiegetica impedisce altresì la fruizione del linguaggio narrativo a livello di linguaggio di verità, rivelando l'istanza d'enunciazione produttrice del discorso e delle sue interruzioni: con Tabucchi il disvelamento della convenzione narrativa è ormai irreversibile, come il disincanto del lettore avvezzo a non subire più gli effetti realistici del romanzo mimetico.

1.6. *Romanzo o metaromanzo?*

È possibile riunire in due categorie le modalità adottate dagli scrittori sin qui esaminati per portare in vista la finzionalità della letteratura: a) una manifestazione diretta tramite l'esibizione di una narrazione autocosciente (Vassalli, Calvino) e b) una manifestazione implicita imperniata sul carattere inverosimile della narrazione (Busi, Malerba, Tabucchi). Nel primo caso si assiste ad un processo di autoriferimento completamente interno all'opera narrativa; nel secondo invece a un processo di autocontestazione. In entrambi i casi ci si trova dunque a cospetto di veri e propri romanzi decostruiti, in cui un principio straniante ostenta sistematicamente la condizione di artificio, mostrando così l'arbitrarietà di ogni narrativa. Esiste in essi uno sforzo coerente di rivelare come il mondo narrativo sia dovuto ad un atto intenzionale dell'autore e sia costruito sullo sfondo di tradizioni e convenzioni letterarie, uno sforzo che sul piano teorico stimola altresì un'indagine sul rapporto tra verosimiglianza, finzione e realtà.

Il concetto dell'opera narrativa come ricerca in atto di sè stessa è un'ipotesi tutt'altro che nuova anche rispetto all'esperienza dell'avanguardia, sebbene acquisti da allora in poi un particolare rilievo e significato per le numerose verifiche sperimentali che ne sono state fornite con rinnovata consapevolezza e che hanno fatto della narrazione un'operazione di grado superiore, tanto che si è parlato allora di metaromanzo [77], struttura caratterizzata dall'autoriferimento e dall'autocontestazione e nata dalla preferenza per una scrittura assoluta che, contestando il suo stesso oggetto, si configura come disperazione di fronte al nulla, come rifiuto immediatamente contrad-

---

[77] Cfr. M. PERNIOLA, *Il metaromanzo*, Quaderni di « Sigma », 1966.

detto dell'atto del narrare. La componente soggettiva di ascendenza romantica evidente nel primo impiego della nozione (che, col suo riferimento a James, Conrad, Gide, Artaud, Leiris, Beckett, ecc., individua l'essenza della narrativa nella sua insopprimibile soggettività) non emerge nei romanzi analizzati, dove l'attenzione si è culturalmente spostata dalla definizione del soggetto narrante a quella del meccanismo di narrazione, per quanto persista ancora nella stuttura del romanzo tutta una serie di elementi dissonanti e contraddittori.

Non resta che chiederci se sia possibile parlare ancora, negli anni ottanta, di metaromanzo o se sia invece più giusto accettare l'ipotesi corrente di un ritorno alle forme classiche della narrazione che privilegiano l'elemento figurativo e la funzione mimetica. Il romanzo attuale non è infatti un'operazione di grado superiore, cioè non è esclusivamente un discorso sul romanzo, in quanto contiene in sè eventi ed esistenti concatenati tra di loro in modo da creare originali percorsi narrativi; non ritorna però al mimetismo, alla « verità » della tradizione realistica, perchè inserisce nella narrazione il desiderio della contraddizione. La ricerca si è spostata tuttavia rispetto agli anni precedenti dal livello linguistico a quello più propriamente narrativo e il romanzo di conseguenza è attraversato da un dubbio riguardante la stessa istanza enunciante, unica superstite della decostruzione neoavanguardistica. Negli ultimi testi di Malerba ad esempio, grazie all'incastramento delle narrazioni plurime — espediente tra i più sfruttati anche nel passato —, irrompe il dubbio anche riguardo all'identità del soggetto narrante. Per il racconto Il Plagio [78] infatti, come già per il Pianeta azzurro, Malerba prevede un'articolazione di più livelli narrativi (l'extradiegetico, l'intradiegetico ed il metadiegetico) che si contraddicono a vicenda, mentre l'unica voce narrante procede ad una sistematica quanto imprevista confessione che riguarda la propria radicale inattendibilità. Il testo dunque, come quello precedente, s'interroga sulla plausibilità della narrazione; le continue correzioni dell'atto enunciativo

---

[78] L. MALERBA, Testa d'argento, Mondadori, Milano 1988.

pongono un dubbio sull'identità dello stesso narratore: molti-
plicate le istanze narranti, per ogni narrazione successiva il
narrato precedente si trova incluso in una dimensione fittizia e
invalidato dall'atto discorsivo che lo segue. Un risultato così
inatteso sul piano del contenuto è reso peraltro con una sconcertante semplicità strutturale in quanto Malerba si limita ad
invertire l'ordine di presentazione dei vari livelli, passando dal
metadiegetico all'intradiegetico e all'extradiegetico, e non viceversa come sarebbe naturale. Leggendo in quest'ordine la successione di livelli narrativi anche il piano extradiegetico, il
livello dell'enunciazione per così dire ultima ed « assoluta »,
viene colpito dal sospetto di radicale inattendibilità che investe
i livelli precedenti ed attende così la sua correzione, nonchè
l'inclusione in un'ulteriore diegesi.

Il disvelamento della finzionalità letteraria, costante che
caratterizza la produzione narrativa da Sanguineti a Malerba,
introduce delle crepe nella comune opinione che ci si trovi
davanti a un mondo « vero » costruito come se fosse reale e
quindi surrogato di quello. Con la disarticolazione del racconto infatti viene meno l'idea della narrazione oggettivamente
fondata che monopolizzava fino all'Ottocento il campo narrativo e che permetteva di realizzare il romanzo come spazio
chiuso al reale ed organizzato saldamente attorno alla definizione di un unico senso, la forma assoluta della verità. L'autonomia del mondo narrato, teoricamente « riflesso » talora fotografico del reale, resa discorsivamente attraverso la « verità »
della focalizzazione delegata ai personaggi, implicava infatti
una mediazione minima da parte del narratore, che tendeva ad
occultare l'operazione di scrittura per realizzare il mitico progetto di riproduzione mimetica del reale; lo scrittore contemporaneo, di contro, racconta una storia paradossale perchè ne
garantisce la « verità » semplicemente come frutto di un atto di
finzione, come produzione arbitraria di un soggetto enunciante. In virtù di questa intrusione soggettiva del narratore
(garante del narrato ma non della propria attendibilità) la
« verità » narrata cessa di essere totale e legittimante, diventa
invece « locale » e parziale, diventa un effetto di senso generato
da un'accorta costruzione strutturale.

Per concludere, si può immaginare un'ermeneutica delle forme narrative che consideri le attuali evoluzioni in campo di pensiero filosofico ed estetico. Se infatti il passaggio da una « verità » trascendente ed autolegittimante ad una « verità » fittiva e contingente rinvia di certo alla frontiera posta da Lyotard tra moderno e post-moderno [79], al pari il meccanismo narrativo autodisvelante ha un suo correlato nell'avvenuto disincanto dell'uomo moderno che sperimenta l'illusorietà del progetto globale di comprensione e dominio del mondo; il carattere scopertamente fittizio e inverosimile di *Capriccio italiano* o di *Abitare il vento* testimonia di conseguenza dell'avvenuto depotenziamento del soggetto metafisico, dell'implausibilità di un progetto di dominio e conoscenza razionale del mondo.

Negli anni ottanta, invece, pur nella consapevolezza dell'insuperabilità della crisi, si allenta il pathos legato alla distruzione del soggetto e il pensiero filosofico immagina un nuovo soggetto [80] che, privo di una ragione legittimamente, fa delle tradizioni, dei valori, delle ideologie e delle mode puri oggetti di manipolazione, materiali di contaminazione o di accostamento eclettico, con la conseguenza che la perdita dei fondamenti non è più accompagnata da un senso di tragedia imminente. E i romanzi di Busi, Calvino, Malerba testimoniano della rinnovata dimensione post-moderna in cui il paradosso consiste nel far raccontare la fine della narrazione (oggettiva, assoluta, legittimante) ad un narratore: come la filosofia riprende a pensare, seppur in una dimensione di neutralizzazione del senso e di spettacolarizzazione delle ideologie, così il racconto riprende a narrare, seppure strettamente impiantato in una recuperata dimensione di finzionalità.

La formula convenzionale della struttura narrata — fare come se fosse vera — evidenziata mediante ogni sorta di proce-

---

[79] Cfr. FRANCOIS LYOTARD, *La condition post-moderne*, Le Minuit, Paris 1979; tr. it. *La condizione post-moderna*, Feltrinelli, Milano 1981.

[80] Cfr. AA.VV., *Il pensiero debole*, Feltrinelli, Milano 1981; cfr. ancora AA.VV., *Moderno Post-Moderno. Soggetto, tempo e sapere nella società attuale*, Feltrinelli, Milano 1987.

dimento, subisce pertanto nel romanzo contemporaneo un processo di spettacolarizzazione, dal momento che la finzionalità della letteratura diventa nell'orizzonte culturale odierno l'unica garanzia di narrazione: dunque si può solo narrare il falso o fingere di narrare:

> /.../ per concludere dite pure che sono uno sciocco ma non fidatevi nè delle mie letture, nè delle mie osservazioni che, col sigillo dell'esperienza o della finzione confermano il contenuto dei miei libri. (*Il plagio*, p. 97)

2.0 Tra finzione e realtà

2.1. *L'immaginario narrativo*

Svelato lo statuto della narrazione, che enfatizza talora provocatoriamente il proprio fondamento finzionale, prendono piede tentativi di attraversare la soglia che separa i due mondi del reale e della fantasia. Rifiutata la verosimiglianza della narrazione realistica che ambisce a un'impressione fotografica della realtà, il romanzo riscopre infatti su un piano mitico o analogico, e non più direttamente referenziale, nuove possibilità di raccordo col mondo.

Sanguineti ad esempio giustifica la sua scelta narrativa inserendola in una ricerca della paligenesi del romanzo che procede dal sogno alla fiaba e dalla fiaba al mito e che ammette la compresenza all'interno del racconto, nel medesimo istante e con la massima indiscriminazione possibile, del vero e del falso; Pazzi recupera altresì l'originaria dimensione fiabesca del romanzo e l'ingloba nella sfera dell'immaginario, dove le categorie logiche del pensiero non hanno più ragione di esistere. Si tratta in entrambi i casi di un'operazione tesa a sperimentare nuovi rapporti tra la finzione e la realtà che considera il ruolo mediatore dell'immaginario e rivaluta la valenza della «fantasia» nell'ambito di una più completa economia culturale.

2.2. Abitare il vento: *la voce narrante tra Storia e racconto*

Su un piano diametralmente opposto si colloca peraltro *Vogliamo tutto* [81] di Nanni Balestrini che, nella ricerca di un arte immediatamente comunicativa e tendenzialmente referenziale, procede verso la soppressione di ogni dimensione metalinguistica del discorso letterario attraverso lo spostamento dell'asse operativo in direzione dei soli significati politico-sociali. Il presupposto di obiettività non è indice tuttavia di un ritorno verso una costruzione realistica poichè difetta di una condizione imprescindibile: l'autosufficienza. *Vogliamo tutto* dipende infatti sotto l'aspetto semantico dal mondo esterno; solo lettori che partecipino della situazione di enunciazione possono comprendere il messaggio correttamente ed automaticamente, dal momento che la finzione narrativa viene soppiantata da un normale messaggio a dominante funzione referenziale. I riferimenti alle grida di un corteo, « Mao Tze Tung Ho Ci Min » e ad alcune fabbriche italiane ormai in disarmo come l'Alemagna, la Mirafiori, la Florio, stabiliscono infatti un legame con un tempo storico ed evemenenziale e suggeriscono a livello di poetica l'eventualità di un raccordo tra i due mondi della finzione e della realtà; virtualità che Vassalli illustra inflessibilmente: « la letteratura è fuori dai libri, il romanzo è straripato nella vita, dalla fine degli anni sessanta e poi negli anni ottanta.» [82]

Come accade per Balestrini, anche in altri romanzi contemporanei la realtà storica entra nel testo e rende impossibile l'attività di decodificazione prescindendo dalla conoscenza della situazione evemenenziale, meccanismo che subordina in modo imprescindibile il mondo narrato al mondo della vita, stabilendo pertanto tra i due un legame strettamente necessario.

---

[81] NANNI BALESTRINI, *Vogliamo tutto*, Feltrinelli, Milano 1971.
[82] S. VASSALLI, *L'alveo della pagina*, in *La cognizione del romanzo*, « Sigma », 4, 1984.

Sull'asse di un'accentuata referenzialità narrativa si colloca altresì *Abitare il vento* di Sebastiano Vassalli di cui abbiamo già seguito le manifestazioni autoriali, dall'esibizione palese fino alla caratterizzazione metadiscorsiva. Una caratterizzazione più profonda a livello referenziale dell'istanza narrante costituisce la sfera del narratore letterario in cui rientrano ad un tempo tutti i riferimenti ad un'extratestualità mai codificata e a una situazione ben determinata storicamente. Gli interventi del narratore letterario si caratterizzano pertanto negativamente per l'impossibilità di ricondurli ad un denominatore comune: c'è sempre e soltanto una generica referenza a qualcosa di contemporaneo all'autore. In:

> Così riprendo il telefono e dico alla Beatrice le cose solite che in queste circostanze ciascuno dice; che se mi viene a trovare le darò wisky e noccioline e una notte intera di passione, e glielo dico con bellissime paroline. Ho fatto il liceo classico prima del sessantotto io. (*Ibidem*, p. 32)

oppure in:

> Che cazzo c'è che non va. Ma dico io, non saranno quei tre o quattro giornali tipo unità e manifesto che qualcuno di mia conoscenza ci ha lasciato dentro ad innervosire gli amici. (*Ibidem*, p. 5)

solo lettori che partecipino della situazione di enunciazione, che conoscano cioè l'«Unità» e «Il Manifesto» o che sappiano della rivolta studentesca del 68, sono in grado di decodificare correttamente il messaggio. In effetti con gli interventi del narratore letterario il mondo narrativo afferma il suo aggancio al mondo della vita, il testo non è più autonomo rispetto alla storia e il mondo dell'immaginazione non è più completamente altro rispetto all'esistenza: si tratta dell'utopia di gran parte della letteratura, che cioè la fantasia e la realtà non siano in fondo completamente inconciliabili.

Instaurato dunque un solido rapporto con il mondo esterno tramite l'istanza del narratore letterario, il romanzo ne ricerca un'insolita contiguità mediante la figura della metalessi [83], figura che proponendo un salto tra livelli — Genette segnala mediante il concetto di metalessi i momenti di passaggio da un livello all'altro, ossia quelle trasgressioni che non sono garantite dalla narrazione e che consistono precisamente nell'introdurre in una situazione, per mezzo di un discorso, la conoscenza di un'altra situazione — sollecita un fondante quesito sulla distinzione tra mondo narrato e mondo in cui si narra, istituzionalizzando la virtualità di un passaggio e promuovendo un flusso continuo di comunicazione. I riscontri di superficie di quest'operazione strutturale sono concentrati principalmente in tre zone che percorreremo dettagliatamente. La prima riguarda l'*incipit* del romanzo:

> Via i baffi. Via una decina d'anni. Via anche qualche centimetro: la statura esatta come risulta dai dati segnaletici è un metro e settantacinque. Una schiarita ai capelli che devono tendere al biondo. La pelle chiara va bene. In faccia un'ombra di lentiggini trascorse, così. Camiciola estiva e jeans o comunque pantaloni di tela. /.../ Dunque.
> Per mettermi dentro la storia ho bisogno di un'automobile /.../. (*Ibidem*, p. 3)

dove due voci distinte ma intente alla medesima narrazione attuano contemporaneamente un processo di distanziamento e di avvicinamento. Lasciando per ora in sospeso la questione della definizione delle due voci narranti, approfondiamo il valore semioticamente funzionale di questo passaggio: mediante

---

[83] G. GENETTE, *Figure III*, op. cit., p. 233, ritiene che « alcune di esse banali ed innocenti come quelle della retorica classica giocano sulla doppia temporalità della storia e della narrazione /.../. In un certo senso il pirandellismo di *Sei personaggi in cerca d'autore* o di *Questa sera si recita a soggetto*, dove gli stessi attori sono di volta in volta protagonisti e commedianti, è solo una vasta estensione della metalessi, come tutto ciò che ne deriva, come ad esempio il teatro di Genet, come i cambiamenti di livello nel racconto di Robbe-Grillet: personaggi fuggiti da un quadro, da un libro, da un ritaglio di stampa, da una fotografia, da un ricordo, da un'illusione, ecc., tutti questi giochi manifestano con l'intensità del loro effetti, l'importanza del limite che essi s'ingegnano a superare a scapito della verosimiglianza, coincidente proprio con la narrazione (o la rappresentazione) stessa.»

un espediente narrativo (l'uso della metalessi) ed uno linguistico (scelta di un linguaggio sgrammaticato e gergale), *Abitare
il vento* contraddice una caratteristica del discorso in prima
persona: l'illusione della realtà. Sebbene infatti la narrazione in
prima persona sia un espediente messo in atto per aumentare
l'effetto di realtà nel lettore, inducendolo a compiere un processo di identificazione tra le due diverse istanze dell'autore
reale e del narratore, l'ironia della citazione istituisce al contrario una distanza che evidenzia le aporie del discorso in prima
persona: « il narratore e l'autore corrono l'uno dietro l'altro
senza mai coincidere.» [84]

D'altronde un preciso linguaggio di maniera, estraniato e
asintattico, ben lontano da quello dello scrittore, instituisce
una differenza incolmabile tra l'io del personaggio e l'io del-
l'autore e su questa distanza stilistica s'innesta, a livello narrativo, il gioco appena descritto, che non evidenzia solamente in
modo pirandelliano la mancata identificazione tra il personaggio e l'autore o l'incapacità di questo a gestire i propri personaggi, come sostiene Guglielmi, ma che, con il suo insistere sui
limiti della verosimiglianza, scandaglia i rapporti tra il narrato
e la Storia.

Ritornando ai nostri problemi di definizione provvisoria-
mente tralasciati, operiamo una divisione nel brano citato stabilendo come linea di demarcazione l'interiezione che arresta il
processo di travestimento. L'*incipit* così suddiviso viene mediato in un primo momento da un narratore extradiegetico, al
quale succede in seguito un narratore intradiegetico; ben presto
però, tralasciata l'istanza extradiegetica, la voce diegetica procede da sola nel racconto, riprendendo talora la differenza
istituita nella prima pagina e rivolgendosi alla figura extradiegetica indicata come « autore della storia »:

> Adesso dico la verità, sono un cavaliere errante e non ha paura
> di gniente ma vorrei conferire con l'autore di questa storia
> perchè c'è qualcosa qui che a me caldamente non piace e che
> lui forse nemmeno la capisce. Autore! Autore per favore /.../.

---

[84] R. BARTHES, *op. cit.*, p. XX.

> Qua dentro c'è soltanto chi vive e chi è vissuto e a me a volte succede di sentirmi vissuto troppo alla svelta e in sbaraglio dentro il malloppo delle responsabilità, perchè? (*Ibidem,* p. 72)

L'operazione indicata nell'*incipit* ha un preciso riscontro nella pagina finale del romanzo dove con un procedimento perfettamente simmetrico viene superata la distanza precedentemente segnalata:

> Vorrei conferire con l'autore di questa storia. Come uomo e come personaggio, perchè lui ha una responsabilità precisa nei miei confronti, mica se la può nascondere, o /.../.
> Caro autore. Ma chi è l'autore? Sono proprio sicuro di avere un autore? Come il cerilo nell'immortale risuono del verso quasimodiano? /.../. Caro autore io mi sono impiccato ma tu regolati come vuoi perchè questa faccenda non ti appartiene e non so mica chi sei. Così va meglio. Inzomma e contiamocela giusta, gli autori sono personaggi anche loro. Come i nostri lirici greci nell'immortale risuono. Del verso quasimodiano. E io Antonio Cristiano Rigotti sono personaggio come tutti. Ma sono anche autore di tante cose. Del Grande Proletario ad esempio /.../. Così è inutile che scrivo perchè se non fossi io l'autore di me stesso non mi vorrei impiccare per conferire. Per conferire con l'autore del mio romanzo inchiodato finalmente al trave delle sue responsabilità. Per abitare il vento, oh yes. (*Ibidem,* pp. 109-11)

Annullato il sospetto di un'illusione di realtà, si ristabilisce mediante un'ulteriore metalessi l'identità delle istanze e la coincidenza dei livelli cosicchè alla fine l'extradiegetico risulta coincidere con l'intradiegetico, mediante una dichiarazione che rischiara *à rebours* la struttura precedente. Fino a quando le due istanze narranti sono separate ci si trova infatti — seppure surrettiziamente — nell'universo immaginato dove si svolge racconto, racconto che si arresta altrimenti nella avvenuta coincidenza del narratore extradiegetico con la figura narrante interna al romanzo. Nella manifesta sovrapposizione di narrato e vissuto che ne consegue, il suicidio surrettizio del personaggio soggetto dell'enunciato consegue i suoi effetti anche sul soggetto dell'enunciazione, determinando pertanto l'arresto della scrittura.

Prescindendo dalla risultanza eidetica del procedimento di metalessi, la fusione dei livelli abbatte in questo romanzo la frontiera tra il diegetico e l'extradiegetico, lasciando presagire una fluidità di confini tra immaginazione e realtà. Il continuo gioco tra il dentro e il fuori, il continuo valicare il discrimine della finzione consente infatti a Vassalli di affrontare il mondo post-sessantottino, il sommo degrado della lotta sociale, il terrorismo come istituto, l'impossibilità di evasione dalla gabbia del sistema ideologico — tutti temi di attualità scottante — senza mai mettere in moto una pura macchina puramente referenziale e senza assumere un contesto storico come sostegno ambientale di una puntuale autobiografia.

Il romanzo presenta dunque un duplice percorso, poichè associa il rendiconto dell'avventura di Cris alle prese con una realtà deludente e frustrante a un esperiemento altrettanto avventuroso delle strutture narrative; un gioco spavaldo, allegro, sottilmente ironico che è anche una sfida, una verifica dello statuto epistemico della pratica narrativa. Invero la struttura autocosciente di *Abitare il vento* rivela l'arbitrarietà del gioco narrativo, ma una volta stabilito lo statuto finzionale del narrato, le tracce del narratore letterario e delle trasgressioni metalessiche superano quel margine tra la storia e il mondo invalicabile solo per una narrazione che si pone come surrogato della realtà. Cade così l'ipotesi di una narrazione oggettiva, autosufficiente, compiuta e lineare; la sfida alle antiche strutture della narrazione avvenuta a livello extadiegetico, ci consente peraltro di leggere tra le righe una diversa idea della letteratura intesa come *praxis* e dunque non autonoma dal mondo della vita.

2.3. Se una notte... La *mise in abyme* della comunicazione narrativa

Il meccanismo della metalessi e della fluidità tra i livelli narrativi raggiunge in *Se una notte d'inverno un viaggiatore* la sua più felice realizzazione. Il romanzo di Calvino si muove infatti su piani differenti e con procedimenti diversi: si va dal riferimento a un mondo extratestuale, con intenti quasi referenziali e fàtici, alla costruzione di un primo mondo di narrazione che include un ulteriore pratica narrativa produttrice di un'ulteriore dimensione fittizia, mentre alcune strutture diegetiche hanno il compito di legalizzare il passaggio continuo tra i piani.

Già la semplice autocoscienza del romanzo propizia calcolati trapassi di livelli, come quando l'io protagonista di un racconto inserito dichiara la propria consistenza letteraria:

> Io sono l'uomo che va e viene tra il bar e la cabina telefonica. Ossia quell'uomo che si chiama io e non sa altro di lui /.../.
> (*Ibidem*, p. 12),

oppure riconosce che la sua sola realtà è quella che gli concede il narratore, magari mettendo nell'io protagonista qualcosa di sè:

> Sono una persona che non da affatto nell'occhio, una presenza anonima su uno sfondo ancor più anonimo. /.../ Così come l'autore pur non avendo nessuna intenzione di parlare di se stesso, ed avendo deciso di chiamare « io » il personaggio quasi per sottrarlo alla vista, per non doverlo nominare o descrivere, perchè qualsiasi altra denominazione o attributo l'avrebbe definito di più che questo spoglio pronome, pure per il solo fatto di scrivere « io » egli si sente spinto a mettere in questo « io » un po' di se stesso, di quel che lui sente o immagina di sentire.
> (*Ibidem*, p. 15)

In questi casi il narratore intradiegetico, col suo riferirsi ad un'attività e ad una competenza attinenti al livello extradiegetico, sconvolge la convenzione secondo cui sono « normali » esclusivamente le intrusioni di un racconto di grado minore su un racconto di grado maggiore. Inoltre la virtualità implicita ai passaggi di metalessi consente la commutazione dei livelli narrativi, trasgressione particolarmente evidente nei primi due racconti inseriti dove vengono volutamente confuse dall'autore

le figure del lettore potenziale e del lettore protagonista, grazie
a un montaggio narrativo particolarmente sofisticato che consente al narratore di rivolgersi contemporaneamente al lettore
protagonista e al narratario (extradiegetico), favorendo il suindicato meccanismo di identificazione:

> Le luci della stazione e le frasi che stai leggendo sembra che
> abbiano il compito /.../. (*Ibidem*, p. 12)

oppure:

> per leggere bene devi tu registrare tanto l'effetto brusio quanto
> l'effetto intenzione nascosta /.../. (*Ibidem*, p. 19)

La categoria della metalessi non rimane però così limitata, non
riguarda solamente appelli ed allusioni tra figure appartenenti a
livelli differenti, ma realizza altresì una sovrapposizione delle
scritture che presuppone a sua volta un'interscambiabilità di
ambienti e personaggi, ovvero un'interferenza tra invenzione
romanzesca e vicende dell'enunciazione.

In un primo grande esempio di metalessi la mediazione
intradiegetica di Silas Flannery — nel contempo narratore intradiegetico e personaggio fittizio della vicenda — ci fornisce
ad esempio un'analisi funzionale di tutto il romanzo e rivela
sorprendentemente il meccanismo strutturale della narrazione:

> M'è venuta l'idea di scrivere un romanzo fatto solo d'inizi di
> romanzi. Il protagonista potrebb'essere un Lettore che viene
> continuamente interrotto /.../. Potrei scriverlo tutto in seconda
> persona: tu lettore... potrei anche farci entrare una Lettrice, un
> traduttore falsario, un vecchio scrittore che tiene un diario
> come questo diario... Ma non vorrei che per sfuggire al Falsario
> la Lettrice finisse tra le braccia del Lettore. Farò in modo che il
> Lettore parta sulle tracce del Falsario il quale si nasconde in un
> qualche paese molto lontano, in modo che lo Scrittore possa
> restare solo con la Lettrice. Certo senza un personaggio femmi-
> nile il viaggio del Lettore perderebbe vivacità: bisogna che
> incontri qualche altra donna sul suo percorso. La lettrice po-
> trebbe avere una sorella... (*Ibidem*, p. 197-198)

In questa porzione testuale l'autore implicito, istanza astratta e principio costitutivo del romanzo, privo di voce e per convenzione non rappresentabile ma soltanto presupponibile tramite il disegno del tutto, si figurativizza infatti in un personaggio intradiegetico provvisto di una competenza tanto vasta da trascendere il piano limitato del narrato. L'insolito passaggio — eventualità peraltro non contemplata dal patto narrativo — è consentito da una sottilissima strategia: l'autore implicito non viene infatti rappresentato nel romanzo, ma solo figurativizzato, proiettato nel testo mediante un'operazione di *débrayage*, operazione che introduce altresì una competenza metatestuale nel narrato. Il procedimento di figurativizzazione, chiave di volta dell'irregolarità narrativa, definisce dunque il personaggio Flannery come simulacro nel testo dell'istanza autoriale implicita.

In altre figure di metalessi, come:

> /.../ uno sfiatare di stantuffo copre l'apertura del capitolo, una nuvola di fumo nasconde parte del primo capoverso. (*Ibidem*, p. 11)

oppure:

> È il racconto che regola il suo passo sul lento incedere degli zoccoli serrati per sentieri in salita /.../. (*Ibidem*, 226)

avviene un passaggio davvero insolito per la narrazione: si assiste infatti ad un'interferenza della storia nel discorso, irregolarità strutturale che turba l'ordine convenzionale della narrativa. Mentre si è disposti in fondo ad accettare qualsiasi intrusione dell'autore nella storia in quanto è visto come produttore del testo, non si può accettare normalmente, senza sbriciolare gran parte delle convenzioni letterarie, che l'evento della fabula modifichi la situazione di discorso. Si tratta in effetti di una trasgressione di segno opposto a quelle incontrate finora — in cui il mondo extratestuale entra nel mondo della storia e si confonde con essa —, dal momento che in questo caso il mondo diegetico fuoriesce dal limite che gli è stato attribuito e si avvia sulla strada dell'extratestualità. Sorprendentemente dunque il diegetico agisce sull'extradiegetico e non viceversa, benchè quest'ultimo movimento (solamente surrettizio) sia inserito in un contesto più generale di finzione, prodotto dall'atto narrativo nel suo complesso.

La possibilità di traguardare la soglia della finzione si fa più concreta nell'inconsueto movimento del primo rigo del romanzo:

> Stai per cominciare a leggere il nuovo romanzo *Se una notte d'inverno un viaggiatore* di Italo Calvino. (*Ibidem*, p. 1),

dove il discorso scivola verso il piano della pura referenzialità, come avviene peraltro anche nell'espressione finale:

> Sta per finire *Se una notta d'inverno un viaggiatore* di Italo Calvino. (*Ibidem*, p. 263),

mentre si realizza nel contempo una sovrapposizione tra piano testuale ed extratesuale, tra il libro della finzione e il libro reale pubblicato da Einaudi.

Definite le figure eidetiche del romanzo, proviamo adesso a schematizzare l'intera situazione narrativa.mediante il grafico seguente, dove la tripartizione in più zone fondamentali rispecchia quel caratteristico meccanismo testuale dell'incassamento enunciativo in vari livelli della narrazione: [85]

---

[85] Anche C. SEGRE in *Se una notte*, art. cit., costruisce uno schema del romanzo basato su un triplice incorniciamento, sebbene quest'ultimo rappresenti, nel lavoro di Segre e diversamente dal nostro, l'articolazione dei diversi piani dell'enunciazione: « la cornice maggiore contiene da un lato il narratore, dall'altro il narratario (lettore empirico), all'interno una cornice seconda contiene il tu protagonista (lettore protagonista), all'interno, ancora, una cornice terza contiene l'io protagonista dei romanzi inseriti. Caratteristica dell'io protagonista della cornice III è di rivolgersi, al di là della cornice II al tu narratario della prima cornice /.../ e di fare riferimento nel contempo al narratore stesso /.../.

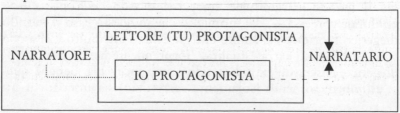

| Narratore extradiegetico (narr. letterario) | Narratore extradiegetico (scripteur) | Narratore intradiegetico Personaggi metadiegetici personaggi | Narratario intradiegetico (lettore prot) | Narratario intradiegetico (lettore virtuale) |

La prima cornice dello schema rappresenta le pagine del libro che si caratterizzano per gli intenti pseudo referenziali, quelle zone cioè dove il narratore extradiegetico, proiezione del soggetto dell'enunciazione nella tipologia del narratore letterario, si rivolge al suo narratario extradiegetico, indicato anche come lettore virtuale. Nella seconda cornice, che può essere spazialmente visualizzata nella narrazione intercalata tra i dieci inizi di romanzi interrotti, il narratore extradiegetico, questa volta con competenze metadiscorsive, racconta la vicenda del narratario intradiegetico diventato protagonista. La cornice più interna — in cui si dispongono dieci racconti inseriti — è infine

Nello schema le frecce a linea continua indicano le apostrofi del narratore e dell'io protagonista dei romanzi inseriti al narratario, la freccia tratteggiata la funzione di apostrofi al narratore assunte da alcune apostrofi al lettore protagonista (il narratario è traguardato attraverso il lettore protagonista). La linea puntinata indica i riferimenti (ma non le apostrofi) dell'io protagonista dei romanzi inseriti al narratore. L'innovazione sostanziale nella catena comunicativa autore — lettore — egli protagonista o io pseudo biografico — narratario — lettore, sta nell'aver sostituito all'egli protagonista o all'io protagonista un tu protagonista. Ciò permette a Calvino di ravvivare l'istanza del dialogo io-tu /.../. La possibilità che si è aperta allo scrittore è quella di sovrapporre il tu lettore potenziale (narratario ma anche lettore destinatario reale) e il tu protagonista /.../. Calvino ha strappato il lettore dalla sua posizione terminale nella catena comunicativa e lo ha portato ad un'immediato contatto con il narratore, ha simulato all'interno del testo narrativo quel rapporto emittente-destinatario di cui l'atto narrativo è il tramite. Portare dentro il quadro ciò che sta fuori di esso, e perciò eliminare, non di fatto, perché è impossibile, ma con una volizione suggestiva, il limite tra esterno ed interno, tra vissuto o vivibile o esperibile e scrittura, letteratura.» (pp. 202-203)

narrata da un'istanza intradiegetica che riferisce di azioni compiute da personaggi metadiegetici.

Il seguente schema rappresenta infine le relazioni tra le
varie istanze del racconto generate in base alle figure di metalessi, ai riferimenti o allusioni interne e al processo di figurativizzazione che attraversa il romanzo [86]:

AUTORE IMPLICITO

NARRATORE LETTERARIO

NARRATORE
EXTRADIEGETICO

NARRATARIO EXTRADIEGETICO

SCRIPTEUR

NARRATORE INTRADIEGETICO   NARRATARIO INTRADIEGETICO

Il grafico rompe l'unidirezionalità della comunicazione narrativa presupposta da Chatman dal momento che, in riferimento
al testo analizzato, propone una maggiore dialogicità tra le
istanze della narrazione. In effetti se il carattere autodiegetico
dei frammenti narrativi inseriti in *Se una notte...* porta a identificare narratore extradiegetico e narratore intradiegetico con-
fondendoli nell'istanza autoriale, nel contempo la fabula mantiene separate le due figure tra le quali ipotizza peraltro un

---

[86] Nel grafico l'uncinatura delle frecce segnala la pluridirezionalità del-
l'azione comunicativa: come infatti l'autore implicito è a conoscenza del
narratore intradiegetico, così, del pari, quest'ultimo esplicita la propria
consapevolezza nei riguardi dell'istanza implicita del racconto. Peraltro, se il
narratore extradiegetico rivolge appelli alla figura di ricezione a lui
correlata, quest'ultima, di contro, allude frequentemente all'istanza di produzione del racconto, quando addirittura non l'apostrofa liberamente. A livello
intradiegetico, infine, si ripete ancora l'insolito meccanismo comunicativo
dal momento che il narratore in seconda si riferisce sovente all'istanza del
narratario figurata nel testo, così come quest'ultimo prevede nel proprio
orizzonte referenziale quell'istanza dell'enunciazione che, seppure a un
livello più interno, è responsabile degli atti discorsivi del racconto in seconda. Non si riscontra invece pluridirezionalità comunicativa nei riguardi
del narratario extradiegetico, a meno che non si voglia considerare un
lettore critico, capace di distinguere — come stiamo facendo noi — le varie
istanze della narrazione.

fecondo dialogo mediante apostrofi, riferimenti espliciti o impliciti, ammiccamenti più o meno nascosti; del pari, il riferimento del narratore interno al virtuale narratario extradiegetico unitamente al narratario protagonista invalida la frontiera narrativa che separa un racconto primo da un racconto secondo, e il salto di livelli che ne deriva consente una commutazione tra istanze diegetiche ed extradiegetiche riferendoci peraltro di un'eventuale azione perlocutiva che si dispieghi dal narrato alla Storia; la figurativizzazione dell'autore implicito in un narratore intradiegetico riverbera infine, con un movimento completamente opposto a quelli sin qui esaminati, un'aggancio del narrato alla vita, una sua dipendenza epistemica che ne annulla definitivamente la pretesa autosufficienza. In definitiva mentre la rigida teorizzazione di Chatman in fondo separa i due mondi della Storia e della narrazione, *Se una notte...* trascende la facile distinzione e chiama l'autore implicito all'interno del testo oppure il narratore extradiegetico all'interno dell'universo diegetico. Mentre lo schema generale dell'illustre teorico prevede un percorso obbligato, cosicchè l'autore implicito può sapere del narratore o il narratore può rivolgersi al narratario ma non viceversa, con il testo di Calvino (come si può notare dalla doppia uncinatura delle frecce del grafico) il meccanismo di comunicazione diventa pluridirezionale: inaspettatamente il narratario si rivolge al narratore e similarmente il narratore è a conoscenza dell'autore implicito.

Se una notte... dunque, simulacro della comunicazione narrativa, ne costituisce nel contempo un'esaltante manifestazione e un'intelligentissima *mise in abyme*; il gioco di specchi che contraddistingue il romanzo, la sfida lanciata ai limiti tradizionali e codificati del mondo narrativo sancisce invero l'ingresso del reale nell'immaginario e dell'immaginario nel reale.

2.4. *Pianeta azzurro e Notturno indiano: l'isotopia tra diegesi e extradiegesi*

Anche in *Pianeta azzurro* di Luigi Malerba l'articolazione dei vari livelli, due dei quali sono immediatamente fruibili sin

dall'inizio del libro, mentre il terzo diventa palese esclusivamente alla fine, procura un ardito gioco di specchi che costituisce la novità strutturale del romanzo.

Al narratore intradiegetico e al narratore metadiegetico
della duplice edizione del diario con cui si tenta di mascherare
un efferato delitto, fa da correlato l'istanza extradiegetica del-
l'apparato di glosse finali che palesa peraltro l'orizzonte referenziale di un narratore letterario. Nella ricerca specifica delle sue
tracce è necessario prendere in considerazione tutta una serie di
mete differenti che concorrono al medesimo risultato: ancorare
il testo narrativo ad una realtà storica, evemenenziale e non
codificata.

La prima meta consiste nella collocazione del narratore
letterario nella sfera della sua identità e professione di scrittore
mediante un'esplicita autocitazione:

> Avevo conosciuto Costantino C. qualche anno prima a Parigi,
> dopo la lettura di alcuni dei miei testi nella gloriosa e polverosa
> libreria Schakespeare & Company /.../. (*Ibidem*, p. 328),

senza tralasciare le circostanze e i dettagli inerenti alla stampa o
alla dimensione tipografica dei testi:

> /.../ mi ha consegnato i tre quaderni che ora, già composti in
> carattere garamond, corpo nove, spedirò all'editore con l'ag-
> giunta di questa nota finale. (*Ibidem*, p. 380),

per concludere infine con la delineazione di un certo tipo di
produzione romanzesca o comunque di poetica:

> /.../ stavo convincendomi che avrei potuto costruire un ro-
> manzo dal vero, giorno per giorno seguendo indizi, anche
> nebulosi, ma che possedevano sicuramente l'attrattiva straordi-
> naria che ha sempre il mistero dell'agire umano e che prelude-
> vano a fatti, gesti ed atteggiamenti, marcati da un'imprevedibilità
> che hanno solo gli eventi reali. Un romanzo verità scritto a
> ridosso della mia indagine e un doppio testo che avrei potuto
> chiamare romanzo falsità per la quantità di menzogne che
> sicuramente conteneva. Sono sempre stato convinto che il ro-
> manzo tradizionale è una comoda convezione dentro la quale i

fatti vengono collocati sempre al posto e al momento giusto per la comodità dei lettori, ma che ogni schema prefabbricato è falso e falsifica anche i fatti che vi sono dentro. (*Ibidem*, p. 341)

Esistono poi altri interventi del narratore letterario che si caratterizzano negativamente per l'impossibilità di ricondurli a un denominatore comune:

> Ho portato con me l'*Eliogabalo* feltrinelliano di Arbasino a te dedicato /.../. (*Ibidem*, p. 348)

oppure per l'esplicita citazione a fatti concreti:

> Un'ulteriore dimostrazione che l'autore dei due testi è la stessa persona potevo averla anche da una elementare indagine formale senza bisogno di ricorrere ai computer filologici della Normale di Pisa o alla sapienza di Maria Corti /.../. (*Ibidem*, p. 348)

In questi brani c'è sempre e soltanto una generica referenza a qualcosa di contemporaneo all'autore; la deissi non rimanda infatti ad una situazione di enunciazione codificata — e virtualmente interna al testo —, bensì ad una situazione storica non istituzionalizzata culturalmente: solo lettori che partecipino della situazione enunciativa in questione possono cogliere automaticamente questi passaggi sfuggiti all'attività di semiosi, senza ricorrere a dati forniti appositamente, per integrare la situazione con proprietà occasionali e non universali, il che è normale nel discorso ordinario ma eccezionale nella finzione narrativa.

Se Malerba nel manifestare l'apparato fittizio del romanzo dice che in fondo, nonostante la sua volontà comunicativa, il linguaggio utilizzato è sempre letterario — una finzione quindi —, d'altro canto però il suo ancoraggio strettissimo alla realtà, la quale pertanto non risulta rinnegata o esclusa come avveniva nelle prime opere sperimentali, ma presenzia direttamente in tutti i riferimenti espliciti del narratore letterario e, indirettamente, ovvero per presupposizione, nelle digressioni più o meno erudite di cui è pieno il testo. Tali digressioni, nella loro struttura a volte banale, a volte coltissima, attuano infatti metaforicamente una mimesi dell'uomo tipo degli anni Ottanta che quotidianamente ascolta di tutto e non capisce di niente, che fa della cultura un gran pastone e, per forza di cose, è costretto alla digressione con cui tenta di dare inutilmente ordine al caos.

Il testo di Malerba acquista sotto questa luce un'unità che in principio sfuggiva, sicchè i riferimenti dotti e meno dotti, le digressioni più lontane e noiose, gli accenni all'attualità bruciante, alla politica contemporanea, come ai recenti metodi della critica, tutte queste componenti s'illuminano a vicenda e rischiarano la sofisticata struttura narrativa del testo: una struttura che ammette questo e il contrario di questo, un discorso e la sua contraddizione, senza peraltro ricorrere al metatesto o alla enunciazione alla seconda potenza, ma operando nella moltiplicazione dei livelli interni alla narrazione.

Posto in vista il carattere tendenzialmente referenziale dell'ultima cornice del *Pianeta,* quando la voce del narratore senza più malerbiane digressioni ma con un'accorata angoscia evoca il clima di un'Italia segnata dal solco sanguinoso del crimine, si scopre poi un sottile rapporto con le due cornici precedenti: un gioco di specchi illusionistici difficilmente riassumibile garantisce il continuo trapasso tra i vari livelli dei personaggi e delle situazioni. Si tratta a ben vedere di un procedimento di metalessi che non consente l'inserimento del romanzo in nessun preciso genere letterario dal momento che la forzatura sulle convenzioni del « giallo » esercita una rottura tematica che determina la trasformazione del genere: i fatti vengono infatti legati, incatenati, correlati, cosicchè l'ambiguità interna del romanzo che insiste sulla varietà infinita delle soluzioni, assume il valore simbolico dell'impossibilità di dare un senso alla realtà.

Il procedimento della metalessi assume in Malerba una dimensione angosciosa perchè avviene nel triplice incastro dei livelli narrativi dove lo svelamento *à rebours* genera il timore di non riuscire più a separare il mondo narrato da quello in cui si narra. Nello stesso momento in cui il procedimento di metalessi attua una sovrapposizione del narratore extradiegetico alle sue creature intradiegetiche, la successione dei livelli narrativi assegna infatti di volta in volta a quello che sembrava un narratore extradiegetico uno statuto diegetico, procedendo con un riassestamento a posteriori. Sorge quindi il fondato sospetto che anche il narratore che ci appare come assoluto, ossia come definitivamente extradiegetico, sia invece incluso in una diegesi e con esso tutto il mondo della narrazione sia solo un grande finzione di un enunciatore perverso che attua un continuo processo di mascheramento: come nelle azioni fittizie del romanzo il senso retrocede sempre (avviandosi pertanto alla sua successiva disconferma), così l'atto creatore di quelle finzioni sembra attendere un avvenimento ulteriore, che ne giustifichi la manifestazione oppure ne invalidi i contenuti. In definitiva dunque il soggetto dell'enunciazione è investito dalla tentazione di un dubbio: che sia anch'egli un soggetto dell'enunciato?

Come Borges, inquietato per i meccanismi di metalessi, ricordava che simili invenzioni suggeriscono che dal momento che i personaggi di una finzione possono essere lettori o spettatori anche noi, lettori o spettatori, possiamo essere dei personaggi fittizi, allo stesso modo Malerba incapace di distinguere tra mondo narrato e mondo in cui si narra, è bloccato su un pensiero angoscioso: che l'extradiegetico sia sempre il diegetico e che non esista realtà al di fuori del racconto. E forse siamo noi stessi personaggi narrati.

Anche il più celebre testo di Tabucchi, *Notturno indiano,* è costruito mediante un suggestivo gioco di specchi. L'espediente narrativo s'impernia sulla ricerca di un amico scomparso, ombra di un passato già segnato, immagine speculare del narratore. Una citazione di Maurice Blanchot: « Le persone che dormono male sembrano essere più o meno colpevoli: che cosa fanno? Rendono la notte presente. » (*Ibidem*, p. 7), indica il tema principale del romanzo: il lato notturno ed occulto delle cose.

Il nucleo tematico del romanzo, il viaggio del narratore alla ricerca di un amico perduto col quale però alla fine s'identifica: « c'è uno che cerca un altro, glielo ho detto, c'è qualcuno che mi cerca, il libro è il suo cercami. » (*Ibidem*, p. 104), si svolge su due diversi livelli narrativi, il diegetico, in cui avviene il viaggio del narratore, e il metadiegetico, come *mise in abyme* del livello diegetico, sebbene i due mondi completamente opposti conservino una reciproca reversibilità che prosegue la sostanziale incertezza del romanzo.

Nel racconto inserito si lascia presagire l'eventualità di un'incontro tra il protagonista del romanzo e l'amico disperso, sua ombra nascosta:

> « Oh là là! », disse Cristine, « qui mi deve raccontare proprio bene, siamo dentro lo scenario ».
> « Già », dissi io, « proprio così. Per scenario mi prendo questo /.../. Io sono a tavola con una bella donna, una ragazza come lei, con aspetto da straniera, stiamo ad un tavolo dalla parte opposta a quella in cui noi ci troviamo ora /.../. A un certo punto lo vedo. È a un tavolo di fondo, dall'altra parte della terrazza. È girato nella mia stessa posizione, siamo faccia a faccia. Anche lui è con una donna /.../ ». Mi ha cercato tanto e ora che mi ha trovato non ha più voglia di trovarmi /.../. E anch'io non ho voglia di essere trovato ».
> « E poi », disse Cristine, « cos'altro succede? ».
> « Che uno di noi finisce di bere il suo caffè /.../ paga il conto /.../ e se ne va. Basta, il libro è finito ». (*Ibidem*, p. 105-07)

La riscoperta simmetria tra le due figure narrative inibisce ogni possibilità di contatto; peraltro tale consapevolezza, acquisita in una zona interna alla narrazione e trasferitasi immutata al primo livello della diegesi, costringe il narratore all'abbandono della sua impossibile ricerca. Gli esiti della *mise in abyme* del livello metadiegetico sono dunque prolungati anche in quello diegetico, dove il protagonista, scoperta l'implausibilità di un raccordo con la sua stessa ombra, riprende la vita di sempre.

Si può pertanto sostenere che il metadiegetico come *mise in abyme* dell'intradiegetico sia il simbolo dell'immaginario come doppio della realtà, mentre la conclusione della storia, proseguendo un avvenimento del racconto secondo, annulla in modo definitivo lo scarto tra livelli; un suggestivo gioco di specchi consente dunque agli avvenimenti di riflettersi e rimbalzare da un livello a quello successivo. Analogamente tra la storia e il racconto, tra gli eventi ed il discorso, tra il mondo che narra e il mondo narrato esiste un'identità, come tra realtà e finzione.

Tabucchi dunque a dispetto di quanti lo considerano un narratore « tradizionale » s'impegna in un'ardua sperimentazione, di guisa che l'inclinazione verso il romanzo d'intreccio o d'ambiente non inibisce in lui un'attività di ricerca sul romanzo: il figurativo di oggi presuppone dunque l'indagine strutturale sui metaromanzi e sugli antiromanzi di ieri.

2.5. La Delfina Bizantina: *la narrazione ironica e la depragmatizzazione dei segni*

Il rapporto di un racconto con la realtà non avviene solamente tramite ammiccamenti ad una funzione referenziale o a passaggi metalessici; la *Delfina bizantina* di Albo Busi ad esempio, esamina la possibilità di un nuovo rapporto mitico ed analogico.

Le caratteristiche di inverosimiglianza del romanzo vengono alla luce anche ad un superficiale esame contenutistico; Busi infatti costruisce con sorprendente sapienza narrativa quella che egli stesso definisce la nostra Bisanzio quotidiana: tre donne, Anastasia, la figlia Teodora (dal peso di 176 chili) e la signorina Scontrino governano sull'Adriatico. Vendette, congiure, sesso, politica, religione, sono gli strumenti necessari per raggiungere il potere. La materia del romanzo è sconvolgente: storie di lesbismi, necrofilia, cannibalismi e su tutto un clima orrido e macabro, un'aria insanguinata di cadaveri in putrefazione. La rappresentazione ha i caratteri del miglior realismo, nessun particolare, seppur raccapricciante è infatti omesso dal romanzo; l'insieme però si sposta un passo più avanti della realtà e, rivelata la propria inverosimiglianza, mette allo scoperto l'artificio della macchina narrativa. Tale caratteristica è confermata dalle scelte linguistiche del narratore; le sue parole, come si è visto, non hanno un referente immediato nella sfera della significanza, ma rimandano ad un mondo altro, ad un immaginario individuale dove trovano la loro collocazione. Il suo linguaggio sfiora infatti il *non sense,* crea analogie e metafore inaspettate scegliendo termini derivati dagli universi discorsivi più disparati: non cerca di comunicare contenuti, ma di suscitare un'impressione, di creare un ambiente, suggerendo rapporti inusuali tra le cose.

Procedendo su tale strada la *Delfina* recupera una nuova possibilità di dialogo con la Storia, ponendosi come rappresentazione mitica che con la realtà non ha un diretto rapporto imitativo, bensì un legame anaforico ed analogico.

Nel romanzo le tracce del narratore letterario rimandano ad una situazione non codificata, stabiliscono infatti un rapporto d'elezione col mondo contemporaneo, facendo riferimento ad avvenimenti che non riusciamo a codificare in un rigido sistema semiotico ed esautorando in pari tempo la convenzione dell'autonomia del testo, che riscopre pertanto una sudditanza epistemica dal mondo esterno.

Seppur legata strettamente al mondo della vita, la finzione narrativa non viene però soppiantata da un quasi normale messaggio a dominante funzione referenziale, evitando il rischio di una fuga semiotica dal testo alla ricerca di un referente specifico storicizzato. Il romanzo si appoggia infatti alla realtà evidenziale per garantire la fruizione di alcuni segni, tuttavia finisce col fagocitare il mondo della vita all'interno del testo dove, riaffermata la sopravvivenza della finzione, tutto diventa possibile. Gli elementi testuali non semioticizzati, che portano con sè dal mondo della vita quotidiana una fascia di significati denotativi o connotativi, subiscono nel loro trasferimento al mondo di finzione un processo di depragmatizzazione cosicchè il loro significato originario viene facilmente dimenticato: sostituita la sfera referenziale dei segni, dei simboli anzi (giacchè si tratta di segni universalmente riconosciuti), nasce una significanza che ha valore esclusivamente nel contesto testuale. Nell'espressione:

E fuè l'apoteosi del patto stretto da Teodora ed Anastasia nato — NATO? — dall'irriducibile inventiva della signorina Scontrino. (*Ibidem*, p. 373),

oppure in:

/.../ in tempo per partecipare al Festino, era arrivata la delega-
zione dei QQQQI /.../ i tattici dell'Alfa e Omega /.../ i
Transeunti del Motore Immobile /.../ l'OLP! (Oh la Peppa!
Problematiche sugli anziani) /.../. (*Ibidem*, p. 278)

sono infatti messe alla berlina, mediante un gioco linguistico
provocatoriamente scanzonato due realtà in primo piano nella
politica internazionale, meccanismo che raggiunge il paradosso
dell'esautorazione del senso e garantisce al romanzo una propria capacità comunicativa consistente in un discorso mitolo-
gico e metaforico.

Il fenomeno dell'esautorazione del senso implica la dimensione ironica del romanzo, essendo l'ironia [87] una riassunzione
finta che equivale ad un rigetto implicito del modello di
mondo istituito dalla citazione, una menzione possibile solo se
un enunciato fa eco a qualche possibile previsione, aspettativa
o premessa smentita dall'evento in corso. Nella *Delfina* in
particolare la menzione di simboli universalmente conosciuti
(NATO, OLP, ecc.) seleziona un repertorio di norme dal
quale viene marcato un distanziamento tanto radicale da diventare ribaltamento: la contraddittorietà dei valori acquista un
carattere di incongruenza che ha a che fare con una contro-
verità fattuale. Inoltre, al di là delle sue risultanze semioticamente funzionali, l'ironia rimane sempre implicita nel testo
poichè utilizza il semplice rimando al contesto; di qui il carat-

---

[87] MARINA MIZZAU, *L'ironia. La contraddizione consentita*, Feltrinelli,
Milano 1984, esamina gli aspetti linguistici e psicosociologici dell'ironia,
caratterizzandola come un percorso di citazione: l'ironia è un discorso su un
altro discorso, un discorso su una parola altrui da cui si prendono le
distanze (si ricordi la polifonia stilistica che Bacthin rinviene nel romanzo).
Per questa ragione, come luogo del già detto, essa si pone come occasione
privilegiata per l'esame dell'interdiscorsività della lingua e del romanzo,
analisi che la studiosa conduce servendosi della linguistica dell'enunciazione
di derivazione francese, della teoria di Bacthin, degli studi sugli *speech acts* e
sulla pragmaticità del linguaggio. Attraverso l'analisi dell'ironia — si deduce
dal testo — è possibile discernere i diversi livelli dell'enunciazione in letteratura, come nel discorso quotidiano, rivalutando la soggettività del soggetto
enunciante che, in una ripresa « falsa » del discorso altrui, mette in gioco la
propria ideologia.

tere eminentemente analogico del discorso della *Delfina* che fa
della decontestualizzazione il meccanismo cardine della comunicazione.

La capacità del discorso ironico di riferirsi al proprio
universo di riferimento, operando un processo di desemantiz-
zazione dei significati originari, può essere peraltro estesa al-
l'impianto narrativo nella sua totalità. Wolfang Iser [88], ad esempio, opponendosi ad Austin (per il quale il linguaggio letterario da un punto di vista pragmatico è vuoto perchè non può
invocare convenzioni o procedure accettate, intendendosi per
convenzione una stabilità normativa organizzata in una struttura verticale), parla di una riorganizzazione orizzontale delle
convenzioni del mondo reale che ogni testo letterario attue-
rebbe nell'intento di offrire al lettore combinazioni inaspettate
e, per questa ragione, potenzialmente private di stabilità: le
convenzioni normative, se inserite nel flusso letterario, risultano pertanto modificate, o modificabili, perchè rimosse dal
loro contesto e funzione originari. Per questa ragione la lettura di un'opera narrativa fornisce una nuova esperienza del
mondo, mettendo in forse il sistema convenzionale di lettura
ed interpretazione della realtà.

La disarticolazione strutturale della *Delfina bizantina* non
tende dunque ad un fine esclusivamente ludico, ma rivela una
componente di ricerca propriamente conoscitiva, in linea con
la teoria di Iser. La dimensione fittiva che caratterizza il
mondo narrativo consente infatti di agire direttamente con
intenti ironici nel mondo della vita: presi a prestito alcuni
simboli caratteristici da quest'ultimo e avvenuta durante il
trasferimento nel mondo della finzione l'esautorazione del
senso originario, inizia un processo grazie al quale il lettore
può mettere in dubbio un dato che la sua esperienza quotidiana propone come costante, assoluto, non criticabile. Questa
è la peculiarità del rapporto mitico: un legame tra due mondi
di tipo analogico, non casuale e non necessario che include
all'interno della letteratura anche un'attività di critica alla Storia, implicita nel meccanismo di decontestualizzazione.

---

[88] W. ISER, *L'atto della lettura*, op.cit.

In conclusione, dunque, nella *Delfina* l'esautorazione delle referenze originarie mediante una struttura barocca e sovrabbondante, insieme al meccanismo scopertamente ironico e al linguaggio volutamente anticomunicativo, ostenta lo statuto effettivo del mondo di finzione e nel contempo si pone come un atto rappresentativo che, attraverso il mito e l'analogia, rappresenta il disordine ed il caos del mondo.

A tal proposito è difficile non essere d'accordo con Iser quando sostiene che « la finzione è un mezzo per raccontarci qualcosa sulla realtà, non è opposta ad essa; se non è realtà, ciò non accade perchè essa manchi degli attributi della realtà, ma perchè ci racconta qualcosa sulla realtà, e il veicolo non può essere identico a ciò che è trasportato. Tra realtà e finzione non c'è rapporto di opposizione, ma di comunicazione » [89].

2.6. *La finzione dell'arte, ovvero l'arte della finzione*

La disamina dei testi della recente narrativa italiana riguardo alle virtualità comunicative tra narrato e realtà sfiora una questione che da sempre ha tormentato critici e scrittori, ovvero il rapporto tra letteratura e vita: se da un lato l'istanza del narratore letterario include infatti nella diegesi una realtà storica, dall'altro il processo di decontestualizzazione avvia, mediante nuove modalità analogiche, un'attività di critica sociale, mentre le frequenti metalessi riflettono l'ambizione del narrativo di varcare il limite tradizionalmente imposto alla narrazione.

In opposizione a Malerba che, scoperta l'inscindibilità di discorso e di storia e investita la stessa istanza narrante di un alone di « falsità », smarrisce la dimensione extradiegetica e la « verità » del mondo narrato, Busi, entità biografica, pratica la dimensione della finzione nella sua stessa vita. In effetti anche in un'atmosfera di confessione dove l'autore si dichiara con nome e cognome, nelle chiose di poetica dunque e nella rifles-

---

[89] *Ibidem*, p. 98.

sione morale che caratterizza il suo ultimo testo, *Sodomie in corpo 11*[90] — non un romanzo, ma un incrocio di tanti generi: dichiarazioni di poetica, diario di viaggio, postfazioni ai romanzi precedenti, bizzarrie e compiacimenti della confidenza più viscerale e *osée* —, abbiamo sempre a che fare con una grande mirabile finzione[91]: « Guai ad essere veramente veri quando si ha ancora un infinito soffio per fare di meglio. » (*Ibidem*, p. 31)

In conclusione dunque, se Malerba porta alle sue estreme conseguenze il procedimento della finzione dell'arte sfociando nell'angoscia della finzionalizzazione della vita, Busi fa, invece, dell'arte della finzione la propria condizione di vita e per questa ragione trova nel genere romanzesco il proprio ambiente naturale. Nell'uno e nell'altro caso, in Malerba come in Busi, ma in direzioni completamente opposte, la letteratura mette in discussione l'esistenza di un'opposizione irriducibile tra reale e fantasia mentre tenta di realizzare la sua più grande utopia: l'inseparabilità del mondo dalla sua rappresentazione.

[90] A. Busi, *Sodomie in corpo II,* Garzanti, Milano 1988.
[91] Seguiamo direttamente nel testo il processo di invalidazione dell'enunciazione attuato dal romanzo. Una serie di marche tipografiche segnalano la distanza tra l'enunciazione e l'enunciato, negando la veridicità del percorso di scrittura. In: « Di là due italiane schifiltose, con l'espressione insoddisfatta sono pronte alla sfida (di che?), sono di nuovo in compagnia: si stanno facendo lardellare da tutto il personale di cucina senza badare a spese /.../.» (*Ibidem*, p. 63), le parentesi ed il punto interrogativo segnalano una distanza ironica, dato che mettono in scena una polemica nei confronti della parola espressa in precedenza; annullano in definitiva la vericidità dell'enunciato. Il processo di autoironizzazione che prevede anche ammiccamenti a narratari extradiegetici e un andamento autocosciente: « Questo è un libro di non viaggio e di non sesso e me lo scrivo come mi pare e piace — e inoltre un libro seppur di non viaggio e di non sesso che si rispetti non interessa mai a più del 99% dell'umanità; si vede che tu non ne fai parte.» (*Ibidem*, p. 149) mette dunque, allo scoperto il carattere finzionale di un enunciato che, come confessione autobiografica, pretende a uno statuto di verità.

3.0 L'istanza del narrare

3.1. *Il piacere della narrazione*

Negli anni Sessanta un'urgente tensione di ricerca impedì agli scrittori di godere del piacere della narrazione e li costrinse ad una sensibile riduzione degli strumenti predisposti da una ricca tradizione di ascendenza squisitamente letteraria.

A partire dagli anni Settanta, invece, e poi negli anni Ottanta, la sperimentazione sembra spostarsi sul piano delle categorie narrative avvalendosi dell'acquisizione, grazie anche alla narratologia, dei meccanismi relativi alla invenzione tradizionale e alle forme della cosiddetta paraletteratura.

Dopo il dibattito svoltosi nel '65 a Palermo, anche per gli ultimi difensori dell'avanguardia il compito del narratore è tornato ad essere quello di costruire mondi e ciò ha comportato la riabilitazione dell'intreccio e il ricorso all'azione, mentre ha fatto riscoprire il piacere del raccontare, ovvero di comunicare ad un pubblico ampio, voltando le spalle al narcisismo della prima neoavanguardia.

La recente esperienza letteraria tenta infatti di coniugare il binomio leggibilità-vendibilità con elevati contenuti e moduli formali ben consapevoli della lezione neoavanguardistica; recuperato l'intreccio ed avviata la lingua ad una piana scorrevolezza, le prove migliori ricercano la struttura narrativa più adatta al nuovo romanzo.

L'analisi testuale della produzione contemporanea non può in effetti che portare a un giudizio positivo che sancisce la consapevole riacquisizione delle tecniche narrative piò o meno recenti — monologo interiore, monologo esteriore, indiretto libero — oltre che la messa in atto delle varie modalità focalizzanti, che ritrovano in questi scrittori una nuova vitalità.

La tecnica della focalizzazione esterna, sfruttata per i suoi effetti di fredda obiettività, ha infatti in De Carlo un suo accorto seguace, mentre Tabucchi nel suo *Filo dell'orizzonte* la pone in dialettica con una focalizzazione onnisciente procurando un originale effetto psicologico. Della tecnica della focalizzazione interna, invece, — abbandonato il campo percettivo che otteneva una contrazione del mondo narrato o valorizzava un punto di vista *autre* (si pensi a *Abitare il vento*) — viene sfruttata la capacità espressiva ed evocativa, ovvero la potenzialità affettiva e soggettivizzante, attraverso cui la narrazione si distende come nelle felici prove di Calvino o di Tabucchi (ci riferiamo rispettivamente a *Palomar* e a *Notturno indiano*). Realizzazioni altrettanto riuscite ha trovato infine la tecnica della focalizzazione zero: il narratore onnisciente che a volte mette in gioco tutta la sua capacità intrusiva, commentativa, interpretativa, come nella *Delfina bizantina*, altre volte invece preferisce mantenersi nascosto, come nella *Principessa e il drago*, o ancora si riduce al compito di una pura attività osservante in piena libertà spazio-temporale, come nell'*Atlante occidentale*, ed è conseguentemente interdetto ad un'attività di giudizio o di commento morale e psicologico. Che si scelga una tecnica o l'altra, resta comunque invariata e fuori discussione la sapienza costruttiva di questi scrittori che riprendono a « narrare » dopo le stravolte esperienze del passato.

La nostra analisi sulla narrativa recente si ferma in primo luogo sul romanzo di Sebastiano Vassalli, *Abitare il vento*, sebbene la posizione di capolista non gli sia conferita da particolari meriti artistici, ma dall'influenza diretta dello sperimentalismo degli anni sessanta. La mancanza d'azione, la sintassi sconnessa, la dimensione scopertamente *autre* del romanzo, testimoniano infatti che la nuova esigenza del narrare non ha ancora imposto la propria presenza in questa prova narrativa, che peraltro ci ha fecondamente stimolato in considerazioni di ordine differente.

Lo schema di *Abitare il vento* è apparentemente molto semplice: un narratore racconta la vicenda in cui egli stesso è inserito, adottando una narrazione simultanea allo svolgersi degli eventi ed una focalizzazione percettiva interna, rispettata fino in fondo, come lo stesso Vassalli dichiara apertamente:

> Società, ambienti, eccetera: riproduzione in scala uno a uno, senza scenografia e senza trucchi. Il mondo visto dalla finestra inzomma. O dall'altezza di un metro e settantacinque centimetri guardando dritto avanti. Dunque. (*Ibidem*, p. 3)

Tale focalizzazione si polarizza coerentemente in focalizzazione esterna sugli altri personaggi, dei quali non è possibile
conoscere pensieri o moti inconsci se non ipoteticamente attraverso dialoghi oppure rappresentazioni di gesti e comportamenti, con la conseguenza che le presenze narrate rimangono
per noi e per il protagonista essenze opache, prive di spazio
interiore o di sentimenti, proiezioni fantasmatiche in un universo inanimato e privo di spessori significativi. Il vuoto epistemico ed emotivo del personaggio, che ha i suoi correlati
nella limitazione del sapere del narratore, ostacola altresì il
procedere del racconto che si arresta non appena ha definito
quella carenza.

Con *L'oro nel mondo*, invece, la narrazione rifluisce e il
romanzo si arricchisce di punti di vista, di posizioni ideologiche, se non di vocalità differenti. Anche *L'oro nel mondo* ha
un narratore autodiegetico, perchè Sebastiano, protagonista
della vicenda, racconta in prima persona avvenimenti autobiografici; l'intreccio di posizioni ideologiche e di punti di vista
segna tuttavia una differenza rispetto al romanzo precedente e
consente al libro di svolgersi su tre piani: il privato, la storia, il
testo nel suo farsi, attraverso e all'interno dei quali il punto di
vista informante il romanzo può vagare liberamente.

Il passare del tempo segnala infatti una modifica della
coscienza di Sebastiano, narratore-protagonista, che narra la
sua vicenda nell'arco di una quarantina di anni, e crea una
distanza tra l'io narrato nel tempo della storia e l'io narrante
nel tempo della narrazione, distanza che va naturalmente dimi-
nuendo fino all'isotopia finale che riflette un'identità tra io
narrato ed io narrante. Nelle zone di narrazione ulteriore,
quando il soggetto dell'enunciazione non coincide col soggetto
dell'enunciato e quest'ultimo si costituisce come produttore del
punto di vista, la visione concettuale è riorientata dalla sovrapposizione del soggetto dell'enunciazione che s'impone quale
narratore differito. Si assiste allora ad una palese dialettica tra
due punti di vista:

> A quell'epoca io ancora non capivo cosa ci fosse al fondo dei
> suoi occhi, quel misterioso bagliore che s'accendeva nel suo
> sguardo finchè compresi: era ... oro! /.../.

> a quarantacinque anni quanti attualmente ne abbiamo Fernanda ed io, nemmeno occorrono specchi per misurare la devastazione del tempo. (*Ibidem*, p. 57)

determinata da una prospettiva temporale: la realtà da descrivere è lontana nel tempo; chi narra riferisce l'incanto di una visione giovanile con un'affettività davvero prorompente, enfatizzata dall'esclamazione: « compresi... era oro! »; immediatamente però lo scarto temporale impone una distanza e una vena malinconica si impadronisce della scrittura, mentre un'anastrofe, un'inversione nell'ordine naturale delle parole, movimenta lo scritto e testimonia l'emozione del narratore. Su questa prospettiva che si articola e si modifica nel tempo, si innestano i punti di vista dello zio Alvaro, della madre, del padre o di altri incontri casuali, nei confronti dei quali Sebastiano si pone come testimone. A queste figure appartenenti tutte al privato se ne aggiungono altre che abitano il mondo della Storia. In piccoli racconti storici, per i quali Vassalli precisa la scientificità dei riferimenti, nascono invero le storie di Ludovico, cinico e profittatore, del piccolo re Vittorio Emanuele, incapace di gestire gli avvenimenti, del sottotenente Petruccelli o del soldato Cannizzaro, semplici soldati mandati al macello, degli uomini venduti come schiavi a Nairobi, del marinaio Gabardini, spinto dalla fame a far « l'amore con una pagnotta ». Di queste piccole storie Sebastiano si pone come stenografo e raccoglitore, rinunciando almeno apparentemente alla propria ideologia e affidando ad altri la focalizzazione concettuale del racconto.

La pienezza espressiva, l'abbondanza di punti di vista, personaggi e storie testimonia dunque, dopo uno scarto di più di dieci anni, di una nuova vocazione al narrare che caratterizza la recente pratica narrativa, con una conseguenza fondamentale a livello teorico: che la prassi narrativa abbia legami imprescindibili con la manifestazione della soggettività, nelle sue qualità conoscitive ed emozionali.

Un testo di Andrea De Carlo, *Uccelli da gabbia e da voliera* [92] presenta invece la medesima povertà strutturale di *Abitare il vento*, basato com'è su una pretesa autosufficienza del narratore, costruita sulla scoperta irrinunciabilità del quotidiano: tutto in prima persona presenta un'istanza narrativa autodiegetica che racconta in presa diretta gli avvenimenti; il punto di vista percettivo è quello del narratore protagonista, l'istanza simultanea la medesima: personaggio narrato e personaggio narratore coincidono grazie all'identità di persona e alla mancanza di scarto temporale. In virtù della presa diretta, la collocazione spazio-temporale di Fiodor narratore coincide pertanto perfettamente con la collocazione di Fiodor protagonista. In realtà però la coincidenza è solo figurata in quanto il narratore non è impegnato in un monologo interiore nè sta scrivendo un diario.

Se la responsabilità della voce appartiene prevalentemente al narratore, anche la focalizzazione percettiva si fissa sulla sua coscienza e, come sempre, diventa focalizzazione esterna [93] sugli altri personaggi, rappresentati qui nei loro volti, voci, gesti, e privati tuttavia da quell'unico fuoco visivo di una propria vita interiore. Di conseguenza, la narrazione si risolve in una registrazione dei brani di dialogo e in una rappresentazione

---

[92] ANDREA DE CARLO, *Uccelli da gabbia e da voliera*, Einaudi, Torino 1982.

[93] Il racconto a focalizzazione esterna ammette solo registrazioni di dialogo o descrizioni dei gesti dei personaggi e dell'ambiente. La tecnica narrativa della focalizzazione esterna è tipica, nota Genette, di Hemingway e di alcuni romanzieri americani tra le due guerre che la protraggono per tutta l'opera, benché spesso anche i romanzieri dell'Ottocento l'abbiano utilizzata per dare un inizio enigmatico al proprio racconto. Nella nostra storia letteraria i suoi tratti più rilevanti sono connessi al tentativo di rendere impersonale, scientifica la narrazione (si pensi al De Roberto dei *Processi verbali*). Questa tecnica narrativa è sfruttata fino alle estreme conseguenze nell'*École du regard*, dove il narratore diventa un semplice punto di osservazione completamente impersonale, un monitor su cui scorrono le immagini neutre ed inespressive di una telecamera fissa. La dimensione oggettuale di questo sguardo noiosamente analitico viene poi confermata dal trattamento riservato ai personaggi che diventano puri oggetti instauranti semplici rapporti spaziali con gli altri oggetti dell'ambiente.

prevalente di gesti ed ambienti, dal momento che la volontà oggettivizzante si spinge fino a dimenticare i pensieri stessi del protagonista. Anche il narratore, esterno a se stesso, è privato di qualsiasi spessore interiore, mentre la scarsezza di prolessi o comunque di ogni forma di recupero memoriale determina altresì l'impressione di un personaggio senza storia, di una vita consumata nell'istante senza il confronto della memoria.

Il narratore, come gli altri personaggi, può solo ascoltare e vedere, ma l'uomo è qualcosa di più di un soggetto senziente: ne deriva un universo narrativo abitato da esseri opachi, condannati, al di là del lieto fine della storia, ad un'eterna solitudine.

Il racconto di De Carlo si avvicina molto al monologo esteriore e ai tentativi sperimentali del *nouveau roman;* non arriva però, come in Robbe-Grillet, a proporre rappresentazioni straniate di situazioni normali. Lo scrittore francese infatti, mediante il rallentamento della narrazione e l'attenzione al dettaglio, fornisce al lettore aspetti della realtà quotidiana in modo insolito e sorprendente e, caratterizzando il narratore solo come sguardo che in modo analitico esplora la porzione di spazio su cui cade, tratta i personaggi come degli oggetti costituenti un sistema di rapporti spaziali con gli altri oggetti e, trasformatili in puro pretesto, così come l'intreccio e la storia, li riduce all'essenziale. L'oggettività di De Carlo consiste al pari nell'attitudine a registrare cose e persone, atti e movimenti, senza giudicarli nè interpretarli, ma descrivendoli in modo che tutto risulti come assimilato ed unificato:

> Camminiamo verso l'uscita; lui cerca di prendermi di mano la valigia. La passo dalla destra alla sinistra per sottrarla alla sua portata, ma lui insiste, raggiunge la maniglia; gliela lascio prendere. /.../
> Salgo sulla Volvo di Lowell; usciamo dal parcheggio. Andiamo veloci per una strada provinciale. (*Ibidem,* p. 21)

mediante la sapiente costruzione del linguaggio, che esclude l'eventualità di interpretazioni, simboli o metafore — sul piano grammaticale sono eliminati tutti gli aggettivi affettivi mentre abbondano quelli valutativi — e che, con frasi brevi ed epigrammatiche, oppure legate da coordinazioni paratattiche, contribuisce al generale clima di distanza e di freddezza. Le tecniche della focalizzazione esterna non sortiscono tuttavia qui il medesimo effetto straniante di Robbe Grillet, dal momento che la narrazione autodiegetica conserva la caratteristica illusione di realtà, in cui la formula narrativa del monologo esteriore consegue semplicemente il valore stilistico dell'annullamento dell'io.

Yucatan [94], sempre di De Carlo, pur confermando l'impressione suscitata dalla prova precedente, che cioè i precetti dell'*école du regard* si siano tranquillamente imposti, diventando per il giovane narratore una realtà normale, registra però una nuova attitudine narrativa che prevede il superamento della crisi dell'io. La vicenda — un grande regista cinematografico, il suo assistente, il produttore di un probabile film e un fortunato scrittore sono presi da un vortice di voci e bigliettini misteriosi che provocano fino all'ultimo una forte *suspence*, interrotta dalla conclusiva risata finale, che segna anche lo smacco dei protagonisti — è vista e raccontata in prima persona dal giovane assistente, il quale si limita però a raccontare i fatti così come essi sono: gli occhi del narratore sono infatti una cinepresa, la sua memoria un computer; le informazioni si susseguono in una serie di *input* ed *output*, senza uscire modificate da quel freddo ed insensibile meccanismo. De Carlo ha però capito che per non disperdere il tessuto narrativo in una serie di esperienze minime deve impostare un motivo strutturale; di conseguenza tenta di riunire in strutture più complesse i motivi derivati dalla letteratura sperimentale e in particolare dai modelli del *nouveau roman*.

Da un lato dunque, come ad esempio nella descrizione filtrata dallo sguardo di uno dei suoi protagonisti:

> Nesbitt mi stringe la mano, dice « Salve Dave ». È pieno di energia dinamica, ha una grossa testa su un collo largo, una giacca blu di cashmire, un orologio con molte lancette al polso. Sottrae a Dru la valigia appena lui la ritira dal nastro; gliela trascina verso l'uscita. Fuori ci apre le portiere di una grande

[94] ANDREA DE CARLO, *Yucatan*, Bompiani, Milano 1986.

> mercedes nera, mi aiuta a mettere le valigie nel bagagliaio. Si
> siede al volante, controlla che Dru e io siamo a posto; guida via
> lungo un percorso semicircolare. (*Ibidem*, p. 14),

si ritrovano tutti gli elementi caratteristici delle sollecitazioni
tecnico-stilistiche dell'*école du regard:* presenza di tratti valutativi, che sono preferiti a quelli affettivi, rigidità della costruzione sintattica, frasi brevi collegate mediante paratassi; e tutto
quanto concorra a determinare sul piano espressivo un effetto
di visività. Mediante tali espedienti stilistici il personaggio descritto, così come il narratore che descrive, si rendono omogenei alle circostanze esterne con cui devono misurarsi ogni
giorno, anch'essi coperti da una patina densa, una pellicola
artificiale che li immobilizza e li apparenta al sistema degli
oggetti messi in mostra dalla pubblicità e dalla catena del
consumismo. L'effetto di senso che ne consegue trasforma, in
virtù della prevalente scelta narrativa, i pellegrinaggi nel ma-
gico Yucatan in un viaggio all'insegna di una modalità di vita
standardizzata attraverso le pubblicità dei rotocalchi.

D'altro canto però per contrastare la freddezza e la monotonia delle piccole esperienze quotidiane intervengono il già
citato abbozzo d'intreccio e soprattutto un gioco di punti di
vista, di salti dimensionali, di plastici rilievi, con cui De Carlo
tenta di superare l'opacità dei personaggi che caratterizzava
Uccelli da gabbia e da voliera. Il procedimento diventa palese
soprattutto nei cantucci riflessivi riservati al protagonista della
vicenda, Dru Resnick, che in virtù di una sorta di monologo
interiore perde quel carattere d'inaccessibilità che non permette
al suo assistente di penetrargli nell'interiorità dell'animo. In
questi brevi momenti dedicati esclusivamente ai pensieri ine-
spressi di Dru:

> La cosa ridicola è che ogni volta che dopo appostamenti e
> attese e tentativi a vuoto e approcci ripetuti riesco ad arrivare a
> contatto con una storia che mi affascinava, mi riempio di
> questa delusione istantanea. (*Ibidem*, p. 16)

viene meno la distanza e l'oggettività, che getta una luce fredda
su tutta la vicenda, e il lievito di un'umanità appena abbozzata

riscalda la storia. Se dunque questo romanzo, come già i precedenti, è portavoce di un giovanilismo ad oltranza, di un'energia che forza i tempi e le cose al ritmo della vita cittadina e della tecnologia, dove il racconto, l'estensione nel tempo e nello spazio, la fantasia, l'arresto della corsa, non trovano posto, talora però rivela i segni di un primo rallentamento: e allora la vita rifluisce e il narrare rinasce.

Il recupero della narrazione e dell'intreccio, il moltiplicarsi delle persone e delle voci narrative, attestato dalle prove di Vassalli e De Carlo, è confermato anche in altre recenti esperienze letterarie, dove talora il narratore tende a porsi come onnisciente e ad adottare focalizzazioni multiple, in modo sfacciato e palese come in Busi, o in modo più sommesso come in Pazzi; talora invece ricorre a una rigorosa focalizzazione interna e riduce drasticamente le coscienze informanti, non per distruggere l'azione o annullare l'analisi introspettiva, ma per produrre una soggettivizzazione dello spazio, che si apre così a nuove potenzialità espressive.

Questa evoluzione verso una maggiore pienezza narrativa comporta anche un'alterazione del rapporto tra autore implicito e narratore. I testi di Sanguineti, Balestrini, Tondelli e a volte di Vassalli, dove la voce del narratore si presenta in modo particolarmente destrutturato, pongono infatti il problema della separazione del narratore, presente in ogni enunciato, dall'autore implicito. Booth parla a questo proposito di narratore inattendibile in rapporto al quale l'autore implicito si pone ad una distanza morale o intellettuale, distacco portato ai limiti della leggibilità quando l'ottica del narratore diventa deformante, alienante o straniante: a una maggiore destrutturazione della voce del narratore corrisponde in effetti una sofisticata ricercatezza strutturante dell'autore implicito. In *Capriccio italiano*, ad esempio, un narratore inattendibile, privo per le sue caratteristiche oniroidi delle capacità strutturanti che l'autore implicito mette in atto nella redazione testuale, dimostra in ogni momento una radicale inattendibilità e un ristretto orizzonte culturale che lo aliena rispetto alle competenze dell'istanza autoriale implicita, che si manifesta peraltro nell'accorto disegno globale e nella sofisticata costruzione a lasse narrative, nell'andatura strofica che arieggia la forma epica medievale delle *chansons des gestes*. In *Abitare il vento*, altresì, la distanza linguistica del narratore dall'autore implicito presuppone una differenza psicologica e sociale, dal momento che il linguaggio manieristico e sgrammaticato del romanzo rappresenta, come si è detto, la visualizzazione di un'intera ideologia e di uno stile di vita.

Tale interruzione tra l'istanza enunciante implicita e quella narrante viene revocata nella narrativa più recente nella quale il narratore non s'imballa in un'azione *autre* o in una soggettività schizoide, recuperando peraltro tutta la sua capacità demiurgica. Nei romanzi di Busi, Calvino, Del Giudice, Tabucchi, Pazzi, poco o niente ci offre infatti il testo per qualificare l'istanza narrativa come un personaggio distinto dall'autore; in questi casi di narratori extradiegetici la narrazione è presentata al lettore direttamente, senza un intermediario, e il lettore ingenuo — non avendo elementi interni al testo per qualificare la voce narrante come entità autonoma diversa dall'idea che ci facciamo dell'autore — pensa che a narrare sia direttamente l'autore il cui nome compare sul frontespizio del libro. È questa la situazione che Grosser definisce di autorenarratore, una situazione cioè in cui la distanza tra autore implicito e narratore tende a vanificarsi. I romanzi di Malerba, Eco hanno, come l'ultimo di Vassalli (*L'oro nel mondo*), un narratore omodiegetico fornito di caratteristiche attribuibili facilmente all'autore stesso; in essi pertanto la distinzione dall'autore implicito tende a dissolversi nell'accezione del lettore ingenuo, così come avviene generalmente per ogni tipologia autobiografica.

Nella diffusa tendenza verso una maggiore articolazione narrativa, palese nel declino del narratore schizoide incapace di dar vita ad un'azione complessa ed articolata o di percepire e rappresentare l'altrui dimensione umana, oltre che nel rinnovato equilibrio tra autore implicito e narratore, possiamo sostenere che i nuovi narratori — ormai « normalizzati » — dimostrano una straordinaria sapienza costruttiva che deriva dalla piena assimilazione delle tecniche narrative offerte dalla tradizione. Questi scrittori, privi di esperienze simili a quelle che nel passato hanno prodotto storia e cultura collettiva (le rivoluzioni einsteiniana e freudiana, il trauma della guerra, del fascismo, della resistenza), impediti ad una ricerca linguistica dopo l'esperienza anticomunicativa dell'avanguardia, hanno alle spalle una valida tradizione narrativa che ha scandagliato tutti i possibili modi narrativi: prima di scrivere, dunque, devono riflettere sul loro progetto letterario, sull'uso e sulla funzione che gli vogliono attribuire, considerando che nessuna scelta può essere fatta innocentemente.

Ne deriva un'intensa riflessione, anche teorica, che ha per oggetto la letteratura, la sua forma, i suoi valori, i suoi scopi; ne deriva uno sforzo intenso che ha garantito il rinnovamento tematico e tecnico della nuova narrativa e il suo riavvicinarsi alla cultura internazionale.

3.3. *Il narratore extradiegetico: l'alternanza tra sguardo e pensiero in Del Giudice e Tabucchi*

Un ruolo emblematico in questo processo di svecchiamento stilistico è ricoperto da *Se una notte d'inverno un viaggiatore* di Italo Calvino, in cui l'articolarsi dei piani narrativi e l'imprevisto montaggio delle azioni fittizie genera una discussione riguardo alla stessa struttura della narrativa.

Nei due livelli in cui si articola la narrazione — il primo, in cui il narratore extradiegetico dedica al lettore virtuale completamente ignoto una narrazione, e il secondo in cui avviène invece tale narrazione, per cui il lettore, diventato protagonista, fruisce di alcuni atti di finzione precedenti — si assiste a una continua ridefinizione delle istanze; se infatti nel primo caso il narratore non può procedere alla costruzione del destinatario, che rimane solo virtuale, nel secondo invece costruisce il suo lettore protagonista, gli fa compiere un tragitto, lo mette in vista tramite un'aperta esibizione, gli assegna un punto da cui seguire quanto gli viene esposto (dandogli una collocazione nello spazio e sul versante della conoscenza) e infine lo spinge a compiere ricognizioni autonome tra le pieghe della vicenda. Il montaggio ad incastro e la focalizzazione interna variabile

consentono inoltre a Calvino di rappresentare tutte le forme
possibili della narrazione, di metterle a confronto sfruttando il
meccanismo della citazione e di parlare dunque della letteratura senza fare un metaromanzo o un romanzo-saggio, ma
continuando a narrare.

L'onniscenza del narratore, dotato di libero accesso alla
coscienza delle voci enuncianti e in grado di dialogare apertamente con un narratario extradiegetico, si spinge fino alla
rappresentazione esplicita dell'atto di scrittura o di costitu-
zione del romanzo. All'illimitato orizzonte referenziale del
narratore fa però da riscontro la sua calcolata reticenza grazie
alla quale l'istanza narrante continua a centellinare informazioni — di sua competenza già all'inizio del romanzo — attraverso la coscienza dei vari personaggi, per creare quel tanto di
suggestiva *suspense*, tanto più sorprendente in quanto si realizza
tra le intercapedini del già detto, per concludersi col topos
narrativo più diffuso ed ironizzato: il lieto fine matrimoniale.

La sincronia dell'onniscienza e reticenza di *Se una notte*
determina una polifonia ed una dialogicità tra voci, discorsi e
ideologie da esaminare mediante suggestioni bacthiniane. È
possibile infatti, secondo Bacthin, dividere i testi narrativi in
base alla loro forma monologica o polifonica, consistendo la
polifonia nell'opposizione all'enunciazione del narratore delle
voci e dei punti di vista dei personaggi interni alla storia [95].

---

[95] In effetti in tutti i romanzi polifonici sono ravvisabili tracce di
pluridiscorsività e plurivocità; in essi si dispiega un mondo di coscienze che
s'illuminano a vicenda, un mondo di orientamenti semantici umani collegati
fra di loro. « In questa tipologia il personaggio non interessa più come
elemento di una realtà che possiede stabili e determinati segni socialmente
tipici e individualmente caratterizzati, non più come figura determinata che
scaturisce da tratti univoci ed oggettivi, rispondenti nel loro insieme alla
domanda: chi è? /.../. Il personaggio interessa invece come posizione semantica valutativa, come punto di vista dell'uomo rispetto a sé stesso e alla
realtà che lo circonda » (M. BACTHIN, *Dostoeskj*, op. cit., p. 264).
Si tratta dunque di esaminare il procedimento di produzione del senso che è
successivo alla focalizzazione ottica degli avvenimenti e che riguarda la
conduzione del dialogo emittente-personaggi all'interno dell'intrigo testuale:
nella pluralità di concezioni epistemiche, i cui sfasamenti sono segnalati da
componenti essenzialmente stilistiche, la voce del narratore è aperta ad una

La risultanza funzionale delle suindicate ipotesi teoriche in *Se una notte*, definisce il romanzo come un insieme poliorien-

decisiva plurivocità in virtù dei riflessi accettati della lingua dei personaggi e per l'imitazione stilizzata o parodistica di questa lingua. Può dunque accadere che nel racconto non focalizzato l'orientamento del senso appartenga unicamente alla persona del narratore: in tal caso Bacthin parla di « parola diretta » immediatamente indirizzata al suo oggetto come espressione dell'ultima istanza semantica di chi parla; può però anche palesarsi una « parola altrui nascosta », un punto di vista ideologico del personaggio che opera attivamente nel discorso del narratore costringendolo a modificarsi: in questo caso si può parlare di due centri discorsivi che si dipanano in direzioni opposte e dunque di due voci multidirezionali; infine la parola del narratore può tenere presente quella del personaggio costituendosi in rapporto a questa in una posizione polemica o comunque di dialogo: in tal caso avremo una « parola attiva » o una « parola estranea riflessa ». Nelle zone di focalizzazione interna è possibile peraltro che il narratore tradisca continuamente se stesso in giochi di interferenze sottilissimi, nascondendosi all'interno dell'enunciato e nel contempo mettendo in moto un processo di orientamento del senso; in tal caso il discorso è determinato da due centri convogliati in un unica direzione, trattandosi di una zona a due voci unidirezionale; in quei punti in cui non è facile attribuire la titolarità di voce si possono riscontrare altresì esempi di stilizzazione, il narratore cioè stilizza lo stile altrui in direzione degli obiettivi a lui propri, rendendoli pertanto convenzionali (avremo in questo caso due voci indirizzate nel medesimo senso); in simili circostanze, il discorso parodistico realizza non una sovrapposizione ma uno scontro tra punti di vista: si assiste ad una trasmissione della parola altrui con variazione di senso e a una compresenza di due voci organizzate in più direzioni. Quando infine dietro la parola del personaggio appare, implicita, la posizione polemica del narratore che ne ridetermina l'intenzione, si realizza una dialogicità di tipo attivo, e dunque una « parola estranea riflessa ». La dialettica appena delineata si svolge sia a livello macrotestuale che microtestuale poiché le grandi suddivisioni prospettiche che riguardano le modalità di focalizzazione si articolano e si frantumano nella loro realizzazione discorsiva, dove i punti di vista e le varie ideologie si rincorrono permanentemente. Necessariamente l'individuazione della polifonia narrativa è strettamente congiunta alla determinazione del punto di vista concettuale: essa deve avvenire momento per momento e deve restare completamente appigliata alla dimensione del testo, derivando dall'esame della soggettività della voce narrante. Nell'esigenza di determinare le varie attribuzioni finora da noi presentate in maniera astratta, utilizziamo lo studio di una linguista francese, C. Kerbrat-Orecchioni, sulla soggettività del linguaggio. Secondo la studiosa infatti, tutti i lessemi sono soggettivi, in quanto interpretativi delle cose, benché la classificazione dei termini sia molto laboriosa per il loro costituire un insieme non ben determinato e implichi come conseguenza che spesso la loro identificazione è affidata tato a diversi livelli dato che il processo di ideologizzazione si scinde in una pluralità di tensioni che non sempre è facile dominare, con la conseguenza che i personaggi diventano centri discorsivi autonomi, soggettività informanti del testo con cui il narratore impara a confrontare ideologie e assiologie. La caratteristica alternanza tra reticenza (rappresentazione dei punti di vista altrui) e onniscienza del narratore introduce dunque in un'eclatante dimensione polifonica che si esprime nelle forme della stilizzazione o della ripresa parodistica. La stilizzazione [96] delle menzioni discorsive o culturali dei personaggi rappresentati — rispetto ai quali l'obiettività del narratore consente una raffigurazione coerente di punti di vista — non tende esclusivamente a garantire nel testo la loro autonomia narrativa, ma soprattutto a evidenziare la poetica letteraria

all'intuizione. Possiamo comunque, dividere il termine soggettivo in tre tratti: affettivo, modalizzante e valutativo, nella variante assiologico/non assiologico. I lessemi affettivi enunciano una reazione emotiva del soggetto parlante, quelli valutativi una valutazione quantitativa o qualitativa dell'oggetto designato senza giudizi di valore, quelli assiologici — invece — indicano un giudizio di valore negativo o positivo; agli elementi del discorso modalizzanti è affidato — infine — il compito di notificare la distanza o il coinvolgimento del soggetto o più indirettamente un giudizio di verità/falsità/incertezza sui processi enunciati. Tale suddivisione viene poi dettagliata nell'esame a livello frastico e intrafrastico e, in quest'ambito specifico, nell'attenzione a sostantivi, aggettivi (suddivisi in affettivi e valutativi, assiologici e non assiologici), verbi (suddivisi in assiologici, modalizzanti ed affettivi), avverbi (che hanno una funzione prevalentemente modalizzante); cfr. CATHÈRINE KERBAT ORECCHIONI, *L'énonciation. De la subjectivité dans le langage,* Colin, Paris 1980.
    [96] Si parla di stilizzazione solo quando il narratore « si serve della parola altrui e così getta una leggera ombra obiettiva su questa parola. Per la verità la parola non diventa oggetto. Infatti allo stilizzatore importa l'insieme di procedimenti del discorso altrui come espressione di un particolare punto di vista. Egli lavora con un punto di vista altrui, perciò una certa ombra obiettiva ricade sul punto di vista stesso, per il che essa diviene convenzionale. Il discorso obiettivo del personaggio non è mai convenzionale. Il personaggio parla sempre sul serio. Il rapporto del narratore non penetra all'interno del suo discorso, lo osserva all'esterno » (MICHAEL BACTHIN, *Dostoevskj,* op. cit., p. 246).

di cui ogni figura eidetica rappresenta l'esatta proiezione simbolica. Se i personaggi di *Se una notte*... subiscono un procedimento di stilizzazione, nel contempo i dieci racconti incastonati nel flusso generale della narrazione, nel rimandare ciascuno ad un preciso modello letterario e a uno stile narrativo, sottostanno ad un'autentica forma di parodia [97], dato che la condizione necessaria perchè se ne affermi il successo consiste nel servirsi della parola altrui mettendo in essa una nuova intenzione. Invero, sebbene ogni genere letterario corrisponda nella pratica culturale ad una precisa intenzione comunicativa, l'avvenuta spettacolarizzazione nel testo dell'insieme dei modelli narrativi impone su tutti — mediante una depragmatizzazione dell'intenzione originaria — una volontà trascendente: svelare l'apparato convenzionale del testo e risolvere la rappresentazione in un simulacro. Ne risulta un vero esempio di romanzo polifonico dove le voci entrano in dialettica tra loro ed aprono un dibattito cangiante sul loro stesso oggetto: la letteratura.

La polifonia romanzesca, che ravviva la narrazione onnisciente nella forma della stilizzazione o della parodia, avvia per di più quel processo di « normalizzazione » dell'istanza narrante che per altre vie vedremo emergere nel corso del nostro lavoro: il narratore, messo da parte il proprio statuto semidivino, scende, uomo tra gli uomini ed entra in dialogo con le ideologie dei suoi personaggi, lasciando che voci e punti di vista si confondano nella variegata realizzazione discorsiva.

---

[97] L'intenzione parodistica può essere assai varia: « si può parodiare lo stile, si può parodiare l'altrui maniera socialmente tipica o caratterologicamente determinata di vedere, pensare, parlare... Ma in tutte queste possibili varietà di parole parodistiche il rapporto con l'intenzione dell'autore resta lo stesso: queste intenzioni hanno varie direzioni, a differenza delle intenzioni unidirezionali delle stilizzazioni. /.../. Alla parola parodistica è analoga la parola altrui ironica o qualsiasi parola altrui usata ambiguamente giacché in questi casi ci si serve della parola altrui per trasmettere delle intenzioni ad essa ostili » (*Ibidem*, p. 256).

Alla sovrabbondanza dei meccanismi narrativi di *Se una notte*, si oppone la relativa semplicità della *Principessa e il drago* di Pazzi, in cui due tecniche diverse sono messe a confronto: al flusso generale della narrazione in cui l'indiretto libero procura una fusione tra voci e un'assimilazione tra narratore e personaggio, si oppone infatti il racconto epistolare interno, dove gli eventi si realizzano come evocati dalla scrittura del narratore autodiegetico, alla cui persona è limitato l'orizzonte percettivo della narrazione, sebbene la dimensione fiabesca della narrazione consenta incredibili bizzarrie e allarghi indefinitamente la prospettiva ottica insieme alle possibilità di movimento nello spazio e nel tempo.

La figura narrante della *Principessa e il drago* è onnisciente: conosce tutti i fatti e gli antefatti prima che si realizzino nella storia (il primo capitolo del libro costituisce ad esempio un prologo alla vicenda), penetra liberamente nella coscienza di tutte le istanze narrate e, infine, è libera di muoversi a piacimento nello spazio e nel tempo; non si tratta però di un narratore palese, in quanto rinuncia ad un'esplicita automenzione, ad eventuali interventi commentativi o riassuntivi e a possibili interpretazioni, mentre non prevarica sui suoi personaggi con i quali peraltro si vuole confondere. L'istanza narrante si costituisce come sguardo che osserva e costruisce la scena, il narratore di conseguenza si pone esclusivamente come punto focale da cui si parte per ricostruire gli ambienti, quasi una macchina da presa che osserva quanto le è posto davanti, sebbene la struttura dello spazio, apparentemente oggettiva, riveli in realtà la distanza da ogni contingenza e, allargandosi indefinitamente in tutte le direzioni, testimoni dell'onnipotenza del narratore.

Pochissimo ci viene però direttamente dalla voce narrante extradiegetica: nel testo si esprimono al contrario le soggettività di Elena, del principe Giorgio, del suo fedele aiutante, mentre gli interventi diretti del narratore, quelli cioè in cui non riconosciamo la voce di qualche personaggio, sono brevi passaggi di raccordo che riferiscono qualche gesto o contesto ambientale. Si veda ad esempio:

> Come una mosca che insistentemente ritornasse, la coscienza
> dell'attesa ronzava nelle orecchie di Giorgio; si provava a schiac-
> ciarla contro la grande vetrata verso il mare, rivolto a tutto
> quell'azzurro, gli pareva di averla fermata, ma quella gli scappava
> sotto la carta giallina dell'ultima lettera di Elena, che leggeva e
> rileggeva, a ondate successive come la febbre. Per un poco il
> granduca dimenticava quel che aveva intorno, e rivedeva il volto
> di Elena, con la ruga sopra il bellissimo naso, dritta, ostinata
> /.../. Doveva venire lì, da lui; e presto, se voleva ancora trovarlo.
> Bisognava avvertire Ourosov perchè mandasse una cameriera a
> porre fiori freschi nelle stanze destinate alla principessa, ogni
> mattina. Come mai non ci aveva ancora pensato? Ad Elena
> piacevano le calendule, fiori gialli, dallo stelo così verde, così
> crudo, così vivo, da non resistere nella sua pienezza più di
> qualche giorno all'anno. Come fare a trovare quei fiori? Perchè
> altri fiori si accontentavano di un verde meno assoluto, più
> compromesso con le altre tonalità; fiorivano tutto l'anno senza
> difficoltà e non piacevano a Elena perchè sapevano vivere dap-
> pertutto. Ma dove si potevano trovare le calendule oltre la loro
> brevissima fioritura? (*Ibidem*, p. 24)

Nell'attacco della citazione il narratore rappresenta direttamente gli eventi senza alcuna mediazione, come dimostrano le metafore e la scrittura decisamente allusiva; il seguito, invece, come gran parte del romanzo, è un discorso indiretto libero. In questa zona in cui la coscienza del personaggio viene scandagliata e frammentata è impossibile dividere le due voci impegnate: i tratti affettivi del personaggio, segnati dalle proposizioni interrogative (« Come mai non ci aveva ancora pensato? »), dalle forme enfatiche (« stelo così verde, così crudo, così vivo ») e dalle formule verbali degli infiniti narrativi (« Come fare a trovare quei fiori? »), non s'impongono infatti sulla raffinatezza stilistica del discorso che presuppone il sofisticato intervento autoriale, come avviene invece nelle formule comparative (« fiori gialli, dallo stelo così vede, così crudo, così vivo da non resistere nella sua pienezza più di qualche giorno all'anno ») o in quelle metonimiche, che spostano la referenza semantica dei lessemi e realizzano un'energica abbreviazione del linguaggio (« nella sua pienezza »). D'altra parte il gioco di successione delle

voci avviene su un livello tanto sottile da realizzare una suggestiva fusione, stabilito che il personaggio enunciante debba
possedere un idioletto molto simile a quello del narratore, con
il suo stile nitido e pulito, caratterizzato da una squisita aura
neodecadente. Nè esiste, anche a livello eidetico, una netta
differenza tra personaggio e narratore poichè anche quest'ultimo sembra partecipe di quel medesimo clima della Russia
inizio secolo, con la sua raffinata abilità introspettiva e la sua
capacità di spostarsi di continuo dalla rappresentazione di
eventi reali a episodi fantastici del mondo dei sogni. Pur nel-
l'affinità stilistica e culturale esiste però uno scarto tra narratore e personaggio evidente nel passaggio dal livello diegetico a
quello intradiegetico: in un caso si tratta infatti di un resoconto intimo, memorialistico, estremamente delicato riguardante la vita interiore di un personaggio malato; nell'altro
invece di un viaggio fantastico nel tempo e nello spazio, in una
dimensione onirica dove è sufficiente desiderare le cose perchè
si realizzino. Come se l'autore, protetto dal doppio filtro del
racconto e dunque alleviato da un'enunciazione più diretta,
volesse in questa zona più audace della narrazione dar fondo
alle proprie attitudini fantastiche, considerato che, qualifican-
dosi esclusivamente per la propria attività di stenografo, si
trova agevolmente nella condizione di declinare ogni responsabilità. Un soffuso lirismo pervade però la narrazione ed attesta
l'identificazione emozionale, oltre che stilitica, del narratore e
dei personaggi, i quali appaiono peralto quasi delle proiezioni
della voce narrante, che con essi si mimetizza.

Alla dimensione fantastica che domina nella *Principessa e
il drago* si oppone la scelta tematica di Daniele Del Giudice
che in *Atlante occidentale* [98] si aggira negli ardui territori della
scienza e della fisica indagate nei punti limite, dove, crollato il
sapere ed ogni certezza, si riscopre un'insospettato contatto
con la fantasia. Se i traguardi della fisica subnucleare si affacciano in questo testo su nuovi orizzonti, così anche l'espe-

---

[98] DANIELE DEL GIUDICE, *Atlante Occidentale*, Einaudi, Torino 1985.

rienza letteraria scandaglia i suoi limiti e scopre il paradosso della scrittura, l'obsolescenza di una logica lineare e consequenziale come quella della successione verbale, a cui, nella realtà del mondo contemporaneo, deve succedere la visione, il racconto che si sustanzia dello sguardo e non più dello scritto. La narrazione ridiventa dunque orale, scopre una dimensione frammentaria, istantanea, non definita, suscettibile di infinite trasformazioni: risente della crisi di una dimensione unitaria, della crisi di un sapere certo e legittimato. Le due dimensioni, della fisica e della letteratura, sono incarnate dai due protagonisti della vicenda, dalle due vite parallele che s'incontrano nello spazio celeste durante alcune prove di volo aereo e riscoprono una delicata amicizia fatta di piccole certezze comuni, di sottili intuizioni, di sommessi dialoghi. Il narratore non è invece presente alla storia e in virtù della sua fuggevolezza è dotato di un immenso potere: può osservare le due figure che si muovono in contemporanea su spazi diversi, può commentare, interpretare, paragonare, entrare con facilità nella coscienza dell'uno o dell'altro personaggio. Le sue descrizioni sono infatti tipiche di un narratore onnisciente:

> Brahe aveva occhi neri allungati e sopracciglie circonflesse, Epstein teneva la giacca tra le braccia conserte. Si spostò di lato e cominciò a camminare davanti agli aerei parcheggiati in fila /.../. (*Ibidem*, p. 9),

dal momento che lo spazio non è legato a nessuna prospettiva particolare, nè ad una soggettività precisa, ma è caratterizzato da una chiarezza che solo il nitido sguardo di un narratore sovracontingente può garantire. Come a dimostrare la propria onniscienza la voce narrante racconta quello che i personaggi non hanno detto nè pensato:

> Mentre resta solo e la luce piano piano ridà spessore alle piante e alle forme del giardino, Brahe cerca di trattenere le forme che ha visto o che ha creduto di vedere. (*Ibidem*, p. 154)

ed indugia inoltre in generazioni: « ogni campo di aviazione ha una luce molto più aperta della città con cui confina /.../.»

(*Ibidem*, p. 3) o in giustapposizioni comparative: « la posta può somigliare ad una battaglia /.../.» (*Ibidem*, p. 28), oppure si lancia in dettagliate analisi interne:

> Brahe cerca di trattenere le forme che ha appena visto /.../; vorrebbe che gli restassero con la limpidezza con cui le ha percepite mentre ascoltava, vorrebbe che avessero la solidità di un punto esterno contro cui rimbalzare /.../. (*Ibidem*, p. 154),

in cui sovrappone il proprio punto di vista concettuale alla sensazione percettiva del personaggio, utilizzando ora una metonimia che sfrutti con intenti riassuntivi un sostantivo astratto al posto di quello concreto (« limpidezza » oppure « solidità »), ora una metafora che determini un originale effetto stilistico (« un punto esterno su cui rimbalzare »). Del Giudice però, insieme all'onniscienza del narratore, sa utilizzare anche l'effetto dinamico che può garantire solo l'affettività del personaggio, come quando riporta direttamente i pensieri del protagonisti eliminando peraltro qualsiasi segno di trapasso:

> Avrei potuto essere più esplicito con lui. Ma come potevo? Come spiegargli che io vedo le storie compiutamente? Non spezzoni o immagini o pensieri, ma storie perfettamente realizzate /.../. Avrei dovuto dirgli: è strano che lei guardando vede ancora le cose, proprio lei che lavora nell'assoluta scomparsa delle cose! Sì potevo dirglielo fuori dai denti: non vede come le cose che cominciano ad esserci, che ci saranno, sono pura energia, pura luce, pura immaginazione? (*Ibidem*, pp. 76/77)

In questo caso le frasi esclusivamente pensate e non dette introducono in una sorta di monologo interiore, dal momento che del personaggio che si esprime in prima persona l'aspetto esteriore non esiste più, rimanendone solo il pensiero. A differenza del monologo interiore joyciano, per citare il più conosciuto, nel brano citato l'attenzione alla coerenza linguistica non realizza scarti o lacune tra frase e frase, sebbene l'affettività e la concitazione del personaggio movimentino il racconto prediligendo le forme interrogative, enfatiche o ripetitive, le locuzioni figurate (« fuori dai denti »), le proposizioni ellittiche e infine i termini astratti che, nell'insieme, fanno trapelare un'intenzione descrittiva niente affatto puntuale e precisa.

Anche Del Giudice, dunque, come gli altri autori della giovane narrativa italiana, dimostra una notevole sapienza costruttiva, una conoscenza dei meccanismi narrativi quasi da narratologo: nell'*Atlante* l'andamento discorsivo può riportare fedelmente gli eventi grazie al suo muoversi attraverso un gioco dialettico di correlazioni spazio-temporali che permette di costruire la storia nel suo farsi e che riproduce fedelmente nello schema narrativo il contenuto del romanzo. La dimensione onnisciente del narratore — che gli consente una piena libertà di movimenti nello spazio e nel tempo — esprime infatti a livello strutturale la simultaneità e sovrapposizione di queste categorie che i due protagonisti scoprono e sperimentano a livello eidetico. In questo senso la riflessione sul romanzo non segue più solo linee tematiche o sintattiche ma considera soprattutto le strutture narrative e il loro autonomo gioco di affascinante sollecitazione compositiva.

Nel testo più recente di Del Giudice, *Nel Museo di Reims*[99], la maturità tecnico-strutturale definitivamente conseguita, non è disgiunta da un'acuta riflessione sul piano del contenuto, in cui viene peraltro analizzata la tematica della scrittura, ovvero del racconto nelle sue infinite varietà, dal piano visuale al piano più intimamente psicologico.

La storia tenera e paradossale di Barnaba, ex ufficiale di Marina che sta perdendo la vista per una malattia mal curata, si svolge all'interno di un museo, dove il nostro protagonista si aggira solo e disperato nel tentativo di conservare l'immagine di alcuni dipinti, dei quali peraltro non riesce a percepire che le linee grossolane e i colori di fondo. Anne, una fanciulla dall'animo delicato, si accorge immediatamente della sua condizione e comincia a descrivergli i quadri, distorcendoli però a seconda delle sue inclinazioni o intuizioni: ne nasce un'insolita storia d'amore, un sentimento leggero che s'irradia nell'incro-

---

[99] DANIELE DEL GIUDICE, *Nel museo di Reims*, Mondadori, Milano 1988.

cio di due destini incontratisi sulla soglia della tenerezza e
dell'abbandono.

Nel testo un duplice andamento narrativo accompagna la
rappresentazione dei due protagonisti movimentando altresì
l'andamento discorsivo del racconto: alla narrazione autodiegetica dei suggestivi cantucci riservati all'esplorazione della soggettività di Barnaba, si oppone l'insistenza della voce autoriale
che osserva dall'esterno la vicenda e ci riferisce in terza persona gli avvenimenti. Dall'inattesa dualità del racconto deriva
peraltro l'insolita caratterizzazione dei personaggi, che trovano
l'elemento motore per il loro rapporto così emotivamente
connotato appunto nella loro profonda diversità.

L'opposizione delle figure eidetiche della vicenda presuppone altresì una rappresentazione parallela e contrastiva delle
diverse modalità della narrazione. Barnaba rappresenta infatti il
versante del narrato tradizionale, con la sua caratterizzazione a
tutto tondo, la complessità dei suoi tratti psicologici, la pienezza delle connotazioni espressive ed emotive; Anne, di contro, figurata esclusivamente tramite un oggettivo resoconto
autoriale ed una focalizzazione interna all'altro protagonista, ci
appare molto più sfuggente, quasi un simbolo del lato notturno ed occulto dell'esistenza. Barnaba, quindi si pone come
spazio pieno (di passioni, di competenze, di emozioni), come
pensiero dunque e, insieme, come voce che di tale spessore
deve rendere conto; Anne, invece, ci appare come sguardo
puro (riassumendosi tutte le sue azioni ed emozioni nel semplice atto di appercezione) e, insieme, come voce sommessa
che di quello sguardo così fortemente caratterizzato deve rendere l'espressione.

Ad una voce che rinvia al pensiero si oppone dunque una
voce che rappresenta uno sguardo; ma tra le due « visioni » o
« prospettive » non esiste una cesura incolmabile, come avviene
anche tra il testo di Del Giudice e l'apparato figurativo che
accompagna il racconto.

La medesima maturità strutturale si riscopre nel *Filo
dell'orizzonte* di Antonio Tabucchi dove particolari tecniche
narrative conseguono effetti anche di tipo contenutistico. Il

narratore, radicalmente estraneo alla vicenda, vi compare solo come voce narrante e talora come sguardo che costruisce la scena, preferendo in genere osservare più che gestire gli avvenimenti. Nella focalizzazione esterna con cui si apre il romanzo:

> Per aprire i cassetti bisogna girare la maniglia a leva, premendo. Allora la molla si sgancia, il meccanismo scatta con un lieve clic metallico /.../. Prima appaiono i piedi, poi il ventre, poi il tronco, poi la testa del cadavere. /.../ A suo modo questo è un magazzino della vita. I detriti della scena prima della definitiva scomparsa, fanno qui un'ultima sosta /.../ perchè non si possono ignorare le cause del loro decesso. (*Ibidem*, p. 9)

il narratore rinuncia a comunicare ciò che egli già sa e si costringe a dire solo ciò che potrebbe vedere un qualunque estraneo di passaggio. Si tratta di una strategia testuale che ci introduce nel generale clima di *suspence* e aumenta la curiosità del lettore. Ben presto però la « voce » e non più la « visione » del narratore si affretta a spiegare il significato della scena e il sapere prevale sul vedere, come accade in ogni narrazione onnisciente. In effetti la focalizzazione esterna, che suscita un effetto di coinvolgimento ed un'attività cooperativa nel lettore, si scontra continuamente con l'ingerenza del narratore che si lancia in delicate analisi della psicologia dei protagonisti, come quando:

> Ha stampato l'intera fotografia /.../. Nella vasca del reagente i contorni sembrava stentassero a delinearsi, come se un reale lontano e trascorso, irrevocabile, fosse riluttante a essere resuscitato, si opponesse alla profanazione di occhi curiosi ed estranei, al risveglio in un contesto che non gli apparteneva. Quel gruppo di famiglia, l'ha sentito, si rifiutava di ritornare a esibirsi sul palco delle immagini per soddisfare la curiosità di una persona estranea, in un luogo estraneo, in un tempo che non è più il suo. (*Ibidem*, p. 55)

al commento autoriale, che svela profeticamente significati ulteriori, seguono le impressioni del personaggio che, rievocate tramite una catacresi (« palco delle immagini »), provocano un clima di dimensione sospesa. Gli interventi autoriali si limitano però a tali incisi interpretativi, trascurando le informazioni dirette al narratario, i riassunti temporali o l'esplicita automenzione poichè la totale onniscienza del narratore annullerebbe il coinvolgente effetto di esitazione del romanzo. La reticenza del narratore si esterna altresì nelle descrizioni spaziali che dimostrano i limiti di focalizzazione del personaggio e fanno intuire una sua scoperta compartecipazione. La loro resa verbale non segnala però particolari tratti espressivi o soggettive linee focali, nè peraltro reca informazioni aggiuntive, intenti simbolici o metaforici di pertinenza del narratore; pet questa ragione attribuisce allo spazio rappresentato una caratteristica di anonimato. Si tratta dunque di uno spazio neutro, limitato all'orizzonte della soggettività e nel contempo connotato dagli attributi dell'oggettività, e dunque — in virtù dell'insolita incertezza — generatore di angosce e di misteri. La ritrosia del narratore con quei suoi brevi commenti tanto mirati, quel suggerire, quel farsi intuire appena e poi negarsi, quei passaggi sfumati e delicati, caratterizza la narrazione anche nei suoi effetti di senso. Questo romanzo invero, come già il precedente, non presenta un linguaggio difficile, audace, misterioso, bensì uno stile scorrevole, piano e comunicativo; la storia, d'altro canto, è quanto mai semplice e lineare almeno fino all'interruzione finale: l'esito di mistero, è tutto affidato alla struttura narrativa nel suo sapiente alternarsi di focalizzazione esterna e interna, nel gioco di un narratore onnisciente deciso a nascondere ed imbrogliare sempre di più la vicenda. Spino, il protagonista della vicenda ben presto catturato dall'ambiguità del racconto, si distingue per lo sguardo sbalordito e trasognato e, come ha notato Barilli, « non manca di aderire alla condizione del voyeur »[100]: osserva infatti le cose minute, le circostanze marginali ed apparentemente ininfluenti, dichiarando il suo debito minimalista e giustificando il ricorso a tecniche che risalgono a Robbe-Grillet e a Simon. Di qui la neutralità e l'oggettività di uno spazio percorso da un soggetto che, erede della malattia dell'uomo moderno, insiste nell'anato-

---

[100] R. BARILLI, *Spino ed Anastasia*, « Alfabeta », 95, 1987.

mizzazione della realtà senza peraltro riuscire a muoversi in essa. Anche Spino, dunque, come gli altri *voyeurs* della letteratura minimalista francese o americana, è destinato all'inazione, può solo osservare e soffrire; ed il suo dolore rimane implicito nel testo per il rifiuto di ogni figura retorica di spicco eccessivo.

Alla narrazione freddamente oggettuale della registrazione tipica del romanzo francese, Tabucchi oppone però le intrusioni autoriali e i commenti interpretativi che qui e là ricordano il romanzo psicologico e la pratica introspettiva del narratore onnisciente. La riluttanza dell'istanza narrativa a marcare eccessivamente la propria presenza nel testo, unitamente al carattere lirico di alcuni enunciati, testimonia peraltro della conformità psicologica tra narratore e personaggio ed apre al racconto possibilità molto più ampie che non il freddo obiettivismo behaviorista o il tendenzioso psicologismo analitico.

3.4. *Busi: l'esplosione della soggettività*

Alla *suspense* dell'incomprensibile evocata dal romanzo di Tabucchi si oppone la trasparenza dell'iperrealismo nella *Delfina bizantina*, il cui narratore non partecipa personalmente alla vicenda che egli svolge in terza persona, sebbene talora con brevi commenti alla storia riveli direttamente la propria presenza:

> Scuoteva la testa biondo cenere, cotonata a torre, guardando la schienona della figlia e diramando attorno occhiate da matrigna buona che neghi sostanzialmente una maternità. /.../ Erano le uniche occasioni in cui ci credeva. (*Ibidem*, p. 12)

ed allora le alterazioni lessicali di tipo valutativo (« schienona ») i commenti interpretativi, la rappresentazione grottesca che ammette nel suo interno due contrari (« matrigna buona che neghi sostanzialmente una maternità »), rivelano uno spietato quanto ironico intervento autoriale.

A volte peraltro l'istanza narrante espone la propria onniscienza riferendo quanto i personaggi non sanno e non dicono:

Quella ciccia, sembrava dire, non era opera sua, doveva esserci
lo zampino del diavolo. (*Ibidem*, p. 12)

oppure s'impegna in ardite analisi interne al limite della credibilità, come in:

Da tempi placentari Toedora sognava palloncini colorati, dalla
superficie coriacea, infissi in un cielo senza colore, un fondale
vago come qualcosa d'incerto se esistere o no. E tenuti per il
nodo stesso dell'imboccatura, non svolazzanti, perchè non c'era
spago allentato da una mano o che si disavvinghiasse da un
fuso. Erano palloncini infinitesimali, capocchie simili a gocce
d'acqua appena sghembe, in cima a pali della luce appiattiti,
matite giganti o guglie di chiesa. Queste luminescenze d'aria
dura vibravano orizzontali come tante teste recise che neghino
con il mento. (*Ibidem*, p. 11),

dove, adottata la prospettiva di un personaggio ancora infantile, la voce narrante asseconda l'interpretazione irreale che del
sogno dà il suo personaggio, sebbene accompagni la visione
con un costante registro gotico-metaforico che fa da *Leit-motiv*
a tutta la descrizione e, per enfatizzare quell'effetto, racconti
con un linguaggio fluido e visionario impreviste analogie che
giungono a demonizzare gli oggetti. Il procedere metaforico e
figurale e al tempo stesso concettoso del narratore, mentre
accompagna lo sguardo del personaggio e ne asseconda la visione misteriosa, ne esaspera i toni e con questo strizza l'occhio al lettore, instaura con lui una tacita intesa che passa
sopra la testa del personaggio e perpetua i sogni paurosi da
bambina in un gioco ironico dell'intelligenza.

Più spesso però il narratore rimane nell'ombra e utilizza
la citazione indiretta dimostrando, con la sapiente mescolanza
linguistica che ne deriva, la sua abilità di scrittore, degno erede
di Céline, Gadda, Volponi, sia nelle doti enormi di affabula-
zione, già evidenziate, che in quella di polistilismo, di gigante-
sco incrocio di gerghi e dialetti. Si esamini ad esempio un
discorso indiretto che riporta la voce di Teodora: la fanciulla
sa ritagliarsi uno specifico campo stilistico, caratterizzato da un
uso marcato di metafore, citazioni di proverbi, procedimenti
analogici:

Teodora cercò di focalizzare le nuche per scoprire altro di quanto, forse, avrebbe dovuto già cogliere; tentava di precedere la portata della sorpresa di Anastasia, temeva che se non avesse fatto in tempo poi sarebbe rimasta inchiodata lì, sulla panca, incapace di rialzarsi, con Anastasia che le espettorava fuori un'altra delle sue moralità a gola piena per giustificare la mazzata e trasformare un'altra stazione del Calvario di ieri in una tappa del Carnevale di Cento di oggi, e che il mondo non crollava mica per così poco, e che la vita era un continuo. (*Ibidem*, p. 88),

dal momento che la sua affettività si manifesta soprattutto in quella propensione dei ragazzini che non posseggono ancora un linguaggio completamente personale a riferirsi a parole altrui, ad un sentito dire che diventa la loro forma particolare d'espressione (« il mondo non crollava mica per così poco » — oppure — « la vita era un continuo »). Si noti di contro lo stile concreto, plebeo, appiattito sui meccanismi sintattico-lessicali della confidenziale corrività che caratterizza la voce del custode:

Oh, magari è una di quelle femministe malchiavate, ricche, a menopausa ibernata, che si sono ritirate in un cascinale /.../. Una stramba, ma *che* stramba! Un gran bel toc de volva, piacente, formosa una che fa sangue, stagionata al punto giusto, un'italiana di una volta, che si sentirebbe a suo agio in mezzo al formentone o in un granaio o in un biroccio per le vie del centro, una che potrebbe farti godere sotto un bombardamento di Pippi. (*Ibidem*, p. 124),

a cui fa da contrappeso la cerimoniosa ricercatezza che tende verso l'aristocratismo vocale del conte Eutione:

/.../ volle far notare che era troppo gentiluomo per chiedere anche solo cinque lire in contanti, anzi, appunto, chiodo schiaccia chiodo, e avrebbe apprezzato tanto poter mettere mano a, dare la propria disinteressata consulenza in, allestire qualcosa di, perchè lui non era un ingrato ed Anastasia avrebbe potuto, anzi, dovuto contare sul suo immenso patrimonio in fatto di numeri d'intrattenimento. Questo gratis, aveva subito sottoli-

neato, per amicizia, e perchè *wait not?* Le romanze danno tono
a una mano lava l'altra — e aveva fissato i manici insanguinati
delle valigie. (*Ibidem*, pp. 174-175)

Coerentemente alle proprietà della narrativa verbale che sostengono l'illusione di una narrazione nascosta, Busi attribuisce
al narratore delle limitazioni di orizzonti epistemici, vivaciz-
zandone l'infallibile onniscienza mediante una focalizzazione
interna variabile, che contrasta con la visione monolitica dell'i-
stanza autoriale e rappresenta quindi il mondo narrato sotto
diversi punti di vista, dai quali almeno apparentemente il narratore si dissocia. La tensione narratore-personaggio che ne
deriva afferma l'interiore libertà del personaggio nei confronti
del narratore ed inserisce la *Delfina* nella tipologia dei romanzi
polifonici. In realtà, nell'abbondanza dei discorsi riportati, a
volte il narratore ricorre ad una stilizzazione, ovvero riporta le
parole altrui come altrui e le indirizza verso scopi a loro
propri (come avviene per gli indiretti appena citati); a volte,
invece, si sovrappone all'intenzionalità del personaggio e manifesta una volontà parodistica che rende con intenzioni differenti la parola altrui e realizza una lingua internamente dialogica. Ad esempio nel brano:

> Teodora si sentiva assediata da schifose bustine come novità
> sapor cacao-vaniglia e da fave, fave di Fuca sempre. E quante
> volte aveva dovuto dire trentatrè »? Un Calvario essere « una
> bambina cannone » (Anastasia). (*Ibidem*, p. 12),

si alternano le voci del narratore, di Teodora e di Anastasia. I
termini affettivi (« schifose »), insieme alla concitazione della
proposizione interrogativa, rivelano infatti la soggettività enunciante di Teodora; di contro il commento riassuntivo della
frase finale riporta con una sovrastruttura ironica l'espressione
diretta di Anastasia; la virgolettatura e la dichiarazione tra
parentesi dimostrano altresì la volontà del narratore di striz-
zare l'occhio al lettore e di comunicare con lui al di sopra del
personaggio. Dunque tre vocalità differenti e tre punti di vista
diversi, tre ideologie, tre concezioni del mondo, trovano posto
nella medesima frase e fanno della parola il teatro della lotta

di più intenzioni. In questo gioco di pluridiscorsività una serie
di marche tipografiche differenziate segnala la ripresa del discorso altrui e connota in qualche modo il rapporto tra l'enunciazione presente e l'enunciato citato. In:

> Avevano cominciato a chiamarla « balena » già dalla sua prima
> apparizione in grembiulone nero e fiocco rosa /.../. (*Ibidem*, p.
> 13)

le virgolette segnalano la distanza del narratore dal linguaggio
riportato, mentre in quest'altro brano:

> Evitava di chiamarlo papà. *Indiavolatona* era un complimento
> come *bastardona mia*, o una brutta parola? (*Ibidem*, p.
> 33)

il corsivo segnala la menzione di una parola altrui ed indica
altresì un processo di appropriazione, di adesione ideologica da
parte del soggetto dell'enunciazione. Invece nell'enunciato:

> La fune si era rotta e Anastasia gliene disse più di quattro, di
> lei, dei suoi metodi da casino —?— e che l'avrebbe picchiata
> con la sbarra se avesse potuto staccarla dal muro, altro che i
> rami di betulla. (*Ibidem*, p. 23)

l'inciso interrogativo rinforza la distanza critica dell'enunciatore dall'enunciato e mette in scena una polemica nei confronti
della parola altrui. In conclusione la varietà degli accorgimenti
tipografici non lascia spazio all'incertezza riguardo ai vissuti
nei confronti dei parlanti evocati: che si tratti di accordo o
disaccordo, di fiducia o diffidenza.

L'equilibrio tra narratore e personaggio che si manifesta
nell'intensa attività dialogica individualmente connotata dipende in questo romanzo dalla conformità psicologica delle
soggettività presenti nel testo. Mentre infatti nel romanzo tradizionale la dimensione onnisciente garantisce rigore e chiarezza alla scena, producendosi in riassunti temporali e ragguagli di vario tipo, gli interventi aggreganti del narratore sortiscono qui un effetto sorprendentemente contrario in virtù

della stilizzazione grottesca e del gusto per l'iperbole, come
dello stile eccessivo, dilatato, enfatico, che confonde le rappresentazioni dei personaggi già particolarmente caotiche e disor-
ganizzate. Le figure eidetiche del romanzo, sopraffatte da
istinti carnali e colpite da un insana follia che ne mina i
comportamenti sessuali e sociali, sono invero indistinguibili
dall'istanza narrante che non ragiona e non distende gli avvenimenti, ma li confonde e frammenta ancora di più, di guisa che
nulla possa essere previsto o immaginato in questo mondo così
caotico e perverso.

Il meccanismo impetuoso e sovrabbondante della *Delfina* è
determinato da un debordamento dell'io narratore e dei personaggi, dato che la soggettività si pone come dimensione fondamentale della visione e dell'espressione, con tutti i correlati che
ne derivano in materia di voce e di punto di vista. Di qui la
precisa caratterizzazione psicologica delle istanze diegetiche che
attribuisce ai singoli personaggi — oltre che al narratore —
emozioni, passioni, e soprattutto conoscenze. Nella *Delfina*
l'istanza narrata è dunque, al pari di quella narrante, un soggetto di sapere poichè i personaggi, riscoperta una nuova pienezza dopo la scarnità neoavanguardistica, riprendono di
nuovo a parlare, guardare, lavorare, e rivelano una precisa
competenza in proposito: sono in realtà portatori autonomi di
idee e concetti che trasmettono al pubblico [101]. Il testo di Busi

---

[101] In opposizione a T. TODOROV, che, in *Grammaire du Decameron*,
Mouton, The Hague 1969, subordina l'identità dei personaggi alle azioni che
compiono — « l'agente è una persona, ma allo stesso tempo è una non
persona /.../. È come una forma vuota riempita dai diversi predicati »
(*ibidem*, p. 28) — Hamon riscopre nell'analisi dei romanzi veristi una
dimensione di piena esistenza del personaggio dotato di contenuti e di
sapere (cfr. PH. HAMON, *Le personnel du roman. Le système des personnages
dans le Rougon — Maquart*, Droz, Genève 1983). A partire dal teorico
francese e nell'intero orizzonte semiotico il personaggio si è recentemente
rivelato come il luogo fondamentale del racconto e non soltanto un motivo;
circostanza che gli attribuisce, oltre alle modalità di azione, anche una
dimensione dell'essere: dall'attore come soggetto del fare si è infatti passati
al personaggio come soggetto di stato. Si tratta di un'apertura teorica d'indubbio interesse che coinvolge il lavoro di Greimas sulla semiotica delle
passioni (cfr. A.J. GREIMAS, *Maupassant. La sémiotique du texte: exercises*

dunque si oppone alla disparizione del personaggio romanzesco che, a partire dai testi di Svevo e Pirandello — e talora anche di Verga, — ha caratterizzato la pratica narrativa fino agli esiti polemici della neoavanguardia; il suo iperrealismo predilige infatti la concettualità e il diffondersi di idee, saperi e informazioni di qualsiasi tipo. La riscoperta dimensione psicologica del personaggio non sbocca però con la *Delfina* nell'illusionismo realistico di fine Ottocento, poichè recupera il valore contrastivo della soggettività narrante che impedisce il realizzarsi di una struttura coerentemente verosimile. Allo stesso modo in *Se una notte...* il riconquistato sapere dei personaggi — che li contraddistingue come soggetti di volontà e di passioni — realizza, in virtù dell'elaborato meccanismo narrativo, un'operazione di disvelamento dello stesso meccanismo enunciazionale.

3.5. *L'emergere di una diversa emotività nel nuovo romanzo italiano*

L'esame dei romanzi appena esaminati, in particolare nelle prove di Busi, Calvino, Del Giudice, Tabucchi, Pazzi, rivela un'insistenza sulla figura del narratore onnisciente il quale, senza prevaricare sul personaggio, a cui si consente in definitiva di vedere quello che vuole, si riserva la possibilità di interventi personali. Si assiste in pratica ad una caratteristica alternanza tra l'onniscienza — cioè l'assunzione totale da parte del narratore delle responsabilità del racconto — e la dialogicità dei punti di vista e dei discorsi dei personaggi. Tale meccanismo non presuppone però una disparità sostanziale, dal momento che il narratore non giudica, non commenta, nè è posto ad una distanza psicologica o morale rispetto ai suoi personaggi.

Il narratore onnisciente è nei testi esaminati solo il luogo della massima competenza nel racconto, rinuncia pertanto a

pratiques, Seuil, Paris 1976, e *Del senso II*, op. cit., pp. 217-238) insieme alla teoria dei mondi possibili utilizzata da Eco (IDEM, *Lector in fabula*, op. cit.).

una funzione di garanzia nei confronti di « certezze » extratestuali o di « verità » assolute. Per questa ragione l'istanza narrante subisce un fenomeno di « normalizzazione »: non è posta
su un piano divino e completamente distante dai personaggi
narrati, ma condivide con questi la situazione diegetica. In tal
riguardo l'esempio più calzante è rappresentato dalla *Principessa e il drago* di Roberto Pazzi, dove la neutralizzazione delle
voci e degli orientamenti culturali attesta sia le espressioni del
narratore che quelle dei personaggi su stilemi primonovecente-
schi. Nel *Filo dell'orizzonte*, poi, la reticenza del narratore e la
dimensione lirica delle sofisticate analisi interne rivelano una
coincidenza psicologica tra le figure che si articolano nel dimesso andamento narrativo sino alla finale clamorosa disattesa
della trasgressione narrativa. In *Atlante occidentale*, inoltre,
l'onniscienza del narratore ottiene effetti di prospettiva spaziale, grazie alla sua illimitata capacità di movimenti che coinvolgono altresì anche la dimensione del tempo, sebbene —
come in *Se una notte d'inverno un viaggiatore* — l'io narrante
rinunci ad ogni tipo di commento e di giudizio, rifiutando la
banalità di una verità assoluta e trascendente. Il narratore della
Delfina bizantina indulge invece spesso nelle interpretazioni e
nei commenti alla storia; il suo spazio referenziale non è però
asettico, sovracontingente, come avveniva ad esempio nelle
descrizioni paesaggistiche di Manzoni (si pensi all'analiticità e
alla precisione quasi scientifiche del paesaggio d'apertura del
romanzo) e nelle analisi interne dei suoi personaggi. Le immagini della *Delfina* recano infatti le tracce di una soggettività
prorompente, connotate come sono da aggettivi valutativi,
scelte verbali clamorosamente modalizzanti oppure paradossali
similitudini; allo stesso modo le inattese introspezioni psicologiche sono sostenute da un linguaggio figurativo e completamente inimmaginabile, come quando il sangue mestruale di
Teodora può « trattenere un grido » oppure « ferirsi alla lingua ». Ai personaggi estremamente carnali e contraddittori,
incapaci di dare una ragione ai propri comportamenti, fa dunque da correlato nella *Delfina* un'istanza narrante partecipe di
quel medesimo clima caotico e paradossale, non caratterizzando la sua onniscienza di una competenza trascendente i

personaggi, con i quali pqraltro entra in dialogo stilizzandone o parodiandone le espressioni.

In conclusione, il narratore dei romanzi contemporanei, ormai « normalizzato », non giudica, non interpreta, non è garante di verità assolute, non possiede certezze; è egli stesso una figura « finta » e di questa realtà ha piena coscienza; il suo orizzonte referenziale non contempla perciò caratteri di analiticità o di sovracontingenza ma denuncia un'emotività soggettivamente caratterizzata e un vissuto individualmente connotato.

Come la narrazione onnisciente non garantisce la « verità » del narratore, allo stesso modo la narrazione limitata non garantisce la « verità » del personaggio: della focalizzazione interna non si ricerca infatti l'effetto d'illusione mimetica tanto decantato da James — per il quale la riduzione del campo narrativo alle possibilità sensitive di un solo soggetto consentiva risultati rigorosamente realistici — ma l'esito di una marcata soggettivizzazione. Dal momento che il coinvolgimento emotivo del personaggio conferisce al narrato un andamento particolare attribuendogli le caratteristiche del soggetto filtrante, si giustificano l'antropomorfizzazione del mondo esterno verificata in *Palomar* [102] e la sua dimensione allucinata nel *Pianeta azzurro*. Assunta inoltre la sensibilità del personaggio come unica virtualità d'accesso al mondo narrato, il racconto contemporaneo ripropone la coscienza dei limiti umani, sfruttata come effetto di senso in *Notturno indiano* e come possibilità combinatoria nel *Pianeta azzurro*, dove la limitazione del narrato alla coscienza del protagonista scisso in tre voci narranti, suscita un dubbio riguardo alla stessa istanza narrante alla ricerca della propria identità. È possibile dunque sostenere che la tecnica della focalizzazione interna, utilizzata nel naturalismo per garantire la « verità » dei personaggi, rivela oggi l'angoscia della voce enunciante incapace di distinguere il vero dal falso.

[102] L. CALVINO, *Palomar*, Einaudi, Torino 1983.

3.6. *Il narratore intradiegetico: la soggettivizzazione del narrato in* Palomar

Nell'ultimo romanzo di Calvino, *Palomar,* il nome del protagonista, Palomar, appunto, richiama alla mente un potente telescopio; e, come per lo strumento ottico, le sue esperienze consistono nel concentrarsi ogni volta su un fenomeno isolato, come se non esistesse altra cosa al mondo, non ci fosse nè una prima nè un poi. Palomar è un personaggio taciturno, assorto, forse un po' autobiografico; ritiene che ogni cosa sia degna di essere osservata e interrogata e che ogni cosa possa rispondere: così va meditando, interrogando sé stesso e il mondo, sempre più privo di convinzioni assolute. Lo strumento d'osservazione è in fondo il vero protagonista della vicenda dal momento che tutto il libro si basa sul meccanismo di descrizione: nessuna azione, nessun evento agita infatti la calma un po' melanconica del testo. Il libro appare perciò il trionfo dell'azione focalizzante [103] in quanto la strategia narrativa non è qui funzionalizzata a qualcosa di esterno al testo, ma fa risaltare la ragione principale del racconto, portata com'è fino alle sue estreme conseguenze: non a caso il titolo

---

[103] I testi di Calvino, analizzati solo contenutisticamente nel convegno del 1986 sono stati, invece, oggetto di attenzione narratologica nel convegno sul punto di vista organizzato nello stesso anno dalla A.I.S.S., dove Alpirdas Greimas, ad esempio, illustrando la dimensione cognitiva del punto di vista innestata sull'aspettualità del discorso (ogni discorso è accompagnato da osservatori con un punto di vista sull'azione compiuta), illustra nel testo di *Palomar* il gioco, il continuo va e vieni dei punti di vista cognitivi. In uno dei capitoli del libro, *Il seno nudo,* il teorico ritrova infatti, un'articolazione di punti di vista individuali che rappresentano punti di vista socio-culturali: Palomar va avanti e indietro, davanti al seno nudo di una donna, per provare diversi sguardi possibili. Per due volte fa finta di non vedere; altre due volte mostra, invece, di vedere. Ogni sguardo di Palomar, ogni punto di vista, esprime una teoria estetica individuale che s'iscrive a sua volta nella problematica estetica del nostro tempo: « si tratta dunque dell'espressione di quattro posizioni estetiche, rappresentate insieme ad una serie di componenti etiche. Si tratta di quattro punti di vista che non sono personali, ma che vengono presentati come il punto di vista di Palomar » (A.G. GREIMAS, *Per una semiotica del discorso,* « Carte semiotiche », 4/5, op. cit.).

del romanzo e il protagonista dello stesso coincidono con un famoso telescopio.

Palomar è un cannocchiale e questo porta con sè un'implicazione, che l'esterno sia solo una rappresentazione secondo le leggi dell'apparecchio in cui si guarda [104]. Come effetto descrit-

[104] Al convegno sanremese su Calvino del 1986, RUGGERO PIERANTONI, *Metafore di una mappa*, in *Italo Calvino. La letteratura, la scienza, la città*, Marietti, Genova 1988, ripercorre la produzione dello scrittore alla ricerca di una mappa, geografica e fisica in principio, e quindi culturale. Spostando in un contesto che gli è più familiare il concetto di punto di vista egli scopre che nella mappa il Calvino (geografica o epistemica) esistono dei 'buchi', delle cose non dette. E queste ombre, queste grandi ombre mancanti — le elisioni del testo — dipendono dai limiti della coscienza umana: « ma il problema, se si insiste sulla metafora della mappa — sostiene Pierantoni — è anche questo: man mano che il tempo passa, l'angolatura visuale si alza, un po' come la storia delle mappe cartografiche vere e proprie. All'inizio c'è una serie di avvallamenti, di cose che si toccano, di oggetti tra cui uno deve camminare, muoversi, spostandoli, sentendoli, adorandoli /.../. Man mano che il punto di vista si alza, la visione diventa azimuthale e si appiattisce in una tassellazione geometrica. La progressiva scomparsa della componente volumetrica degli oggetti e della consistenza volumetrica delle persone, introduce un modo diverso di disegnare una mappa. Si scopre come il limite delimitante l'oggetto A si adatta benissimo anche alla costellazione circonvicina degli oggetti B, C, D, ecc. I 'buchi' vengono colmati da materiale vario, da resti di divisione con risultato periodico, forme avventizie e temporaneamente sprovviste di identità, come in un Escher di terz'ordine» (p. 93). Nel convegno successivo lo stesso Pierantoni sostiene che i veri protagonisti dell'operazione narrativa di Calvino sono gli strumenti ottici le cui forme si susseguono con l'evoluzione letteraria dell'autore, passando dallo specchio ustorio, alla camera oscura, al caleidoscopio, fino al semplice specchio unico. Al primo periodo di Calvino — quello di *La giornata di uno scrutatore, La nuvola di smog* o *La speculazione edilistica* — corrisponde infatti lo specchio ustorio che Archimede usava contro le navi romane, dato che la volontà di insistere sul peso morale di quanto l'autore descrive consuma l'immagine stessa. Gli *Antenati*, poi, ci fanno entrare in una nuova fase in cui — come nella camera oscura — Calvino osserva fedelmente la realtà e disegna immagini accurate, precise e mobili, benché completamente prive di vita. *Se una notte d'inverno un viaggiatore*, invece, ricorda il funzionamento del caleidoscopio che, basato sulla riflessione multipla, su simmetrie e ripetitività combinatorie, frantuma e dissolve gli oggetti. Infine « la fase estrema e drammatica di *Palomar* ricorda semplicemente lo specchio unico in cui ci si osserva direttamente tentando di riconoscere nell'immagine noi stessi /.../. Palomar è alle prese con la difficoltà centrale del

tivo, viene alla luce un mondo esterno rianimato dall'ardore e dal turbamento del protagonista, giacchè anche le cose più semplici e materiali acquistano una vita e una sensibilità in ragione di uno sguardo che attribuisce caratteristiche antropomorfe persino ad una coppia di merli scoperta per caso in giardino:

> Dopo aver ascoltato lentamente il fischio del merlo, egli prova a ripeterlo, più fedelmente che può. Segue un silenzio perplesso, come se il suo messaggio richiedesse un attento esame; poi echeggia un fischio uguale che il signor Palomar non sa se sia una risposta a lui o la prova che il suo fischio è talmente diverso che i merli non ne sono affatto turbati e riprendono il dialogo tra loro come se nulla fosse.
> Continuano a fischiare e a interrogarsi perplessi, lui ed i merli. (*Ibidem*, p. 29)

Lo sguardo miope di Palomar è caratterizzato inoltre da una « perplessità metafisica » (P. Citati) ed esso, come la stessa volontà di dialogo, si trasmette nella rappresentazione del paesaggio sollecitato da questa tensione:

> Nello zoo di Barcellona esiste l'unico esemplare che si conosca al mondo di scimmione albino /.../.
> Ora queste braccia-zampe stringono contro il petto un copertone di pneumatico d'auto /.../. Per « Copito di neve » invece il contatto col pneumatico sembra essere qualcosa d'affettivo, di possessivo e in qualche modo simbolico. Di lì gli si può aprire uno spiraglio verso quella che per l'uomo è la ricerca di una via d'uscita dallo sgomento di vivere: l'investire se stesso nelle cose, il riconoscersi nei segni, il trasformare il mondo in un insieme di simboli; quasi un primo albeggiare della cultura nella lunga notte biologica. (*Ibidem*, pp. 82-83)

conoscere, del sapere l'unità attraverso il frammento, ricostruire la totalità attraverso il residuo; riattivare il fuoco dopo le ceneri. Ma quello che impressiona in Palomar è soprattutto il 'viso' stesso di Palomar che gli viene rimandato dalle cose, dalla loro irriducibilità ad essere descritte per sé e non attraverso i suoi stessi occhi /.../. È difficile ritornare allo specchio provenendo dal caleidoscopio » (*ibidem*, p. 183).

Uno scimmione albino, le cui zampe diventano braccia umane, è capace secondo Palomar di provare i suoi stessi brividi di angoscia di fronte al disordine del mondo; cosa può esserci di più poetico, dolce e disarmante di un grosso scimmione bianco che, inerme, unico superstite della sua razza — « mosca bianca », come Palomar — medita sui misteri della vita?

Di fronte a questa natura viva ed umanizzata, palpitante, sensibile ed angosciata Palomar è un non-personaggio. Portata alle sue estreme conseguenze, la tecnica della focalizzazione interna non consente infatti la descrizione del personaggio focalizzante, sicchè questo rimane per noi lontano e poco conoscibile, una terza persona di cui in fondo non sappiamo niente, tranne il nome: non ha storia, nè passato nè futuro. Palomar è dunque solo uno sguardo ed una mente sensibile che a questo sguardo non sa imporre un ordine.

Alla riservatezza del personaggio corrisponde la ritrosia del narratore che, assente in prima persona dalla storia, si rifugia discretamente nelle pieghe della narrazione, entra nell'animo di Palomar ed esprime insieme a lui il mondo fantastico ed un po' angosciato che gli si apre davanti, assumendo a causa della sua estrema reticenza uno stile indiretto libero, zona ambigua della narrazione dove le voci del narratore e del personaggio narrano insieme inscindibilmente. Nè d'altronde è possibile individuare un idioletto specifico all'uno o all'altro in virtù di una costante espressiva che realizza sempre un linguaggio secco, asciutto e privo di retorica. Nella complessiva identità emozionale è diffícile dunque discernere le rispettive titolarità e capire quando l'uno, il narratore, sia partecipe della vicenda dell'altro, il personaggio, o quando vi si accosti invece dall'esterno con bonaria ironia. Nell'ultima suggestiva prosa del libro, ad esempio:

> Il signor Palomar decide che d'ora in poi farà come se fosse morto per vedere come il mondo va senza di lui. Da un po' di tempo si è accorto che tra lui e il mondo le cose non vanno più come prima, se prima gli pareva che s'aspettassero qualcosa l'uno dall'altro, lui e il mondo, adesso non ricorda più cosa ci fosse da aspettarsi, in bene o in male, nè perchè questa attesa lo tenesse in perpetua agitazione nervosa. (*Ibidem*, p. 123),

il linguaggio, funzionale, sobrio, e al tempo stesso leggero, quasi distratto, sembrerebbe accordarsi poco col tema trattato, quello angoscioso della morte; in questo caso la scelta stilistica potrebbe manifestare la distanza del narratore dal suo personaggio e costituire peraltro un'implicita accusa di inattendibilità. D'altro canto però Palomar, personaggio estremamente raziocinante, scopre l'angoscia ed il caos del mondo con un pizzico di tristezza e non con la disperazione del condannato a morte: tra tutti i rimedi che lui stesso sperimenta, anche questo della morte simulata potrebbe dunque trovare il suo posto. La calma e la misura che lo contraddistinguono si potrebbero perpetuare in questo caso nell'ultimo estremo rimedio da tentare e la sua leggera ironia derivare da una costante consapevolezza dei limiti dell'uomo e di se stesso. È più probabile però che la sottile vena ironica e malinconia dell'enunciato appartenga ad entrambe le istanze, al personaggio impaziente e reticente nel medesimo tempo, perduto nell'inesplicabilità del mondo e sempre alla ricerca di qualcosa da apprendere che sveli il mistero dell'universo (pur accompagnato dall'impressione di una superba illusione) e, insieme, al narratore, intenerito da quest'uomo fragile, travolto dai misteri della città come degli spazi astrali, inadeguato alla vita quotidiana, ma sempre pronto a fissare gli occhi dove non si vede quasi più nulla e a mordersi la lingua per non parlare a vuoto. Le due voci, o i due destini, del narratore e del suo personaggio, ritrovatisi su un terreno comune, rivelano dunque le stesse attitudini cosicchè le loro parole si rincorrono, si sovrappongono serene e pacate, e sembrano riscoprire un'amicizia che da tempo non s'incontrava.

Infatti quando Palomar cessa di parlare, la voce narrante, privata dal sostegno di quel caro amico e rimasta ormai sola, rinuncia a narrare, concludendo il romanzo con il più semplice ed amaro commiato:

Se il tempo deve finire, lo si può descrivere istante per istante — pensa Palomar — e ogni istante a descriverlo, si dilata tanto che non se ne vede più la fine. Decide che si metterà a descrivere ogni istante della sua vita, e finchè non li avrà descritti tutti non penserà più di essere morto. In quel momento muore. (*Ibidem*, p. 128), dove il processo di « normalizzazione » del narratore segnalato a proposito della narrazione onnisciente, trova la sua realizzazione forse più poetica in quanto determina, in nome di un delicato lirismo, una corrispondenza psicologica tra narratore e personaggio [105] con il sorgere di un affetto sincero tra i due.

3.7. Malerba: la dissoluzione del soggetto e la schizofrenia della voce narrante

Alla semplicità strutturale di *Palomar* si oppone il romanzo di Malerba, *Pianeta azzurro*, dove tre voci e tre punti di vista contendono tra loro la « verità » dell'enunciazione. Il romanzo infatti, costruito su una focalizzazione interna, o meglio su tre focalizzazioni interne, consentite dal carattere autodiegetico di ogni narratore, non riesce a definire la trascendenza dell'istanza narrante e, con essa, il limite di demarcazione tra enunciazione ed enunciato.

[105] È possibile opporre l'andamento stilistico di *Palomar* a quello della *Delfina bizantina*: per entrambi i testi, infatti, la resa verbale prevede uno stile indiretto libero, come del resto nella *Principessa e il drago*. L'andamento discorsivo è però specifico dei rispettivi racconti; in Busi infatti, lo stile è profondamente marcato dai tratti espressivi dei personaggi, che realizzano ciascuno un registro linguistico, una resa emotiva, un idioletto individualmente connotati e testimonia, nel contempo, dell'abilità affabulatrice dello scrittore, capace di appropriarsi contemporaneamente di varie inflessioni. In *Palomar*, invece, il discorso non si discosta dall'enunciazione esplicativa, riassuntiva o commentativa del narratore o dalla citazione diretta della sua voce. La coincidenza delle scelte lessicali impedisce l'attribuzione della parola al narratore o al personaggio, per non dire della carenza di elementi capaci di attualizzare la funzione 'emotiva' del linguaggio. In entrambi gli autori lo stile indiretto libero si manifesta tuttavia come bivocalità, come duplicità di una stessa struttura enunciativa: in Busi lo sdoppiamento diventa opposizione e prevede anche forme di parodia o polemica palesi; in Calvino, invece, la coincidenza delle voci cancella le distanze e sancisce una lirica identificazione tra narratore e personaggio, in virtù della quale ha luogo una serie di transizioni continue ed impercettibili dalla citazione indiretta verso il monologo interiore e verso la narrazione autoriale.

Nella cornice più interna del testo un narratore metadiegetico espone in presa diretta avvenimenti accaduti durante un
breve periodo di vacanza a Porto Santo Stefano; brevi prolessi
e qualche analessi movimentano il racconto che si costituisce
programmaticamente come un diario. Se sulle prime si ha
l'impressione che il protagonista stia raccontando la sua storia
in presa diretta e che dunque il punto di vista e la voce siano
interni al personaggio che pensa ed enuncia, un esame più
approfondito rivela in realtà una presa diretta simulata: Demetrio non sta scrivendo un diario, come non è impegnato in un
monologo interiore, tanto è vero che i tempi verbali slittano
continuamente dal presente al passato:

> Ogni estate il suo arrivo mi procura una nausea sottile e
> persistente /.../. Tu hai una sensazione di malessere ma dai la
> colpa alle troppe sigarette /.../. Invece è la presenza del profes-
> sore che avvelena l'atmosfera, il suo veleno è più pericoloso
> della diossina e dell'ossido di carbonio perchè agisce sul sistema
> nervoso come gli ultrasuoni o certe vibrazioni silenziose che
> possono incrinare anche l'acciaio.
> Dicono che la matematica ha un effetto distensivo sul sistema
> nervoso e così mi sono messo a fare dei calcoli rigorosamente
> inutili /.../. Mi sono applicato a calcolare la prevalenza delle
> pompe centrifughe per l'acqua /.../. Per prima cosa facevo lo
> schema descrittivo della pompa, dimensione della camera aspi-
> rante e della camera premente, velocità di rotazione, energia
> impiegata /.../.
> Non posso dire di aver ottenuto i risultati che speravo. L'im-
> magine del professore mi perseguitava anche in mezzo ai nu-
> meri /.../. (*Ibidem*, pp. 18-19)

Se dunque talora la collocazione spazio-temporale di Demetrio
narratore coincide con quella di Demetrio protagonista e dunque l'istanza della narrazione enuncia contemporaneamente le
due posizioni e le loro peculiarità, spesso però lo stacco temporale tra momento della storia e momento della sua enunciazione fa del Demetrio della storia il soggetto dell'enunciato; in
questo caso a Demetrio soggetto dell'enunciato appartiene il
punto di vista percettivo, mentre a Demetrio soggetto dell'e-

nunciazione appartiene il processo di verbalizzazione; la posizione ideologica, invece, e dunque il processo di orientamento del senso, appartengono indistricabilmente ad entrambe le persone. L'effetto stilistico che ne consegue accentua a livello testuale l'incertezza del processo di enunciazione, che costituisce la struttura cardine di tutto il libro.

A tale fondamentale titubanza si somma la continua fluttuazione del racconto dal piano programmatico a quello dei ricordi, dal piano onorico-allucinatorio alla registrazione immediata dei fatti, il che procura un effetto di oscuramento, ovvero nasconde anzichè distendere l'intricata vicenda. L'insolita oscillazione verbale, che corrisponde ad un'oscillazione tra narrazione simultanea e narrazione ulteriore, si ripete nella seconda cornice laddove la vicenda replica con un suggestivo gioco di specchi i medesimi avvenimenti.

Nella cornice esterna, infine, il discorso del narratore extradiegetico assume un carattere referenziale che si palesa, oltre che nelle ampie digressioni, negli appelli diretti al narratario extradiegetico, del quale è possibile costruire una geografia ed una caratterizzazione, trattandosi di un lettore colto, che non solo ha precisa conoscenza di fatti e pratiche letterarie, è agguerrito cioè circa i procedimenti narrativi ed è capace di compiere un percorso individuale all'interno del romanzo, ma è anche aggiornato circa avvenimenti socio-politici contemporanei. L'autore in effetti, mediante l'espediente del riferimento diretto o della citazione colta, chiama in causa il tipico lettore falsamente impegnato, caratteristico del costume italiano contemporaneo, lo trascina nella storia e lo gratifica fornendogli dotte citazioni nelle quali possa festeggiare l'ampiezza della propria cultura; nel contempo però lo schernisce svelando, tramite la moltiplicazione dei punti di vista e la dissociazione delle voci narranti, la falsità del linguaggio e del rituale letterario insieme all'assurdità di un'istanza della narrazione che ambisca a porsi a livello della « verità ».

La subdola incertezza nei confronti dell'istanza di lettura insieme alla triplicazione dei punti di vista e delle voci narranti, consentita dalla narrazione autodiegetica, dimostra la capacità di contraddizione del romanzo, esplicitandone altresì il caratteristico procedere per correzione. Nel contempo le continue disdette a livello dell'enunciato realizzano la dissociazione dell'istanza narrante, privandola peraltro di un sapere sicuro e dequalificandola quale soggetto di azione o di conoscenza. Si assiste dunque all'ultimo passo di quel processo di svuotamento della soggettività che caratterizza buona parte dei romanzi del Novecento, da Pirandello a Robbe-Grillet. L'istanza narrante del *Pianeta azzurro* col suo trasformarsi in un puro effetto figurale, rievoca l'illusorietà del meccanismo narrativo, sicchè la schizofrenia dell'istanza narrante (tre narratori che sono in effetti la medesima persona), che è alla ricerca della propria identità, riflette l'assenza di una zona « franca » nella narrazione in cui si possa ancora dire la « verità ».

3.8. *Tabucchi e Eco: il tema del mistero; il giallo esistenziale*

Come il testo di Malerba, anche *Notturno indiano* di Antonio Tabucchi sviluppa tematicamente l'argomento del mistero, privilegiando il lato notturno ed occulto delle cose. Sebbene infatti la narrazione avvenga in differita, la reticenza dell'io narrante ci impedisce di acquisire in anticipo qualsiasi informazione; ne consegue un effetto di *suspense*, ingigantito dal misterioso ambiente orientale in cui si svolge la vicenda e dall'alterazione spazio-temporale del racconto.

In effetti Tabucchi sfrutta nel breve romanzo l'effetto di soggettivizzazione ambientale provocato dalla tecnica focale interna, grazie alla quale lo spazio ed il tempo diventano frammentari poichè rivelati dall'occhio curioso del personaggio narrante. Si veda ad esempio la descrizione con cui si apre il libro:

> Il tassista aveva una barba a pizzo, una reticella sui capelli, e un codino legato con un nastro bianco. Pensai che fosse un *Sikh* /.../.
> L'uomo correva troppo forte per il mio temperamento e suonava il clacson con ferocia. Mi parve che sfiorasse i pedoni di proposito con un sorriso incredibile che non mi piaceva /.../.
> Alla mano destra portava un guanto e anche questo non mi piacque. (*Ibidem*, p. 13),

che riporta del tassista solo alcuni caratteri come la reticella nei capelli, il codino legato con un nastro, il sorriso cattivo, la mano guantata; la rappresentazione è filtrata attraverso l'emozione del narratore, con la conseguenza che si arricchisce di soggettive sensazioni di trascuratezza, disordine, crudeltà. Allo stesso modo tutta l'India è conosciuta solo attraverso le camere d'albergo, gli ospedali, i bar; ma sui diversi fattori scena sovrasta sempre l'umore del protagonista che trasforma soggettivamente gli oggetti osservati.

Dal momento che tale focalizzazione interna esige che il protagonista non sia mai descritto nei suoi tratti esteriori, ma conosciuto solo per implicazione o per supposizione, ne determina altresì lo smarrimento della dimensione unitaria poichè ne evidenzia il lato sfuggente ed incerto e ce ne occulta la visione piena e a tutto tondo. In realtà nella linearità espressiva, parca di tratti affettivi o di emotività prorompenti, l'effetto di mistero della vicenda è affidato esclusivamente alla struttura narrativa del testo, alla reticenza e alla frammentarietà della focalizzazione interna che lascia sempre qualcosa di non detto, di necessariamente tralasciato. Il narrato dunque viene esplorato solo tramite il filtro della figura eidetica prescelta; gli altri, i passanti, gli incontri casuali, sono solo sfiorati dallo sguardo e resi opachi alla coscienza: non è possibile per l'uomo comune — il focalizzante di turno — traguardare la materia ed il pensiero.

Il pendolo di Foucault [106] di Umberto Eco presenta un'attiguità tematica con *Notturno indiano* e *Pianeta azzurro*: ha infatti la struttura di un giallo e svolge eideticamente il tema del mistero e dell'inquietudine, si conclude quindi con una serie di omicidi, mescolando sapientemente passato e presente, eventi dell'attualità scottante e sagaci digressioni storiche. Come Malerba narra l'impossibilità di fissare l'esistenza e di attribuire identità, la crisi della presenza e dell'unità del soggetto, al pari Eco, nell'incessante ricerca di un libro-miraggio

---

[106] U. Eco, *Il pendolo di Foucault*, Bompiani, Milano 1988.

che non esiste, lamenta l'impossibilità ontologica dell'esperienza e della conoscenza; la violenza e la sopraffazione sono in entrambi i casi risultati diretti di questa cultura paradossale.

Le somiglianze tra i testi però si arrestano al livello tematico e diminuiscono sempre di più quando ci si sposta verso un esame più dettagliato. L'inquietudine, l'impossibilità della conoscenza e la schizofrenia del soggetto investono infatti la stessa struttura narrativa del *Pianeta,* con la sua disorientante triplicazione dell'istanza narrante e del punto di vista, col continuo rincorrersi e contraddirsi di voci e mondi narrati, dato che l'angoscia dell'esistenza diventa scrittura problematica dove predomina l'arresto, la rilettura, la correzione. Nel *Pendolo,* di contro, l'interruzione del sapere si risolve in un gusto calcolatamente affabulatorio, costituendosi quale occasione per narrare e non come elemento di riflessione e costruzione; in Malerba è infatti la struttura stessa a significare, in Eco invece il senso si sovrappone a una struttura narrativa ancora di stampo mimetico-realistico.

Come nel suo primo romanzo, Eco utilizza nel *Pendolo di Foucault* la struttura formale del giallo resa, come allora, tramite una focalizzazione interna al personaggio narrante. Le limitazioni del narrato alla coscienza di un solo soggetto informante crea infatti un'atmosfera di mistero e un effetto di inquietudine, derivato dalla negazione di una conoscenza completa ed assoluta. La necessaria *suspense* è creata dalle inversioni temporali volute dal narratore, che nella notte tra il 26 e il 27 giugno 1984 rievoca una serie di vicende in cui egli stesso è stato coinvolto; la reticenza del protagonista a svelare o anticipare quanto avverrà in seguito e le recriminazioni prodotte col senno di poi contribuiranno a rafforzare l'atmosfera di mistero.

Nella nottata trascorsa nella villa di campagna di un amico, assassinato durante un macabro rituale, il protagonista rievoca una lunga serie di sequenze temporali: la notte del 23 giugno al *Conservatoire des Artes et des Metièrs* a Parigi, la storia di un'infanzia travagliata dagli orrori di una guerra, lo svolgersi di un'amicizia che risale agli anni Settanta ed è rinsaldata da misteriosi avvenimenti, la vicenda del pensiero ermetico, dell'Ordine dei Templari e dei Rosa-Croce dal medioevo fino al duemila. In sintesi il romanzo narra di tre uomini, di professione redattori editoriali, che, prendendo spunto dalla tradizione del pensiero ermetico, decidono di inventare per puro divertimento intellettuale un Piano, ossia di riscrivere la storia del mondo; quindi con ironia ed intelligenza utilizzano i paradossi della logica per disambiguare messaggi e costruire cartografie. Qualcuno però li prende sul serio e li uccide crudelmente per entrare in possesso di un ambìto segreto che non esiste.

Come l'elemento centrale del *Nome della rosa* era il manoscritto della *Poetica,* oggetto-feticcio divorato da Jorge, custode della biblioteca e del sapere universale, e tutta la storia si riassumeva nella ricerca di quell'opera, così anche il *Pendolo* parla della ricerca di un libro che non esiste, ma che paradossalmente procura gli stessi effetti micidiali. E ancora, come la *Rosa* si apriva con una lucida e quasi trionfante ironia — si pensi a « in principio era il Verbo e il verbo era presso Dio, e il Verbo era Dio » (*Il nome della rosa,* p. 19) — ma si concludeva mestamente con un'aria di morte e di rimpianto, così nel *Pendolo* il gioco disinibito dell'abbrivio iniziale (dove l'excursus nei campi della tecnica e del sapere matematico procura al lettore un piacevole diversivo nei confronti delle sue aspettative letterarie) è in seguito annullato da una necessità ineluttabile che conduce alla morte dei protagonisti.

Nel primo romanzo di Eco è stata segnalata la mancanza di un livello anagogico [107] o di un senso supremo, con la conseguenza che il romanzo è diventato simbolo della « disperazione etica » e della « teologia negativa » del ventesimo secolo, così anche per il *Pendolo:*

---

[107] Cfr. LEONARDO LATTARULO, *Tra misticismo e logica*, in AA.VV., *Saggi su il nome della rosa*, op. cit., evidenzia la drammatica mancanza di un livello anagogico, cioè di un senso supremo nel *Nome della rosa*, che pertanto finisce col simbolizzare la tragedia del XX sec., riproponendo il problema etico fondamentale del Male. Contro il Male ovvero contro il Caos, non ci sono che due strategie, quella di Guglielmo e quella di Jorge, ed entrambe sono destinate alla sconfitta, sancita dall'incendio finale.

> È notte alta, sono partito da Parigi questa mattina, ho lasciato
> troppe tracce. Hanno fatto in tempo ad indovinare dove sono.
> Tra poco arriveranno. Vorrei aver scritto tutto ciò che ho
> pensato da questo pomeriggio ad ora. Ma se essi lo leggessero, ne
> trarrebbero un'altra cupa teoria e passerebbero l'eternità a cer-
> care di decifrare il messaggio segreto che si cela dietro la mia
> storia. È impossibile, direbbero, che costui ci abbia raccontato
> solo che si stava prendendo gioco di noi. No, magari lui non lo
> sapeva, ma l'Essere ci lanciava un messaggio attraverso il suo
> oblio.
> Che io abbia scritto o no non fa differenza. Cercherebbero
> sempre un altro senso anche nel mio silenzio. Sono fatti così
> sono ciechi alla rivelazione. Malkut è Malkut e basta. (*Ibidem*, p.
> 509)

ogni segno rinvia esclusivamente ad un altro segno e non a un
significato. In questo spregiudicato laicismo culturale non resta
quindi che il piacere della citazione, il cui meccanismo non
introduce però nel gioco ironico o parodistico attribuito dallo
stesso Eco alla cultura post-moderna e al suo primo romanzo.
Mentre infatti il discorso implicitamente ironico prevede il
distacco dell'enunciazione dall'enunciato, la mancata esautorazione del senso originale conferisce invece al meccanismo citazionale del *Pendolo* un riuscitissimo effetto di *captatio lectoris*,
che festeggia nel lettore la sua immensa competenza e garantisce
nel contempo un effetto di realtà, conseguito peraltro anche
mediante la narrazione autodiegetica e le possibilità offerte da
uno stretto legame con le circostanze storiche [108]. In:

> Bembo aveva sistemato la valigia sopra il posto 45, e si era
> installato col suo pacco di giornali. La notizia del giorno erano i
> funerali di Berlinguer. (*Ibidem*, p. 437)

---

[108] Si vedano, di contro, i riferimenti ad un tempo evenemenziale o
storico della *Delfina bizantina*, dove la decontestualizzazione e la depragmatizzazione della resa discorsiva bloccano la decodificazione usuale del segno
e con esso qualsiasi illusione di verosimiglianza.

la menzione al leader politico attribuisce al discorso narrativo una maggiore veridicità, come avviene altresì per l'avvertenza editoriale posta nella terza pagina di copertina:

> L'editore ritiene opportuno informare che dopo la notte del 23 giugno 1984, in un periodo imprecisato il periscopio è scomparso dal *Conservatoire National des Artes et Metièrs*, e che la statua della libertà è stata spostata verso l'estremità del coro. (*Ibidem*)

dove si annulla, mediante un movimento surrettizio, la distanza tra l'enunciazione e l'enunciato, ovvero tra il racconto e la Storia e si occulta di conseguenza la dimensione finzionale dell'atto di scrittura.

Questo romanzo, intrigato di magia, cabbàla, messaggi segreti e cifrati, partecipa di quel clima di mistero e di favola che caratterizza buona parte delle prove della nuova generazione di narratori; il motivo, però, è svolto solo a livello tematico e non tocca i piani strutturali del testo, in confronto ad esempio al *Pianeta azzurro* dove la storia dei templari assurge a puro pretesto, sicchè il vero romanzo risiede nella triplice ed incerta struttura, nell'incapacità di separare la realtà dall'immaginazione e la verità dalla finzione. Esiste infatti nel *Pendolo* una verità, sia pure totalmente disincantata, ed essa è valida per tutta la vicenda e anche oltre, al di fuori dal testo: l'isotopia tra racconto e Storia che ne deriva si trova esattamente agli antipodi del meccanismo di inscindibilità tra discorso e racconto mediante cui Malerba rappresenta l'atto fittizio implicito al racconto.

Tuttavia con Eco, Malerba e Tabucchi, la tecnica della focalizzazione interna procura un effetto di mistero; il limite della sensibilità e della conoscenza umana, riflesso grazie ad essa nel romanzo, determina altresì uno sviluppo dela struttura formale del « giallo » ponendo l'accento interrogativo su un livello esistenziale. E in Malerba, addirittura, si trasforma in dubbio sulla possibilità stessa del narrare: il romanzo, smarrita la propria origine è alla ricerca di un atto creativo « assoluto », mentre le tre voci che si contendono la narrazione, sovrapponendo una diegesi all'altra, suscitano il sospetto che non esista un piano di discorso, ovvero che il mondo esista solo come enunciato.

Nella recente letteratura la dimensione di verità può esistere solo all'interno della finzione; ne deriva una logica clamorosamente paradossale che ammette la coincidenza degli opposti, ovvero del « vero » e del « falso » indissolubilmente correlati.

3.9. *Dalla verità della rappresentazione allo spettacolo della narrazione*

In conclusione, nelle prove dei giovani scrittori italiani il narratore non detiene « la verità »; quest'ultima d'altro canto non è di pertinenza neanche dei personaggi; il romanzo, prodotto intenzionale dell'autore implicito che si rispecchia nella sua creazione, mostra la propria falsità che si dirama allo stesso modo su tutti i punti di vista, del narratore come dei personaggi. Se, come si è detto, l'autodisvelamento del racconto riflette il processo di depotenziamento del soggetto metafisico avvenuto nel passaggio tra moderno e post-moderno, insieme al paradosso pragmatico consistente nel continuare a pensare, pur nella crisi del pensiero legittimante; al pari il carattere « normalizzato » dell'istanza narrativa, che rifiuta la verità del narratore come del personaggio e ripudia un sapere totale e trascendente che prevarichi l'individualità di manifestazione, si riferisce altresì ad una pratica culturale che prevede la fluidificazione dei codici, inadatti a definire identità collettive ma aperti alle sperimentazioni di soggetti sempre più individualizzati.

Nel contempo il recupero della soggettività nel romanzo — che ha nei personaggi di Busi e Calvino i più immediati referenti in virtù della loro autonoma collocazione nel campo delle conoscenze e delle passioni — richiama alla mente la rivalutazione foucaultiana della soggettività come effetto di senso o luogo di un desiderio unitario [109], insieme alla nozione

---

[109] Cfr. MICHEL FOUCAULT, *La volonté du savoir. Histoire de la sexualité I*, Gallimard, Paris 1966; tr. it., *La volontà di sapere*, Feltrinelli, Milano 1978;

di una varietà di modelli di ragione non omogenei e non riconducibili l'uno all'altro, ma vincolati esclusivamente alla specificità del loro campo d'azione.

Nell'età post-moderna si riafferma l'assurdità di una pretesa legittimante e totalitaria della ragione: di conseguenza il romanzo rinnega la coerenza di un procedimento razionale ed unitario mentre manifesta, nella sua scoperta finzionalità, un intento più locale e contingente. Si profila inoltre l'eventualità di un « pensiero debole » che nella coscienza di una radicale irreversibilità del disincanto spettacolarizza le strutture (responsabilità, ruoli, personalità, caratteri) che ingabbiavano il soggetto forte; di conseguenza il narratore riprende a narrare rivestendosi degli abiti di un'istanza onnisciente, sebbene nella consapevolezza della fine della narrazione, faccia della propria esistenza il luogo dello spettacolo [110] (si pensi al narratore e alla figura biografica di Busi). In virtù della nuova dimensione festiva che soppianta il pathos della vecchia struttura, il romanzo dunque rinasce, sebbene renda conto nel contempo di sè e della propria negazione.

L'evoluzione delle forme narrative dei giovani scrittori italiani ha dunque una sua ragion d'essere storicamente determinata e presenta un campo così variegato quanto l'odierno orizzonte culturale. Se a volte, come in Vassalli e Tabucchi, la struttura narrata radicalizza e porta a termine il programma del moderno, raggiungendo con Malerba la più incisiva e dolorosa rappresentazione della crisi dell'unità e centralità del soggetto, in altri casi invece, come in Busi o Calvino, si indicano nuove virtualità al soggetto che succedano tuttavia alla perdita del senso e alla spettacolarizzazione delle strutture, delle funzioni, delle convenzioni, e come anche delle ideologie.

IDEM, *L'usage des plaisirs. Histoire de la sexualité II*, Gallimard, Paris 1984; tr. it., *L'uso dei piaceri*, Feltrinelli, Milano 1984; IDEM, *Le souci de soi. Histoire de la sexualité III*, Gallimard, Paris 1985; tr. it., *La cura di sé*, Feltrinelli, Milano 1985.

[110] Cfr. CARLO FORMENTI, *Prometeo ed Hermes. Colpa ed origine nell'immaginario tardo moderno*, Liguori, Napoli 1986.

BIBLIOGRAFIA ESSENZIALE
Riferimenti specifici

Capitolo I

Testi

VERGA GIOVANNI, *I carbonari sulla montagna. Sulle lagune*, Vita e Pensiero, Milano 1975..

IDEM, *Una peccatrice, Storia di una capinera, Eva, Tigre reale*, Mondadori, Milano 1976.

IDEM, *Eros*, Mondadori, Milano 1976.

IDEM, *I Malavoglia*, Garzanti, Milano 1980: è stato riprodotto il testo dell'originale edizione Treves, Milano 1881, confrontato con l'edizione compresa in G. Verga, *I Grandi Romanzi*, Riccardi, Mondadori, Milano 1972.

IDEM, *Il marito di Elena*, Mondadori, Milano 1972.

IDEM, *Mastro Don Gesualdo*, Mondadori, Milano 1986.

IDEM, *Dal tuo al mio*, Serra e Riva, Milano 1982: è stato riprodotto il testo dell'edizione Treves, Milano 1906, confrontato con la redazione dell'opera in tre puntate sui numeri del 16 maggio e del 16 giugno 1905 della « Nuova antologia ».

IDEM, *Dal tuo al mio*, dramma, in G. Verga, *Teatro*, Mondadori, Milano 1960.

IDEM, *Tutte le novelle*, Mondadori, Milano 1980.

CAPUANA LUIGI, *Giacinta*, Mondadori, Milano 1980: è stato riprodotto il testo della 1ª ed. 1879.

IDEM, *Il marchese di Roccaverdina*, Garzanti, Milano 1985.

DE ROBERTO FEDERICO, *I Viceré*, Garzanti, Milano 1986.

Studi

AA.VV., *Il romanzo: origine e sviluppo delle strutture narrative nella letteratura occidentale*, Istituto dell'Enciclopedia Italiana, Roma 1988.

AA.VV. [a cura di Musumarra Carmelo], *'I Malavoglia' di Giovanni Verga*, Sellerio, Palermo 1982.

AA.VV., *I romanzi fiorentini di G. Verga* (Atti del II convegno di studi; Catania, 21-22 Nov. 1980), Biblioteca della Fondazione Verga, Catania 1981.

AA.VV., *I Malavoglia* (Atti del congresso internazionale di studi; Catania, 26-28 Nov. 1981), 2 voll., Biblioteca della Fondazione Verga, Catania 1983.

ALFIERI GABRIELLA, *Lettera e figura nella Scrittura de 'I Malavoglia'*, Presso l'Accademia della Crusca, Firenze 1983.

ANDREOLI ANNAMARIA, *Circolarità metonimica del Verga 'borghese'*, « Sigma », 1/2, 1977.

ÁNNONI CARLO, *Introduzione* a G. Verga, *I Carbonari della montagna e Sulle lagune*, Vita e pensiero, Milano 1975.

ASOR ROSA ALBERTO [a cura di], *Il caso Verga*, Palumbo, Palermo 1972.

ASSOCIAZIONE ITALIANA DI CULTURA CLASSICA [a cura di], *Il romanzo. Origine e sviluppo delle strutture narrative nella letteratura occidentale*, ETS, Pisa 1987.

BALDI GUIDO, *L'artificio della regressione. Tecnica narrativa e ideologia nel Verga verista*, Liguori, Napoli 1980.

DI BENEDETTO ARNALDO, *Prefazione* a G. Verga, *Dal tuo al mio*, Serra e Riva, Milano 1982.

BIASIO GIAN PAOLO, *Il romanzo 'Sulle lagune' del giovane Verga*, « Rassegna della letteratura italiana », 2/3, 1970.

BIGAZZI ROBERTO, *I Colori del vero. Cent'anni di narrativa: 1860-1880*, Nistri Lischi, Pisa 1969.

BORSELLINO NINO, *Storia di Verga*, Laterza, Roma - Bari 1972.

CATALANO GABRIELE, *Logica mondana e tensione narrativa attraverso la protagonista del romanzo verghiano 'Eros'*, in AA.VV., *Letteratura siciliana al femminile*, Sciascia, Caltanissetta - Roma 1984; successivamente modificato e col titolo *L'esperienza mondana in « Eros » - suggello e identità di un secolo*, in AA.VV., *Nuovi studi in onore di Mario Santoro*, Federico e Ardia, Napoli 1989.

COLICCHI CALOGERO, *Lettera di 'Eva'*, « Giornale storico della letteratura italiana », fasc. 490, 2 trim. 1978.

DEBENEDETTI GIACOMO, *Verga e il naturalismo*, Garzanti, Milano 1976.

DE MEIJER PICTER, *Costanti del mondo verghiano*, Sciascia, Caltanissetta - Roma 1960.

DEVOTO GIACOMO, *I 'piani del racconto' in due capitoli dei 'Malavoglia'*, « Bollettino del centro di studi filologici e linguistici siciliani », II-1954; quindi in *Nuovi studi di stilistica*, Le Monnier, Firenze 1962.

DILLON WANKE MATILDE, *'Il marito di Elena'*, ovvero dell'ambiguità, « Sigma », 1/2, 1977.

FAVA GUZZETTA LIA, *La mano invisibile. Costruzione del racconto nel Verga 'minore'*, Rubbettini, Soveria Mannelli 1981.

FERRONE SIRO, *Il teatro di Verga*, Bulzoni, Roma 1972.

LUPERINI ROMANO, *Pessimismo e verismo di Giovanni Verga*, Liviana, Padova 1968.

IDEM [a cura di], *Verga, le ideologie, le strutture narrative, il caso critico*, Milella, Lecce 1982.

MARIANI GAETANO, *Giovanni Verga*, in *Letteratura italiana*, vol. II, Marzorati, Milano 1967.

MARZOT GIULIO, *Preverismo, Verga e la generazione verghiana*, Cappelli, Bologna 1965.

MASIELLO VITILIO, *Verga tra ideologia e realtà*, De Donato, Bari 1970.

IDEM, *I Miti e la storia. Saggi su Foscolo e Verga*, Liguori, Napoli 1984.

MAZZACURATI GIANCARLO, *Verga*, Liguori, Napoli 1974.

IDEM, *Scrittura e ideologia in Verga ovvero le metamorfosi della Luna*, in *Forma e ideologia*, Liguori, Napoli 1974.

MEROLA NICOLA, *Specchio di povertà*, «Sigma», 1/2, 1977.

IDEM, *Su Verga e D'Annunzio. Mito e scienza in letteratura*, Ateneo, Roma 1978.

MORETTI VINCENZO, *I conflitti di «Una peccatrice»*, «Sigma», 1/2, 1977.

MUSCARIELLO MARIELLA, *Le passioni della scrittura. Studio sul primo Verga*, Liguori, Napoli 1989.

MUSUMARRA CARMELO, *Verga minore*, Nistri-Lischi, Pisa 1965.

PATRUNO MARIA LUISA, *Il primo Verga fra tensione unitaria e integrazione nazionale*, «Lavoro critico», 11/12, 1977.

PIRODDA GIUSEPPE, *L'esclissi dell'autore. Tecnica ed esperimenti verghiani*, Ed. democratica sarda, Cagliari 1976.

RAGONESE GAETANO, *Interpretazione del Verga*, Bulzoni, Roma 1977.

RUSSO LUIGI, *Giovanni Verga*, Laterza, Roma-Bari 1979.

SALSANO ROBERTO, *Rilievi testuali sul primo Verga*, Palombi, Roma 1979.

SCRIVANO RICCARDO, *Il Verga tra Scapigliatura e Verismo*, «Belfagor», 30, 1965.

SPINAZZOLA VITTORIO, *Verismo e positivismo*, Garzanti, Milano 1977.

SPITZER LEO, *L'originalità della narrazione dei 'Malavoglia'*, «Belfagor», 1, 1956.

ZACCARIA GIUSEPPE, *La 'falsa coscienza' dell'arte nelle opere del primo Verga*, «Sigma», 1/2, 1977.

Capitolo II

Testi

PIRANDELLO LUIGI, *Tutti i romanzi*, coll. I Meridiani, Mondadori, Milano 1981.

DE ROBERTO FEDERICO, *L'illusione*, Garzanti, Milano 1981.

Studi

ALONGE ROBERTO, *Pirandello tra realismo e mistificazione*, Guida, Napoli 1970.

BARILLI RENATO, *La barriera del Naturalismo*, Mursia, Milano 1970.

IDEM, *Pirandello, una rivoluzione culturale*, Mursia, Milano 1986.

BORLENGHI ALDO, *Tradizione e novità nelle esperienze narrative d'eccezione di Svevo e Pirandello*, Cisalpino-La Goliardica, Milano 1966.

BORSELLINO NINO, *Immagini di Pirandello*, Lerici, Milano 1979.

CAPPELLO GIOVANNI, *Quando Pirandello cambia titolo. Occasionalità o strategia?*, Mursia, Milano 1986.

COSTA SIMONA, *La presenza pirandelliana nella narrativa romanzesca dei primi del secolo*, in AA.VV., *Il romanzo: origine e sviluppo delle strutture narrative nella letteratura occidentale*, op. cit.

DEBENEDETTI GIACOMO, *Il romanzo del Novecento*, Il Saggiatore, Milano 1971.

LEONE DE CASTRIS ARCANGELO, *Storia di Pirandello*, Laterza, Bari 1977.

FERRARIO EDOARDO, *L'occhio di Mattia Pascal. Poetica ed estetica in Pirandello*, Bulzoni, Roma 1978.

GARDAIR JEAN MICHEL, *Pirandello e il suo doppio*, Abete Grafica, Roma 1977.

GIOVIALE FERNANDO, *Luigi Pirandello*, Patron, Patti 1986.

GIOANOLA ELIO, *Pirandello. La follia*, Il Melangolo, Milano 1986.

LUGNANI LUCIO, *Pirandello*, La Nuova Italia, Firenze 1970.

IDEM, *L'infanzia felice e altri saggi su Pirandello*, Liguori, Napoli 1986.

GRANA GIANNI, *De Roberto e Pirandello* (Atti del Congresso internazionale di Studi Pirandelliani), 2, 5, X, Le Monnier, Firenze 1967.

GUGLIEMINETTI MARZIANO, *Struttura e sintassi del romanzo del Novecentro*, Silva, Milano 1964; Nuova ed. aggiornata, *Il romanzo del Novecento italiano. Struttura e sintassi*, Editori Riuniti, Roma 1986.

MACCHIA GIOVANNI, *Pirandello o la stanza della tortura*, Mondadori, Milano 1985.

MAZZACURATI GIANCARLO, *Pirandello nel romanzo europeo*, Il Mulino, Bologna 1987.

MIGNONE MARIO, *Edoardo De Filippo e Pirandello: un incontro in simbiosi*, «Misure critiche», luglio-dicembre 1986.

PAGLIARO ANTONIO, *Teoria e prassi linguistica di Luigi Pirandello*, «Bollettino del Centro Studi filologici e linguistici siciliani», X, 1968.

SALINARI CARLO, *Miti e coscienza del decadentismo*, Feltrinelli, Milano 1960.

TERRACINI BENVENUTO, *Analisi stilistica*, Feltrinelli, Milano 1975.

Capitolo III

Testi

FOGAZZARO ANTONIO, *Daniele Coortis*, Mondadori, Milano 1980.

TOZZI FEDERICO, *Il Podere*, Rizzoli, Milano 1983.

Studi

BARLUSCONI GIOVANNA, *Psicoanalisi dei personaggi fogazziani*, in ATTILIO AGNOLETTO [a cura di], *Antonio Fogazzaro* (Atti del convegno di Studi su Fogazzaro, Como, ottobre 1982), Angeli, Milano 1984.

CAVALLINI GIORGIO, *Aspetti della lingua fogazzariana*, in A. AGNOLETTO, *Antonio Fogazzaro*, op. cit.

IDEM, *La dinamica della narrativa di Fogazzaro*, Bulzoni, Roma 1978.

CONTINI GIANFRANCO, *Letteratura dell'Italia unita (1861-1968)*, Sansoni, Firenze 1968.

DE RIENZO GIORGIO, *Fogazzaro e l'esperienza della realtà*, Silva, Milano 1967.

DEVOTO GIACOMO, *Dai 'Piccoli mondi' del Fogazzaro*, in *Studi di stilistica*, Le Monnier, Firenze 1950.

GHIDETTI ENRICO, *Le idee e le virtù di Antonio Fogazzaro*, Liviana, Padova 1974.

GIANNETTO NELLA, *Per una lettura semiotica di Leila*, in A. AGNOLETTO, *Antonio Fogazzaro*, op. cit.

MADRIGNANI CARLO, Introduzione a *Daniele Cortis*, Mondadori, Milano 1980.

TROMBATORE GAETANO, *Riflessi letterari del Risorgimento in Sicilia*, Manfredi, Palermo 1960.

VOSSLER KARL, *La letteratura italiana dal Romanticismo al Futurismo*, Ricciardi, Napoli 1922.

AA.VV., *Tozzi*, «Cahiers du CERCIC», 4, 1985.

AA.VV., *Per Tozzi* (Atti del Convegno di Studi su Federigo Tozzi nel centenario della nascita; Siena, 24-26 Nov. 1983), Bulzoni, Roma 1985.

AA.VV. [a cura di Luigi Fontanella], *Tozzi in America* (Atti di convegno; State University of New York at Stony Brook, 19-20 Apr. 1985).

BALDACCI LUIGI, *Le illuminazioni di Tozzi*, «Il Bimestre», 9/10, 1970; poi con un *Codicillo 1973*, in *Libretti d'opera e altri saggi*, Vallecchi, Firenze 1974 (relazione al convegno di studi nel cinquantenario della morte di Tozzi; Siena, 20-21 Giu. 1970).

CAVALLI PASINI ANNAMARIA, *Il 'mistero' retorico della scrittura*, Patron, Bologna 1984.

CATALANO GABRIELE, *Duplicità del personaggio nei 'Nuovi racconti'*, «Il Baretti», Giu-Lug. 1960.

DEBENEDETTI GIACOMO, *Il romanzo del Novecento*, op. cit.

FUBINI MARIO, *Critica e poesia*, Laterza, Bari 1956.

GETREVI PAOLO, *Nel prisma di Tozzi*, Liguori, Napoli 1983.

GIOANOLA ELIO, *'Gli occhi chiusi' di F. Tozzi*, «Otto/Novecento» IV, Gen./Feb. 1980.

LUTI GIORGIO, *Tozzi: il romanzo dei 'Misteriosi atti nostri'*, Introduzione a F. Tozzi, *Opere*, Coll. I Meridiani, Mondadori, Milano 1987.

MAGHERINI GRAZIELLA, *Gli 'occhi chiusi" di F. Tozzi: considerazioni di una psicoanalista*, in AA.VV., *Per Tozzi* (Atti di convegno; Siena, Nov. 1983), Editori Riuniti, Roma 1985.

MAXIA SANDRO, *Uomini e bestie nella narrativa di Federigo Tozzi*, Liviana, Padova 1972.

PETRONI FRANCO, *Ideologia del mistero e logica dell'inconscio nella narrativa di Federigo Tozzi*, Manzuoli, Firenze 1984.

PALUMBO MATTEO, *Il narratore interdetto: epifania e paralisi della realtà in F. Tozzi*, «Lavoro critico», 27, 1982.

ROSSI ALDO, *Modelli e scrittura di un romanzo tozziano. Il Podere*, Liviana, Padova 1982.

SALINARI CARLO, *Il Santo*, in *Miti e coscienza del decadentismo italiano*, Feltrinelli, Milano 1960.

SANTORO MARIO, Introduzione a *Daniele Cortis*, Garzanti, Milano 1988.

SINI CARLO, *Su Tozzi*, Bulzoni, Roma 1985.

SORMANI ELSA, *Arte, scienza e fede in Antonio Fogazzaro*, in *La letteratura italiana. Storia e testi, Il Secondo Ottocento*, vol. 8°, t. II, Laterza, Bari 1975.

SUMMER MARIA LUISA, *Le approssimazioni stilistiche di A. Fogazzaro*, «Giornale storico della letteratura italiana», XXVIII, 1961.

TELLINI GINO, *La tela di fumo. Saggio su Tozzi novelliere*, Nistri-Lischi, Pisa 1972.

TUCCILLO DOMENICO, *Per una lettura unitaria della narrativa di Federigo Tozzi*, «Tempo nuovo», 31, 1985.

ULIVI FERRUCCIO, *Federigo Tozzi*, Mursia, Milano 1973.

Capitolo IV

Testi

GADDA CARLO EMILIO, *La cognizione del dolore*, Einaudi, Torino 1974.

PALAZZESCHI ALDO, *Sorelle Materassi*, Mondadori, Milano 1980.

SVEVO ITALO, *Una vita*, Newton Compton, Roma 1975.

IDEM, *Senilità*, Fabbri, Milano 1985.

IDEM, *La coscienza di Zeno*, Einaudi, Torino 1984.

Studi

ARBASINO ALBERTO, *Sessanta posizioni*, Feltrinelli, Milano 1971.

IDEM, *Certi romanzi*, Einaudi, Torino 1977.

BALDI GUIDO, *Carlo Emilio Gadda*, Mursia, Milano 1972.

CAVALLINI GIORGIO, *La funzione del dialetto nell'espressionismo linguistico di C.E. Gadda*, «Giornale storico della letteratura italiana», 480, 1975.

DANTE ISELLA, *I Lombardi in rivolta*, Einaudi, Torino 1984.

FLORES ENRICO, *Accessioni gaddiane*, Loffredo, Napoli 1973.

MORTARA GARAVELLI BICE, *La parola riprodotta: i filtri del riuso*, «Autografo, 1, 1984.

GIOANOLA ELIO, *L'uomo dei topazi*, Il Melangolo, Genova 1977.

GRIGNANI MARIA ANTONIETTA-RAVAZZOLI FLAVIA, *Tragitti gaddiani*, «Autografo», 1, 1984.

GUGLIELMI ANGELO, *Vero o Falso*, Feltrinelli, Milano 1968.
ROSCIONI GIAN CARLO, *La disarmonia prestabilita*, Einaudi, Torino 1975.
SACCONE ANTONIO, *L'occhio narrante. Tre studi sul primo Palazzeschi*, Liguori, Napoli 1987.
SACCONE EDOARDO, *Conclusioni anticipate su alcuni racconti e romanzi del Novecento. Svevo. Palazzeschi. Tozzi. Gadda. Fenoglio*, Liguori, Napoli 1988.
SERONI ADRIANO, *Gadda*, La Nuova Italia, Firenze 1983.
GUGLIEMI GUIDO, *L'udienza del poeta. Saggi su Palazzeschi e il futurismo*, Einaudi, Torino 1979.
GUNTER GEORGES, *Palazzeschi e la giocondità*, «Paragone», 262, 1971.
MEMMO FRANCESCO PAOLO, *Invito alla lettura di Palazzeschi*, Mursia, Milano 1976.
PAPALONI GENO, *I Romanzi della verità*, in *Palazzeschi oggi* (Atti di convegno; Firenze, 6-8 Nov. 1976), Il Saggiatore, Milano 1978.
PEDULLÀ WALTER, *La letteratura del benessere*, Bulzoni, Roma 1973.
IDEM, *Il ritorno dell'uomo di fumo. Viaggio paradossale con Palazzeschi in un paese allegro ed innocente*, Marsilio, Venezia 1987.
PULLINI GIORGIO, *Aldo Palazzeschi*, Mursia, Milano 1972.
SANGUINETI EDOARDO, *Tra liberty e crepuscolarismo*, Mursia, Milano 1961.
SOLMI SERGIO, *Palazzeschi poeta e romanziere*, in STEFANO GIOVANARDI, *La critica e Palazzeschi*, Cappelli, Bologna 1975.

AA.VV., *Italo Svevo*, Sellerio, Palermo 1986.
AA.VV., *Italo Svevo oggi*, Vallecchi, Firenze 1986.
BENEDETTI CARLA, *La soggettività nel racconto*, Liguori, Napoli 1984.
CAMERINO GIUSEPPE ANTONIO, *Italo Svevo e la crisi della Mitteleuropa*, Le Monnier, Firenze 1984.
CONTINI GABRIELLA, *Il romanzo inevitabile. Temi e tecniche narrative nella Coscienza di Zeno*, Mondadori, Milano 1983.
DE BENEDETTI GIACOMO, *Il romanzo del Novecento*, Il Saggiatore, Milano 1971.
DE LAURENTIS TERESA, *La sintassi del desiderio. Strutture e forme del romanzo sveviano*, Longo, Ravenna 1976.
FUSCO MARIO, *Italo Svevo: coscienza e realtà*, Sellerio, Palermo 1984.
GIOANOLA ELIO, *Un killer dolcissimo*, Il Melamgolo, Genova 1979.
GUGLIELMINETTI MARZIANO, *Strutture e sintassi del romanzo italiano nel primo Novecento*, op. cit.
LAVAGETTO MARIO, *Zeno*, «Nuovi Argomenti», 63/64, 1986.
IDEM, *L'impiegato Schmitz e altri saggi su Svevo*, Einaudi, Torino 1975.
LEPSCHY ANNA LAURA, *Come la parola sa varcare il tempo. Tempo e narrazione nella Coscienza di Zeno*, «Lettere italiane», Gen./Mar. 1979.
LUTI GIORGIO, *Svevo*, La Nuova Italia, Firenze 1979.
MAZZACURATI GIANCARLO - PALUMBO MATTEO, *Il secondo Svevo*, Liguori, Napoli 1982.
PETRONI FRANCO, *Svevo*, Milella, Lecce 1983.
PRETOLANI CLAAR MICHELA, *Guida alla lettura di Svevo*, Mondadori, Milano 1986.

Capitolo V

Testi

Busi Aldo, *La Delfina bizantina*, Garzanti, Milano 1986.
Idem, *Sodomie in corpo 11*, Garzanti, Milano 1988.
Calvino Italo, *Se una notte d'inverno un viaggiatore*, Einaudi, Torino 1980.
Idem, *Palomar*, Einaudi, Torino 1983.
De Carlo andrea, *Uccelli da gabbia e da voliera*, Einaudi, Torino 1982.
Idem, *Yucatan*, Bompiani, Milano 1986.
Del Giudice Daniele, *Atlante occidentale*, Einaudi, Torino 1985.
Idem, *Nel Museo di Riems*, Mondadori, Milano 1988.
Eco Umberto, *Il nome della rosa*, Bompiani, Milano 1980.
Idem, *Il pendolo di Foucault*, Bompiani, Milano 1988.
Malerba Luigi, *Il pianeta azzurro*, Garzanti, Milano 1986.
Idem, *Testa d'argento*, Mondadori, Milano 1988.
Pazzi Roberto, *Cercando l'imperatore*, Marietti, Casale Monferrato 1985.
Idem, *La principessa e il drago*, Garzanti, Milano 1986.
Idem, *Vangelo di Giuda*, Garzanti, Milano 1989.
Sanguineti Edoardo, *Capriccio italiano*, Feltrinelli, Milano 1963.
Tabucchi Antonio, *Notturno indiano*, Sellerio, Palermo 1984.
Idem, *Il filo dell'orizzonte*, Feltrinelli, Milano 1986.
Vassalli Sebastiano, *Abitare il vento*, Einaudi, Torino 1980.
Idem, *L'oro nel mondo*, Einaudi, Torino 1987.

Studi (monografici)

Barilli Renato, *Spino ed Anastasia*, «Alfabeta», 95, 1987.
Idem, *Busi e Cavazzoni*, «Alfabeta», 106, 1988.

AA.VV., *Italo Calvino. La letteratura, la scienza, la città*, Marietti, Genova 1988.
AA.VV., *Italo Calvino* (Atti del convegno internazionale), Garzanti, Milano 1988.
AA.VV., *Italo Calvino I*, «Nuova Corrente», 99, 1987.
AA.VV., *Italo Calvino II*, «Nuova Corrente», 100, 1987.
Guglielmi Angelo, *Domande per Italo Calvino*, «Alfabeta», 6, 1979.
Calligaris Giorgio, *Calvino*, Mursia, Milano 1984.
Celati Giorgio, *Palomar la prosa nel mondo*, «Alfabeta», 59, 1984.
Segre Cesare, *Se una notte d'inverno un narratore sognasse un apleph a dieci colori*, «Strumenti critici», 3, 1979.
Spinazzola Vittorio, *L'io diviso di Italo Calvino*, «Belfagor», 42, 1987.

Barilli Renato, *Una riuscita e mezza*, «Alfabeta», 93, 1987.

AA.VV, *Saggi sul Nome della rosa*, Bompiani, Milano 1985.

BERARDINELLI ALFONSO, *Eco o il pensiero pendolare*, «Linea d'ombra», 31, 1988.

AA.VV., *Malerba*, «Alfabeta», 95, 1987.

LA TORRE ALFREDO, *La magia della scrittura. Moravia, Malerba, Sanguineti*, Bulzoni, Roma 1987.

GRAMIGNA GIULIANO, *Malerba*, in AA.VV., *900*, vol. 9, Marzorati, Milano 1983.

MUZZIOLI FRANCESCO, *Malerba. Raccontare e correggere*, «Alfabeta», 106, 1988.

BARTHES ROLAND, *Sanguineti visto da Roland Barthes*, Catalogo Feltrinelli 1965.

CELATI GIORGIO, *Il racconto in superficie*, «Il Verri», 1, 1973.

SICA GIORGIO, *Sanguineti*, La Nuova Italia, Firenze 1974.

Studi (complessivi)

AA.VV., *La cognizione del romanzo*, «Sigma», 4, 1984.

AA.VV., *Il senso della letteratura*, «Alfabeta», 95, 1984 (Atti di convegno; Palermo 1984).

AA.VV., *Gruppo 63. Critica e teoria*, Feltrinelli, Milano 1976.

AA.VV., *Gruppo 63. La nuova letteratura*, Feltrinelli, Milano 1973.

CELATI GIORGIO, *Finzioni occidentali*, Einaudi, Torino 1986.

CESARANI RENATO, *Rassegna di narrativa*, «Nuova corrente», 33, 1986.

CORTI MARIA, *Viaggio testuale*, Einaudi, Torino 1987.

FERRETTI GIULIANO, *Il best-seller all'italiana*, Laterza, Bari 1984.

GIULIANO ALFREDO, *Autunno del novecento*, Feltrinelli, Milano 1984.

GUGLIELMI ANGELO, *La letteratura del risparmio*, Bompiani, Milano 1983.

GUGLIEMI GUIDO, *La prosa italiana del novecento*, Einaudi, Torino 1988.

MANACORDA GIULIANO, *Letteratura italiana d'oggi (65-85)*, Editori Riuniti, Roma 1985.

MANGANELLI GIORGIO, *La letteratura come menzogna*, Feltrinelli, Milano 1967.

MIZZAU MARINA, *Il Metaromanzo*, «Il Verri», 26, 1968.

IDEM, *Tecniche narrative e romanzo sperimentale*, Mursia, Milano 1965.

MUZZIOLI FRANCESCO, *Teoria e critica della letteratura, nelle avanguardie italiane degli anni sessanta*, Istituto dell'Enciclopedia Italiana, Roma 1982.

PEDULLÀ WALTER, *La letteratura del benessere*, op. cit.

IDEM, *L'estrema finzione*, Marsilio, Padova 1975.

IDEM, *Il morbo di Basedow, ovvero dell'avanguardia*, Lerici, Milano 1975.

IDEM, *Miti e funzioni di fine millennio*, Rusconi, Milano 1983.

PERNIOLA MARIO, *Il metaromanzo*, Quaderni di Sigma, 1966.

RINALDI RINALDO, *Il romanzo come deformazione*, Mursia, Milano 1985.

SCALIA GIANNI, *La questione dello sperimentalismo*, in AA.VV., *Critica, letteratura ed ideologia*, Marsilio, Padova 1968.

SPINAZZOLA VITTORIO, *Pubblico 84*, Rizzoli, Milano 1984.
IDEM, *Il successo letterario*, Unicopli, Milano 1985.
IDEM, *Pubblico 87*, Rizzoli, Milano 1988.
VITIELLO CIRO, *Teoria e tecnica dell'avanguardia*, Mursia, Milano 1983.

Riferimenti metodologici

AA.VV. «Communications», 8, 1966; tr. it., *L'analisi del racconto*, Bompiani, Milano 1969.
AA.VV., «Communications», 11, 1969.
AA.VV., «Carte semiotiche», 4/5, 1988.
AA.VV., «Versus», 19/20, 1978.
AA.VV., *Problemi del romanzo*, Angeli, Milano 1983.
AGOSTI STEFANO, *Voce narrativa e descrizione*, in AA.VV., *Problemi del romanzo*, op.cit.
IDEM, *Enunciazione e racconto*, Il Mulino, Milano 1989.
BENVENISTE ÉMILE, *Problème de linguistique générale*, Gallimard, Paris 1966; tr. it., *Problemi di linguistica generale*, Il Saggiatore, Milano 1971.
IDEM, *Problème de linguistique générale II*, Gallimard, Paris 1974; tr. it., *Problemi di linguistica generale II*, Il Saggiatore, Milano 1985.
BACHTIN MICHAEL, *Slovo v romane*, in *Voprosy literatury i estetiki*, Chudozestvennaia literatura, Mosca 1934-35; tr. it., *La parola nel romanzo*, in *Estetica e romanzo*, Einaudi, Torino 1981.
IDEM, *Problemy poetiki Dostoevskogo*, Sovetsky pisatel', Mosca 1963; tr. it., *Dostoevskij*, Einaudi, Torino 1968.
BARTHES ROLAND, *Saggi critici*, Einaudi, Torino 1972.
ROLAND BARTHES et alii, *Littérature et réalité*, Seuil, Paris 1982.
BOURNEF ROLAND-OULLET RÉAL, *L'univers du roman*, Presses Universitaires de France, Paris 1972; tr. it., *L'universo del romanzo*, Einaudi, Torino 1976.
BOOTH WAYNE, *Rhetoric of fiction*, University Press, Chicago 1961.
CACCIATORI RENATO, *Il discorso narrativo*, Angeli, Milano 1985.
CARAMASCHI ENZO, *«Descrittivo»* e *«narrativo»* nel romanzo francese dell'Ottocento, in AA.VV., *Il Romanzo*, E.T.S., Pisa 1978.
CHATMAN SEYMOUR, *Story and Discourse*, Cornell U.P., Ithaca-London 1978; tr. it., *Storia e discorso*, Pratiche, Parma 1973.
COSTANTINI ALESSANDRO, *Semiotica ed ideologia delle voci narrative*, «Lectures», 13, 1983.
IDEM, *Il testo letterario e l'enunciazione*, «Strumenti critici», 36, 1981.
IDEM, *Semiotica dell'enunciazione*, in AA.VV., *Problemi del romanzo*, op. cit.
DE BEAUGRANDE WOLFANG ALAIN - WOLFANG ULRICH DRESSLER, *Einführung in die Textlinguistik*, Max Niemeyer Verlag, Tubingen 1981; tr. it., *Introduzione alla linguistica testuale*, Il Mulino, Bologna 1984.
ECO UMBERTO, *Lector in fabula*, Bompiani, Milano 1979.